KB104073

미쳤다는 것은 정체성이 될 수 있을까?

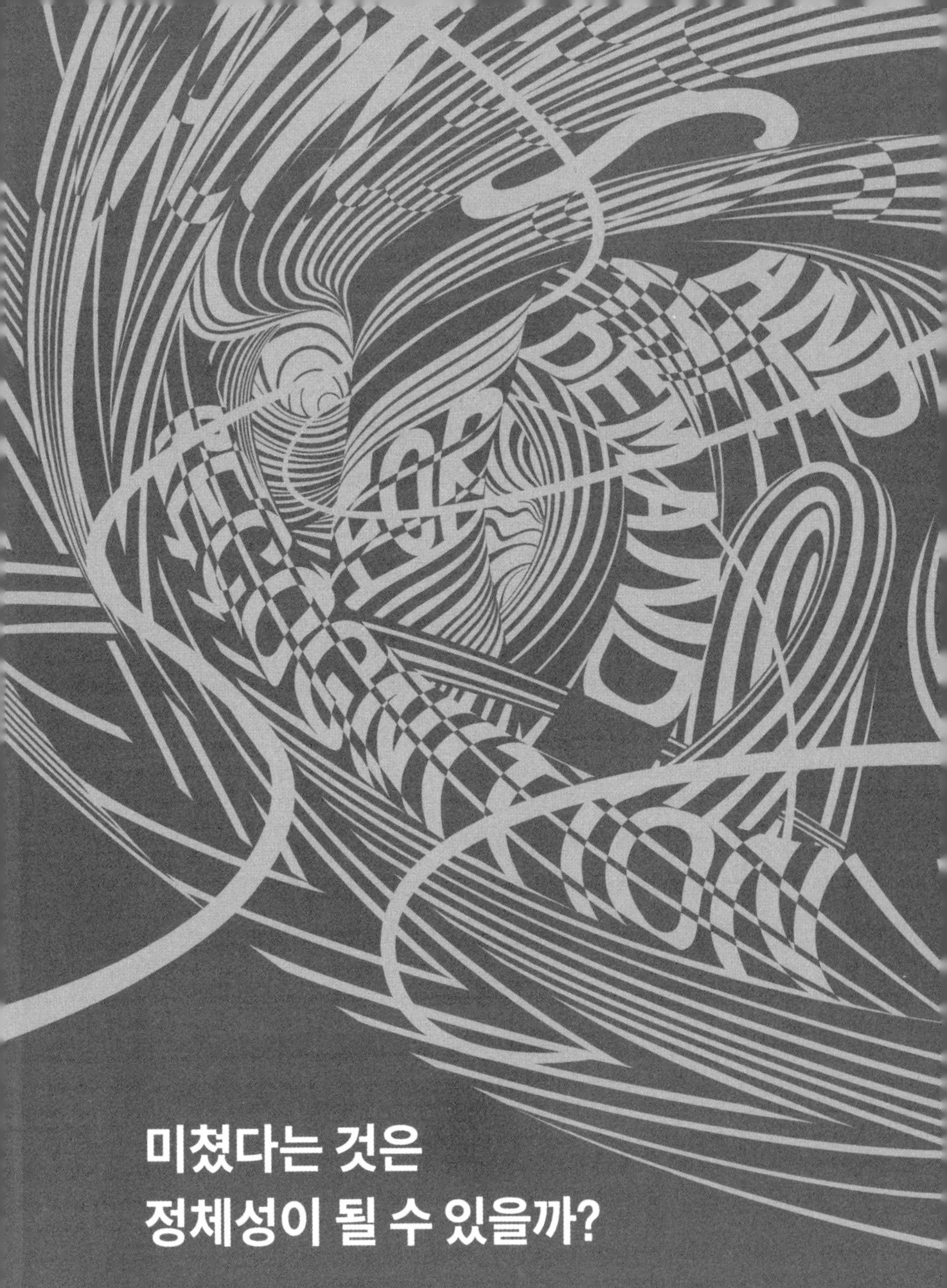

미쳤다는 것은 정체성이 될 수 있을까?

광기와 인정에 대한 철학적 탐구

모하메드 아부엘레일 라셰드 지음 | 송승연·유기훈 옮김

오월의봄

추천의 말

라셰드의 작업은 야심 차고 놀라우며 또 소중하다. 인정이론의 틀에서 매드 정체성을 다룬 기존의 논의는 사실상 전무하다. 이런 조건 속에서 그는 광기가 한 인간의 '정체성'으로 존중되고 사회문화적으로 '인정'될 수 있는 논리와 경로를 섬세하게 구성해낸다. 이 책은 그 같은 변화를 현실에서 일구어내려는 이들의 분투에 든든한 디딤돌이 되어줄 것이다.

—김도현, 《장애학의 도전》 저자

처음 이 책을 읽었을 때의 기쁨이 떠오른다. 이 책과 이 책을 함께 읽어준 광인들 덕분에 나는 광기에 대해 아는 것이 하나도 없음을 기쁘게 깨달았다. 광기 앞에서의 모든 포기와 도망의 기억들이 부끄러움을 알게 되어 기뻤다. 그리고 무엇보다 광기를 질환으로 간주한 의료적 모델에서 벗어난 연구자, 매드운동의 중요성을 포착하고 광인의 목소리를 경청한 연구자, 광기를 연구의 폐쇄병동에 방치해온 우리 사회 인문학자들을 부끄럽게 만든 연구자를 만나서 기뻤다. 아마도 이 책이 의지하는 인정이론이 매드운동에 대한 유일한 접근법은 아닐 것이다. 그러나 어떤 접근법을 쓰든 우리는 이 책의 마지막 문장에 도달할 수밖에 없다. "사회는 반드시 광기와의 대화를 시작해야만 한다."

—고병권, 북클럽 《자본》 시리즈 저자

의료적 모델은 광기를 경험하는 당사자들을 은폐된 곳으로 유배시키고, 당사자들을 무가치한 존재로 만들어버린 뒤 목소리를 거세했다. 이런 폭력은 때로 당사자의 생명을 앗아가기도 했다. 이 책을 읽는 내내 나는 사라져간 당사자들에게 손짓하고 싶었다. 매드운동에 대해 토론하고, 우리가 겪어온 영적인 경험과 독창성으로 대서사시를 쓸 수 있다는 설레임을 나누고 싶었다. 저자는 광기를 소환하면서 당사자들을 이 세계로 호출한다. 집요하도록 철학적이며 사회적인 질문들을 던지면서 말이다. 매드운동의 대항서사는 광기를 체계화하고 정돈하는 방법을 제시한다. 당사자의 광기의 경험이 정체성이 되지 못한다면 우리는 이곳에서 여전히 불안에 떨고 있어야 할 것이다. '미쳤다는 것은 정체성이 될 수 있을까?'라는 질문을 던지는 이 책은 '해방'이라는 오래된 본향本鄕을 일깨워준다. —**이정하, (사)정신장애와인권 파도손 대표**

미쳤다는 것은 나의 정체성이 될 수 있을까? 당연히 그러하다. 광기와 무관한 인간은 어디에도 존재하지 않는다. 정신의학의 언어를 "광기에 대한 이성의 독백"으로 본 푸코는 광기와 이성이 서로 단절될 수 없음을 정확히 알고 있었다. 매드 정체성에 대한 거대한 지평을 열어준 이 책의 열정에 감사드린다. 두 번역자의 깊은 고뇌와 노고가 절실하게 느껴진다. 데카르트는 400년 전에도 틀렸고 지금도 틀렸다. 나는 당연히 나다. 데카르트의 명제를 비틀어 이렇게 말하고 싶다. '광기와 이성의 구분이 없는 나를 생각한다. 그렇게 매일 나는 실존하며 살아간다.' —**이영문, 전 국립정신건강센터장**

이 책은 '정신질환은 생물학적 실체가 있는 것인가? 아니면 사회적으로 구성된 것인가?'라는 진보적이면서도 진부한 질문에 창조적이고 실천적인 방식으로 응답하고 있다. 생물학적 담론이 독백을 멈추고 당사자들과의 대화의 장으로 나와 그들의 이야기에 귀 기울이고 교류해야 하는 이유를 선물처럼 알려주는 책이다. —**이용표, 가톨릭대학교 사회복지학과 교수**

지평선으로 가득 찬 눈, 암석들 틈 위로 떠오르는 일출의 윤곽,
그리고 수많은 이해의 실타래들이 갈라지는 프랙털fractal과 같은 심장으로
나는 솟아올랐다. 이 순간들은 내 인생에서 가장 중요한 순간처럼 느껴졌다.
나는 이런 순간들이 병적인 측면으로 여겨지지 않길 바랐으며,
'조증'이나 '망상'과 같이 이런 경험들을 타당하지 않은 것으로, 현실적이지
않은 것으로 만드는 보기 싫은 꼬리표를 붙이고 싶지 않았다.
나는 '안정된 상태stability'를 얻기 위해 이 모든 것을 없애고 싶지 않았다.
나는 이런 언어에 계속 저항했지만, 그것들은 내 언어의 전부였다.
믿기 힘들 정도로 제한적이고 어색한 이 언어들이 자꾸만
내 영혼의 청사진처럼 느껴졌다.

— 잭스 맥나마라Jacks McNamara, 예술가이자 활동가

그대만이 나에게 심장이 있다는 것을 가르쳐주었어요.
그대만이 내 영혼 깊숙한 곳곳에 불을 비추어주었어요. 그대만이
나 자신을 드러내줄 수 있게 해주었어요. 그대의 도움이 없었다면,
스스로에 대해 알 수 있는 것은 단지 그림자 정도에 불과했을 것입니다.
즉 벽에 깜박거리는 그림자를 지켜보며, 그 환상이 진정한
나의 행동이었을 거라고 착각했을 것입니다.

—너새니얼 호손 Nathaniel Hawthorne,
소피아 피보디 Sophia Peabody**에게 보낸 편지 중에서**

일러두기

- 본문의 주는 모두 옮긴이가 붙인 것이다. 저자의 주는 미주로 처리했다.
- ( )는 저자의 것이며, [ ]는 옮긴이가 본문 내용의 이해를 돕기 위해 덧붙인 부분이다.
- 본문에 언급되거나 인용된 책 중 국내에 출간된 경우에는 해당 제목을 따랐고, 미주에 한국어판의 서지사항을 기재했다. 단, 인용된 부분의 번역은 기존 한국어판의 번역을 참조하되 일부 수정을 거쳐 실었다.
- 책의 특성상, 저자가 본문의 특정 부분을 언급하는 구절이 반복적으로 등장한다. 이때 중제목(1. 2. 3.…)으로 처리된 부분 전체를 가리킬 경우 화살괄호를 붙여 〈1. 들어가며〉와 같이 표기했으며, 중제목에 포함된 소제목 절 전체를 가리킬 경우 작은따옴표를 붙여 '정체성의 주요 특징'과 같이 표기했다.

책머리에

정신질환mental illness이라는 개념은 일반적으로 집단보다는 개인에게 적용되는 경향이 있다. 물론 어떤 이념적 신념이나 야만적인 관행이 남아 있는 일부 집단을 지칭하며 '병든' 혹은 '망상적인'이라는 표현을 사용하는 경우도 있다. 하지만 집단을 수식하는 이러한 표현들은 단지 은유적으로만 받아들여진다. 그 은유의 권력은 각 개인에게 적용되는 정신질환이라는 용어의 의미에서 파생된다.

어떤 한 사람이 특정한 망상을 가지고 있는 경우를 생각해보자. 두 사람이 동시에 같은 망상을 가질 수 있고, 어쩌면 세 사람까지도 같은 망상을 가질 수도 있다. 그러나 그 수가 어느 정도 증가하게 되면, 우리는 더 이상 이들이 망상을 가지고 있다고 주장하는 것이 적절하지 않음을 깨닫게 된다. 대신 우리는 문화적·이념적 차이에 대해 이야기하기 시작한다. 왜 그럴까? 우리는 어떤 집단의 구성원이 됨으로써 보호받을 수 있을 뿐 아니라, 그 외에도 또 다른 긍정적인 효과를 얻을 수 있다. 어떤 집단에 속하게 된다는 것은 곧 자신이 가지고 있는 경험, 신념 등을 상호적으로 승인받을 수 있는 맥락을 확보하는 것이다. 그리고 이 집단이 가지고 있는 믿음과 실천에 대해 외부에서 어떻게 생각하든, 이 집단에 포함되는 이들은 자신들만의 공동체를 형성할 수 있음을 보여줄 수 있다. 즉 당사자들은 (흔히 특정 정신건강 상태에서는 형성할 수 없다고 여겨졌던) 연대를 형성할 능력을 지니게 되는 것이다.

정신장애인 당사자운동의 여러 실천들, 즉 공동체를 형성하려는 시도에 대해, 일반적으로 정신병으로 간주되는 정신 상태의 의미를 변화시키려는 노력에 대해, 미쳤다는 것을 집단의 문화와 정체성의 근거로 제시하는 것에 대해, 그리고 매드문화 및 매드 정체성의 가치와 타당성에 대한 인정을 요구하는 것에 대해 사회는 어떻게 응답해야 할까? 즉 사회는 매드 프라이드 운동과 매드 포지티브 운동에 어떻게 응답해야 할까? 이 책에서는 이런 질문들을 다루고자 한다.

질문들에 대한 만족스러운 해답을 얻기 위해 광범위하고 복잡한 주제들을 검토할 필요가 있었다. 우선 매드 프라이드와 매드 포지티브 운동의 주장과 요구를 파악해야 했으며, 이를 과거부터 현재까지의 정신건강 옹호활동 및 당사자운동에 존재했던 접근 방식과 연결시켜 검토할 필요가 있었다. 그다음으로는 심각한 고통과 장애를 가져오는 일련의 현상으로서 광기를 정신적인 질병(혹은 기능부전·질환)으로 보는 관점과 광기가 문화와 정체성의 근거가 될 수 있다는 관점을 어떻게 조화시킬 것인가 하는 문제가 있었다. 또한 매드운동이 제기하는 **인정**에 대한 요구를 검토하는 과정에서 인정의 의미와 중요성, 인정 요구의 정당성, 그리고 사회가 그런 요구에 응답할 수 있는 다양한 방식 등과 관련해 까다로운 철학적 문제들에 부딪혔다. 이외에도, 인정이론에서 정체성을 이해하는 방식과 (일반적으로 정체성 형성에 다양한 손상을 초래한다고 가정되는) 광기를 조화시켜야 하는 과제가 있었다. 마지막으로, 이처럼 많은 문제를 초래한 근본적인 질문에 답해야 했다. 매드운동의 인정 요구에 사회는 어떻게 응답해야 하는가?

위에서 언급한 문제들을 다루기 위해서는 철학과 정신의학에서 그간 충분히 다뤄지지 못했던 학문 분야와 철학 전통을 탐구해야 했다. 1980년대 중반 이후 정신의학·정신건강에 대한 철학적 연구가 다시 부흥하기 시작했으며, 여기에는 정신병이라는 개념의 정의, 정신질환의 경계, 다양한 정신건강 상태에 대한 철학적 현상학, 인과관계·설명·분류와 같은 과학철학의 쟁점들, 정신과 진료의 윤리적 쟁점들, 임상 현장에서의 상호주관성과 공감 등의 주제가 포함된다. 이 책은 이런 연구 분야들을 참고했고, 필요에 따라 추가적으로 당사자 활동가들의 문헌, 광기학 및 장애학 문헌, 정체성과 인정 개념에 관한 정치적·철학적 문헌을 토대 삼아 작업했다. 철학 및 정신의학에서 매드 정체성과 인정에 대한 작업은 거의 이루어지지 않았다. 이 책에서는 인정·자유·정체성에 대한 철학적 사고의 역사를 검토하기 위해 그 뿌리에 자리하는 헤겔과 칸트의 작업에서 출발해, 오늘날 계속되고 있는 찰스 테일러와 악셀 호네트의 작업, 이와 더불어 낸시 프레이저, 콰메 앤서니 아피아, 리처드 로티 등의 대안적 견해를 다루었다. 이들의 문헌을 참고하며 이 책의 3부와 4부에서 본격적으로 논의하게 될 복잡한 문제들을 이해하기 위해 개발한 이론적 틀을 2부에서 제시했다. 이 작업이 정신건강·정신의학 분야를 포함한 다양한 사회문제의 해결책을 고심하고 있는 철학자들과 사회이론가들에게 유용한 정체성과 인정의 이론적 틀을 제공했으면 하는 바람이 있다.

현재 이루어지고 있는 모든 사회운동은 흔히 사회 변화의 최후의 변경frontier으로 일컬어지곤 한다. 그러나 나는 이런 표현을 사용하지 않고자 한다. 왜냐하면 이런 표현은 너무 자주 남용되어왔고, 또한 우리는 운동으로 인해 사회가 변화할 수 있는지, 변화한다면 얼마나 변화할 것인지 알 수 없으며, 어떤 사회적 결점이 있다고 할 때 이에 대한 시정 요구가 무엇인지 명확히 말하기 어렵기 때문이다. 이 책을 저술하면서 놓치지 않으려 했던 점은 오히려 이 책이 다루는 주제가 논쟁적이라는 점이다. 매드 프라이드·매드 정체성과 같은 주제들은 그 개념을 무조건 수용해야 한다는 입장부터 그 개념들은 모순적이고 일관성이 없다는 비판에 이르기까지 뜨거운 반응을 불러일으키곤 한다. 이런 입장 차이는 다른 논쟁적인 이슈들에서도 유사하게 나타난다. 가령 우리는 기후 변화나 동성 간 결혼과 같이 동시대의 여러 시급한 사회문제에서 많은 논쟁을 겪어왔고, 그 논쟁은 지금도 진행 중이다. 이러한 논쟁적 이슈와 직면할 때 사람들은 어느 한쪽에 치우치는 경향이 있어 합리적인 의견 제시 및 토론이 제대로 이루어지기 어렵다.

정신건강 영역에서도 첨예한 논쟁이 발생하고 있다. 가령 오늘날 소셜미디어, 특히 트위터에서 또렷하게 관찰되는 소위 진단 전쟁diagnosis war이 바로 그 예다. 정신과 의사들과 비판 심리학자들은 서로 끊임없이 논쟁하며, 한쪽은 진단명을 정신건강 치료를 제공하는 데 필수적이면서 도움이 되는 도구로 보고, 다른 한쪽에서는 진단명을 정신건강 전문가들이 정신적 고난mental distress의 사회적·정치적 기원을 이해하지 못하도록 방해하는 인위적인 구성물로 바라본다. 그러나 폐쇄적인 진영 논리라는 악순환에 갇혀 있다는 점에서 매드운동은 광범위한 중요성을 갖는다. 이 책이 이런 문제들에 해결책을 제공할 수 있다고 확신할 수는 없지만, 이 책이 매드운동의 지지자와 비판자가 화해를 도모할 수 있는 철학적 틀을 제공할 수 있길 바란다. 혹은 최소한 서로 의견 충돌이 발생하는 지점을 이해하는 데 도움이 되길 바란다.

따라서 나는 중재자의 역할을 수행하기 위해 현장에서 얻은 경험과 지식의 다양한 측면을 활용하고자 했다. 철학적 훈련 과정에서 나는 정신질환의 개념과 그것의 경계, 정신의학에서 조현병과 양극성 장애로 지칭되는 상태의 현상학 등에 대해 심층적으로 고찰할 수 있었다. 전임연구원이 되기 전, 런던의 가이스칼리지병원과 킹스칼리지병원, 성토머스병원 등에서 정신과 수련을 받았으며, 이후 급성기 입원병동, 재활병동, 외래진료소 등에서 몇 년간 근무했다. 그곳에서 의사들이 다루는 다양한 정신질환이 지닌 극심한 고통과 인지적·정서적 어려움을 목격할 수 있었다. 하지만 동시에 임상 정신의학의 다소 엄격하고 제한적인 언어와 단 하나의 접근법만을 추구하는 방식에 근본적으로 무언가가 빠져 있다는 것 또한 느끼게 되었다. 임상 정신의학은 세상에 대한 나 자신의 경험, 혹은 다른 많은 이들 각자의 경험을 설명하지 못했다. 이런 문제의식 속에서 정신의학의 대안적 접근법에 대해 고민하기 시작했고, 정신건강 서비스가 존재하지 않는 이집트의 다흘라 오아시스Dakhla Oasis 지역사회를 대상으로 문화기술지 연구를 시작했다. 치유와 지원에 대한 기존과 완전히 다른 서사와 사회구조 속에서 살아가며, 광범위한 정신건강 관련 현상을 바라보고 이해하는 대안적인 문화 체계를 경험할 수 있었다. 이뿐만 아니라, 그런 문화 체계가 가지고 있는 장단점 또한 확인할 수 있었다.

문화기술지 연구를 통해 얻은 경험은 내가 매드운동을 바라보는 방식에 큰 영향을 미쳤다. 나는 매드운동이 추구하는 노력을 질환과 관련된 의학적·심리학적 모델을 넘어 광기와 관련된 문화적 레퍼토리를 확장하려는 시도로 간주하고자 한다. 이는 이 책 4부에서 다루는 주제이기도 하다. 이 책 전반에 걸쳐 내가 의도한 것은 매드운동의 주장과 요구를 존중하며 진지하게 마주하는 것이다. 정신건강은 우리 모두의 관심사이며, 모든 사람들이 자신의 정체성을 발견할 수 있는 다양한 서사가 존재하는 사회를 만드는 것은 우리 모두에게 중요한 지향점이다. 이런 점에서 광기와 사회를 화해시키는 것은 가치 있는 목표라고 할 수 있을 것이다. 이 책이 그 목표를 향해 나아가는 데 조금이나마 기여하길 바란다.

2018년 1월 런던에서

모하메드 아부엘레일 라셰드

차례

3부. 인정으로 가는 경로

4부. 매드운동에 접근하는 방식

서문

광기는 복잡하고 다양한 논쟁을 불러일으키는 용어이며, 오랜 시간 동안 각기 다른 문화권에서 다양하게 정의되어왔다. 어떤 이들에게 광기는 비이성 및 폭력과 유사한 의미를 지니며, 또 다른 이들에게는 창조성이나 체제의 전복과 연결되고, 어떤 곳에서는 영혼이나 영성과 관련된다. 이처럼 다양한 관점들 중에서 가장 뿌리 깊고 체계적으로 자리 잡고 있는 정의는 광기를 정신적 질병disorder 혹은 기능부전dysfunction이나 질환illness으로 보는 관점이다.* 이는 전 세계의 다양한 사회가 광기를 바라보는 기본적인 관점으로 자리 잡았다. 이와 같은 의료적 관점은 갑자기 등장한 것이 아니다. 그 기원은 고대 그리스까지 거슬러 올라갈 수 있지만, 광기에 대한 의료적 관점이 본격적으로 우위를 차지한 것은 19세기 후반부터였다. 현재 우리가 만나고 있는 광기는 150년 이상의 지속적인 의료화medicalization를 거친 광기인 것이다. 광기는 이제 의학·심리학으로 대변되는 과학적 전문용어와 이와 관련된 임상 현장에 종속되어 있다.

오늘날 일반적으로 통용되는 관점에 따르면, 광기는 생물학적·심리적·사회적 요소를 포함하는 여러 요인의 상호작용으로 야기되는 정신적 질병이며, 조현병, 양극성 장애, 정신증 등 다양한 하위 유형으로 분류될 수 있다. 그 관점은 이 틀을 벗어나는 문화적 상상력을 강하게 억압하며, 대안적 관점들을 몰아낸다. 이런 의료적 관점은 정부에서 보건의료계획을 세우고 예산을 안배할 때 활용하는 주요한 기준이 되었으며, 정신병의 원인을 찾고 이를 완화시킬 수 있는 개입에 관한 지역·국가단위 연구 프로그램의 목표를 세우는 데 활용된다. 하지만 정신장애인 당사자운동은 의료적 관점이 광기를 지배하는 현실에 문제를 제기한다.

'미쳤다'고, '비정상'이라고, '정신적으로 아프다'고 간주되었던 자들이 받아야 했던 처우에 대해 당사자들이 표출한 불

---

* 'mental disability' 'mental disorder' 'mental illness'는 서로 다른 개념이다. 'mental disability'는 (이른바 '정신병'으로 불려온) 특정한 정신적 상태를 정신적 영역의 장애disability로 받아들이는 맥락에서 사용되며, 해당 정신적 상태를 신체장애를 중심으로 발달해온 장애운동disability movement 혹은 장애학disability studies과의 연관성 속에 위치시킨다. 반면 'mental disorder'는 특정한 정신적 상태의 조화롭지 못함不調, disorder과 병리적 특성을 강조하는 개념이며, 마지막으로 'mental illness'는 객관적 질병 상태에 대한 묘사에 더해 당사자가 체험하는 고통과 아픔의 맥락이 일부 포함된 개념이다. 따라서 특별한 원칙 없이 세 용어를 '정신병' '정신장애' '정신질환' 등으로 혼용할 경우 각 용어에 포함된 중요한 함의를 놓칠 수 있다. (특히 'mental disorder'를 '정신장애'로 옮길 경우 'mental disability'와 혼동될 수 있을 뿐 아니라, 'disorder'에 담겨 있는 병리적 상태에 대한 강조 또한 드러나지 않는다.)

이 책에서는 'mental disability'를 여타의 장애disability와의 연관성을 강조하는 번역어인 '정신장애障礙'로, 'mental disorder'를 그 병리적 특성에 대한 강조를 반영하는 '정신병病'(혹은 문맥에 따라 '정신적 질병疾病')으로, 'mental illness'를 주관적 아픔의 측면을 반영하는 용어인 '정신질환疾患'으로 옮겼다.

만의 역사는 오래전으로 거슬러 올라갈 수 있지만, 일반적으로 오늘날까지 이어지는 강력한 당사자운동은 1970년대에 시작된 것으로 알려져 있다.[1] 흑인·성소수자·여성 민권운동의 발전에 영향을 받아, 정신과 치료의 생존자survivor 및 이용자user의 권리를 보호하고, 정신의료기관 개혁을 위해 과거 정신과 환자였던 당사자ex-petient들의 광범위한 운동이 조직되기 시작했다. 시간이 지나며 정신건강 소비자/생존자/환자경험자 운동c/s/x movement이 성장하면서 다양한 방식으로 발전했고, 오늘날 당사자운동에는 다양한 담론과 동력이 존재한다. 가령 강제적 개입, 회복을 위한 서비스의 부재, 제한된 치료 접근성, 사회적 낙인과 차별 등에 대한 문제제기는 오래전부터 이루어져왔으며, 일부 활동가들은 광기의 의료화 흐름에 저항하기도 했다. 매드 프라이드와 매드 포지티브 운동은 '정신병' '질병' '질환' 등의 언어를 거부함으로써 차별에 대항한다. 이 운동의 활동가들은 '매드'라는 언어를 되찾아 기존의 부정적인 의미를 전복시키고, 미쳤다는 것을 문화와 정체성의 근거로 제시하고자 한다.

치료 행위 혹은 서비스 개선에 초점을 두었던 기존의 노력들과 매드운동의 가장 중요한 차이점은 매드운동이 광기에 대한 존중과 인정을 주요 의제로 삼는다는 것이다. 매드운동은 당사자들의 정체성이 공개적으로 표출되고, 가치 있게 여겨질 수 있는 모든 방식에 초점을 둔다. 반면 광기에 대한 지배적이고 환원적인 관점은 광기를 마음의 질병으로 바라보며, 그런 관점 속에서 미쳤다는 것은 통상 긍정적인 정체성에 대한 모욕으로 간주된다. 매드운동의 중요한 목표는 정신의학을 개혁하는 것이 아니라(물론 이 또한 매드운동의 의제 중 하나이기는 하다), 광기를 바라보는 관점에 문화적 변화를 일으키는 것이다.

이런 측면에서 매드운동의 목표는 정체성과 인정이라는 이슈를 중심으로 조직된 다른 운동들과 유사한 목표를 지닌다. 예를 들어 성적 지향 및 젠더와 관련된 영역에서 일어난 게이 권리운동과 트랜스젠더 권리운동은 노동시장에서 자신이 경험하는 차별에 대항하는 것뿐만 아니라, 사회 전반에서 상징적·문화적 변화를 달성하는 더욱 광범위한 작업에도 관심을 기울인다. 이 운동들의 주요한 목표는 게이 혹은 트랜스젠더로 존재하는 것 자체가 타당한 삶의 방식으로 간주될 수 있도록 하는 것이며, 사회가 인정하고 그 인정이 다시 당사자들에게 반영될 수 있는 긍정적인 정체성을 형성하는 것이다. 이런 맥락에서 게이 정체성은 일부 국가들에서 어느 정도의 문화적 변화를 이뤄냈으며, 트랜스젠더 정체성에 대한 인정 작업은 여전히 진행 중에 있다. 한편 게이나 트랜스젠더 정체성과 비교했을 때 광기나 매드 정체성에 대한 인정 작업은 뒤처져 있는 상황으로, 결핍 혹은 질병의 용어들이 여전히 전문가 및 사회적 관점을 지배하고 있다. 매드운동은 이런 현실을 바꾸기 위해 노력하고 있으며, 이 책은 바로 그 급진적이고 광범위한 잠재적 파급력을 지닌 매드운동에 초점을 맞추고 있다. 그렇다면 매드운동의 주장과 요구는 무엇인가?

매드운동에 대한 검토(1장)는 광기에 대한 동시대의 지배적인 관점을 둘러싼 불만들이 다음과 같은 주장과 요구로 정리될 수 있음을 보여준다. (1) 매드운동의 주장: 광기는 문화와 정체성의 기반이 되어야 한다. (2) 매드운동의 요구: 사회는 매드 문화와 매드 정체성의 타당성과 가치를 인정해야 한다.

이 책은 이런 주장과 인정 요구를 검토하고자 한다. 그러나 전반적인 방법론과 논증에 대한 개요를 살펴보기도 전에, 우리는 처음부터 이 주장에 회의를 드러내거나 지지를 표명하는 입장과 맞닥뜨리곤 한다. 두 입장 모두 이 책에서 시도하는 논의의 요점을 놓칠 수 있다. 회의적 입장을 가진 이들은 매드운동의 주장과 요구를 무조건적으로 거부하는 반면, 지지하는 입장을 가진 이들은 그 주장과 요구를 무조건적으로 받아들인다. 회의론자들이 펼칠 수 있는 주장에는 여러 가지가 있는데, 그 모든 주장의 토대가 되는 것이 광기는 정신의 질병이라는 관점이며, 이 관점은 광기가 문화와 정체성의 기반이 될 수 있다는 주장은 틀렸다는 판단을 내포하고 있다. 회의론자들은 본질적으로 이런 입장을 내세우며 매드운동에 대응하고 있지만, 그런 식의 대응은 매드운동의 정치적 요구에 대처하는 합리적인 방법이 아니다.

한편 회의론자 중 정신과 임상 현장에 있는 이들의 경우, 매드운동의 주장이 자신들이 병원, 급성병동, 재활병동, 정신과 집중치료 병동 등에서 만나는 환자들에게는 해당되지 않는 별개의 것이라고 여겨 이런 식의 관점을 취하기도 한다. 임상 현장에 있는 회의론자들은 매드운동의 주장을 적용하기에는 자신들이 만나는 환자들이 너무 좋지 않은 상태에 놓여 있다고 지적하곤 한다. 즉 정신과 환자들은 정치적 요구를 제시하고 그들만의 문화와 정체성을 구축하는 것은 고사하고, 가장 기본적인 방식으로 기능하는 것조차 불가능한 상태에 놓여 있다는 것이다. 회의적 입장을 취하는 또 다른 집단은 의료적 모델의 관점에서 자신의 경험과 상황을 이해하는 환자 혹은 내담자일 수 있다. 이들은 스스로를 질환을 가진 환자로 생각하기에, 매드운동의 주장이 와닿지 않을 수 있다.

임상 현장과는 별도로, 학계나 일반 대중에 속하는 회의론자라면 매드운동을 흥미롭게 바라보면서도, 매드 프라이드나 매드 정체성과 같은 개념이 틀린 것은 아니지만 무언가 모순적인 것을 내포할 수 있다는 의혹을 가질 수 있다. 가령 이들은 광기는 본질적으로 부정적인 것이며, 질환이나 비합리성과 관련이 있는 개념이라고 지적할 수 있다. 그렇다면 광기를 긍정적으로 바라보는 관점은 어디에서 비롯된 것일까?

회의론자들이 매드운동을 무조건적으로 거부하는 배경에는 부당한 일반화가 깔려 있다. 회의론자들은 자신들의 경험, 때로는 스스로의 편견에 들어맞는 것만을 전형적인 광기로 인식한다. 그러고서는 그 패러다임으로 모든 광기를 일반화한다. 하지만 모든 광기에 대해 오직 하나의 관점만을 취해서는 안 된다. 단 하나의 관점만을 고수하는 것은 인종이나 성별에 따른 다양한 사회적 차별의 근간이 된다. 광기는 단 하나의 개념으로 정의될 수 없으며, 매드운동에 참여하길 희망하는 당사자들이 해당 운동을 통해 성취하고자 하는 바 역시 한 가지로 규정될 수 없다. 게이 권리운동 역사를 보더라도, 과거 스스로의 동성애를 '치료'하길 원하는 당사자들이 일부 존재했다. 하지만 그런 당사자들이 존재했다는 이유로 게이운동을 잘못된 운동으로 간주하는 것은 과거나 지금이나 타당하지 않다. 마찬가지로, 일부 당사자들이 의료적 관점에서 자신의 경험을 구성하고 파악한다는 사실이, 혹은 일부 당사자들이 어떠한 결정을 내릴 능력이 부족한 것처럼 보일 수 있다는 사실이, 매드운동의 모순성을 드러내는 증거로 받아들여져서는 안 된다.

그런 사실들이 매드운동은 인정을 요구하고 있는 소수의 당사자들만을 대변할 수 있는 것임을 보여주는 증거인 것일까? 당사자를 대변하는 것이 논의의 출발점이 될 수는 있지만, 매드운동 활동가들이 달성하려는 목표는 당사자운동을 훨씬 더 넘어선 사회적 파급 효과를 불러일으키는 것이다. 가령 심리적·경험적·정서적 다양성에 대한 대안적 서사가 [사회적으로] 이해될 수 있도록 하고 대중화하려는 매드운동의 노력을 통해, 매드 활동가들은 광기와 관련된 문화적 레퍼토리를 확장하는 데 중요한 역할을 하고 있다. 그런 노력을 통해 많은 이들이 직간접적인 혜택을 얻을 수 있다. 이 책의 9장과 10장에서 이 지점에 대해 좀 더 자세히 논의할 것이다.

회의론자들과 대조적으로, 지지론자들은 매드운동의 주장을 무조건적으로 받아들인다. 지지론자들 입장에서 매드운동의 주장과 요구에 검토해야 하는 사항은 없으며, 광기를 지배하고 있는 주류 관점에 도전하고 사회에 상징적·문화적 변화를 일으키기 위해 해야 할 일이 산적해 있을 뿐이다. 물론 이것이 실제로 우리가 최종적으로 도달하게 되는 입장일 수도 있지만, [그렇다고 해도] 처음부터 이런 입장을 가정할 수는 없다. 여기에는 여러 가지 이유가 있다. 첫째, 우리는 매드 활동가들의 주장과 요구를 진지하게 받아들일 의무가 있으며, 결과를 예단하지 않고 매드운동의 관점을 검토해야 한다. 그렇지 않다면 우리가 취하는 입장의 가치와 진정성은 훼손될 것이다. 둘째, 우리는 회의론자들에게 매드운동의 주장과 요구의 타당성, 운동이 달성하려고 하는 가치의 중요성, 그리고 이런 성과가 회의론자들과 어떻게 관련될 수 있는지를 보여야만 한다. 마지막으로, 우리는 매드운동이 지향하는 도덕적·사회적 변화의 방향이 사회 전반적으로도 정당하다는 것을 보여야 한다. 만약 매드운동의 주장과 요구에 일관성과 규범적 정당성이 결여되어 있다면, 그 주장은 사람들에게 이런 과업들을 수행하도록 하는 의무감을 불러일으키기 어려울 것이다. 즉 앞서 언급한 과업들을 이뤄내기 위해서는 매드운동의 주장과 요구를 검토해 그것이 정당성을 지닌다는 것을 보여줄 필요가 있다.

결국 매드운동의 주장과 요구를 무조건 수용하는 것(지지론)도, 무조건 거부하는 것(회의론)도 적절치 않다. 그럼에도 숙고의 입장을 취하려는 노력조차 없이 매드운동을 무시해서는 안 된다. 여기에는 두 가지 이유가 있다. 첫째, 만약 매드운동의 주장이 일관성을 지니고 인정 요구가 정당하다는 것이 입증된다면, 사회에서 광기가 (오늘날 퀴어와 같은 다른 사회적 정체성에 대해 이야기할 때는 받아들여지지 않는 방식인) 환원적이고 병리적인 언어의 지배를 받는 것은 분명 문제이다. 둘째, 매드운동은 정체성, 자아, 행위주체성, 합리성에 대한 우리의 생각에 의문을 제기함으로써 기존의 생각을 재고할 수 있는 귀중한 기회를 제공한다. 즉 이런 개념을 현재와 같이 정의하고 사용하는 것이

어쩌면 많은 사람들을 부당하게 배제하고 있는 것은 아닌지 살필 수 있는 기회가 될 수 있다. 이런 이유들로 우리는 매드운동을 무시해서는 안 된다. 이 책에서 나는 각각의 관점을 존중하는 마음으로 매드운동의 주장과 요구를 검토하고 이에 대한 나름의 해답을 제시하고자 했다.

이 책의 개요

이 책은 매드운동의 주장과 요구에서 비롯된 다음의 질문을 확장해 철학적으로 논증한 결과물이다. (1) 광기가 문화나 정체성의 기반이 될 수 있을까? (2) 인정 요구는 규범적 정당성을 갖는가? 만약 그렇다면 사회는 그 요구에 어떻게 응답해야 하는가?

이 질문들은 이 책의 3부와 4부에서 각각 다뤄진다. 1부에서는 정신건강 분야에서 이뤄진 당사자운동을 간략히 검토하고, 매드운동을 반대하는 주요한 의견들에 대한 응답을 다룬다. 2부에서는 정체성과 인정에 대한 철학적·정치적 논증 전반을 다룬다. 질문의 특성과 주제들에 따라 다양한 문헌들을 검토할 필요가 있었다. 정신장애인 당사자운동 관련 문헌들, 정체성 정치와 인정의 개념에 관한 철학적 문헌들, 정신병, 망상, 자아의 통합성과 연속성 및 특정 정신건강 상태 등에 관한 정신의학의 철학philosophy of psychiatry 관련 문헌들, 광기학Mad studies과 장애학Disability studies 관련 문헌들이 바로 그것이다. 지금부터는 1부부터 4부까지 각각의 접근 방식과 내용에 대한 간략한 개요를 제시하고, 이 책의 전체적인 논증이 어떻게 맞물려 있는지 설명하고자 한다.

1부: 광기

1장은 19세기 후반부터 오늘날까지 영국과 미국에서 전개된 정신장애인 당사자운동의 흐름을 개괄하며 시작한다. 좀 더 구체적으로 정신위생mental hygiene 담론, 1960년대의 반정신의학antipsychiatry 흐름, 1970년대의 민권운동, 소비자/(서비스)이용자/생존자 운동consumer/survice-user/survivor movement 담론을 개략적으로 다룬다. 이런 역사를 개괄하게 되면, 과거의 사회운동이나 현재 다양한 방식으로 전개되고 있는 운동들과 차별화되는 매드 프라이드 운동만의 급진성과 독창성을 인식할 수 있다. 또한 1장에서는 매드 프라이드의 활동·주장·요구를 설명하기 위해 당사자 활동가들이 저술한 주요한 글, 간행물, 선언문 등을 검토한다. 2장에서는 '광기는 본질적으로 개인을 무력하게 만들고, 고통을 야기한다'고 주장하며 매드운동에 반대하는 의견에 대응하는 방식을 다룬다. 매드운동 반대론자들의 입장에서는 광기의 이런 문제를 매드 프라이드나 매드 정체성과 같은 긍정적으로 구성된 개념을 약화하는 요인으로 인식할 수 있다.

이 반대 의견에 대해 다음과 같은 방식으로 논증을 진행했다. 우선 '광기는 본질적으로 개인을 무력하게 만든다'는 관점을 너무 쉽게 전제하는 경향에 대응하기 위해 두 개의 방어벽을 세웠다. 첫 번째 방어벽은 장애 판단에 대한 규범적 성질을 통해, 두 번째 방어벽은 사회적 주체가 된다는 측면에서 정치적 운동이 갖는 함의를 통해 구축할 수 있었다. 이 주장을 펼치는 과정에서 (1) 자연주의naturalism와 규범주의normativism 사이의 논쟁에 비춰 장애의 사회적 모델을 검토하고, (2) 광기의 사회적 모델의 적용 가능성을 살펴보았으며, (3) 이해 불가능성unintelligibility이라는 측면에서 신체장애와 정신장애의 차이를 탐구할 수 있었다. 광기가 정신적으로 고통을 안겨준다는 문제와 관련해서는, 정신적 고난을 야기함에도 불구하고, 때로는 바로 그 고난 때문에 광기라는 현상이 고통스러우면서도 동시에 가치 있는 것일 수 있음을 증명하고자 했다. 이 핵심 주제들을 1부에서 다룬 후, 이 책의 철학적 토대를 마련하는 2부로 넘어간다.

2부: 인정

2부에서는 3부와 4부에서 다루는 중요한 질문들에 답하는 데 필수적으로 요구되는 정체성과 인정에 대한 철학적 근거를 제시하고자 한다. 인정과 정체성에 대한 정치·개념·이론과 관련한 철학적 문헌은 매우 방대하며, 다양한 철학 학파와 여러 논증을 복잡하게 넘나든다. 또한 이런 문헌들에는 인식론, 존재론, 도덕철학, 정치철학 등의 학문에서 오랜 기간 풀리지 않은 많은 문제들이 내재해 있다. 위에서 언급한 중요한 질문들을 해결하기 위해, 2장에서는 우리가 함께 고민하고 나아갈 수 있는 정체성과 인정의 논거를 개발하고자 했다. 이 작업을 통해 네 가지 목표, 즉 (1) 인정 개념에 대한 이해, (2) 개인적 정체성 및 사회적 정체성 개념에 대한 이해, (3) 인정 요구의 규범적 정당성에 대한 주장, (4) 인정 요구를 둘러싸고 일어날 수 있는 사회적·정치적 대응 가능성에 대한 이해를 달성하고자 한다.

이때 가능한 한 1차 자료에 의거해 논의를 개진했다. 인정 개념에 대해서는 헤겔이 《정신현상학》에서 제시한 설명과 헤겔의 문헌에 대한 로버트 피핀과 테리 핑카드의 해석을 참고하면서 작업했고, 정체성 개념에 대해서는 주로 찰스 테일러의 문헌을 참고했다. 또한 인정의 정치에 대해서는 악셀 호네트, 낸시 프레이저, 리처드 로티, 콰메 앤서니 아피아의 핵심 논거를 참고해 작업했다. 2부는 책 전체의 논증에서 핵심을 이루는 부분이지만, 인정이론과 인정의 정치라는 측면에서 독자적으로 읽는 방법도 있다.

3부: 인정으로 가는 경로

1부와 2부에서의 작업을 토대로, 3부에서는 광기가 문화 혹은 정체성의 기반이 될 수 있는지 여부를 검토하고자 했다. 사회집단은 문화와 정체성이라는 두 가지 방식으로 자신들의 삶의 방식이나 공유된 자기이해self-understanding의 타당성과 가치를 주장한다. 6장에서는 매드문화를, 7장과 8장에서는 매드 정체성을 검토할 것이다. 6장에서 문화의 여러 개념을 개괄적으로 검토하는 것에서 시작해 이후 매드문화가 이러한 문화의 개념 요소들을 충족하는지 평가했다. 본문에서 살펴볼 수 있듯, 매드문화는 문화의 전형적인 특성들에 완벽하게 들어맞지는 않는다. 그러나 설령 그렇다 하더라도, 문화적 권리의 도덕적 기반을 고려하게 되면 문화보다 정체성이 주요한 문제로 부상한다는 것을 확인할 수 있다.

7장과 8장에서는 매드 정체성이 인정을 향해 나아갈 수 있는지를 검토했다. 여기서 우리가 직면하는 문제들은 어쩌면 역설적일 수 있다. 망상, 수동성 현상, 환각, 극단적 기분 변동과 같은 현상들은 일반적으로 정체성 형성을 위한 요건을 **손상시킨다고** 여겨지기 때문이다. 그렇다면 미쳤다는 것은 어떻게 정체성의 토대가 될 수 있는 것일까? 광기는 인정의 영역 밖에 위치하므로 언뜻 정체성의 근거가 될 수 없는 것으로 보인다.

이런 이의제기를 두 단계로 구분해 검토함으로써 거기에 대응하고자 했다. 첫 번째로는 인정 요구를 위해 잠재적으로 충족되어야 하는, 정체성 형성을 위한 세 가지 요건을 개괄적으로 살펴보았다. 즉 (1) 정체정 주장은 특정한 인식론적 지위를 가져야 하고, (2) (분열되거나 단절되지 않은) 통합된 정신의 표현이어야 하며, (3) 충분한 기간에 걸쳐 지속되어야 한다. 두 번째로는 이런 요건들에 비춰 광기의 주요 현상들을 검토했다. 이 단계에서는 광기로 칭해지는 여러 정신적 현상들이 정체성 충족의 요건들에 부합하지 않는다고 판단되는 방식을 검토하고, 그런 판단에 내재한 복잡성을 드러내고자 했다.

예를 들어 사고 주입thought insertion은 주체가 스스로를 자신의 정신 상태와 동일시할 수 없다는 점에서 분명한 자아 분열을 나타내는 것으로 간주된다. (이런 측면에서 사고 주입은 정체성 형성의 두 번째 요건인 통합된 정신의 표현을 손상시킨다고 볼 수 있다.) 그러나 나는 그 판단에 내재되어 있는 전제들을 검토함으로써, 해당 판단들이 자아self나 정신 상태의 저자성authorship에 관한 특정한 문화적·심리적 가정에 의존하고 있다는 것을 입증하고자 했다. 즉 다른 문화적 맥락에서는 사고 주입이나 수동성 현상과 같은 현상이 자아의 분열보다는 잠재적으로 풍요로운 자기이해의 기반이 될 수도 있다. 조현병과 양극성 장애에서도 흔히 나타나는 자아의 불연속성과 망상 등과 같은 현상에 대해서도 유사한 분석과 입증 절차를 수행할 수 있었다. 7장과 8장에서 수행한 이 작업을 통해 앞서 언급한 여러 정신적 현상들이 인정의 영역 안에 포함될 수 있다는 가능성을 확립하고자 했다.

이런 가능성을 확립한 이후, 9장에서는 그 가능성을 실제로 달성하기 위한 방법을 검토하고자 했다. 이를 위해 '광기를 정돈하기ordering madness'라는 개념을 제안했다. 이 개념은 다음의 두 가지 조건을 충족시켜야 한다. (1) 광기라는 현상의 일정 측면을 보존하고 있어야 하며, (2) 정체성 형성에 있어서의 손상을 해결해야 한다. 이 두 가지 요건이 충족되어야만 광기가 (정신의학적으로 설명되는 특정 상태나 심리학에서 말하는 다른 어떤 것이 아니라) 광기 그 자체로서 인정의 영역 안으로 진입할 수 있다. 나는 당사자 활동가들이 형성한 심리적·정서적·경험적 다양성에 대한 서사인 매드 서사Mad narrative만이 이 두 가지 요건을 충족시킬 수 있으며, 반면 주관적 서사와 전문가 서사는 요건 충족에 실패한다는 것을 보이고자 한다. 결론적으로 광기는 인정의 대상일 수 있으며, 미쳤다는 것은 정체성의 근거가 될 수 있다는 것을 입증하고자 한다.

4부: 매드운동에 접근하는 방식

3부에서 미쳤다는 것이 정체성의 근거가 될 수 있다는 것을 확인하고, 일련의 조건이 갖춰지면 광기가 인정의 대상이 될 수 있다는 것을 밝혔다면, 4부에서는 마지막 질문으로 넘어가고자 했다. 매드 정체성 인정에 대한 요구는 규범적 정당성을 갖는가? 만약 그렇다면 사회는 어떻게 응답해야 하는가? 우선 10장에서는 2부에서 전개된 정체성과 인정에 대한 설명을 바탕으로 매드 정체성의 인정 요구가 특정 조건들을 통과할 경우 규범적 정당성을 갖는다고 주장한다. 규범적 정당성의 통상적인 조건은 다음과 같다. 해당 정체성이 (1) 사소한 것이 아니어야 하며, (2) 도덕적으로 반대할 수 없는 것이어야 하고, (3) 비합리적인 것이 아니어야 한다. 10장에서는 이 세 가지 요건을 고려해 매드 정체성을 검토했다. 검토 결과, 매드 정체성은 사소하거나 도덕적으로 반대할 수 있는 것이 아닌 것으로 나타났다.

한편, 비합리성은 좀 더 복잡한 논의가 필요한 부분이다. 정체성이 원칙적으로 진리가 판별될 수 있는 주장으로 구성되고, 해당 주장이 거짓으로 확인될 수 있는 경우 그 정체성은 비합리적이라고 말할 수 있다. 어떤 주장의 인식론적·논리적 지위를 결정하는 것의 이면에는 평가와 관련한 특정한 관점이 전제되어 있다. 가령 우리가 과학적 합리성의 관점을 취한다면 평가는 해당 관점의 테두리 안에서만 가능하다. 하지만 과학적 합리성의 입장을 택하는 것이 항상 적절한 것은 아니다. 어떤 정체성 주장의 경우 인식론적·논리적 차원에서 평가하는 것이 부적절하며, 오히려 실천적·표현적 측면에서 평가하는 것이 더 적절할 수 있기 때문이다. 또한 때로는 그 정체성을 적절하게 표현할 수 있는 관점을 제공하는 경험이 있을 수 있으며, 따라서 그 어떤 광기와 관련한 관점도 즉각적으로 거부되어선 안 된다. 최종 결론을 내리기 전에, 좀 더 신중한 고려와 상호 간의 이해가 필요한 것이다. 본문에서 논의하는 매드 서사들은 이처럼 다른 방식으로 이해될 수 있는 주장들을 포함하고 있으므로, 단순히 일견 비합리적이라는 이유로 기각되어선 안 된다.

사회는 이런 정당한 요구에 어떻게 응답해야 할까? 5장에서 전개한 논의를 바탕으로, 10장에서는 정치적 활동과 상호적 화해가 무시에 대한 대응에서 중요한 역할을 한다는 것을 개괄한다. 특히 응답의 네 가지 측면인 (1) 무시에 대한 대응이 의도하는 결과와 최종 목표, (2) 그 결과를 실현할 수 있는 수단인 대화, (3) 대화의 근간을 이루는 화해의 태도, (4) 화해를 촉진할 수 있는 활동에 초점을 맞춰 검토한다. 이어서 10장에서는 성공적인 화해가 가져오는 여러 가지 가능한 결실에 대해 고찰하며 글을 마무리한다. 일련의 매드 서사를 받아들인다는 것은 의학적·심리학적 프레임을 넘어서는 것이며, 우리의 문화적 레퍼토리를 확장하는 데 기여할 수 있다. 이런 의미에서 매드 서사는 사회적 조정의 문화적 형태로 이해될 수 있으며, 이런 '문화적 조정'은 인정을 요구하는 활동가뿐 아니라 사회의 많은 이들에게 이로움을 줄 수 있다. 마지막으로 11장의 결론에서는 이 책에서 다뤄진 다양한 주장을 종합하며 매드운동에 대한 회의론자와 지지론자 사이의 화해와 광기와 사회의 화해라는 두 가지 길을 제안한다.

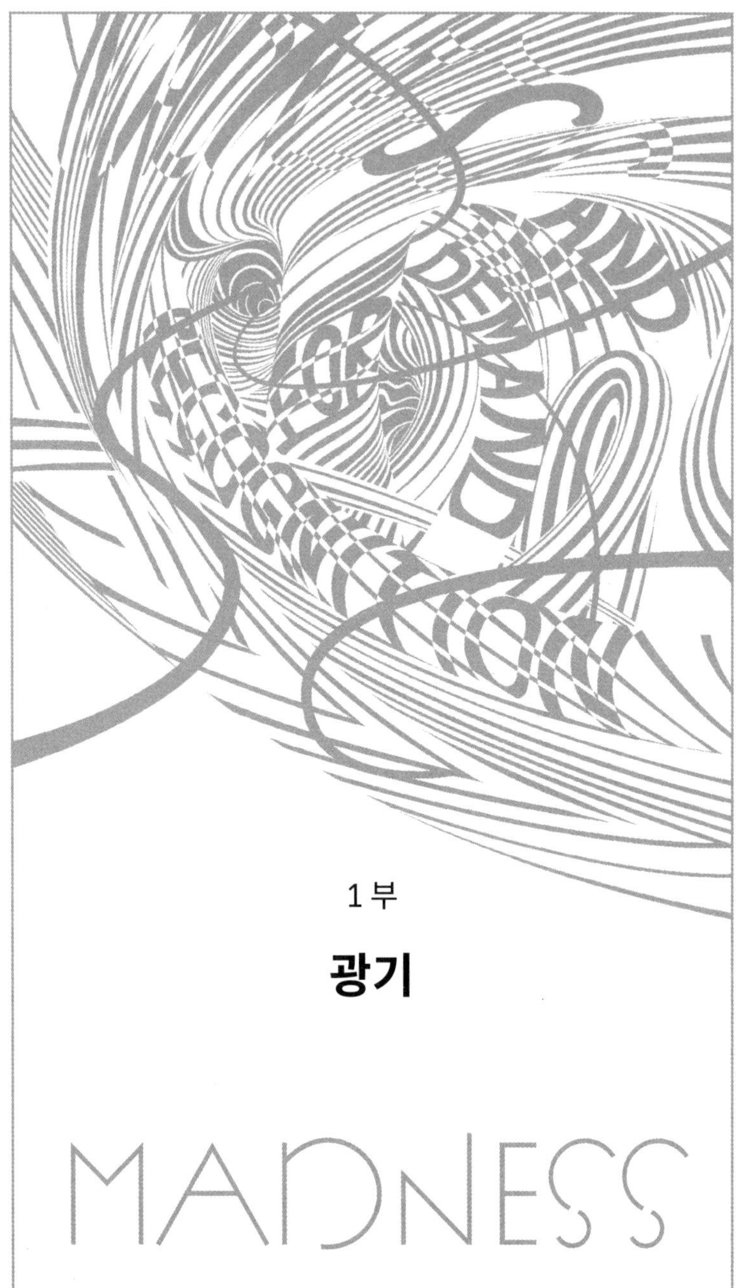

1부

광기

MADNESS

| 1장 |

정신장애운동과 인정에 대한 요구

1. 들어가며

근대 정신의학 창시자들의 입장에서 현존하는 정신장애운동mental health activism*의 발전을 이해하기란 쉽지 않을 것이다. 조발성치매Dementia Praecox(**조현병**의 옛 명칭)라는 용어를 만든 독일의 유명한 정신과 의사 에밀 크레펠린Emil Kraepelin은 광기madness를 사고·감정·행동·의지력에 발생한 질병disorder으로 초래되는 만성적이고 퇴행성이며 치료될 수 없는 고통으로 보았다.[1] '미친 사람'은 자신의 광기를 해명하거나 확인하는 것 외에는 말할 수 있는 것이 없었다. 정치적 요구는 말할 것도 없이 말이다. 이러한 광기의 침묵은 1961년 처음 출간된 푸코의 수정주의 역사

---

* 'activism'은 사회적·정치적 변화를 목적으로 의도적인 행동을 하는 현상을 포괄하는 용어로, 일반적으로 '운동' 혹은 '사회운동'으로 옮긴다. 이 책에서는 'mental health activism'을 맥락에 따라 '정신장애운동' 혹은 '정신장애인 당사자운동'으로 옮겼다.

revisionist history의 핵심 주제다.[2] 푸코에 따르면, 일단 광기가 의사들에게 위임되어 정신질환으로 인식되면 더 이상의 대화는 불가능해진다. 즉 정신의학의 언어는 "광기를 향한 이성의 독백"이 되며, 그 과정 속에서 광인은 침묵하게 된다. 정신장애인 당사자운동의 역사는 이 침묵을 깨고, 광기를 향한 의료적 독백에 저항하며, 사회에서의 실격과 차별에 대항하기 위해 다양한 집단을 구성해 자신들의 목소리를 모색하는 지속적인 시도로 볼 수 있다.

정신장애운동에 대해 설명하기 전에, 이것이 하나의 지배적인 목소리를 가진 단순한 담론이 아니며, 일련의 전략에 의해 합의된 담론도 아니라는 점을 강조할 필요가 있다. 정신건강 서비스의 이용자* 및 생존자**가 경험한 학대 및 부당함은 잘 알려져 있으며, 여기에는 다음과 같은 것들이 포함된다.

(1) 강제적인 치료들과 해당 법률에 의해 정신장애 당사자의 자율성이 과도하게 침해되는 현상.

(2) 자신의 돌봄 및 회복recovery***과 관련된 의사결정 과정

---

* 정신장애인 당사자운동은 외부에서 부여한 기존의 '환자'라는 꼬리표를 떼어버리고 다양한 정체성을 표출했다. 소비자consumer, 생존자survivor, 환자경험자ex-patient, 이용자user 등으로 자신들의 정체성을 정의한 것이다. 소비자 정체성은 서비스를 일방적으로 받아야 하는 수혜자가 아니라 선택에 대한 권리가 있다는 의미에서 제시되었다. 그러나 영국에서는 소비자 대신 이용자 정체성을 더 선호한다. 이는 소비자 정체성이 자본주의와 뗄 수 없는 관계에 놓여 있어 장애인이 겪는 계급과 빈곤의 문제를 심화시킬 수 있다는 문제의식에서 비롯되었다. 이용자 정체성은 계급에 따라 서비스에 대한 품질과 선택권이 달라지는 것이 아니라 모두가 동등한 지위에서 동등한 서비스를 이용할 수 있어야 한다고 주장한다.

** 생존자는 억압적인 정신건강 체계에서 살아남았음을 강조하는 정체성으로, 정신의료 시스템의 다양한 차별과 학대에서 생존한 역사에 대한 강한 자부심을 드러내기 위해 선택되었다. 좀 더 자세한 내용은 이 책 해당 장의 '생존자 정체성' 절에서 서술된다.

에서 당사자의 목소리가 배제되는 현상.

(3) 협소한 생의료적 모델biomedical model과 질병 모델로 인해 당사자의 경험이 배제되는 현상.

(4) 당사자에게 위험성과 결함이 있다고 가정하는 부당한 인식에서부터 고용 부문에 현실적으로 존재하는 차별에 이르기까지, 사회에서 정신장애인이 경험하는 무례함과 낙인들. (이런 문제를 해결하기 위한 시도들이 있었고, 다양한 대응 방안이 모색되었다.)

(5) 광기 및 정신적 고난에 대한 의료적 이해를 거부하지 않으면서도 정신건강 서비스 개혁을 위한 캠페인을 진행하는 사람들이 생겨났다.

(6) 목소리voice****와 같은 특정 현상과 관련해 병리적 해석을 거부하는 사람들이 생겨났다. 예를 들어 목소리 들림voice-hearing 현상을 일반화하기 위해 이 현상이 평범한 것임을 입증하려는 시도가 나타났으며, 이와 대조적으로 목소리 들림 현상을 특별하고 독특한 경험으로 제시하면서 정당화하려는 사람들도 생겨났다.

*** 1980년대 이후 정신건강 영역에서는 소비자 운동의 확대와 더불어 회복 패러다임이 등장했다. 이 패러다임에서는 의료적 관점이 강조하는 증상 치료에 초점을 둔 '결과'로서의 개념뿐 아니라, 일상생활에서 발생하는 어려움에 대응하며 개인에게 의미 있는 삶을 다시 만들어가는 '과정'으로서의 개념이 더욱 강조된다. 회복은 일반적으로 "정신장애인의 삶의 목표와 태도, 감정이 변하는 매우 개인적이고 독특한 과정이며, 질병으로 인한 제약을 지니고 있으면서도 만족스럽고 희망적이며, 공헌하는 삶을 살아가는 방식"으로 정의된다. 하경희, 〈정신장애인 회복프로그램 개발 연구〉, 《재활복지》 23, 2019, 106쪽.

**** 정신의학에서 환청auditory hallucination은 '정신적 이상으로 인해 존재하지 않는 소리를 듣는 현상'을 가리킨다. 정신장애인 당사자운동은 이런 현상에 대해 의료적 해석을 거부하고, 당사자 경험의 중요성을 강조하기 위해 '목소리'라는 용어를 사용한다.

(7) 매드운동Mad movement*과 장애운동Disability movement의 연관성을 찾는 무리도 형성되었다. 이들은 성공적인 장애운동을 참고해 긍정적인 사회 변화를 도모하는 것을 목표로 한다.

더불어 최근에 이루어진 당사자운동의 좀 더 특별한 접근법은 정신건강과 정신적 질병에 대한 기존 관점의 핵심에 도전했다. 매드 프라이드 운동Mad Pride activism 및 매드 포지티브 운동mad-positive activism이 바로 그것이다. 이런 운동을 하는 활동가들은 "치료 행위에 초점을 맞췄던 기존의 당사자운동을 넘어, 광기라는 더 광범위한 문화를 명확히 표현하기 위해 나아"갔다.[3] 이 새로운 당사자운동이 추구하는 바의 핵심은 '정신병' '질병' '질환'이라는 언어를 거부하는 데 있으며, '매드'라는 언어를 되찾아오는 것, 다양한 방법으로 매드를 재정의하는 데 있다. 이런 맥락에서 활동가들은 "광기와 예술·영성과의 관련성, 그리고 광기가 개인적·집단적 고통에 대한 민감성과 결부되어 있다는 귀중한 가치"를 강조한다.[4] 그들은 광기가 정체성과 문화의 근거가 될 수 있다고 주장하면서, 광기를 질병으로 보는 관점에 이의를 제기했다. 그들은 흑인 민권운동과 성소수자 민권운동에서 이뤄진 평등과 인정recognition**을 위한 투쟁 과정을 목도하며

---

* '매드Mad'는 정체성의 일환이므로 '미친' '정신 나간' 등의 사전적 의미로 기술하는 대신 '매드'로 음차하는 방식을 택했다. 이는 '퀴어Queer'라는 용어가 성소수자 운동의 맥락에서 재탄생한 것과 유사하다. 퀴어는 '괴상한' '이상한'의 의미를 가진, 과거 동성애자를 멸시적으로 일컫는 속어였으나 1980년대 미국의 급진적인 동성애자 인권운동 진영에서 이 용어를 긍정적이며 전복적인 방식으로 사용하는 과정에서 그 부정적 함의가 사라지게 되었다. 그 결과, 오늘날 온전히 '퀴어'로 표기되고 있다. '매드' 정체성 또한 현재 부정적·비하적 의미로 사용되고 있는 언어를 정치적으로 되찾는 수단으로 활용된다.

그로부터 자신들의 투쟁과 명백한 유사성을 이끌어냈다. 그리고 매드 정체성의 유효함과 가치를 정립하기 위한 사회 변화를 요구했다. 활동가들은 이러한 요구를 통해 정신장애인 당사자 운동을 정체성 및 인정과 관련된 도덕적·정치적 논의의 테두리 안으로 끌어왔다. 이 과정에서 그들은 이것이 단지 정신의학 전문가 집단의 변화로 해결될 문제가 아니며, 사회 그 자체가 변화해야 함을 분명히 했다. 이 책은 그 원대한 운동에 관한 것이다.

매드 프라이드 운동을 설명하기에 앞서, 정신장애인 당사자운동의 전체적인 역사적 개요부터 이야기하고자 한다. 이 작업은 두 가지 이유에서 중요하다. 첫째, 매드 프라이드 담론의 특색을 충분히 이해하기 위해서는 과거와 현재의 활동가들이 형성해온 담론을 살펴보는 것이 도움이 된다. 둘째, 질환에서 정체성으로의 이동, 의식화consciousness-raising의 개념 등 책에서 반복되는 일부 개념과 아이디어는 초기 운동에서 처음으로 제기된 것이다. 따라서 1장에서는 매드 프라이드가 출현하기까지 간략한 역사적 설명에서 시작해 그 역사적 맥락 속에서 광기의 의미가 어떤 식으로 형성되었는지 논할 것이다. 이후 매드 프라이드가 수반하는 요구와 담론에 초점을 맞춘 설명과 이 운동과 관련된 철학적 내용을 개괄하는 것으로 1장을 마무리하고자

** 낸시 프레이저에 따르면, 오늘날 사회운동 전반에서 분배투쟁에서 인정투쟁으로의 전환이 발생하고 있다. 과거의 사회운동이 주로 분배정의 실현을 추구해왔다면, 오늘날 사회운동은 차이에 대한 인정을 주요한 목표로 삼게 되었다는 것이다. 김원식, 〈인정Recognition과 재분배Redistribution: 한국사회 갈등 구조 해명을 위한 모색〉, 《사회와철학》 17, 2009, 97~128쪽.

한다.[5]

2. 정신장애운동의 간략한 역사

초창기 정신장애운동 및 옹호활동

근대의 소비자/(서비스)이용자/생존자 운동은 대개 1970년대에 출현한 다양한 민권운동의 흐름에서 시작된 것으로 여겨진다.[6] 2005년 4월에 설립되었으며 당사자운동의 역사를 기록하는 데 목적을 두고 있는 단체인 생존자들의 역사The Survivors' History는 이런 운동의 기원을 추적했다.[7] 이 단체는 미쳤다고, 정신이상이라고, 혹은 (의료적 언어가 지배한 이후로는) 정신질환으로 고통받고 있다고 간주되어온 다양한 이들이 겪는 낙인과 차별, 열악한 대우에 대항했던 투쟁의 역사와 오늘날의 운동 사이에 유사성이 있다고 본다.[8] 생존자 역사를 기록한 웹사이트에 제시된 연표는 기독교 신비주의자 마저리 켐프Margery Kempe가 태어난 해인 1373년부터 시작된다. 그녀는 일생 동안 선지자·악마·악령의 강렬한 목소리와 환영을 경험했다. 그녀의 이단적 행동과 신념은 교회, 주변 사람, 남편을 분노케 했고, 결국 그녀는 여러 차례 구속과 투옥을 당하게 되었다. 자신의 삶을 그린 책에서 그녀는 자신이 겪은 영적 경험과 어려움을 담아냈다.[9]

생존자들의 역사 웹사이트에는 정신이상이라는 이유로 학대를 받은 개인들에 대한 몇몇 사례들이 기록되어 있다. 영국의 경우, 개인이 아닌 집단적인 행동과 옹호활동은 미치광이로 몰린 이들을 위한 후원회Alleged Lunatics' Friend Society를 통해 시작되었다. 이 단체는 1845년에 만들어졌으며, 대부분 광인수용소madhouse*에 수감되어 모멸적인 대우를 받은 사람들로 이뤄졌다.[10] 약 20년간 이 협회는 환자가 자신의 돌봄과 감금에 관련된 결정에 관여할 수 있는 권리 등이 포함된 '환자의 권리'를 위한 캠페인을 벌였다. 미국에서는 그와 비슷한 시기에 뉴욕광인수용소New York Lunatic Asylum에 수용된 환자들이 문학잡지 《오팔The Opal》을 발간했다. 이 잡지는 1851년부터 1860년까지 총 열 차례 발행되었다. 그러나 지금의 관점에서 보면 이 잡지는 수용소 생활을 다소 순화해 묘사했고, 순종적이고 적절하다고 판단한 환자들의 목소리만을 담아낸 측면이 있다.[11] 그럼에도 몇몇 글에서는 [그런 상황에 대한] 불만을 표시하고 있으며, 심지어 해방적인 수사까지도 엿볼 수 있다.[12]

여기에 더불어 초기 당사자운동과 옹호활동에서 중요한 이름은 엘리자베스 패커드Elizabeth Packard이다. 1860년 패커드는 자신이 지닌 자유주의적 신념을 표출하며 남편의 종교적 관점을 거부했다. 엄격한 칼뱅주의자였던 남편은 패커드의 신념을 용납할 수 없었고, 결국 패커드는 남편에 의해 미국 일리노이주에 있는 정신이상자 수용소insane asylum에 감금되었다. 당시 일리노이주의 법률은 남편에게 공청회 없이도 그런 식으로 강제수용을 행할 수 있는 권한을 부여했다. 패커드는 석방되자마자 법 개정을 위한 캠페인을 성공적으로 진행했고, 그로 인해 정신

* 정신병원이 설립되기 전 광인으로 간주되는 자들을 수용하던 곳이다.

병원 강제수용 관련 법률 개정이 이뤄져 당사자는 강제수용 결정 과정에서 배심 재판을 요구할 수 있게 되었다.[13] 또 다른 중요한 활동가로는 1908년 자서전 《스스로를 찾은 마음A Mind That Found Itself》을 출간한 미국의 환자경험자ex-patient* 클리퍼드 비어스Clifford Beers를 꼽을 수 있다. 비어스는 자서전에 자신이 여러 시설에서 경험한 학대를 기록했다. 이듬해 그는 전미정신위생위원회National Committee for Mental Hygiene[이하 'NCMH']를 설립했다. 이 기구는 개혁적인 정신과 의사들과 협력해 수용소에 있는 환자의 치료를 개선하고자 했다. NCMH는 이런 측면에서 제한적이나마 성공을 거두었으며, 이후에는 당시 지배적이었던 정신위생 개념에 따라 정신건강 교육·훈련 및 대중 인식 [개선] 캠페인을 집중적으로 조직했다.[14]

---

* 1970년대에 본격적으로 시작된 정신장애인 당사자운동의 주요한 원칙 중 하나는 '자기정의self-definition'였다. 의료 모델은 정신적 고난을 경험하는 이에게 '환자'라는 정체성을 부여했는데, 이는 당사자를 수동적 위치에 머무르게 한다는 문제가 제기되었다. 즉 당사자운동은 외부에서 강제적으로 주입된 정체성을 거부하는 데 중요한 가치를 두었으며, 동시에 단 하나의 정체성으로 자신들을 규정하는 것에도 반대했다. 이것이 당사자운동이 일반적으로 하나의 용어로 규정되지 않는 이유이며, 영어로는 대표적으로 활용되는 세 가지의 정체성을 묶어 C/S/X 운동(소비자, 생존자, 환자경험자)으로 지칭된다. 이 중 '환자경험자' 정체성은 원치 않았음에도 외부에서 강제적으로 부여된 '환자'라는 정체성과 대립되는 정체성이라 할 수 있다. 아테나 매클레인Athena Mclean에 따르면, 스스로를 '환자'로 바라보는 사람은 정신질환의 의료적 모델과 전통적인 정신과적 치료를 받아들이는 경향이 있으며, 스스로를 '환자경험자'로 바라보는 사람은 의료적 모델과 전문가의 통제, 강제적인 치료 등을 거부하고 당사자가 주도하고 통제하는 대안들을 모색하는 데 중점을 둔다. 환자경험자 정체성과 유사하게 수감경험자ex-inmate로 자신을 지칭하는 당사자들도 있다. 정신의료기관에 강제로 머물러 있었던 경험이 '환자'가 아니라 '수감자'의 경험이었음을 드러내는 것이다. Athena McLean, "Empowerment and the psychiatric consumer/ex-patient movement in the United States: Contradictions, crisis and change", *Social science & medicine*, 40(8), 1995, pp.1053-1071.

1900~1950년대: '정신위생'의 시대

20세기 초반의 수십 년간 정신건강 옹호자들은 유럽과 북미에서 정신위생mental hygiene이라는 의제를 주창했다.[15] 정신위생은 미국에서 비롯된 개념으로, "마음mind의 질을 악화하거나, 에너지를 손상시키거나, 움직임을 흐트러뜨리기 위해 이뤄지는 모든 사건과 영향으로부터 마음을 보존하는 기술"로 이해된다.[16] 이 정의에 등장하는 "사건과 영향"에는 "운동, 휴식, 음식, 의복과 기후, 번식법, 정욕의 지배, 현재의 감정과 의견에 대한 공감, 지성의 규율" 등과 같은 광범위한 요소가 포함되었다. 이 모든 것은 건강한 정신을 증진시키기 위해 적절하게 관리되어야 했다.[17] 정신위생사mental hygienist들은 이렇듯 광범위한 인간사에 대한 목록을 가지고 일련의 가치관에 기대 '건강한' 생활방식을 결정해야 했다.

킹슬리 데이비스Kingsley Davis[18]가 주장하고 최근 닉 크로슬리Nick Crossley[19]가 언급한 바와 같이, 정신위생에 중요하다고 판단된 가치들은 엘리트 중산층의 뿌리 깊은 윤리에서 비롯되었다. 예를 들어, 혼외 성관계는 일탈 및 정신질환의 잠재적 원인으로 간주되었다. 그러나 이런 보수적인 요소에도 불구하고, 그 당시 정신위생 담론은 여러 진보적 측면을 가지고 있었다. 첫째, 정신위생 담론은 정신질환을 생물학적·사회적 요소를 포함한 여러 요인들 간의 상호작용에서 비롯되는 것으로 보았고, 따라서 그 환경을 개선하는 것을 대응 방안으로 간주했다. 둘째, 이 담론은 정신질환은 신체질환과 유사하며 치료가 가능하다고 주장함으로써 낙인과 맞서 싸웠다. 셋째, 이 담론은 아동기의 발달에 관심을 기울임으로써 정신질환 예방 정책을 장려했다. 넷째, 이 담론은 조기발견과 조기치료의 중요성을 주장했다.[20]

미국에서는 비어스가 설립한 단체인 NCMH가 정신위생 의제를 계속 발전시켰다. NCMH는 이후 비영리단체인 전미정신건강협회National Mental Health Association로 조직을 확장했고, 2006년 단체명을 멘털헬스아메리카Mental Health America로 변경했다.[21] 영국에서 정신위생 개념은 제1차 세계대전과 제2차 세계대전 사이에 형성되어 환자의 삶의 질과 대중 교육을 위해 캠페인을 벌인 세 개의 단체를 통해 촉발되었다. 이 단체들은 1946년 합병을 통해 영국정신건강협회National Association for Mental Health, NAMH를 결성했고, 1972년 마인드Mind로 이름을 바꾼다. 이 단체는 오늘날에도 여전히 명성 있고 영향력 있는 자선단체로 알려져 있다.[22] 1950년대 후반 이 두 단체는 다양한 캠페인과 출판물을 통해 대중 교육을 지속했으며, 위생주의 원칙에 따라 정신건강 전문가 양성에도 관여했다. 또한 그들은 정신과 환자를 위한 옹호활동을 펼쳤고, 정부로 하여금 강제입원과 관련된 구금법commitment laws 개정을 촉구하는 캠페인을 벌였으며, 수용소 중심의 정책에서 '지역사회 내 돌봄' 정책으로의 전환을 촉진하기 위해 영국 정부와 협력했다.

정신위생 담론이 수십 년간 사회를 지배하긴 했지만, 민권 담론에서는 1970년대 초에 본격적으로 시작될 일련의 발전이 이미 구체화되고 있었다. 이런 발전의 좋은 예로 영국에서는 오늘날 리버티Liberty라는 단체로 더 잘 알려진 영국시민자유협의회National Council for Civil Liberties[이하 'NCCL']를 꼽을 수 있다. 1934년

단식 행진 중 시위대를 향한 경찰의 공격적인 반응에 맞서 설립된 이 단체는, 1947년 처음으로 정신장애 관련 사건에 관여하기 시작했다. 이는 '의료적인' 이유가 아니라 '도덕적인' 이유로 정신의료기관에 부당하게 구금된 여성과 관련한 사건이었다.[23] 1950년대에 NCCL은 이 문제를 해결하기 위해 영국 정신보건법mental health law 개정을 촉구하는 적극적인 캠페인을 벌였으며, 그 결과 1913년부터 이어져왔던 정신박약법Mental Deficiency Act이 1959년 폐지되고 환자의 이익을 대변하는 심의위원회가 도입되는 등 몇몇 긍정적인 발전을 일궈낼 수 있었다.

1960년대: 반정신의학론자들의 시대

'반정신의학론자antipsychiatrist'로 불리는 몇몇 정신과 의사들은 1960년대에 정신건강 실천과 이론에 대한 비판을 이끌었다. 주목할 만한 인물로는 토머스 사즈Thomas Szasz, 로널드 데이비드 랭Ronald David Laing, 데이비드 쿠퍼David Cooper 등이 있다. 사즈[24]는 '정신질환은 신화'라는 유명한 주장을 펼쳤다. 즉 정신질환이라는 개념이 사회적으로 정상에서 벗어났다고 판단되거나 자해·타해의 위험성이 있다고 인식되는 사람들에 대한 국가적 억압을 (정신의료 산업을 통해) 정당화한다는 것이다. 사즈는 당사자가 겪고 있는 어려움을 정신질환으로 보지 않고, **생활상의 문제들problems in living**로 보았다. 다시 말해 사즈에게 당사자의 어려움은 삶의 의미와 목적을 찾는 것이나 사회적 상호작용과 관련된 도덕적·실존적 문제였다.

랭은 조현병의 의료적 개념을 '이해할 수 없는 행동을 하는 것으로 보이는 사람들에게 꼬리표를 붙임으로써 이들에 대한 권력을 행사하도록 하는 것'으로 이해했다.[25] 랭에 따르면, 그렇게 꼬리표가 붙은 사람들은 정신의학적 붕괴breakdown가 아니라 돌파구breakthrough를 경험하는 것이었다.[26] 즉 랭은 조현 당사자의 어려움을 좀 더 넓은 범위의 경험을 가능케 하고, "새로운 자아new-ego"와 "실존적 재탄생existential rebirth"으로 귀결될 수 있는 자아 상실의 상태state of ego loss로 규정했다. 이런 당사자들에게는 가이드와 격려가 필요하며, 정신과적 꼬리표는 그 과정을 왜곡하고 저지하며 불필요한 것이 된다. 한편 쿠퍼[27]는 조현병을 가족 및 사회구조에서의 소외에 대한 반란으로 보고, 소외되지 않는, 자율적이면서도 인정받는 존재가 되려는 바람의 표출로 여겼다. 쿠퍼의 견해에 따르면, '의료기관'이 '국가'의 대리인으로서 억압하고자 하는 것은 바로 이런 반란이다.[28]

정신과 치료와 정신적 고난을 경험한 사람들의 관점에서 볼 때, 1960년대의 반정신의학론자들은 활동가라기보다 반체제적 성향의 정신건강 전문가였다. 다음 절에서 언급하겠지만, 이후의 정신과 환자의 해방운동은 동정심을 가지고 있는 전문가들을 자신들의 영역에 포함시키려 하지 않았다. 그럼에도 당사자 활동가들은 정신의료 모델과 관련 제도를 비판할 때 토머스 사즈, 로널드 데이비드 랭, 데이비드 쿠퍼의 개념에 자주 기댔다. 당시 반정신의학 사상은 혁명적이지는 않았지만 급진적이었으며, 1970년대 민권 투쟁에 참여한 당사자 활동가들에게 영감을 주었다.

1970년대: 민권운동의 시대

흑인, 성소수자 및 여성 민권 활동가들의 투쟁과 성과에 영향을 받은 정신장애인 민권운동은 1960년대 후반과 1970년대 초반에 집결한 몇몇 단체로부터 시작되었다. 영국의 경우 주목할 만한 단체로 정신과환자연합Mental Patients' Union(1972)이 있으며, 미국의 경우 세 개의 단체가 초기 운동을 이끌었다. 정신이상자해방전선Insane Liberation Front(1970), 정신과환자해방전선Mental Patients' Liberation Front(1971), 그리고 정신과적 폭력에 대항하는 네트워크Network Against Psychiatric Assault(1972) 등이 바로 그 단체들이다.[29] 이전에 민권 의제를 외쳤던 NCCL 등의 단체들과 비교할 때 1970년대 이후 나타난 당사자단체들이 갖는 중요한 차이점은, 자신들을 동정적인 시선으로 바라보았던 정신건강 전문가들을 배제하고 당사자들로만 조직을 꾸렸다는 것이다. 미국 당사자운동의 핵심적 인물인 주디 체임벌린Judi Chamberlin[30]은 다음과 같이 설명했다.

> [흑인·성소수자·여성의 해방운동]의 주요 조직 원칙에는 자기정의self-definition와 자기결정self-determination이 있다. 흑인들은 백인들이 자신들의 경험을 진정으로 이해할 수 없다고 느꼈다. …… 조직화를 시작한 정신과 환자들은 그런 원칙들이 타당하다고 느꼈다. '정신질환'에 대한 우리들의 인식은 일반 대중의 인식과 완전히 대비됐고, 정신건강 전문가들의 인식과는 훨씬 더 상반됐다. 따라서 비환자non-patient를 환자경험자ex-patient 조직에 들어오게 하거나, 조직의 목표에 영향을 주는 것

을 허용하지 않는 편이 현명한 조치처럼 보였다.

반정신의학론자와 같이 호의를 표하는 전문가들조차 배제하겠다는 결정은 체임벌린의 글뿐만 아니라 정신과환자연합의 창립 문서에서도 명확히 드러난다. 이들 모두 현장에서 반정신의학론자와 거리를 두었는데, "학계 및 반체제적 성향을 지닌 정신건강 전문가들의 지적 활동"이 정신의학에 비판적이기는 하나 환자경험자를 포함시키지 않고, 당사자들의 투쟁에 관여하지 않는다는 이유 때문이었다.[31 32] 또한 체임벌린은 비환자와 전문가를 허용하는 단체는 필연적으로 운동의 해방적 목적을 버리고 결국 정신의학 개혁을 시도하는 데 그치는 모호한 입장에 놓이게 된다고 보았다. 개혁은 이런 당사자단체들의 의제가 아니었다.

정신과 환자의 해방운동은 옹호활동이라는 전선에서 기존의 정신의학을 종식시키려 했다.[33] 강제입원 및 강제치료를 폐지하고, 선택과 동의의 자유를 가장 최우선에 두었으며, 환원주의적인 의료 모델을 거부하고, '치료를 거부할 권리'를 포함해 정신과 환자가 갖는 완전한 권리의 복원을 주장했다. '정신질환자에게 내재된 위험성'과 같이 미디어에서 송출하는 부정적인 인식에도 대항했다. 옹호활동 외에도 자조단체, 지원센터, 쉼터 등 수평적이고 강제성을 띠지 않는 형태의 대안들이 정신의료기관에 대응하기 위해 마련됐다.[34] 이들의 활동 목적은 정신적 고난에 처한 사람들에게 지원을 제공하는 것뿐만 아니라, 정신과 환자도 자립적으로 살 수 있으며, 정신의료기관 밖에서 자신의 삶을 관리할 수 있다는 사실을 확립하는 데 있었다. 환자경험자들이 이런 변화를 성공적으로 이끌 수 있었던 것은 무엇보다 자신들의 상황을 이해하는 데 급진적인 전환을 도모했기 때문이었다. 이런 전환을 이들은 의식화라고 불렀다.

여성해방운동에서 차용된 의식화는 한 개인의 상황과 관련된 요소들을 체계적인 사회적 억압이라는 더 광범위한 맥락 속에 배치하는 과정이다.[35] 의식화는 사람들이 모여 자신들의 경험을 공유하고, 거기서 공통점을 확인하고, 이를 통해 더 넓은 의미와 중요성을 부여하는 방식으로 각자의 경험을 재해석하는 과정에서 이뤄지기 시작했다. 이 과정은 모임의 참가자들에게 (지금까지 자신들이 당연한 것으로 간주했을지 모르는) 내재화된 취약감이나 무능감을 뒤엎을 수 있게 하고, 자신의 능력에 대한 자신감을 되찾을 수 있게 한다는 점에서 깊은 의미를 지녔다.

정신과 환자의 해방운동에서 의식화는 '정신의료 시스템'의 핵심 가설, 즉 누군가는 정신질환을 가지고 있고, 그들에게 치료를 제공하기 위해 의료 시스템이 존재한다는 가설 자체를 해체했다. 토머스 사즈 등에게서 영감을 받은 당시의 담론은 정신의학을 사회적 통제의 한 형태로 보았다. 사회가 달갑게 여기지 않는 행동을 의료화해 '치료'를 위한 구실로 만들고, 정상적인sane 행동 방식을 강요한다는 것이다. 참여자들은 서로 경험을 공유함으로써 정신의료 시스템이 자신들에게 도움이 되지 않았음을 깨닫기 시작했다. 1977년 처음 출간된 이후 정신장애 당사자 활동가들에게 기반과 영감을 제공한 것으로 잘 알려진 책[《우리 스스로On Our Own》]에서, 체임벌린은 환자경험자들이 의식화를 통해 얻은 중요한 통찰에 대해 다음과 같이 언급했다.

의식화는 …… 소위 증상symptom이라고 불리는 것이 진짜 문제가 무엇인지 암시해주는 표식임을 알아차릴 수 있도록 돕는다. 내면에서 파괴적으로 뒤틀린 분노는 이런 재인식에 의해 해방된다. 우리 모임에 참여하는 참가자들은 자신의 정신적인 기질(또는 자신들의 신경화학적 시스템)에 결함이 있다고 믿는 대신, 자신의 일상에 존재하는 억압적인 조건들을 인식하는 법을 배우게 된다.[36]

이런 관점에서 정신적 고난과 괴로움은 한 사람이 삶에서 직면하는 여러 어려움(예를 들어 관계에서의 문제, 사회적 불평등, 빈곤, 상실, 트라우마 등)에 맞서 표출하는 정상적인 반응이 된다. 이 사회는 어려움에 처한 한 사람에게 항정신성 약물이나 정신병원의 열악한 환경이 아니라, 그 사람을 공감하고, 배려하고, 이해해주는 식의 대응을 제공해야 한다.[37] 의식화는 '정신의료 시스템'의 영역에 멈추지 않고 환자경험자에 대한 모든 차별적인 고정관념을 포함하는 더욱 거대한 체계를 문제 삼는다. 체임벌린은 탐탁지 않은 행동을 가리켜 '아프다'거나 '미쳤다'고 지칭하는 것이 만연해 있는 사회적 경향성을 지칭하기 위해 인종차별주의와 성차별주의를 참고해 **정신장애차별주의**mentalism라는 용어를 만들었다. 정신과 환자의 해방은 환자와 환자경험자들에게 정신의료 시스템뿐 아니라 사회적 고정관념에 저항할 것을, 그리고 그렇게 할 수 있는 힘과 자신감을 찾을 것을 요구했다. 환자와 환자경험자에 의해 이루어진 이와 같은 자주적 대안은 의식화와 사회적 지원을 구축하기 위한 핵심 요소였다.

소비자, 이용자, 그리고 생존자

1980년대에 들어서면서 정부기관 등이 옹호자와 활동가의 목소리에 귀를 기울이기 시작했다. 이는 의료 서비스 제공이 시장을 기반으로 한 방식으로 전환되는 과정과 환자가 해당 서비스의 소비자로 받아들여지는 맥락에서 이루어졌다.[38] 현재 서비스 소비자(주로 미국에서 사용하는 용어) 또는 서비스 이용자(주로 영국에서 사용하는 용어)로 불리는 환자와 환자경험자는 정신건강 서비스 관련 정책회의와 자문위원회에 참석해 자신들의 견해를 전달할 수 있게 되었다. 또한 평소 자금 조달을 위해 고군분투하던 자조단체들은 공적자금을 지원받기 시작했다. 미국에서는 의료 모델에 반대하지 않는 소비자 단체 혹은 서비스 개혁을 위해 정신건강 전문가와 협력하고자 하는 소비자 단체들이 여럿 결성되었다.[39]

이런 발전을 긍정적으로 여기는 이들도 있었지만, 어떤 이들은 이를 "선별적 포섭co-optation으로 인한 위기"로 간주하기도 했다.[40] 예산을 짜는 정부기관에서 받아들일 수 있을 정도의 주장들만 살아남는 환경에서 개혁을 위한 급진적인 주장을 펼치는 당사자단체는 예산을 받기 위해 자신들의 목소리를 철회해야만 했다. 또한 일부 활동가들은 소비자라는 용어를 거부했다. 그 용어가 환자들이 자신이 받는 서비스를 스스로 자유롭게 결정할 수 있다는 논의를 통해 (실제로는 그렇지 않음에도) 환자와 전

문가가 동등한 관계를 맺는다는 식의 뉘앙스를 풍긴다는 게 그 이유였다.[41 42]

소비자/이용자 담론에 맞선 것은 몇몇 국가의 단체들에서 새롭게 반향을 일으킨 생존자 담론이었다. 미국의 전미정신과생존자협회National Association of Psychiatric Survivors(1985)와 영국의 생존자의 외침Survivors Speak Out, SSO(1986)이 바로 그 예다. 생존자 담론은 이전의 운동과 여러 가지 공통점이 있었지만 차이점도 있었다. 가령 이전의 당사자운동은 전문가와 비환자가 운동에 포함되는 것을 반대했다. 반면 생존자 담론은 물론 서비스 구조, 전달 체계, 평가의 모든 측면에 당사자가 포함되어야 한다고 보면서도, 동시에 진실되고 정직한 협력 관계가 구축된다면 더 이상 전문가와 비환자를 운동에 포함하는 데 반대할 필요가 없다고 보았다.[43 44]

미국에서는 1990년대와 2000년 전후에 걸친 발전에서 두 가지 경향이 나타났다. 첫 번째 경향은 소비자 담론 및 참여를 지향하는 것이었고, 두 번째 경향은 생존자 담론을 지향하며 상대적으로 더 급진적인 분위기 속에서 인권에 관심을 두고 있었다.[45] 오늘날 이 두 가지 경향을 대표하는 전국적 단체로는 각각 전미정신건강회복연합National Coalition for Mental Health Recovery[이하 'NCMHR']과 마인드 프리덤 인터내셔널Mind Freedom International[이하 'MFI']이 있다.[46] NCMHR은 〈새로운 자유 정신건강위원회 보고서New Freedom Mental Health Commission Report〉가 설정한 "정신질환을 가지고 있는 모든 사람들이 회복될 수 있는 미래"라는 목표를 인용하면서 총제적인 회복을 촉진하는 데 초점을 맞춘다.[47] 그들은 더 나은 서비스를 위해, 그리고 소비자들이 자신의 회복에 목소리를 낼 수 있도록 낙인과 차별을 종식시키는 캠페인을 벌인다. 또한 NCMHR은 교육, 주거 및 삶의 다양한 영역에 지원을 제공하는 소비자 주도 활동을 통해 당사자의 지역사회 통합을 촉진했다.

반면 MFI는 자신들의 비전을 "정신건강 영역에서의 비폭력 혁명"으로 명시하고 있다. NCMHR과 달리 MFI는 "정신질환"이라는 언어를 사용하지 않는다. 그리고 "창조적 부조화 Creative Maladjustment" "매드 프라이드" "정상성에 대한 거부 Boycott Normal"와 같은 캠페인을 지원한다. 또한 MFI는 자신들이 정부, 제약회사, 정신건강 관련 기관 등으로부터 어떤 지원금도 받지 않는 완전히 독립적인 단체임을 단호하게 명시한다.[48] 이러한 차이점에도 불구하고 두 단체는 자신들이 (각각) 소비자와 생존자를 대표한다고 주장하며, 자신들의 운동이 1970년대 민권운동에서부터 시작되었다고 기록한다는 점에서 공통점이 있다. 그러나 NCMHR은 항상 '소비자'를 가장 먼저, 더 자주 언급하는 반면, MFI는 대부분의 회원들이 자신을 '정신과 생존자'로 정체화한다.

앞서 언급한 것처럼 오늘날 영국에서는 여러 단체가 소비자/(서비스)이용자/생존자 운동을 전국적으로 대표하고 있다.[49] 주목할 만한 단체는 영국생존자이용자네트워크 National Survivor User Network, NSUN로, 이 단체는 자신들의 목소리를 강화하고, 정책 변화를 도모하기 위해 전국의 이용자/생존자 단체 및 개인들을 하나로 모으고 있다.[50] 현재 활발하게 활동하지는 않지만, 오래된 역사를 지닌 또 다른 단체는 1990년에 창립한 영국옹호네트워크UK Advocacy Network이다. 이 단체는 이용자 주도의 옹호 캠페인을 진행하고, 정신건강 서비스 계획 및 전달 체계를 구축하는 데 이용자들의 참여를 촉진한다.[51] 2003년에 실시된 영국의 조사는 이러한 동질성을 추구하는 운동을 진행하는 과정이 단순하지만은 않음을 보여준다.[52] 가령 대부분의 응답자들은 비록 다소 느슨하더라도 전국적인 규모의 이용자/생존자 운동이 존재해야 한다는 데 동의했지만, 여러 중요한 문제들에 대해서는 다양한 의견을 제시했다. 예를 들어 강제치료가 정당화될 수 있는지 그리고 제약회사로부터 자금을 받는 것이 운동의 힘을 축소하는지 등을 둘러싼 의견 차이가 존재했다.

또한 의료 모델의 정당성에 대한 논쟁도 있었는데, 일부 응답자들은 정신적 고난에 대한 사회적·정치적 이해를 지지하면서 의료 모델을 거부하기도 했다. 이런 맥락에서 응답자들은 이용자 운동과 생존자 운동의 차이를 언급했는데, 이용자 운동은 서비스 개선에, 생존자 운동은 의료 모델과 "정신건강 서비스의 과학적 근거"에 문제를 제기하는 데 초점을 둔다.[53] 이와 관련해 의료 모델을 계속 차용하고 있는 활동가들이 정신의료 시스템이 강요하는 무기력한 이해의 틀에서 벗어나지 못하고 있다는 더욱 급진적인 목소리가 나오기도 했다. 비슷한 맥락에서 일부 응답자들은 활동가들이 정신장애인의 권리에 관심을 두기보다는 정신의료 시스템을 위해 일하고 있다고 문제를 제기하면서, 당사자운동에서 일어나고 있는 탈정치화 현상을 지적했다.[54]

요약하자면, 미국과 영국의 소비자/이용자/생존자 운동

내부에는 비자의적 구금(강제입원)과 강제치료에 대한 입장, 수용 가능한 예산의 출처는 어디까지인지에 대한 입장, 의료 모델에 대한 입장, 서비스에 대한 이용자의 참여가 바람직한지 혹은 참여를 한다면 어느 정도까지 가능한 것인지에 대한 입장 등과 관련해 다양한 관점이 공존하고 있다. 정신건강 관련 기관에서 일하면서 '내부'에서부터 개혁을 이끌어내자는 입장부터, 의료적 이론들과 치료라는 이름으로 위장하고 있는 정신과적 학대와 사회적 차별을 종식시키기 위한 운동이 필요하며 이를 위해 정신건강 관련 기관과는 어떠한 협력도 하면 안 된다는 입장까지, 다양한 관점이 존재하는 것이다. 시간이 흐르며 전국적 네트워크와 운동에서는 실용적이고 협력적인 접근법이 서서히 자리를 잡은 것으로 보이며, 이와 다르게 급진적 입장은 (결코 침묵하지는 않았지만) 다소간 주변부로 밀려난 것으로 보인다. 이러한 맥락 속에서 정신장애인 당사자운동의 최근 흐름을 대표하는 매드 프라이드는 당사자운동의 급진주의를 다시 활성화시키며 사회규범 및 사회적 이해에 진지하게 도전한다. 매드 프라이드는 매드문화Mad culture와 매드 정체성Mad identity 개념에 기반을 두고 있으며, 이는 다음에서 살펴볼 생존자 정체성의 성취를 바탕으로 한다.

생존자 정체성

생존자 담론에 함축된 의미는 분명하고 강력하다. '환자'라는 용어, 그리고 그 용어에 담겨 있는 의존성과 취약성의 의미는 생존자 담론에서 마침내 폐지된다.[55] 생존자 담론을 받아들인 사람들에게 자신이 살아남았다는 것은 다양한 층위의 의미를 갖는 것이다. 예를 들어 생존자들은 정신의료 시스템 안에서 발생하는 강제구금에서 살아남아야 했으며, 파괴적이고 무용한 치료에서 살아남아야 했고, 사회 안에 존재하는 차별과 낙인에서 살아남아야 했으며, 어떤 사람들은 자신들이 경험한 정신적 고난과 괴로움(타자에 의해 '정신질환'이라는 꼬리표가 붙은 여러 경험)에서 살아남아야 했다. 생존자들은 강제적으로 부여받았던 '환자' 정체성을 버림으로써, 자기정의self-definition를 향해 한 걸음 더 가까이 나아갔다.[56] 또한 바로 이 '생존자'라는 용어는 살아남았다는 것 자체가 가지고 있는 긍정적인 관점과 가치들(이를테면 회복탄력성resilience, 강점 등)을 내포하고 있다. 린다 모리슨Linda Morrison은 이를 "영웅적 생존자 서사heroic survivor narrative"로 표현했고, 이것이 생존자 운동에 참여하는 사람들이 자신이 경험했던 부당함에 대한 감각을 공유하고 집단 정체성을 형성하는 데 핵심적인 기능을 한다고 보았다.[57]

생존자 정체성의 핵심은 생존자의 목소리를 중요하게 여기는 데 있다. 즉 사회나 정신의료 시스템이 무시하는 자신의 목소리로 자신의 이야기를 풀어낼 수 있다는 사실이 중요하다. 잘 알려진 영국의 활동가이자 시인 피터 캠벨Peter Campbell은 정신의료 시스템 내부에서 지속적으로 발생하고 있는 많은 "피해들"에 대해 다음과 같이 언급했다.[58]

> (그 피해들은) 나의 개인적인 통찰력과 경험에 가치 부여하기를 거부한 정신의학 때문에 발생했다. …… 당사자들이 가지

고 있는 가장 생생하고 복잡한 내면의 경험을 아무 의미 없는 것으로 치부하는 일이 그들에게 어떤 피해도 끼치지 않을 거라고 기대하기는 어렵다.

생존자 목소리에 대한 강조는 1970년대 존재했던 당사자 운동과의 한 가지 차이점을 추가로 부각시킨다. 1970년대 활동가들은 토머스 사즈, 어빙 고프먼Erving Goffman, 마르크스 등의 저술을 바탕으로 정신의학에 대한 비판을 지속했지만, 생존자 담론은 생존자인 당사자의 목소리에 힘을 실어줌으로써 그런 '권위 있는' 자료의 사용을 가급적 피했다. 이와 관련해 크로슬리[59]는 다음과 같이 언급했다.

> 생존자들은 정신적 고난과 (잘못된) 치료의 경험을 문화적·상징적 자본의 형태로 전환시킬 수 있었다. 경시되어온 환자의 지위가 생존자 운동의 맥락 안에서 뒤집히게 된 것이다. 생존자 운동의 맥락에서 당사자는 진정성을 보장받게 되고, 말할 수 있는 권한을 획득하게 된다. 낙인을 부여했던 정신적 고난과 치료의 경험은 생존자 담론 안에서 이제 가치 있고, 어쩌면 더 우월한 지적 기반으로 인정된다. 생존자들은 (그 고난을) 경험했고, 또 그로부터 생존했기에 '광기'와 '치료'에 대한 지식의 측면에서 권위를 가질 수 있었다. 적어도 해당 운동 내부에서는 그 권위를 인정했다.

따라서 생존자는 자신의 경험에 관한 전문가이자, 정신의료기관에서 치료받는 대상이 된다는 것이 어떤 것인지, 그리고 사회에서 낙인과 차별에 직면하는 것이 어떤 것인지에 관한 전문가가 된다. 말하자면 생존한다는 것은 다양한 어려움에서 벗어나는 것으로 해석될 수 있다. 이때 어려움에는 외적인 어려움은 물론, 애초 정신의학과의 만남을 이끈 정신적인 고통과 관련된 경험 등에 포함되어 있는 내적인 어려움도 있다. 이런 의미에서 생존자 담론은 광기라는 현상에 부착되어 있는 부정적인 가치, 즉 정신병, 정신질환 및 병리학의 언어에서 영향을 받은 가치들을 완전히 전복시키지는 못했다. 이는 어떤 한 사람이 개인적인 정신적 고통과 경험에서 **생존했다**는 개념에서 분명히 드러난다. 이때 당사자가 그 '고통과 경험'을 긍정적이거나 중립적인 무엇으로 여길 가능성은 낮다(여기서 그 고통이 당사자의 인격을 형성하는 데 영향을 미쳤을 것이라는 목적론적 의미는 제외한다). 마찬가지로 만약 어떤 당사자가 스스로 정신적 고통과 경험보다는 정신의료 시스템에서 생존했다고 여기는 경우에도, 그 고통과 경험 자체를 긍정적으로 바라보는 시선은 존재하지 않는다. 살아남는 데 도움이 되는 개인적 특성들이 칭송될 만한 것이 아니라면 말이다. 오직 매드 프라이드 담론만이 정신질환의 언어와 이를 뒷받침하고 있는 사회규범 및 가치관에 확실하게 도전한다. 그런 의미에서 매드 프라이드 담론을 살펴보기 전에 광기의 의미부터 살펴볼 필요가 있다.

3. 광기의 의미

대문자 'M'으로 시작하는 매드Mad는 개인의 정체성을 규정할 수 있는 한 가지 방법을 의미한다. 이런 측면에서 매드 정체성은 마오리족Maori, 아프리카계 카리브해인African-Caribbean, 농인Deaf과 같은 다른 사회적 정체성과 유사하다. 만약 누군가가 어떤 사람에게 당신은 왜 스스로의 정체성을 매드 혹은 마오리족으로 규정했느냐고 묻는다면, 이에 대한 가장 간단한 답은 **내가 매드 혹은 마오리족이기** 때문이라는 것이 된다. 그리고 이 대답이 단순한 동어반복(즉 어떤 사람이 자신을 매드로 식별하기 때문에 그의 정체성이 매드가 된다는 것) 이상의 것이 되기 위해서는 한 개인의 정체성을 넘어 더 많은 것을 이야기해야 한다. 즉 '광기madness'란 무엇인지, 그리고 '마오리성maoriness'이란 무엇인지에 대해서 말이다. 위와 같은 답에는 다음과 같은 전제가 함축되어 있다. 가령 자신이 마오리족이라고 주장하는 어떤 사람들이 있다고 해보자. 하지만 그 주장과 달리 그들이 실제로 앵글로색슨족이나 백인, 혹은 흑인의 정체성을 가진 것으로 확인될 경우, 그들은 자신의 **본성nature**에 대해 근본적으로 잘못 알고 있다고 간주된다. 그리고 이 마지막 단어인 '본성'은 그 사고방식이 가지고 있는 복잡함을 나타내며, 정체성을 그런 식으로 이해하는 '본질주의essentialism'에 대한 비판을 제기한다.

철학에서 본질주의란 어떤 대상이 본질적인 속성을 가질 것이라는 관념을 뜻한다. 이 본질적인 속성들은 어떤 대상을 바로 그 대상이게끔 하는 것이다. 예를 들어 행성의 본질적 속성은 별 주변을 공전하는 것이다. 한편 사회적·정치적 논의에서의 본질주의는 더 광범위하게 해석된다. 본질주의에서 한 개인의 정체성은 [선천적으로] 부여되어 변하지 않는 '자연적·본성적natural' 특질과 밀접하게 연관되어 있으며, 그 본성적 특질은 한 개인 또는 그러한 특질들을 공유하는 집단들이 특정 행동을 하거나 특정 성향을 갖도록 한다. 본질주의에 대한 비판은 인종학race studies, 퀴어학queer studies, 페미니스트 이론 등 여러 영역에서 이루어졌다. (예를 들어 오늘날 북미 페미니스트 이론에서는 '여성의 경험'에 대해 언급되었던 것이 단지 '중산층 백인 페미니스트들'의 경험에서 비롯된 본질주의적 일반화에 지나지 않았다는 것이 자명하게 받아들여지고 있다.[60]) 이때 문제가 되는 것은 '여성' '흑인' '매드'라는 범주들의 구성이다. 한 범주에 속하는 모든 구성원은 자신의 본질의 일부, 즉 여성이라는 것, 특정 인종이라는 것, '매드'라는 것에 대해 깊은 공감대를 공유하고 있다고 가정된다. 그러나 젠더 본질주의[61]나 인종 본질주의[62] 또는 광기에 대한 본질주의적 태도[미쳤다고 볼 수 있는 경험과 행동에 대한 구분되는 범주가 존재한다는 주장]에는 이를 지지할 만한 어떠한 근거도 없는 듯하다. 지금부터 개괄하겠지만, 이런 식의 본질주의에 대한 반론은 빠르게 증가하고 있다.

정신병에 대한 본질주의적 사고를 비판하는 철학 및 정신의학 문헌들은 꽤 많다. 일반적으로 정신의학적 범주가 자연종이라는 주장을 반박하는 것들이다.[63] '자연종natural kind'은 자연 안에 존재하는, 서로 간의 범주적 구분이 명확히 가능한 실체를 지칭하는 철학적 개념이다. 자연종의 관찰 가능한 특징은 내부 구조internal structure에서 비롯되며, 그 특징은 해당 자연종 범주에 들어갈 수 있는 자격 조건이 된다. 예를 들어, 수소 분자 2개와 산소 분자 1개를 가진 화합물은 물이 되는데, 이때 물이라는 자연종이 되는 것은 외부에서 관찰 가능한 특징과는 무관하다. (H_2O의 경우 얼음, 액체 또는 기체일 수 있다.) 자연종에 기반한 사유는 다음의 가정들에서 명백히 드러나듯 정신병에 대한 전형적인 과학적·의료적 접근법임을 알 수 있다.[64] (1) 서로 다른 질환은 명백하게 구별된다(조현병과 양극성 장애는 서로 다른 별개의 것이다). (2) 개인은 질환을 가지고 있거나 가지고 있지 않다. 즉 질환은 별도의 구분되는 범주이다. (3) 질환의 관찰 가능한 특징(증상과 징후)은 내부 구조(기저의 비정상성)에 의해 인과적으로 생성된다. (4) 진단은 한 개인에게서 발현되는 질환의 종류를 결정한다.

이 강력한 본질주의적 가정들이 허상처럼 보인다면, 그것은 정신병에 대한 사유가 이미 새로운 관점으로 이동했거나, 그렇게 이동하는 과정에 있기 때문일 것이다. 여기에 나열된 모든 가정들은 비판되어왔다.[65] 많은 사례에서 한 질환과 다른 질환 사이의 명확한 구분, 그리고 질환이 있음과 질환이 없음 사이의 명확한 구분을 도출하는 것이 불가능하다는 점이 밝혀졌다. 또한 구분들 사이의 모호한 경계가 다수 드러나기도 했다. 가령 조현병과 양극성 장애의 증상이 중첩되기도 했고, 조현정동장애schizoaffective disorder 혹은 정신증적 증상이 있는 조증mania with psychotic symptom과 같은 어색한 구조가 만들어지기도 했다. 이와 유사하게, 임상적 우울증과 극심한 슬픔 사이의 경계가 모호하다는 비판 또한 제기되었다. 이뿐만 아니라, 자연종의 관점에 함축되어 있는 환원주의적 인과성 구도를 정신병에 적용하는 것 자체가 불가능해 보이기도 한다. 우리가 정신과적 증상이라고 부르는 것이 다양한 상호작용 요인(생물학적·사회적·문화적·심리적 등)의 산물이라는 것은 이제 자명한 사실이다. 그리고 많은 활동가들이 반복적으로 지적했듯, 진단이란 환자의 기록을 기존에 존재하는 범주와 일치시키는 과정이 아니라 두 입장 사이에서 벌어지는 복잡한 상호작용이다. 즉 한쪽(임상의)이 다른 한쪽(환자)이 말하는 것을 정신의학의 언어로 끊임없이 재해석하면서, 환자에게 권력을 행사하는 과정인 것이다.

질병으로부터 건강을 구별해내는 것, 건강으로부터 질병을 구별해내는 것의 어려움은 최근 '모호성vagueness'이라는 개념을 통해 논의되고 있다. 정신과적 개념과 정신과적 진단 범주에 포함되는 현상과 그렇지 않은 현상 사이을 뚜렷하게 구분하는 것이 불가능하다는 것이다.[66] 물론 정신의학의 모호성이 정신과적 개념과 범주에 대한 더 정밀한 탐구의 필요성을 제거하는 것은 아니다. (예를 들어 우리는 과학적 지식을 더 발전시켜야 한다고 말할 수도 있다.) 하지만 모호성에 입각한 문제제기는 건강의 상태와 경험의 형태를 범주적으로 나타내기보다는 연속적 정도의 측면으로 공식화할 것을 주장한다. 이를 정신건강에 대한 점진주의적 접근법이라 칭하며, 이런 접근법을 뒷받침하는 훌륭한 증거들이 있다. 예를 들어 에마 설리번-비셋Ema Sullivan-Bisett과 그 동료들[67]은 망상적 신념과 망상적이지 않은 신념은 종적으로 다른 것이 아니라 그 정도에서 차이가 있을 뿐이라는 주장을 개진했다. 그들은 망상적이지 않은 신념 또한 반증에 대한 저항, 신념을 저버리는 것에 대한 저항, 그리고 편견과 동기 부여 요인이 신념을 형성하는 데 미치는 영향 등과 같이, 망상에 속해 있다고 여겨져온 인식적 결함을 동일하게 보여준다고 주장했다. 이와 유사하게, 앞서 지적했듯 일반적인 슬픔과 임상적 우울증은 원칙적인 근거에 따라 구분되기 어려우며, 진단을 내리기 전 몇 주 동안 우울감을 느껴야 하는지와 관련한 임의적인 기준에 의존한다.[68] 관련한 또 다른 문제는 증상의 비명확성이다. 가령 환청, 사고 주입thought insertion, 수동성 현상passivity phenomena*과 같이 조현병의 병리로 간주되는 증상들은 비환자 집단에서도 발견될 수 있다.[69]

정신건강 개념의 모호성, 그리고 심리적 현상에 관한 점진주의는, 조현병, 양극성 장애, 혹은 광기 등과 같이 근본적인 본질을 포함하는 별개의 범주가 있다는 생각을 약화한다. 그러나 다른 한편으로 사람들은 계속해서 자신을 여성, 아프리카계 미국인, 마오리족, 성소수자, 그리고 매드로 정체화한다. 그렇다면 이와 같이 자신의 정체성을 범주에 의거해 규정하는 것이 틀린 것일까? 그들이 틀렸다고 말하는 것은 사회적 정체성의 본

* 수동성 현상은 조현병의 특징으로 기술되어온 증상이다. 수동성 현상을 경험하는 정신증 당사자는 자신의 사고나 행동이 다른 외부 요인의 영향을 받거나 통제되고 있다고 믿는데, 예를 들어 자신의 팔다리의 움직임을 수동적인 관찰자가 되어 경험하기도 한다. Knut Schnell, Karsten Heekeren, Jörg Daumann, Thomas Schnell, Ralph Schnitker, Walter Möller-Hartmann, Euphrosyne Gouzoulis-Mayfrank, "Correlation of passivity symptoms and dysfunctional visuomotor action monitoring in psychosis", *Brain*, 131(10), 2008, pp.2783-2797.

질을 착각하는 것이다. 4장의 중심이 되는 논쟁을 미리 언급하자면, 정체성은 그 사람이 누구인지를 이해하는 방식이며, 그 이해는 항상 기존의 집단 범주에 이끌린다. 즉 정체성은 그런 범주들과의 어떤 관계 속에 자신을 위치시키는 것이다. 매드로 자신의 정체성을 규정하는 것은 광기와의 어떤 관계 속에 자신을 위치시키는 것이며, 마오리족으로 자신의 정체성을 규정하는 것은 마오리 문화와의 어떤 관계 속에 자신을 위치시키는 것이다. 이제 그 범주들은 어떤 불변의 원칙에 따라 정해진다는 의미에서 '본질적인 것'이 아닐 수도 있다. 하지만 이러한 사회적 범주의 의미와 지속적인 존재가 그 범주를 거부하는 한 사람에 의해 좌지우지되는 것은 아니다(또한 사회적 범주는 어떤 한 사람의 존재만으로 생성될 수 없다. 그가 그 범주를 형상화하는 데 중요한 역할을 할 수 있다 하더라도 마찬가지이다). 이러한 범주들은 그 본성 자체가 사회적이기에 새롭게 정의하는 것이 가능하며, 따라서 집단적 사회운동은 특정 범주를 되찾을 수도, 긍정적인 방식으로 재정의할 수도 있다. 특정 사회적 범주가 모호한 경계를 가지고 있고, 어떤 본질적인 것에 의해 뒷받침되는 것이 아니라면, 그 범주는 새롭게 정의될 수도 있는 것이다. 하지만 해당 범주를 새롭게 정의함으로써 사람들이 스스로를 해당 범주와 동일시하는 태도를 폐지하는 데까지 이를 것이라고 기대할 수는 없다. 이를테면, 인종이 본질적이지 않다는 점만으로 어떤 사회에 존재하는 백인이나 흑인과 같은 정체성을 없애기에는 충분치 않을 것이다.

당사자운동의 맥락에서 자신의 정체성을 매드로 규정하

는 것은 광기가 정의되는 방식과 깊이 연관되어 있다. 따라서 광기의 의미가 무엇인지가 중요한 주제로 떠오른다. 광기를 둘러싼 다양한 정의를 소개하기 위해 《매드 매터스: 캐나다 광기학의 비판적 독해Mad Matters: A Critical Reader in Canadian Mad Studies》[70]라는 중요한 책에서 제기된 몇 가지 관점을 소개하고자 한다. 중요한 것은, 매드 정체성은 타자에 의한 부당대우 및 꼬리표 붙이기labeling의 경험에 기반하는 경향이 있다는 점이다.[71] 제니퍼 풀Jennifer Poole과 제니퍼 워드Jennifer Ward가 말했듯, "매드는 병리적·정신의료적 관점에서 '정신질환자'로 규정된 사람들이 다시 되찾아온 용어"이다.[72] 이와 유사하게, 에릭 파브리스Erick Fabris는 매드란 "정신장애차별주의자들sanists에 의해 미쳤거나 정신질환이 있다고 간주되었던 우리 집단을 의미하며, …… 이런 상황을 정치적으로 의식하고 있음을 의미한다"고 언급했다.[73] 이러한 매드의 정의는 일군의 개인들이 그들이 (느슨하게나마) 공유하는 몇몇 특성들에 의거한 차별과 억압을 경험할 때 어떠한 집단을 이루게 된다는 점을 상기시킨다. 그리고 그런 특성들이 광기의 사회적 범주를 형성하게 된다. 이와 관련해 《매드 매터스》의 저자들은 다음과 같이 썼다.[74]

> 한때 최악의 편견과 능욕의 의미로 매도되었던 용어인 광기는 이제 정서적인 것, 영적인 것, 신경다양성neuro-diversity 등과 상응하는 개념이 되었고, '정신질환' 혹은 '정신병'에 대한 비판적 대안으로 자리매김했다. …… 퀴어운동, 흑인운동, [비만에 대한 차별과 혐오에 반대하는] 비만수용운동fat activism과 이외

의 다른 사회운동들에 이어, 광기의 언어와 텍스트는 억압의 언어를 전복시키고 폄하된 정체성을 되찾으며, 차이에 대한 존엄과 프라이드를 복원한다.

이와 비슷하게 마리아 리그히오Maria Liegghio는 다음과 같이 언급한다.[75]

광기는 '정상적 정신' 대 '병리화된 정신'이라는 정신의학의 지배구조에 저항하고 도전하는 일련의 (사고, 기분, 행동 따위의) 경험들을 의미한다. 나는 광기를 고치고, 통제하고, 수리해야 하는 부정적인 상태로 바라보는 정신의학의 지배구조를 채택하기보다, 광기를 인종, 계급, 젠더, 섹슈얼리티, 세대 등과 같은 사회적 범주이자 우리의 정체성과 경험을 정의하는 역량으로 다루고자 한다.

매드운동은 당사자에 대한 억압 및 낙인, 부당한 대우라는 공유된 경험에서 출발하며, 생의료적 언어를 거부하고 '매드'라는 언어를 되찾아 오고, 종국에는 광기를 긍정적인 것으로 발전시킴으로써 '매드 정체성'으로 나아간다. 이와 관련해 보니 버스토우Bonnie Burstow[76]는 다음과 같이 말한다.

공동체가 하는 일은 본질적으로 이 단어들을 되찾아 와서, 이 단어들을 문화적 다양성, 사고와 정신의 처리 과정에 대한 대안적 방식, 인지되지 않은 진실을 말하는 지혜, …… 그리고 우리 모두의 마음속에 존재하는 창조적인 지하세계를 함축하는 방식으로 사용하는 것이다. 이 단어들을 되찾을 때 공동체는 정신적 다양성psychic diversity을 긍정할 수 있으며, '광기'를 받아들일 수 있는 특성으로 재배치할 수 있다. 이러한 맥락에서 '매드'와 '프라이드'라는 단어는 높은 빈도로 함께 쓰인다.

4. 매드 프라이드

매드 프라이드의 기원과 활동에 대하여

'프라이드pride'라는 용어는 1993년 토론토에서 최초로 개최된 정신과 생존자 프라이드 데이Psychiatric Survivor Pride day, 그리고 생존자 운동survivor movement과 관련되어 있다. 프라이드 데이 주최자 중 한 명인 릴리스 핑클러Lilith Finkler[77]는 행사명을 '프라이드 데이'로 선택한 이유에 대해 생존자들이 게이 혹은 레즈비언 공동체의 구성원들과 유사한 억압을 공유하고 있기 때문이라고 설명했다.[78] 운동과 행동으로서 본격적으로 이름이 알려진 매드 프라이드는 1997년 영국에서 새롭게 부상한 사회운동의 흐름 속에서 시작되었다. 당시 정신건강 서비스에 참여하고 있었던 많은 활동가들은 이용자/생존자의 관점이 "관료적 시스템에 흡수되어 무력해질 뿐"이라고 느꼈다.[79] 이뿐만 아니라, 비자의적 구금이나 사회적 차별과 같은 문제들의 해결이 더 이상 진전을 보이지 않자, SSO(생존자의 외침) 조직의 일부 구성원들이 직접 단체를 구성하기에 이른다. 런던에서 개최된 게이 프라이드

Gay Pride 페스티벌에서 영감을 얻은 매드 프라이드는 1997년에 결성되었으며, 이 행사명은 SSO의 마지막 회의 도중 배포된 설문지를 통해 선정되었다. 이 운동의 등장은 새로운 당사자운동의 시대를 열었다. 정신건강 의제를 의식적으로 다른 민권 의제들과 동등한 지위에 배치함으로써 1970년대 민권운동의 열정에 다시금 불씨를 지핀 것이다. 선집 《매드 프라이드Mad Pride》에서 편집자들은 다음과 같이 말한다.

> 매드 프라이드는 새로운 밀레니엄 시대 최초의 위대한 민중 자유운동civil liberties movement이 될 것이다. 지난 세기 동안 인종·젠더·섹슈얼리티의 영역에서는 [당사자들이] 자신의 권리와 자기결정권을 주장하면서 거대한 진전을 이루어냈다. 하지만 '정신건강'과 관련된 문제는 이 흐름에 보조를 맞추지 못했다. 이제 그 모습은 바뀔 것이다.[80]

《매드 프라이드》의 편집자들은 이 새로운 운동은 폭동, 시위, 약물거부운동을 계속할 것이며, "사회의 완전한 변화"를 추구하는 사람들과 함께 "광기의 경험과 그것을 둘러싼 언어들"을 되찾을 것이라고 주장했다.[81] 매드 프라이드는 "정신적으로 아픈" 존재로서 오랫동안 지속되었던 희생자의 지위를 버리고, 매드 정체성과 매드문화를 기념하기 시작했다.[82] 2002년 북미에서도 정신과 생존자 프라이드Psychiatric Survivor Pride가 매드 프라이드Mad Pride로 명칭을 바꿨다.[83] 북미에서 진행된 매드 프라이드는 매드 정체성 확립, 매드 공동체 구축 및 역량 증진, 차별에 대

한 이의제기와 권리 옹호 등을 행사 목표로 내세웠다.[84]

매드 프라이드는 연중 언제든 조직될 수 있는 행사로, 특히 7월 14일로 지정된 국제 매드 프라이드 데이International Mad Pride Day는 하루에서 일주일가량 지속되는 축제로 자리매김했다.[85] 현재까지 매드 프라이드는 캐나다, 영국, 미국, 아일랜드, 벨기에, 프랑스 및 호주 등에서 개최되었다.[86] 매드 프라이드의 구체적인 활동으로는 '매드'로 정체성을 형성한 이들이 기획한 예술 전시, 연극 공연, 음악, 춤, 시, 야유회, 시위, 침대 밀기bed push 등의 프로그램과 정신의료 시스템과 관련된 문제에 대한 정보 공유 및 패널 토론, 자신들의 경험 및 투쟁을 기록한 활동가들의 책자 발행 등이 있다. 이런 행사들을 정의하는 것은 다름 아닌 창조성, 협력, 다양성의 기념, 정신의료제도에 대한 저항 등의 키워드이다. 예를 들어 2012년 매드 프라이드 토론토Mad Pride Toronto는 참석이 어려운 참가자들에게 "DSM*을 찢거나, 훼손하거나, 편집하거나, 새롭게 작성하거나, DSM으로 종이반죽을 만들거나, 종이접기를 하거나, 종이비행기를 만들어 날리라고" 공지하기도 했다.[87]

* 미국정신의학협회American Psychiatric Association가 출간하는 정신질환 진단 및 통계 편람Diagnostic and Statistical Manual of Mental Disorders, DSM은 전 세계적으로 가장 널리 사용되는 정신질환의 진단 문헌이다. DSM은 1952년 처음 출간된 뒤 II, III, III-R, IV, IV-TR, 5판 등으로 여섯 차례 개정되었다. 현재는 2013년 5월 배포된 다섯 번째 개정판인 DSM-5가 활용되고 있다. DSM에 대한 다양한 비판적 관점을 다룬 책들로는 다음을 참조할 수 있다. 앨런 프랜시스, 《정신병을 만드는 사람들》, 김명남 옮김, 사이언스북스, 2014; 샌드라 스타인가드, 《비판정신의학》, 장창현 옮김, 건강미디어협동조합, 2020.

매드 프라이드 담론들

매드 프라이드 담론은 단일하지 않다. 예를 들어, 기존의 체제를 파괴하는 광기의 특성을 강조하며 음악 및 예술과의 연관성에 초점을 두는 활동가들이 있다. 또한 어떤 활동가들은 사회에 대한 마르크스주의적 해석을 지지하며 매드 프라이드를 통상적인 계급투쟁의 일부로 간주하기도 한다. 한편 다른 활동가들은 점거운동, 환경운동, 전지구적 정의운동 등과 함께 연대하는 데 활동의 초점을 두기도 한다. 그리고 어떤 사람들은 광기를 영성적인 것으로 여기며, 다른 세계와 연결될 수 있는 것으로 간주하기도 한다. 한편, 매드 프라이드의 목표를 지지하고 자신도 이에 소속되어 있다고 생각하지만, 매드라는 용어와 자신을 동일시하지 않는 사람들도 있다. 이렇듯 다양한 입장들이 있지만, 매드 프라이드와 관련된 출판물, 홍보물 및 선언문을 검토해보면 이 담론의 필수적인 요소들이 드러난다. (1) 매드 정체성 및 매드문화, (2) 광기, 창조성, 영성, (3) 광기, 정신적 고난, 장애, (4) '위험한 선물'로서의 광기가 바로 그것이다.

다음 절에서는 매드 프라이드 담론의 필수 요소를 설명하고자 하며, 인용문을 가급적 있는 그대로 사용해 각각의 주장을 좀 더 생생히 드러내고자 한다. 그런 뒤 매드 프라이드가 무엇을 요구하는지 설명해볼 것이다.

매드 정체성과 매드문화

매드 프라이드 담론의 핵심은 광기에 대한 관점의 변화에 있다. 광기를 질환으로 바라보는 관습적인 이해에서 광기가 정체성과 문화의 근거가 될 수 있다는 관점으로 전환하는 것이 매드 프라이드의 중요한 핵심을 이룬다. 이는 독특한 경험과 현상에 근거해 의미를 부여할 수 있는 광인의 역량에서 비롯된다. 더불어 당사자들은 사회적 낙인, 차별, 그리고 기존의 정신건강 서비스에 대한 투쟁적 경험을 공유함으로써 연대감과 집단적 정체성을 형성한다. 독특한 감수성과 창조성에서 발현되는 예술 활동과 음악 등을 제작하고 전시하는 환경에서, 정신의학의 생존자와 환자경험자로 자신을 정의한 사람들이 함께 모여 경험을 공유하는 것은 당사자들의 문화적 정체성으로서 광기를 굳건하게 만든다. 이 과정을 보면 권리를 요구하는 다른 집단들과의 유사성이 명백하게 드러난다.

> 매드 프라이드는 우리의 개인적·집단적 강점을 포함하는 매드 정체성, 매드 공동체, 매드문화를 기념한다. 또한 매드 프라이드는 정신의학의 역사와 광기의 경험 속에서 우리가 느끼도록 강요받은 수치심과 맞서고, 정신의료제도와 사회의 여러 영역에서 우리가 마주하는 억압에 저항한다. 매드 프라이드는 우리를 비롯한 모든 사람들에게 광인인 우리 역시 다른 모든 사람들처럼 '있는 그대로의 우리 자신이 될 권리rights to be ourselves'를 가지고 있음을 상기시켜준다.
>
> —매드 프라이드 해밀턴Mad Pride Hamilton[88]

매드문화란 무엇인가? 매드문화는 광인이 가지고 있는 창조성을 기념하는 것이며, 삶을 바라보는 우리의 독특한 방식에 대한 자부심이다. 또한 매드문화는 우리의 내면세계를 표현하고, 그것을 수치심 없이 유효한 삶의 방식으로서 다른 사람들과 공유하는 방식이다. 우리는 이미 사회의 소외된 영역에 위치하며, 사실상 사회의 가장 소외된 곳에 있다고 할 수 있다. …… 우리는 우리가 편안함을 느낄 수 있는 우리만의 문화를 구축해야 한다.[89]

매드문화란 무엇인가? 문화에 대해 이야기할 때, 우리는 광인들을 하나의 질병이 아닌 한 사람으로서, 그리고 평등을 추구하는 집단으로서 이야기한다. 광기란 우리가 자랑스럽게 여기는 정치적·사회적 정체성이다. 광인으로서 우리는 세계를 경험하고, 의미를 만들고, 배우고, 공동체를 발전시키고, 문화를 창조하는 독특한 방식을 가지고 있다. 이러한 매드문화는 매드 프라이드 기간 동안 전시되고 기념된다.

—매드 프라이드 해밀턴

'정신질환'과 '정신병'이라는 언어를 거부하는 것은 매드 프라이드 담론의 핵심이다. 그런 언어들을 대체하기 위해 '매드'라는 용어를 되찾는다. 그렇게 되면, 이 용어에 대한 부정적인 인상은 좀 더 긍정적인 의미로 대체된다.

광기는 나와 분리되어 존재하는 '질환'도, 내가 치료하길 원하는 '증상'의 집합체도 아닌, 내 정체성의 한 측면(내가 누구인지, 내가 세상을 어떻게 경험하는지에 대한 것)이다. …… 캐나다의 보건의료기관들은 광인들은 '질환'을 가지고 있는 한 개인일 뿐이라는 생각을 대중들에게 밀어붙이고 있다. (모든 정신건강 인식 개선 캠페인이 사실상 이런 식으로 진행되고 있는 것을 알고 있는가!) 이런 사고방식은 우리를 평등을 추구하는 집단으로 인식하지 못하게 만든다. 우리는 독특한 사고방식, 지식, 관계, 조직 체계, 생활방식을 기반으로 공동체를 형성하고, 문화를 창조한다. 우리는 광기와 관련된 의료적 관념들에 맞서 대안을 추구한다.[90]

매드문화라고 할 수 있는 것이 존재할까? …… 광기는 정신과적 경험을 가진 사람들을 하찮게 만드는 방식으로 쓰이는 단어였으나, 그로 인해 상처 입었던 사람들이 최근 '광기'를 되찾아 다시 자신들의 것으로 만들었다. 역사적으로 광인에 대한 식별은 정신과 진단에 의존해왔고, 이는 매드와 관련된 모든 경험이 생물학과 관련되어 있다고 가정했다. 마치 광인들의 광범위한 경험, 이야기, 역사, 의미, 믿음, 광인들 개개인의 존재 방식이 전 세계 어디에도 존재하지 않는 것처럼 말이다.[91]

매드 프라이드는 자신들의 경험이 정신의학의 영향 아래 의료화되는 것을 거부하며 다른 방식으로 새롭게 관점을 정립한다. 이와 같은 매드 포지티브 접근법은 나를 병리화하지 않는다. 나는 더 이상 '아픈' 사람으로 인식되지 않는다. 오히려 나를 '정상'이라는 기존의 편협하고 배타적이며 차별적이었던 개념에서 벗어나는 사람으로 만들어준다. 내가 나 자신으로서 잘 살 수 있기 위해서는 내가 아니라 세상이 달라져야 한다. …… 매드 프라이드는 광인들을 평등을 추구하는 집단으로 바라보며, 그들이 여타의 주변화되고 소외된 당사자 집단과 유사한 위치에 놓여 있다고 간주한다. 우리는 단지 '질환'을 가지고 있는 '개인'이 아니다.[92]

매드 포지티브 접근법: 광기, 창조성, 영성

당사자 활동가들의 글에서는 매드 포지티브Mad positive라는 틀과 접근법이 자주 언급된다. 이 중 일부는 광기라는 주관적 현상이 가지고 있는 독특성을 강조한다. 가령 감각 인식이 고조되는 상태, 강렬한 음성 감각과 시각적 자극, 평범하고 일상적인 경험에서 복잡성과 중요성을 감지할 수 있는 능력 등이다. 정신병리학에서는 그런 현상이 각각 감각적 왜곡sensory distortion, 환각hallucination, 망상적 지각delusional perception으로 분류되지만, 활동가들에게는 특별하고 가치 있는 것으로 여겨진다. 다음의 인용문 중 첫 번째와 두 번째는 영국에서 발행된 서적 《매드 프라이드: 매드문화의 축제Mad Pride: A Celebration of Mad Culture》[93]에서 발췌한 것이며, 세 번째 인용문은 이카루스 프로젝트Icarus Project의 창립자 중 한 명에 의해 작성된 것이다.[94]

하지만 광기는 진정으로 다채로움을 발휘하지. 이봐! 온전한 정신이라는 것은 분명 흐리멍텅한 젤리형 미아즈마*의 흑백 논리 속에서만 살아남을 거야. …… 내가 미쳤거나 황홀한 상태에 있을 때면 나는 내 심장이 갈비뼈에 부딪쳐 터질 것 같다고 생각하곤 했어. 나는 한 가지 색을 칠하고, 그 위에 다른 색을 덧칠하곤 했지. 그 위에 여러 다른 색깔의 조명을 비춤으로써 해독할 수 있는 의미의 층을 만드는 거였어.[95]

매드 프라이드는 "광기는 새로운 로큰롤이다!"라는 슬로건을 내건다. '조현병' 같은 '병'에는 긍정적이고 흥미로운 것들이 정말 많다. '심해에서의 낚시'를 경험한 우리 모두는 LSD** 가 할 수 있는 것보다 더 많은 것을, 말로 표현할 수 없는 경이로움과 공포, 그리고 고조된 의식을 감각하게 될 것이다. …… 망할 정신과 나부랭이fucking shrink들에 의해 그저 '망상'으로 치부되며 소외되었던 상황을 뛰어넘어, 매드 프라이드라는 새로운 비전을 제시할 수 있는 것이다.[96]

지평선으로 가득 찬 눈, 암석들 틈 위로 떠오르는 일출의 윤곽, 그리고 수많은 이해의 실타래들이 갈라지는 프랙털fractal과 같은 심장으로 나는 솟아올랐다. 이 순간들은 내 인생에서 가장 중요한 순간처럼 느껴졌다. 나는 이런 순간들이 병적인 측면으로 여겨지지 않길 바랐으며, '조증'이나 '망상'과 같이 이런 경험들을 타당하지 않은 것으로, 현실적이지 않은 것으로 만드는 보기 싫은 꼬리표를 붙이고 싶지 않았다. 나는 '안정된

---

* 여기서 미아즈마miasma는 병원체를 발견하기 이전 시기에 전염병을 일으킨다고 여겨진 '나쁜 기운'을 의미한다. 인용문의 저자는 광기를 정상성의 범주로 속단하는 태도를 미아즈마를 전염병의 원인이라고 믿었던 과거의 의학적 지식에 비유해 비판하고 있다.

** 강력한 환각제의 하나인 리세르그산 디에틸아미드Lysergic Acid Diethylamide를 말한다.

상태stability'를 얻기 위해 이 모든 것을 없애고 싶지 않았다. 나는 이런 언어에 계속 저항했지만, 그것들은 내 언어의 전부였다. 믿기 힘들 정도로 제한적이고 어색한 이 언어들이 자꾸만 내 영혼의 청사진처럼 느껴졌다.[97]

또 다른 매드 프라이드 운동에서는 세계에 존재하는 대상과 사건들 사이의 통일성을 볼 수 있는 능력, 그리고 지혜와 진리를 담을 수 있는 능력들을 강조하면서, 좀 더 영적인 접근 방식을 취한다. 여기서 "(정신적) 붕괴는 돌파구가 될 수 있다"라는 슬로건이 제기된다.[98]

미친 사람의 광란이란 무엇인가? 그들은 현실과 동떨어진, 일관되지 않은 헛소리를 하는 존재인가? 아니면 때로는 어떤 현상을 더 큰 시스템의 일부로 볼 수 있는 능력, 언어적 속임수와 은유라는 마법을 통해 일상의 요소들을 다시 결합해 모든 먼지 조각과 뼈마디 마디에 존재하는 연속성을 볼 수 있는 어떤 눈부신 능력이 있는 존재일까?[99]

오랜 시간 이어져온 부족 문화에는 정신적 붕괴의 의미와 붕괴 이후에 지혜가 탄생할 수 있다는 것을 알고 있는 원로들이 있다. 원로들은 상처 입은 치유자wounded healer를 알아보고, 그들이 이 고난의 과정을 통해 새로운 역할을 할 수 있도록 훈련하는 것을 돕는다. 이와 대조적으로, 서구 사회에서 미친 사람들은 고장 나고 쓸모없다고 인식되어 버려진 채 방치되어왔다. 우리가 스스로를 향한 탐색을 시작하기 위해서는 새로운 우리 자신을, 새로운 문화를 창조하면서 앞으로 나아가야 한다. 우리의 삶을 탐험하고 심연으로부터 돌아오는 새로운 지도를 만들 때, 그 과정을 거친 다른 사람들과 연결되어 고립을 극복하는 것이 매우 중요하다.[100]

이제 광기라는 현상의 독특성은 창조적인 산물들의 잠재적인 원천이 된다. 광기와 창조성 사이의 연결고리는 매드 프라이드와 관련한 글에서 자주 언급되며, '정신적으로 아프다'고 간주되는 사람들이 이룩한 문화적·예술적 공헌을 강조한다.

매드 프라이드는 '미쳤다'고 간주되었던 사람들이 우리 세계에 기여한 위대한 문화적 공헌을 상기시킨다. 광기에 대해 이야기할 때, 빈센트 반 고흐, 어니스트 헤밍웨이, 에밀리 디킨슨, 프랜시스 파머는 모두 '미쳤다고' 간주되었던 비순응주의자non-conformist였다는 것을 기억해야 한다.[101]

매드 프라이드는 광인들의 강점에 초점을 맞추고, 우리의 존재를 기념하는 행사다. 이것은 우리 삶을 비극적이고 살 가치가 없는 것, 혹은 광인들을 폭력적으로 묘사하는 경향과 뚜렷한 대비를 이룬다. 매드 프라이드는 우리가 겪는 고통을 미화하려 하지 않는다. 그것은 우리의 기술, 공헌, 창조성, 시, 작문, 음악, 예술, 연극, 유머, 아이디어, 지식, 우정, 공동체를 기념하는 것을 목표로 한다.[102]

매드 프라이드는 웃음을 통한 사랑으로 평화롭게 서로를 끌어안을 수 있도록 한다. 우리는 죽을 때까지 낙인을 가지고 살아가야 하지만, 음악, 시, 예술, 아름다움 등을 세상과 공유한다. 우리는 우리가 우리 스스로에 대해 책임이 있다는 사실에 자부심을 가짐으로써 이 사회가 우리에 대한 책임을 지닌다는 사실을 일깨워야 한다.[103]

광기, 정신적 고난, 그리고 장애

이러한 담론은 정신적 고난 및 장애와 연결된다. 이는 광기와 관련해 명백하게 부정적으로 보이는 측면(주로 의학이나 공적 담론에서 볼 수 있는 유일한 측면)을 새롭게 구상한다는 점에서 중요하며, 앞서 다룬 매드 포지티브 접근법과 모순되지 않는 방식으로 이루어진다.

이와 관련한 첫 번째 인용문은 사람들이 직면할 수 있는 정서적·경험적 어려움에 대한 인식을 보여준다.

자부심을 키우는 것이 항상 쉬운 것은 아니다. 자부심이 항상 손에 잡힐 듯 가까이 있는 것은 아니며, 삶이 힘들고 지칠 때 자부심을 가장 먼저 챙길 수 있는 사람도 얼마 되지 않을 것이다. 나는 자부심을 찾는 것이 좀 더 수월해지길 바랄 뿐이며, 내가 생각하고 느끼고 행동하는 방식과는 맞지 않는 형식으로 구축된 시스템을 어떻게 조율하는지 알아냄으로써 얼마간의 안도감을 느끼고 싶을 뿐이다. (그러나) 대다수의 경우 사회가 나와 같은 사람들에 대한 부정적 생각을 지속적으로 만

들어내는 탓에, 나는 나의 삶의 방식과 나라는 존재에 대해 쉬이 수치심을 갖게 된다.[104]

나는 항상 미쳐 있었어. 맞아, 정신의료 시스템에 사로잡혀 있는 건 전혀 유쾌하지 않지. 이따금 내가 **너무** 미쳐 있다는 걸 강렬하게 느낄 때에는 마음을 다스리기 어렵기도 했어. 하지만 나는 내가 미쳐 있다는 게 여전히 기뻐. 이건 내가 철저한 아웃사이더라는 확실하고 멋진 증거지.[105]

정신적 고난과 장애를 다루는 데는 몇 가지 전략이 존재한다. 첫 번째 전략의 경우, 광기가 정신적·정서적 고난 및 행동상의 어려움과 연관되어 있다는 것을 받아들이지만, 이를 한 개인의 실패나 병리학적 요인에 따른 결과로 여기기보다는 사회적·관계적 문제에서 비롯되는 것으로 여긴다. 이런 전략에서는 흔히 학대, 트라우마, 차별, 억압, 낙인, 빈곤, 사회적 불평등과 같은 문제들이 언급된다.

…… 만약 우리가 학대, 전쟁, 탐욕, 인종차별, 성차별, 가족 붕괴, 생태계 파괴ecocide, 단조로운 임노동, 이기주의를 제거한다면, 우리는 정신질환이라고 불리는 것이 엄청나게 감소하는 현상을 보게 될 것이다. 그러나 이 거대한 문제는 너무나 큰 부담으로 느껴지고, 근본적으로 이를 변화시키기 위해선 우리 모두에게 막대한 책무가 요구된다. 그래서 그 대신 우리는 문제의 책임을 개인의 뇌나 유전자에 돌리는 데 찬동하게 되

고, 이때 근본적인 문제들은 휘발된다. 따라서 우리가 '조현병 환자'나 '조울증 환자'가 되는 이유는 우리가 사회의 광기에 압도당했거나 트라우마를 겪었기 때문이 아니라, 거대한 문제들을 감당하기에 우리 각자의 뇌가 너무 취약했기 때문으로 여겨진다. 우리의 문화, 가족, 사회, 경제, 종교, 교육 시스템 등 외부에 존재하는 잔혹한 문제들을 인지하고 지적하는 것이 아니라, 책임의 화살을 오히려 우리 자신에게, 자신의 생물학적 요인에 겨눈다.[106]

우리는 모두가 미친 세상에서 살고 있다는 것을, 그리고 우리 중 너무 많은 사람들이 지속적으로 이루어지는 학대, 식민화colonization, 인종차별, 비장애중심주의ableism, 성차별, 그 외 서로 맞물려 돌아가는 형태의 억압들과 고군분투하고 있다는 것을 알고 있다. 우리는 사회정의가 확보될 때야말로 건강한 사회의 토대가 만들어질 수 있고, 폭력과 억압으로부터 자유로운 협력적 관계를 구축할 수 있다는 것을 확신한다.[107]

정신질환자라는 꼬리표가 달린 사람들이 자기 자신 혹은 타인에게 폭력적인 행동을 보일 수 있다는 것은 사실이지만, 사람들은 이런 모습을 오직 당사자가 가지고 있는 사고방식에서 비롯된 것으로만 가정한다. 당사자가 가지고 있는 사고방식의 타당성을 사회가 인정하지 않아서 발생한 좌절·분노·소외에서 비롯되는 반응일 수도 있다는 것을 고려하지 않고 말이다.[108]

정신적 고난과 장애를 다루는 또 다른 전략은 '정신질환'이라고 불리는 것이 인간의 경험과 기능상의 다양한 차이라는 것을 확인하는 것이다. 즉 세계가 이런 차이를 수용하도록 설정되지 않았기 때문에 당사자에게 기능상의 문제가 초래된다는 입장이다.

> 대부분의 정신질환은 질병으로 간주된다. 우리가 설정한 사회세계에서 그들은 적절히 기능하지 못하는 사람이기 때문이다. …… 만약 인구의 대다수가 양극성 장애라면, 그에 맞춰 모든 것이 설정될 것이다. 그리고 양극성 장애 '증상'이 없는 사람들은 이 세계에 적응하기 위해 고군분투할 것이다. 다른 사람들의 기대에 부응하지 못하는 것이 정말로 질병이 되는 것일까?[109]

세 번째 전략은 광기의 고통스러운 측면(예를 들어, 자기 자신을 공격하는 목소리를 거듭해서 듣는 등의 끔찍한 경험들)을 받아들이면서도, 이를 광기라는 특별한 선물에 지불해야 할 수도 있는 대가로 설명한다.

위험한 선물

양날의 검과 같은 양면성이 존재하는 광기의 특성은, 한 개인이 가지고 있는 특질과 민감성이 '위험한 선물'일 수 있다는 중요한 주장으로 이어졌다. 이 논의는 "일반적으로 정신과 질환이라는 꼬리표가 붙은 경험을 가진 사람들의 네트워크"인 이카루스 프로젝트를 통해 대중화되었다.[110] 이카루스 프로젝트에서는 그 설립 근거와 목적에 대해 다음과 같이 서술한다.

> 우리는 기존의 관습을 벗어나 다음과 같이 스스로를 정의한다. 우리가 경험하는 것은 '치료'가 필요한 질병이나 이상 상태가 아니라, 가꾸고 돌보아야 할 위험한 선물이다. 이는 양날의 검과 같은 축복이다. 즉 우리는 날아올라 위대한 비전과 창조성의 영역으로 들어갈 수 있는 능력을 가지고 있다. 하지만 우리에게는 소년 이카루스처럼 태양 가까이 위험한 곳(즉 망상과 정신증의 영역으로)으로 날아가 화염과 혼란 속에서 추락할 수 있는 가능성 또한 있다. 우리는 고지대로 날아가 사람들의 영혼을 울리고 역사의 흐름을 바꿀 수 있는 음악, 예술, 언어, 발명품 등을 창조할 수 있는 능력을 지닌 자신을 발견할 수 있다. 우리는 깊은 곳으로 떨어져 결국 소외되거나 혼자가 될 수도 있고, 정신병원에 수감될 수도 있고, 자기 손에 죽을 수도 있다. 비록 이런 위험들이 도사리고 있지만, 우리는 광기와 창조성이 얽혀 있는 실타래를 억압적이고 파괴된 사회에 영감과 희망을 주는 도구로 인식한다. 우리는 오랜 역사에 걸쳐 오해와 박해를 받아온 집단의 일원이지만, 우리 스스로가 가장 빛나는 창조물들 중 일부를 책임져왔다는 것을 알고 있다. 그래서 우리는 우리 자신을 자랑스럽게 여긴다.[111]

지금껏 매드 프라이드 담론의 네 가지 주요 요소를 살펴보았지만, 질문은 여전히 남아 있다. 매드 프라이드 담론에서는 어떤 요구들이 제기되는가?

매드 프라이드 담론의 요구

매드 프라이드의 담론에서는 명확한 요구들이 등장했다. 특히 다음의 인용구들은 그 요구들을 분명히 표현하고 있다. “내가 나 자신으로서 잘 살 수 있기 위해서는 내가 아니라 세상이 달라져야 한다.”[112] “광기는 나와 분리되어 존재하는 ‘질환’도, 내가 치료하길 원하는 ‘증상’의 집합체도 아닌, 내 정체성의 한 측면(내가 누구인지, 내가 세상을 어떻게 경험하는지에 대한 것)이다.”[113] “우리는 우리가 편안함을 느낄 수 있는 우리만의 문화를 구축해야 한다.”[114] “광인인 우리 역시 다른 모든 사람들처럼 ‘우리 자신이 될 권리’를 가지고 있다.”[115]

이러한 요구들은 사회가 독특한 정체성 및 문화를 수용하는 방향으로 변화하기를 기대한다. 또한 창조적이고 영적인 잠재력을 지니고 있다는 점에서 당사자들을 긍정적인 시각으로 바라보며, 그런 문화적 공간이 활성화된다면 이들이 세상에 기여할 수 있으리라고 기대한다. 따라서 변화의 주된 대상은 대중과 전문가들의 서사를 지배하고 있는 환원주의적이고 차별적인 무례한 언어들이 된다. 질병, 질환, 손상, 망상, 환각 등을 비롯한 이 언어들은 결핍과 병리를 나타낸다. 또한 여기에는 당사자 활동가들이 되찾아 오기 이전에 통용되던 ‘광기’의 의미도 포함되어 있다.

매드 프라이드는 광기 및 정신병을 정의하는 사회적 신념, 규범, 가치관, 전반적인 관행에 변화를 요구한다. 이 요구에는 인종, 젠더, 섹슈얼리티 등과 같이 우리에게 익숙한 집단적 정체성들이 오래전부터 주장한 인정에 대한 요구와 유사한 지점이 있다. 인정에 대한 요구에서 이런 정체성은 독특한 삶의 방식, 관점, 역사적 서사, 공유하는 경험 등을 만드는 중심축이 된다. 다음의 인용문에서 볼 수 있듯, 성소수자·흑인·여성의 권리운동과의 유사성은 매드 프라이드 담론에서 매우 중요하다.

> 사회적 차별에 맞서 싸우기 위해 우리는 단결해야 한다. 흑인들이 그러했듯, 페미니즘에 대해 여성들이 그러했듯, 성소수자들이 그러했듯 평등을 위해 투쟁해야 한다. 이런 변화들은 일부 집단을 배척하고 있다는 데 사회가 스스로 죄책감을 느껴서 발생한 것이 아니다. 이 모든 변화는 한 집단의 사람들이 모여 변화를 요구하고 나선 결과다. 변화를 요구하고, 우리 자신을 하나의 문화집단으로 규정하길 두려워하는 한, 우리는 매일 경험하는 억압과 진정으로 싸울 수 없다.[116]

매드 프라이드는 문화적 변화를 촉구하며 차이에 **관계없이** 평등하게 권리를 누려야 한다는 요구(즉 도덕적으로 관련되지 않는 특징에 근거해 이뤄지는 차별을 거부하는 평등의 정치를 요구하는 것) 그 이상을 표명한다. 프라이드 운동은 더 나아가 그 다름에 대한 인정을 요구하며, 해당 정체성의 독특성과 이에 대한 존중과 평등을 주장한다. 따라서 매드 프라이드가 원하는 것은 단지 다른 모든 사람들과 마찬가지로 동등한 권리를 부여받는 것이 아니라, 당사자들의 정체성과 삶에 대한 존중과 가치를 복원하는,

이 사회의 급진적인 문화적·상징적 변혁이다.

매드 프라이드는 급진적인 담론으로서, 광인이 흑인이나 성소수자 집단처럼 '매드'라는 정체성을 존중받지 못한다고 주장한다. 만약 이 주장이 사실이라면, 오늘날 사회의 진짜 문제는 명백히 대중과 전문가에 의해 이뤄지는 광인에 대한 낙인, 차별, 무례함이라고 할 수 있다. 이 부당한 대우가 오늘날 정신장애인이 아닌 다른 소외 집단을 향한다면, 이는 결코 쉽사리 용인되지 않을 것이다. 예를 들어 정신의학의 표준 교과서 중 하나를 펼쳐 조현병을 다루는 한 구절을 선택한 다음, '조현병'이라는 용어를 '흑인' 또는 '성소수자'로 대체해 읽는다면, 우리는 타자화하는 언어와 부정적인 표현들에서 불편함을 느낄 것이다. 따라서 중요한 것은 매드 프라이드 담론을 통해 사회적으로 작동하는 강력한 직관에 굴복하지 않고 저항하는 것이다. 일반적으로 나타날 수 있는 직관(광기는 결코 정체성과 문화의 근거가 될 수 없을 것이라는 직관)이 아무리 강력하다 하더라도 이를 곧이곧대로 받아들여서는 안 된다. 초창기 성소수자 해방운동을 반대하던 이들 사이에도 이와 비슷한 직관이 존재했지만, 지금은 그것이 편견이라는 인식이 널리 공유되어 있다.

그럼에도 매드 프라이드 담론을 의심할 여지없이 타당한 것이나 일종의 도덕적 의무로 받아들이는 것은 문제가 될 수 있다. 그 첫 번째 이유는 사회규범, 신념, 가치관의 실질적 변화가 어떻게 귀결될지 쉽게 예측할 수 없으므로, 신중한 접근이 필요하기 때문이다. 어떤 담론에 대한 무조건적 수용은 사회 변화에 대한 요구를 충족시킬 수 없다. 두 번째로, 매드 프라이드가 타당성이 부족하거나 제한된 규범적 효력만을 발휘하는 담론으로 밝혀질 경우를 고려해볼 필요가 있다. 그 경우, 이 담론을 무조건적으로 수용하는 것은 우리에게 해를 끼치거나, 부당한 도덕적 책무를 지우게 될 수도 있다. 따라서 매드 프라이드 담론에 대한 면밀한 비판적 검토가 필요하다. 그 작업을 본격적으로 시작하기 전에, 철학 및 정신의학 문헌에서 다뤄진 매드 프라이드 관련 내용들을 간단히 살펴보고, 현재까지 어떠한 논의가 이루어졌는지 검토하고자 한다.

5. 매드 프라이드 담론에 대한 철학적 관여

철학 및 정신의학 문헌들에서 매드 프라이드와 매드 포지티브 담론에 대해 다룬 내용은 많지 않다. 일부 문헌들만이 이 담론들이 성취하고자 하는 바를 권력 및 사회정의 이론에 기반해 설명하고 있다. 패트릭 브래컨Patrick Bracken과 필립 토머스Philip Thomas[117]는 매드 프라이드가 단순히 정신의학을 개선하거나 정신의학에 내포되어 있는 강제성과 싸우는 것을 넘어, 광기와 정상성normality이 인식되는 방식에 사회적·문화적 변화를 일으키는 훨씬 더 폭넓고 야심찬 목표를 가지고 있다고 말한다. 그들에 따르면, "매드 프라이드 단체들의 가장 흥미로운 점은 그들이 정신건강 담론의 구도뿐 아니라, 정상이 된다는 것은 무엇이고, 인간이 된다는 것은 무엇인지, 자유로워진다는 것은 무엇인지에 대한 우리의 관점을 재구성한다는 것"이다.[118] 활동가들은 그 자신을 정의할 수 있는 권력을 되찾음으로써, 그리고 자신이 사회에 공헌한 바를 인정받음으로써 이 목표를 달성하려 한다.[119]

브래컨과 토머스는 매드 프라이드 운동을 시민권의 완전한 보장을 위한 투쟁으로 이해하는데, 이를 위해서는 "차별·배제·억압에서 자유로워야 하며", "자신의 정체성을 정의할 수 있어야 하고, 이 정체성을 다양한 방식으로 기념할 수 있어야" 한다.[120] 또한 그들은 권력과 주체성 이론에 대한 푸코의 관점을 빌려와 매드 프라이드 운동에 대한 설명을 제공한다.[121] 권력과 주체성 이론은 해방을 도모하기 위해서는 주체성(개인의 정체성, 경험, 행동, 태도 등)을 구성하는 권력의 현상을 드러내고, 이에 저항해야 한다고 말한다. 이런 관점에 따르면, 광기에 관한 지배적인 정신의료적·사회적 서사는 권력을 보여주는 하나의 사례이므로 이에 저항해야 한다. 매드 프라이드 역시 권력에 대한 저항을 추구한다.[122]

한편 제니퍼 래든Jennifer Radden과 존 새들러John Sadler는 정신과 의사들이 당사자운동 중 매드 프라이드 같은 운동이 제기한 관점을 마주하고, 그 관점이 그들의 근본적인 직업 원칙과 양립할 수 없음을 확인하며 겪는 윤리적 어려움을 포착한다.[123] 정신과 의사는 정신적 질병을 치료하는 것은 훈련받은 전문가로, 질병을 치료해야 할 부정적인 상태가 아니라 정체성의 근거로 고려하도록 요구받는 것이 그들에게 난관이 될 수 있다는 것이다. 래든과 새들러는 이런 상황에서 정신과 의사에게 "이와 같이 근본적으로 충돌하는 가정을 받아들이도록 요구할 수는 없다"고

언급하면서도, 다음과 같은 방향을 제시한다.[124]

> 이런 대안적 관점을 이해하고 존중하고자 노력해야 하며, 대안적 관점과 연관된 여러 논쟁을 인식하고, 그 논쟁들의 근원을 이해하고자 노력해야 한다. 이때 이런 관점과 논쟁이 흔히 관찰되는 경험적 현실뿐 아니라, 뿌리 깊은 도덕적·철학적 태도 및 신념에 기반하고 있다는 데 유념해야 한다.

래든은 이 논쟁을 좀 더 분명히 조명하기 위해 사회정의 이론의 규범적 토대를 활용한다.[125] 그는 낸시 프레이저Nancy Fraser의 두 가지 정의 패러다임인 분배redistribution와 인정recognition을 활용해 자원과 기회의 분배 그리고 억압되고 낙인찍힌 정체성에 대한 인정 양자 모두가 정신건강 소비자mental health consumer를 뒷받침한다고 지적한다. 특히 인정은 지금 우리가 여기서 다루고 있는 것과 관련이 있으며, 이 개념은 문화적·상징적 보상에 대한 요구를 이해하고 정당화할 수 있는 패러다임을 제공한다. 활동가들은 자신의 정체성을 새롭게 정의·구성하고 정신의학적 지배서사에 도전하는 데 관심을 둔다. 래든이 예리하게 지적했듯, 이 과정에서 도전은 단순히 '정신질환'이라는 이름을 '매드 프라이드'로 바꾸는 것이 아니라, "정신병이 해석되는 방식의 모든 측면을 새롭게 개념화하는 것"이다. 이 작업은 필연적으로 우리의 깊은 곳에 내재되어 있는 규범과 가치관의 문제를 다루게 된다.

…… 정신건강과 정신질환을 둘러싼 문화적 개념이 재구성되는 과정에는 많은 것들이 연루된다. 정신병과 관련된 표현, 소통, 해석의 경향에 영향을 미치는 믿음, 은유metaphor, 가정, 전제가 우리의 문화적 규범과 가치관을 이루는 근본적인 범주 및 개념(즉 합리성, 마음, 성격, 자기통제력, 능력, 책임감, 인격 등)과 얽혀 있기 때문이다.[126]

이처럼 많은 학자들이 매드 프라이드의 급진성과 그 요구가 지니는 깊고도 넓은 함의를 인정한다. 브래컨과 토머스가 앞서 정확히 지적했듯, 문제가 되는 것은 다름 아닌 "정상이 된다는 것은 무엇이고, 인간이 된다는 것은 무엇인지에 대한 우리의 관점을 재구성하는 것"이다.[127] 또한 사회정의 이론에 비춰 매드 프라이드의 요구를 살펴보는 것도 중요하다. 이는 추가적인 분석과 검토에 발판을 제공하며, 이러한 과정을 통해 매드 프라이드의 요구는 규범적 정당성을 확보할 수 있다.

6. 나가며: 다음으로 다룰 문제들

이 장에서는 매드를 둘러싼 운동 전반을 설명했고, 이 운동의 주장과 요구를 살펴보았다. 매드운동은 광기가 문화와 정체성의 근거가 된다고 주장하며, 매드문화 및 매드 정체성의 유효성과 가치를 인정해야 한다고 사회에 요구한다. 책의 3부와 4부에서는 다음과 같은 질문을 통해 이런 주장을 검토하는 데 전념하고자 한다. 광기는 문화나 정체성의 근거가 될 수 있을까? 인정에 대한 요구는 규범적 정당성을 가지고 있는가? 만약 그렇다면 사회는 그것에 어떻게 대응해야 하는가? 이러한 문제들을 해결하려면 '정체성 정치' 및 '인정' 개념을 설명해야 한다.

따라서 2부에서는 인정 개념을 설명하고, 사회적 정체성 및 개인적 정체성 개념을 다루고자 한다. 또한 차이에 관계없이 평등을 보장해야 한다는 논의를 넘어, 다양한 사람들이 가지고 있는 독특함에 대한 인정이 필요하다는 요구를 정당화할 수 있는 이론적 틀을 다룰 것이다. 2부를 시작하기 전에 우리가 해결해야 할 문제가 있다. 매드운동에 반대하는 일부 사람들은 광기가 본질적으로 정신적 고난 및 장애를 초래한다고 주장해왔다. 이러한 주장은 광기에 대한 긍정적이거나 중립적인 평가를 배제하며, 광기가 문화나 정체성의 근거가 아니라 정신의 질병이라는 관점을 뒷받침한다. 이러한 반대 주장은 흔하고도 중요하기에 다음 장에서는 우선 이것을 다루고자 한다.

| 2장 |

정신적 고난과 장애의 문제

1. 들어가며

사회와 정신의학 전문가들 사이에 널리 퍼져 있는 부정적 관점에 맞서 정신건강과 관련해 당사자가 겪는 여러 현상들을 긍정적 서사로 개발하려는 시도는 꾸준히 있어왔다. 그러나 매드 프라이드와 매드 포지티브 운동은 그것을 실행하며 상당한 곤경에 빠지기도 했다. 1장에서 기술한 바와 같이 매드운동은 광기가 정체성과 문화의 근거가 될 수 있다는 관점을 발전시키고, (감각적 인식이 고조되는 상태, 남들이 경험하지 않는 것을 보고 듣는 것, 평범하고 일상적인 경험을 복합적으로 바라보고 의미를 파악할 수 있는 능력 등과 같은) 광기의 현상이 특별하고 잠재적으로 가치 있는 것임을 증명하고자 했다. 그러나 이런 목표를 달성하기 위해서는 광기가 사회적 기능을 수행하는 데 일종의 제약으로 작동하고 고통을 안겨준다는 사실을 매드운동의 관점에서 설명해낼 수 있어야 한다. 물론 매드 프라이드 담론은 이처럼 양날의 검과 같은 광기의 특성(즉 광기가 창조성의 원천이자 괴로움의 원천이 된다는 것)을 수용하고 있다. 이와 관련해, 앞서 한 개인이 가지고 있는 특성과 민감성은 지원과 돌봄이 필요한 '위험한 선물'이라는 명제로 표현된다는 것을 살펴본 바 있다(1장의 '매드 프라이드 담론들' 절 참고). 그러나 정신적 고난과 장애에 대한 문제는 여전히 매드 프라이드 담론과 매드 포지티브 접근법에 걸림돌이 되는 듯하다. 본질적으로 부정적으로 보이는 것을 어떻게 긍정적이거나 중립적인 것으로 다시 구성할 수 있는가?

학계뿐 아니라 서비스 이용자들 역시 이런 비판을 강하게 표출한 바 있다. 환자경험자인 클레어 앨런Clare Allan은 정신건강 서비스에 대한 자신의 경험에 대해 쓴 적이 있는데, 그 글에서 '정신질환'의 경험이 전혀 자랑스럽지 않다고 주장했다. 그녀는 정신과 환자들이 직면하는 낙인을 인정하면서도, 근본적으로 매드 프라이드를 오랫동안 사회에 존재했던 낙인과 차별에 시달려온 서비스 이용자들이 자존감을 강화하기 위해 선택하는 전술로 이해한다. 앨런은 이와 관련해 다음과 같이 썼다.

> 정신질환은 정체성이 아니다. 내가 축하하고 싶은 것도 아니다. …… 정신질환은 무자비하며, 무차별적이고, 파괴적이다. 그것은 또한 질환이다. 그것은 분명 약점은 아니지만, 그렇다고 특별한 '예술적' 감성의 징표도 아니다. 정신질환은 버스 운전사, 배관공, 교사, 노인과 아이들처럼 반 고흐에게도 영향을 미쳤을 뿐이다. 윈스턴 처칠은 조울증에 걸린 것으로 알려졌

는데, 만약 그렇다면 그는 페컴Peckham에서 온 두 아이의 어머니인 내 친구 캐시와 같은 진단을 받은 것이다. 암이 병인 것처럼, 정신질환 역시 병이다. 그리고 사람들은 암으로도, 정신질환으로도 죽는다.[129]

이와 비슷한 비판은 학술 문헌들에서도 발견할 수 있다. 앨리슨 조스트Alison Jost는 "정신질환"이 "정보나 감정을 처리하는 **다른** 방식이 아니며, "정보나 감정을 처리하는 능력에 **이상** disoder이 있는 것"이라고 주장한다.[130] 그녀는 사람들에게 정신질환을 긍정적으로 간주하도록 촉구하는 것이 터무니없는 일이라고 주장한다. 이 점을 지적하며 조스트는 정신장애 당사자가 경험하는 어려움을 구성하는 두 가지 요소를 구분한다. 물론 물리적·사회적 환경이 당사자의 다양한 특성들을 수용하는 데 실패해 초래된 장애화된 상태들에 따른 어려움도 있지만, 정신질환에 따라붙는 낙인과 불이익이 사라진다 하더라도 "정신질환"에는 여전히 "본질적으로 부정적"이며 "항상 고통을 야기"하는 어려움이 존재한다는 것이다.[131] 크리스천 페링Christian Perring은 매드운동에 대한 반대 입장을 소개하며, 매드 프라이드 담론에서 유사성을 이야기하는 블랙 프라이드Black Pride나 게이 프라이드 Gay Pride의 경우 본질적으로 한 사람이 가지고 있는 특성이 장애를 초래하는 상태까지 끌고 가지 않는 것으로 보이는 반면, "정신질환"은 그런 장애화된 상태를 초래하는 경향이 있는 것으로 보인다고 지적한다.[132] 마치 암에 프라이드를 갖겠다는 암 프라이드Cancer Pride 운동이 이상하게 느껴지는 것처럼, 매드 프라이드 역시 같은 이유로 이상하다는 것이다. 이러한 관점은 병원에서 매일같이 '정신질환'의 부정적 영향(예를 들어 사회적·기능적 저하, 친구·가족 관계망의 상실, 극단적인 정신 상태로 인한 고통 등)을 목도하는 많은 임상의들 사이에서 널리 통용된다.

따라서 매드 프라이드 담론과 매드 포지티브 접근법은 정신적 고난과 장애라는 도전에 직면한다. 이 장에서는 그런 도전을 다루고자 한다. 장애disability는 일반적으로 일상적 기능과 참여에 있어서의 손상impairment 및 제약limitation으로 구성된다. 정신적 고난distress은 두려움, 불안, 슬픔과 같은 정서적 상태와 관련된다. 장애와 정신적 고난은 서로 연관될 수 있다. 격렬한 두려움은 기능에 영향을 미칠 수 있으며, 장애는 불안감과 같은 정신적 고난을 야기할 수 있다. 이 연결성은 필요에 따라 언급될 수도 있지만, 두 개념이 서로 다른 문제를 발생시키기 때문에 별도의 논의가 필요하다. 우선 장애와 관련해서는 광기가 본질적으로 불능 상태를 초래한다는 의료적 관점을 너무 쉽게 채택하는 경향에 대응하기 위해 다음과 같은 두 개의 방어벽을 구축하고자 한다. (1) 장애 판단에 대한 규범적 근거. (2) 사회적 주체가 된다는 측면에서 정치적 운동이 갖는 의미.

다음 절에서는 장애를 둘러싼 일련의 논쟁을 살펴봄으로써 광기를 너무 쉽게 의료 모델로 가정하는 경향에 의문을 제기하고자 한다. 한편, 정신적 고난과 관련된 논점은 광기를 둘러싼 논쟁에 비해 간략하고, 그에 맞서는 전략 또한 비교적 단순하다. 이 전략의 핵심은 광기가 정체성에 대한 긍정적이거나 중립적인 개념이 될 수 있다는 관점을 훼손하지 않으면서 정신적 고난을 수용하는 것이다.

2. 장애

매드 프라이드 담론에 대한 비판

앞서 언급했던 매드 프라이드 담론에 대한 비판, 즉 정신병리학의 영역에서 광기를 되찾아 옴으로써 대항서사counter-narrative를 구축하려는 시도에 대한 비판은 다음과 같이 표현될 수 있다.

(1) '정신질환'은 장애와 관련이 있다.

(2) 이 관련성은 조건부가 아니다. 즉 장애는 '정신질환'에 내재되어 있다. 특정한 '정신 상태'에 놓인 개인이 경험하는 다양한 제약은 그것을 수용하지 않는 편협한 사회 때문에 발생하는 결과가 아니라, 그 '정신 상태' 때문에 발생하는 결과라는 뜻이다.

(3) 논쟁의 여지가 있을 수 있지만, 이와 대조적으로 성소수자들이 경험한 제약, 즉 동등한 권리를 보장받지 못하고, 있는 그대로 인정받을 권리를 부정당한 것은 동성애혐오적 사회로 인한 결과였다. 우리가 성소수자에 대한 사회적 차별과 억압을 바로잡는다면, 성소수자가 직면하는 제약은 감소할 것이다.

간단히 말해, 매드 프라이드 담론에 대한 비판은 다음과 같이 요약될 수 있다. **차별이 전혀 없고 서로를 향한 선의가 넘치는 유토피아적 세계에서도 '정신질환'은 여전히 고통받는 사람들의**

삶의 안녕well-being을 해칠 것이다. 처음부터 분명히 밝히자면, 이 문구가 실증적 주장이 될 수는 없다. 왜냐하면 유토피아에서 이뤄지는 '정신질환'에 대한 연구란 존재하지 않기 때문이며, 이런 주장을 입증하기 위해선 사회적 차별과 부정적인 조건들이 모두 **제거된 후에도** 문제의 정신적 현상들이 여전히 장애를 초래한다는 증거가 필요하기 때문이다. 여기서 문제는 사회적 조건들을 어느 수준까지 제거해야 최선인 것인지 알 수 없으므로 조건들에 대한 탐색을 끝냈다고 주장하는 것이 불가능하다는 점이다. 이 가정이 실증적 관점에서 나온 주장이 아니라는 점을 감안할 때, 위에서 제기된 비판은 정확히 어떤 근거에 기반하는 것일까? 여기서 더 나아가 우리는 이 비판에 어떻게 대응할 수 있는지 고려해볼 수 있다. 이는 활동가들의 문헌에 나와 있고, 1장에서 이미 살펴본 것이다.

그 대응이란 '정신질환'이라고 불리는 것이 인간의 경험과 존재 방식의 다양성임을 단언하는 것이다. 다양성이 발휘되지 못하는 문제가 발생하는 이유는 그런 차이가 개인에게 내재되어 있는 [어떤 본질적인] 오작동의 결과이기 때문이 아니라, 그런 차이를 수용할 수 있는 체계가 구축되지 않은 사회 때문이다.

> 대부분의 정신질환은 질병으로 간주된다. 우리 스스로가 설정한 사회세계에서 정신질환을 가지고 있는 사람은 적절하게 기능하지 못한다고 보기 때문이다. …… 만약 대다수의 인구가 양극성 장애라면, 모든 것이 그에 맞춰 설정될 것이다. 그리고 양극성 장애 '증상'이 없는 이들은 그 세계에 적응하고

또 그 세계를 받아들이기 위해 고군분투할 것이다. 다른 사람들의 기대에 부응하지 못한다는 것이 정말로 질병이 되는 것일까?[133]

매드 프라이드 담론에 대한 비판과 이에 대한 대응의 핵심을 파악하기 위해서는 어떤 지점에서 문제가 발생하는지 분명히 할 필요가 있다. 매드 프라이드를 비판하는 쪽에서는 개인의 장애 원인을 정확히 '정신질환'에 위치시키며, 이에 대응하는 입장은 특정한 기준에 맞춰 고안된 사회에서 장애의 원인을 찾는다. 말하자면 이 두 가지 입장은 근본적으로 광기와 관련된 제약들을 두고 상호 대립하는 '의료적medical' 이해와 '사회적social' 이해를 반영한다. 이 두 입장을 조정하기 위해 장애이론에서 폭넓게 다루어진 장애의 사회적 모델을 살펴보고자 한다. 사회적 모델은 이 논쟁을 이해하는 데 도움을 줄 수 있는 틀이다.

장애에 대한 모델들

일반적인 정의에 따르면, 장애는 일상적 활동을 수행할 수 있는 능력에 대한 장기적인 **제약**과 관련된 신체적 또는 정신적 **손상impairment으로 구성된다.**[134] 이 정의에 비춰보면, 실명blindness은 일반적으로 한 사람의 개인적·사회적 기능의 능력을 제한하는 손상(가치 판단이 비교적 덜한 용어로는 다양성이 있다)이 될 수 있다. 어떤 제약이 발생한다고 할 때 손상에 우선순위를 두느냐, 물리적·사회적 환경에 우선순위를 두느냐에 따라 여러 가지 장애 모델이 생겨났으며, 그중 가장 두드러진 것이 의료적 모델과 사회적 모델이다. 장애의 의료적 모델medical model(혹은 개별적 모델individual model)은 제약의 주요 발생 원인으로 손상을 강조하고, 이에 대한 대책으로 의료적 교정 혹은 재정적 보상을 강구한다. 반면 많은 장애인 활동가들과 이론가들이 다양한 형태로 수용한 사회적 모델은 제약의 주요 발생 원인으로 독특한 차이를 지닌 한 사람을 배제하는 방식(혹은 고려하지 않는 방식)으로 고안 및 운영되는 물리적·사회적 환경에서 제약이 발생한다는 것을 강조한다.[135 136] 사회적 모델social model은 사회에 존재하는 제한적이고 배타적인 상황으로 관심을 돌리고, 이를 해결하기 위해 다양한 종류의 편의제공accommodation을 모색함으로써 대책을 강구한다. 실명과 같은 감각 손상의 경우, 편의제공에는 촉각을 이용하거나 오디오 신호를 활용하는 실질적인 조정 조치들이 포함될 수 있다.

이 시점에서 행동의 유형을 둘러싼 제약 개념의 복잡한 특징들을 검토하는 것이 중요하다. 렌나르트 노르덴펠트Lennart Nordenfelt는 기초적 행위basic action와 파생된 행위generated action를 구별한다.[137] 사지를 움직이는 것과 같은 기초적 행위는 그보다 복잡한 파생된 행위로 귀결되는 연결고리의 첫 단계를 구성하는 단순하고 기본적인 동작이다.[138] 파생된 행위는 '책을 쓰거나', '의자를 만드는 것'과 같이 어떤 사람의 중요한 목표와 관련된 수준에서 설명될 수 있는 복잡한 활동이다. 기초적 행위의 경우, 부재할 때 그 존재감이 더욱 뚜렷하게 나타난다. 또한 기초적 **행위**의 개념은 기초적인 **능력** 개념과 연결된다. 예를 들어 어떤 작업에 집중하려면 일정 수준의 집중력이 필요한데, 집중력은 기초적 '행위action'가 아니라 우리가 하는 일의 많은 부분을 뒷받침하는 기초적인 능력ability이 된다.

보통 우리는 복잡한 목표 실현에 방해를 받을 때 능력의 기초적인 속성을 인지하게 된다. 이때 일반적으로 몸이 사회에서 우리의 의도를 투영하고 실행하는 매개체가 되는데, (사지 통증, 집중력 저하, 시력 저하, 불안감 상승 등에 의해) 목표 수행에 방해를 받기 전까지 몸은 보이지 않는 매개체로 뒤편에 남아 있다. 이처럼 몸의 특정 기능을 제약하는 요소들은 이 세계에서 일어나는 우리의 복잡한 활동을 가능케 하는 기반에 지장을 주고, 그런 지장이 발생할 때에야 뚜렷하게 인지된다는 점에서 기초적 능력에 포함된다고 할 수 있다.[139]

이를 근거로 우리는 두 가지 수준의 제약을 구별할 수 있다. 첫 번째 수준의 제약은 현실에서 이뤄지는 복잡한 활동을 수행하기 어려워질 때 확연히 나타나는 기초적 무능력basic inabilitiy(일반적으로 장애 모델에서 손상이나 차이에 해당하는 것)이다.[140] 두 번째 수준의 제약은 복잡한 활동, 즉 일하거나, 어울리거나, 혹은 시장에 가는 등의 활동 자체에 지장을 받음으로써 경험하게 되는 무능력이다. 이렇게 정리하면, 손상은 기초적 수준에서 제약(예를 들어 시각장애인의 경우 볼 수 없는 상태, 부러진 팔의 경우 무게를 견딜 수 없는 상태 등)을 구성하지만, 그것만으로는 복잡한 활동 수준에서의 제약을 설명하기에 충분하지 않다. 복잡한 활동은 항상 어떤 물리적·사회적 환경 내에서 이루어지며, 그 활동의 목표를 어느 정도로 실현할 수 있느냐는 환경과 우리의 능력 사이의 호응도에 따라 일부 달라진다.[141 142] 따라서 어떤 시각장애인의 경우 보지 못할 수 있고(기초 능력 수준에서의 제약), 직장에서 일을 수행하지 못할 수도 있지만(복잡한 활동 수준에서의 제약), 시각장애인의 특정 감각 능력을 고려해 특별히 작업 공간을 고안함으로써 이를 해결할 수도 있다. 물론 기초적 무능력, 즉 손상 자체를 교정하고 싶어 하는 경우가 있을 수도 있다. (예를 들어, 시력이나 청력 상실에 대해 교정하는 것을 생각해볼 수 있을 것이다). 하지만 교정이 (기술적으로) 불가능할 수도 있으며, 오히려 자신이 가지고 있는 그 손상에 자부심을 느끼는 경우도 있을 수 있다. (예를 들어, 농인이 자신의 청력 손상에 대해 농 프라이드Deaf Pride를 느끼는 상황을 생각해보라.) 이때 손상과 환경 간의 상호작용을 면밀히 조사해 구체적으로 복잡한 목표를 실현하는 데 어떤 어려움이 작용하는지 확인할 수 있다.

이 두 수준(기초 능력 수준, 복잡한 활동 수준)의 제약을 구별하는 데 도움이 되는 또 다른 유용한 방법은 사회적 맥락에 따라 어떤 불이익들이 발생하는지 그 정도를 살피는 것이다. 론 아문슨Ron Amundson과 셔리 트레스키shari Tresky는 관련 용어를 다음과 같이 정의한다.[143]

(1) 손상의 조건부 불이익: 손상이 있는 사람들이 경험하는, 그들이 살아가는 사회적 맥락에서 발생하는 불이익.

(2) 손상의 무조건부 불이익: 손상이 있는 사람들이 경험하는, 그들이 살아가는 사회적 맥락에 관계없이 발생하는 불이익.

앞에서 명시한 두 수준의 제약에 대응시켜보면, 기초적 무능력은 무조건부 불이익에, 복잡한 활동에서의 제약은 조건부 불이익에 해당할 것이다. 나는 이 구별을 참고하지만, (소수의 신체적·정신적 고통을 제외하면) 완전하게 무조건적인 불이익 개념은 없다고 보므로 이와 같은 확고한 표현을 사용하지는 않을 것이다. 기초적 무능력은 복잡한 활동에 실패하는 상황에서 더욱 두드러지게 나타나며, 복잡한 활동에서의 제약 중 일부는 조건부 불이익 요소를 포함한다. 반면 복잡한 활동에서의 제약은 물리적·사회적 환경에 따라 다르게 나타나며, 따라서 그것들은 부분적으로는 조건부 불이익이기도 하다. 따라서 손상의 조건부 불이익과 손상의 무조건부 불이익은 서로 다른 두 범주가 아닌, 개인의 신체적·정신적 상태로 인한 불이익과 환경으로 인한 불이익의 양 극단 사이 어딘가에 존재하는 정도의 문제로 보는 것이 더 정확하다.[144]

조건부 불이익과 무조건부 불이익을 구별하는 것이 중요한 이유는 불이익을 일으키는 손상의 역할을 부정하는 것처럼 보이는 (장애의 사회적 모델의 급진적 형태인) "과도한 사회화 oversocialisation"를 제한할 수 있다는 점에 있다.[145] 이런 구별이 적용되면 이렇게 주장할 수 있다. 예를 들어 농인은 음악을 듣거나 감상하지 못할 수 있지만, 그 손상 및 차이로부터 비롯된 특정한 제약은 수화와 같은 대안적 형태의 의사소통이 없을 때 직장을 구하거나, 뉴스를 시청하는 과정에서 직면하게 되는 제약과는 별개라고 주장할 수 있게 된다.[146] 전자는 기초적 무능력이며, 후자는 비수용적인 사회 환경에 의해 야기되는 제약이다. 아문슨과 트레스키가 지적한 것처럼, 장애인 권리 담론에서 무조건부 불이익은 "인간의 차이에 관한 외면할 수 없는 사실"로 받아들여지며, 장애운동의 요구와 캠페인 내에서는 고려되지 않는다.[147] 장애의 사회적 모델을 도입한 학자인 마이클 올리버Michael Oliver가 지적하듯, "사회적 모델은 손상의 개인적 경험이 아닌, 장애화disablement에 대한 집단적 경험에 관한 것"이다.[148]

이와 같은 구별에도 불구하고, 조건부 불이익과 무조건부 불이익 사이의 구분선을 신속하고 확실하게 그을 방법은 없다는 점에 유의해야 한다. 이 둘의 구분은 사회적 편의제공에 대한 요구가 정확히 무엇을 대상으로 하는지와 관련된 광범위한 논쟁과 장애 당사자들의 경험에 기반해 실천적 차원에서 이루어진다.[149] 그러나 장애의 의료적 모델과 앞서 설명한 매드운동에 대한 비판들은 대부분의 제약을 손상 및 차이로 인해 발생하는 무조건적인 것으로 간주한다는 문제가 있다. 즉 조건부 혹은 무조건부 불이익의 구분선이 한쪽으로 심하게 치우쳐 있다. 의료적 모델은 앞서 파악된 두 가지 수준의 제약을 통합해버리거나, 별개의 것으로 뚜렷이 구분하는 경우에도 복잡한 활동을 하는 데 따르는 제약보다는 기초적 무능력에 과도하게 초점을 맞춘다. 따라서 장애인권 활동가들이 조건부 불이익으로 제시하는 것을 의료적 모델 지지자들은 손상으로부터 발생하는 것으로, 혹은 손상 그 자체에 내재되어 있는 무조건부 불이익으로 제시하게 되며, 바로 이 지점에서 논쟁이 촉발된다. 여기서 내가 문제적이라고 여기는 것은 후자인 의료적 관점으로, 지금부터 이에 대해 살펴보고자 한다.

자연주의, 규범주의, 그리고 장애

장애의 의료적 모델을 비판하는 이들은 제약이 손상에 의해 "야기"되었다는 주장(예를 들어, 어떤 정보에 접근할 수 없는 것은 개인의 감각 손상으로 인한 것이라는 주장)은 기능에 대한 자연주의적 관점을 전제한다고 지적한다.[150] 자연주의naturalism는 신체적·정신적 기능의 기준을 객관적으로 결정할 수 있다고 보는 관점이다. 크리스토퍼 부어스Christopher Boorse와 제롬 웨이크필드Jerome Wakefield는 익히 알려진 자연주의자들이다. 부어스에 따르면, 한 개인의 정상 기능normal function은 생존 및 번식과 관련된 인간 종種의 통계학적 분포에 근거한다.[151] 통계학적으로 정상 기능은 개개인이 속하는 표준계층reference class에 준거해 결정된다. 표준계층은 연령과 성별에 따라 구분된 종 내 집단이다.[152] 웨이크필드에 따르면, 생체 기전의 자연적 기능이란 진화 과정에서 고안·선택된 기능으로, "생체 기전의 존재와 구조에 대한 진화론적 설명의 일부"이다.[153] 예를 들어, 심장은 혈액을 펌프질하고, 다리는 우리 몸을 이동시키며, 시각 체계는 세계에 대한 지각 정보를 전달한다. 이것은 각각의 신체기관이 가지고 있는 자연적 기능이며, 각각의 신체기관들은 그런 역할을 하도록 고안되었다는 것이 자연주의의 설명이다.

자연적 기능에 대한 설명을 근거 삼아, 부어스와 웨이크필드는 자연적 기능의 범주에서 벗어나는 것을 신체적·정신적 기능부전dysfunction이라는 가치중립적 용어로 명시하고자 했다. 물론 부어스와 웨이크필드 모두 이런 근거만으로 치료가 필요한 조건을 충분히 설명할 수 없다는 점을 인정한다. 이들은 기능부전의 유해함을 평가하기 위해선 개인적·사회적·의료적 기준들을 고려한 추가적인 평가 요소들이 필요하다고 언급한다.[154]

웨이크필드가 정리한 것에 따르면, 질병은 **해로운 기능부전**harmful dysfunction 혹은 **손상**이 된다. 이런 식으로 추론한다면, 시각장애인은 시각과 관련된 신체기관에 기능부전 혹은 손상을 가지고 있다고 볼 수 있고, 만일 이 기능부전이 해롭다고 여겨질 경우 이는 질병이 될 수 있다. 자연주의적 설명에 따르면, 기능은 객관적으로 결정된 자연적 사실natural fact의 문제이며, 기능부전은 정상적인 기능으로부터의 일탈이 된다. 또한 이로 인해 발생할 수 있는 제약과 해악은 물리적·사회적 환경 구조의 결함이 아닌 기능부전에서 비롯되는 것으로 여겨진다. 즉 자연주의적 설명에서 기능부전이 있는 사람은 기능적 능력의 정상 범위를 벗어나 있다. 이는 그 사람에 대한 어떤 차별적인 가치 판단이 아니라 그 사람의 본성 때문에 발생한 결과이다.

이런 관점은 기능에 대한 자연주의적 접근을 요구하지만, 문제는 기능부전을 가치중립적인 용어로 정의하려는 자연주의의 시도가 성공적이지 않았다는 점이다. 이를 둘러싼 논쟁은 여러 철학자들을 통해 활발히 이루어졌으며, 여기서는 이 주장들의 결론만 언급하고자 한다.[155]

부어스의 이론은 처음 등장한 이래로 활발하게 논의되었고, 다양한 비판을 받아왔다. 특히 정상 기능에 대한 통계학적 개념과 그것이 도출되는 근거인 표준계층 개념 모두에 내재되어 있는 규범주의normativism가 우리의 논의에서 특히 중요한 비판의 대상이다. 정상 기능에 대한 통계학적 개념과 관련해 데릭 볼튼Derek Bolton은 통계학적인 (비)정상성이 연속 분포 곡선에서 "평균에서 어느 정도 벗어나야 보통 이하의 기능이 되는 것인지"를 명확히 알려주지 않는다고 지적했다.[156] 실제로 이 판단의 근간을 이루는 것은 가치 요소들로, 가령 해악과 기능상의 제약은 개인적 가치와 규범에 의해, 좀 더 폭넓게는 사회적 가치와 규범에 의해 판단된다. 통계적 정상성은 정상과 정상 이하의 기능을 구분하는 사실적 근거 원리로서 원활히 작동하지 않는다는 것이다. 이와 관련해 엘슬린 킹마Elselijn Kingma는 부어스의 이론이 건강을 측정하는 근거인 표준계층을 좀 더 구체화해야 한다고 주장했다.[157] 표준계층을 유리한 관점을 보여주는 개념으로 고안한다면, 그 어떤 상태도 건강하다고 간주하지 못할 이유가 없다는 것이다. 예를 들어, 우리가 만약 '극심한 과음자'가 표준계층에 들어가는 것을 허용한다면, 부어스의 이론에 따라 비정상으로 간주되었던 간 기능은 정상이 될 것이고, 통상적인 과음자들은 오히려 건강한 존재로 여겨질 것이다.[158] 따라서 부어스는 적절한 표준계층이 무엇인지 설명해야 할 필요가 있으며, 더군다나 이를 가치중립적이며 비순환적noncircular인 방식*으로 수행해야 한다. 즉 정상 기능을 사실에 기반해 정의할 때 가치를 개입시켜선 안 되며, 건강과 질병의 구분을 미리 상정하지 않은 상태에서 이 둘의 차이를 증명해야 한다. 킹마가 주장하듯, 부어스의 설명은 그 차이를 입증하지 못한다.[159]

해로운 기능부전이라는 웨이크필드의 질병에 대한 분석도 심각한 반대에 부딪혔다. 앞서 언급했듯 기능부전이란 생체 기

---

* 어떤 주장을 펼칠 때 그 주장의 근거로 그 주장을 사용하는 오류를 순환논법이라 한다. 따라서 비순환적 방식이란 순환논법의 오류에 빠지지 않는 논증에 해당한다.

전의 자연적 기능에서 벗어나는 것이며, 이때의 자연적 기능은 생체 기전의 존재와 설계를 진화론적 관점에서 설명한다.[160] 이에 대한 비판론자들은 웨이크필드의 기능부전 분석에 자명하게 전제된 사실적 근거에 의문을 제기한다. 웨이크필드에 따르면, 기능을 설명하는 규범적 기준은 자연적·진화론적 기준으로, 사회적·문화적 기준과 대조된다.[161] 전자는 기능부전의 객관적 상태의 근거가 되며, 후자는 위해 요소의 특징을 강조한다.

볼튼에 따르면, 자연적·선천적인 것과 사회적·문화적인 것 사이의 명확한 구별을 유지하는 것은 가능하지 않다.[162] 예를 들어, 심리적 기능psychological function이라는 것은 유전적인 측면, 사회화 과정의 영향, 개별적인 다양성과 선택 등 여러 요인들 사이의 상호작용의 산물이라는 것이 일반적으로 받아들여지고 있다.[163] 현재의 과학으로는 이런 요인들을 따로 분리할 수 없기 때문이다.[164] 이와 같은 명확한 구별이 없다면, 웨이크필드의 설명은 우리가 가진 진화적 특성에만 의존하게 되어 기능부전에 대한 가치중립적 설명을 제공하기 어렵다.

이 두 가지 대표적인 자연주의 이론에 대한 비판을 받아들인다면, 가치중립적인 용어로 기능과 기능부전을 정의하는 것이 불가능하다는 결론을 내리게 될 수도 있다. 그러나 우리는 이러한 결론을 받아들이면서 가치중립적인 개념을 모색할 수도 있다. 대안적인 입장은 기능 개념이 가치에 의존하고 있다는 것을 진지하게 받아들이는 것이며, 이는 결과적으로 우리를 기능에 대한 다양한 형태의 규범주의로 이끈다. 이 경우 정상 기능에 대한 설명은 특정한 삶의 상황과 환경에 있는 행위주체에게 무엇이 좋고 나쁜지, 혹은 무엇이 바람직하고 바람직하지 않은지를 다룬다. 비록 이런 식의 설명이 객관성을 담보할 수는 없다 하더라도, 자연주의적 관점이 제시하는 설명보다는 더 실제적이다. 왜냐하면 우리의 삶에 영향을 미치는 핵심 가치들, 우리 삶의 여러 과업들, 그리고 우리가 계획하는 미래와 같은 규범적 기준들은 실제적인 중요성을 갖기 때문이다. 우리는 그 중요성을 성찰함으로써 능력의 가치의존적 측면을 호명하고, 이로써 이 능력을 **질병**으로 여기지 않을 수 있게 된다. 이때 질병이라는 용어가 외관상 객관성을 지닌다고 해서 그것이 (자연적 제약이 아닌) 규범적 제약을 나타낸다는 사실을 간과해선 안 된다. 즉 이 용어는 어떤 개인 혹은 사회가 정상적이고, 가치 있고, 좋다고 여기는 것이 발생시키는 제약을 나타낸다. 이 규범적 제약이라는 개념은 정상적 규범으로 여겨지는 능력들의 배경이 되는 근거를 반박하는 역할을 한다. 그러한 규범이 특정한 물리적·사회적 환경에서만 특정한 삶의 당연한 근거로 여겨진다는 것이다. 이런 논의는 우리가 장애를 어떻게 받아들여야 하는지와 관련해 여러 함의를 제공한다.

이 시점에서 우리를 여기로 이끌었던 문제를 상기하는 것이 도움이 될 것이다. 우리의 논의를 촉발한 것은 기능의 차이와 관련해 발생하는 제약의 근원을 둘러싸고 상호 대립하는 의료적 관점과 사회적 관점을 중재할 필요가 있다는 문제의식이었다. 의료적 모델은 대부분의 제약을 무조건적인 것으로 간주한다. 즉 기능부전·손상·차이 같은 것들 자체에 제약이 내재되어 있다는 것이다. 예를 들어 어떤 한 사람이 어떤 복잡한 목표를 달성하는 데 어려움을 겪고 있다면, 의료적 모델에서는 그에게 능력상의 어떤 기능부전이 있을 거라고 간주하곤 한다. 의료적 모델의 이런 주장을 검토한 후, 우리는 사태를 이해하는 다른 관점을 살펴보았다. 두 번째 관점에서는 기능부전에 관한 제약에는 자연적인 제약뿐 아니라 규범적인 제약 또한 존재한다고 주장한다. 따라서 기능부전·손상·차이가 본질적으로 장애를 초래한다고 주장하기 위해서는, 이와 함께 이러한 주장의 배경이 되는 규범·가치·맥락에 대해 살펴보고 이를 판단의 기반으로 삼아야 한다. 이런 관점이 부재한다면 우리는 장애를 둘러싼 규범·가치·맥락 등을 검토하지 못할 것이며, 따라서 어떤 한 사람이 지닌 능력에 맞춰 다양한 종류의 조정adjustment을 제공함으로써 사회의 규범·가치·맥락을 변화시킬 수 있는 가능성을 놓칠 수 있다. 이는 결국 사람들이 마주하는 정신적 어려움의 경험을 불필요하게 개인화하거나 강력하게 의료화하려는 경향을 고수하게 되는 결과를 초래하며, 활동가들이 요구하는 사회적 해결책과 점점 멀어지게 된다.

이때 주의해야 할 것이 있다. 규범적 관점에서 장애를 판단해야 한다는 주장이 모든 경우에 사회적 모델에 따른 조치를 취해야 한다고 주장하는 것은 아니라는 점이다. 규범적 관점을 취하더라도 제약을 해결하는 방식에서는 의료적 교정을, 좀 더 일반적으로는 개인 수준에서의 개입을 선호할 수도 있다. 오히려 규범적 접근은 개인적 수준과 사회적 수준 중 어느 차원에서 개입해야 하는지 판단하는 일이 자연적 기능 및 기능부전에 대한 설명에 의존하는 방식으로 이루어질 수 없다는 것을 의미한다. 즉 효율성, 안전성, 평등, 정의 등에 대한 고려를 포함하는 윤리적·실용적 측면에 의해 개입의 수준을 판단할 수 있다는 것이다.

광기에 사회적 모델 적용하기

기능상의 특정한 차이 및 손상을 '본질적으로 장애를 초래하는 것'으로 보는 경향에 대한 첫 번째 반론으로 장애 판단의 규범적 성격을 살펴보았다. 이제 사회적 모델이 어떻게 광기에 적용될 수 있는지를 살펴보고자 한다. 이때 이어지는 논의에서 다룰 문제가 장기간 지속되고 일상 활동에 상당한 영향을 미치며, 치료가 적절하지도 가능하지도 않은 정신적 상태라는 점에 유의해야 한다. 즉 우리는 급성기나 저절로 호전되는 정신 상태가 아닌 '장애'에 초점을 둔다.

지금껏 다양한 활동가들과 학자들이 광기에 사회적 모델을 적용할 때 발생할 수 있는 잠재적 이점과 문제점들을 언급했다. 장애운동은 물리적·사회적 환경이 제약을 형성한다는 주장에 기반해 괄목할 만한 진전을 이뤄냈으며, 이런 제약들을 해결하기 위한 다양한 편의제공 방식이 현재 법으로 명시되어 있다. 이와 같은 장애의 사회적 모델을 참고해 광기의 사회적 모델을 개발하는 것은 곧 사회와 정신건강 관련 기관에 지배적인 "의료화·개인화된 접근medicalized individual approach"에 대항하는 방식을 모색하는 실천이다.[165]

그러나 광기의 사회적 모델은 두 부류의 저항에 직면하기도 했다. 일부 정신과 생존자 및 서비스 이용자는 자신들이 손상impairment을 가지고 있지 않다고 생각해 장애 담론을 거부했으며, 손상이라는 용어에 함축되어 있는 "병리화"와 연관되길 꺼리며 장애 담론을 거부하는 경우도 있었다.[166] 이와 대조적으로 어떤 당사자들은 생존자 및 서비스 이용자를 비롯해 매드운동과 장애운동 전반에 걸쳐 공동체 의식을 창출할 수 있다는 점에서 '장애'라는 용어를 적극적으로 지지했다.[167] 그러나 또한 어떤 사람들은 충분한 장애를 가지고 있지 않다는 비난(달리 말하면, 평생에 걸쳐 지속된다고 보기에는 적절하지 않은 손상이라는 비난)을 받을 수 있다는 것에 대한 두려움 때문에 장애라는 용어를 꺼렸다.[168] 매드운동 내의 일부 사람들이 장애의 사회적 모델 수용에 저항하고 장애라는 용어를 채택하길 꺼리는 경향에 대해 한 신체장애인 활동가는 매드운동에 만연한 '장애차별주의disablism'*가 보인다고 해석하기도 했다.[169] 즉 장애인disabled이라고 불리는 것을 거부하고 장애인과 달리 자신들에게는 '진짜 손상'이 없다고 주장하는 정신장애인 활동가들은 장애가 고정된 사물과 같은 것이며, 개인의 능력과 특정한 물리적·사회적 환경 사이의

---

* 'Disablism'과 'Ableism'은 각각 '장애차별주의'와 '비장애중심주의'로 번역될 수 있다. 그러나 두 용어 모두 장애인이 경험하는 차별과 억압을 포괄적으로 지칭한다. 'Ableism'은 "장애인에게 불이익을 주고, 비장애인에게 특권을 부여하는 법률·정책·태도·언어·행동의 집합"을 나타낸다(Le-Francçois et al., p.334). 이와 유사한 용어로 'Sanism'(정신장애차별주의, 정상중심주의)이 있다. 즉 'Ableism'과 'Sanism'은 장애인과 정신장애인의 차별과 억압을 정확히 파악하기 위해서는 당사자가 경험하는 차별과 더불어 비장애인이 가지고 있는 '특권'을 드러내야 한다는 함의를 내포한다. 비장애인은 자신이 가지고 있는 특권을 잘 인식하지 못할 수 있는데, 그것을 당연히 주어진 것으로 생각하기 때문이다. 'Ableism'과 'Sanism'의 관점은 기존에 인식하지 못했던 비장애인의 특권을 다시금 인식하도록 촉발한다. LeFrançois, B. A., Menzies, R., & Reaume, G., *Mad matters: A critical reader in Canadian mad studies*, Canadian Scholars' Press, 2013.

상호작용에 따른 결과가 아니라는 개념을 강화하는 데 기여하고 있다는 것이다. 또한 장애의 사회적 모델을 정신장애인에게 적용했을 때 낙인이 증가할 것이라는 두려움은 장애운동과 매드운동 활동의 공유와 담론적 교류를 가로막는 또 다른 걸림돌이다. 각 집단은 사회에서 그 자신들만 겪게 되는 고유한 낙인과 직면하며, '광기' 또는 '장애'라는 용어를 사용하게 되면 각 운동에 추가적인 어려움이 발생할 수 있기 때문이다.[170]

이런 중요한 문제들이 있지만, 여기서는 용어 자체보다는 그 기저에 있는 구도에 주목하고자 한다. 의료적 모델과 사회적 모델을 형성하는 구도에서 핵심은 일상 활동의 제약이 발생하는 문제에서 개인과 사회의 관계를 설명하는 방식이다. 이때 논쟁의 여지가 있는 '손상'이라는 용어 대신 부담이 덜한 '차이variation'라는 용어를 사용할 수 있을 것이다. 그렇게 되면 굳이 '장애'라는 단어를 사용할 필요가 없다. 이때 무엇이 정신적 차이mental variation[171]를 구성하는가와 관련해, 정신적 기능mental function과 그 차이를 설명해내는 자연적 기능natural function은 가정할 필요가 없다. (앞 절에서 우리는 자연적 기능 개념의 문제에 대해 검토한 바 있다.) 앞서 다룬 것처럼, 정신적 차이는 현실에서 이뤄지는 우리의 복잡한 활동이 제약받을 때 더욱더 명확해진다. 또한 정신적 차이는 '조현병'이나 '정신증'이 아니라, 이런 진단의 기초가 되는 특징들(예를 들어, 목소리 들림, 편집증적 신념, 불안한 감정, 사회적 행위를 이해하는 데 따르는 어려움, 기분 변동, 주의력 및 집중력 저하 등)이라는 점에 주의할 필요가 있다. 이런 특징들은 한 개인이 자신이 가진 목표를 실현하고 일상적인 사회적 상황 및 상호작용에 참여할 수 있는 능력에 많은 제약을 발생시킬 수 있다. 다음과 같은 몇 가지 예를 통해 이를 설명할 수 있다.

(1) 어떤 사람은 만성적 불안을 경험한다. 그는 사람이 붐비고, 대기줄이 길고, 차량이 밀집한 지역의 쇼핑몰을 이용하는데 어려움을 겪고, 결국 쇼핑을 하지 못한 채 집으로 향하게 된다. 우리는 이러한 활동에 대한 어려움을 두 가지 관점에서 볼 수 있다. 세상과 관련된 문제로 볼 수도 있으며, 한 개인의 정신상태의 문제로 볼 수도 있는 것이다. 이때 둘 중 무엇에서 논의를 시작하든, 다른 하나의 관점도 함께 다뤄지게 된다. 가령 쇼핑몰 이용의 어려움은 해당 개인의 불안감을 강화하며, 동시에 그 개인의 불안감은 쇼핑몰을 이용의 어려움을 강화한다.

(2) 어떤 사람은 목소리를 듣고 대화를 나눈다. 그는 이것이 도움이 되고, 자신에게 통제력을 부여한다고 말한다. 하지만 그가 사람들 앞에서 목소리를 듣고 대화를 나눌 때, 사람들은 그를 이상하게 쳐다보고, 때로는 그를 멀리한다. 이로 인해 그는 집 밖을 나설 수 없다고 느끼며 많은 나날을 보내게 되고, 그의 사회적 고립은 증가한다. 앞의 예시와 마찬가지로, 활동의 어려움(여기서는 사회적 고립)을 한 개인의 행동으로 인해 발생한 결과로 볼 수도 있으며, 동시에 이에 대한 부정적인 사회적 반응으로 인해 발생한 결과로 볼 수도 있다. 이런 각각의 어려움은 서로를 강화한다.

(3) 어떤 사람은 기분 변동을 경험한다. 기분이 고조될 때, 그는 자주 밤을 새면서 긴 시간 일할 수 있다. 이런 기분 상태가 지나간 뒤에는 피곤함을 느끼고 기분이 저하되어 며칠 동안 쉬

게 된다. 이로 인해 그는 직장생활을 유지할 수 없다. 왜냐하면 이와 같은 불규칙한 근무 스케줄에 대한 요구 사항이 쉽게 수용되지 않기 때문이다. 이 경우 (고용과 관련된) 활동 중단은 한 개인의 기분 변동에 따른 결과일 수도, 한 개인의 업무에 적절한 조정·편의제공이 이루어지지 않은 결과일 수도 있다.

각각의 경우, 일단 특정한 정신적 차이가 확인되면 그 차이와 환경의 충돌에 대해 생각해볼 수 있으며, 정확하게 어떤 것을 변화시켜야 하는지 파악할 수 있다. 즉 한 개인의 정신적 상태 혹은 특정 행동을 수정해야 할 수도, 환경을 변화시켜야 할 수도 있으며, 두 측면의 일부를 조합해야 할 수도 있다.

그러나 이 차이가 누구에게도 공감받지 못하는 믿음인 '망상'의 형태를 취하는 경우, 쟁점은 달라진다. 이를 위해 다음의 두 가지 전형적인 예시를 고려해보자. 하나는 어떤 누군가에 의한 박해받고 있다는 믿음(피해망상persecutory delusion)이며, 다른 하나는 사기꾼이 자신의 배우자 행세를 하고 있다는 믿음(카그라스 망상Capgras delusion)이다. 전자의 믿음을 가지고 있는 사람은 방어벽을 치고 집에만 머무를 수 있으며, 후자의 믿음을 가지고 있는 사람은 계속해서 배우자를 피해 다닐 수 있다.[172] 이 두 가지 믿음이 모두 거짓임을 알고 있는 외부 관찰자의 관점에서 그들은 각자가 가지고 있는 믿음 때문에 불필요한 제약을 경험하는 것으로 비춰질 수 있다. 그러나 이 신념을 믿는 당사자가 확신을 가지고 이런 믿음을 지속적으로 유지하는 한, 외부 관찰자가 인식하는 이런 통찰[병식]은 당사자에게 발생하지 않을 것이다.[173]

이와 대조적으로 당사자의 입장에서 바라보면, 자신이 경험하는 문제들("나는 안전하지 않다" 혹은 "사기꾼이 배우자 행세를 하고 있다")은 어떤 믿음이 아니라 현실 세계에 존재하는 사실이다. 앞 절에서 논했듯, 사회적 모델의 측면에서 볼 때, 일상 활동에 생기는 제약에서 중요한 것은 한 개인의 정신 상태가 아니라 사회적 세계와 관련된 것들이다. 만약 내가 집 밖으로 나가기를 거부할 때 그 이유가 누군가 밖에서 총으로 나를 겨누며 기다리고 있기 때문이라면, 나는 손상을 가지고 있는 것이 아니라 적절한 사리분별을 하고 있다고 볼 수 있다. 만약 위협이 없음에도 내가 위협을 받고 있다고 확신한다면, 다른 사람들은 그런 믿음으로 인해 장애가 발생한다고 생각할 수도 있지만, 적어도 나 자신의 입장에서는 그렇지 않다. 타인에게 '망상적' 신념은 사회적 모델 범위 밖에 놓이지만, 당사자에게 망상적 믿음은 다른 방식으로 사회적 모델 안으로 되돌아오게 된다.

망상을 지닌 사람은 다른 종류의 제약을 경험할 수도 있다. 그는 문제가 되는 믿음을 가지고 있다는 사실로 인해 차별, 실격, 조롱 등을 경험할 수 있다. 이런 측면에서 보면, 망상을 가지고 있다는 이유로 겪는 차별은 그 빈도수와 관계없이 일부 종교의 소수파 혹은 분파들이 직면하는 차별과 다르지 않을 것이다. 물론 망상을 가지고 있는 사람은 혼자인 반면, 종교적 소수파나 분파는 더 큰 집단으로 구성되는 경향이 있다. 여기서 우리는 다시 사회적 모델로 돌아오게 된다. 망상을 가진 한 개인은 자신이 가지고 있는 믿음 때문에 차별과 조롱을 경험하기 때문이다. 이때 해결책은 당사자가 자신의 믿음을 바꾸는 것이 될

수도 있고, 사회적 환경을 좀 더 수용적이고 관용적인 방향으로 변화시키는 것이 될 수도 있다.[174]

복잡한 개념적 작업과 독창성을 요구하는 이런 사례들은 적어도 몇몇 정신적 차이와 관련된 행동에 대해서는 사회적 모델을 적용할 수 있음을 보여준다. 실제로 정신적 차이에 대한 이런 접근은 영국과 그 밖의 다른 국가들에서 학계, 정책 입안자, 비영리단체 등을 통해 다수의 간행물로 출간되었다.[175] 그 문서들에서는 정신장애인을 위한, 직장 내 합리적 조정 및 편의제공에 관한 여러 가지 권고를 다룬다. 그 사항들은 신체적 손상과 대조적으로 정신적 차이는 덜 눈에 띄고, 물리적 환경보다는 사회적 상호작용에 더 큰 영향을 받으므로, 사회적 관계에 초점을 둔 조정과 편의제공이 필요하다는 주장에 기반을 둔다.[176]

권고안의 내용은 다음과 같다. (1) 불안 혹은 편집증적 사고가 발생하면 잠시 휴식을 취할 수 있을 것. (2) 유연한 근무시간 보장. (3) 과도하지 않은 업무량. (4) 비교적 조용하고 차분한 일터. (5) 사무실을 개방시키기보다 개인적인 작업 공간을 보장할 것. (6) 누군가에게 편집증적 사고가 발현될 경우, 지원 인력이나 친구와 접촉할 수 있도록 할 것. (7) 다수의 사람들과 접촉할 수 있는 당사자의 수용 능력에 맞춘 근무 여건 구축. (8) 직장 내 동료들 사이에서 일어날 수 있는 낙인 방지.

이와 관련해 리싱크Rethink*는 사회적 관계에 초점을 둔 조

* 리싱크는 1972년 한 정신장애인 가족이 설립한 영국의 정신건강 비영리단체로, 정신질환으로 어려움을 겪는 사람들의 삶을 개선하는 것을 핵심 가치로 삼고 있다. 좀 더 자세한 정보는 리싱크 홈페이지(https://www.rethink.org/)를 참고하라.

정 조치에서 낙인이 주요 쟁점이 된다는 것을 지적하며, 주변 동료들에 의한 낙인과 부정적인 태도는 "효율적일 수 있었을 조정조차 저해할 수 있다"고 언급한다.[177] 사람들이 광기나 정신건강 문제를 생각하는 방식에 중대한 변화가 없다면, 권고된 조정들은 표면적인 것에 그치고 제한된 효과만을 가져온다는 것이다. 더 나아가 낙인과 부정적인 인식은 개인의 자존감과 정서적 행복에 영향을 미칠 수 있으며, 결국 사회 참여에 더 큰 장벽이 될 수 있다고 지적한다.[178] 그러나 리싱크를 비롯한 위와 같은 작업들은 그런 부정적인 태도를 바꾸려 하며 정신건강 문제가 (신체적 질환과 유사한) 질환이라는 생각을 지지한다. 이는 정신건강 문제가 어떤 한 개인이 통제할 수 없는 영역에서 발생한다는 의미(이는 개인에 대한 비난을 감소시킨다)로, 정신적 문제는 치료 가능하고 두려워할 필요가 없는 대상이며, 개인의 나약함의 징후가 아니라는 분석들로 이어진다.

그러나 정신건강 문제를 질환으로 여기는 낙인 감소 전략에는 두 가지 문제가 있다. 첫째, 일부 연구 결과에 따르면 '정신질환은 다른 질환과 마찬가지로 하나의 질환'이라는 주장은 낙인을 감소시키기는커녕 오히려 예측 불가능성·위험성·두려움에 대한 인식과 결부되는 것으로 나타났다.[179] 둘째, 이는 당사자단체들이 추구하는 매드 정체성에 대한 인정 요구에 반한다. 당사자단체들은 자신들은 아픈 존재가 아니며, 광기의 양상을 긍정적으로 조명해야 하고 그게 아니라면 최소한 중립적으로 재구성해야 한다고 요구한다. 그렇다면 리싱크가 적절하게 지적했던, 정신적 어려움을 겪는 당사자에 대한 부정적인 태도가 업무에 참여할 수 있는 누군가의 능력을 저하시키는 측면은 어떻게 다뤄져야 하는가? 이는 사회 전반에 걸쳐 있는 이러한 문제의 근원에 무엇이 놓여 있는지를 묻는 좀 더 까다로운 질문으로 이어진다.

집중력 저하, 불안, 편집증, 사회적 관계의 위축 등은 심각하거나 독특한 방식의 차별을 초래하지 않을 만한 평범한 경험이다. 가령 수면 부족, 시차로 인한 피로감, 또는 숙취의 괴로움 등을 생각해보자. 대부분의 사람들은 이런 경험에 익숙하고, 이를 쉽게 이해할 수 있으며, 이런 경험을 하는 사람들을 관대하게 수용할 수 있다. 반면 광기의 경우, 광기와 관련된 경험들은 다른 사람들에게 두려움과 불신을 일으키며 특별한 어려움을 야기한다. 어떤 사람이 술을 많이 마셔서 불안해하거나 편집증적 경향을 띠게 되는 것은 어떤 목소리를 들어서 그렇게 되는 것 혹은 정부 기관 혹은 보이지 않는 존재에게 박해받고 있다는 두려움을 품는 것과 같지 않다. 환각이나 망상에 의거한 후자의 현상들은 추가적인 설명 없이는 대체로 쉽게 받아들여지지 않으며, 이해 불가능한 현상이라는 전제 속에서 당사자는 일종의 실격과 불신을 겪게 된다. 이런 상황에서 정신적 어려움을 경험했던 사람들을 위해 좀 더 수용적인 환경을 만듦으로써 그들의 독특한 특성과 차이를 존중할 수 있는 사회적 상호작용을 구축하기란 상당히 어렵다. 우리가 이해하기 어려운 현상을 마주할 때, 우리는 어떤 한 사람이 겪는 제약의 주된 원인을 편의제공 및 사회적 조정이 구축되어 있지 않은 환경에서 비롯되는 것이 아니라, 우리 앞에 있는 그 개인에게서 비롯되는 것으로 여길 가능성이 크다. 이 지점에서 중요하게 부상하는 개념이 바로 이해 가능성intelligibility이다. 이에 대해 다음 절에서 더 자세히 살펴보고자 한다.

이해 가능성, 그리고 사회적 조정의 한계

앞 절에서 논의한 정신적 차이에 요구되는 사회적 조정 및 편의제공과 신체적·감각적 차이에 요구되는 그것을 비교해보면 몇 가지 중요한 측면에서 확연한 차이가 드러난다. 데이비드 필그림David Pilgrim과 플로리스 토마시니Floris Tomasini는 정신건강 문제에 대한 사회적 반응의 핵심이 "귀속된 손실attributed loss 혹은 이성의 결핍lack of reason"에 있다고 지적한다.[180] (반면 신체적·감각적 차이를 발생시키는 신체장애의 경우 이성과 같은 능력은 영향을 받지 않는다.) 정신적 차이를 지닌 사람들에 대한 '이성이 결핍되어 있다'는 가정은 지속적으로 광기에 대한 불이익과 차별의 근거로 작용하며, 두려움과 불신에 영향을 미칠 뿐 아니라, 당사자의 자율성을 온정주의적으로 제약할 수 있는 근거가 된다. 여기서 말하는 비이성에는 불안이나 우울증으로 인해 사회적 의무를 이행할 수 없는 것에서부터, 일반적으로 받아들여지기 힘든 다양한 정신 상태(목소리 들림, 기이한 망상, 사고장애 등)에 따른 행동으로 인해 [타인으로부터] 이해 가능성을 확보하지 못하는 것까지 광범위한 상태가 포함된다.[181] 이해 가능성은 다양한 사회적 조정 및 편의제공의 범위를 결정하는 중요한 개념이다. 가령 이해 가능성 개념은 어떤 사람을 그저 '정신적으로 아픈' 이로 간주하고, 그런 상태를 일종의 개인의 실패 탓으로 돌리며 사회적 조정에 대한 논의를 중단하게 되는 상황에서 유용하게 사용될 수 있다.

예를 들어, 목소리를 듣는 경험과 그것이 한 사람의 행동에 미치는 영향을 고려해보자. 어떤 "목소리를 듣는 자voice-hearer"[182]는 때로 그 목소리와 대화를 나누고, 그 때문에 산만해질 수 있다. 앞서 언급했듯, 어떤 사회적 맥락에서는 이런 식의 행동이 타인으로부터 부정적인 반응을 야기해 당사자를 고립시킬 수 있으며, 그 고립은 대중 앞에 서는 것에 대한 두려움으로 이어질 수 있다. 이 경우 목소리 들림을 일반화하거나, 독특한 경험으로 표현할 수 있는 사회적 서사를 개발함으로써 관련 행동에 대한 이해 가능성과 관용을 촉진할 수 있으며, 목소리를 듣는 당사자에 대한 사회적 포용을 향상시킬 수 있다. 헬렌 스팬들러Helen Spandler와 질 앤더슨Jill Anderson이 지적했듯, 이것이 바로 목소리 듣기 운동Hearing Voices Movement, HVM*이 추구하는 바이다.[183] 목소리를 질병의 증상으로 바라보는 관점에서 의미 있는 현상으로 바라보는 관점으로 전환을 촉구하는 것이다. 이해 가능성은 이

---

* 목소리 듣기 운동은 1980년대 후반 네덜란드의 정신과 의사, 연구원, 그리고 목소리 들림을 경험한 적이 있는 당사자들의 협력 속에서 시작되었다. 당사자들은 의료적 용어로 '환청'으로 일컬어지는 '목소리'를 탐구하고 싶다는 욕구를 표출하면서, 목소리로 인해 괴로움을 느끼더라도 그것을 의미 있는 것으로 인식하고, 그것이 어디에서 비롯되었는지 이해할 필요가 있다고 주장했다. 목소리 듣기 운동은 정신과 약물로 목소리를 억제하려 애쓰는 것보다 목소리를 듣는 청자가 그 목소리와의 '관계'를 바꾸는 것이 더 좋은 선택임을 강조함으로써 전통적인 접근법과 다른 전략을 취한다.
오늘날 전 세계로 확산된 목소리 듣기 운동은 30개국에 네트워크를 갖추고 있다. 목소리 듣기 운동의 국제 네트워크인 인터보이스(intervoiceonline.org)는 운동과 관련된 핵심 가치와 사고를 공유하고, 정보를 배포하고, 각종 연구를 장려함으로써 목소리를 듣는 청자들을 연결한다. 2021년 세계보건기구WHO는 정신건강 서비스에서 '사람 중심 권리 기반' 접근법을 강화할 수 있는 동료지원활동의 한 가지 모범 사례로 목소리 듣기 운동을 선정했다.

런 의미를 만들어내기 위해 제시되는 서사가 어떤 종류인지에 따라 달라질 것이다. 어떤 서사는 목소리 들림을 영성적인 것이나 영혼과 같은 비인간적 행위자들과 관련된 것으로 여기며, 또 다른 서사에서는 목소리를 자아의 한 측면을 드러내주는 것으로 바라봄으로써 자신의 과거와 정체성을 더 깊이 이해할 수 있는 계기로 바라본다.

목소리를 듣는 사람을 대하는 타자의 이해 가능성은 다양한 서사를 뒷받침하는 가정을 어느 정도까지 수용할 수 있느냐에 따라 달라질 것이다. 따라서 다름에 대한 사회적 조정 및 편의제공의 외연을 확장하고 조정 능력을 고양하는 것이 새로운 도전으로 떠오르게 된다. 즉 광기는 우리의 신념, 가치, 자아감, 합리성 개념, 인격 등과 같은 총체적 세계관에 의문을 제기할 것을 요구한다.[184] 여기서 필요한 변화는 신체장애를 고려해 경사로를 설치하는 것이나, 시각장애를 고려해 대체 자료를 제공하는 것과는 다르다. 광기를 둘러싼 관점의 변화란 인간으로서의 우리에 대한 근본적인 개념의 변화이며, 이를 위해 무엇이 가능하고 필요한지 사고를 확장하는 것이다. 광기를 어떤 문화적 맥락 속에서 바라보느냐에 따라 결론은 크게 달라진다. 예를 들어, 집을 떠날 경우 죽을 것이라고 위협하는 영혼의 목소리를 듣고 집에서 방어벽을 치고 있는 사람을 생각해보자. 이를 질환으로 간주할지, 아니면 그 사람에게 실재하는 위협으로 간주할지는 우리가 그 제약의 원인을 얼마만큼 실재하는 것으로 받아들이는지에 따라 달라질 것이다.[185] 영혼이 존재하고, 인간사에 대해 무언가 말할 수 있다고 간주하는 문화적 맥락에서는 그 사람의 자발적 고립이 영혼의 문제가 적절히 처리되는 동안 발생하는 합리적인 일련의 행위로 보일 수 있다. 이와 대조적으로 '영혼'을 소외된 정신으로 이해하는 문화적 맥락 안에서 그 사람은 '아프다'고 간주될 수 있다.

이처럼 서로 다른 문화에서 이해 차이가 발생하는 경우뿐 아니라, 다양한 문화적 맥락에서 접근하더라도 **정말로** 이해 가능성을 확보하기 어려워 보이는 다른 현상들도 생각해볼 수 있다. 예를 들어 사고장애 현상은 목소리 듣기 운동과 같이 집단 차원의 합당성을 획득하지 못했으며, 따라서 [그에 대한 인식의 틀이] 긍정적으로 재구성되지 못했다.[186] 정신장애운동 활동가이자 학자인 네브 존스Nev Jones와 티모시 켈리Timothy Kelly는 다음과 같이 언급했다.

> 정신적 고난을 겪고 있지만 그럼에도 다른 사람들과 소통할 수 있는 사람들의 투쟁은 가장 기본적인 방법으로도 이해받기 어려운 매우 심각한 사고장애를 가진 사람들의 그것과 구별될 수 있으며, 구분되어야 한다.[187]

존스와 켈리는 사고장애가 이해 가능성의 확장을 가로막는 한계로 작용한다고 지적한다. 특히 사회에서 수용되기 힘든 사고장애를 가진 개인일수록 그로 인한 특이 행동이 더욱더 주목받게 되며, 이해 가능성의 한계가 더 빨리 찾아온다. 또한 이해 가능성의 한계는 사람들마다 다르다. 여기서 중요한 것은, 타인의 믿음이나 행위가 자신이 설정한 이해 가능성의 한계를 초과하게 될 경우 사람들이 당사자가 경험하는 제약을 정신적 차이 그 자체에서 비롯되는 것으로 생각하기 시작한다는 점이다. 그렇게 되면, 우리는 사회를 변화시키는 것을 고려하기보다 해당 개인을 변화시키는 것을 지지하게 된다.

너무나 손쉽게 이와 같은 결론에 이르는 것을 막기 위해 우리는 두 가지를 염두에 둘 필요가 있다. 첫 번째는 이미 언급된 것으로, 특정 손상이 본질적으로 장애를 초래하는 것으로 간주하도록 만든 가치와 규범을 명시해야 한다는 점이다. 그러면 차이를 좀 더 포괄적으로 수용할 수 있는 방식으로 규범을 변경할 수 있는 가능성을 더 풍부하게 검토할 수 있을 것이다. 두 번째 방법은 사회정의에 대한 요구에서 출발한 정치운동으로, 다음 절에서 이어서 살펴보고자 한다.

정치운동 및 사회적 주체

정신적 차이를 정의나 공정성의 문제로 더욱 폭넓게 수용하기 위해 사회가 변해야 한다는 요구는 그런 요구를 하는 사람이 **사회적 주체**social subject라는 것을 함축한다. 명료하게 정리된 바는 없지만, 사회적 주체란 대략 그 자신과 타인을 모두가 동등하게 중요시되며 모두의 안녕이 관여되어 있는 공동 프로젝트의 참여자로 여기는 사람을 뜻한다. 광기를 다루며 사회적 주체를 언급하는 것은 언뜻 역설적으로 보일 수 있다. 왜냐하면 일반적인 관점에서는 주체가 지닌 **비사회성**dis-sociality이 조현병과 같은 광기의 핵심적인 측면으로 여겨지기 때문이다. 즉 매드 주체가 지닌 광기의 징후는 사회로부터의 후퇴withdrawal를 초래한다. 예를 들어 심각한 편집증을 가진 사람은 대인관계에서 완전히 이탈하게 되거나, 때로는 전반적인 대인관계에서 신뢰성을 잃게 될 수 있다. 이 경우, 해당 개인에게 타인은 공동 프로젝트의 참여자가 아닌, 자신의 실존을 위협하는 적대적 존재가 된다. 이와 관련해 현상학적 정신병리학 문헌에서는 '조현병 환자'가 상호주관성intersubjectivity의 위기를 겪고 있다고 설명하는데, 이는 사회적 현실의 두 가지 기본 축인 공통감각sensus communis과 조율attunement에 있어서의 분열을 의미한다.[188] 다른 문헌에서는 '조현병 환자'가 의식과 자기지각에 손상을 가지고 있으며, 감소된 자기애self-affection와 과잉성찰성hyperreflexivity으로 특징지어지는 자기-됨ipseity과 관련한 제약을 경험한다고 설명한다.[189] 이런 설명은 '조현병 환자'가 사회적 주체가 될 수 있다는 생각을 무효화하는 듯 보인다.

이런 결론을 받아들인다고 할 때, 사회정의를 요구하는 운동을 어떻게 이해할 수 있을까? 한 가지 (냉소적일 수 있는) 접근법으로는 사회정의를 요구하는 매드 당사자 활동가들이 전혀 미치지 않았다고 주장하는 것을 생각해볼 수 있다. 또 다른 접근법은 범위의 문제가 관건이라고 주장하는 것이다. 즉 현상학적 정신병리학이 언급한 현상은 사회성 스펙트럼의 맨 끝에 있으며, 이는 모든 '조현병적'이거나 '정신증적'인 혹은 매드와 관련된 경험을 대표하지 않는다는 주장이다.[190] 나는 첫 번째 접근을 거부하고 검증된 두 번째 접근을 받아들이고자 한다. 그 전에 먼저 당사자 활동가들의 요구에 깔려 있는 사회적 주체 개념으로 다시 돌아가보자.

정신적 차이를 정의의 문제로 수용하라는 요구에는 적어도 다음과 같은 것들이 포함된다. (1) 다른 사람들과 같은 한 명의 사람으로서 자신을 이해해달라는 요구. (2) 모든 사람이 어떤 측면에서 서로 다를 수 있다는 것(인간의 다양성)을 이해하기. (3) 사람의 행복은 부분적으로 사회적 상호작용과 사회적 협의를 통해 만들어진다는 사실 이해하기. (4) 자기 자신을 더 큰 사회의 일부이자 동시에 더 작은 집단의 일부로 바라볼 수 있는 능력. (5) 펼치는 주장이 주목받을 가치가 있고, 권리를 지닌 한 사람으로 자신을 이해해달라는 요구. (6) 다른 사람들도 동일한 권리를 가지고 있음을 이해하기(이것은 요구가 정의와 공정성의 언어로 제기된다는 점을 통해 이미 암시되었다).

요컨대 이런 요구들은 사회정의의 관점을 지향하며 사회의 이해를 촉구한다. 앞서 논의한 이해 가능성의 한계로 돌아가 설명하자면, 이해받지 못하는 특정 경험과 행동에 대한 이와 같은 요구는 어떤 행동을 의료적·개인적 교정의 대상이 아니라, 사회적 조정 및 편의제공의 대상으로 인식할 것을 촉구한다고 할 수 있다. 정신적 차이를 수용하도록 요청하는 것은 개인주의적 접근법을 우선시하는 경향에 저항한다. 한편 이런 요구는 다음과 같은 반론을 맞닥뜨릴 수 있다. 미친 사람들은 사회 밖에 존재하므로, 그들의 행동과 정신적 차이에 맞춰 사회적 조정 및 편의를 제공하라는 주장은 공동의 규칙과 가정에 근거를 두는 사회가 완전히 상실될 수 있는 위험을 초래한다는 것이다. 하지만 당사자들의 정치적 요구는 사회라는 공유된 프로젝트에 대한 가치 평가와 사회성에 대한 새로운 관점을 제안함으로써 이러한 반론을 반박한다.

반대 의견에서 언급한 바와 같이, 일부 매드 경험들(혹은 '조현병'의 경험들)은 사회성과 양립할 수 없는 것처럼 보인다. 이는 앞서 살펴보았듯 현상학적 정신병리학에서 일찍이 지적한 바이다. 하지만 현상학적 정신병리학이 상호주관성의 위기를 겪고 있다고 묘사하는 사람들은 정체성, 다양성, 사회정의 측면에서 자신의 상황을 아직 온전히 파악하지 못한 주체들일 수 있다. 즉 그들은 사회성이 부재한 것이 아니라, 아직 자신들을 사회적 주체로서 개념화하지 못했을 뿐이다. 1장에서 논한 의식화 개념이 이 지점을 이해하는 데 도움이 될 수 있다.

의식화는 사람들이 함께 모여 이야기를 나누고, 서로가 겪은 상황에서 유사성을 발견하며, 자신들의 곤경을 개인적인 병리가 아니라 차별적이고 혹독한 사회적 조건들 속에서 비롯되는 것으로 해석하는 과정이다. 일단 의식화가 이루어지면, 그 사회적 조건들을 바꾸라는 요구가 형성될 수 있다. 이렇게 볼 때 매드운동의 핵심 목표는 당사자들이 그런 요구를 제기할 수 있도록 지원하는 데 있다. 특정 정신적 현상과 관련해 '집단적 합리성collective reasonableness'을 창출하려는 노력 또한 중요하다. 물론 어떤 당사자는 지원을 받더라도 적절한 요구를 창출하지 못할 수도 있으며, 어떤 이들은 요구 창출을 원하기보다 질병 자체에 기반한 다소간 개인적인 담론과 개입을 선택할 수도 있다. 그럼에도 당사자들의 정치적 행위는 당사자가 교정의 대상이 아닌 차이에 대한 사회적 조정을 요청할 수 있는 주체로 설 수 있는 가능성을 시사한다.

3. 정신적 고난

장애가 일상적 기능 및 참여에 있어서의 제약 및 손상과 관련된다면, 정신적 고난은 불안, 슬픔, 두려움 및 편집증과 같은 정서적이고 감정적인 상태와 관련되어 있다. 앞서 이런 상태들이 기능에 어느 정도 영향을 미치는지에 초점을 맞춰 논의를 진행했다면, 여기서 중요한 것은 그 영향과 상관없이 해당 상태들이 자체적으로 야기하는 불쾌감과 통제 불가능성이 존재한다는 점이다. 환청, 수동성 사고와 행동, 이상하고 불쾌한 신체 감각 등은 예측하기 어려우며, 두려움과 불쾌감을 유발한다. 또한 강렬한 정서적 상태는 신체적 통증과 마찬가지로 큰 불편을 초래하며, 이때 대부분의 사람들은 정서적 고통이나 통증을 제거하길 원할 것이다.

게다가 사회의 지배적인 심리적·행동적 규범은 정신적 고난을 겪는 개인에게 자기 정신이 온전한지 다른 이들이 의심할지 모른다는 불안감을 유발할 수도 있다. 이는 다시 고립과 두려움을 가중시킬 수 있다. 앞서 우리는 이것을 심리-정서적 장애차별주의psycho-emotional disablism로 지칭했다.[191] 정신적 고난에 대한 부정적인 인식은 매드 프라이드 및 매드 포지티브 접근법의 주된 문제다. 즉 매드 포지티브 접근법에 반대하는 이들은 광기와 관련된 정신적 고난의 부정적인 특성들을 들어 광기를 긍정적이거나 중립적인 정체성 요소로 받아들이는 것이 불가능하다고 주장할 수도 있다.

1장에서 살펴본 활동가들의 문헌에는 정신적 고난의 문제에 대한 두 가지 대응책이 등장한다. 첫째, 정신적 고난(불안, 슬픔, 편집증 등)을 학대, 트라우마, 억압, 빈곤과 같은 사회적 상호작용에서 발생하는 어려움의 표출로 보는 것이다. 이 관점은 정신적 고난을 어떤 개인에게 초점을 맞추는 결핍이나 취약성에서 발생하는 것이 아니라, 사회적·관계적 문제에서 비롯되는 것으로 여긴다. 이를 슬로건으로 표현하면, 광기는 미친 사회에 대한 정상적이고 당연한 창조적 대응 및 적응이 된다. 정신적 고난에 대한 사회적 접근법을 개발하는 문헌들에서 이와 유사한 전략들이 상세히 연구되었다.

제리 튜Jerry Tew는 정신적 고난 및 자해와 같이 명백하게 결함이 있는 행동처럼 보이는 모습들은 힘든 삶의 경험에 대한 대처법 혹은 생존 전략으로, 즉 본질적인 사회적 스트레스 요인과 갈등에 대한 표출로 이해될 수 있다고 주장한다.[192] 그에 따르면 사회적 모델은 "사회적 관계에서 권력이 결정적인 역할을 하고 있음을 인식하고, 이 맥락 안에서 경험을 이해"한다.[193] 몇몇 연구자들은 아동학대,[194] 인종차별,[195] 성차별,[196] 동성애 혐오[197] 등의 사례를 통해 권력의 차이, 불평등, 차별 등이 어떻게 정신적 고난과 결함 있는 행동을 야기할 수 있는지를 드러냈다. 정신적 고난과 명백히 결함 있어 보이는 행동들이 극단적인 문제들로 인한 고통으로 인해 발생하는 당연하고 전략적인 반응으로 간주되지 않고, 질병의 증상으로 촉발되는 기능부전으로 잘못 받아들여지면, 이 현상의 근원에 놓여 있는 사회문제를 발견하고 이에 대한 사회적 해결책을 모색하는 작업이 힘을 잃게 된다는 것이다.

이 주장에는 많은 강점이 있지만, 정신적 고난의 문제에는 부분적인 대응만을 제공할 뿐이다. '정신적 고난'을 삶에서 경험하는 괴로움에 대한 당연하고도 이해할 만한 대응으로 설명하는 시도는 잠재적으로 한 개인에게 긍정적 특성을 부여한다. 이는 정신적 고난에 독창적이고 용기 있게 맞서고, 억압과 불평등에 저항했던 생존자 담론에서도 엿볼 수 있다(1장의 '생존자 정체성' 절). 정신적 고난의 경험들이 삶의 다양한 어려움에 맞선 자연스러운 대응이라는 주장이 그 자체로 긍정적인 것은 아닐지라도, 이 주장에는 긍정적인 해석의 가능성이 내재되어 있다. 그러나 긍정적인 해석을 채택하는 경우에도 이 주장은 실제 경험들을 부정적으로 평가하며, 따라서 정신적 고난의 문제에 완전히 대응하기에는 불충분하다.

예를 들어 인종에 기반한 편집증적 감정을 경험하는 어떤 사람의 경우, 그가 경험하는 정신적 고난을 인종차별과 같이 인종에 기반한 불신을 경험하는 것에 대한 자연스런 반응으로 이해할 수 있다. 더 나아가 그의 편집증 경험을 인종주의에 대한 저항으로 여기고 그와 연대를 형성할 수도 있다. 편집증이라는 어려움을 그가 인종주의라는 불평등한 상황과 타협하지 않았다는 것을 보여주는 증거로 여길 수도 있기 때문이다. 하지만 이런 해석이 타당하다고 하더라도, 그 해석은 단지 경험하는 사람의 자질을 다룰 뿐, 편집증의 경험 그 자체는 다루지 않는다. 이 주장의 요점은 그 경험의 원인으로 한 개인의 실패 및 병리적인 문제보다는 억압적인 사회적 조건들을 지목한다는 데 있으므로, 편집증이라는 경험 자체는 여전히 하나의 문제로 남는다.

정신적 고난의 문제에 제대로 대응하기 위해서는 경험 그 자체를 다뤄야 한다. 정신적 고난의 경험이 더 광범위하고 긍정적인 서사 안에서 어떻게 수용될 수 있는지를 보여줘야 한다. 활동가들의 기록은 정신적 고난의 문제를 다루기 위한 두 번째 전략을 제공한다. 이는 광기가 고통을 초래한다는 것을 인정하면서도 동시에 특별함을 선사한다고 여기는 전략으로, 1장의 '매드 프라이드 담론들' 절에서 다룬 '위험한 선물'의 관점이 바로 여기 해당한다. 이 관점에 따르면 창조적인 형태를 통한 표출, 의미에 대한 전반적 탐색, 내면의 사고와 성찰 등은 광기의 한 측면이며, 조증 상태, 편집증적 경험, 우울감 등은 광기의 또 다른 측면이다. 즉 창조성과 정신적 고난은 서로 얽혀 있고, 떼려야 뗄 수 없는 관계다. 가능한 세 번째 전략은 정신적으로 고통스러운 경험을 소중하고 가치 있는 목표를 향한 필수적인 조건으로 보는 것이다. 예를 들어, 종교적 금욕의 경우 심리적·정서적·물질적 열악함이 수반되는 영성적 여정을 떠나 더욱 높은 차원의 실존을 성취하고자 한다. 12세기 무슬림 학자 알 가잘리 Al-Ghazali는 이와 관련해 다음과 같이 썼다.[198]

> 예를 들어 어떤 사람이 세속적인 문제에 관심을 두지 않고 평범한 즐거움을 멀리하는 등 우울에 빠진 것처럼 보인다면, 의사는 이렇게 말할 것이다. "이것은 우울증이며, 이런저런 처방이 필요합니다." 물리학자는 이렇게 말할 것이다. "이것은 더운 날씨로 인해 뇌가 건조해진 탓이며, 공기가 촉촉해질 때까

지는 안심할 수 없을 겁니다." 점성술사는 이 문제를 행성과의 어떤 연결 혹은 단절의 탓으로 돌릴 것이다. 한편 코란은 이에 대해 "그들의 지혜는 여기까지일 뿐이다"라고 말한다. 그에게 일어난 일이 사실은 그 사람의 안녕을 걱정한 위대한 신이 자신의 하인인 행성들과 원소들에게 그가 세상을 떠나 창조주에게 돌아갈 수 있도록 조건을 마련하라고 명령한 것임을 알지 못한다는 것이다.

이와 같은 목적론적 접근은 정신적 현상을 좀 더 넓은 시각에서 소중한 목표나 성취를 위한 필요조건으로 바라보고, 이를 가치 있는 것으로 여길 수 있도록 한다. 마라톤에 출전해 우승하고 싶다면 고통과 신체적인 한계를 경험하는 길고 힘든 훈련 과정을 거쳐야 한다. 여기서의 고통은 나의 시도를 방해하는 성가신 존재가 아니라, 경쟁에서 이길 수 있는 힘을 얻거나, 경쟁에 뛰어들 수 있도록 하는 필요조건이다. 요약하자면, '위험한 선물' 담론과 목적론적 접근법은 어떤 현상에는 고통과 가치가 공존한다는 것을 알려주는 두 가지 예시이다. 즉 정신적 고난에는 고통이 따르지만, 경우에 따라 가치가 공존할 수 있다.

4. 나가며

다양한 집단들은 수십 년간 존중과 권리를 쟁취하기 위해 캠페인을 벌이고 투쟁해왔다. 어떤 집단들은 상징적·문화적 보상을 성공적으로 쟁취했고, 어떤 집단들은 쟁취하지 못했다. 세계의 일부 지역에서 동성애자의 권리가 확대되고 있는 흐름은 그 성공 사례로 꼽힌다. 그러나 존중과 정체성에 대한 담론에서 매드 정체성을 가진 개인들과 광기는 아직까지 등장하지 않고 있다. 이들에 대한 담론은 여전히 정신적 고난 및 장애에 대한 의료적 프레임의 지배를 받고 있다. 이 장에서 우리는 어떤 현상에는 고통과 가치가 공존할 수 있다는 것을 살펴봄으로서 정신적 고난의 문제를 다뤘다. 또한 서로 다른 다양한 정신적 기능을 가진 사람들이 경험하는 제약에 대해 너무 쉽게 의료적 해석을 제시하는 경향에 맞서는 두 가지 관점을 통해 장애의 문제를 다뤘다.

의료적 해석에 대한 첫 번째 반론은 장애 판단의 규범적 근거를 도출해낸 장애 모델 분석에서 제기되었다. 즉 장애를 초래하는 본질적 요인이 차이 및 손상이라고 말할 때, 이 판단을 뒷받침하는 가치·규범·능력·맥락에 대한 설명이 동반될 필요가 있다는 것이다. 변화를 일으키기에 너무도 미미한 것으로 보일 수 있는 이런 요구는 관점상의 심오한 변화를 가져온다. 이런 관점을 취할 경우, 차이를 이해하고 수용할 수 있는 능력의 한계는 차이 자체에 내재된 (자연적) 문제가 아니다. 오히려 그 한계는 이를 자연스럽고 보이도록 만든 뿌리 깊은 가치·규범·능력이 만들어낸 규범적 한계가 된다. 이런 통찰을 바탕으로 차이를 의료화하는 흐름에 저항하고, 차이를 수용하기 위해 어떤 사회적 해결책을 마련할 수 있는지 성찰해볼 수 있게 된다.

의료적 해석에 대한 두 번째 반론은 정치운동에 담긴 의미에 대한 성찰에서 비롯되었다. 사회가 기능의 다양한 차이를 수용하는 방향으로 변화해야 한다고 요구하는 것은 곧 사회적 주체가 되는 일이다. 그 요구를 통해 당사자는 자신의 행동을 의료적 교정의 대상으로 전락시키지 않고 자신의 차이에 대해 사회적 조정과 편의제공을 정당하게 요청할 수 있는 주체가 된다.

관점의 변화를 촉구하는 우리의 목표가 어려운 시도라는 점에는 의심의 여지가 없다. 물론 정신적 차이에 장애의 사회적 모델을 적용할 수도 있지만, 정신적 차이에는 전통적 사회적 모델이 전제하는 신체적 기능의 차이와는 다른 종류의 문제가 동반된다. 두 모델의 중요한 차이점은 광기가 이해 가능성의 문제를 수반한다는 점에서 비롯된다. 광기는 자아감이나 전반적인 세계관과 같은 근본적인 개념들에 대한 우리의 가치와 신념에 의문을 던지고, 이를 확장할 것을 요구한다. 비록 어려울지라도 이런 측면을 받아들인다면, 결코 극복할 수 없을 것처럼 보였던 이해 불가능성을 우리가 누구인지를 구성하는 규범과 개념에 대한 급진적인 도전으로 바라볼 수 있다. 우리가 광기를 둘러싼 광범위한 경험·행동·정체성을 수용하기 위해 이런 규범과 개념을 검토해야 하는지, 즉 사회가 매드운동이 제기하는 인정 요구에 긍정적으로 응답해야 하는지는 추가적인 검토가 필요한 질문들이다. 이 문제에 대한 답을 찾기 위해 2부에서는 정체성과 인정에 대한 철학적·정치학적 논의를 발전시키고자 한다. 이 논의를 통해 우리는 인정에 대한 요구의 본질과 규범적 효력을 이해하고, 그것을 광기의 사례에 적용할 수 있을 것이다.

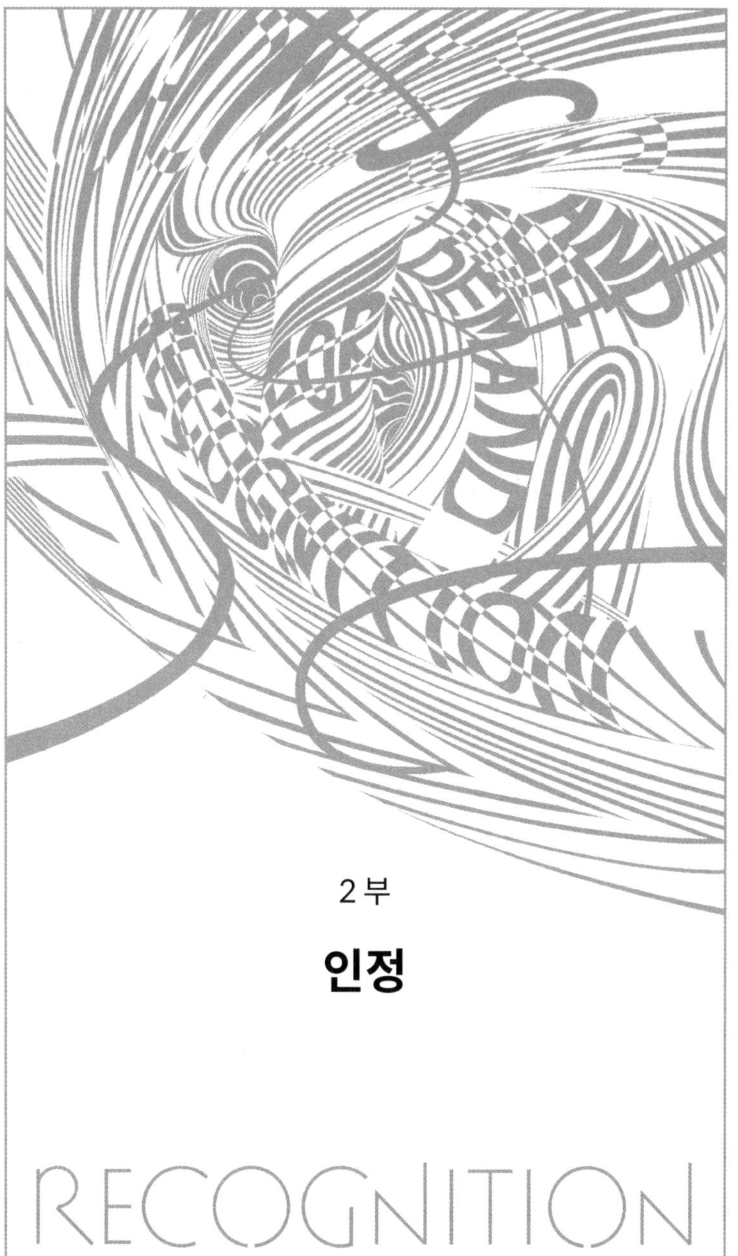

2부

인정

RECOGNITION

| 3장 |

인정의 개념과 자유의 문제

1. 들어가며

인정recognition은 다층적인 개념으로, 인정의 정치politics of recognition와 같은 전문적인 철학 개념부터 일상적 대화 상황에 이르기까지 널리 사용되고 있다. 이 장에서는 인정 개념을 재구성하기 위해 인정의 몇몇 의미를 명확히 짚는 것부터 시작하고자 한다.[1] 일반적인 용어로서의 인정은 정체성을 규정하는 것을 의미할 수 있다. 이를테면, 나는 어떤 물체를 펜으로 인정하고, 그 펜을 아버지의 소유물로 인정하며, 펜을 받은 그날을 우리의 기념일로 인정한다. 이때 어떤 것을 무언가로 규정한다는 것은 그것을 **다시**-인식하는**re**-cognize 것을 말한다. 인정의 다른 의미는 '국제사회가 새롭게 형성된 국가의 주권을 인정한다'는 식의 발화에서 명확히 드러난다. 이는 어떤 지위에 대한 승인과 관련되어 있으며, 그 승인은 취소될 수도 있다. 인정의 또 다른 의미도 있다. 예를 들어 특정 날짜를 두고 어떤 집단은 자신들의 땅에 대한 불법적 점령이 시작된 날로 인정하는 반면, 점령자들은 마침내 자신들의 국가를 획득한 날로 인정한다. 여기에서는 해당 날짜에 내재되어 있는 의미에 대한 견해차가 존재한다. 사람에 대한 '인정'은 지금까지 살펴본 모든 인정의 의미들과 관련이 있지만, 좀 더 특별한 방식으로 존재한다.

펜이나 기념일과는 다르게, 사람의 경우 자신이 타자에 의해 어떻게 정체화되는지에 반응한다. (물론 펜과 기념일의 정체성이 왜곡되는 경우에도, 때로 펜과 기념일을 대신해 반대의 목소리를 내는 사람이 있을 수도 있다.) 당신이 길을 걸어가는 어떤 사람을 보았다고 하자. 당신은 그의 차림새나 옷차림 등 여러 근거에 기반해 그 사람을 남성으로 **다시**-인식했다. 그런데 그 사람과 좀 더 가까워지자, 당신은 스스로의 추정적 판단이 틀렸음을 깨달았다. 이런 오류는 여러 측면에서 발생할 수 있다. 가령 당신은 그 사람이 남성이 아니라는 것을 나타내는 여러 '표식'을 놓침으로서 잘못 인지했을 수 있으며, 아니면 잘못된 가정을 했을 수도 있다. 즉 여기서 문제는 신체적 특징을 식별하는 능력에 있는 것이 아니라, 이런 특징을 보고 다양한 사회적 정체성 중 하나의 특정한 사회적 정체성을 나타내는 것이라는 결정으로 당신을 이끄는 **가정들**에 있다. 사람들은 스스로 자신이 누구인지에 대한 이해를 형성하며, 우리는 그것을 정체성이라고 부를 수 있다. 그 이해는 타자에 의해 적절히 인정될 수도 있지만, 타자에 의해 오인misrecognition될 수도 있으며, 전혀 인정받지 못할 수도 있다. 달리 말하면, 어떤 사람의 정체성은 올바른 방식에 따라 **사회적으로 가시화**될 수도 있지만, 자기가 자기 자신을 보는 방식과는 다르게 가시화될 수도 있고, 극단적인 경우에는 전혀 가시화되지 않는 상황에 처할 수도 있다.

사회적 비가시성invisibility은 역사적으로 어떤 상태와 관련된다. 가령 역사적으로 존재했던 노예 제도 및 노예 상태를 떠올릴 수 있다. 악셀 호네트Axel Honneth[2]는 랠프 엘리슨Ralph Ellison의 소설 《보이지 않는 인간The Invisible Man》에 등장하는 귀족들이 같은 귀족 앞에서는 엄격한 예의범절의 규칙을 따르다가도 자신들의 하인 앞에서는 나체 상태로 있는 것에 스스럼이 없었다는 일화를 소개한다. 이 일화는 귀족들에게 하인들이 사회적으로 의미 없는 존재로 취급되었으며, 귀족으로 하여금 수치심을 느끼게 할 수 있는 주체로조차 여겨지지 못했음을 보여준다. 하인들이 그렇게 철저히 무시될 수 있었던 것은 바로 그 때문이다. 이보다 덜 극단적이지만 더 흔하게 발생하는 상황은 가시화되기는 하지만 당사자 스스로가 원하는 방식으로 가시화되지 않는 상황이다. 이 경우 해당 개인들은 사회적으로 무시당하지는 않지만, 잘못된 방식으로 가시화된다. 즉 이는 인정 자체가 완전히 부재한 상황이 아니라, 오인[잘못된 방식의 인정]이 발생한다는 점에 있다. 이처럼 오늘날 많은 사회적 투쟁들은 곧 인정을 위한 투쟁이다. 누군가 자신들의 정체성이 제대로 인정되거나 해석되지 않고 존중받지도 못하도록 만드는 사회규범과 관행들을 변화시키기 위한 것 말이다.

인정을 향한 투쟁의 주요 사례들은 이 책의 중심 내용을 이룬다. 즉 이 책은 강력한 사회적 담론과 관행에 의해 정신병이나 정신질환이 있는 것으로 표상되었지만, (정신질환이 아니라) 정체성 혹은 문화의 근거로서 광기에 대한 인정을 요구하는 사람들에 관한 이야기이다. 이 책의 3부에서는 광기가 정체성이나 문화의 근거가 될 수 있는가 하는 질문을 다루고자 하며, 4부에서는 매드 정체성에 대한 인정 요구를 살펴보고, 그 요구가 규범적 정당성을 지니는지, 만약 정당성이 있다면 사회가 이에 어떻게 응답해야 하는지를 검토하고자 한다. 이런 질문들을 살펴보려면 먼저 정체성과 인정의 정치 및 그 이론을 살펴보아야 한다. 이를 위해 2부의 3장에서는 인정의 개념을, 4장에서는 정체성과 인정의 심리적 결과를 살펴보고, 마지막 5장에서는 인정 요구를 정당화하고 결론 지어주며 그 요구에 대응하는 데 일반적으로 활용되는 규범적이며 정치적인 틀에 대해 논의하고자 한다.

인정의 정치와 이론을 종합적으로 제시하기 위해 우리는 인정 개념에 대한 검토에서부터 시작할 필요가 있다. 이 장의 목적은 헤겔의 《정신현상학Phenomenology of Spirit》에서 변증법적으로 발전해온 인정의 개념을 재구성하는 것이다. 물론 피히테와 셸링이 헤겔에 앞서 인정에 대해 다뤘기에, 헤겔이 인정 개념을 처음으로 다룬 학자는 아니다. 그러나 헤겔은 인정에 대한 개념화를 통해 처음으로 그 의미와 잠재력을 완전히 실현했다. 헤겔의 여러 저술들 중 인정 개념의 근본 구조를 다루는 것은 《정신현상학》 4장으로, 헤겔은 당대의 체계적이고 역사적인 사건들에서 인정 개념에 대한 설명을 추출해낸다. 더 나아가 호네트나 찰스 테일러Charles Tayor 같은 오늘날의 인정이론가들은 헤겔의 논의에 기반을 두고 작업을 이어나가고 있다. 따라서 동시대 이론가들의 작업을 더 잘 이해하고 비판하기 위해서라도 헤겔의 논의를 이해할 필요가 있다.

인정의 변증법('《정신현상학》에서 나타나는 인정의 개념적 구조' 절)에서는 자유의 문제를 지속적으로 탐구한다. 가령 한 명의 주체는 타자들 속에서 어떻게 스스로의 독립성을 확인할 수 있는 것일까? 그 자신을 둘러싼 외부인을 고려하지 않고도 오직 홀로 독립된 주체로 설 수 있을까? 인정의 변증법은 바로 이 질문에 답하며, 스스로의 독립을 선언하기 위한 다양한 방식의 과정들로 우리를 안내한다. 그리고 그 과정 끝에 주체의 독립이란 결국 외부의 타자들에 대한 고려 없이 달성될 수 없으며, 타자의 인정에 대한 의존이 그 주체 자신의 자유를 위한 조건이라는 결론에 도달하게 된다.

좀 더 자세히 말하자면, 3장의 핵심 주장(이는 헤겔의 《정신현상학》 4장에 대한 나의 해석이기도 하다)은 주체는 오직 다른 주체들과 강제적이지 않은 상호인정의 관계를 맺을 때에만 자유로운 행위주체가 될 수 있으며, 이를 통해 자신이 자유로운 행위주체라는 생각이 객관적 사실임을 주체 스스로 확인하게 된다는 것이다. 따라서 여기서 내가 재구성한 인정의 개념은 "자유의 본질과 가능성"을 모색하는 질문에 대한 답일 수 있다.[3] 이는 정체성 형성에 대한 경험적 개념이 아니며, 사회적 실존의 존재론적 구조를 기술하는 형이상학적 개념 또한 아니다. 오히려 인정 개념은 자유로운 행위주체가 된다는 것이 무엇인지를 밝히는 철학적 설명이며, 개인의 자율성과 사회적·자연적 필연성 사이의 긴장에 대한 개념적 해결책을 제시해주는 설명이다. 다음 절에서는 인정에 내포된 긴장의 양상과 칸트와 헤겔이 그 문제를 다루는 방식을 살펴보고자 한다.

2. 자유로운 행위주체란 무엇인가?: 도덕적 의무 vs 인륜성

자유로운 행위주체free agent란 무엇일까? 자유로운 행위주체란 자신의 행위들이 외부의 권위나 다른 요인에 의해 부과되는 것이 아니라, 그 자신의 의지에 의해 발현된 결과로 볼 수 있는 존재이다. 그러나 한편으로 스스로가 행동해야 할 동기나 가치 혹은 원칙들에 관심을 기울이지 않고, **단지 사회적 혹은 자연적 필요의 강압으로부터 자유로운 상태만을 추구하는 것**은 앞서 언급한 자유에 해당하기보다는 무질서하고 예측 불가능한 상황에 지나지 않을 것이다.[4] 따라서 자유로운 행위주체는 자기 스스로 결정을 내리는 자율적인 존재여야 하며, 그 스스로가 선하다고 생각하는 것에 따라 행동해야 한다. 그렇다면 그런 행위의 지침이 되는 생각은 어떤 것이어야 하며, 행위주체는 이런 생각을 어디서 발견할 수 있을까? 이 질문에 대한 하나의 잘 알려진 해답은 칸트의 도덕철학 및 실천철학에서 찾을 수 있다.

칸트는 《도덕형이상학 정초Groundwork of the Metaphysics of Morals》에서 우리가 행위할 때 따라야 하는 "도덕성의 최고원칙"을 정립하고자 했다. 칸트에게 자율적인 의지란 욕망, 성향 혹은 흥미로부터 비롯되어 행동해서는 안 되고, 오직 의무에 입각해 행동할 때 가능한 것이다. 이러한 방식으로 행위하는 사람은 선의지good will를 담지하는데, 이때의 의지란 그 자체로 선하며, 특정 상황이나 제한 조건 없이도 선의 가치를 갖는다.[5] 이처럼 절대적인 방식으로 누군가의 의지가 선하다고 고려할 수 있는 이유는 그 가치가 의지의 "결과나 성취"에 의존하지 않고 그 사람이 행동하는 **동기**에서 비롯되기 때문이다.[6]

자율적인 의지는 원칙에 입각해 행동해야 하지만, 타자의 의지에 종속되지 않기 위해서는 그 원칙들이 자율적으로 만들어져야 한다. 자율적인 존재는 그 자신의 의지를 통해 스스로를 통제하는 바로 그 원칙들을 수립한다. 우리가 무엇을 해야만 하는지를 알려주는 이런 원칙들은 이성에 의거해 우리에게 주어진다. 왜냐하면 그 원칙들이 (우연성에 의해 좌지우지되지 않고) 절대적이고 보편적인 것이 되기 위해서는 경험적인 것이 아닌 선험적a priori인 것으로부터 도출되어야만 하기 때문이다. 이성을 통해 우리는 단 하나의 "도덕성의 최고원칙"인 정언명령categorical imperative에 도달한다. 정언명령은 세 가지 정식으로 표현되는데, 그중 한 가지가 바로 "그 준칙이 보편적 법칙이 될 것을, 그 준칙을 통해 네가 동시에 의욕할 수 있는, 오직 그런 준칙에 따라서만 행위하라"[7]는 것이다. 칸트의 설명에 따르면, 자유롭게 행위한다는 것은 도덕적으로 행위하는 것이며, 정언명령의 검증을 통과할 수 있는 행위 준칙을 개인의 성향, 욕구, 공동체, 전통과 같은 **현상**의 영역 바깥에서 형성하는 것과 같다. 따라서 도덕원칙들은 순수이성의 초월적·**본체적noumenal** 영역에 뿌리내리고 있다. 즉 칸트에게 자유로운 행위주체란 이성의 형식적 요구에 따라 행위하는 도덕적 행위주체를 뜻한다.[8]

헤겔은 《정신현상학》에서 (비록 칸트를 명시적으로 언급하지는 않지만) 칸트의 도덕이론에 이의를 제기한다. 헤겔의 비판은 칸트의 초월론적 방법론이 지닌 문제 전반을 지적한 것으로 해석될 수 있으며, 우리의 행위를 규율하는 칸트의 무조건적인 도덕 원칙과 관련해 구체적 문제를 제기하는 것으로도 해석될 수 있다.[9] 근대의 인식론적 전통은 인식 내용에 대해 **외부자**의 관점에서 우리의 지적 능력을 탐구함으로써 인식의 가능성과 한계를 밝히고자 했다. 《정신현상학》에서 헤겔은 칸트의 비판철학을 포함해 근대의 이런 인식론적 전통에 비판을 제기했다. 헤겔은 우리의 인식이 세상으로부터 물러난다는 점을 언급하며 근대의 인식론을 비판한다.[10] 헤겔은 도덕적 행위의 절대적 원칙을 정식화하기 위해 이성이 세상에서 물러나는 사태를 인륜적 확신ethical certainty, sittliche unmittelbare Gewißheit으로 명명한다.[11] 헤겔은 인륜적 확신이 상황의 근본적인 측면(예를 들어, 우리가 그 안에 배태되어 있으며, 자율적 주체로서 우리가 실존하기 전에 선행하는 사회, 전통, 관계, 책무 등의 측면)을 설명하는 데 실패했다고 주장했다.

이에 대한 재반박으로 칸트주의자들은 이런 관행들과 분리되지 않은 상태에서는 해야 할 일을 합리적으로 숙고하더라도 자율성을 행사할 수 없을 거라고 주장할지 모른다. 하지만 그렇다고 해도 질문은 남는다. 우리는 세상으로부터 물러나 어디로 들어가는가? 칸트에 따르면, 우리는 본체적 영역으로 후퇴하며, 행위의 원칙들을 수립하는 이성으로 향하게 된다. 그러나 헤겔은 바로 그 후퇴가 문제가 된다고 지적한다. 왜냐면 그 관점이 가능하다면 모든 사회적·개인적 우연성과 고려들이 소거된 관점에서는 고작해야 **형식적인** 원칙, 예컨대 정언명령만을 산출할 수 있을 뿐이기 때문이다. 그리고 우리가 이 원칙들을 행위의 지도 원리로 삼기 위해 세상에 적용하기 시작하는 그 순간, 그 원칙들은 개별 상황에 의존하는 **우연한 원칙**이 되어버린다. 헤겔이 《정신현상학》에서 제기한 이런 비판은 오늘날까지 폭넓게 논의되어온 칸트 도덕이론에 내재하는 일련의 문제점을 관통하는데,[12] 이는 1785년 칸트의 《도덕형이상학 정초》가 출간된 지 단 22년 만에 이루어졌다.

간단히 말하면, 칸트 이론의 문제는 도덕원칙들이 무조건적이면서도, 동시에 우리의 행위를 규율하는 원칙이어야 한다는 점에서 발생한다. 즉 도덕원칙들은 매우 구체적인 상황에 적용될 수 있는 풍부한 내용을 보유하면서, 동시에 보편적이고 절대적이어야 한다는 것이다. "모두가 진실을 말해야 한다"라는 도덕원칙을 생각해보자. 이 원칙이 어떻게 적용될 수 있는지 검토할 때, 우리는 그것이 어떤 식으로든 단서나 조건을 필요로 한다는 사실을 곧바로 알게 된다. 헤겔이 지적했듯[13], 위의 법칙이 성립하기 위해서는 "**진실을 알고 있다면**, 모두가 진실을 말해야 한다"라는 조건절이 추가되어야 한다. 이러한 단서 조항들은 여기서 끝나지 않는다. 예를 들어, "진실을 알고 있다면" "다른 사람들이 진실을 이해할 수 있다면" "진실을 말하는 것이 심각한 해악을 초래하지 않는다면" 등의 조건이 추가로 필요할 수 있다. 요점은 우리가 어떤 법칙에 더 많은 조건을 부여할수록, 보편성은 감소하고 좀 더 상황의존적인 우연적 요소가 증가한다는 것이다. 이러한 조건들의 추가는 제시된 법칙을 더 이상 **법칙**이 아니게 만들고, 문제가 되는 상황의 우연성에 의존하게 만든다. 하지만 그렇다고 해서 어떤 법칙에 단서를 달지 않으면 그것은 내용 없이 순전히 형식적인 것이 되어버리고, 우리를 행위로 이끌 수 없게 된다.[14]

즉 이성의 요구는 오직 법칙의 형식만을 산출할 뿐이며, 따라서 도덕원칙은 이성의 요구를 통해 그 내용을 획득할 수 없다. 오히려 칸트가 우리가 무엇을 해야 하는지 알기 위해 물러나야만 한다고 역설했던 바로 그 실천적 사태들로부터 도덕원칙은 그 내용을 획득한다. 데이비드 호이David Hoy가 지적하듯,[15] "보편 법칙의 정식이 어떤 내용을 갖는다면, 그 내용은 순수한 도덕적 의무Moralitat, 즉 도덕성에서 비롯되는 것이 아니라, 도덕적 관점이 암암리에 전제하고 있는 한층 더 경험적인 실천적 사태들Sittlichkeit, 즉 인륜성에서 도출"되는 것이다.[16] 이를 고려할 때, 자신을 사회제도나 관행의 우연성과 떨어뜨림으로써 도덕적 행위의 원칙들을 수립한다고 하는 것(인륜적 확신의 착각)은, 개념적 도식을 적용하지 않고서 대상을 안다고 하는 것(감각적 확신의 착각) 혹은 우리를 둘러싼 세계에서 완전히 물러남으로써 자기에 대한 앎을 획득한다고 하는 것(자기확신self-certainity의 착각) 만큼이나 불가능하다고 말할 수 있다.[17]

지금까지 우리 자신의 자율성과 합리적인 도덕적 주체성을 행사하기 위해서는 사회제도 및 관행과 거리를 두어야 한다는 칸트주의와 그에 대한 반박을 살펴보았다. 이를 통해 알 수 있는 것은 우리가 세상에서 물러나 머무르는 장소가 "개개인의 인격이 장소와 시간의 우연성을 제각기 넘어서서 오로지 도덕 원칙에만 의거하여 행위할 수 있는" 본체적 영역이 아니라는 것이다.[18] 즉 아무리 세상으로부터 후퇴하더라도 여전히 우리는 우리 자신을 자유로운 주체로 만들어주는 공동의 사회적 관행들 속에서 살아간다. 자유를 새롭게 개념화할 때에는 이러한 점을 고려해야만 한다.

이제 우리는 처음의 질문으로 돌아와 다시 질문할 수 있다. 자유로운 행위주체란 무엇인가? 이 절을 시작하며 확인했던 그 첫 번째 특성에 따르면 자유로운 행위주체는 스스로 결정을 내리며, 자율적이다.[19] 스스로 결정한다는 속성을 잃게 되면 그와 더불어 자유의 개념도 잃는 것과 마찬가지이므로, 자유를 어떻게 이해하든 간에 이 점은 유지되어야 한다. 자율적인 주체가 행위의 원칙으로 삼아 따르고 이로써 자신의 자유를 느낄 수 있게 하는 이 원칙은 (우리가 그것을 적절하게 이해한다면) 결코 순수한 도덕적 의무에 기반할 수 없다. 순수이성을 통해 주체는 단지 법칙의 형식만을 발견할 뿐이다. 만약 주체가 순수이성 속에서 스스로의 원칙과 동기를 충분히 확정할 수 없다면, 주체는 그 자신이 속한 공동의 사회제도와 관행 속에서 각자의 원칙과 동기를 찾아야만 할 것이다. 그러나 이때 주체가 그러한 사회제도와 관행에서 소외되어 있다면, 그 속에서 자신을 발견하지 못할지도 모른다.

이런 한계를 극복하려면 일종의 화해reconciliation에 도달해야 한다. 다시 말해, 사회제도 및 관행이 주체의 자율성에 따르며 주체의 자율성도 사회제도 및 관행에 따르는, 모든 행위주체의 입장을 고려해 그들 모두에게 받아들여질 수 있는 합리적인 방식의 화해가 필요하다. 즉 한 개인이 스스로 결정을 내리는 자율성과 그가 불가피하게 사회에 의존할 수밖에 없다는 사실 사이의 균형에 도달해야 한다. 헤겔은 그 균형을 **인륜성**ethical life, Sittlichkeit이라 칭하며 칸트가 제시했던 순수한 도덕적 의무pure moral duty와 대비시킨다. 인륜성이라는 용어는 《법철학Elements of the Philosophy of Rights》에서 "눈앞의 세계 그리고 자기의식의 본성이 된 자유의 개념"으로 정의된다.[20] 우리는 어떻게 인륜성을 추구할 수 있을까? 개인적 자율성과 사회적 실천들이 어떻게 구조화되어야 서로 부합할 수 있을까? 만약 헤겔에게 이런 질문을 던졌다면 그는 그 답으로 상호인정mutual recognition이라는 개념을 내놓고, 상호인정이야말로 개인의 자율성과 사회적 의존성을 합리적으로 조화시킬 수 있는 유일한 방식이라고 주장할 것이다. 다음 절에서는 여러 보완적 논의들을 통해 인정의 개념을 재구성하고, 인정이 자유를 서술하는 특징들을 다루고자 한다.

3. 《정신현상학》에서 나타나는 인정의 개념적 구조

《정신현상학》 4장에서 헤겔은 "**자기의식은 오로지 또 다른 자기의식에서만 자기의 충족에 이른다**"고 주장한다.[21] 이 간명하고도 놀라운 주장은 《정신현상학》의 주요한 전환점이 되며, 헤겔이 제시한 인정 개념의 기반을 형성한다.[22] 이 주장이 뜻하는 바가 무엇인지, 그리고 여기서 헤겔이 어떤 문제와 씨름하고 있는지 이해하기 위해서는 《정신현상학》이라는 프로젝트 전반에 대해 간략하게나마 탐구해볼 필요가 있다.

《정신현상학》 프로젝트

《정신현상학》은 헤겔의 철학 체계에 대한 입문에 해당한다. 논의는 복잡하지만, 이 책의 목적은 단순하다. 사변적이고 선험적인 사고가 이뤄질 수 있는 기반을 구축하는 것이다. 헤겔은 플라톤에서 출발해 데카르트를 거쳐 칸트의 비판철학으로 절정에 이른 인식론적 전통에 머물러 있다면 이런 기반이 마련될 수 없을 거라고 지적한다.

근대의 인식론은 현상appearance과 실재reality의 구분을 그 핵심에 놓고, 이를 구분할 수 있는 능력의 여부, 그리고 실재에 대한 참된 앎에 접근할 수 있는 능력이 있는지 여부에 관심을 두었다. 그리고 이에 대한 해답을 도출하는 과정에서 경험론자empiricist와 합리론자rationalist 간의 논쟁이 발생했다. 경험론자들은 감각경험sense-experience이라는 도구로부터 모든 지식이 비롯된다고 생각했고, 이에 반해 합리론자들은 사유thought를 우리가 참된 지식에 접근할 수 있는 매체로 여겼다. 문제는 이 논쟁이 결국 세계에 대한 회의론으로 귀결된다는 것이다. 우리가 스스로의 지적 능력을 도구로 여기든 매체로 여기든 간에, 앎의 대상이 도구의 효과로 인해 변형되거나 "매체를 통해서 그리고 그 속에 머무르는 방식으로" 우리에게 받아들여지기 때문에, 우리는 더 이상 그것을 있는 그대로 받아들일 수 없다.[23] 이처럼 앎에 대한 근대의 이론들은 앎의 주체와 앎의 대상 간의 구분을 심화했고, 이 구분은 칸트의 비판철학에 이르러 극에 달했다. 칸트는 경험론과 합리론 모두 앎을 설명해낼 수 없다는 것을 인식하면서, 그 두 가지 접근을 중재하며 경험과 순수이성을 조화시키고자 했다. 그 결과는 선험적-종합적 앎synthetic a priori knowledge으로 나타났다. 이는 우리가 경험하는 것의 필수 조건인 기본 개념으로, 어떤 경험에서도 도출될 수 없는 개념이다. 그러나 칸트가 튼튼한 기반 위에 다진 선험적 앎이라는 제안은 우리를 경험 속 대상과 단절시킨다는 큰 대가를 동반했다. 대상은 오직 지성understanding 개념을 통해 매개될 뿐, 대상 **그 자체**로는 결코 파악할 수 없는 것이 되었다.

이에 대해 헤겔은 진리를 찾기 위해 논의를 시작한 칸트 철학이 결국은 사유와 대상 사이에 건널 수 없는 깊은 골만을, 자기패배적 결과만을 남겼을 뿐이라고 통탄했다. 그러나 헤겔에 따르면 이는 우리가 받아들여야 하는 결과가 아니며, 특히 그런 결론으로 이르는 방법이 검증되지 않은 가정들에 기반하고 있음을 지적했다.[24] 앎의 선험적 가능성과 한계를 입증하기 위해 우리의 지적 능력을 검증하는 칸트의 비판적 프로젝트는 우리를 역설적 상황에 놓이게 한다. 만약 비판 자체가 앎이라면(혹은 앎임에 틀림없다면), 그 앎 자체를 정당화하는 것은 무엇인가? 만약 어떤 인식론자epistemologist가 가장 첫 번째의 앎을 검증하는 또 다른 비판 능력을 상정한다면, 그 능력 자체도 검증의 대상이 되어야 하며, 이 과정은 무한히 반복될 수 있다.[25] 앎의 영역 바깥에 존재하며 정당화가 필요하지 않은 비판 능력을 상정하는 것은 "(비판적으로) 알기 이전에 (비판적이지 않은) 앎의 영역에" 세워져 있는 칸트의 독단적 가정일 뿐이다.[26] 이에 대해 헤겔은 다음과 같이 문제를 제기했다.[27]

> 앎에 대한 검증은 오직 앎의 수행에 의해서만 실행될 수 있다. 이른바 앎의 도구를 조사한다는 것은 그것을 알아간다는 것과 같다. 그러나 알기 전에 알고자 하는 것은 수영을 배우기 전까진 물에 들어가지 않기로 한 스콜라주의의 현학적 결단만큼이나 어리석은 일이다.

헤겔이 제시한 해결책은 사변적 사유를 버리는 것이 아니었다. 헤겔은 독단적이지 않으면서, 동시에 다른 형태의 앎을 선취하지도 않으면서 철학적 입장을 정당화할 수 있는 다른 방법을 도입하고자 했다. 스콜라 학파와 달리 헤겔의 해결책은 물속으로 곧장 뛰어드는 것이었다. 즉 헤겔은 현상학적 탐구에 매진했다. 제대로 검증되지 않았고 여전히 의문이 제기되는 제1원리를 가정하지 않고 논의를 전개하는 유일한 방법은 앎이 스스로 모습을 드러내도록 하는 것이었다. 칸트의 초월적이고 비역사적인 접근을 폐기하고, 경험의 세계로 뛰어드는 것 말이다. 《정신현상학》은 점차 복잡해지는 앎의 형식과 의식의 형태에 대한 탐구이며, 이때의 앎과 의식은 각각 자기 자신의 기준에 맞지 않는 진리에 좌절하고 더 발전된 형식의 앎으로 나아간다.

《정신현상학》은 전반적으로 현상적 앎의 기본 구조에 대한 관점을 기반으로 한다. 가령, 의식을 외부의 대상과 구분하면서도, 의식이 대상과 관계를 맺고 있어 그 대상을 알 수 있다는 관점을 취한다. 즉 앎은 관계이다. 이런 관계를 바탕으로 대상은 다음의 두 가지 측면을 갖는다. (1) 대상이 우리에게 어떻게 드러나는지와 무관하게 존재하는, 대상의 참된 본성의 측면. (2) 대상이 앎의 과정 속에서 우리의 의식에 드러나는 측면.

참된 앎을 결정하는, 따라서 반대로 그 앎이 어떤 대상의 현상에 불과하지 않은가를 판단할 수 있는 기준은 바로 그 대상의 참된 존재the true being of the object이다. 그런데 이 기준은 어디에서 비롯되는 것일까? 헤겔이 지적한 것처럼, "대상이 의식과의 관계하에 있기에, 그 대상이 그 자체로 무엇인가를 검증하기 위해 그 대상의 배후로" 우리가 파고 들어가는 일은 불가능하다.[28] 이를 통해 우리는 대상의 두 측면이 모두 의식에 내재되어 있다는 점을 알 수 있다. 있는 그대로의 대상 그 자체는 의식이 세상에 투영해 내보이는 대상의 **개념**이며, 우리에게 드러나는 것으로서의 대상은 우리가 수행하는 앎의 활동 속에서 드러나는 것이 된다. 이렇게 "의식은 그 자신의 잣대를 그 자신에게서 도출할 수 있으므로, 대상에 대한 탐구란 의식을 그 자신과 서로 비교하는 것이 된"다.[29] 만약 대상의 개념이 대상에 대한 경험의 여러 측면을 설명하지 못해 두 측면이 합치되지 않는다면, 앎의 특정한 형식은 그 자체로 실패하게 된다.

예를 들어, 헤겔이 제시한 첫 번째 형태의 앎인 감각적 확신sense-certainty은 마음이 세계와 관계 맺을 수 있는 가장 기본적인 방법으로, 개념에 의해 매개되지 않는 직접적 앎이다. 감각적 확신에 있어, 대상을 그 자체로 받아들이며 형성되는 대상의 개념은 개별적이고 확실한 것이다. 그러나 대상에 대한 개념은 우리가 실제로 경험하는 바와 맞지 않다는 사실이 검토 과정에서 드러난다. 감각적 확신은 단순하고 직접적이라는 점에서 확실한 앎을 추구하며, 눈앞에 있는 대상의 무엇도 변형하지 않고 또는 직접성 외에 어떠한 것도 알 필요가 없다고 확신하면서(즉 어떤 개념도 적용하지 않고) 작동한다. 그러나 경험 속 의식은 **지금** 그리고 **여기**에 있는 것들을 포착할 뿐이다. 그리고 지금은 바로 다음의 순간으로, 여기는 저기로 계속 변화한다. "지금" 그리고 "여기"는 개념적 실재(즉 보편자)이며, 우리는 "그 특수한 내용이 지속적으로 변한다는 측면에서, 그것이 개념의 지위를 갖는다는 사실을 알게 된"다.[30]

따라서 감각적 확신은 대상을 어떤 특정한 것으로 받아들이는 앎의 방식을 실현할 수 없으며, 도리어 보편자를 의식할 수밖에 없게 된다.[31] 감각적 확신의 실패는 대상에 대한 더욱 발전된 개념의 토대가 되고, 새로운 앎의 형태인 지각perception으로 이어지게 된다. 지각은 감각적 확신의 실패를 통해 얻어진, '대상은 반드시 어떤 방식으로든 개념적 측면(혹은 보편자)을 포함한다'는 점을 받아들이고 다음으로 나아간다. 따라서 지각은 대상을 '붉다' '단단하다' '둥글다' 등의 보편적인 속성들로 파악한다. 그러나 지각 또한 경험 속 대상에 대한 관념을 구현하는 데 실패한다. 탐구와 이어지는 좌절, 그리고 더욱 발전된 앎의 형태로의 이행이라는 이 일련의 과정은 의식의 학습 과정이며, 우리가 철학의 관점philosophical standpoint에 도달할 때까지 계속되는데, 이는 대상에 대한 우리의 개념 그리고 그에 대한 경험 사이에서 더 이상 해결해야 할 내적 모순이 사라지는 지점이다.

추가적인 논의를 시작하기에 앞서, 헤겔은 스토아주의, 그리스 비극, 기독교 정신, 프랑스혁명과 같은 구체적인 역사적인 사상과 사건을 참고 삼아 변증법을 진전시켜나가지만, 자기의식의 변증법적 발전을 포함해 헤겔이 논의하는 모든 형태의 의식은 개념적 발전conceptual development으로, 사회적·역사적인 발전과는 다르다는 점에 주목할 필요가 있다. 많은 학자들은 이에 견해를 같이하며, 헤겔 연구자인 로버트 솔로몬Robert Solomon 또한 《정신현상학》은 "역사 속에서 인류가 그때마다 마주한 상황 속에서 등장했던 것들이 아니라, 그 형식의 타당성이라는 관점에서 이해될 수 있는 **개념적** 발전"을 다루며, 그 발전은 "아동이나 인간의 발달이 아니라, 자기의식을 가능케 하는 개념적 전제조건에 관한 것"임을 지적한다.[32] 이와 유사하게, 스티븐 훌게이트Stephen Houlgate 또한 《정신현상학》은 "인간의 의식이 실제로 어떻게 시간이 지남에 따라 근대적 자기이해로 바뀌어가는지를 검토하지는 않지만, 의식의 일반적 "형태들"이 그 구조로 인해 어떻게 더 나아간 형태로 필수 불가결하게 변형되는지를 보여준다"고 언급한다.[33] 루트비히 지프Ludwig Siep는 《정신현상학》에서 논의되는 의식의 형태들을 "인간 서로 간의, 그리고 세계와 인간 사이에서 이뤄지는 교류의 '이상적' 형태들"로 언급했다.[34] 한편 헤겔에 대한 이러한 해석과 구분은 다양한 관점 중 하나일 뿐이며, 헤겔 본인은 역사를 포함한 현실은 합리적인 개념적 구조를 가지고 있기에 개념적 발전이 명백히 역사 속에서 일어날 것이라고 여겼다. 헤겔이 자기의식과 인정의 변증법을 구성하고, 또한 그것을 개념적 발전으로 재구성하는 체계적 맥락은 이어질 〈4. 인정은 어떤 종류의 개념인가?〉에서 다루고자 한다.

자기의식의 개념

의식의 변증법의 끝에서 우리는 자기의식에 다다르게 된다. 감각적 확신, 지각 그리고 지성의 형식을 취하는 의식은 수동적이었으며 대상의 진리에 관한 자신의 관점을 입증하고자 했으나 앎이 무엇인가를 규정하는 의식 스스로의 개념적 활동에는 주목하지 않았다. 자기 자신을 의식함으로써 이제 이런 활동 자체가 반성reflection의 대상이 되고, 의식은 자신을 알아가면서 동시에 자신이 세상에 관해 무엇을 알 수 있는지를 검토하는 것으로 선회한다. 헤겔이 말했듯, 자기의식으로의 선회를 통해 우리는 "진리의 본고장"으로의 첫걸음을 내딛게 되는 것이다.[35] 이 전환은 《정신현상학》의 핵심을 이루는 부분이며, 이후 책의 나머지 부분까지도 좌우한다. 이로써 이론에서 실천으로, 수동적 불안passive apprehension에서 적극적 참여로, 고립된 주체에서 상호주체성으로 나아가게 된다. 이런 전환의 과정을 이해하고, 그 과정 속에서 생성되는 인정의 개념을 파악하기 위해서는 우선 자기의식이라는 개념을 이해할 필요가 있다.

의식은 자기 자신을 향하고 스스로와 관계하는 과정에서 이중의 구조를 갖게 된다. 의식은 한편으로 자신과 관계하는 주체이자 다른 한편으로 그 관계의 대상이다. 양자는 모두 본디 하나의 의식에 내재하지만 그와 동시에 서로 구별됨에 틀림없다. 이 관계의 본질은 앞서 살펴보았던 주체와 대상 간의 관계와 유사하지만, 이제 의식은 **주체이자 대상**이 된다. 따라서 의식은 스스로 자신에 관한 특정한 구상을 가지며, 그 구상을 세계 내에서 자신의 진정한 본성을 반영하는 형태로 실현하고자 한다. 헤겔의 표현을 빌리자면, 자기의식은 (스스로를 특정한 방식으로 구상 및 개념화한다는 측면에서) **대자적for-itself**인 동시에 (객관적으로 있는 그대로의 자신, 자신의 진리라는 측면에서) **즉자적in-itself**이다. 곧 살펴보겠지만, 자기의식의 **충족satisfaction**이란 세계 내에서도 온전히 자기 자신으로 존재한다는 사실을 발견할 때, 즉 자기의식 스스로가 생각하는 자신의 모습이 자기 외부의 세계에서도 진리로 승인되고 실현될 때 일어난다. 이 승인과 실현은 그 주체 홀로 이룰 수 있는 것이 아니라, 특정한 사회적 실천 속에서 이뤄진다. 즉 인정의 변증법은 자기의식의 충족이 이뤄지는 이 과정을 개념적으로 명료하게 풀어낸 설명이라 할 수 있다.

만약 주체가 가지고 있는 자아 관념을 자신이 누구인가에 관한 확신으로, 이 주체가 세계 내에서 자신을 그런 확신의 진리로서 발견하게 되는 방식으로 간주한다면, 자기의식의 충족 혹은 자기정체성self-identity은 이 주체의 확신과 진리가 일치하는 한에서만 존재한다. 이때의 자기정체성(혹은 자기동일성)은 외부의 세계를 통해 매개되어야만 하며, 그렇지 않다면 그 정체성을 자기의식이라고 말할 수 없을 것이다. 애초부터 헤겔은 의식이 바깥의 모든 것을 배제한 채 그 자신과만 맺는 순수한 관계는 변증법이 아니라고 거부한다. 헤겔은 데카르트의 코기토cogito에서부터 피히테에 이르기까지, 주체는 자기성찰을 통해서만 자기에 대한 앎을 곧바로 획득할 수 있다고 보았던[36] 사실상의 모든 자기정체성 이론에 문제를 제기한다.[37] 헤겔은 이런 이론들이 우리에게 남긴 것은 자기의식이 아니라 "'나는 나'라는 경직된 동어반복"이라고 비판한다.

의식이 그 자신과 맺는 관계는 타자와의 관계 맺음을 통해 매개된다. 이것은 의식이 자기의식에 도달하기 위한 필수 불가결한 조건으로, "자기 자신을 정의하기 위해선 반대편(타자)이 필요"하다.[38] 자신과 관계를 맺는 과정에서 의식은 경험의 세계(즉 감각 확신과 지각의 세계)를 뒤로하고, "본질적으로 **타자성** otherness으로부터 귀환"하는 것이다.[39] 의식은 이런 과정을 통해, 그리고 타자에 의해 주어진 대조를 통해 자기의식에 도달할 수 있으며, 따라서 매개mediation가 필수적 과정이 된다. 여기서 난점은, 매개의 필요성(그러므로 잠재적인 의존성)과 주체가 자신을 절대적으로 독립적이라고 보는 첫 번째 구상을 어떻게 조화시키냐는 것이다. 자신을 '절대적으로 독립적'이라고 파악하는 것은 변증법의 시작점으로, 내가 나의 신념과 의지에 관한 주권sovereignty을 갖는다는 일반적이고 단순한 독립성 개념이다. 이런 개념 속에서 주체는 "세계나 타자와 같이 자신이 아닌 어떤 것에 의해 제약받지 않고" 무엇을 믿을지, 어떻게 행동할지를 결정한다.[40] 즉 그는 자족적·자립적 주체이다.[41] 따라서 자기의식은 자신이 절대적으로 독립적이라는 생각을 참된 것으로 확립하고자 하는데, 그와 동시에 자신이 누군가를 알기 위해 그 자신 외에 다른 존재자들과 관계하면서 그렇게 하고자 한다. 그런 식의 자기개념이 참이 되려면, 자신 외의 다른 존재자들도 이 자기개념에 부합해야 한다. 이와 관련해 헨리 S. 해리스Henry S.

Harris[42]는 다음과 같이 말했다.

> 세계는 나 자신과 다른 무언가로 **현상한다**appear. 내가 나 자신을 확신하기 위해서는 세계가 그렇게 현상할 수밖에 없다. 그러나 만약 자신에 대한 확신이 절대적으로 **참**이라면 '타자성otherness'은 단지 현상appearance에 불과하게 된다. 그리고 **바로 이 점**은 현상을 변화시킴으로써 그 변화한 현상이 나의 자아를 표현하도록 만드는 데서 명백하게 드러날 수밖에 없다.

욕망이란 자기의식이 자신의 자주성을 확인하려는 운동으로, 대상은 독립적인 존재자가 아니고 자기의식의 신념과 의지에 종속된다는 것을 증명하는 방식으로 이뤄진다. 자기의식이 실천적 관심을 보이는 대상이란, 단지 주체의 욕망을 충족시켜 주기 위해 존재할 뿐 그 대상 자체가 자립성을 갖지는 못한다. "욕망의 목표는 …… 다른 어떤 것도 **존재하지 않는다**는 것이 아니라, 욕망의 주체가 지닌 의지와 신념을 제약하는 존재가 어디에도 없다는 것을 보여주는 것이다."[43] 자기의식은 대상을 지양supersede함으로써, 즉 부정하고 소비함으로써 그 과정을 달성한다. 따라서 헤겔이 사용한 욕망이라는 용어에 내포되어 있는 의미는, 홀게이트[44]가 지적한 바와 같이 독일어 **욕망**Begierde에 내포되어 있는 "탐욕스러운 소비"와 "스스로의 자아감을 확립하기 위해 대상을 무의미하게 파괴하는 것"을 의미한다. 그러나 대상에 대한 부정은 자기의식을 만족시키지 못하며, 그 자신의 자기개념에 진정한 확신을 주지 못한다. 여기에는 두 가지 이유가

있다.[45]

첫째, 자신이 절대적으로 독립적이라는 생각을 확립하기 위해서는 자기의식이 대상에 의존해야 한다. 대상을 부정해야만 그 자기개념이 참임을 증명할 수 있기 때문이다. 그러나 이런 의존성은 자립성을 요구하는 자기의식의 주장이 허위임을 보여주며 자기개념에 이의를 제기한다. 둘째, 자기개념을 확립하기 위해 대상을 부정함으로써, 자기의식은 스스로를 확립하는 데 필요한, 스스로의 자족성을 증명하는 데 필요한 바로 그 독립적인 대상을 상실하게 된다. 따라서 자신을 확립하기 위해 이런 과정을 반복해 또 다른 대상을 물색한다. 욕망의 이런 움직임은 끊임없이 반복되며, 주체는 그 자신의 자족성을 안정적이고 만족스럽게 확보할 수 없게 된다.[46]

그렇다면, 주체의 자기개념이 참으로서 확립되기 위해서는 어떤 종류의 개선이 필요할까.[47] 첫째로, 주체가 자신의 자립성을 확인하기 위해서는 대상이 어느 정도의 독립성을 가져야만 한다. 둘째로, 앞서 살펴본 자기의식이 욕망의 반복적인 움직임에서 벗어나기 위해서는 대상 스스로가 부정의 운동을 산출해야만 한다. 즉 대상이 주체의 절대적 독립성을 확인시켜주되 대상 스스로가 자신이 독립적이라는 주장을 부정해야만 하는 것이다. 이처럼 그 존립 자체를 상실하지는 않으면서 스스로를 부정할 수 있어야 한다는 두 가지 조건을 충족시킬 수 있는 유일한 대상은 또 다른 주체이다. “**자기의식은 오로지 또 다른 자기의식에서만 자기의 충족에 이른다**.”[48 49]

대상에 대한 이런 수정은 지금까지 변증법에 생기를 불어

넣었던 독립성independence 개념에 대한 수정을 요구한다. 또 다른 주체에 대한 의존성dependence을 인정함으로써 자립성에 대한 개념을 새롭게 구성해야 하는 것이다. 세계 내에서 실현될 수 있는 독립성 개념에 도달하는 것이 이러한 과정의 핵심이지만, 완전히 발달된 독립성의 개념에 도달하기 위해서는 변증법이 완성되어야 한다. 예측컨대, 독립성이라는 개념에 "오직 또 다른 독립적 주체만이 자기의식에게 자신의 자립성에 대한 만족스러운 확인을 제공할 수 있다"는 관념이 포함될 때 변증법은 완성될 것이다.[50]

지금껏 자기부정이라는 용어를 대상의 활동을 설명하는 데 사용했지만, 이제는 자기의식의 변증법에서 주체의 활동을 설명하는 데 적용하고자 한다. 자기부정과 인정은 동일한 행위를 설명하는 두 가지 방식일 뿐이다. 즉 모든 자기부정의 행위는 인정의 행위이며, 모든 인정의 행위는 자기부정의 행위이다. 자기를 부정하는 것, 즉 타자의 존재를 허용하기 위해 자신의 행위주체성을 자발적으로 제한하는 것은 타자의 독립성에 대한 주장을 **인정**하는 것이다. 다음 절에서 논의할 인정의 변증법을 보면, 제2의 주체가 자신을 완전히 부정할 때 제1의 주체는 자신의 절대적 독립성을 확립할 수 있다. 제2의 주체는 곧 "제1의 주체의 반영reflection"이다. 비유하자면, 제2의 주체는 뒤로 물러나 스스로 "타자를 위한 거울"로 변한다.[51] 그러나 이와 같은 인정의 맹아적 개념은 일면적이며 불안정하다.

인정의 개념

> 자기의식은 또 다른 자기의식과의 관계 속에 있을 때, 그리고 그렇게 있음으로써 즉자적이고 대자적으로 존재하게 된다. 다시 말해 자기의식은 오로지 인정됨으로써만 존재한다.[52]

헤겔이 인정의 변증법을 시작하며 제기한 이 명제는 변증법의 결과이자 동시에 인정의 변증법이 지향하는 것이 무엇인지를 나타낸다. 무언가가 "즉자적이고 대자적으로in and for itself" 존재하기 위해서는 그것이 "완전히 발달해야만 한"다.[53] 이는 세계 내에서 스스로의 자기개념을 실현할 수 있음을, (자신을 독립적이라 여기는 것을 넘어) 실제로 독립적이 되는 것을 의미한다. 예를 들면, 자기 자신이 재능이 있는 배우라고 주관적으로 믿는 것뿐만 아니라, 동료나 관객에게 자신이 뛰어난 배우임을 인정받는 과정이 필요하다는 것이다. 확신과 참은 이런 과정 끝에 일치할 수 있다. 그러나 앞서 살펴본 것처럼, 나의 확신은 나에게 참된 것으로 되돌아오기에 앞서 다른 사람들을 거쳐야 하며 타인과의 관계를 통해 매개되어야 한다. 변증법이 보여주는 이 관계는 상호인정mutual recognition의 관계이다. 이런 통찰은 지금의 분석 단계에서는 아직 명확하지는 않다. 두 자기의식은 변증법이 진행되면서 서로 마주하게 되고, 제1의 자기의식은 그 스스로의 절대적 독립성을 계속해서 주장하며, 제2의 자기의식은 제1의 자기의식을 인정한다.

"자기의식은 또 다른 자기의식을 마주하고, **자신으로부터 벗어나게** 된다."[54] 자기개념이 또 다른 자기의식에 의해 인정받는 일은 (앞의 "욕망"에서 볼 수 있었던 것처럼) 그 자신의 행위만으로는 이루어질 수 없으며, 제1의 자기의식을 인정하는 제2의 자기의식의 행동에 달려 있다는 것이 명백해진다. 헤겔이 주장했듯, 이는 두 가지 측면에서 중요하다.[55] 첫째, 자기의식은 또 다른 자기의식을 통해 "스스로를 잃게" 된다. 비록 자기의식이 세상 속에서 자기개념을 확인받는다 하더라도, 이런 확인을 받아들이는 것은 제2의 자기의식에 대한 의존성을 인정하는 것이며, 이는 곧 인정받으려 했던 바로 그 자기개념의 훼손으로 이어진다. 둘째, 자기의식은 타자가 자기부정을 통해 독립성에 대한 모든 주장을 부인하는 것을 목격하면서, 그 타자를 더 이상 권리를 가진 독립적인 존재가 아닌 단순히 자신을 수동적으로 반영하는 것으로, 따라서 자신에게 필요한 인정을 제공할 수 없는 존재로 여기게 된다. 즉 "자기의식은 타자를 본질적인 존재로 보는 것이 아니라, 타자 안에서 자기 자신을 보게" 된다.[56]

이 딜레마는 자기의식이 유지하고 있는 자기개념을 수정하지 않고서는 해결될 수 없다. 첫 번째 문제를 해결하기 위한 시도에서, 자기의식이 절대적 주권자라는 자신의 개념을 유지하기 위해 두 번째 자기의식의 독립성을 부정한다고 가정해보자. 자기의식은 자립성과 충족을 얻는 데 필수적인 인정을 잃게 될 것이며, 아무런 결실도 낳지 못하는 헛된 '욕망'의 양상으로 되돌아가게 될 것이다. 따라서 인정을 위한 활동이 첫 번째 자기의식을 만족시키기 위해서는 두 번째 자기의식이 충분히 독립적인 것으로 간주되어야 한다.

이를 가능케 하려면, 변증법의 독립성 개념을 수정할 필요가 있다. 자기의식은 절대적으로 자주적일 수 없으며, 자신 외부의 것에 제약을 받지 않을 수 없다. 이는 독립성을 포기하는 것이 아니라 독립적 타자의 인정에 의존할 때 비로소 독립적인 행위주체가 된다는 식으로 독립성의 의미를 수정해야 함을 의미한다. 헤겔이 말했듯, 이렇게 수정된 개념에서는 제1의 자기의식이 "타자를 다시 자유로워지도록" 한다.[57] 제2의 자기의식이 진정으로 독립적이어야만 한다는 사실이 제1의 자기의식에게 명백해지기 때문이다. 그러나 제2의 자기의식의 독립성에 대한 최소한의 인정이 제2의 자기의식을 동등하게 대우한다는 뜻은 아니라는 데 유의해야 한다. 이때의 독립성은 단순히 타자를 인정을 줄 수 있는 존재로 만드는 데 그칠 뿐이다. 진정한 상호인정에 도달하기 위해서는 더 많은 단계들이 필요하다.

인정이 실현되기 위해서는 또 다른 복잡한 논의의 층위가 필요하다. '욕망'의 반복적인 운동에서 벗어나기 위해, 대상은 부정의 운동을 자체적으로 산출해야만 한다는 점을 상기해보자. 즉 대상은 자신의 행위를 통해 자신의 독립성에 대한 요구를 일절 부정해야 한다. 이때 대상은 자기를 부정하도록 강요받아선 안 된다. 다시 말해 그런 입장을 어떤 외압에 떠밀려 채택하면 안 되는데, 이는 강제성이 제2의 자기의식의 독립성을 훼손하고 그에 따라 제공되는 인정의 가치를 훼손할 수 있기 때문이다. 즉 바로 자신과 같은 존재에 의해 자유롭게 부여된다는 사실에서 인정의 가치가 발생하게 된다. 이에 대해 헤겔은 제2의 자기의식도 "동등하게 독립적이고 자족적이며, 그 자신을 원천으로 갖지 않는 어떤 것도 갖고 있지 않다"고 지적한다.[58] 그러므로 제2의 자기의식은 욕망에서처럼 부정되어야 할 대상이 아니라, 그 자체로 독립적인 존재이다. "만약 제1의 자기의식이 그 대상에 대해 한 것을 그 대상(즉 제2의 자기의식)도 자발적으로 수행하지 않는다면 (제1의 자기의식은) 자신의 목적을 위해 (이 대상을) 이용할 수 없다."[59]

그러므로 인정은 상호적이어야 하며, 강제적이지 않아야 한다. 즉 인정에는 두 개의 자기의식이 합동으로 자유롭게 행위하는 것이 필요하다. 또한 인정 개념이 이상적으로 실현되려면 모든 인정이 **동등**해야 한다. 헤겔은 이상적인 인정이 "서로 다른 독립적 자기의식들이 서로 간의 대립 속에서도 완전한 자유와 독립을 누리는 통일unity, 즉 '나'는 '우리'이고 '우리'는 '나'인 상태"에서 일어난다고 설명한다.[60] 헤겔이 **정신**spirit이라고 부르는 이 통일을 기이한 형이상학적 실체로 생각할 필요는 없으며, "개별 주체들이 절대적 자주성에 대한 요구를 포기"하고 사회적 집합성social collectivity을 "구성하는 모든 개별 주체"에 동등한 가치를 부여하는, 자립성의 사회적 개념으로 인식되어야 한다.[61] 그렇게 되면 모든 주체는 상호의존성과 평등을 자유의 조건으로 충분히 인식하게 될 것이다.[62] 여기서 평등이 무엇을 의미하는지 더 명확히 하기 위해 이상적인 형태의 인정과 반대되는 상황을 고려할 필요가 있다. 가령 주인과 노예의 관계를 떠올려보자.

인정 개념에 대한 변증법적 분석에 이어 헤겔은 "인정의 순수한 개념이 자기의식에 어떻게 나타나는지" 설명한다.[63] 순수 개념pure notion으로서의 인정은 헤겔의 유명한 생사를 건 투쟁life and death struggle과 주인과 노예의 관계에 대한 설명을 통해 구체화될 수 있다. 이 중 우리가 다루려는 요점과 관련된 것은 주인과 노예의 관계로, 하나의 자기의식은 "오직 **인정받기만** 하고, 다른 하나의 자기의식은 **인정하기만 한다**"는 점에서 이 관계는 절대적 불평등의 관계에 해당한다.[64] 더욱 정확히 말하자면, 주인은 노예가 주인의 유효성을 인정하는 데 필요한 최소한의 의미에서 노예를 인정한다. 하지만 주인은 노예를 동등한 존재로 인정하지 않기 때문에 [노예를 통한] 충족은 발생하지 않는다. 헤겔은 그러한 불평등한 관계가 궁극적으로 주체들에게 충족을 제공하지 못한다는 점에서 본질적으로 불안정하다고 기술하고 있다.[65]

따라서 평등에는 상호작용의 대칭성이 포함되며, 이는 서로를 인정하는 만남recognitive encounter에 대한 다음 설명에서 명확하게 드러난다.

> A와 B는 그들 자신 그리고 상대방을 자율적인 자기의식으로 간주하는 태도를 취하면서 서로 만난다. 여기서 상호작용은 한편으로 각각 상대방의 자유로운 자기결정에 대한 인정을 암시하며, 따라서 상호작용은 양쪽 모두에게 자기제한이 부여됨을 암시한다. 다른 한편 A와 B는 스스로를 자율적 행위주체로 여기기 때문에, 자신이 있을 자리를 위해 상대방에게 스스로를 제한할 것을 요구하게 된다.[66]

이와 같은 대칭적 상호작용에서 A와 B는 상대방을 인정하는 동시에 [스스로가] 상대방에 의해 인정되고 있음을 인식한다. A와 B는 상대방을 충족시킬 수 있는 방식으로 행동하는 동시에 각각의 상대방이 자신을 충족시키려는 방식으로 행동하고 있음을 인지한다. 헤겔이 말한 것처럼, "그들은 **서로를 상호인정하는 자**로서 **인정**"한다.[67]

4. 인정은 어떤 종류의 개념인가?

앞서 설명한 자기의식과 인정의 변증법은 다음과 같이 요약될 수 있다.

> 주체는 다른 주체들과 맺는 강제적이지 않은 상호인정의 관계 속에서만 자유로운 행위주체가 될 수 있고, 이에 따라 자유로운 행위주체라는 자기개념을 객관적으로 참된 것으로 확인하게 된다. 이를 위해 관계의 안정성에 관한 논지를 추가할 수 있으며, 여기서 상호작용의 대칭성 측면에서의 평등이 요구된다.

이런 자유 개념을 통해 우리는 사회적 존재론, 규범적 정치이론, 철학적 인류학, 도덕이론 등과 같은 다양한 영역에서 여러 함의를 이끌어낼 수 있다. 현대의 주요한 인정의 정치politics of recognition 논의는 도덕적·정치적 행위에 대한 규범적 지침, 자아 형성self-formation의 심리이론 등을 바탕으로 헤겔의 인정 개념을 받아들인다.[68] 그러나 헤겔의 인정 개념을 이해하고 좀 더 구체적인 논의에 적용하기 위해서는 주의를 기울여야 하며, 이 문제를 다음 장에서 다루고자 한다. 여기서의 주된 질문은 다음과 같다. "헤겔의 '인정'은 어떤 개념인가?" "사회적 현상의 공통된 특성이라는 의미에서 경험적 개념은 인간의 가치 부여나 평가적 경험에 의해 생성되는 규범인가, 아니면 역사적 사회제도의 발전과 질서, 확립을 이해하기 위해 제시되는 해석학적 가설인가?"[69] 이어지는 절에서는 지금껏 살펴본 헤겔 철학의 주요 전제에 대한 지식을 바탕으로, 헤겔 철학을 구체적으로 살피며 위와 같은 질문들에 답하고자 한다. 이를 통해 철학에 대한 헤겔의 해석 속에서 인정의 개념을 이해하는 관점을 획득할 수 있을 것이다.

헤겔의 관념론 해석과 인정 개념의 함의

헤겔의 철학은 관념론의 한 형태이다. 관념론은 물질적 대상이 의식적인 마음의 구성 활동을 통해서만 알려질 수 있다는 인식론적 주장을 내세운다. 이런 논제는 몇 가지 존재론적 입장(예를 들어, 어떤 대상의 본성, 그리고 대상의 존재론적 측면이 인간의 정신적 활동에 의존하는 정도에 관한 이론들)을 암시한다고 할 수 있다. 예를 들어 칸트의 관념론은 인간 주체에 의해 경험될 수 있기 위해 대상이 따라야 하는 직관의 선험적 형식과 지성의 범주를 연역했다. 이 과정의 초월론적 본성transcendental nature에 따르면, 우리는 물자체things-in-themselves에는 접근할 수 없지만 범주를 통해 대상에 접근할 수는 있다. 따라서 선험적 사유의 필연성과 보편성을 위해 지불해야 하는 대가는 대상을 즉자적으로(있는 그대로) 아는 것이 논리적으로 불가능하다는 것이었다. 그러나 대상의 진정한 본질에 관한 한 칸트는 그것이 불가지unknowable 할지라도 우리의 정신과 독립적으로 존재한다고 보았다. 즉 칸트는 존재론적 관념론자는 아니었다.

헤겔 또한 대상이 존재론적으로 독립적이라고 생각했지만, 사유와 대상의 분리를 거부했다는 점에서 칸트와 달랐다(헤겔은 칸트 철학에서 나타나는 사유와 대상의 분리를, 칸트의 방법론과 전제가 피할 수 있었던 유감스러운 결과로 여겼다. 앞의 '《정신현상학》 프로젝트' 절 참고). 이 문제에 대한 헤겔의 해결책인 앎의 현상학은 절대지absolute knowing에서 정점에 도달한다. 절대지는 우리의 개념적 틀과 세계 내 대상 사이의 구분이 더 이상 불가능한 지점이다.[70] 절대지는 대상에 대한 불가사의한 신적 관점이 아니다. 그것은 "편향되지 않고 왜곡되지 않으며 완전무결하고 모든 것을 포괄하는, 반례가 없으며 내적 불일치로부터 자유로운 앎"이다.[71] 절대지는 의심할 여지없이 달성하기 어려운 목표이지만, 우리로 하여금 앎을 개념화하는 적절한 방식을 깨닫게 해준다. 절대지의 중요성은 주관주의에 빠지지 않고 칸트주의자의 회의주의적 의심을 해결한다는 데 있다. 절대지에 도달하게 되면 의식은 마침내 세계를 구성하는 절대지의 자기규정적 활동의 역할을 깨닫고, 회의론(세계가 실제로 어떠한지에 접근하는 것은 불가능하다는 입장)과 주관론(세계는 우리의 인지 활동과 독립적으로 존재하지 않는다는 입장) 모두를 거부하게 된다.[72 73] 이런 거부는 사고와 존재 사이의 간극을 메우며, 인식론과 존재론 사이의 구별

또한 종식시킨다.

《정신현상학》을 통해 나타나는 헤겔의 관념론에 대한 이 간결한 설명은 여러 방법으로 해석될 수 있다. 여기서는 두 가지 주요한 해석을 언급하고자 한다. 첫 번째는 개념 실재론 관점(헤겔 철학에 대한 형이상학적 해석)이며 두 번째는 포스트-칸트주의 관점(헤겔 철학에 대한 비형이상학적 해석)이다.

개념적 실재론

오늘날 일부 논자들은 헤겔의 관념론을 현실이 합리적이고 개념적인 구조를 가지고 있다고 보는 '개념적 실재론conceptual realism'의 한 형태로 해석한다.[74] 헤겔을 관념론자이자 실재론자idealist-realist로 설명하는 것이 모순처럼 들릴 수도 있지만, "모든 철학은 본질적으로 관념론"이라는 그의 주장을 고려하면 이런 지점을 이해할 수 있다.[75] 칸트의 코페르니쿠스적 전환을 이끈 주된 논지처럼, 세계 속 모든 대상에 대한 탐구는 우리의 개념과 마음의 기본 구조에 대한 탐구인 것이다. 헤겔의 개념적 실재론은 그가 물자체에 대한 접근 불가능성 문제를 해결했던 방식에서 등장하며, 바로 그 방식으로 헤겔은 사유와 존재 사이의 간극을 없앤다. 이런 과업을 수행하는 와중에, 우리가 사유와 존재의 동일성을 받아들이면 "사유 그 자체로부터 **내재적으로** 존재의 구조"를 파악할 수 있게 되기 때문에 사변적 사유가 시작할 수 있다.[76] 이것이 헤겔이 후기에 저술한 세 권의 책 《논리의 학The Science of Logic》《자연철학The Philosophy of Nature》《정신철학The Philosophy of Spirit》을 통해 진행한 것이며, 첫 번째 해석에서 헤겔을 관념론자이면서 실재론자라고 부르는 이유이다. 또한 헤겔을 존재론자로 보는 관점은 그가 사유뿐만 아니라 존재의 필연적 구조를 설명하는 것으로 나아갔다는 데 근거한다.

포스트-칸트주의 관점

헤겔의 관념론에 대한 대안적 관점은 칸트에 대한 헤겔의 비판[77]을 인정하면서도 칸트의 기획에 더욱 가까이 다가간다. 우리는 앞선 '《정신현상학》 프로젝트' 절에서 주체가 자신의 개념적 구조를 세계에 투영함으로써 세계 내 경험을 할 수 있게 된다는, 앎을 주체와 대상 간의 관계로 보는 칸트의 관점을 살펴보았고, 헤겔 또한 칸트의 이론에 크게 의존하고 있음을 확인할 수 있었다. 이런 개념적 구조는 어떠한 경험을 위해서라도 필수적이며, 경험으로부터 도출되거나 경험에 의해 부정될 수 없다.[78] 여기서 우리는 칸트와 헤겔 모두 "합리론의 전통과 달리 인간의 이성은 이성 **그 자체**, 곧 최근에는 우리의 '개념적 도식conceptual scheme'이라고 불리는 것과 이 도식을 가능케 하는 데 필요한 개념들에 관한 비경험적 앎nonempirical knowledge을 가질 수 있다"는 데 의견을 같이했다는 사실을 알 수 있다.[79] 그러나 헤겔은 두 가지 면에서 칸트를 넘어섰다.

첫째, 헤겔은 이미 언급한 바와 같이 그 개념적 도식이 진리에 대한 타당한 주장을 절대적인 방식으로(예를 들어, 모든 실재성을 포괄하는 방식으로) 제기할 것이라는 칸트의 회의주의적 의심을 거부했다. 헤겔이 보기에 그런 회의주의적 의심은 논리적 일관성을 갖지만, "인식적으로 나태"하다.[80] 헤겔은 사물 그 자체thing-in-itself와 같은 실재의 측면이 우리에게 다가올 수 없도록 배제되어 있다는 사실을 판단할 수 있는 외부적 관점은 존재하지 않음을 보임으로써 이러한 주장을 펼쳤다. 개념적 실재론의 입장과는 달리, 사유와 존재의 동일성을 주장한다고 해서 개념적 틀이 자연적·사회적·윤리적 삶의 내용을 **결정한다는** 존재론적 주장을 반복하는 것은 아니다. 그런 개념적 틀의 적절성에 회의주의적 의심을 품지 않아도, 개념적 틀은 현실에 대한 **탐구**에 적합하다는 것이다. 따라서 헤겔은 존재의 필연적 구조를 설명하는 존재론자가 아닌, 자기의식적 인식자self-conscious knower가 되는 데 필수적인 조건들을 입증하는 비판철학자라고 할 수 있다. 이것이 헤겔이 칸트를 넘어선 첫 번째 측면이다.

둘째, 헤겔은 주체를 자연세계와 사회세계 속의 존재자로 봄으로써 자기의식적 경험의 가능성에 관한 칸트의 통각apperception 이론을 확장시켰다. 우리는 앞서 인정의 개념을 다루면서, 그리고 (외부의 모든 것을 배제하고 세계와 자신을 반영하는) 순수한 경험의 주체pure subject of experience를 상정하지 않으려 하는 헤겔의 입장에서 이런 측면을 확인한 바 있다. 자기의식적 인식자가 되기 위해서는 인정의 관계 속에서 다른 주체와 상호작용할 필요가 있다. 자기에 대한 앎self-knowledge은 주체와 대상 사이에 형성되는, 혹은 주체가 스스로와 맺는 초월론적 관계의 측면에서는 설명될 수 없으며, 사회적 실천에의 참여라는 측면에서만 설명될 수 있다는 것이다.

이제 다시 '인정이란 무엇인가'라는 원래의 질문으로 돌아가보자. 이 질문의 답은 분명 헤겔의 관념론에 대한 우리의 해석에 달려 있다. 우선 첫 번째 해석이었던 개념적 실재론의 관점을 다시 살펴보자. 만약 현실이 합리적이고 개념적인 구조를 가지고 있다면, 그 개념들에 대한 검토는 우리에게 이성적 사유의 변증법적 발전뿐 아니라, 사회적 현실의 존재론에 대해서도 말해줄 것이다. 이런 관점에서 인정이란 사회적 삶 속에서 현실화되는 존재론적 개념이 될 것이다. 이 해석에 따르면, 우리가 사회적·정치적으로 해야 할 일은 그 과정이 차질 없이 진행될 수 있도록 하는 것이다. 그러나 개념적 실재론의 해석은 우리가 받아들일 수 없는 입장이다.

여기에 있는 문제들은 복잡하고 부분적으로는 해석에 따라 달라지기 때문에 우리가 이것을 자세히 살펴보기에는 시간상 무리가 있다. 헤겔을 개념적 실재론자로 해석하는 것은 상당한 우려를 야기하는 형이상학적 작업이다. 개념의 구조와 일치하는 실재의 필연적 구조를 특정해낼 수 있다는 생각은 오늘날 받아들여지기 어렵다. 이는 칸트가 이미 죽음을 선언했던 형이상학적 이론으로 회귀하는 것으로 간주될 수도 있다. 즉 존재의 근본적이고 필연적인 구조를 선험적으로 설명할 수 있다고 믿었던, 칸트 이전에 존재했던 독단주의적 형이상학의 한 종류로 빠져들게 될 수 있다. 칸트가 이룩한 혁신은 우리의 탐구 주제를 (존재 자체의 본성이 아니라) 자기의식적 인식자가 되기 위한 조건을 선험적으로 검토하는 작업으로 제한한 데 있다.

그렇다면 우리에게는 두 번째 해석인 포스트-칸트주의 해석이 남아 있다. 포스트-칸트주의post-Kantian 해석은 방금 언급한 문제들을 피하면서도, 우리에게 인정에 대한 긍정적인 설명을 제시해줄 수 있다. 헤겔과 칸트 모두 자기의식적 인식자가 되기 위한 요구 조건을 개념적으로 명료화하는 데 관심을 기울였지만, 칸트가 이를 연역적으로 진행한 데 반해, 헤겔은 변증법적으로 진행했다. 그 결과 헤겔은 주관성과 사회적 현실을 검토하는 데 사용할 수 있는 개념들을 도출할 수 있었다. 다음 절에서 전개될 해석에 따르면, 인정은 경험적이거나 형이상학적 개념이 아니며, 자유와 인륜성에 대해 우리가 어떻게 사고해야 하는지를 나타내는 철학적 개념이다.

규범적 지위에 대한 승인으로서의 인정

인정의 개념은 우리로 하여금 자유와 인륜성을 어떻게 생각하도록 하는가? 인정의 개념에 비춰볼 때 자유로운 행위주체가 된다는 것은 무엇인가? 간단히 답하자면 다음과 같다. 자유로운 행위주체가 된다는 것은 자유로운 행위주체로 인정받는 것을 의미하며, 이를 위해서는 그 인정이 내가 자유로운 행위주체라고 인정한 사람들에게서 비롯되어야 한다. 그러므로 인정은 자유로운 행위주체로서의 규범적 지위에 대한 승인이며, 이는 인정의 개념을 경험적이거나 형이상학적인 개념으로 이해하는 관점들과는 구별되어야 한다. 이와 관련해 로버트 피핀Robert Pippin은 다음과 같이 설명한다.[81]

> 개별성individuality이 가능하기 위해 필요한 특정 유형의 고유한 의존, 즉 인정을 통한 의존recognitional dependence에 대한 헤겔의 논의는 인간의 욕구와 관련된 주장에 기초하지 않으며 발달

심리학·사회심리학의 증거에서 파생된 것도 아니다. 그것은 명백하게 철학적인 주장으로서, 개별성을 궁극적으로 주어진 것에서 우리가 이뤄내는 것으로 보는 이해 방식의 전환을 포함한다. 개별성은 경험적이든 형이상학적이든 어떤 사실의 문제가 아니라 규범적 지위에 관한 것이다.

"규범적 지위"로서의 인정 개념은 물질적 의미에서 나의 것에 대한 인정과 심리적 의미에서 나의 것에 대한 인정 사이의 유사성에 대한 피핀의 설명을 통해 더욱 명확히 파악할 수 있다.[82] 피핀은 "근대의 정치적 성찰"이 근본적으로 나의 것, 너의 것, 우리의 것을 구별하는 데서 시작한다고 주장한다. 소유property가 (나의 것이나 우리의 것이 아니라) 어떤 개인의 소유임을 확정하는 것은 권리를 포함하는 규범적 지위를 승인하는 것으로, "사회세계 내에서 곧바로 읽어낼 수 있는" 경험적 사실이 아니다.[83] 이는 소유에 관한 개인의 정당한 권리의 영역을 확정하는 것이며, 해당 개인의 자유를 구성한다. 이때 자유는 소유권에만 국한되지 않으며, 자신의 정신 상태를 '소유'할 수 있는 성공적인 행위주체로 간주되는 데까지 확장된다. 우리는 무엇이 나의 것인지 심리적 측면에서도 정당하게 말할 수 있는 것이다. 누군가는 자신이 어떤 토지의 일부를 가지고 있다고 주장할 수 있지만, (동료, 정부, 또는 그런 인정을 제공할 수 있는 존재에 의해) 소유주로 인정받기 전까지는 그것을 소유하고 있다고 말할 수 없다. 마찬가지로 누군가는 자신이 세계 최고의 피아니스트라고 주장할 수 있지만, 세계 최고의 피아니스트로 인정받기 전까지는 자신을 그와 같은 사람으로 올바른 방식으로 인식하고 있지 않은 것이 된다. 인정이 부재한 상황에서 자신이 세계 최고의 피아니스트라고 주장하는 것은 망상에 해당하거나 최소한 자기기만에 해당한다. 망상에 빠져든 사람은 자신이 누구인지를 잘못 생각하는 것으로, 성공한 행위주체로 간주되지 않는다. 이로써 나의 자기개념은 인정을 통해 승인될 때만 진정하고 옳은 방식으로 나의 것이 될 수 있다. 개인이 성공적인 행위주체가 되기 위해서는 다른 사람들의 다음과 같은 인정이 있어야 한다.

다른 사람들이 (1) 나를 나 스스로 부여한 사회적 지위와 정체성을 가지고 있는 자로 인정해야 한다. (2) 나의 행위가 내가 제시한 행위에 대한 설명에 부합하는 것으로 인정해야 한다. (3) 내가 나 자신의 의도에 따라 행동하는 것으로 인정해야 한다. (일반적으로 이것이 성공하기 위해서는 내가 스스로 지니고 있다고 여기는 의도에 대해 다른 사람들도 그렇게 여겨야 하고, 또한 내가 스스로 행하고 있다고 여기는 것을 다른 사람들도 그렇게 여겨야 한다.)[84]

그렇다면 자유로운 행위주체란 무엇을 의미하는 것일까? 좀 더 상세히 답하자면 이렇다. 앞의 〈2. 자유로운 행위주체란 무엇인가?: 도덕적 의무 vs 인륜성〉에서 검토했듯, 자유로운 행위주체로서 나는 자기개념과 행위 이유라는 측면에서 정당하게 나의 것에 해당하는 권역을 (내가 스스로 결정한다는 의미에서) 확립할 수 있는 존재이다. 자기개념과 행위 이유의 타당성을 홀로 승인하고자 사회적 삶에서 물러서는 것이 불가능하다는 점을 감안하면, 이러한 승인은 오직 타자들을 통해서만 도출될 수 있다. 그리고 이때 자유로운 타자들이 나를 인정해주어야만 행위주체로서 나의 자유가 가능해지며, 이는 상호적으로 발생하는 과정이다. 이런 측면에서 우리는 〈2. 자유로운 행위주체란 무엇인가?〉에서 처음 언급된, 상호인정의 개념이 개인의 자율성과 사회적 의존성을 합리적으로 조화시킬 수 있는 유일한 입장이라는 주장을 이해할 수 있다. 아직 실현되지 않은 잠정적인 자율성 개념은 상호인정을 통해 세계 내에서 구체적인 자유 개념이 될 수 있다. 즉 자유는 사회적 상태의 성립 없이는 제대로 달성될 수 없다.[85]

5. 인정 개념을 받아들여야 하는 이유는 무엇인가?

'헤겔의 관념론 해석과 인정 개념의 함의' 절을 마무리하면서 인정은 자유와 인륜성에 대해 어떻게 생각해야 하는지를 나타내는 철학적 개념이라고 언급했다. 이런 주장의 규범적 효력은 어디에서 비롯되는 것일까? 왜 우리는 인정 개념과 이 개념에서 도출되는 자유에 대한 관점을 받아들여야만 하는 것일까? 가령 자유를 인정 여부에 **관계없이** 사람들이 가지고 있는 일종의 능력으로 볼 수는 없을까? 지금부터 이에 대한 두 가지 답변을 제시하고자 한다. 첫 번째 답변은 인정의 변증법에서, 두 번째 답변은 실패한 자기개념에 관한 직관에서 나온다.

인정의 변증법과 필연성의 의미

인정 개념을 받아들여야 하는 이유는 무엇인가. 이 질문에 대한 첫 번째 답을 위해선, 우리가 '《정신현상학》에서 나타나는 인정의 개념적 구조' 절에서 언급한 인정의 변증법으로 돌아갈 필요가 있다. 변증법은 인정 개념에 대한 논의로, 다른 주체를 고려하지 않고 자신의 독립성을 승인하려는 주체의 모든 시도가 어떻게 실패하는지 보여주고, 타인의 인정에 의존하는 것이 스스로의 자유를 위한 전제조건이 된다는 깨달음에 이르게 한다. 즉 이 변증법을 어느 정도까지 유효한 논증으로 받아들일 것인가는 우리가 인정의 개념에 의거해 자유를 사유해야만 한다는 사실을 어느 정도까지 받아들인 것인가와 같은 문제이다. 3장에서 우리는 자유의 **필연적** 조건으로서 인정을 다뤘으며, 주체는 자유롭다고 **인정된 경우에만** 자유로울 수 있다고 주장했다. 그렇다면 여기서 '필연적'이라는 것은 무엇을 의미할까?

먼저 우리는 인정의 변증법에서 '필연적'이라는 것이 **의미하지 않는 바**가 무엇인지를 살펴봐야 한다. 일반적으로 필연적 명제necessary proposition는 거짓일 수 없으며, 어떤 조건에서도 참이어야 한다. 이런 명제를 우리는 선험적으로 알 수 있다. 왜냐하면 이는 필연적으로 참이며, 세계는 우리에게 오직 존재하는 것에 관해서만 말해줄 뿐이므로 무엇이 존재해야만 하는지 또는 존재해서는 안 되는지에 관해서는 말해주지 못하며 다만 사실만을 말해줄 수 있을 뿐이기 때문이다. 예를 들어, 분석명제analytic proposition가 바로 그런 종류의 것으로, 명제의 참과 거짓의 여부는 명제에 포함된 각 개념의 의미에 따라 달라진다. 가령 "모든 신체는 연장이다"라는 명제는 '연장extension'이 '신체' 개념에 속하기 때문에 이 명제를 부정하면 논리적 모순이 생긴다. 이러한 의미의 필연성이 인정의 변증법에서 말해지는 필연성일 리는 없다. 왜냐하면 헤겔은 단순히 자기의식 개념에 대한 분석이 아니라 자기의식의 조건에 대한 설명을 제공하고 있기 때문이다. 이는 헤겔의 명제가 분석명제가 아니라 주어에 술어predicate가 포함되어 있지 않은 종합명제synthetic proposition라는 것을 암시한다.[86] 예컨대, 칸트는 《순수이성비판》에서 시공간의 개념은 경험에서 얻은 경험적 개념이 아니며, 우리의 마음속에 모든 경험의 가능성의 선험적 근거로서 존재한다고 주장했다. 다시 말하지만, 헤겔이 논지를 도출한 방식을 살펴보면, 그는 칸트가 직관의 형식과 지성의 개념을 도출한 것과 같은 연역을 수행하지 않은 것을 알 수 있다. 사실 《정신현상학》의 주장과 전개 방법에는 이런 종류의 직접적인 연역이 없다.[87] 그렇다면 변증법에 내재된 필연성은 어떤 의미일까?

한 관점에 따르면, 그 필연성은 우리가 예술작품에서 인식하는 필연성과 유사하다. 존 핀들레이John Findlay는 헤겔이 《정신현상학》에서 이행transition의 필연적 특성에 대해 말하고 있긴 하지만, "정신현상학에서의 이행들은 예술작품에서 논의되는 필연성과 불가피성처럼, 불명확한 의미에서 필연성과 불가피성을 띤다"고 언급했다.[88] 퀜틴 라우어Quentin Lauer는 이런 관점을 《정신현상학》의 약점으로 간주하고, 이를 위해 예술적인 필연성의 개념을 강화할 것을 제안한다.[89]

> 위대한 예술작품을 감상할 때 …… 오랫동안 깊게 작품을 음미하는 사람은 그 작품에서 '손댈 곳이 없다'는 것을 깨닫게 된

다. 각각의 디테일이 다른 디테일을 상호적으로 필요로 하는 것이다. 감상자가 이런 디테일이 요구되는 **이유**를 설명하기란 어렵고 때로 불가능할 테지만, 각 디테일들은 깊은 음미 끝에 '필연적인' 것으로 드러난다.

이런 식의 설명에는 의문을 또 다른 의문으로 대체한다는 문제가 있다. 즉 《정신현상학》에서의 필연성이 **예술적** 필연성과 유사하다면, 이는 무엇을 의미하는가? 이에 답하기 위해서는 《정신현상학》에서 헤겔이 취하는 두 가지 이행 간의 차이를 구분할 필요가 있다. 첫 번째로, 의식의 한 형태에서 다른 형태로의 거시적 이행macrotransition, 즉 감각적 확신에서 지각으로, 혹은 자기의식에서 이성으로, 혹은 종교에서 절대지로의 이행이 있다. 두 번째로, 각각의 의식의 형태 내부에서 일어나는 미시적 이행microtransition이 존재한다.

거시적 이행은 철학적 관점, 혹은 헤겔이 명명한 '절대지'를 향해 의식이 도야education하는 과정에 대한 거대 전망을 뜻한다('《정신현상학》 프로젝트' 절 참고). 거시적 이행은 의식이 도야하는 목적telos 측면에서 설명되어야 한다. 헤겔은 현실의 모든 측면이 자기실현의 목적을 지향하는 발전 계획을 가지고 있다고 믿었다. 이때의 발전은 시간적 과정이며, 이 과정이 합리적으로 "설명될 수 있는 방법" 중 하나는, 그 발전이 달성하고자 하는 목적을 아는 것이다.[90] 예를 들어, 어떤 식물의 목적이 열매를 생산하는 데 있다면, 우리는 이 목표의 달성에 비춰 식물 발달의 각 단계들을 필수적이고 합리적인 것으로 이해할 수 있다. 의식 도야의 목적들은 다양한 관점에서 설명될 수 있지만, 일반적으로 유사한 논리로 귀결된다. 예를 들어, 세계 전체에 관한 우리의 개념을 현실화하는 것은 개념과 대상의 통일인 '절대이념absolute idea'에 의해 달성된다. 또한 인간 존재를 현실화actualization하는 것은 정신(혹은 사회적·문화적 삶) 속에서 자유를 완전하게 의식함으로써 달성된다. 이처럼 헤겔 철학은 항상 어딘가로의 움직임을 포함한다는 점에서 특색을 지닌다. 즉 역사를 통한 인간 의식의 진보를 정당화하기 위해 목적지를 향해 전진하고, 목적지에서 다시 역방향으로 이동하는 것이다. 그러나 헤겔 철학의 이런 특징은 동시에 그의 이론에 근본적 한계를 노정하기도 한다. 거시적 이행에서 작동하는 필연성은 명백히 자아실현이 인간 본성의 궁극적인 목적이라는 주장을 받아들일지 여부에 성패가 달린 목적론적 필연성이기 때문이다.

오늘날 일부 종교적인 전통을 제외하고는 아무도 인간이 궁극적인 목적을 가지고 있다는 것을 받아들이지 않으며, 그런 주장은 정당화될 수 없는 본질주의적인 입장으로 간주될 뿐이다.[91] 이에 대해 루트비히 지프는 다음과 같이 언급한다.

> 오늘날의 문화에서 '절대지'와 종교와 역사에 대한 완전한 이해를 요구하는 주장은 옹호될 수 없는 오만함으로 여겨진다. 이런 프로젝트를 공유하는 철학자는 이제 거의 없다. …… 자연은 논리적으로 구조화된 총체성totality이 아니며, 그 자체의 실현을 지향하는 합리적인 목적도 없다.[92]

이 점을 감안할 때, 인간의 사유가 **필연적으로** 의식의 형태를 따라 발전한다는 헤겔의 주장에 의문을 제기할 수 있다. 자아실현이라는 목적이 없는 상황에서 특정한 이행이 일어나야 할 이유가 없기 때문이다.[93] 그렇다면 이제 앞서 언급한 두 번째 유형의 이행, 즉 모든 의식 형태에 내재되어 있는 미시적 이행만이 남아 있다. 미시적 이행과 같은 변증법적 이행이 타당한 논증을 구성할 수 있을 것인가?

미시적 이행은 이러한 철학적 난제를 풀 수 있는 가장 좋은 시도로 사료된다. 이 난제는 특수한 가정에 근거하고, 정교화되지 않은 시작점을 가지고 있으며, 특정 규칙의 통제를 받는다. '자기의식의 개념' 절과 '인정의 개념' 절에서 재구성했던 자기의식과 인정의 변증법은 그 한 가지 난제로, 일련의 미시적 이행을 보여준다. 이 장에서 여러 번 언급된 바와 같이 이 난제에 따르면 자유는 다른 주체들 사이의 한가운데서 가능하다. 근본 가정은 다음과 같다. (1) 앎을 가능케 하는 주체와 대상 간의 구별. 즉 앎은 관계라는 것. (2) 자기에 대한 앎self-knowledge이 동어반복 이상의 것이 되기 위한 매개의 필요성. 즉 의식이 자신과 맺는 관계가 그와 타자 간의 관계에 의해 매개된다는 것.

따라서 우리가 풀어야 할 난제는 다음과 같다. 매개 및 잠재적 의존성의 필연성이 스스로를 완전히 독립적으로 여기는 주체의 맹아적이고 정교화되지 않은 개념과 어떻게 조화를 이룰 수 있을까? 변증법은 새로운 원칙을 도입하지 않고 근본 가정의 테두리 안에서 이 질문에 답하려는 과정에서 미시적 이행으로 나아간다. 각각의 미시적 이행은 독립성 개념 내의 모순을 포착하면서 변증법을 추동하며, 적절한 해결책이 도출될 때까지 그 자신 혹은 타자의 독립성 개념에 대한 점진적인 수정을 이어간다.

이처럼 미시적 이행은 인간 본성에 근거한 목적에 의해 추동되지 않는다. 오히려 미시적 이행은 당면한 난제를 해결하기 위해 노력하는 특정한 의식의 형태에 내재된 가정과 제약에 의해 추동된다. 그렇다면 이런 이행은 필연적인가? 이 절에서 살펴본 필연성[혹은 필수성]necessity의 다양한 의미를 고려할 때, 그렇지 않다. 하지만 이것이 자기의식의 변증법이 더 이상 유효하지 않다는 것을 의미하는 것은 아니다. 피핀은 이행을 다음과 같이 이해해야 한다고 주장한다. A에서 B로의 이행이라는 개념을 B가 A의 결함을 해결하는 **유일한** 방법이라는 엄격한 의미가 아니라, B가 "A의 결함을 적절한 방식으로 해결하고, 잠재적 반대자들에게 더 나은 해결책을 제안하도록 도전적 환경을 조성한다"는 의미에서 이해해야 한다는 것이다.[94] 즉 잠재적 반대자는 자기의식과 인정의 변증법을 고려해야 하며, 문제가 되는 제약 조건하에서 난제를 풀기 위한 더 나은 해결책을 모색하기 위해 노력해야 한다. 상충하는 반대 논증이 없을 때 자기의식과 인정의 변증법은 개인의 자율성을 사회세계와 조화시키기 위한 타당한 주장이자 우리가 지닌 가장 최선의 주장이라는 자리를 지키게 된다. 자유와 사회적 관계에 대해 사유할 때 인정은 반드시 채택되어야 하는 개념이 된다.

자기개념에 관한 직관

우리가 인정 개념을 받아들여야 하는 두 번째 이유는 실패한 자기개념failed self-conception, 즉 실패한 정체성에 관한 우리의 직관과 관계가 있다. 이때 실패한 정체성은 인정을 완전히 포기한 정체성과 자율성을 완전히 포기한 정체성으로 나눌 수 있다. 전자의 경우 자율성이 실현되지 않은 채로 존재한다면, 후자의 경우에서는 자율성 자체가 존재하지 않는다. 두 경우 모두에 대해 우리는 그와 같이 살아가는 것이 자유롭고 성공적인 삶이라고 여기지 않을 것이다. 이는 이미 우리가 인정 개념이 규범적 효력을 발휘한다고 생각하고 있음을 시사한다. 다음은 언급했던 두 가지 정체성에 대한 구체적 사례이다.

네페르티티 여왕이 아닌 네페르티티 여왕

나디아는 자신이 네페르티티 여왕Queen Nefertiti*이라고 믿는다. 나디아는 단지 자신의 이름이 네페르티티라고 생각하는 것이 아니다. 나디아는 실제로 자신을 네페르티티 여왕, 즉 이집트의 정당한 왕위 계승자로 여긴다. 나디아는 스스로 왕족의 신분에 맞게 행동하는데, 가령 왕족의 신분에 걸맞은 옷을 착용하며 다른 사람들이 자신의 권위를 인정해주길 기대한다. 그러나 나디아의 현실은 이와 일치하지 않는다. 나디아는 카이로에 위치한 슬럼가에 거주하고 있으며, 이웃들은 나디아에게 연민을 갖기도 하지만, 가끔은 화를 낼 때도 있다. 그러나 나디아는 자

---

* 이집트 제18왕조의 왕인 아크나톤의 왕비.

신의 믿음을 고수한 채 그에 따라 행동을 지속하고 있으며, 자신이 가지고 있는 믿음을 사회적으로 승인받는 것에는 별 관심이 없는 것처럼 보인다.

특성 없는 남자

특성 없는 남자[95]*는 자신만의 정체성이 없으며, 다른 사람들이 원하는 모습이 자신이 된다. 남자의 기준은 모두 그가 놓여 있는 상황에 따라 달라진다. 그가 어떤 생각이나 가치를 갖게 되더라도, 또 다른 기준이 될 수 있는 무언가가 나타났을 때 그는 즉각적으로 그것을 따라간다. 그에게는 사회적으로 받아들여지는 것이 가장 중요하며, 그 자신의 행동의 유일한 동기는 순응이다.

명백하게 극단적인 이 두 가지 예시는 여러 측면에서 우리의 이해를 돕는다. 나디아의 사례는 인정을 거부당하고 스스로도 사회적 승인에 대한 모든 관심을 완전히 포기한 경우를 보여준다. 특성 없는 남자의 사례는 자율성에 아무런 관심이 없는 사람의 경우를 보여준다. 첫 번째 사례는 사회라는 영역 밖에서 자기개념을 구성하고 실행하며, 두 번째 사례는 완전히 사회 안에서만 자기개념을 구성하고 실행한다. 이 두 가지 사례에 대한 우리의 직관은 명확하다. 우선 나디아의 사례부터 언급하자면, 이 사례에 제기될 수 있는 몇 가지 일반적인 설명이 있다. 예를

---

* 저자는 이 절에 등장하는 특성 없는 남자의 사례가 로베르트 무질Robert Musil의 동명 소설《특성 없는 남자》에서 차용한 것임을 95번 주석에서 밝히고 있다.

들어 혹자는 나디아를 현실을 받아들이길 거부하는 망상에 빠진 사람으로 설명할 수 있을 것이다. 한편 특성이 없는 남자 또한 풍요롭고 충만한 삶을 살아가는 사람으로 보이지는 않을 것이다. 물론 규칙과 관습에 대한 순응을 중시하는 사람은 많지만(그중에서도 이 사례는 순응에 대한 가치를 가장 중시하는 사람에 해당한다), 그들 또한 순응을 **선택**하면서 자율성을 행사한다고 볼 수 있다. 하지만 특성 없는 남자는 선택 자체를 하지 않는다. 따라서 나디아와 특성 없는 남자 모두 성공적인 행위주체로는 간주되지 않을 것이며, 이는 우리가 인정의 개념을 재구성하면서 살펴본 것과 일치한다. 인정의 주체가 되는 것은 세계 속에서 자신의 정체성을 승인받는 것이며, 자신이 누구인지에 대한 확신이 그 자신에게로 되돌아올 수 있으려면 그 확신은 먼저 타자들을 거쳐야만 한다.

이 사례는 사회적 관계 속 인정을 둘러싼 두 개념인 개인의 자율성과 사회적 의존성의 공존이 문제시되는 경우이다. 이는 우리를 인정 문제의 핵심으로 이끌며, 이 책의 주된 관심사인 매드운동과도 관련된다. 여기서의 핵심 쟁점은 인정투쟁에서 도출된 개인의 자율성과 사회세계 사이의 긴장을 어떻게 해결할 것인지의 문제이다. 우리는 매드운동이 요구하는 당사자들의 정체성이 인정받을 수 있도록 사회적 관계를 재건하자고 주장하는가? 아니면 문제가 되는 정체성이 일관성이 없거나 도덕적으로 불건전하기 때문에 거부되어야 한다고 주장하는가? 이 중요한 문제에 대해서는 다음 장에서 자세히 살펴보도록 하자.

나디아와 특성 없는 남자의 사례에 대한 분석에는 또 다른 중요한 쟁점이 있다. 앞서 살펴본 것처럼, 이 사례들은 인정이 사람들의 정체성을 형성하는 조건에 대한 경험적 이론이 아니라, 성공적인 행위주체에 대한 규범적 기준임을 보여준다. 사람들은 다양한 조건 속에서 정체성을 형성한다. 가령 나디아는 자신의 주장이 다른 사람들에게 인정받지 못했음에도 주변의 사실과 무관하게 자신이 실제로 네페르티티 여왕임을 스스로에게 납득시켰다. 나디아가 성공적인 행위주체가 아니라는 것을 알 수 있는 이유는 우리가 이미 그 주장에 대한 사전적 직관, 즉 인정 개념에 대한 직관을 가지고 있었기 때문이다. 이처럼 경험적 차원과 규범적 차원을 구별하면서도 규범적 기준과 경험적·심리적 기준 사이의 상호작용에 주목해야 한다. 성공적인 행위주체로서 인정받는 것은 긍정적인 심리적 결과를 가져올 가능성이 매우 크다. 가령 자신의 정체성과 행동의 의미를 타자가 참된 것으로 확언해줄 경우 자신의 정체성에 대한 자신감이 고양될 가능성이 높다. 반대로 그런 인정이 거부될 경우 당사자의 자신감과 자존감은 감소될 가능성이 높다. 여기서 가능성이라는 표현을 쓰는 것은 이 과정이 불확실한 가정이기 때문이다. 예를 들어, 어떤 사람은 긍정적으로 인정받더라도 자신의 마음 깊숙한 곳에 자리한 불안감을 해소하지 못할 수 있다. 반대로 어떤 사람들은 인정을 지속적으로 거부당하더라도 자신에 대한 독특한 믿음을 저버리지 않을 수 있다. 그럼에도 인정이 미치는 심리적 결과에 대한 고려는 중요하며, 이 문제는 4장과 5장에서 다루고자 한다.

결론적으로, 인정(의 변증법)이 지닌 논증적 힘에 근거해볼 때 그리고 실패한 정체성에 관한 직관 및 개인의 자율성과 사회적 승인 사이에 균형을 이루는 것의 가치를 고려해볼 때, 인정 개념은 자유와 인륜성을 생각하는 우리의 방식에 대해 많은 것을 말해준다. 인정 개념이 어떻게 실질적으로 사회적 관계와 정치제도에 영향을 미칠 수 있을 것인가는 5장에서 별도로 살펴볼 것이다.

6. 나가며

이 장의 주된 목적은 헤겔의 《정신현상학》에서 언급된 인정의 개념을 재구성하는 것이었다. 이 재구성은 로버트 피핀과 테리 핑카드가 제시한 헤겔 철학의 "포스트-칸트주의" 해석을 주로 참고했으며 이는 우리에게 자유에 대한 독특한 관점을 제시한다. 즉 한 개인이 자유로운 행위주체가 되기 위해서는 그가 가지고 있는 자기개념, 믿음, 행위의 이유 등이 사회적으로 타당한 것으로 인정되어야 하며, 그러려면 그 인정이 해당 개인이 자유로운 행위주체로 여기는 사람들에게서 비롯되어야 한다. 따라서 이러한 승인은 단지 주체 개인으로부터는 발생할 수 없으며, 사회적 실천에의 참여가 필요하다. 즉 "주체는 홀로 자유로울 수 없"다.[96] 이상적인 형태의 인정은 다양한 방식으로 설명될 수 있다. 우리는 이상적인 인정을 어떤 개인이 지닌 자신이 누구인지에 대한 확신이 사회적 실천에서 비롯되는 자신이 누구인가에 관한 진상truth과 부합하는 순간으로 설명해볼 수 있다. 또한 우리에게 많은 것을 생각하게 하는 유명한 표현에 빗대 말하자면, 이상적인 인정이란 주체가 **세상 속에서 자기 자신으로 있는**find itself at home in the world* 것으로 생각해볼 수도 있다. 이 은유는 자유 개념에 대해 칸트와 헤겔 사이의 관점 차이를 구별할 수 있는 강력한 수단을 제공한다. 이 은유를 수정해 말해보자면, 칸트에게 자유로운 존재가 된다는 것은 **이성**을 자신의 집으로 삼는 것을 의미하며, 헤겔에게 자유로운 존재가 된다는 것은 자신이 존재하는 사회세계와 자신의 자율성을 화해시키는 것을 의미한다고 할 수 있겠다. 자율성은 상호적이며, 다른 사람들과 관계되어 있는 인정을 통해 구체적인 자유가 될 수 있다. 즉 자유는 사회에 앞서presocial 주어진 것이 아니라, 이런 노력의 결과로 성취되는 것이다.

이번 장을 통해 재구성된 인정 개념은 경험적 개념도, 형이상학적 개념도 아니다. 또한 재구성된 인정 개념은 정체성 형성에 대한 심리적 이론도 아니다. (단, 어떤 사람에 대해 성공적인 행위주체의 지위를 긍정하거나 부정하는 것이 특정 심리적 결과를 초래할 수는 있다. 이 문제는 4장에서 더 자세히 설명할 것이다.) 인정은 자유로운 행위주체가 된다는 것이 무엇인지를 설명하는 철학적 개념이다. 우리가 인정 개념을 뒷받침하는 변증법적 주장을 받아들

---

* 저자의 이 표현은 헤겔의 유명한 구절 "타자 속에서 자기 자신으로 있는bei sich selbst im Anderen sein"의 영어 번역 중 하나인, 'be at home in the other'을 저자가 일부 응용한('타자'를 '세계'로 바꾼) 표현이다. 여기서 'at home'은 내가 나와는 다른 타자의 곁에 있더라도 마치 나의 집에 있는 것처럼 편안한 일체감을 느낀다는 뜻으로, 본문의 표현을 직역하면 "세상 속에서 자신의 집에 있는"으로 쓸 수 있다. 해당 표현은 본문에 수차례 등장하는데, 이런 표현을 사용할 때 저자가 헤겔의 사상적 배경을 염두에 두었음을 고려할 필요가 있다.

이고, 이와 관련된 성공적인 정체성(즉 개인의 개별성과 사회적 승인이라는 이중의 요구를 달성하는 것)의 가치에 관한 직관을 받아들인다면, 인정 개념은 자유와 사회적·정치적 삶에 대한 우리의 생각에 영향을 끼치게 될 것이다.

| 4장 |

정체성, 그리고 인정의 심리적 결과

1. 들어가며

3장에서 다룬 인정의 개념과 자유의 문제를 정리하면 다음과 같다. 자유로운 행위주체(즉 성공적 행위주체)가 된다는 것은 (1) 다른 사람들에게 나의 정체성, 행위의 이유, 믿음 등이 타당하다고 인정받는 것을 의미하며, (2) 그러려면 내가 생각하는 나의 모습과 다른 사람들이 생각하는 나의 모습이 서로 일치해야 하며, (3) 마지막으로 이러한 인정은 나에 대한 인정을 제공할 수 있다고 여겨지는 타인들에게서 비롯되어야 한다. 인정을 둘러싼 사회적 상호작용은 정체성, 행위의 이유, 믿음에 대한 타당성을 판단하는 척도인 공동의 제도와 관습을 배경으로 이루어진다. 만약 누군가 자신이 스스로 훌륭한 피아니스트라고 주장한다면, 여기에는 그 주장의 진리 여부를 판가름할 수 있는 특정 기준이 존재한다. 또한 만약 누군가 비를 내려달라고 하늘에 기도한다면, 타인들은 그 행위에 대한 나름의 이유의 타당성에 의심의 눈초리를 보낼지 모른다. 이때 진리와 타당성은 사회적 측면에서 파악되며, 이와 관련해 핑카드는 다음과 같이 지적한다.[97]

> 권위 있는 근거로 간주될 수 있는 것의 기준은, 특정 유형의 주장들을 권위 있고 중요한 것으로 **공동체에서 집합적으로** 수용해온 과정의 결과로 보아야 한다. 이런 과정은 사회적 관습과 관행에 참여한다는 역사적이고 제도적인 차원에서 가장 잘 이해될 수 있다.

따라서 자신의 정체성이 사회적 맥락 속 타당성의 기준에 부합할수록 그 개인은 더욱 성공적인 행위주체가 될 수 있다. 또한 인정은 단 한 번 부여받는 것이 아니라 지속적으로 이뤄지는 상호작용이므로, 그 개인은 지속적으로 세상과 불화하지 않는 관점을 지닌, 잘 적응한 사회의 일원이 되어야 할 것이다. 그러나 이런 이상적 상황은 쉽게 발생하지 않는다. 인정을 요구하는 여러 사회운동에서, 혹은 우리 스스로가 세상 속에서 자신을 찾아가는 과정에서 겪었던 어려움을 생각해보면 알 수 있듯, 정체성이란 자기정의self-definition와 이에 대한 수용 사이에 놓인 복잡하고 논쟁적인 투쟁의 장소가 된다.

이 복잡한 논점은 정체성에 대한 근대적 관념의 맥락 속에서 파악되어야 한다. 정체성은 더 이상 주어진 것이 아니며, 과거에는 당연하게 여겨졌던 자기정의 대부분이 오늘날 의문의 대상이 되고 있다. 정체성은 생각과 행위의 방향을 제시하는 프레임이 되며, 한 사람의 개별성을 표현하기도 한다. 이렇게 출현하는 개인적 관점은 사회적 상호작용 속에서 승인되어야 한다. 앞의 '자기개념에 관한 직관' 절에서 실패한 정체성의 두 사례[98]를 분석하며, 우리는 이미 개별성과 사회적 승인의 이중적 중요성을 살펴보았다. 인정이라는 개념이 성립하기 위해서는 개별성과 사회적 승인 중 어느 하나가 다른 하나를 압도하는 일 없이 둘 모두가 함께 다뤄져야 한다. 사회에서 수용되고 있는 집단 범주를 거부하고 자신만의 입장을 취함으로써 내가 누구인지 찾아가는 것이 중요하다고 할지라도, 나는 나 홀로 나아갈 수 없기에 사회적 승인은 필수불가결한 요소이다. 만약 사회적 승인 없이 홀로 나아가겠다고 주장한다면, (2장에서 다룬) 나디아처럼 스스로를 네페르티티 여왕이라고 여기지만 다른 모든 이가 보기에는 그저 망상에 사로잡힌, 그런 상황에 처하게 될 뿐이다. 사회적 승인이 언제나 이뤄지는 것은 아니며, 사람들은 결국 평가절하되거나 정체성을 인정받지 못하기도 한다. 이처럼 성공적 행위주체로 인정받는 것은 아무런 조건 없이 주어지는 것이 아니다. 한편, 때로 인정을 성취하는 데는 사회적 기준 자체를 변형시키는 과정이 요구되기도 하며, 인정투쟁에 참여하는 것이 필요할 수 있다.

4장의 전반부인 '정체성' 절과 '인쟁투쟁' 절에서 앞서 설명한 내용을 좀 더 자세히 살펴볼 것이다. 4장 후반부에서는 인정의 심리적 결과와 관련한 논의를 다룬다. 인정은 단지 성공적인 행위주체성의 승인과 같은 규범적 지위뿐 아니라, 심리적 중요성을 지니기도 한다. 성공적인 행위주체가 되는 것은 긍정적인 심리적 결과를 산출할 가능성이 높으며, 이는 다시 성공적인 행위주체가 될 가능성을 높인다. 악셀 호네트는 인정을 연구하는 많은 학자들 중 인정 개념뿐 아니라, 무시로 인한 해악의 심리적 결과와 관련해 가장 정교한 설명을 제시했다. 따라서 〈4. 인정의 심리적 영향〉에서는 호네트의 접근법을 개괄하고, 그 접근법의 몇 가지 문제점을 짚은 뒤, 그의 이론이 사회적·정치적 행동에 행사하는 규범적 잠재력에 대해 살펴보고자 한다.

2. 정체성

정체성 논의를 시작하며

학술적 연구에서 '정체성identity'은 아주 흔한 단어가 되었다. 구글 스칼러[학술 검색 서비스]에서 제목에 '정체성'이 들어간 출판물을 검색했을 때, 나는 22만 개의 결과를 확인했다. 그중 18만 개는 '정체성 정치identity politics'라는 용어를 포함하고 있었다. 그러나 오늘날 인문학의 여러 논의에서는 '정체성 정치'라는 용어를 비판하는 움직임이 있으며, 연구자들 역시 정체성 정치에 대한 비판의 목소리를 높여왔다. 공유된 정체성에 기반해 정치적 활동에 집단적으로 참여하는 것은 그 집단에 속하는 개인에게 특정한 행동 방식을 따르도록 압력을 가할 수 있기 때문이다. 집단 내 구성원은 그런 압력 속에서 집단과 동질적인 모습으로 비춰질 것을 요구받으며, 이는 집단 내부의 권력투쟁을 은폐할 수도 있다. 더 나아가, 집단의 정체성에 집중하는 것은 분리주의separatism를 조장할 수도 있다. 정체성 정치는 우리의 사회적 실존을 더욱 미세하고 작은 집합 단위로 분절시키며, 이는 인간으로서 공유하는 공통된 문제에 대한 관심을 떨어뜨릴 우려가 있다. (이어질 '사회적 정체성과 개인적 정체성의 관계' 절에서 이런 비판을 더 자세히 살펴보고자 한다.) 한편 정체성 정치에 대한 비판 속에서는 정체성 개념이 에스니시티ethnicity*, 인종, 국적, 젠더와 같은 사회적·정치적 차원으로 환원·축소되어 이해된다. 이 절에서는 정체성의 사회적·정치적 차원에서 논의의 출발선으로 돌아와 더욱 근본적인 질문을 검토하고자 한다. 정체성이란 대체 무엇인가?

이 질문에 답하기 위해서는 인간 행위주체성의 본성에 대한 성찰에서부터 논의를 시작해야 한다. 정체성, 즉 '내가 누구인가'라는 질문은 행위주체로서의 나에게 핵심적인 관념을 명확히 함으로써 얻어질 수 있다. 찰스 테일러는 이런 측면에서 정체성을 설명하는 중요한 연구들을 진행했다.[99] 〈인간 행위주체성이란 무엇인가?What is Human Agency?〉라는 글에서 테일러는 해리 프랑크푸르트Harry Frankfurt의 논의를 따라, 인간 행위주체성의 본질적 특징은 이차적 욕구를 형성하는 능력에 있다고 주장한다.[100] 이때 이차적 욕구는 일차적 욕구를 평가 대상으로 삼는다.

* 에스니시티란 구성원들 사이의 주관적 자기 정체성 공유에 기초하여 형성된 집단을 칭하는 용어로, 인종race 혹은 민족nation과 구분되는 개념이다. 에스니시티를 다양하게 옮기려는 시도가 있어왔으나, 앞서 언급한 에스니시티의 독특한 의미를 포괄하기 어려워 학계에서는 주로 원어를 음차해 '에스니시티'로 표기해왔다. 이 책에서도 'ethnicity'를 '에스니시티'로, 'ethnic'을 '에스닉'으로 음차하는 방식을 따랐다.

우리는 스스로의 욕구에 대해 평가할 수 있고, 특정 방식으로 욕구들의 우선순위를 정하며, 욕구의 일부는 금지하고, 나머지 욕구들은 실제적 행위로 실현시킨다. (예를 들어, 당신은 지금 이 순간 초콜릿 케이크를 먹고 싶은 강한 욕구를 느낄 수 있지만, 친구와의 저녁 식사를 위해 지금의 욕구를 억누를 수 있다.)

테일러는 욕구를 평가하는 우리의 능력을 평가의 본성에 입각해 추가적으로 구분한다. 앞서 언급한 초콜릿 케이크의 예시에서, 당신은 지금 당장 케이크를 즐기는 것과 추후의 즐거운 식사 사이를 저울질하는 과정을 거쳐 의사결정에 도달했다. 테일러는 이와 같이 저울질하는 평가를 "약한 평가weak evaluation"로 명명한다. 이와 대조적으로 케이크를 원하지만 먹지 않을 수도 있다. 예를 들어, 당신은 나중에 찾아올 더 큰 즐거움 때문이 아니라, 그 모든 식욕에 굴복하길 원치 않는 절제된 삶의 방식을 원해서 초콜릿 케이크를 먹지 않을 수 있다. 이 경우에는 단순히 저울질하는 것 이상의 무언가가 존재하게 된다. 단지 결과를 최적화하는 것이 아닌, 욕구 자체의 질적 가치를 가늠하는 고려가 존재하게 되는 것이다.[101] 테일러는 이런 종류의 평가를 "강한 평가strong evaluation"로 명명한다.[102]

> 약한 평가에서 어떠한 것이 좋다고 판단되는 것은 그것이 욕구되는 것만으로 충분하다. 그러나 강한 평가에서 '좋다'는 것을 포함한 여러 평가들은 단지 욕구되는 것만으로 설명되지 않는다. 일부 욕구는 나쁘거나 저열한, 무시할 만하거나 사소한, 피상적이거나 가치 없는 것으로 판단될 수도 있다.

강한 평가와 약한 평가의 차이는, 약한 평가의 우연적 본질을 고려할 때 더욱 명확해진다. 예를 들어, 누군가 50파운드짜리 지폐를 사무실 바닥에서 발견했는데, 그 돈이 필요한데도 챙기지 않은 상황을 생각해보자. 그가 그 돈을 챙기는 경우를 좀 더 자세히 살펴보면, 그 사실이 발각될 우려 때문이 아니라, 다른 사람이 어렵게 번 돈을 주워가는 것이 잘못된 행동이라고 여겨 그렇게 행위했을 수 있다. 약한 평가자에게는 돈을 챙기고자 하는 욕구를 승인하거나 거부하는 기준이 그 돈을 챙겨서 발각되지 않을 확률에 달려 있는 반면, 강한 평가자는 그런 확률에 따라 행위하지 않는다. 강한 평가자는 "옳음과 그름, 좋음과 나쁨, 높음과 낮음을 구분할 때 자신의 욕구나 성향 혹은 선택을 판단의 타당한 기준으로 삼지 않으며, 이것들과 무관하게 판단의 기준을 제시"한다.[103]

테일러는 강한 평가가 인간 행위주체성의 주요 특성을 이룬다고 지적하며, 욕구와 동기의 가치에 대한 질적 구별이 없는 경우 우리는 행위주체성을 인식할 수 없거나, 인식하더라도 아주 얕고 손상된 수준에서만 인식할 수 있다고 주장한다.[104] 욕구나 동기를 질적으로 구별하지 않는 사람에게는 결과의 최적화나 만족만이 욕구와 관련된 유일한 고려 사항으로 여겨지겠지만, 이런 경우는 사실상 매우 드물며 심지어 쾌락주의적인 가치나 삶의 방식을 추구하는 사람들조차 강한 평가적 요소를 지니고 있을 가능성이 높다. 강한 평가들은 우리가 스스로를 설정하는 기준이 무엇인지, 우리가 어떤 사람인지 혹은 우리가 되고 싶은 것이 어떠한 사람인지, 우리가 원하는 삶을 구성하기 위한 기준이 되는 가치는 무엇인지를 다룬다. 이처럼 강한 평가는 어떤 의미의 좋음good(선善)을 추구할 것인지를 결정하며,[105] 이를 통해 우리는 정체성의 개념을 도출할 수 있다.

> 내가 누구인지를 아는 것은 내가 어디에 서 있는지를 아는 것과 같다고 할 수 있다. 나의 정체성은 내가 헌신하고 내가 동일시하는 것에 의해 정의된다. 이 헌신과 동일시는 나에게 틀이나 지평을 제공해 나로 하여금 매 순간 무엇이 선하고 귀중한 것인지, 무엇을 행해야 하는지, 무엇을 찬성하고 반대할 것인지를 정하도록 한다. 달리 말해 나의 정체성은 내가 하나의 입장을 취할 수 있게 해주는 지평이다.[106 107]

우리가 일면식 있는 사이를 넘어 서로를 안다고 이야기할 때는 이렇게 정의된 의미로서의 정체성에 대한 질문이 더욱 중요해진다. 처음 타인을 마주할 때, 우리는 서로에 대해 감을 잡기 위해 노력한다. 처음에는 서로 "어디 출신이세요?" "무슨 일 하세요?"와 같은 질문을 주고받을 것이다. 이런 식의 첫 질문들은 그 사람이 어떤 것을 중요하게 여기고 어떤 것에 반대하는 입장인지와 같은 가치 지향을 파악하는 것과는 다소간 거리가 있는 질문들이다. 그러나 여기서 시작해 우리는 상대방이 교사이고, 더 나아가 학교에서 창조론을 가르치는 것에 강하게 반대하는 입장을 취한다는 것을 알 수도 있다. 한편 다른 사람은 그녀가 누구인지, 그녀의 독창성과 내면의 진정한 열정에 대해서는 알려고 하지 않은 채 그녀의 직업을 단지 소득의 수단으로 강조할 수도 있다.[108] 우리가 한 개인이 이슬람 문화에서 성장했다는 것을 알게 되었을 때, 그 사실 자체는 우리에게 딱히 말해주는 것이 없다. 오히려 우리는 그 사람이 이슬람 문화 속에서 그 문화를 어떻게 여겼는지를 알게 될 때, 그에 대해 더욱 많은 것을 알게 된다.

테일러가 지적하듯, 정체성에서 중요한 것은 종교, 배경, 직업, 인종 등과 같은 속성들의 목록이 아니라, 이런 속성들이 "나의 정체성을 나타내는" **방식**이다.[109] 이슬람과 나(필자)의 관계를 예로 들어 설명해보자. 나는 대체로 이슬람 문화 속에서 자랐고, 이집트와 아랍에미리트의 여러 공동체에서 성장했다. 10대 후반과 20대 초반 시절, 나는 전반적으로 종교에 강하게 반대했다. 그리고 지금은 비록 나 자신을 종교적인 사람으로 정체화하기는 어렵지만(종교적이라는 것이 교리적 믿음이나 의례적 실천을 의미한다면, 나는 해당 사항이 없다), 나의 정체성에서 종교는 여전히 적잖은 비중을 차지한다. 우리는 과거 자신의 삶에서 중요한 지분을 차지하던 생각들 혹은 기대와 스스로를 구별하는 과정에서 내가 누구이며 나에게 중요한 것은 무엇인지에 대한 가장 분명한 관점을 얻곤 한다.

앞서 살펴본 것처럼 만일 정체성이 좋음에 대한 지향을 수반한다면, 자신이 속한 집단 범주와의 관계 속에서 스스로를 위치시키는 방식은 곧 내가 살고 싶은 삶의 모습이기도 하다.[110] 나는 어떤 사람이 되고 싶은가? 나는 어떤 아버지가, 아들이, 파트너가, 친구가, 선생님이, 철학자가 되고 싶은가? 이 중 어떤 문제도 결코 단순하지 않다. 때로 우리는 무력한 양가적 감정 속에서 어려움을 겪기도 하고, 예상치 못한 해결책을 발견하기도 할 것이다. 이처럼 우리는 스스로에게 중요한 것이 무엇인지 알기 위해 삶의 많은 시간을 보내며, 이 모든 것은 다음과 같은 질문에서 출발한다. “어떤 종류의 삶이 살 가치가 있는 것인가.” “어떤 삶을 살아야 나의 재능에 내재되어 있는 가능성을 완수하고 나의 자질에 기대되는 요구들을 완수할 수 있는가.” “무엇이 풍부하고 의미 있는 삶을 이루는가.”[111]

이런 질문들은 보편적인 의문을 담고 있다. 테일러가 《자아의 원천들Sources of the Self》[112]과 그 이후 저작인 《세속화 시대A Secular Age》[113]에서 지적하듯, 인류는 언제나 충만하고 가치 있는 삶의 가능성에 천착해왔다. 그러나 이런 질문이 제기되는 시대적 조건은 역사적으로 중대한 변천을 겪어왔다. 변화의 전조는 단일하고 자명한 만능서사가 붕괴하면서 시작되었다. 오늘날에는 좋음에 대한 다수의 지향이 존재하며, 어떤 단일한 서사도 우리에게 복종을 강요하거나 그것이 유일한 진리라 주장할 수 없다.[114] 이는 개성에 대한 근대적 이해 및 자기 자신만의 “도덕적 지평moral horizon”[115]을 발견하는 일에 부여되는 중요성과 연결된다. 만능서사의 붕괴는 가치 있는 삶에 대한 질문을 개인적 영역에서 다룰 수 있도록 했으며, 이런 맥락에서 나 역시 청년기에 이슬람이 나 자신에게 갖는 의미를 새롭게 정립할 수 있었다. 내게 종교는 내 삶의 가치를 평가하거나 무엇이 좋은 것인지를 결정하는 만능서사가 아니라 의문의 대상이었다.

이처럼 어떤 좋음에 대한 지향이 스스로의 삶의 가치를 가늠하는 절대적 척도가 되는 상황과 나만의 방식으로 스스로를 자리매김하고 지향을 정립하는 상황은 명확한 대조를 이룬다. 테일러는 이 대조를 드러내는 한 방법으로, 근대 이전과 근대 이후의 서구 사상의 전통을 비교하는 역사적인 방식을 채택하고 있다. 비교의 또 다른 방식으로는 (테일러처럼 서로 다른 시대를 비교하는 것이 아니라) 동시대 여러 문화들의 태도를 비교하는 것이다. 수년 전 내가 수행한 연구를 발췌한 이집트의 다흘라Dakhla 오아시스 공동체에 대한 다음의 글을 살펴보자.[116]

> 개인의 시간은 정기적으로 반복되는 하루 다섯 번의 기도를 통해, 그리고 일과 결혼, 출산과 양육으로 특징지어지는, 삶에서 거스를 수 없는 굳건한 이정표들을 통과하며 사회와 총체적으로 동기화된다. 그 기저에는 도덕적·물리적·정신적 온전성에 대한 특수하고 협소한 관점이 자리하고 있다. 공동체에서 삶은 개인적인 프로젝트가 아니라 이런 근본적인 목적들을 충족시키기 위한 분투이며, 이 목적들은 특정한 시간적 범위 안에서 달성되어야 한다. 목적 달성에 실패할 경우, 개인의 가치는 (때로는 영구적으로) 손상된다.
>
> 이상적 삶의 규범과 가치는 변화와 불확실성, 독특함이 아닌 반복과 안정성, 순응을 통해 달성된다. 따라서 주체는 새로운 기획의 창조자로서 그 자신의 삶을 원하는 대로 밀고 나갈 기회를 갖기보다, 사회적으로 정해진 것을 따르기를 요구받는다. 개인은 언제나 주류적 규범에 나름대로 반응할 것이므로, 이것 자체가 개인의 행위주체성을 제거한다고 보기는 어렵다. 그러나 이런 태도를 견지하게 되면, 정해진 목표의 달성

이 좌절될 때 자기 삶의 목적과 의미에 의문을 제기(이런 의문을 제기하려면 스스로의 삶을 변화 가능한 창조물로 보는 능력이 요구된다)하는 대신, 왜 그런 실패가 발생했는지에 집중하게 된다. 이런 사회에서 당신이 결혼하지 않고 20대 후반이 되었다는 것은 '당신이 진정 결혼을 원하는가'를 검토해보게 하는 사건이 아니라 '당신이 결혼이라는 삶의 중요한 이정표를 성취하는 데 실패한 이유'를 묻게 만드는 사건이 된다. 마치 제 나이에 걷지 못하는 아이가 있을 때, 우리가 그 아이의 건강이나 신체적 기질을 걱정하게 되는 것처럼 말이다.

위 글에 나타난 상황에서 우리는 이미 정해진 삶의 궤적에 개인의 삶을 맞추는 것이 중요하고 이상적인 활동으로 간주되고 있음을 알 수 있다. 이는 삶과 정체성은 발견되고 계발되는 개인적 수준의 것이라는, 앞서 테일러가 묘사한 근대의 이상ideal과 대비를 이룬다. 테일러가 제시한 진정성의 이상은 인정에 대한 요구의 핵심을 이룬다. 이어지는 절에서 이 문제를 자세히 다루고자 한다.

정체성과 진정성

앞서 언급한 것처럼, 인정에 대한 정치적 문제의 핵심에는 정체성이라는 논의가 놓여 있다. 오늘날 '나는 누구인가'라는 질문은 더 이상 주어진 답이 없는, 각 개인이 스스로 다뤄야 하는 열린 질문이 되었다. 정체성에 대한 이런 근대적 이해를 특징짓는 것이 바로 진정성의 이상이다. 이런 의미에서 진정성을 메타-이상meta-ideal이라고 불러야 할 듯하다. 메타-이상은 다른 이상들을 그 목표로 갖는데, 진정성도 다른 이상들과 달리 어떻게 살아야 하는지에 대한 구체적인 조언을 제공하지 않으며 다만 어떻게 살아야 하는지에 대한 물음을 개인적인 진정성의 관점에서 구할 수 있는 것으로 만드는 주된 원리만을 제공할 뿐이기 때문이다. 그러나 진정성의 이상을 이런 식으로 보는 관점은 그것이 진정성을 얼마나 얄팍한 개념으로 파악하든 간에 거부되어야 한다. 오히려 진정성의 이상은 좋음을 지향하는 것이며 앞서 다룬 강한 평가를 통해 구성된다. 테일러가 지적하는 진정성의 이상이란 다음과 같다.

> (진정성의 이상이란) 18세기 후반 낭만주의적 표현주의Romantic expressivism*와 함께 발흥한 특정한 삶에 대한 이해이다. 이런 이해는 우리 개개인이 인간성을 실현하는 각자의 방법을 갖는다고 보며, 사회나 이전 세대, 종교나 정치적 권위와 같이 외부에서 부여된 전형에 순응하는 것에 저항해 스스로의 고유한 방식을 찾고 살아내는 것이 중요하다고 파악한다.[117]

테일러는 〈진정성의 윤리The Ethics of Authenticity〉[118]라는 글에서 이런 이상의 주요 모티프를 처음으로 제공한 두 명의 사상

* 표현주의는 테일러가 쓴 저명한 헤겔 연구서에 등장하는 용어이다. 이 책에서 그는 헤겔 철학 전체를 규정하며 이 용어를 사용한다. 그는 헤겔 철학은 18세기 후반에 등장한 유럽의 두 가지 사상적 경향을 결합시킨 작업으로 이해하는데, 그중 하나는 철저한 자유radical freedom이고, 다른 하나는 표현주의expressivism이다. 박배형, 〈이성적인 것의 감성적 표현: 헤겔 미학의 '표현주의'〉, 《인문논총》 66, 2011, 33~66쪽.

가를 언급한다. 첫 번째 사상가는 루소로, 그는 참되고 독립적인 존재를 실현하는 역량을 갖추기 위해, 자기 자신과의 접촉self-contact을 회복할 필요가 있다고 주장했다. 그에 따르면, 우리가 가진 특정한 열망은 자기 자신과의 접촉을 방해할 수 있다. 그 대표적인 예가 우리로 하여금 타인의 존경이나 관심을 구하도록 추동하는, 자기염려self-concern의 한 형태인 **자기편애amour-propre****이다. 자기편애는 우리로 하여금 타인의 호의적인 의견에 의존하도록 만든다. 이처럼 타인에게 의존함으로써만 열망을 충족시킬 수 있다면, 그것은 타인의 의지에 종속되는 것이다. 따라서 테일러가 지적하듯, 우리 실존의 의존적이고 순응적인 모습은 "스스로와의 진정성 있는 도덕적 접촉"을 회복함으로써 극복될 수 있다.[119]

테일러가 보기에, 진정성의 이상에 대한 근대적 이해에 기여한 또 다른 사상가는 헤르더이다. 루소가 자기 자신과 접촉하는 것의 중요성을 주장했다면, 헤르더는 자기실현self-realization을 통해 고유성을 갖는 것의 중요성을 강조했다.

> 인간 존재가 되는 **자신만의** 특정한 방식이 있다. 나는 타인의 방식을 모방하지 않고 나의 방식대로 내 삶을 살아가야 한다. 그러나 이는 나 스스로에게 진실한 태도를 취하는 일에 새로

** 루소의 사상에서 자기에 대한 사랑은 'amour de soi'와 'amour-propre'로 나뉜다. 루소는 'amour de soi'를 자연상태에서 자기를 보존하고자 하는 원초적인 감정으로, 'amour-propre'를 자연상태를 벗어나 사회관계 속으로 진입하며 비교를 통해 형성된 자기에 대한 인위적 감정으로 구분하는데, 'amour de soi'는 주로 '자기애' '자애심' 혹은 '자기사랑'으로, 'amour-propre'는 주로 '이기심' '자존심' 혹은 '자기편애'로 번역되어왔다.

운 중요성을 부여한다. 내가 스스로에게 진실되지 않다면 인생의 요점, 곧 인간이 된다는 것이 **나**에게 무엇인지를 놓치게 된다. 스스로에 대해 진실하다는 것은 스스로의 고유성에 대해 진실하다는 것을 의미하며, 이는 오직 내가 발견하고 구체화할 때만 얻어진다.[120]

자신과의 접촉 그리고 고유성originality이라는 진정성의 이상의 두 측면을 우리는 좋음에 대한 지향, 정체성의 범주, 삶의 방식에 대해 자기 자신만의 방법을 확립하려는 앞 절에서 등장한 예시들에서도 발견할 수 있다. 자신만의 방법을 수립할 수 있으려면, 개인은 주어진 범주와 삶의 방식에 대항해 스스로에게 돌아와 자신과의 접촉을 회복할 필요가 있다. 그리고 이 시도를 성공시키려면 자신의 정체성을 형성하고 발견해야만 한다.

이런 논의 속에서 진정성이라는 이상은 몇 가지 우려를 낳는다. 진정성이라는 용어와 관련된 문제는 다음의 절에서 다루고자 하며, 여기서는 이상이라는 용어와 관련된 문제들에 대해 먼저 살펴보고자 한다. 사람들은 이상이라는 용어를 명확한 개념으로 인식한다. 예를 들어, 우리는 미의 이상에 대해 (물론 상대적일 수 있으나) 특정한 키, 몸무게, 대칭성 등을 언급한다. 하지만 우리가 이 용어를 사용할 때 그것의 요소들을 구체적으로 특정해야 한다는 점에서 이 용어는 상당히 인지주의적이다. 앞서 언급했듯 이는 테일러가 진행해왔던 작업에 해당한다. 그는 사상사 속 핵심적 발전을 추적하며 진정성이라는 이상의 요소들을 알아내려 했다. 사람들은 각자의 선택 그 배후에 있는 이상을 구체적으로 언급하지는 못하더라도, 각자가 아름답다고 여기는 것을 골라낼 수 있다. 이와 마찬가지로, 사람들은 자신을 특정한 방향으로 이끄는 일련의 생각들을 반드시 명료화하지 않고서도, 각자의 삶을 찾아가는 태도를 취할 수 있다.

따라서 (행동주의자가 아니라면) 이상에 대한 질문은 쓸데없는 짓이 아니라 이상의 요소들을 명료화하는 과업에 속한다. 즉 이상에 대한 논의는 선택 사항이 아니다. 삶에서의 태도와 선택이 무작위적인 방식으로 이뤄질 수 없다면, 무엇이 중요하고 가치 있는가에 대한 개념이 반드시 필요하다. 개인의 심리적이고 도덕적인 삶에 스스로에게 진실하다는 가치를 다루는 개념(비록 명확히 서술된 개념은 아닐지라도)이 존재하지 않는다면, 자신의 삶을 하나의 기획으로 삼아 접근하고 그 삶을 자신의 것으로 만들기 위해 노력하는 모습을 상상하기란 어렵다. 성서나 코란의 지시를 따라 살아가는 사람이 있다면, '한 사람의 인생에서 최고의 지침은 신성한 계획'이라는 넓은 의미의 믿음이 그런 삶의 방식 뒤에 자리해야 하는 것이다. 다시 말해, (비록 명확히 표현될 수는 없더라도) 이상은 결코 선택 사항이 아니며, 항상 어디선가 우리를 좋음으로 이끌고 있다. 이제 진정성이라는 이상에 대한 또 하나의 비판을 다음 절에서 살펴보고자 한다.

본질주의의 문제[121]

진정성이라는 이상을 서술하는 과정에서 테일러는 철학적 인류학philosophical anthropology의 오류를 저질렀다는 비판을 받아왔다. 콰메 앤서니 아피아Kwame Anthony Appiah[122]는 진정성이 자아에 대한 본질주의적 관점을 전제한다고 주장하며, 이런 관점에서 "진정한 자아"란 어딘가에 묻혀 파헤쳐지고 표현되기를 기다리고 있는 것처럼 보인다고 지적한다.[123] 아피아는 이 본질주의적 견해를 "자아는 마치 예술작품처럼 그 스스로 창조하고 구성하는 것"이라는 낭만주의 이후에 발전한 견해와 대조시킨다. 아피아는 이 두 가지 견해 모두 잘못되었다고 주장한다. "진정성 견해는 자아를 우리 본성에 의해 고정되고 완성된 채로 이미 존재하는 무엇으로 다루고, 자아를 형성하는 데 창조성을 발휘할 부분이 없다고 논의한다는 점에서 잘못"되었고, 창조성 견해는 "[자아에는] 오직 창조성만이 작용하며, 우리가 대응하고 구축해 낼 어떤 것도 허용하지 않는다"는 점에서 틀렸다는 게 그의 지적이다.[124] 이와 관련해 아피아는 절충적 관점을 제시한다. "우리는 스스로의 문화와 사회에서 얻은 활용 가능한 일련의 선택지를 통해 자아를 구성"하며, 우리가 선택한다고 해도 "그 선택이 실현되는 선택지 자체를 개인적으로 결정할 수는 없"다.[125]

그러나 테일러라면 자신은 이런 본질주의적 견해를 따르는 것이 아니라고 반론할 것이다. 본질주의적 견해는 정체성을 상호작용이 아닌 자기성찰적 산물로 만든다는 점에서 독백적 monological이지만, 테일러의 정체성 견해는 대화적dialogical이다.

> 인간 삶의 중요한 특징은 인간이 근본적으로 **대화적**이라는 점이다. 인간의 풍부한 언어와 표현을 익힘으로써, 우리는 완전한 행위주체가 되고 스스로를 이해할 수 있으며 이로써 우리 자신의 정체성을 정의할 수 있다.[126]

여기서 테일러가 말하는 언어란 단지 발화에 국한되는 것이 아니며, 의례, 예술 등 다양한 의사소통적 실천을 포함한다.[127] 언어는 공유된 사회적 실천이며, 따라서 "한 명의 인간이 되기 위해서는" "언어를 접해야" 한다. 즉 언어를 통해 의미와 중요성의 "공통공간common space"에 개인의 삶을 위치시킬 수 있어야 한다.[128] 누군가는 인생의 말년에 스스로 지녀온 특정한 이해에 의문을 제기하고 자신에게 중요한 것이 무엇인지에 대한 새로운 견해를 지니게 될지도 모르지만, 이 또한 언제나 "우리의 공통언어common language라는 토대에서" 발생한다.[129] 즉 우리에게 한 발 뒤로 물러서서 내적 성찰을 통해 스스로가 누구인지 정의할 수 있는 백지 상태의 토대란 없다. 우리의 정체성은 타인과의 상호작용을 통해 규정되기 때문이다.

만약 정체성이 대화를 통해 구축된다면, 우리는 진정성을 무엇으로 이해해야 할까? 진정성에 본질주의적 의미가 있다고 받아들여야 할까? 아피아는 우리가 진정성에 대한 독백적이지 않은 설명을 개발할 수 있어야만 "우리가 지닌 정치적 도덕성의 진정성을 인정해야 할 의무가 발생할 것"이라고 주장한다.[130] 나는 아피아의 이 주장에 동의하며, 진정성에 대한 독백적이지 않은 설명이 가능할 거라고 생각한다. 문제를 좀 더 정교하게 식별해내기 위해, 진정성이라는 이상은 자신과의 접촉 그리고 고유성이라는 두 측면을 지닌다는 점을 상기해보자. "자신과의 접촉"은 단지 스스로를 자세히, 비판적으로 바라보는 태도를 의미할 뿐이므로 철학적 인류학의 오류를 초래하지 않는다. 즉 여기서 문제가 되는 것은 '고유성'으로, 이에 대해 집중적으로 논의하고자 한다.

'고유한original'이라는 단어는 보통 두 가지 방식으로 이해된다. 우리는 어떤 것을 유래적 측면에서 고유하다고 말하며, 이는 **진정성 있음**authenticity을 의미하기도 한다. 다른 한편으로 "고유한"에는 어떤 예술작품이나 생각, 소설과 같은 문학작품을 칭할 때 사용하는 **독창성**과 독특성의 의미도 포함되어 있다. 이를 사람에게 적용해보면, 진정성 측면에서의 고유성이란 꽁꽁 숨겨져 있는 자아를 우리가 비로소 발견해내야 한다는 의미가 아니라, 한 개인의 정체성에서 중심적인 위치를 차지하는 도덕적이고 심리적인 측면들을 가리키는 것으로 이해될 수 있다. 만약 누군가 자신의 정체성에서 우연적인 모든 측면들을 걷어낸다면, 자신을 자기 자신으로 인식하는 데 결코 배제할 수 없는 몇 가지 특징들에 도달할 수 있을 것이다.[131] 어떤 사람들에게는 성별이나 젠더, 성적 지향이, 다른 사람들에게는 인종과 에스니시티가 큰 역할을 할 것이며, 다수의 이들에게는 종교적 소속이나 직업, 부모로서의 역할이 근본적으로 중요한 것일 수 있다. 테일러는 루소를 따라 "우리 자신과의 진정한 도덕적 접촉"을 회복하는 것은 우리의 시선을 안으로 향하게 함으로써 이전에 스스로의 정체성을 이루는 핵심이라고 여겨왔던 것들이 우연적이고 우발적인 것으로 여겨져야 하는 것은 아닌지 되묻는 작업에 가깝다고 언급한다. 정체성의 핵심으로 여겨왔던 많은 것들은 우리가 선택한 것이 아니며, 우리의 삶을 풍성하게 하기보다는 제약할 수 있고, 따라서 수정되어야 할 수도 있다. 이는 특정 종교나 특정 방식의 성 역할처럼, 그 속에서 자라났기에 한 번도 의문을 품어본 적 없는 스스로의 정체성의 한 측면을 새롭게 받아들이는 일이기도 하며, 삶의 성공을 측정하는 잣대로 당연하게 받아들여왔던 만연한 가치 체계를 낯설게 보는 일이기도 하다.

이런 성찰을 통해 우리는 고유성의 두 번째 의미인 독창성에 도달한다. 이때 개인은 그 자신이 선택하지 않은 원치 않는 짐들을 스스로 제거함으로써 자신에게 편안하게 느껴지는 정체성을 만들어내려 한다는 의미에서 독창적이다. 그러나 여기서 독창성은 무제한적으로 작동하지는 않는다. 스스로의 진정한 정체성이 무엇인지 밝히고 만들어가는 과정에서 기존의 규범에 도전하고 이를 혁신할 수 있지만, 그럼에도 개인은 현시점에서 활용할 수 있는 생각과 가치, 삶의 방식을 전유할 수 있을 뿐이다.[132] 이와 관련해 테일러는 사회의 본성에 홀로 대항하는 "영웅"의 극단적인 예를 제시한다.

> 영웅적 태도를 취한다고 해서 인간적 제약을 뛰어넘을 수는 없으며, 우리는 여전히 오직 넓은 의미에서의 대화를 통해서만 새로운 언어를 다듬을 수 있다. 즉 이 대화에서 무엇이 문제인가에 대해 어떤 공통의 이해를 공유하고 있는 타인들과 일정한 소통을 주고받음으로써만 우리는 새로운 언어를 다듬을 수 있다. 인간은 항상 독창적일 수 있고, 동시대인의 사고와 통찰의 한계를 뛰어넘을 수 있으며, 심지어 동시대인들에게 크게 오해받을 수도 있다. 그러나 독창적 통찰을 이끌어내는 동력은 그 통찰이 일정한 방식으로 타인들의 언어 및 통찰

과 관계 맺지 않을 경우 저지당할 것이며 결국은 내적 혼란 속에서 상실되고 말 것이다.[133]

따라서 고유성은 진정성과 독창성이라는, 철학적 인류학의 관점에서 비롯되는 상호 연결된 두 가지 의미로 이해될 수 있다. '내가 누구인가'라는 질문의 답에 스스로 핵심적이라고 생각하는 요소들로 정체성이 이루어지는 경우 해당 개인의 정체성에는 진정성이 있다고 할 수 있으며, 내가 누구인지 혹은 무엇이 되고 싶은지를 정의하기 위해 활발히 탐색하는 과정에서 개인의 정체성은 창조적이 될 수 있다.[134]

지금까지 진정성과 이상이라는 용어에 대한 여러 비판적 문제제기에 맞서 진정성의 이상이라는 개념을 옹호하기 위해 여러 논의를 진행했다. 또한 개인적 정체성 개념에 대해 알아보았으며, 정체성이란 무엇이고 무엇이 이를 만들어내는지에 대해 살펴보았다. 이제 다시 '정체성 논의를 시작하며' 절의 도입부에서 남겨놓았던 정체성의 사회적·정치적 차원의 문제로 돌아가고자 한다. 정체성의 사회적 차원은 어떻게 개인적 정체성과 연관될까?

사회적 정체성과 개인적 정체성의 관계

인정에 대한 요구의 정치적 표현에서 정체성은 항상 인종, 젠더, 섹슈얼리티, 종교, 민족성, 문화적 소속과 같은 주요한 범주에 기반한 사회적 정체성으로 제시된다. 그러나 지금껏 2부에서는 개인에 초점을 맞춘 정체성의 개념을 다뤘다. 사회적 정체성과 개인적 정체성 사이의 관계는 중요한 문제로, 이와 관련해 3장에서 개인적 자율성과 사회적 실천·관행을 화해시키려는 시도로서 상호적 인정을 다룬 바 있다. 따라서 우리는 사회적 세계에서 자기 자신으로 있을 수 있는 개인의 능력에서 출발하고자 한다.* 사회적 정체성은 어떻게 개인의 영역으로 들어오는가?

사회적 정체성은 다음과 같은 두 가지 측면에서 개인에게 중요하다. (1) 개인이 자기 자신을 정의하는 과정에 존재하는 중요성: 개인에 대한 인정이 사회적 정체성에 대한 인정을 필요로 한다는 점. (2) 무시misrecognition를 해결하기 위한 사회적 행동을 조직화하는 원칙으로서의 중요성.

아피아는 개인이 지닌 정체성의 두 측면을 (1) 지성, 친절, 매력과 같은 여러 중요한 특성들로 드러나는 개인적 차원과 (2) 아프리카계 미국인, 이성애 여성 등의 '그가 누구인가'라는 질문에 중심이 되는(또한 사회적 정체성들의 교차점에 해당하는) 집합적 차원으로 구분한다.[135] 이때 개인적 차원의 특징들은 사회집단을 형성하지 않는다. 아피아가 지적하듯, "재치 있는 사람, 영리한 사람, 매력적인 사람, 욕심 많은 사람 등을 구분하는 것은 타당해보일 수 있지만, 실질적으로 이와 같은 사회적 범주는 존재하지 않"는다.[136] 반면 여러 사회적 정체성은 개인적 정체성을 형성하는 핵심 요인일지라도 해당 개인에게 "속하지" 않으며,

---

* "사회적 세계에서 자기 자신으로 있을 수 있는find themselves at home in the social world"이라는 표현은 헤겔의 사상적 배경을 참고한 표현이다. 이와 관련해 3장 〈6. 결론〉의 옮긴이 주를 참고하라.

오히려 특정 정체성의 범주에 속한 사람이 어떻게 행동해야 하는지와 관련해 규범과 대본을 제공하는 사회적 범주에 해당한다.[137] 물론 그렇다고 해서 주어진 규범과 대본이 논쟁의 여지없이 고정되어 있는 것은 아니다. 이에 대해 아피아는 다음과 같이 언급한다.

> 게이 혹은 이성애자, 흑인 혹은 백인, 여성 혹은 남성은 오직 **한 가지** 방식으로만 행동하지 않는다. 그러나 게이, 이성애자, 흑인, 백인, 여성 혹은 남성이 어떻게 행동해야 하는지에 대한 생각은 주위에 널리 퍼져 있다. 이런 생각 중 많은 것들이 논쟁의 대상이지만, 그럼에도 이 생각들은 우리의 선택지를 형성하고, 삶의 계획을 수립하는 데 느슨한 규범이나 전형으로서 기능한다. 정리하자면, 집합적 정체성은 사람들이 각자의 기획을 형성하고 스스로의 인생에 대한 이야기를 써내려갈 때 사용할 수 있는 서사 혹은 대본을 제공해준다.[138]

내가 스스로를 어떤 사회적 정체성으로 규정하고 그것이 내 개인적 정체성의 핵심을 이룬다고 여기는 것만큼, 해당 사회적 정체성이 공적으로 어떻게 평가되고 이해되는가의 문제가 중요해진다. "나의 존재(여러 가지가 있겠지만, 이를테면 내가 아프리카계 미국인이라는 것)는 내가 표현하고자 하는 진정한 자아를 형성한다. 그리고 나 자신의 정체성을 표현하길 원하기에, 나는 아프리카계 미국인 정체성에 대한 인정을 요구한다."[139] 즉 낙인, 경멸, 타인에게 부정적 서사를 불러일으키는 경우 등 특정 사회적 정체성에 대한 무시는 개인적 정체성에까지 영향을 미칠 수 있다. 이때 인정은 특정 사회적 정체성과 관련해 긍정적 서사를 만드는 역할을 하는데, 그 대표적 사례를 성소수자 권리 운동에서 찾을 수 있다.

> 스톤월Stonewall 항쟁과 게이 해방 이후 미국의 동성애자들은 자기혐오적인 낡은 벽장 속 서사를 벗어던지고, 긍정적인 게이 라이프gay life라는 서사를 구축하기 위해 공동체에서 일하고 있다. 이런 삶의 서사에서 패것faggot[게이를 비하하는 멸칭]이 된다는 것은 곧 게이가 된다는 것으로 기록된다. 이는 벽장 속에 갇혀 지내는 것을 거부한다는 뜻이기도 하다. 그리고 동성애자들의 동등한 존엄성과 존중을 박탈하는 사회에서 한 사람이 벽장 밖으로 나가려면, 그 스스로의 존엄성에 가해지는 공격에 끊임없이 대처해야 한다. 이런 맥락을 고려할 때 '동성애자임을 밝히고 살아갈 권리'를 보장받는 것만으로는 충분하지 않다. 또한 동성애자임에도 동등한 존엄으로 대우받는 것 또한 충분치 않다. 이런 식의 문장 자체가 동성애자라는 것이 얼마간 개인의 존엄에 반한다는 것을 시사하기 때문이다. 그러므로 우리는 결국 **동성애자로서** 존중받기를 요구하게 될 것이다.[140]

만약 누군가 처음에는 스스로를 성소수자 정체성으로 규정하지 않았다고 하더라도, 동성애자라는 이유만으로 차별의 대상이 되는 것을 목격하고, 이후 차별을 철폐하고 민권을 옹호하는 사회운동에 참여하게 됨으로써 성소수자 정체성을 발전시켜나갈 수 있다. 즉 성소수자 정체성이 자신이 누구인지에 대한 감각에서 중요한 지위를 차지하게 될 수도 있다.

개인적 정체성의 핵심 구성요소가 된다는 것 이외에, 집단 정체성group identity으로서의 사회적 정체성은 사회적 행동을 조직하는 수단으로서도 중요하다.[141] 그러나 집단 정체성이라는 개념에는 문제가 있다. 사회적으로 형성된 무시에 대응하기 위한 수단으로 집단의 소속을 강조하는 것은 결국 정체성을 물화reification함으로써 또 다른 무시를 발생시킬 수 있기 때문이다. 낸시 프레이저[142] 또한 이러한 우려를 표한다. 집단 기반의 정치적 행동은 "자기승인적이고 자기생성적인 진정한 집합적 정체성을 구체화하고 표현할 필요성"을 제기하곤 하나, 이는 개인에게 순응을 강요하거나, 집단에 대한 충성과 집단적 동질성이라는 이름으로 문화적 불일치와 비판을 억제하고 집단 내의 권력 역학과 차이를 은폐할 수 있다. 이로 인해 "사람들의 삶의 복잡성과 정체화의 다양성, 다양한 소속의 교차를 부정하는 일원화되고 단순화된 집단 정체성"으로 귀결되는 일이 발생한다.[143] 개인의 정체성에 대해 더욱 실현 가능하고 진실하며 존중에 기반한 사회적 이해를 수립하기 위한 방안으로 시작되었지만, 결과적으로는 사람들에게 자신이 누군지를 이해하는 감각과 도저히 일치하지 않는 엄격한 각본을 강제하게 된다는 것이다. 아피아 또한 이런 난제를 인지하고, 해결하고자 했던 사회문제를 "다른 종류의 폭정"으로 대체하게 되는 위험에 대해 경고한다.[144] 흑인이고 게이인 누군가는 "톰 아저씨의 오두막"*과 "벽장"의 세상보다 블랙 파워Black Power[미국 흑인 해방운동의 슬로건]와 게이 해방Gay Liberation이 실현되는 세상을 선택할지 모른다.[145] 그러나 어떤 사람들은 그런 선택 자체가 필요하지 않기를 바랄 수도 있으며, 여러 범주의 다양한 정도의 수용을 통해 스스로 정체성을 정의할 수 있는 충분한 자유가 주어지길 바랄 수도 있다.

집단 정체성에 대한 핵심적 비판인 이 논의는 정치적 조직 행위에서 발생하는 물화와 단순화에 대한 우려라는 좀 더 일반적인 맥락에서 검토될 필요가 있다. 어떤 정치적 행동이 가능하기 위해서는 어느 정도의 동질성이 필요하다. 그렇지 않으면 우리는 시민들의 수만큼이나 많은 정당을 가져야 할 것이다. 그러나 이는 일당 전체주의one-party totalitarianism 같은 방식으로 특정한 하나의 집단을 정당화하자는 주장이 아니며, 정체성에 기반을 둔 정치적 활동이 특정 유형의 개인이 따라야 하는 유일한 방식을 지시하는 단순화된 정체성으로 귀결되어야 한다는 의미도 아니다. (만약 이런 결과가 벌어졌다면, 우리는 분명 '인정의 정치'에서 '강제의 정치'로 넘어갔을 것이다.)[146] 이런 결과를 피하려면 개인적 정체성의 복잡성과 서로 다른 소속 사이의 교차에 대한 더욱 성숙한 이해가 수반되어야 한다. (후자의 경우는 "교차적 정체성"에 해당한다. 예를 들어 한 개인은 장애인이자 게이일 수 있으며 이 두 정체성 사이에서 갈등이 발생할 수 있다.)

그런 이해는 또한 정치적 행동의 실행 가능성과 같은 실천

* **해리엇 비처 스토Harriet Beecher Stowe의 소설《톰 아저씨의 오두막Uncle Tom's Cabin》(1852)을 말한다. 이 소설은 미국 노예제도 폐지운동에 큰 영향을 끼쳤다.**

적인 고려 사항과 균형을 이뤄야 한다. 정체성의 범주가 더 정교화하고 분화해서 사람들이 자신에 대한 이해에 좀 더 충실히 대응할 수 있다면, 집단은 그만큼 더 작아지고 조직력과 동원력은 더 약해지게 된다. 즉 분리주의의 문제가 발생하는 것이다. 반대로, 집단이 더 큰 단위로 통합된다면 더 많은 동원력이 확보되겠지만, 정체성의 물화 가능성과 (사람들이 겪는) 순응의 압박이라는 대가를 치뤄야 한다. 이는 주의 깊게 살펴야 할 불가피한 위험이지만, 이런 문제점이 정체성을 기반으로 한 정치 활동의 토대를 무너뜨리는 것은 아니다. 오히려 그런 활동을 수행할 때 기울여야 하는 주의와 성숙한 조치를 촉구한다고 할 수 있다.

정체성에 대한 앞선 설명에서는 특히 인정에 대한 **요구**라는 개념이 자주 언급되었다. 자신을 규정하는 사회적 범주에서 자기에 대한 이해 방식을 찾는 데 실패한, 그렇기에 이를 해결하기 위한 사회적 변화를 요구하는 사람들이 있다. 그리고 우리는 지금껏 인정의 요구가 실현되는 사회적 승인 과정에서 발생하는 자기이해와 사회적 범주 사이의 불일치에 대해 다뤘다. 그렇다면 사람들로 하여금 사회적 범주에 대한 변화를 추구하도록 하는 원동력은 무엇인가? 무엇이 사람들을 인정을 향한 투쟁으로 이끄는가?

3. 인정투쟁

인정에 대한 동기

인정에 대한 동기를 부여하는 원천은 최소한 네 가지로 구분할 수 있다. 그중 첫 번째는 목적론에 대한 헤겔의 논증에서 이미 확인되었으며(3장 '인정의 변증법과 필연성의 의미' 절), 이에 따르면 자유의 실현으로서의 인간 본성의 목적telos이 있고, 이 목적에 따라 더욱 평등한 인정의 상호관계를 만들기 위한 투쟁이 벌어진다. 이 전제를 궁극적 목표로 받아들인다면, 의식의 자기이해의 변증법적 발전은 자유의 조건으로서 상호의존에 대한 인식으로 이어질 것이다. 그러나 이런 설명은 인간의 궁극적이고 합리적인 목적을 상정하며, 이는 칸트의 비판철학이 반박한 형이상학적 이론을 전제한다는 점에서 많은 비판을 받아왔다. 이처럼 인정의 동기를 형이상학적 원천에서 찾는 시도는 기각될 수밖에 없다.

또 다른 가능한 원천은 경험적인 것으로, 필연적으로 인간의 심리적 본성과 관련된다. 호네트는 자신의 저서 《인정투쟁Struggle for Recognition》[147]에서 조지 허버트 미드George Herbert Mead의 경험적 사회심리학을 통해 이런 설명을 제공한다. 미드에 따르면, 자아는 두 종류의 상호작용으로 발전한다.[148] 일반화된 타자의 사회규범을 내면화한 '목적격 나me'와 이에 대한 대응이자 사회규범에 대한 개인의 창조성과 반란의 원천인 '주격 나I'라는 자아의 두 관점이 그것이다. 이때 사회규범의 한계를 드러내고 인정 관계의 확장을 추동하는 쪽은 개별화를 추진하는 '주격 나'

의 움직임이다.[149]

그러나 이후의 저작에서 호네트는 이전에 전개했던 설명을 거부하며 다음과 같이 언급한다. "비록 나는 영혼Spirit의 완전한 실현을 위한 점진적인 과정이라는 이상주의적 전제 없이 인정투쟁이 어떻게 오늘날에도 여전히 정당화될 수 있는지 명확하게 이해하지 못했지만, 인정을 위한 지속적 투쟁이라는 개념에는 항상 특별한 매력적인 뭔가가 있는 것 같았다."[150] 이어서 호네트는 앞서 우리가 적절치 않다고 판단했던 목적론적 설명을 거부한 뒤, 미드의 사회심리학에서 인정의 원동력을 찾았던 자신의 이전 설명 역시 문제가 있다고 지적한다.

> 나는 [미드의] 견해가 실제로 인정이론에 기여할 수 있는가에 대해 회의적인 생각을 갖게 되었다. 미드가 '인정'이라고 부른 것은 본질적으로 단지 상호적인 관점을 취하는 행위로 축소되며, 여기서 타인의 행위가 갖는 의미는 중요하지 않다. 가령 미드는 공유된 의미와 규범이 병합되는 심리적 메커니즘을 일반적으로 두 당사자의 반응적 행동과는 독립적으로 발전하는 것으로 보는 듯하다. 따라서 그들 각자의 규범적 특성에 따라 행위를 구별하는 것도 불가능해진다.[151]

다시 말해, 미드가 묘사했던 것은 인간 삶의 기본적 특징으로서 사람들의 배후에서 일어나고 있는 일반적 절차였다. 미드의 이론은 공유된 규범이 어떻게 출현하는지, 그리고 왜 확장되는지를 설명하지만, 행위주체 상호 간의 행동에서 중요성을 띠는 규범적 의미는 다루지 않는다. 즉 미드의 이론에서 사람들은 인정을 위해 **투쟁**하는 행위주체가 아니라 부지불식간에 이런 절차의 주체가 될 뿐이다. 인정을 위해 투쟁한다는 것은 자신이 마땅히 받아야 할 지위를 거부당한다고 자기 스스로 인식하는 것이지, 자신이 타고난 본성을 기계적으로 행하는 것이 아니다. 이는 자신에 대한 다른 사람들의 대우에서 굴욕과 무례함의 감정을 느낄 때도 비슷하게 작동한다. 굴욕을 경험했다는 것은 그 자체로 이미 스스로 어떤 종류의 대우를 받을 자격이 있다고 생각하는 것이며, 자신이 그런 규범적 지위를 부정당했다고 판단한 것이다. 따라서 단지 굴욕과 무례함의 감정 그 자체가 인정을 향한 원동력이 될 수는 없으며, 오히려 이는 개인이 좀 더 나은 방식으로 대우받아야 한다는 선행하는 확신을 가리키는 징후일 뿐이다.

만약 인정을 향한 원동력이 (사회적 실존이라는 목적론에 의해) 형이상학적으로 설명될 수 없고, (개인의 심리적 본성이라는 사실에 의해) 경험적으로 설명될 수 없으며, 또한 (사회적 변화가 필요하다는 강력한 감정에 의해) 감정적으로 설명될 수 없다면, 결국 인정 이론을 구성하는 통찰들에 기반해 원동력을 설명해야 한다. 이런 통찰에는 존엄성dignity과 존중esteem, 구별distinction에 더해, 개별성, 자아실현, 자유, 진정성, 사회적 의존, 사회적 승인에 대한 필요성 등이 포함된다. 인정을 위해 투쟁할 원동력을 가지고 있다는 것은, 이런 관념들이 우리가 타자와 관계 맺는 방식의 일부가 된 역사성과 그 관계를 구성하는 규범적 기대 속에서 이미 형성되었다는 것을 의미한다. 킬리언 맥브라이드Cillian McBride가 말한 것처럼, "자긍심, 명예, 존엄성, 존중, 지위, 차별성, 명성까지, 우리는 인정과 관련된 윤리적·종교적·철학적·사회과학적 사고를 둘러싼 길고 복잡한 역사의 계승자"이다.[152] 우리가 이런 관념의 공간 안에 있으므로, '망상적 삶을 살며 다른 사람들이 생각하는 것을 무시하는 것' 혹은 '사회규범에 완전히 종속되는 삶을 사는 것' 모두 가치 있는 삶이 아니다(3장의 '자기개념에 관한 직관' 절 참고). 왜냐하면 두 삶 모두에서 우리는 '사회적 승인' 혹은 '스스로의 개별성' 둘 중 어느 한쪽을 완전히 포기하게 될 것이기 때문이다. 우리가 이런 관념들에 따라 행동하도록 사회적으로 구조화되어 있는 한, 우리를 인정으로 이끄는 건 이 관념들이라고 할 수 있다.

문제를 이런 식으로 정리하는 것에 대해 여러 우려가 있을 수 있다. 즉 선행하는 사회화 속에서 인정에 대한 원동력의 근거를 찾을 때, 그 원동력이 궁극적으로 한 개인의 사회적 자유를 확장하는 수단인지, 아니면 기존의 지배관계를 재생산하는 수단인지 규명하기 더 어려워질 수 있다. 로이스 맥네이Lois McNay가 지적하듯 "인정에 대한 욕구는 자발적이고 타고난 현상이라기보다는 개인에 대한 어떤 이념적 조작의 결과일지" 모른다.[153] 호네트는 인정이 개인에 대한 지배를 초래하는 것으로 보이는 몇 가지 예시를 언급한다.

> '톰 아저씨'*가 자신의 순종적인 미덕을 끊임없이 칭찬하는 타인들의 모습을 통해 스스로 갖게 된 자부심은 톰 아저씨 본인을 노예 소유 사회에 순종하는 하인으로 만든다. 교회, 의회

혹은 대중매체가 수 세기에 걸쳐 만들어낸 '좋은' 어머니 혹은 주부라는 감정적 호소력은 여성들을 젠더에 따른 노동 분업을 효과적으로 수용하는 자기 이미지 안에 가뒀다.

인정은 도덕적 진보를 개인적 자유의 확장으로 구성해내기보다 그 자유를 제한하는 정체성을 지지하도록 하는 메커니즘이 되었다. 사람들은 정체성에 대한 이런 식의 인정을 추구하며 "사회를 떠받치는 업무나 의무를 자발적으로 수용"한다.[154] 따라서 진정한 도덕적 진보를 추구하기 위해서는 인정과 관계된 여러 측면에서 인정의 이데올로기적 형태를 구분해낼 필요가 있다.

이데올로기의 문제

이 절을 시작하기에 앞서, 이데올로기를 **해결할 수 없는** 문제로 보는 몇 가지 방식을 설명한 뒤 그것들부터 논의에서 제외하고자 한다. 칸트의 합리적 자율성 개념에서 해결책을 이끌어내는 방식부터 검토해보자. 앞서 살펴보았듯, 칸트적 주체는 그 자신이 무엇을 해야 하는지 알기 위해 사회적 삶에서 물러나게 된다. 만약 이런 후퇴가 가능하다면, 자율적 선택이라는 의미의 진정한 인정이 실제로 이루어져야 할 것이다. 그러나 3장의 〈2. 자유로운 행위주체란 무엇인가?: 도덕적 의무 vs 인륜성〉에서

---

* 소설 《톰 아저씨의 오두막》의 주인공인 '톰 아저씨'는 흔히 백인에게 상당히 굴종적인 태도를 취하거나, 흑인 집단의 이익에 반대되는 행동을 하는 흑인을 경멸적으로 지칭하는 표현으로 사용되곤 한다.

살펴보았듯, 순수이성으로의 후퇴는 도덕원칙이 취해야 하는 형식만을 산출해낼 뿐이며, 도덕원칙이 행위를 인도할 만한 내용을 보유하도록 하지는 못한다. 행위를 지도하는 도덕적 원리는 칸트가 합리적 자율성의 행사를 위해 후퇴를 촉구했던 바로 그 사회적 실천들을 통해 내용을 획득하고, 그로써 행위 지침을 제공할 수 있기 때문이다. 따라서 만약 이데올로기적 인정과 진정한 인정을 구별하는 것이 정말로 가능하다면, 이 구별은 사회적 실천의 영역에서 확립될 것이다. 왜냐하면 우리가 당위적인 의무를 이성적으로 수행해내는 것이 가능하다고 여겨지는 본체적 영역noumenal realm(물자체의 영역을 일컫는 칸트의 용어)은 이런 구별을 우리에게 알려줄 수 없기 때문이다. 더 나아가, 진정한 인정과 이데올로기적 인정 모두 주체의 승인을 충족시켜야 하므로 구별 작업은 더욱 복잡하다. 두 인정의 형태 모두 주체로 하여금 자신이 가치 있다고 느끼도록 하며, [어떤 형태의 인정이든 그것을] 각자의 성장에 도움이 되는 긍정적인 발전으로 여기도록 한다. 그러므로 주체의 **경험** 또한 이 지점에서는 별 도움이 되지 않는다. 여기서 이데올로기적 인정은 "그 자체로는 긍정적"이지만 "(비록 일단은 차별적 특성이 없는 것처럼 **보일지라도**) 자발적 복종의 부정적 특징을 포함"하는 실천들로 구성된다.[155] 그렇다면 이데올로기적 인정의 행위들은 어떻게 식별될 수 있는가?

해결의 실마리는 자발적 종속willing subjection의 관념, 그리고 주체들이 자신의 삶이 좋다고 **주장하는 경우에도** 자발적 종속을 식별할 수 있는가에 달려 있다. 따라서 인정이 이데올로기적이며 자발적 종속에 해당한다는 판단은 반드시 외부 관찰자에 의해 이뤄져야 한다. 외부의 관찰자는 이런 종속을 감지함과 동시에, 주체가 스스로를 종속시키는 방식으로 억압을 내면화하고 종속적 상황을 수용했다는 것을 해명해야 한다. 앞서 살펴본 '좋은 어머니'의 사례가 여기 해당한다. 좋은 어머니 역할을 자발적으로 지지함으로써, 개인은 본인의 일에서 충분한 보상을 받지 못한 채 인생의 많은 기회를 박탈당한다. 이때 관찰자는 이런 이론적 서사theoretical narrative에서 대인관계의 만족도나 주체의 자유 및 행복의 경험과 같은 요소들에 좌우되어서는 안 된다. 여기서 중요한 것은 상호인정이라는 관계의 질적 측면이 아닌, 관찰자가 그 관계를 구성하는 가치와 신념에 **동의하지 않는다는 사실**이다. 이를 더욱 명확하게 이해하기 위해 몇몇 사례들을 살펴보자.

히잡으로 머리를 가린 이슬람 여성들이 '억압당한다'는 주장을 생각해보자. 여성들이 스스로 억압을 보고하는 것과는 별개로, 즉 당사자의 부정적 경험 없이도 이런 주장이 제기되며, 이를 위해 '내재화된 억압' 같은 개념들이 도입되었다. 물론 일부 여성은 히잡을 착용하도록 강요받았을 수도 있으며, 그런 강제력이 없는 상황에서는 히잡을 불필요한 것으로 여기고 더 이상 착용하지 않을지도 모른다. 그러나 어떤 사람들에게 히잡은 겸손과 관련된 것이기도 하며 종교적 함의를 지닌다. 그들에게 히잡은 단순히 억압의 상징이 아니며, 오히려 신앙심이 깊은 사람으로서 긍정적 인정을 만들어내는 특성으로 여겨진다. 이 경우, 히잡과 관련된 인정에 대한 욕구가 이데올로기적이라고 주장하는 관찰자가 있을 수 있다. 그가 보기에 히잡으로 머리를 가리는 여성은 자발적으로, 그리고 무의식적으로 기존의 규범에 스스로를 종속시키고 있는 것이며, 그 관행을 따라야 하는 이가 주로 여성이라는 사실이 갖는 문화적 맥락을 지적할지도 모른다. 그러나 히잡을 착용하는 어떤 여성들의 경우 외부 관찰자의 이런 설명이 그 행위에 대한 자신의 이해와 자신이 추구하는 가치를 간과한다고 반박할 수 있다. 히잡을 착용하는 여성에게 앞선 관찰자의 설명은 오히려 일종의 무시로 귀결될지도 모른다. 나아가, '무례하게' 옷을 입는 '서구'의 여성들이 그들의 몸을 노출시키도록 만드는 지배적인 남성문화에 의해 교묘하게 억압받고 있는 것이라고 정확히 [히잡의 사례와] 반대되는 주장을 펼칠 수 있다. 이 주장에서 서구 여성들은 서구적인 방식으로 옷을 입는 것이 자유와 세속주의의 표현이라고 믿으며, 내면화된 그 가치를 통해 스스로를 기존의 규범에 자발적으로 종속시키고 있을 따름일지도 모른다.

이 사례에서 요점은, 자기 자신의 행위에 대한 설명과 그들이 이야기하는 자유로움과 좋음의 경험을 제쳐둘 경우, 두 세계관 사이에서 이데올로기적 갈등이 발생한다는 것을 알 수 있다는 것이다. 그들의 안녕이라는 명목하에 해당 행위주체의 정체성을 지속적으로 평가절하하는 무시의 프레임 안에서 이런 갈등이 발생하고 있음을 알 수 있다. 물론 사람들은 자신이 행하는 것에 대해 항상 옳은 판단을 내리지는 않으며, 때로는 스스로를 속이며 모욕적인 상황을 받아들이기도 하고, 심지어는 그 상황이 모욕적이라는 것조차 인지하지 못하기도 한다. 우리는 특정 역할이 스스로에게 전적으로 옳다고 받아들이지만, 다른 사람들은 그것을 우리 삶에 대한 명백한 제한으로 간주할 수도 있다.

그러나 당사자와 관찰자 모두 이런 식의 자기기만에 빠질 수 있다는 점에 주의해야 한다. 가령 누군가가 스스로에 대해 투명하게 파악하지 못할 수 있지만, 그걸 지켜보는 관찰자 또한 스스로에게 투명한 태도를 취하지 못할 수 있다. 그러므로 만일 어떤 사람이 스스로를 종속시키고 있다고 주장하기 위해서는 그렇게 주장하는 스스로의 동기에 대해, 그리고 그런 주장이 나의 세계관 혹은 내가 중요하다고 생각하는 것을 타당하게 만들어주기에 내가 무언가 회피하고 있는 것은 아닌지 설명할 필요가 있다.

그럼에도 자발적 종속 개념에 대한 이런 관점을 어떤 행동도 하지 않을 것을 요구하는 주장으로 해석해서는 안 된다. 오히려 이는 타인의 삶에 대한 우리의 도덕적·정치적 반응과 분석을 **개별화**personalizing하고 **맥락화**contextualizing하라는 요구에 가깝다. 어떤 사람들에게 그들의 상황에 대한 이해를 변화시킬 것을 설득하려 한다고 할 때, 좋은 삶에 대한 당사자의 경험과 그가 놓여 있는 특수한 환경을 쉽게 간과해서는 안 된다. 달리 말하면, '집단 X가 억압받고 있다'는 형태의 전격적인 판단은 도움이 되지 않는다. 어떤 현상에는 분명 다양한 종류의 가능성이 존재하며, 이런 것들을 이해하는 유일한 방법은 특정 공동체에 존재하는 '구조적' 차별을 파악하고 그것의 복잡성을 인식하는 데 있다.

이를 염두에 둔다면, 우리는 억압의 스펙트럼에 다음과 같은 논의가 포함되어 있다는 것을 알게 될 것이다. (1) (집단 X의) 일부는 억압받고 있으며, 그것을 바꾸기 위해 이미 싸우고 있다. (2) (집단 X의) 일부는 스스로가 억압받는다고 여기지 않지만, 상황에 대한 다른 식의 분석을 접하게 되면 자신의 생각을 바꿀 수 있다. (3) (집단 X의) 일부는 명백한 증거가 있음에도 스스로 억압받는다고 여기지 않으며, 아무리 설득해도 그것을 납득하지 못한다. (4) (집단 X의) 일부는 자신의 자유에 대해 당신이 기울이는 관심을 자신을 억압하려는 시도로 여길 수 있다. (5) (집단 X의) 일부는 자신이 완벽하게 자유롭고, 권능을 부여받은 상태에 있다고 여길 수 있다.

우리의 원래 질문인 이데올로기적 인정과 진정한 인정의 구분으로 돌아가보자. 마치 처음에는 '자발적 종속'이라는 개념이 이 구분의 핵심을 쥐고 있는 듯했지만, 자세히 들여다본 결과 그 개념이 말하고자 하는 것은 인정의 상호적 관계의 질적 측면이 아니라 세계관 사이의 갈등이라는 점이 드러났다. 앞서 살펴본 것처럼, '이데올로기적' 인정이든 '진정한' 인정이든 인정의 관계가 실현되려면, 해당 개인이 자기 자신을 가치 있게 느끼고 그 관계가 자신의 성장과 실현에 기여한다고 여길 수 있어야 한다. 이런 의미에서 이데올로기적 인정과 진정한 인정 사이의 구분은 자발적 종속이라는 개념을 통해 도출될 수 없다. 이 개념은 오히려 서로 다른 신념, 가치관, 사회적 역할 및 삶의 목표들 사이에서 발생하는 뿌리 깊은 불일치가 이데올로기를 관통한다는 것을 드러낸다. 이런 불일치에 대해 토론하고 협상해나가는 것도 중요하지만, 의견 불일치가 무시의 조건을 만들어내는 방향으로 귀결되지 않도록 하려면 불일치의 대상이 되는 당사자를 고려해야 한다.

4. 인정의 심리적 영향

3장에서 우리는 헤겔의 인정 개념을 재구성함으로써 헤겔이 인간 심리에 관한 기본적 사실을 추구하기보다, 인정을 핵심 조건으로 하는 자유의 개념을 발전시키려 했음을 살펴보았다. 자유로운 행위주체가 된다는 것은 스스로의 자아 개념, 믿음 그리고 타당하다고 인정되는 행위의 이유를 갖는 것이며, 이때의 인정은 내가 인정받기에 적합하다고 간주하는 사람들이 제공해주어야 한다. 이는 내가 권위 있다고 여기는 것에 대해 나의 주관적 확신을 넘어 좀 더 일반적인 차원에서 객관적 타당성을 확보함으로써 진정한 권위를 획득하기 위한 과정이다.[156]

피핀이 말하듯, 이런 주장은 "인간의 욕구에 대한 주장이나 발달심리학 혹은 사회심리학이 제시하는 증거에서 유래한 것이 아니다. 이것은 오히려 개별성individuality에 대한 우리의 이해를 변화시키는 특유의 철학적 주장에 해당"한다.[157] 3장의 '자기 개념에 관한 직관' 절에서 우리는 철학적 주장 및 그 주장의 규범적 내용·함의를 사람들이 정체성을 어떻게 형성하는지와 관련한 경험적 고려 사항과 구분한 바 있다. 즉 한편으로 우리는 성공적인 행위주체로 승인받는 것을 포함해 규범적 지위로서의 인정을 지니고 있으며, 다른 한편으로는 규범적 지위를 얻을 수 있도록 해주는 경험적 조건을 지니고 있다.

이 두 측면은 마땅히 구별되어야 하지만, 그럼에도 서로 상호작용한다. 한 사람이 성공적인 행위주체로 여겨지는 한, 우리는 그의 정체성이 긍정적으로 형성되리라고 기대할 수 있다. 또한 역으로 그의 정체성이 긍정적으로 형성되면 그가 성공적인 행위주체로 여겨질 가능성이 높아진다고 생각해볼 수도 있다. 우리는 심리적 존재이며, 우리가 마주하는 타인의 태도는 우리 자신을 생각하는 방식에 영향을 끼치기 마련이다. 인정에 관한 중요한 지적 흐름은 이 마지막 요점을 발전시키며 다음과 같이 질문한다. "인정의 심리적 영향은 무엇인가?" 호네트는 이 질문에 대한 답을 진전시키기 위해 많은 논의를 이끌어왔으며, 4장의 남은 부분에서는 그 작업에 초점을 맞추고자 한다. 인정과 자기관계self-relation 사이의 연관성에 대한 호네트의 논의를 개괄하고, 자기관계에 상응하는 인정의 형태들을 설명한 뒤, 그의 논의가 갖는 일부 문제점과 시사점을 짚어볼 것이다.

인정과 자기관계

악셀 호네트의 기념비적 저서 《인정투쟁》의 영문판 번역자 조엘 앤더슨Joel Anderson은 책의 서문에서 호네트의 접근 방식에 대해 다음과 같이 설명한다.[158]

> 완전히 자율적이고 개별적 인격체로서 자신의 필요와 욕구를 감지하고 해석하고 실현할 수 있는 가능성(즉 정체성 형성의 가능성)은, 결국 자기믿음self-confidence, 자기존중self-respect, 그리

고 자기가치부여self-esteem의 발달에 달려 있다.* 자기 자신과 실천적으로 관계 맺는 이 세 가지 방식은 본인이 인정하는 타인들에게 인정받는 경우에만 상호적으로 획득되고 유지될 수 있다. 결과적으로 자기실현의 조건은 상호인정의 관계를 정립하는 데 달려 있다.

인정과 긍정적 자기관계를 발전시키는 것 사이의 연관성이 시사하는 본질은 무엇인가? 호네트와 앤더슨은 그 연관성에 대해 '긍정적 자기관계는 **오직** 상호인정을 통해서만 획득될 수 있다'고 강하게 주장한다. 헤이키 이케헤이모Heikki Ikäheimo 또한 호네트에 대한 논평에서 "인정의 태도로 대우받는 경험" 없이 자기 자신에 대해 긍정적 태도를 갖기란 "불가능하지는 않더라도 매우 어려울 것"이라고 논한다.[159]

인정과 긍정적 자기관계의 연관성에 대한 이 강한 주장은 다소 완화될 필요가 있다. 여기서 우리가 말하고 있는 것은 한 개인이 긍정적 정체성을 개발할 수 있는 **경험적** 조건이며, 바로 그 때문에 본성상 필연적일 수 없다는 점이다. 물론 만일 어떤 사람이 자신의 속성이나 자신이 이룬 성과에 대해 부정적인 태도를 가지고 삶의 모든 순간을 마주한다면, 그 사람은 긍정적 자기관계를 구성하고 유지하는 데 필요한 지지와 격려를 받지 못했기에 자신의 긍정적 정체성을 형성하는 데 분명 큰 난항을

* 자기믿음, 자기존중, 자기가치부여 개념의 번역은 《인정투쟁》의 한국어판[이현재·문성훈 옮김, 사월의책, 2011]을 따랐다.

겪을 수 있다. 그러나 마음의 다양한 가능성은 이런 예상을 뛰어넘기도 한다. 3장의 '자기개념에 관한 직관' 절에서 우리는 자신이 네페르티티 여왕이라고 믿는 나디아의 가상적 사례를 살펴보았다. 나디아는 자신의 그릇된 정체성false identity에 대해 어떠한 인정도 받지 못함에도, 자신이 네페르티티 여왕이라 믿으며 그 신분에 자부심을 가지고 있었다. 이와 유사하게 확신에 가득 찬 어떤 한 사람은 자신의 정체성과 신념에 대한 절대적 믿음을 지속할 수 있으며, 어쩌면 나중에 자신의 관점을 타인들에게 납득시킬 수 있을지도 모른다. 이런 사례에 비춰볼 때, 대다수의 사람들은 스스로에 대한 긍정적 태도를 발전시키고 스스로의 특성과 능력에 대한 충분한 신뢰와 존중감을 갖기 위해 일종의 피드백을 요한다는 것이 좀 더 정확한 표현일 것이다. 피드백의 부재는 긍정적 태도를 손상시키고, 결국 심리적 해악을 초래할 수 있다. 이런 주의사항들을 염두에 두고 인정과 자기관계에 대한 호네트의 설명으로 다시 돌아가보자.

호네트가 제시하는 논의의 핵심은 다음과 같다. 정체성을 제대로 개발하려면 주체는 스스로를 자기믿음과 자기존중, 그리고 자기가치부여를 획득할 수 있는 상호인정의 과정 속에 놓아야 한다. 이어지는 절에서 자신과의 관계 방식에 상응하는 인정의 세 가지 형태를 살펴보고자 한다.

인정의 형태들

테일러는 자신의 글 〈인정의 정치The Politics of Recognition〉에서 근대사회에서 발견되는 인정의 세 가지 형태를 구분한다. 첫 번째 형태는 "친밀한 영역intimate sphere"에 존재하며, 이때 우리의 정체성과 자기에 대한 감각은 "중요한 타인들과 주고받는 대화 및 투쟁" 속에서 형성된다. 두 번째와 세 번째 형태는 "동등한 인정의 정치politics of equal recognition"가 규정하는 "공적 영역public sphere"에 존재한다. 두 번째와 세 번째 인정의 형태는 각각 보편성의 정치와 차이의 정치로 나타난다. 보편성의 정치는 우리에게 익숙한 개념으로, 합리적 행위주체로서 인간이 지니고 있는 보편적인 잠재력에 기반해 모든 시민은 동등한 존엄성을 가지고 있으며, 존중받을 권리를 갖는다는 점을 강조한다.

테일러가 언급하듯, 보편성의 정치란 "다른 무엇보다 각각의 사람이 존중받을 자격이 있음을 보장하는 잠재력"과 관련된다.[160] 이와 대조적으로 차이의 정치는 보편성의 정치에서 탈피해야 한다고 주장하며 정체성과 **문화**의 독특함과 특수성에 대한 인정을 요구한다. 인정의 형태에 대한 테일러의 이러한 세 가지 구분은 호네트의 작업에서도 이루어진다. 호네트는 테일러와 유사하게 일차적 관계에서 비롯되는 **사랑love**, 시민사회에서 비롯되는 **권리rights**, 가치공동체community of value 내부에서 비롯되는 **연대solidarity**를 인정의 세 가지 형태로 분류한다. (그리고 세 가지 형태들 중 사랑은 우리의 욕구와 감정에, 권리는 우리의 도덕적 행위주체성에, 연대는 우리의 개성 및 능력에 상응한다.)

인정의 형태를 세 부류로 구분하는 방식이 반복되자, 일부 학자들은 그 구분법의 기저에 체계적이고 형식적인 근거가 있는 것은 아닌지 논의하기 시작했다. 각각의 인정의 형태에는 논리적으로 가능한 세 가지 방식이 있으며, 그 방식들 각각에서 주체는 한 명의 사람으로서(보편성universality), 특정 부류의 사람으로서(특수성particularity) 혹은 특정인으로서(단독성singularity) 타인과 관계 맺는다는 것이 바로 그들이 논의한 내용이다.[161] 누군가와 **한 명의 사람으로서** 관계 맺는다는 것은 그 사람의 특징 및 고유한 본성과는 무관한 그의 보편적 역량을 인정하는 것이다. 누군가와 **특정 부류의 사람으로서** 관계 맺는다는 것은, 자기 자신을 나타내는 데 사용하지만 이와 동시에 다른 사람들과 공유할 수도 있는, 예컨대 특정한 정체성 혹은 직업과 같은 특징을 인정하는 것을 뜻한다. 마지막으로, 누군가와 **특정인으로서** 관계 맺는다는 것은 상대방을 유일하고 대체 불가능한 개인으로, 말하자면 연인이나 친구를 대하듯 한다는 것이다. 관계 맺음의 이 세 가지 가능한 범주들은 테일러나 호네트가 제시한 인정의 세 가지 형태인 보편성(보편주의의 정치, 시민사회에서 비롯되는 권리), 특수성(차이의 정치, 가치공동체에서 비롯되는 연대), 고유성(친밀한 사적 영역, 일차적 관계에서 비롯되는 사랑)에 각각 상응한다.

이런 식의 분류가 인정의 형태들의 토대를 마련하는 유용한 방법이기는 하지만, 테일러와 호네트는 인격이 세 가지 차원으로 분류되고, 이에 대응하는 인정의 형태들은 비역사적이거나 존재론적으로 주어진 것이 아닌 역사적 산물이라고 지적한다.[162] 예를 들어, 차이의 정치는 정체성에 대한 근대적 이해에서 비롯되었으며, 전근대 시대의 법적 권리란 보편적인 것이라기보다는 특정한 사회적 지위에 수반된 것이었다. 따라서 인격의 차원들과 그 의의에 대한 현재의 관념이 "우리 생활세계에 발생한 문화적 변환"을 따라 바뀌지 않는다고 가정하기란 불가능하다.[163] 다시 말해, 인정의 세 가지 형태들은 논리적으로 도출된 결과물이라기보다 역사적 성취에 가깝다.

호네트는 사회심리학 및 정신분석 이론에서의 다양한 경험적 증거를 근거로 들며, 인정의 세 가지 형태들을 스스로에 대한 관계의 방식(즉 '자기관계')으로 도식화하고 그 조건을 이루게 하는 혁신적 이론을 전개한다. 그 관계가 무너지면 개인의 정체성도 위태로워질 수 있다. 호네트의 설명에 따르면, 자기믿음self-confidence은 개인의 필요와 감정을 인정해주는 **사랑**과 우정의 관계를 통해 발전하고 유지된다. 자기존중self-respect은 동등한 **권리**를 보장하고 각 개인의 지위를 책임 있는 행위주체로 인정하는 법적 관계에서 발생한다. (이는 평등의 정치를 촉발한다.) 마지막으로 자기가치부여self-esteem는 해당 개인의 독특한 특성과 능력, 그리고 그들이 사회에 기여한 바를 인정받는 가치공동체 내부의 **연대**에서 비롯된다. (연대는 차이의 정치를 촉발한다.)

(1) 사랑: 사랑은 필요와 욕구의 충족을 위한 상호의존성을 인정함과 동시에 서로의 독특한 개별성을 인정하는 호혜적 인정의 형태이다.[164] 호네트는 헤겔을 따라, 사랑이 "다른 사람 속에서 나 자신으로 있는 것"이자 독립과 애착 사이의 균형을 맞추는 역량을 의미한다고 보았다. 우리는 사랑을 돌봄 제공자와의 일차적 관계에서 처음으로 배우게 되고, 성인기에 맺는 친밀한 관계와 우정을 통해 이어간다. 사랑의 관계에서는 효용이나 가치에 대한 고려를 우선시하지 않으면서 정서적·신체적 요구를 승인하게 된다.[165] 개인은 보살핌과 관심을 무조건적으로 제공해주는 타인의 사랑을 통해 안정감을 느끼고, 이런 인정의 형

태를 통해 기본적인 자기믿음이라는 자기관계를 형성할 수 있다. 또한 자기믿음은 "솔직하면서도 비판적인 방식으로 개인의 가장 깊은 감정을 다루는" 초석이 된다.[166] 이처럼 깊은 감정을 받아들일 수 있는 사람은 자신이 무엇을 원하며 어떤 것을 욕망하는지 자신 있게 말할 수 있으며, 사회 속에서 존중받는 한 사람으로서 자기 자신과 관계 맺을 수 있게 된다.[167] 이런 맥락에서 기본적인 자기믿음은 다른 두 가지 형태의 자기관계를 형성하기 위한 "심리적 전제조건"이 된다.[168]

(2) 권리: 자기믿음이 사랑과 우정의 관계에서 비롯된다면, 자기존중은 권리의 담지자로 인정받는 개인의 법적 관계에서 비롯된다. 자기존중의 관계는 어떻게 만들어질까? 스스로를 권리의 담지자로 여기기 위해 개인은 "일반화된 타자"의 관점을 내면화해야 하며, 다른 사람들도 (나와 마찬가지로) 각자의 주장이 충족되어야 하는 권리의 담지자로 여겨야 한다.[169] 자신에게 타인에 대한 의무가 있다는 것을 인정하고, 다른 한편으로는 자신이 권리의 담지자임을 타인에게 인정받음으로써, 법적 관계는 상호인정의 한 형태가 된다.

그러나 이 일반적 개념은 법적 인정 관계에 대해 충분히 설명하지 못한다. 예를 들어, 호네트가 지적하듯 이 개념은 사회적 지위에 입각해 권리와 의무가 비대칭적으로 부여되었던 전통사회의 법적 질서와 모순되지 않는다.[170] 반면 근대적 사회질서에서 개인은 그 자신의 사회적 지위가 아닌 자유롭고 합리적인 행위주체로서의 보편적 역량을 인정받는다.[171] 전통사회에서 근대사회로의 전환은 법적 관계를 사회적 가치 부여와 무관한 것으로 고려할 것을 요구한다. 과거 권리와 의무가 사회적 지위에 의거해 분배되었던 것과 대조적으로, 근대사회에서는 개인들 간의 위계질서가 "'개인 의지의 자유'에 대한 보편적 존중"으로 대체되었다.[172] 이에 따라 한 사람은 법적 인격legal person으로 인정되며, 모두의 존중을 받을 자격을 갖고 스스로를 더욱 존중하며 그에 입각해 자기관계를 맺을 수 있게 된다.[173] 반대로 권리에 대한 부정과 배제는 "개인의 자기존중 기회"를 훼손할 수 있으며, 이는 지난 60년간 각종 저항운동의 주요 동기가 되었다.[174]

(3) 연대: 보편적인 도덕적 행위주체로서의 지위와 법적 관계가 아닌 한 개인의 구체적인 특성 및 능력과 관계된 인정의 마지막 형태를 살펴보자.[175] 스스로의 특성과 능력을 긍정적으로 받아들이고 자존감을 형성하기 위해서는 많은 경우 타인이 자신의 가치를 승인해주어야 한다. 자신을 권리의 담지자로 받아들이는 능력에는 일반화된 타자의 규범적 기대를 내면화하는 절차가 필요하다는 앞선 논의와 유사하게, 자기 삶의 방식을 가치 있게 여기기 위해서는 다음과 같은 요소가 필요하다.

> 각각의 주체는 자신의 모든 상호작용 상대의 가치 신념을 일반화함으로써 자신이 속한 공동체에서 집단적으로 설정된 목표에 대한 추상적인 표상을 얻을 수 있어야 한다. 왜냐하면 주체는 이렇게 공동으로 공유하는 가치의 지평에서만 다른 모든 사람과 구별되어 사회적 생활 과정에 자신만의 방식으로 기여하는 개인으로 받아들여질 수 있기 때문이다.[176]

앞서 살펴본 법적 관계에서의 근대적 개념화처럼, 존중에 대한 관점 또한 역사적 발전 과정의 산물이다. 전통사회에서 자기가치부여란 개인이 자신이 속한 사회집단 내부의 도덕적·실천적 기대를 실현함으로써 얻는 가치였으며, 당대에 이것은 명예로 이해되었다. 이때 계급, 카스트 또는 직업 등에 기반해 구성된 사회집단은 "사회적 목표의 실현에 대한 집단의 집합적 기여도"에 의거한 가치 척도에 따라 줄세워졌다.[177] 따라서 인정의 대상이 되는 것은 "일대기적으로biographically 서술된 주체"가 아닌, 특정 집단들이 내세우는 상대적 가치였다. 초기 사회에서는 "모든 사람이 당연하게 여기는 사회적 범주에 바탕을 두고 사회적으로 파생된 정체성이 구축"되었기에, 인정에 대한 문제의식은 존재하지조차 않았다.[178]

이와 대조적으로, 근대적 관계는 대칭적 기초 위에서 개인을 **개인으로서** 인정하기를 열망한다. 이런 변화는 전통적 질서에 내재되어 있던 종교적·형이상학적 기반이 무너지고 설득력을 잃는 과정에서 사회집단을 규율하는 가치의 위계질서 자체가 의문에 부쳐짐으로써 발생했다.[179] 더욱이 인정의 대상은 더 이상 사회집단이 아닌 독특한 인생사와 정체성을 지닌 개인으로 바뀌어야 했다. 자아실현이라는 가치에 무게가 쏠리면서 정체성은 개인이 잘 발전시킬 수도, 그러지 못할 수도 있는 것으로 인식되기에 이른다(〈2. 정체성〉 참고). 인정 관계가 개별적 삶의 방식의 다양성에 대응하기 위해서는 상호주관적으로 공유되는 사회적 가치와 목표의 지평이 충분히 확장되고 다원화되어야 한다. 또한 **대칭적** 인정 관계를 위해서는 관계 자체가 위계적이지 않고 충분히 수평적으로 구성되어야 한다. 물론 이 조건들은 여전히 충분치 않으며, 개인은 스스로의 특성과 기여를 가치 있는 것으로 받아들이지 못하는 경우가 많다. 이런 맥락에서 우리는 오늘날의 인정투쟁을 사회적 신념과 가치의 상호주관적 지평(즉 사회의 '문화적 자기이해')을 변화시키고 더욱 수용적이고 대칭적으로 만들려는 시도로 개념화할 수 있다.

사회운동에서 나타나는 인정의 여러 형태들을 설명하기 위해 1장에서 살펴본 정신장애운동 및 다양한 기획들을 살펴보고자 한다. 일부 개혁적 성향의 활동가들은 의료 모델이나 정신의학 개념들을 거부하지 않으며 강제치료에 저항하고 동등한 권리를 요구하는 운동을 벌여왔다. 이런 운동 방식은 인정의 두 번째 형태인 권리 및 자기존중과 주로 관련된다. 반면 매드운동은 권리와도 관련이 있으나, 광기가 다뤄지는 상징적이고 문화적인 공간 전체를 변화시키기 위한 더욱 광범위한 도전을 시도한다. 광기의 의미와 가치를 바라보는 이 사회의 문화적 이해 자체를 새롭게 정립하려는 것이다. 이런 의미에서 매드운동은 인정의 세 번째 형태인 연대 및 자기가치부여와 관련된다.

그렇다면 인정의 첫 번째 형태인 사랑 및 자기믿음은 무엇과 연관이 있을까? 앞서 호네트가 자기믿음은 자기존중과 자기가치부여가 실행되기 위한 전제조건이라고 지적했던 것을 떠올려보자. 만약 이 지적이 사실이라면, 기본적인 자기믿음을 키울 기회가 없었던 개인들은 좀 더 발전된 형태의 자기관계에 이르기 위해 분투할 것이다. 그 경우, 개인을 (자기존중과 자기가치부여를 위한 사회적 관계의 회복을 목표로 하는) 사회정치적 행동에 관여시키는 것은 성급한 시도일 것이며, 회복을 가로막는 장벽은 오히려 자기믿음이라는 더욱 근본적인 수준에 자리하고 있을 수 있다. 실제로 성인기에 심각한 정신건강 문제를 진단받은 사람들은 발달기에 긍정적이고 지속적인 돌봄 관계를 경험하지 못한 것으로 드러났다. 그 당사자들의 경우 정체성의 발달이 사회정치적 행동을 통해 해결할 수 있는 것보다 더 기초적 수준에서 손상되었을 수 있으며, 따라서 사회정치적 인정보다는 정체성을 써나가기 위한 기반이 되는 지원과 치료가 선행되어야 한다. 이 주장에 대해서는 인정을 향한 경로로서의 매드 정체성의 가능성을 평가하는 7~9장에서 자세히 다루고자 한다.

호네트가 제시하는 설명의 문제점과 그 함의

호네트는 사회심리학 및 정신분석학 이론이 제공하는 경험적 자원으로 인정이론에 대한 자신의 설명을 뒷받침하지만, 그럼에도 경험적 이론이 되기에는 부족해 보인다. 호네트는 경험적 문헌들에서 일부 개념을 차용했지만, 그의 설명은 결정적으로 자기관계가 성립하기 위해 필수적으로 수반되어야 하는 매개에 의존한다. 말하자면, 내가 나 자신과 맺는 관계가 하나의 동어반복에 불과하지 않기 위해서는 내가 타자와 맺는 관계가 자기관계를 매개해야만 한다(3장 '자기의식의 개념' 절 참고). 이런 주장은 자기관계 형성에 대한 **경험적** 이론이라기보다, **올바른** 종류의 자기관계를 판단할 수 있는 **규범적** 기준에 가깝다. 따라서 경험적 설명을 구성하고 설득력을 갖추기 위해서는 더욱 많은 경험적 증거가 필요하다. 그렇기에 나 역시 긍정적 자기관계를 발전시키는 데 인정이 중요하다는 호네트의 주장에 대해, 그것이 아마도 맞는 말일 거라는 정도로만 언급할 수 있을 따름이다. 이렇듯 우리는 호네트의 한계를 지적하면서, 소극적인 의미에서 임시로 그의 설명을 받아들일 수 있다.

또 다른 문제점은 이른바 무시의 역설에서 발생한다. 이는 자기믿음, 자기존중, 자기가치부여를 개발하는 것이 불가능했음에도 인정투쟁에 필요한 자원을 만드는 경우를 말한다. 이런 주체는 어디에서 인정투쟁의 자원을 끌어왔을까? 만약 자기 행동의 이유에 확신이 없고, 타인에게 자신을 존중해줄 것을 요구할 수 없으며, 스스로의 특성과 능력에서 가치를 찾을 수 없다면, 자신에 대한 사람들의 견해를 뒤집기 위한 정치적 행동에 나서기는 힘들어 보인다. 이 무시의 역설을 해결하기 위해서는 '인정에 대한 동기' 절에서 제기했던 인정의 동기에 대한 설명으로 돌아가야 한다. 앞서 살펴본 이 절에서 우리는 사람들이 스스로가 누릴 만한 규범적 지위를 부정당했다고 인식하는 한에서 인정을 요구하게 되며, 이러한 인식이 인정의 근대적 담론을 구성하는 도덕적 개념과 사상의 영향을 받아 발생한 것임을 확인했다. 존중받지 못하고 있다는 우리의 감정적 경험 그 자체는 인정을 향한 동기가 되지 않으며, 오히려 다른 사람들에게 더 나은 대우를 받아야 한다는 확신이 그에 앞서 먼저 존재한다는 것을 나타낸다.[180] 만일 그런 확신이 없다면, 타인들로부터 좋지 않은 대우를 받는 누군가는 그런 대우에 **자기 자신의 존재**에 부끄러움을 느끼는 방식으로밖에 반응할 수 없을 것이다.

그렇다면 여기서 핵심은 어떻게 개인이 부끄러움 속에서

허우적대는 것으로부터 타인들에게 자신이 누구인지 받아들이도록 요구하는 식으로 태도를 전환할 수 있는가에 대한 질문이다. 이에 답하기 위해서는 인정의 담론, 혹은 좀 더 넓게는 민권 담론에서 그의 상황을 재해석할 필요가 있다. 그리고 이 전환을 달성하는 것이 바로 풀뿌리운동의 근본적 측면이다. 우리는 이런 측면을 1장의 의식화 개념에서 이미 접한 바 있다. 의식화란 개인이 자신의 경험을 집단 내에서 공유하고, 무시와 체계적 억압의 관념으로 재해석하는 집단의 활동이다(1장의 '1970년대: 민권운동의 시대' 절 참고). 이런 과정을 거쳐 개인은 스스로의 능력에 대한 신념을 어느 정도 되찾을 수 있으며, 이전에 자신에게 뿌리내렸던 무능함이라는 감정을 떨쳐내고 사회적 변화를 요구할 수 있다. 여기서 다시 우리 논의의 출발점이었던 무시의 역설로 돌아가보자. 이제 우리는 구성원에게 더 광범위한 사회 변화를 요구할 수 있도록 충분한 자기믿음, 자기존중 그리고 자기가치부여를 갖도록 하는 집단의 중요성을 깨달을 수 있다.

마지막으로 호네트의 설명은 중요한 규범적 함의를 띤다. 그의 설명에는 사랑받는 것, 존중받는 것, 가치 있게 여겨지는 것이 바람직한 상태라는 생각이 내포되어 있다. 따라서 심리적 건강에 대한 합당한 개념은 이 세 가지 상태의 적절한 실현을 포함해야 한다. 만약 그렇다면 인정은 우리의 심리적 건강에 핵심 역할을 하는 중요한 경험적 조건일 것이며, 반대로 무시는 우리의 심리적 건강을 해치는 요인일 것이다. 호네트에 따르면, 이처럼 사회적 관계가 심리적 해악을 초래하는 구조는 사회적·정치적으로 해결되어야 할 사회적 병리social pathology이다.[181]

심리적 해악에 대해서는 이어지는 5장에서 더욱 자세히 검토하고자 한다.

5. 나가며

지금껏 매드운동의 인정 요구의 근간이 되는 정체성과 인정을 둘러싼 정치적·이론적 논의를 구축하려는 2부의 맥락 속에서 4장의 논의를 전개했다. 앞선 3장의 결론에 이어, 4장에서는 정체성의 본성, 인정을 향한 동기, 그리고 인정의 심리적 결과를 중점적으로 살펴보았다.

4장의 〈2. 정체성〉에서는 정체성의 개념화를 시도하고 다음과 같은 주요 논점을 제시했다. 정체성은 어떤 사람이 무언가를 선택할 때, 좀 더 넓게는 어떤 것이 가치 있는 삶인지를 결정할 때 방향을 제시하는 신념과 가치로 표현되는 자기이해이다. 사회적 범주는 자기이해를 구성하는 데 핵심 역할을 한다. 오늘날 중요하게 강조되는 것은 자기이해에 사회적 범주가 어떤 방식으로 얼만큼 중요한 부분을 차지하도록 할 것인가를 스스로 결정하는 과정이다. 정체성은 지속적인 경합의 과정에 있다. 또한 정체성의 근원을 구성하는 사회적 범주는 끊임없이 도전받고 재정의되며, 인정투쟁의 대상이 된다. 한편 인정투쟁을 향한 동기는 목적론적으로는 설명될 수 없으며, 심리적 본성으로도 설명되지 않는다. 우리는 우리가 마땅히 누려야 할 규범적 지위가 부정되었다고 인식할 때 인정을 요구하게 되는데, 인정 담론을 구성하는 역사적이고 동시대적인 통찰을 인지할 때 비로소 그런 인식을 얻을 수 있다(4장 〈3. 인정투쟁〉).

4장의 〈4. 인정의 심리적 영향〉에서는 호네트의 연구를 통해 인정과 무시의 심리적 결과를 탐구했다. 5장으로 넘어가기 전에 이와 관련한 요점 네 가지를 짚어보자. 첫째, 규범적 상태는 성공적 행위주체로서 얻는 경험적·심리적 결과와 구분되어야 한다. 둘째, 이러한 결과는 신념, 존중, 가치부여 차원에서 긍정적 자기관계의 발전을 포괄한다. 셋째, 무시는 정체성 형성에 손상을 초래하며, 따라서 심리적 해악을 유발할 수 있다. 넷째, 이 해악은 우리가 사회적·정치적 행동을 통해 바로잡아야 하는 대상일 수 있다. 3장과 4장에 걸쳐 탐구했던 정체성과 인정에 대한 이론적 설명을 바탕으로, 5장에서는 인정에 대한 요구를 정당화하고 또 그 요구에 대응할 수 있는 이론적 틀을 모색해볼 것이다.

| 5장 |

무시: 정치적 개혁 혹은 화해?

1. 들어가며

현대사회의 여러 집단들은 그들 집단 정체성의 주요 특성이 모욕적이고 무례한 방식으로 묘사되고 있으며, 이것이 구성원들의 삶의 질에 악영향을 끼친다고 주장한다. 일반적으로 이런 주장은 무시를 해결하기 위해 사회의 문화적 변화를 요구하는 층위로 나아가게 된다. 3장과 4장의 논의를 바탕으로, 5장에서는 이런 요구를 정당화하는 접근 방식을 살펴보고자 한다.

3장에서 우리는 자유의 문제와 관련해 진행한 인정 개념의 재구성을 통해 자유에 대한 새로운 관점을 얻을 수 있었다. 자유로운 행위주체가 된다는 것은 다른 사람들에게 타당하다고 인정받는 스스로의 자기개념, 믿음, 그리고 행동의 이유를 갖는다는 것이다. 또한 이때 타인은 내가 인정을 제공할 수 있다고 간주하는 사람들, 즉 나와 같은 자유로운 행위주체여야 한다.

이는 내가 인식하는 나 자신 혹은 스스로의 행위에 대한 자신의 주관적 확신이 타자가 나를 인식하고 나의 행위에 대해 생각하는 방식에 부합한다는 것을 의미한다. 3장에서 살펴보았듯, 인정 개념은 자율적인 주체가 어떤 조건 아래에서 자유로운 주체가 되는지를 온전히 설명해준다. 인정이 부재한 상황에서 자기결정은 잠정적인 것에 머물러 있거나 실현될 수 없으며, 최악의 경우 망상에 불과하다. 이런 관점에서 상호인정은 우리가 자유와 사회적 관계에 대해 어떻게 사유해야 하는지를 시사하는 철학적 개념에 해당한다(3장 〈5. 인정 개념을 받아들여야 하는 이유는 무엇인가?'〉 참고). 내재된 규범성을 넘어 상호인정의 개념이 사회적·정치적 삶에서 정확히 어떤 역할을 할 수 있는지는 명확히 제시된 바 없다. "현대의 윤리와 사회철학 및 정치철학에서 인정 개념이 중요한 이유는 무엇일까?"[182]

이 물음에 두 가지 방식으로 접근해볼 수 있다. 첫째는 인정 개념이 규범적 정치이론에서 어떻게 충분한(혹은 적어도 주요한) 개념이 될 수 있는지 입증하기 위한 광범위하고도 야심찬 시도이다. 두 번째는 당사자가 실제로 인정을 요구하거나 자신이 무시당한다고 주장하는 상황에 인정 개념을 적용해 해당 요구와 주장을 정당화할 수 있는지 살펴보는, 제한적이지만 좀 더 현실적인 시도이다. 인정 개념이 사회적·정치적 분석을 수행하기에 충분한 원칙이 될 수 있음을 보이는 것은 그것이 특정한 사회적 해악을 정당화하고 해결하는 데 중요한 역할을 한다는 점을 밝히는 것보다 훨씬 더 어렵고 논쟁적이다.[183] 따라서 2부에서는 비교적 제한적인 방식으로 인정 개념의 중요성을 밝히는 두 번째 방식을 취하고, 이를 통해 무시에 대응하기 위한 여러 자원을 개발하고자 한다.

바로 다음에 이어지는 5장의 두 번째 절에서는 무시가 초래하는 해악과 그것이 사회적 해악이 되는 방식에 대해 개괄적으로 설명한다. 이때 중요한 질문은 만약 한 사람이 계속해서 실패한 행위주체로 받아들여지는 경우 어떤 결과가 초래되는가이다. 발생할 수 있는 여러 해악을 검토한 후, 무시를 정치적 개혁을 통해 해결해야 하는지, 아니면 상호적 화해의 달성을 통해 해결해야 하는지 살펴본다. (이때 정치적 개혁은 인간의 번영 및 사회정의의 논점과 연결되고, 상호적 화해는 상호적 수용을 위한 태도 및 실천이라는 논점과 연결된다.) 〈3. 무시와 정치적 개혁〉과 〈4. 무시와 화해〉에서는 정치적 개혁과 상호적 화해라는 두 가지 가능성을 각각 검토한다. 마지막으로 〈5. 무시에 대한 대응〉에서는 인정에 대한 요구를 설명하려면 제도적 대응과 상호적 화해의 시도 모두가 필요하다는 이중적 관점을 제기하며 마무리하고자 한다.

2. 사회적 해악으로서의 무시

해악은 어떤 개인이 지닌 자기개념, 믿음, 행위의 이유가 타당하지 않은 것으로 여겨지고 해당 개인이 지속적으로 실패한 행위주체로 받아들여지게 될 때, 즉 그런 식으로 무시받는 상황에서 발생한다. 이때 타당하지 않다는 것은 해당 개인과 타인 사이에서 발생하는 범주 오류category error(y인 어떤 것 스스로를 x라고 생각하는 것)일 수도 있으며, 혹은 해석의 불일치(타인은 결핍으로 여기는 속성을 당사자는 긍정적으로 여기는 것)일 수도 있다.[184] 이를 **사회적** 해악이라고 말하는 것은 그 해악이 개인적 차원에 그치지 않고 집합적으로 생성되고 유지되기 때문이다. 즉 문제는 다른 사람을 인정하지 않는 한 명의 개인이 아니라, 사람들의 정체성을 손상시키는 가치와 표상을 둘러싼 사회적 경향에서 비롯된다. 그렇다면 이제 무시에 따른 해악에 어떤 것이 있는지 구체적으로 살펴보자.

누군가에 대한 인정을 거부한다는 것은 그들이 성공적인 행위주체라는 점을 부인하는 것이다. 이는 해당 개인이 본인 스스로와 세계에 대해 갖는 권위의 자격을 박탈당한다는 것을 뜻한다. 즉 타인들은 해당 개인이 규정한 자기에 대한 상이 옳지 않다고 여길 수 있다. 물론 자기 자신에 대해 생각한 결론이 정말 옳지 않으며 오류에 해당할 수도 있다. 그러나 이는 이 장에서 다루는 주제를 벗어난다. (행위주체가 범할 수 있는 여러 종류의 오류에 대해서는 7장에서 좀 더 자세히 다룬다.) 여기서 중요한 논점은 인정에 대한 부정이 사회적 해악, 즉 실격에 해당할 수 있는가이다.

사회적 실격을 초래하는 많은 요인 중 하나는 개인이 그 자신에 대해, 혹은 세상이나 타인에 대해 권위를 지닌 존재로 여겨지지 않는 것이다. 자신의 세계관에 누구도 귀를 기울이거나 진지하게 받아들이지 않는다면 해당 개인은 인식적으로 소외될 수 있다. 그렇게 되면 개인은 사회적으로 소외되고, 실질적인 행위주체가 되는 개인의 능력 또한 사라지게 된다. 실격의 효과는 미쳤다거나 정신질환이 있는 것으로 간주되는 사람들의 사례에서 가장 명확히 드러난다. 1장에서 보았듯, 사회가 자신들의 목소리에 귀 기울일 수 있도록 투쟁하는 것은 매드운동의 핵심을 이루며, 광기를 결핍이나 질병으로 여기는 사회적 설명은 운동의 목표 실현을 방해한다.

사회적 실격과 별개로, 여기서 언급하고 싶은 또 다른 해악은 심리적 측면의 해악이다. 4장의 〈4. 인정의 심리적 영향〉에서 살펴본 인정의 심리적 결과에 대한 호네트의 설명에 따르면, 성공적인 행위주체로 여겨지고 인정받는 것은 긍정적 정체성의 발달에서 중요한 경험적 조건 중 하나이다. 일차적 관계에서 비롯되는 **사랑**, 시민사회에서 비롯되는 **권리**, 가치공동체에서 비롯되는 **연대**라는 인정의 여러 형태는 각각 자기믿음, 자기존중 그리고 자기가치부여로 특징지어지는 자기관계의 발달을 촉진한다. 즉 이런 인정 형태의 적절한 실현이 가로막힐 경우 긍정적 정체성의 발달이 저해될 수 있다. 나아가 이는 무시의 악순환을 초래할 수 있다. 그 악순환에 던져진 개인은 자기믿음, 자기존중 그리고 자기가치부여를 결여하고 있기에 성공적 행위주체로 여겨지기 어렵고, 따라서 스스로의 정체성과 신념에 대한 의미 있고 설득력 있는 설명을 제시하기란 더더욱 어려워진다. 좀 더 많은 경험적 뒷받침이 필요하겠지만(4장의 '호네트가 제시하는 설명의 문제점과 그 함의' 절 참고), 무시당한다는 것이 이런 심리적 해악을 초래할 수 있으며, 이때 심리적 해악은 앞서 정의한 바로 그런 의미에서 사회적 해악에 해당한다는 것을 파악할 수 있다.

만약 무시가 사회적 실격과 정체성 손상으로 이어지며, 사회적 관계를 회복하는 것이 이런 해악을 해결하는 역할을 할 수 있음을 받아들인다면, 여기에 어떻게 대응하는 것이 옳은 것일까? 그 대응은 정치적·제도적 대응의 범위에 속하는가 아니면 사회적 관계 속에서의 화해를 촉진하는 실천의 영역 내부에 속하는가? 로버트 피핀은 다음과 같은 가능성에 주목한다.[185]

> 우리는 상호인정의 형태가 만족스러운 삶에 핵심적이고 심지어는 본질적인 것임을 지적할 수 있다. 그러나 이는 대체로 정치적 개선 조치의 대상이라기보다는 윤리적 문제이며, 사회개혁 프로그램보다는 도덕적이고 종교적인 실천에 가깝다.

정치적 개선 조치는 사회정의와 관련된 요구를 해결하기 위한 일반적 방법이다. 특정 정체성과 관련된 부정적인 사회적 서사를 바꾸는 한 가지 방법은 필요한 변화를 만들어내기 위한 (이를테면 교육과 같은) 개혁 프로그램을 시행하는 것이다. 우리는 이처럼 특정 유형의 차별을 저지하고 때로는 불법화하는 정치적 조치와 캠페인에 익숙한 편이다. 반면, 화해reconciliation는 좀 더 깊은 곳에서 발생하는 태도의 변화를 요구한다는 점에서 정치적 조치와 다르다. 피핀이 "도덕적이고 종교적인 실천"이라고 표현했듯, 화해는 진정으로 마음에 와닿는 상호 수용의 상태를 목표로 한다. 또한 화해를 통한 변화는 정치적 조치와는 달리 법적 구속력을 가질 수 없다. 그렇다면 정치적 개혁 조치와 화해 중 어떤 접근법이 더 적절할까? 혹은 두 접근법 모두가 필요할까? 이를 검토하기 위해 이어지는 두 개의 절에서 정치적 개혁과 화해를 각각 살펴보고, 〈5. 무시에 대한 대응〉에서는 이 두 접근 방식을 비교해보고자 한다.

3. 무시와 정치적 개혁

무시의 해악에 정치적으로 대응하는 쪽을 택한다면, 그런 해악을 초래하는 사회적 상황을 변화시키기 위한 방편으로 정치제도 차원에서 인센티브를 부여하거나 강제적 조치를 동원하는 것이 정당화될 수 있어야 한다. 이때 무시는 (제도적 개입이 필요한 사회문제가 있고, 이를 위반한 당사자에게 제재를 가할 수 있다는 측면에서) 마치 특정 집단 구성원의 고용을 거부하는 사례와 유사한 양상을 보이게 될 것이다.

그러나 무시에 대한 정치제도적 해결은 이뤄지기 힘들 것으로 예상된다. 이는 무시가 심각한 해악이나 사회적 부정의가 아니어서가 아니라, 그것이 강제적 조치나 인센티브 부여와 같은 정치적 대응을 통해 적절히 해결되기 힘든 종류의 해악이기 때문이다. '사회정의와 정치적 개혁의 한계' 절에서 이 문제를 본격적으로 다루기에 앞서, 무시에 대한 정치제도적 해결이 어떤 방식으로 이뤄지며 어떤 문제점을 동반할지 먼저 대략적으로 살펴보자.

좋음에 대한 윤리적 개념 구상으로서의 인정이론

무시에 대한 정치적 대응에서는 무시라는 해악이 인간의 번영을 가로막는 요인이며, 이처럼 번영의 조건을 박탈하는 것은 곧 사회적 부정의에 해당한다고 주장한다.[186] 예를 들어, 호네트는 무시의 해악을 초래하는 사회관계를 반드시 해결해야 할 사회적 병리로 간주한다.[187] 자기 자신 혹은 세상에 대한 권위자로 간주되지 않고, 실질적인 행위주체가 될 수 없으며, 스스로에 대해 긍정적 태도를 취할 수 없다면, 그런 상황에서 삶을 잘 꾸려나가는 것 자체를 상상하기 어렵다. 그런 점에서 위의 주장은 타당한 것처럼 보인다.

그러나 이런 주장이 정말 맞는 것일까? 사람들이 타인을 향해 '잘 살기 위해서는 어떠한 가치 체계를 채택해야만 하며 어떠한 방식으로 행위해야만 한다'고 왈가왈부해왔던 수많은 사례들을 떠올려보면, 이런 주장에 즉각적 우려를 제기하게 된다. 다시 말해, 인정이론은 우리가 인간의 번영을 이루기 위해 어떻게 살아야 하는지에 대한 특수하고 편협한, 좋음에 대한 특정한 윤리적 구상ethical conception일 수 있다는 우려 말이다. 만약 그렇다면, 인정이론은 사회관계를 판단하거나 관계가 어떻게 시정되어야 하는지 기준을 제시하는 역할을 수행하기 어려워 보인다. 즉 이 경우 인정이론은 사회정의의 목적으로 기능할 수 없다. 반면, 만약 인정이론이 실질적인 윤리적 내용을 지니지 않는다면, 그것은 사회적·정치적 삶의 양상에 대한 매우 일반적인 종류의 권고만을 할 수 있을 뿐이다. 이 경우 인정이론은 불분명한 이론이라는 비판에 직면한다. 양 측면에서의 비판적 검토에 따르면, 결국 인정이론은 좋은 삶에 대한 이론인 경우에도, 그렇지 않은 경우에도 난관에 봉착하게 된다.

이런 비판을 검토하기 위해 좋은 삶에 대한 이론이 어떤 관점과 대비되는 입장인지를 먼저 살펴보고자 한다. 첫째로, 윤리적 구상에 대해 중립을 유지하며 사람들이 좋음에 대한 자신의 관념을 실현할 수 있는 환경을 제공하는 데만 집중하는 관점이 있을 수 있다. 이는 모두가 평등하고 정당한 대우를 받을 수 있는 중립적 기반을 구축하기 위해 특정 목적에 대한 추구를 지양하는 절차적 자유주의의 한 버전일 것이다.[188] 절차적 자유주의의 문제점은 오랜 기간 논의되어왔으며, 가장 유명한 비판은 공동체주의자 집단과의 논쟁 속에서 다뤄졌다.[189] 칸트 전통에 뿌리를 둔 절차적 자유주의의 함정은 도덕원칙이 기반하는 좋음의 개념을 설명하지 못한다는 데 있다.

3장의 〈2. 자유로운 행위주체란 무엇인가?: 도덕적 의무 vs 인륜성〉에서 개념적 수준에서 이런 비판을 검토했으므로, 이 절에서는 정치이론 차원에서의 절차적 자유주의에 대한 비판을 상세히 다루지는 않을 것이다. 앞서의 논의 내용을 간략히 정리하면, 칸트의 도덕이론을 헤겔의 인륜성ethical life 개념과 대조하는 과정에서 행위 지침이 될 수 있는 도덕원칙을 제공하려는 칸트의 시도는 선행하는 사회적 실천과 전통을 전제로 한다는 점이 드러났다. 순수한 절차적 원리는 내용이 부재하기 때문에 행위 지침을 제공해줄 수 없으며, 그 내용은 오직 선재하는 실천과 달리 상황의존적인 우연성contingency을 통해 의해서만 얻어질 수 있다. 즉 도덕적·정치적 숙고 과정 속에서 우리는 지침을 제공하는 가치나 목적과 완전히 분리될 수 없으며, 인륜성 없이는 이런 과제를 해결할 수 없다. 그렇다면 문제는 여러 형태의 구체적인 실현을 허용할 만큼 충분히 형식적이지만, 동시에 사회정의를 추구할 수 있을 정도로 충분히 실질적인 인륜성의 관점과 좋음에 대한 개념화를 제시할 수 있는지 여부이다. 호네트는 인정에 대한 자신의 연구에서 이렇듯 균형 잡힌 이론을 제시하고자 했다.

호네트는 인정이론이 좋음에 대한 **약한** 윤리적 구상을 제공한다고 주장한다. 이때 약한 윤리적 구상은 좋은 삶의 일반적 구조에 대한 형식적 관점을 제공하는 한편, 그 구조가 다양한 구체적 개념들로 채워질 수 있도록 여지를 남겨놓는다.[190] 예를 들어, 사랑, 권리, 연대라는 인정의 세 가지 형태를 언급하며 호네트는 다음과 같이 언급한다. (4장 '인정의 형태들' 절 참고)

> 한편으로, 성공적 자기실현의 조건으로 간주된 인정의 세 가지 유형은 그 규정상 충분히 추상적이고 형식적이기 때문에 좋은 삶에 대한 특정한 이념을 구현하는 것이라는 의심에서 벗어날 수 있다. 다른 한편으로, 위의 세 가지 조건은 내용적 관점에서 볼 때도 충분히 풍부하기 때문에 개인의 자기규정에 대한 단순한 지적보다는 성공적 삶의 보편적 구조에 대해 더욱 많은 것을 진술할 수 있다.[191]

호네트에 따르면, 인륜성의 형식적 개념화는 "충분히 풍부"하기에 사회정의를 추구할 수 있으며, 이런 맥락에서 "개인의 정체성 형성과 개인의 자아실현이 적절하게 이뤄질 수 있는" 호혜적 인정 관계를 확보할 수 있다.[192] 그는 다른 글에서 다음과 같이 서술한다.

> 도덕적 관점을 구성하는 다양한 태도들이 도입될 때, 그 관점들은 인간의 안녕에 기여함직하다고 여겨지는 (목적론적) 상태와 결부된다. 따라서 칸트주의가 요구하는 것과 대조적으로, 그것은 도덕적으로 옳은 것의 의미와 범위를 측정할 수 있는 좋음에 대한 윤리적 구상이다.[193]

호네트는 인정이론을 옹호하며 권리와 좋음을, 도덕과 윤리를, 정의를 뒷받침하는 의무론적 도덕원칙과 인륜성의 개념화를 뒷받침하는 윤리이론을 구분한다.[194] 그는 형식적 자유주의에서의 의무론적 형식주의formalism of deontological principles와 공동체주의의 윤리적 특수주의ethical particularism 각각의 이론적 함정을 피하면서 중도를 걷는 이론을 도출하고자 했다. 그는 둘 사이에서 균형을 잡는 데 성공했을까?

두 가지 비판

낸시 프레이저와 크리스토퍼 취른Christopher Zurn은 호네트가 분파성에 치우치지 않고 도덕적 내용을 다루는 인정이론을 만들어내는 데 실패했다고 지적한다. 그러나 프레이저와 취른의 비판은 서로 다른데, 프레이저는 호네트가 도덕적으로 공허한 이론을 만들어냈다고 비판하는 반면, 취른은 호네트의 이론이 여전히 분파적이라고 비판한다. 서로 다른 두 비판 중 프레이저의 비판부터 살펴보자.

프레이저는 인정이론이 인정에 대한 요구를 정당화하고 판단할 수 있는지에 의문을 제기한다.[195] 정의이론theory of justice이 인정에 대한 요구를 판단할 수 있으려면 그 이론은 분파적이지 않은 동시에 그런 판단의 근거가 될 충분한 내용적 확정성을 확보해야 한다는 이중의 조건을 충족시켜야 한다. 사회는 다양한 가치들로 이루어져 있고, 좋음에 대한 한 가지 설명으로 다른 설명을 묵살하는 순간 정의이론은 다른 집단에 대한 규범적 정당성을 잃을 수밖에 없기에, 반드시 분파주의를 지양해야 한다. 반면 문화적 정체성이 성평등을 침해할 수도 있는 것처럼, 인정에 대한 특정한 판단이 내려져야 하는 경우도 있다.[196] 문제는 이런 판단을 분파주의에 의존하지 않고 내려야 한다는, (호네트 또한 인지하고 있던) 이중의 과제를 해결해야 한다는 점이다. 그러나 프레이저는 인정이론을 통해서는 이 도전적 과제를 해결하기 어렵다고 지적한다.

프레이저는 호네트의 인정이론이 분파주의를 피하기 위해 과도하게 노력한 나머지 도덕적 내용이 결국 공백으로 남게 되었다고 지적한다. 인정이론이 실질적인 행위주체가 되는 데 있어 인정의 중요성을 강조하지만, 그 실질적인 행위주체의 기준을 확정하는 데 실패했다는 것이다. 마찬가지로 프레이저는 자기믿음, 자기존중 그리고 자기가치부여 차원에서 긍정적 자기관계를 발전시키는 데 인정이 중요한 역할을 한다는 것을 강조하며, 정작 인정이론은 적절한 보살핌, 정당한 존중, 가치 있는 성취를 구성하는 것이 무엇인지 그 실체적 내용을 제공하지 못한다고 주장한다. 실체적 내용을 제공하는 순간 가치에 대한 특정한 관점을 지지하며 분파주의로 향할 수밖에 없기 때문이다. (우리는 뒤에서 공동체주의와 그 문제들을 다루며 이 지점으로 다시 돌아올 것이다.) 프레이저는 실체적 내용을 제공하지 못하는 호네트의 이 이론이 인정에 대한 요구에서 논쟁적·문제적인 부분에 대한 판단을 제공하지 못할 거라고 비판한다.

> 호네트는 정의에 대한 자신의 설명의 토대를 좋은 삶에 관한 이론에 둠으로써, 윤리적 분파주의ethical sectarianism에 빠지지 않기 위해 기이한 논의를 전개할 수밖에 없게 된다. 자신이 말하는 규범적 원칙들을 형식적으로 해석해야 하는 상황에서 이런 원리들의 실질적 내용을, 나아가 규범적 정당성까지 제거해야 했던 것이다. 목적론에 내재된 분파주의의 유혹을 뿌리치는 과정에서 그는 결국 불확정성indeterminancy에 굴복하게 되었다. 아이러니하게도, 공허한 형식주의를 극복하기 위해 고안된 윤리적 출발점 자체가 도덕적 공백으로 추락하게 된다.[197]

그러나 내가 판단하기에 프레이저의 비판은 인정에 대한 요구를 판단하는 데서 인정이론의 규범적 잠재성을 간과하고 있다. 인정이론은 내부의 긴장을 포함하며, 그런 긴장을 통해 인정에 대한 요구의 타당성을 판단할 수 있는 제약 조건들을 만들어낼 수 있다. 이뿐만 아니라 판단의 과정은 이론 전체의 목적, 즉 사회정의의 감시를 받는다.[198] 예를 들어, 인종차별주의를 자신의 정체성으로 삼는 사람들을 생각해보자. 프레이저는 만일 정체성 손상이 판단의 전적인 기준이 될 경우, 일부 인종차별주의자들은 자신의 자기가치부여가 인종차별주의에 달려 있다고 주장하며 인정을 요구할 수도 있다고 지적한다.[199] 프레이저가 제시한 또 다른 예는 특정 종교적 정체성과 같은 문화적 인정에 대한 요구가 성평등과 충돌하는 경우이다.[200] 그렇다면 인정이론은 그 요구에 어떻게 대응할 수 있을까? 프레이저는 헤겔의 인정이론이 이런 문제들을 해결하지 못한다고 주장한다. 헤겔의 이론에 따르면, 누군가 자신의 실질적인 행위주체성과 심리적 건강 자체가 방해받는다고 주장할 경우, 해당 주장이 인종차별적이거나 여성혐오적인 것과 관계없이 그 주장이 정당화될 수 있기 때문이다. 즉 인정이론에 대해 프레이저가 제기한 것과 같은 지적은 인정이론이 설명하지 못하는 별도의 직관이 작용하고 있다고 주장하며 비판을 제기한다. 그러나 나는 인정이론이 이런 문제에 적절히 대응할 수 있음을 보이고자 한다.

인정투쟁의 도덕적 평가에 제기되는 의문에 대해 호네트는 다음과 같이 말한다.

> 분명한 것은 우리가 모든 정치적 봉기를 좋게 볼 수 없으며, 모든 인정 요구를 이미 도덕적으로 정당하거나 받아들일 수 있는 것으로 간주할 수도 없다는 점이다. 오히려 우리가 이런 투쟁들의 목적을 통상 긍정적으로 평가하는 것은, 이런 투쟁들을 우리가 보유하고 있는 좋은 혹은 정의로운 사회관에 접

근하는 시도로 이해할 수 있도록 하는 사회적 발전의 방향성을 보여주는 경우일 뿐이다.[201]

앞서 지적했듯, 정의로운 사회란 개인이 번영할 수 있도록 하는 상호적 인정 관계를 위한 조건을 갖춘 사회이다. 인종차별적 정체성으로 형성되는 관계는 동등한 개체 간의 관계가 아니며, 헤겔의 《정신현상학》에 등장하는 주인-노예 관계와 유사한 양상을 띤다. 그 관계에서 주인에게 부여되는 인정이란 공허하고 불안정할 뿐이며, 호혜성의 측면에서도 인종차별적 정체성을 주장하는 것은 불가능하다(3장 '인정의 개념' 절 참고). 그들 세계관의 정의definition 자체에 따라, 인종차별적 정체성을 지닌 사람들은 차별적 대상을 무시하는 행위를 저지르며, 나아가 (그들 자신을 위해 필요하다고 주장했던) 상대방이 번영할 수 있는 조건까지 박탈하게 된다. 따라서 인종차별주의자들의 이런 관계 형성이 스스로의 행위주체성과 정체성에 어떤 긍정성을 부여하는지와 관계없이, 인정에 대한 그들의 요구는 정당화될 수 없다.

특정 종교적 정체성과 관련한 인정에 대한 요구와 성평등 사이에서 충돌이 빚어지는 경우는 어떨까? 4장의 '인정의 형태들' 절에서 다룬 인정의 여러 차원에 대한 논의는 이에 대한 해결의 실마리를 제공한다. 인정의 두 번째 차원인 권리와 개인의 자율성에 대한 존중은 연대와 자기가치부여라는 인정의 세 번째 차원에 제약을 가한다. 자기가치부여를 위한 조건을 제공한다는 이유로 주체의 자율성을 침해할 수는 없다는 것이다. 결국 인정의 개념은 개인의 자율성과 사회세계를 화해시키는 문제와 관련되며, 그 화해가 모든 주체에게 실현되도록 하는 것이 이상적인 인정의 모습이다(3장의 〈2. 자유로운 행위주체란 무엇인가?: 도덕적 의무 vs 인륜성〉 참고). 이러한 제약조건에 의해, 연대와 자기가치부여 차원에서 실현되는 가치들은 "모든 주체의 법적으로 승인된 자율성에 의해 설정된 규범적 제한에 종속되며, …… 사랑과 권리라는 서로 다른 두 가지 인정의 형태들과 공존해야 한"다.[202] 동등한 주체로서 사회생활에 참여할 타인들의 기회를 부정하는 집단적 가치와 목표는 자기가치부여를 위한 인정의 요구 사항이 결코 될 수 없다.

즉 인정이론은 판단을 위한 규범적 자원을 지니고 있다. 사회정의를 목표로 하는 동시에 인정에 대한 요구를 평가할 수 있는 이상으로 작동하며, 도덕적으로 옳지 않다고 여겨지는 정체성과 요구를 배제하는 내적 제한 요건을 지니고 있는 것이다. 이 논의의 결과는 10장에서 매드 정체성의 인정에 대한 요구를 다루며 확인할 것이다.

호네트의 접근법에 대한 두 번째 비판으로, 취른이 제기한 논의를 살펴보자. 취른은 인정이론이 인간의 번영에 대한 편협한 관점을 담고 있으며, 따라서 사회관계를 평가하는 보편적 기준으로 기능할 수 없다고 주장한다.[203] 인정이론이 좋음에 대한 공허한 형식적 개념을 제시함으로써 도덕적 내용을 놓쳐버렸다는 프레이저의 주장과 달리, 취른은 인정이론이 너무 많은 내용을 담고 있다며 문제를 제기한다. 취른은 인정이론의 관점에서 바라보는 인간 번영인 "자기실현"이 "서구적" 사유에서 출발한 좋은 삶에 대한 이해에서 비롯되었다고 주장한다(4장의 '정체성과 진정성' 절 참고).

즉 취른은 "강압 없는, 충분한 자기실현은 좋은 삶의 사회적 조건을 판단하는 중요한 잣대가 될 수 있다"는 호네트의 주장에 의문을 제기하고 있다.[204] 취른은 호네트에 대한 비판을 담은 자신의 논문에서 자신이 제기한 의문에 대한 호네트의 가능한 응답들을 검토하고 그것들이 충분히 설득력 있지 않음을 확인한다.[205] 이를 통해 취른은 "어떻게 이러한 [윤리적 이상이] 우리 고유의 특정한 사회적 형태를 초월할 수 있는 진단적 사회철학 diagnostic social philosophy의 규범적 근거가 될 수 있는지에 대한 답은 여전히 내려지지 않았다"고 결론짓는다.[206]

이처럼 취른은 자기실현에 대한 욕구를 인간 본성의 핵심으로 여기는 철학적 인류학에 의존해 윤리적 이상의 보편적 기반을 확보하려는 시도를 거부한다. 그는 다음과 같이 회의론자의 반박이 있을 수 있음을 지적한다. "공동체의 덕목에 대한 복종, 도덕법에 대한 올바른 복종, 혹은 타인의 쾌락에 대한 최대치의 실현" 같은 좋음에 대한 다른 여러 개념화 중에서 왜 하필 "자기실현"을 기반으로 삼아야 한다는 말인가?[207] 취른과 회의론자들의 지적에 응답하기 위해, 도덕적·정치적 숙의가 무언가를 목적으로 삼으려면 인류성에 대한 전체적 관점이 필요하다는 앞의 내용을 상기해보자. 그렇다면 질문은 "인정의 이상이 이런 역할을 수행할 수 있는가"의 쟁점으로 수렴되며, 이에 답하려면 "인정의 이상은 그 안에서 좋음에 대한 다양한 개념화 방식들을 수용할 수 있는지"를 검토해야 한다. 만약 우리가 도덕적·정치적 숙의를 위한 중요한 목적을 추구한다면, 가능한 많은 다른 이상들을 수용할 수 있는 인정의 이상은 다른 이상들을 수용할 수 없는 인정의 이상보다 더욱 포용적이고 더 많은 이들에게 삶의 안녕을 안겨준다는 측면에서 좀 더 선호될 것이기 때문이다.

이 문제를 다루기 위해, 서로 다른 집단은 무엇이 충만한 삶을 만드는가와 관련해 상이한 견해를 가지고 있다는 회의론적 시각에서 시작해보자. 어떤 종교적 전통은 신의 명령에 따라 공동선common good에 복종하며 사는 것이 우리를 가장 자유롭게 한다고 생각할지 모른다. 다른 전통의 경우, 자신을 해방시키고 더 높은 곳으로 나아가기 위해 세속적 욕망과 소유를 부정하는 것을 핵심 목표로 삼을 수도 있다. 개인이 스스로를 단련시키고 형성해 스스로가 열망하는 더욱 고차원적인 원리의 구현을 달성하는 일에 전통이 관여한다는 점에서, 두 전통 사이에는 공통점이 있다. 전통의 이상은 자기형성self-making이 담아내야 할 특별한 관점을 제공하며, 사람이 따라야 하는 가치와 신념에 대한 구체적 설명을 제공한다. 이와 같은 전통의 이상은 자기형성에 대한 다른 관점을 수용하기 어렵다. 반면, 인정의 이상은 **집단의 구성원들이 자신의 특정 삶의 방식을 타인에게 강요하지 않는 한**, 다양한 자기형성 관점들을 수용할 수 있다.

그러나 회의론자들은 이런 식의 결론에 만족하지 않을 것으로 보인다. 회의론자는 "집단의 구성원들이 자신의 특정 삶의 방식을 타인에게 강요하지 않는 한"이라는 자격 요건을 문제 삼고, 인정의 이상이 적절한 사회관계의 중요한 잣대가 되지 못한다고 주장할지도 모른다. 특정 종교적 이상을 좇는 사람들이 왜 인정의 이상을 좇아야 하며, 인정의 이상이 자신들이 지닌 자기형성 관점의 강제적 요소들에 부과하는 제한 조치에 동의해야 하는지 설명하지 못한다는 것이다. 즉 회의론자에게는 이런 논의가 의존하고 있는 근본 가정에 명백히 문제가 있는 것으로 보일 수 있다. 이처럼 우리에게는 한편으로 인간의 본성, 신성 및 사회적 권위와 개인의 관계, 인간 활동의 목적과 관련해 종교적으로 뒷받침된 가정들이 있으며, 다른 한편으로는 개인의 자율성의 가치, 자율성과 세계를 조화시키는 것의 중요성과 관련된 자유주의적이고 세속적인 가정들이 있다.

이 두 가지 관점을 조화시키려는 다양한 학문적·문화적 시도들이 있어왔지만, 이 둘은 양립하기 어려워 보인다. 사람들로 하여금 특정한 삶의 방식을 강요하는 이상은 근대의 이성적·세속적 전통 안에서 (3장과 4장에서 살펴본) 자율성과 자유의 기본적 개념과도 상충한다. [그러나] 인정의 이상은 판단을 위한 충분한 내용을 갖는다는 점, 그리고 자기형성의 다양한 관점을 포괄할 수 있다는 점에서, 인정의 이상은 근대적 전통 내부의 사회관계를 평가하는 중요한 잣대로 기능할 수 있다.

사회정의와 정치적 개혁의 한계

무시의 해악이 인간의 번영을 가로막는 장벽이라고 할 때, 그 번영의 조건을 부정하는 것은 사회적 부정의에 해당하는가? 무시가 초래하는 결과에 대한 앞선 〈2. 사회적 해악으로서의 무시〉의 논의는 "사람들에 대한 인정을 부정하는 것은 그들이 성공적인 행위주체라는 것을 부정하는 것이다"라는 문장으로 요약될 수 있다. 이런 부정은 두 가지 결과를 초래할 수 있다. 첫째, 그들의 관점을 고려하지 않거나 진지하게 취급하지 않아 그들이 사회적으로 실격당하게 되며, 이로써 한 인격체는 실질적인 행위주체가 될 수 없다. 둘째, 정체성의 발달이 중단된다. 최근의 몇몇 연구에서는 인식적 주변화에 의한 사회적 실격을 "인식적 부정의epistemic injustice"라는 용어로 설명한다.[208] 무시에 의해 손상된 정체성 또한 부정의에 해당한다고 볼 수 있으며, 이런 관점에서 자기존중과 자기가치부여를 얻을 수 있는 사회관계는 롤스가 말한 기본재primary goods가 될 수 있다. 이 경우, 사회관계는 물질적 자원, 교육, 표현의 자유 등과 같은 기본재의 요소들과 유사한 것이 되며, 롤스 또한 "자기존중의 사회적 기반"에 대해 언급한 바 있다.[209] 실격당한 당사자들의 언어에 기반해 당사자들의 관점에 다가갈 수 있으며, 해악이 **실제로** 부정의한 것인지 질문해볼 수도 있을 것이다. 그러나 설사 그런 해악이 부정의하다고 할지라도, 나는 이와 같은 방식으로 질문하지 않으려 한다. 왜냐하면 이것이 정치적 개혁을 통해 적절하게 해결될 수 없다는 더욱 근본적인 문제가 존재하기 때문이다. 핵심은 오히려 문제의 본질인 이른바 무시에 있으며, 중요한 것은 무시가 어떻게 교정될 수 있는가이다.

무시의 대상이 된다는 것은, (그것이 하나의 사실이든 평가이든) 자신의 자기개념, 믿음, 행위의 이유 모두가 사회적으로 타당하지 않다고 여겨지는 행위주체가 된다는 것을 뜻한다. 따라서 무시를 (그리고 무시에서 발생하는 해악을) 교정한다는 것은 당사자의 자기개념화, 믿음, 행위의 이유를 타당한 것으로 승인한다는 것이 된다. 그러나 승인이 (실제적 관여나 판단, 해당 요구의 평가가 있기 전에) 무조건적으로 제공될 수 있는 것은 아니다. 어떤 요구가 무조건적으로 승인된다면, 그때 승인은 강요된 거짓말이거나 시혜적으로 내어준 합의, 시대적 흐름에 편승해 무심코 고개를 끄덕이는 것에 지나지 않을 것이다. 인정에 대한 어떤 요구가 요구된다는 그 사실만으로 유효한 것으로 여겨진다면, 그 요구를 위한 사회적 투쟁 또한 무의미해질 것이다.

인정투쟁의 핵심은 행위주체로서 어떤 사람의 성공이 타인들에 의해 **진정으로** 승인된다는 것이며, 이는 불가피하게 모든 요구가 타당한 것으로 간주되기는 어렵다는 위험을 수반한다(이어지는 〈5. 무시에 대한 대응: 정치적 개혁과 화해의 역할〉 참고). 그렇다면, 다른 사람들의 정체성의 타당성을 승인하도록 강제하거나 장려하는 것은 적절한 해결책이 아니다. 이는 단지 동의의 외양을 띨 뿐, 본래 의도했던 사회관계의 개선은 전혀 진행되지 않을 수도 있다. 즉 인식적 주변화로 인한 사회적 실격과 무시에 의한 정체성의 손상을 사회적 부정의로 규정할 수 있지만, 그런 부정의에 대한 시정은 강압적이거나 인센티브를 부여하는 정치적 조치로는 달성될 수 없다. 그보다 정치적 조치는, 인정의 본성을 고려해 인정에 대한 요구에 좀 더 적절하게 대응할 수 있는 올바른 조건을 만드는 데 확실히 도움이 된다. 이때 적절한 대응이란 바로 화해를 이루려는 시도를 말한다.

4. 무시와 화해

〈2. 사회적 해악으로서의 무시〉에서 우리는 인정에 대응하는 다음의 두 가지 방식을 살펴보았다. (1) 정치적 개혁: 사회관계의 복구, (2) 화해: 성공적 행위주체로서 타인의 지위에 대한 승인.

화해는 정치적 개혁과 다른 공간에서 작동한다. 정치적 개혁이 사회정의나 강압 및 장려를 통해 실행된다면, 이와 반대로 화해는 타인이 수용하는 과정을 동반한다. 이 과정은 강제될 수 없으며, 사회정의가 작동하는 방식과는 다른 층위에 놓인다.

화해의 의미

화해를 위해서는 나와 타자가 상호작용하는 삶의 구체적 맥락 속에서 상호적 조정mutual accommodation이 이뤄져야 한다. "화해한다는 것은 현실에 저항하거나 현실을 바꾸려고 하는 대신, 현실을 받아들이고 스스로의 목표와 삶의 방식을 현실과 최대한 통합하려는" 시도이며,[210] 현재의 상황에서 "자신의 평화를 만드는 것"에 해당한다. **통합**이란 단지 타인을 견디는 것만을 의미하지 않으며, 스스로 어떤 방식으로든 변화한다는 것을 함축한다. 이런 통합 개념은 화해를 이해하는 데 핵심이 된다. 예를 들어 오랜 동반자 관계에서 통합이란, 타인의 욕구와 목표가 이제 **나의** 인생 계획에 나타나는 단계라고 할 수 있다. 즉 타인의 욕구와 목표가 더 이상 피해야 할 장벽이 아니라, **우리**의 인생 계획을 수립하는 과정에서 나의 욕구와 목표와 함께 고려되어야 할 추가적 요소로 작용한다는 것이다. 이를 가능케 하기 위해서는 상대방의 욕구와 목표를 나의 욕구와 목표 곁에 나란히 놓을 수 있는 공간을 확보하는 것이 필요하며, 상대방의 욕구와 목표의 충족이 나의 그것만큼 중요하게 받아들여질 수 있어야 한다. 이런 통합이 상호적으로 발생할 때 나의 개별성은 상대방의 개별성과 화해하게 되며, 좋은 동반자 관계에 기반을 둔 통합성unity으로까지 나아갈 수 있다.

이는 3장에서 다룬 인정 개념에 대한 논의로 이어진다. 상호인정이라는 이상은 상호작용에서 각 주체가 스스로의 자율성을 자발적으로 제한해 상대방의 독립성을 인정할 때 실현된다. 타인의 독립성을 인정한다는 것은 그를 성공적인 행위주체로 인정한다는 것이며, 이는 타인이 스스로에게 부여하는 정체성, 믿음, 행위의 이유를 하나의 진실로 승인하는 것이기도 하다. 각 행위주체의 자기개념이 상대방에 의해 반영되고 스스로의 진실이 되며, 두 행위주체가 이런 종류의 만족을 얻는 것이 상대방 또한 이를 수용하는 행위에 달려 있음을 받아들이는 순간, 강제성이 없고 호혜적이며 동등한 인정은 통합성의 이상을 달성한다. 헤겔은 이런 과정의 최종적 실현을 언급하며 "사람들은 서로를 상호적으로 인정함에 따라 그 자신을 인정한다"고 말한다.[211]

이 최종적 이상은 헤겔이 **사랑**이라고 지칭하는 인정의 형태로 실현되며, 그 정반대에 해당하는 것이 헤겔이 제기하는 첫 번째 (비)인정의 형태인 주인-노예 관계이다. 3장의 '인정의 개념' 절에서 다루었던 것처럼, 헤겔은 주인-노예 관계와 관련한 인정의 형태에 대한 설명으로 논의를 시작한다. 그는 이것을 한쪽은 "오직 **인정받을** 뿐이고, 다른 사람은 오직 **인정할** 뿐"인 절대적 불평등의 관계로 언급한다.[212] 즉 인정의 상호적 경험은 상호성이 부재하는 사례에서 시작한다. 주인은 절대적인 독립을 유지하고, 노예에게 어떠한 인정도 주지 않으면서 노예에게 인정을 받는다.

제이 번스타인Jay Bernstein이 지적한 바와 같이, 이 관계는 "도덕적 훼손과 무시의 전형적인 형태"이다.[213] 주인-노예 관계의 대척점에 있는 것이 바로 화해의 상태이다. 화해의 상태는 동등성에 기초한 관계이며, 이때 각자는 상대방을 통해 스스로를 승인한다. 이 관계 속에서 상대방은 더 이상 지배되어야 하는 소외적 존재가 아니다. (헤겔은 이런 상태를 지칭하기 위해 **사랑**liebe이라는 단어를 사용했으나, 이 용어는 논의가 **낭만적** 사랑에 국한된다는 인상을 주므로 이 책에서는 사용을 삼가고자 한다.[214]) 헤겔이 사랑을 상호인정의 완벽한 본보기로 여기는 것은 사실이지만 이는 단지 하나의 가능한 예일 뿐이며, 핵심은 앞에서 설명한 인정의 구조에 있다. 따라서 그 구조를 지칭하기 위해 여기서는 화해라는 단어를 사용하고자 한다. 화해는 사랑으로 표현되는 친밀한 관계, 공유하는 목표로 통합된 파트너십, 그리고 과거와 현재의 사회적 해악, 폭력, 도덕적 훼손을 수용하고 해결하기 위해 집단적인 노력을 기울이는 공동체를 포괄할 정도로 넓은 용어이기 때문이다.

화해는 결과이자 태도이다. 결과로서의 화해의 경우, 이 절에서 다룬 것처럼 상호 간에 실제로 화해가 이루어져야 한다.

한편 태도로서의 화해는 상대방이 세상에서 자기 자신으로 있을 수 있다는 것이 나의 그것만큼이나 소중하다는 것을 암묵적으로 인정하고 타인에게 다가가는 것이다. 따라서 우리는 타인에 대해 취하는 기본적 태도로서 화해의 **의도**와 이상의 실현으로서 화해의 **결과**를 구분할 수 있다. 이 구분은 우리가 화해의 의도를 가지고 타인에게 다가갈 수 있지만(그리고 아마도 다가가야 하겠지만), 결과로서 화해를 강제할 수는 없다는 것을 보여준다. '무시에 대한 대응: 정치적 개혁과 화해의 역할' 절에서 서술하겠지만, 화해를 통한 변화는 자발적이고 상호적이어야 하고 진정성이 있어야 하므로, 강제는 오히려 이런 식의 변화를 어렵게 만든다. 그러나 그전에 먼저 해결해야 할 문제가 있다.

왜 우리는 화해의 태도로 타인에게 다가가야 하는가?

이상적인 우정 및 동반자 관계에는 무조건적이고 상호적인 화해의 태도가 존재한다. 이는 상대방이 사회세계에서 만족을 찾을 수 있는 가능성이 자신의 그것만큼 중요하다고 여기는 태도가 상호 간에 오고 감을 의미한다. 그러나 화해의 태도가 상대방의 모든 것에 동의해야 함을 뜻하는 것은 아니다. 화해의 태도란 서로 간의 상호작용에서 상대방이 무엇을 말하고 무엇을 하려 하는지 진정으로 헤아리려는 시도가 존재한다는 것을 뜻한다. 그렇기에 화해의 태도가 존재하더라도 실제로는 화해가 이뤄지지 않을 수도 있다. 그렇다면 우리는 왜 화해의 태도로 친구나 동반자를 대해야 하는가? 물론 보통 가장 가까운 친구나 동반자와의 상호작용을 도덕적 의무에 의한 지시 명령으로 생각하지는 않으므로, 이런 질문이 완전히 적절하다고 볼 수는 없다. 우리는 그저 타인의 만족에 관심을 가질 뿐, 도덕적 성격을 띠는 정당화를 필요로 하지는 않는다.[215] 리처드 로티Richard Rorty는 비슷한 논점을 제기하며 다음과 같이 묻는다.[216]

> 나는 어머니에 대해 도덕적 의무를 지는가? 나의 배우자, 내 자녀에 대해서는 어떨까. 이 경우 '도덕성'과 '의무'는 적절하지 않은 것처럼 보인다. 의무적인 일을 하는 것은 자연스럽게 하게 되는 일과는 대조되며, 대부분의 사람들이 가족 구성원의 필요를 충족시키게 되는 것도 세상에서 가장 자연스러운 것 중 하나이다.

정치적 개혁과 대조적으로, 화해는 도덕적 의무와 사회정의의 언어를 사용하지 않는다. 누군가 친구의 만족에 대해 조건 없이 중시하는 태도를 취하는 것은 그렇게 하지 않는 것이 부정의해서가 아니라, 자신에게서 자연스럽게 흘러나왔기 때문인 것이다. 나 스스로의 만족에 대한 고려는 더 이상 도덕적 원리로 분석될 수 없다. 내가 스스로를 중요하게 여기는 이유가 그렇게 하지 않으면 나 자신에 대해 부정의를 저지르게 되기 때문이라고 주장하는 것은 터무니없는 일일 것이다.[217] 누군가의 친한 친구는 분명 그 사람 자신은 아니지만, 그 둘의 감정과 자기이해는 서로 얽혀 있으며 이로부터 자연스레 상호적 중시가 발생하게 된다. 여기서 도덕적이든 도구적이든 추가적인 정당화는 필요치 않다. '사랑' '우정'과 같은 단어는 모두 이런 과정을 가리키는 약칭이며, 내가 다른 사람을 알아가고 상대방에게서 나 자신의 핵심적 측면을 발견하게 되는 관계를 가리킨다.

'화해의 의미' 절에서 지적했듯, 화해는 사회적 격변과 폭력적 대립을 거친 공동체뿐 아니라 친밀한 관계에도 적용된다. 그러나 앞서 화해의 태도를 논할 때는 초점이 주로 우정과 동반자 관계에 맞춰져 있었다. 이와 같이 정체성과 감정이 서로 얽혀 있는 개인들의 경우, 화해의 태도에서 도덕적 정당화의 필요성이 크게 대두되지 않았다. 그렇다면 공동체의 구성원, 건너서 아는 사람, 길에서 마주친 낯선 사람과 같이 친밀한 관계 맺음으로 이어질 가능성이 낮은 이들에게까지 화해의 태도를 확장할 수 있을까? 그들이 세상에서 자리매김하는 것에 대해 내가 왜 관심을 기울여야 하는가? 그렇게 해야 할 도덕적 의무가 나에게 있는 것인가?

로티는 우리가 자신과 상대방을 동일시하는 것이 더 이상 가능하지 않거나 이를 원하지 않을 때 도덕적 의무라는 언어가 효과를 발휘하기 시작한다고 지적한다.[218] 어떤 사람들은 도덕에 따른 옳은 일을 해야만 한다는 믿음 속에서 타인을 도와야 한다고 생각할지도 모른다. 그러나 만약 어떤 개인이 타인을 자신과 동등한 존재로, 그 자신이 속한 집단이나 공동체에 속하는 존재로 여기지 않는다면, 의무 그 자체만으로는 해당 개인이 타인을 '중시하도록' 만들기 어려울 것이다. 설사 이때의 의무가 칸트의 도덕법이나 알라의 신성한 지시와 같이 제시된 것이라 할지라도, 혹은 순수이성에 의한 것이거나 외부의 보상 혹은 처벌로서 장려된 것이라 할지라도 말이다. 사실 대부분의 사람들에게는 누군가를 돌보며 주의를 기울일지 결정하는 데 '도덕법'이 전혀 영향력을 발휘하지 않는다. 예를 들어, 기부 독려 캠페인은 도덕법에 근거한 의무나 이성의 역량, 사리사욕에 호소하지 않는다. 캠페인은 고통받는 개인의 사진을 보여주거나 이야기를 들려주며, 그들에 대한 염려를 불러일으키고 그들에게 마음 쓰게 만드는 방식으로 고통의 당사자들을 인격화하고 인간화하려 한다. 즉 캠페인은 고통받는 사람들이 모두와 같은 존재라는 것을 보여주기 위해 노력한다. (그럼에도 사람들은 제한된 일부의 사람들만을 중요하게 여기며, 많은 경우 그 경계는 가족에 한정된다.)

하지만 로티에 따르면, 도덕철학은 항상 '내가 왜 도덕적 존재가 되어야 하는가'라는 질문에 더 큰 관심을 기울여왔다. 이는 [도덕적이지 못한 존재로서의] "사이코패스와 같이 드문 인물"에게 관심을 기울이고, 정작 더 일반적인 다음과 같은 경우는 외면하는 결과를 초래했다.[219]

> 다소 좁은 범위의 깃털 없는 두발 동물*에는 도덕적으로 나무랄 데 없이 관심을 기울이지만, 이 범위 밖에 존재하는 사람들, 즉 우리가 유사인간pseudo-human이라고 생각하는 사람들의 고통에는 무관심하다.

---

* **이 인용문에서 로티는 인간을 낯설게 표현하기 위해 "깃털 없는 두발 동물**featherless biped**"이라는 단어를 사용하고 있다.**

이를 통해 우리는 "개인의 도덕적 발전과 인간 종 전체의 도덕적 진보는 '인간 자신들human selves'에 주목해 그 자신들을 구성하는 관계를 다양하게 확장시키는 문제"라고 지적한 로티의 관점을 이해할 수 있다.[220] 이처럼 로티는 우리가 "우리 부류의 사람들"과 "우리와 같은 사람들"이라는 용어의 범위를 더 많은 사람들을 포함하는 것으로 확장해야 한다고 주장한다.[221] 로티의 기획에서 "우리는 왜 화해의 태도로 상대방에게 다가가야만 하는가"라는 의문은 단지 가까운 친구나 동반자뿐 아니라 타인에 대해서도 부적절한 것이 된다.[222] 그렇다면, 현재에도 친구나 동반자가 아니며 미래에도 가까워지지 않을 사람들에게 화해의 태도를 갖는 것이 어떻게 가능할 수 있는가?

가까운 친구나 가족을 넘어 타인에게까지 마음 쓰는 영역을 확장시키기는 데는 여러 어려움이 따른다. 우선, '우리'는 '그들'과 정서적 유대감을 공유하지 않는다는 큰 장벽이 존재한다. 더욱이 우리가 그들에게 어떻게 행동하든 그것이 우리의 삶에 영향을 미칠 것 같지 않아 보이기도 하며, 그 타인들을 고려할 자기이익의 요소 역시 부재한다. 무관심 혹은 부정('구걸하는 이 사람이 사실 너나 나보다 부자일 거야'), 방관자 효과('다른 누군가가 도울 거야') 같은 다양한 사회심리적 장벽이 존재하는 것은 말할 것도 없다. 이런 어려움을 차치하더라도, 타인에 대한 우리의 관심 부족의 주요 원인은 근본적 측면에서 '그들'을 '우리'와 같은 존재로 여기지 않을 수 있다는 데 있다. 즉 우리는 그들을 비인간화한다.

비인간화 서사dehumanizing narrative는 우리 공동체에 만연해 있으며, 어떤 집단도 이 서사에서 자유롭지 않다. 이 내러티브의 중심 전제는 특정 집단의 구성원들이 상당히 부족한 수준의 심리적·도덕적 깊이를 가지고 있거나 우리가 느끼는 것과 같은 고통을 느낄 수 없다는 것이다.[223] 많은 독자들이 다음과 같은 경우를 접했으리라 생각한다. 누군가는 특정 에스닉 집단ethnic group은 '당신과 나처럼 삶을 중시하지 않고, 그들의 자녀가 죽어도 크게 개의치 않는다'고 말하며, 특정 인종이 '우리와 같이 우울해하고 슬픈 감정을 느낄 수 있는지' 질문하는 경우도 있고, '노숙인은 우리만큼 추위를 타지 않아서 열악한 환경에서 자도 괜찮다'고 말하기도 한다. 이 모든 경우에 판단은 그 대상이 되는 개인들에 대한 정확한 지식 없이 단지 일련의 상상에 기반할 뿐이다. 그러나 이런 생각들이 상상된 것이라면, 반대로 그들도 우리와 마찬가지로 심리적·도덕적 깊이를 가지며, 고통을 느낄 수 있다고 받아들일 수는 없을까? 이렇게 상상하기 시작한다면, (설사 그들에 대해 화해의 결과를 도출하는 어떤 일을 하지는 않더라도) 적어도 우리는 그들에게 화해의 태도를 취하게 될 수도 있다. 사실, 이처럼 최소한으로나마 타인을 인간화하는 작업은 무시를 해결하는 첫 번째 단계에 해당한다. 즉 화해의 태도를 확보하는 것은 인정을 요구하는 사람들의 주장에 좀 더 실질적으로 다가가기 위한 전제가 된다.[224]

우리가 너무나 잘 알고 있듯, 이 기본적인 첫 번째 단계조차 사회적으로 성취되기 매우 어렵다. 너무나 많은 심리적·사회적·경제적·정치적·문화적 요인들이 산적해 있기 때문이다. 로티는 그 중심에 있는 문제를 관찰하며 다음과 같이 지적한다.

> [대부분의 사람들은] 그들 스스로를 특정한 **좋은** 부류의 인류로 여기며, 이는 특정한 나쁜 부류에 대한 명시적 반대항으로 정의된다. 자기 자신에 대한 그들의 생각에서 핵심은 자신이 이교도도 **아니고**, 퀴어도 **아니고**, 여성도 **아니며**, 불가촉천민도 **아니라는** 점이다.[225]

우리가 "**진짜** 인간들인 **우리**와 미숙하거나 변태적인, 혹은 기형적인 인간성의 사례들"[226]을 지속적으로 비교하는 한, 그리고 우리가 스스로를 이해하는 데 이런 식의 대조가 근본적인 것으로 남아 있는 한, 다른 사람들을 인간화하는 목표는 위태로울 수밖에 없다. 오늘날의 경제적·정치적 불안정성이 사람들로 하여금 타인들에게 마음을 쓰기 어렵게 만든다는 맥락은 문제를 더욱 복잡하게 만든다.[227] 오늘날 유럽과 북미의 일부 지역에서 볼 수 있듯, 안보와 특권적 지위의 실제적이거나 체감된 상실은 "우리와 같은 사람들"의 범주를 특정 인종이나 국가의 경계 안에 다시 한번 국한시킨다.[228] 이처럼 타인을 인간화하는 것, 타인에 대해 화해의 태도를 취하는 것은 복잡한 과제이다. 사람들이 타인을 자신의 안보나 정체성에 위협이 되는 존재로 생각한다면, 사람들은 타인과 자신의 공통점을 찾으려 하지 않을 것이다. 그리고 타인을 자신과 근본적으로 다른 존재로 여기는 한, 사람들은 그들을 더 큰 집단의 동등한 일부로 여기지 못할 것이다. 이런 악순환을 깨고 화해의 가능성을 만들어내려면 정치제도의 역할이 필요하다. 예를 들어, 정치제도는 사람들이 배제적이고 비인간적인 서사에서 벗어나 서로를 만나고 알도록 도울 수 있다. 즉 화해는 인정에 대한 요구에 대응하는 가장 적절한 방식에 해당하며, 특정한 종류의 정치 활동을 통해 촉발될 수 있다.

이번 절을 시작하며 제기했던 '우리는 왜 화해의 태도로 서로에게 다가가야 하는가?'라는 질문으로 되돌아가보자. 이제 우리는 이 질문이 잘못되었으며, 그 대신 '마음 써서 배려하는 관계의 영역을 친한 친구와 가족을 넘어 확장시키기 위해 우리는 무엇을 해야 하는가?'라는 질문을 제기해야 한다는 것을 알게 되었다. 그리고 이 질문에 대한 답은 실천적 성격을 띠게 될 것이다. 비록 그 어떤 답도 쉬이 내리기 어렵겠지만 말이다. 이는 우리가 다른 사람들의 이야기를 듣고, 그들의 관점을 이해하며, 무엇보다도 그들이 우리만큼 인간적이지 않다는 내러티브에 저항할 것을 요구한다.

5. 무시에 대한 대응: 정치적 개혁과 화해의 역할

지금껏 인정에 대한 요구를 적절히 확보하기 위해서는 정치적 개혁과 상호 간의 화해가 필요하다는 것을 살펴보았다. 이때 상호 간의 화해는 사회적 관계성의 회복을 통한 내적 변화에 초점을 맞춘다는 점에서 궁극적인 목표가 된다. 그러나 이런 화해에 도달하는 데 여러 난점이 따르며, 따라서 정치제도적인 여러 조치들이 필요하다. 역으로 화해 없이 강제성을 동반하는 정치적 조치만 시행되는 경우에도 역효과가 발생할 수 있다.

무시에 대한 정치적 대응이 강압적일 경우 어떤 문제가 발생하는지부터 살펴보자. 예를 들어, 우리는 사회의 특정 집단에 대한 모욕적인 언행을 금지하는 법안을 제정할 수 있다. 관련해서 인종 비방 등의 표현을 금지하는 혐오 발언 규제 법안hate speech law을 떠올릴 수 있으며, 정신장애운동의 경우 어쩌면 '정신병적psychotic' 혹은 '정신분열적schizophrenic'과 같은 단어를 범죄화하거나 금지하는 방안이 가능할 수도 있다. (혹은 이와 유사하게, 공적인 대화에서 이런 표현을 다른 단어로 바꿀 것을 촉구하는 교육 캠페인을 벌일 수도 있다.) 혐오 발언 금지법이 일부 사람들에게는 타인에 대한 인종차별적 행위에 가담치 못하게 하는 효과를 발휘하듯, 이런 식의 강압적 조치는 더 나은 방향으로의 진전을 촉발할 수 있다. 그러나 이와 마찬가지로 강압적 개혁 조치 만으로는 충분치 않다는 점에도 이론의 여지가 없다. 우선 강압적 조치는 표현의 자유를 옹호하는 시민들의 분노를 불러일으킬 수 있으며, 사람들이 상호작용하는 실제 맥락에서 나타나야 하는 효과를 도외시한 채 표면적으로 해결이 이뤄졌다는 착각을 발생시킬 우려가 있다. 무시가 일상인 현재의 상황에서 화해 없는 정치적 개혁만으로는 충분치 않으며, 강제적 조치를 통해 사람들이 서로를 받아들일 수 있도록 하기란 쉽지 않아 보인다.

화해의 태도는 정치적 행동을 통해 **장려될 수 있다**. 예를 들어 남아프리카공화국 정부는 1995년 국가통합 및 화해촉진법Promotion of National Unity and Reconciliation Act을 통과시켰고, 그 토대 위에서 포스트-아파르트헤이트 상황의 남아프리카공화국에서 진실과화해위원회Truth and Reconcilliation Commission, TRC가 출범할 수 있었다.[229] 방법론적 측면에서, 진실과화해위원회는 수천 번 이상의 만남을 통해 서로가 서로의 이야기를 듣도록 했다. 이 만남에서 사람들은 서로를 마주 보며 증언을 나누고 상대방이 자신에게 했던 행위와 자신이 상대방에게 했던 행위에 대해 말했다. 사람들은 화해와 용서라는 명시적 의도와 맥락 속에서 서로를 마주했다.

이처럼 특정 집단과 관련된 비인간적 서사를 해결하기 위한 사전 작업은 사회적 차원의 화해의 태도가 좀 더 긍정적인 방향으로 나아가도록 했다. 게다가 이전에는 권리를 갖지 못했던 집단에 대한 특정 권리의 적용을 확장함으로써 화해의 기회가 더욱 증가하기도 했다. (우리는 영국의 동성결혼 합법화를 통해 이런 모습을 목격했다.) 증언을 나누거나 동등한 권리를 확보하는, 평가절하되고 경멸받는 정체성을 긍정적인 관점으로 발전시킬 수 있는 여러 정치적 활동들은 사회적 차원의 화해의 태도를 촉진할 수 있다.

우리는 정치적 행동을 통해 사람들이 서로에게 화해의 **태도**를 취할 수 있는 문화적·실천적 조건을 형성할 수 있다. 이때 화해의 태도를 취하는 것은 단지 첫 번째 단계일 뿐이며, 화해의 **결과**를 달성할 때에야 인정 요구를 온전히 충족시킬 수 있다('화해의 의미' 절 참고). 앞서 언급했듯, 이런 결과는 강제적으로 달성될 수 있는 것이 아니다. 즉 사람들이 자신의 정체성이 적절한 사실적·평가적 방법으로 타인에게 받아들여질 것을 요구할 때, 그들은 강압 없는 자유로운 상황에서 이뤄지는 진정한 승인을 원하는 것이다. 물론 누군가에게 표면적으로 긍정적인 평가를 받는다면, 그들이 내심 진실되지 않았는지 여부는 관계없다고 여기는 사람이 있을 수도 있다. 그러나 대부분의 경우 이렇게 솔직하지 못한 모습을 기대하며 인정을 요구하는 것은 아닐 것이다. 사람들이 진정으로 원하는 것은 (성과가 비교적 적더라도) 자신이 추구하는 가치가 다른 사람들에게 진정으로 받아들여지는 것이다.[230]

한편, 정체성을 위한 진정한 판단은 사전에 결정된 결과 없이 평가되어야 한다. 테일러가 지적하듯, 인정 요구에 대해 특정 결과를 전제한 판단을 내리는 것은 평가의 모든 기준을 포기하는 것과 다름없으며, 판단의 타당성을 무너뜨리게 된다.[231] 따라서 우리는 타인의 타당성과 가치에 대해 선험적 판단을 내리는 것이 아니라, 상대방의 가치를 진실하게 알아볼 수 있도록 하는 개방성과 겸손함(즉 화해의 태도)을 지니고 그들에게 다가가야 한다.[232]

호네트 또한 비슷한 맥락에서 가치에 대한 긍정적 판단은 무조건적으로 내려질 수 없으며, 가치 판단이 오직 "연민과 애정과 같이 우리가 통제할 수 있는 영역을 벗어나는" 평가의 과정을 통해서만 일어날 수 있음을 지적한다.[233] 테일러와 유사하게, 호네트는 우리가 다른 문화와 삶의 방식에 대해 "선의의 관심과 배려"로 다가가 "그들의 가치에 대한 '완전성을 미리 가정anticipation of completeness*'한 뒤" 판단해야 한다고 말한다.[234] 테일러

* **이는 독일의 철학자 한스-게오르크 가다머Hans-Georg Gadamer가 제시한 개념으로, '완전성의 선행 파악' '완전성의 선취' '완전성의 예기' '완전성을 미리 가정' 등으로 다양하게 번역된다.**

와 호네트가 제시한 이런 태도에는 긍정적으로 판단하는 일에서 거들먹거리거나 비일관적인 모습 없이 집합적 정체성을 타당하게 받아들이겠다는 약속이 포함되어 있다. 그러나 앞서 언급했듯 올바른 태도는 단지 첫 번째 단계일 뿐이다. 진정성과 자발성을 갖춰야 하는 이런 태도는 해당 집단에 대한 인정이 확보되는 최종 목표를 향한 첫걸음일 뿐이다. 또한 여기에는 진정성과 자발성이 있어야 한다.

6. 나가며

이 장에서는 인정에 대한 요구를 다루기 위한 접근 방식을 살펴보았다. 무시가 실격과 정체성 손상이라는 사회적 해악을 초래할 수 있다는 점에서 시작해, 그 해악을 다루는 데 사회관계의 개선이 중요하다는 점을 지적했다. 이로써 인정에 대한 요구가 사회의 규범적 문제로 다뤄지게 되었으며, 이어서 그 요구에 어떻게 응할 수 있는가라는 질문이 제기되었다. 우리는 인정 요구에 대한 두 가지 가능한 응답으로 정치적 개혁과 화해를 살펴보았다. 적절한 인정이 인간의 번영에 필수적이라는 점에서 무시에 대한 정치적 대응은 정당화될 수 있었다. 만약 우리가 인간 번영의 조건인 적절한 인정을 부정하는 행위를 사회적 부정의로 여긴다면, 우리는 무시를 해소하려는 정치적 활동을 강제하거나 장려하기 위한 정당한 논리를 개발할 수 있을 것이다.

그러나 나는 강압이나 인센티브 부여를 통한 정치적 활동이 무시의 문제를 적절히 해결할 수 없다고 주장했다. 타인을 성공적 행위주체로 인정하는 것은 자유로운 판단에 따른 것이어야만 하며, 타인에 대한 진정한 이해와 수용에서 비롯되어야 한다. 무시에 대한 적절한 대응은 사회적 차원의 상호인격적 화해를 추구하는 것이다. 화해는 일종의 태도이며, 그런 태도를 위해서는 '다른 사람들이 사회세계에서 그들 스스로를 [타인에게] 승인받은 존재로 여길 수 있는 것'이 나 스스로의 그것만큼이나 중요함을 인정하며 타인에게 다가갈 필요가 있다. 이때 정치적 행동은 화해의 태도를 촉진하는 역할을 수행할 수 있다. 예를 들어, 정치 활동을 통해 사람들이 좀 더 평등한 조건 아래 만날 수 있는 환경을 조성하거나, 다른 사람들에 대한 비인간적 서사를 전복시키는 것을 꾀할 수 있다. 무시에 대한 적절한 대응은 상호적·사회적 화해이지만, 특정한 정치적 행동이 그 대응의 과정을 촉진할 수 있다. 5장에서 개발한 이런 관점은 매드 정체성에 대한 인정 요구를 다루는 이후의 과정에서 다시 논의한다.

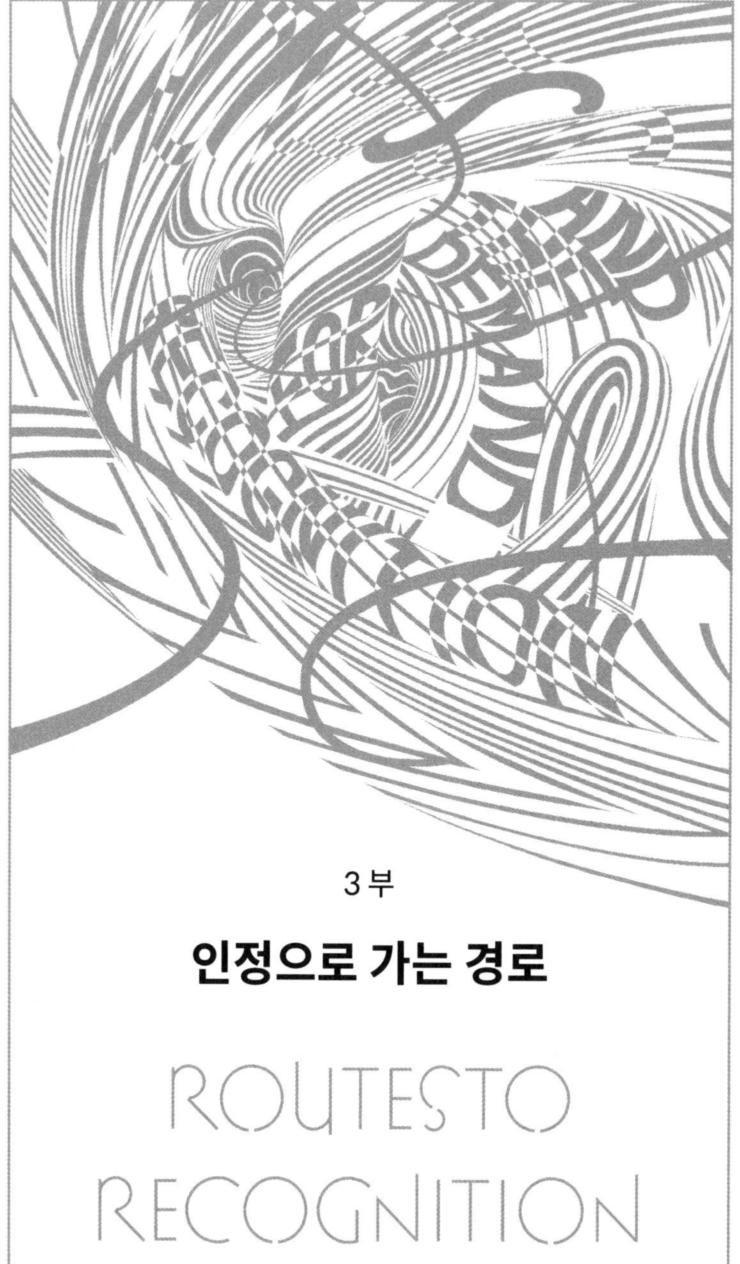

3부

인정으로 가는 경로

ROUTESTO
RECOGNITION

| 6장 |

매드문화

1. 들어가며

앞서 2부에서는 인정을 위한 이론적·규범적 틀을 발전시켰으며, 정치적 개혁이나 상호적 화해와 같이 인정 요구에 대한 다양한 대응을 살펴보았다. 이제 우리는 다음과 같은 질문을 제기할 수 있다. 매드운동의 인정 요구에 대한 적절한 사회적 대응은 무엇인가? 이 질문에 대한 답이 이 책에서 다루려는 가장 중요한 지점이며, 본격적으로 답을 찾기 전에 먼저 몇 가지 주요 쟁점들을 검토하고자 한다. 1장에서 제시한 매드운동에 대한 설명을 상기해보면, 광기를 의료적 틀에 가두지 않으려는 시도가 단순히 생의료적 담론이나 심리학적 담론을 거부하는 것이 아님을 알 수 있다. 즉 매드운동의 목표는 질환·질병의 언어에 대한 대안을 제시하는 데 있다. 이런 대안들은 궁극적으로 '문화' 혹은 '정체성' 측면에서 제시된다. 광기는 정신의 질병이 아니라, 문화나 정체성의 근거라는 주장이다. 인정에 대한 요구는 어떤 면에서 사회가 이런 주장을 인정하라는 요구라고도 할 수 있다. 따라서 3부에서는 다음과 같은 질문을 던짐으로서 이 주장을 검토한다. 만약 매드문화Mad culture와 매드 정체성Mad identity이 인정을 확보하는 두 가지 가능한 경로라고 할 때, 이 경로를 따라가면 설득력 있는 요구로 나아갈 수 있을까? 아니면 이 경로상에서 극복할 수 없는 장벽에 부딪히게 될까? 이를 위해 6장에서는 매드문화에 대해 다루고자 하며, 7장과 8장에서는 매드 정체성을 고찰하고자 한다.

문화와 정체성은 일반적으로 자기 삶의 방식이 지니는 가치와 중요성을 주장하거나, 자기 자신에 대한 이해를 공유하고자 하는 사회운동의 두 가지 경로이다. 이에 대한 몇 가지 예로는 농문화, 농 정체성, 퀴어 문화, 원주민 문화, 다양한 인종 정체성 등이 있다. 문화의 관점에서 제기되는 주장들은 정체성의 관점에서 제기되는 주장들과 상당히 유사하게 보일 수 있다. 실제로 일부 담론에서는 이 두 용어가 서로 바뀐 채 사용되기도 한다. 그러나 이번 6장에서 다루는 문화의 정의(〈2. 문화란 무엇인가?〉)와 2부에서 전개된 정체성에 대한 이해를 고려할 때, 두 개념을 뚜렷하게 구별할 필요가 있다. 문화와 정체성은 서로 다른 문제를 제기하며, 이 둘이 어떻게 상호작용하는지 살펴볼 때 중요한 통찰을 얻을 수 있다(6장의 '문화에서 정체성으로' 절). 따라서 다음과 같은 질문을 던지면서 6장을 시작하고자 한다. 문화란 무엇인가? 광기가 문화를 형성할 수 있을까? 문화적 권리의 정당성은 무엇인가?

2. 문화란 무엇인가?

매드문화의 개념을 이해하는 어려움 중 하나는 문화의 의미 그 자체의 모호함에서 기인한다. 문화는 광범위한 개념으로 다양한 이론적 논의에서 항상 충분히 구별되지 않은 채 쓰인다. 이와 관련해 중요한 문화 개념 세 가지를 살펴보자.[1]

(1) 활동으로서의 문화: 이는 "자연적인 성장의 경향"을 의미한다.[2] 예를 들어 "마을이나 지역에 거주하며 경작을 하고, 밭을 가꾸거나, 동물을 기르고 번식시키는 것"이며,[3] 페트리 디시petri dish에 박테리아를 배양하는 것, 자신의 예술적·지적 능력을 함양하고 연마해 문화화되는 것 등이 활동으로서의 문화에 포함된다. (예시에 언급한 지적 함양·연마로서의 문화는 오늘날 신문의 문화 면에서 찾아볼 수 있다.)

(2) 사회과학 분야의 분석적 개념으로서의 문화: 문화에 대한 사회과학에서의 분석적 개념은 인류학 분야에서 찾아볼 수 있다. 문화의 학문적 개념은 19세기 후반 에드워드 타일러Edward Tylor가 소개한 이후 급속도로 발전해왔다.[4] 오늘날 문화는 경험, 행동, 해석, 사회적 상호작용을 구조화하는 사회적으로 획득되고 공유된 상징, 의미, 의의 등을 지칭하는 데 사용된다. 여기서의 문화는 "사람들이 세상에서 느끼고, 생각하고, 존재하는 방식을 지향"한다.[5] 분석적 개념으로서 문화는 연구자와 이론가들이 다양한 사회적 현상들, 그리고 사람들이 자신의 경험에 대해 주관적으로 보고하는 것들의 구체적인 특성과 차이점을 설명할 수 있도록 한다. 예를 들어, 슬픔의 감정을 오랫동안 느끼

는 것에 대해 누군가는 신경화학적 불균형의 영향 때문이라고 설명할 수 있으며, 다른 누군가는 사악한 영혼의 영향 때문이라고, 또 다른 누군가는 그 사람의 신앙을 시험하는 것이라고 설명할 수 있다. 이러한 차이는 바로 문화의 개념을 통해 설명될 수 있다.[6]

그러나 매드문화와 마오리 문화와 같은 경우처럼 '문화'를 언급할 때, 우리는 방금 개략적으로 설명한 두 가지 개념 중 무엇으로도 명확한 설명을 제시할 수 없다. 우리가 의도하는 것은 활동이나 분석적 개념으로서의 문화가 아니기 때문이다. 우리에게는 세 번째의 문화 개념이 필요하다. 문화적 권리cultural rights에 대한 정치적 논의를 배경으로 이 개념을 설명하고자 한다.

(3) 명사noun로서의 문화: 명사로서의 문화는 문화의 사회적societal 개념이다. 윌 킴리카Will Kymlicka는 이것을 다음과 같이 정의한다.[7]

> 문화는 그 구성원들에게 공적 영역과 사적 영역을 아울러 사회적·교육적·종교적·여가적·경제적 삶 등을 포함하는 다양한 인간 활동에 걸쳐 의미 있는 삶의 방식을 제공한다. 이런 문화는 특정 지역에 밀집되고, 공유된 언어에 기반을 두는 경향이 있다.

이와 유사하게 아비샤이 마갈릿Avishai Margalit과 모셰 할베르탈Moshe Halbertal은 문화의 사회적 개념을 "포괄적인 삶의 방식"으로 이해하는데,[8] 이는 직업, 관계의 특성, 공유된 언어, 전통, 역사 등 개인의 삶의 중요한 측면들을 다룬다는 점에서 포괄적이다. 사회적 문화의 전형적인 예로는 마오리족 문화, 프랑스계 캐나다인 문화, 초정통파 유대인Ultra-Orthodox Jewish 문화, 누비아인Nubian 문화, 캐나다 어보리진Aboriginal Canadian 문화 등이 있다. 이 모든 집단들은 자신들이 지내온 주류문화 내에서 특정 사회 관습에 참여할 수 있는 권리, 자신들의 언어를 보급할 수 있는 권리, 자신들만의 삶의 방식을 보장할 권리 등 문화적 권리를 위한 캠페인을 진행해왔다.

이때 사회적 문화가 반드시 시간적으로 고정되어 있음을 의미하는 것은 아님을 짚고 넘어갈 필요가 있다. 예를 들어 누비아인 문화는 '누비아인'으로 남아 있으면서도 시간이 지나면서 변화할 수 있다. 또한 사회적 문화는 특정 사회적 문화공동체에 속하는 모든 구성원이 자신들의 문화를 정의하는 데 필요한 것이 무엇인지, 그러기 위해 필요한 조건은 무엇인지, 어떤 신념과 관행이 중요한지에 대해 동의해야 함을 뜻하지 않는다. 마지막으로, 사회적 문화는 외부 세계와 단절되어 있지 않다. "문화 주변에 빈틈없는 경계가 있는 것은 아닌" 것이다.[9] 실제로 사회적 문화는 밀폐되어 있지 않기 때문에 다른 공동체와의 접촉을 통해 변화할 수 있고, 더욱 융성할 수도, 혹은 붕괴될 수도 있다. 나는 사회적 문화의 핵심적인 측면이 지속성, 공유성, 포괄성에 있다고 생각한다. 즉 사회적 문화는 내가 존재하기 훨씬 이전부터 존재했고, 사회적 문화를 공유하는 다양한 사람들이 존재하며, 이는 사회적 삶의 근본적인 측면을 이룬다고 할 수 있다. 이때 사회적 문화는 독립적 측면을 지니기에, 누군가는 사회적 문화의 일부가 될 수도 있고, 그로부터 소외될 수도 있으며, 사회적 문화에 의해 거부되거나, 반대로 그것을 거부하는 등 사회적 문화와 관계 맺는 데는 다양한 방식이 있다. 그렇다면 광기 역시 이런 사회적 개념에 따른 문화를 형성할 수 있을까?

3. 광기가 문화를 형성할 수 있을까?

당사자 활동가의 문헌에서 우리는 매드문화Mad culture의 요소에 대한 설명을 발견할 수 있다.

> 매드문화와 같은 것이 있을까? …… 오랫동안 정신과 진단만으로 광인Mad people을 식별해왔는데, 이는 광기와 관련된 모든 경험이 생물학적인 것과 관련되어 있음을 전제한다. 마치 광인의 광범위한 **경험, 이야기, 역사, 의미, 신념, 서로 소통하는 방법 및 양식** 등과 같은 세계가 존재하지 않는 것처럼 말이다. 미쳤다는 것과 그 경험에 대해 이야기할 때, 다음과 같은 요소들을 염두에 두어야 한다. 우리는 국가적으로, 그리고 지역적으로 다양한 종류의 정치·동료 집단 등의 **조직된 집단**을 보유하고 있다. 당사자로서 우리는 우리 자신의 경험에 관한 수많은 **이야기**story를 만들어냈고, 우리들의 **매드 역사**Mad History를 다루는 강좌 코스도 보유하고 있다. 때로 광기에 대한 의미를 표출하는 것을 포함하는 다양한 종류의 **예술 활동**도 하고 있으

며, 우리의 경험과 관심사를 다루는 **영화**도 제작했고, 우리만의 특별한 **농담과 유머**도 지니고 있다. 우리는 국가적·국제적으로 법률에 따른 **권리** 또한 지니고 있다. 우리는 수십 년간 많은 퍼레이드와 **매드 프라이드 행사**를 해왔다.[10]

매드문화에 대한 설명에서 우리는 문화의 주요 측면들(굵게 표시한 단어들)을 발견할 수 있다. 즉 공유하는 경험, 공유하는 역사, 소통 방식, 상호이해, 사회단체, 창작 활동, 문화 행사 등이다. 이런 개념들 중 상당수는 광인들은 세상을 바라보고 경험하는 독특한 방법을 가지고 있다는 생각을 견지한다.

매드문화는 광인들의 **창조성**을 기리는 활동이며, 우리의 **독특한 삶의 방식**에 대한 자부심이며, 우리의 내부 세계를 **타당한 삶의 방식**으로서 수치심 없이 다른 사람들과 공유하고 외부로 표출하는 행위를 뜻한다.[11]

문화에 대해 이야기할 때, 우리는 광인들을 어떤 질환이 아닌 한 사람으로서, 그리고 동등함을 추구하는 집단으로서 이야기한다. …… 광인으로서 우리는 **세계를 경험하고, 의미를 만들고, 깨닫고, 배우고, 공동체를 발전시키고**, 문화를 창조하는 **독특한 방법**을 보유하고 있다. 이런 문화는 매드 프라이드 기간 동안 **전시되고 기념된다**.[12]

문화의 핵심 구성요소에는 공유된 언어shared language가 있으며, 문화공동체는 종종 언어공동체(예를 들어 프랑스계 캐나다인, 이누이트족 등)로 식별된다. 이와 유사하게, 언어와 공유된 이해를 강조하는 경향을 매드문화에 대한 설명에서도 찾을 수 있다.

> 광인으로서 우리는 **독특한 문화적 관행**을 개발한다. 예를 들어 우리 자신의 정체성을 위해 **특정한 방법으로 언어를 사용한다**(여기에는 미친crazy, 광인mad, 또라이nuts 등의 단어를 되찾아 오는 일이 포함된다). 우리는 생의료적 정신의학과 차별화되는 **우리의 경험에 대한 새로운 이해**를 형성한다.[13]
>
> **광기의 경험**은 (당사자가 아닌 많은 이들이 이해하지 못하지만) 우리 모두는 온전히 이해하는 독특한 **행동과 언어**를 만들어 낸다.[14]
>
> 우리는 **공유하는 경험**에서 공동체를 형성하며, **공유하는 창조성**, 그리고 희극과 연민 속에서 문화를 찾을 수 있다. 다수의 광인들이 북적이는 가운데 한 명의 비광인만이 존재하는 공간에서, 그 비광인이 대화를 주도할지, 아니면 집단의 대화에서 빠르게 배제될지를 상상해보라. 비광인들은 **세계에 대한 우리의 이해**를 공유하지 않는다. 여기서 당신은 우리의 문화, 우리의 공동체에 대한 증거를 볼 수 있다.[15]

그렇다면 광기가 문화를 형성할 수 있을까? 앞서 언급한 인용문들을 보면 당사자 활동가들은 확실히 이런 가능성을 긍정하고자 한다. 그러나 매드문화라는 발상은 **문화**공동체의 범주에 깔끔하게 들어맞지는 않는다. 6장의 〈2. 문화란 무엇인가?〉에서 설명한 전형적인 문화공동체는 언어와 관행, 지리적 위치나 장소를 공유하는 경향이 있으며, 공유되는 역사적 서사에 대해 합의를 이루며, 문화공동체 구성원들에게 포괄적인 삶의 방식을 제공하는 경향이 있다. 그에 비해 매드문화는 상당히 이례적인 것으로 보인다. 예를 들어, 매드문화에는 공유된 언어가 존재하지 않는다. 위의 인용문에서 언급된 '언어'는 체계적인 의사소통 매체로서의 언어가 아니라, 오랜 기간 서로를 알고 지내온 친구들 사이에서 발전하는 것과 같은 사적인 언어를 뜻한다. 또한 매드 정체성을 가지고 있거나, 조현병이나 양극성 장애를 진단받은 사람들은 전 세계에 걸쳐 존재하기 때문에 각자의 지리적 위치가 다르며, 단일한 언어나 공유된 역사 같은 것이 존재하기 어려운 환경이다. 영어권 정신장애인 당사자운동의 역사는 남아메리카 당사자운동의 역사와 다를 수밖에 없는 것이다. 또한 매드문화는 캐나다 어보리진 문화가 제공할 수 있는 것과 유사한 방식으로 포괄적인 삶의 방식을 제공할 수 없다. 물론 광인들은 매드 프라이드나 기타 단체들을 통해 공동체를 형성하고 있다. 그러나 여기서 문제는 이를 **문화**공동체로 간주할 수 있느냐는 것이다.

매드문화를 캐나다의 퀘벡인 문화 및 마오리족 문화와 비교하는 것은 적합하지 않을 수 있다. 반면, 우리가 검토해볼 또 다른 공동체는 지금까지의 사례와 달리 매드문화와 여러 유사점을 갖는다. 의료화 및 실격과 차별에 맞서 지속적으로 투쟁하고 있는 농문화Deaf culture 공동체가 바로 그렇다. 1986년, 농인 학생들의 교육을 위해 설립된 갤러뎃대학Gallaudet University에 방문한 올리버 색스Oliver Sacks는 [자신이 한] "놀랍고도 감동적인 경험"에 대해 이렇게 말했다.[16]

> 이전에 나는 농인 공동체를 본 적이 없었고, (심지어 이론적으로는 알고 있었음에도) 수어가 사랑이나 연설, 연애, 수학을 공부하는 것 등에 동일하게 적합한, 실제로 완전한 언어라는 것을 전혀 깨닫지 못했다. 수어를 통해 이뤄지는 철학과 화학 수업을 보았다. 완벽하게 조용한 대학에서 이뤄지는 수학 강의를 보았다. 캠퍼스에 있는 크고 깊게 만들어진 갤러뎃 극장에서 농인 음유시인과 수어로 이루어지는 시를 보았다. 학생들이 바bar에 앉아 수백 가지의 개별 대화를 진행할 때 손짓이 사방으로 날아가는 멋진 사회적 풍경을 보았다. 이 모든 것을 직접 본 뒤, 나는 기존의 '의료적' 관점에서 결핍된, 혹은 치료받아야만 하는 '손상'으로 청력손실을 바라보던 방식에서, 완전한 언어와 자신들만의 문화를 가진 공동체를 형성한 농인에 대한 '문화적' 관점으로 나의 관점을 전환하게 되었다.

그의 설명에 따르면, 수어는 농문화의 핵심 요소로서 농인의 문화적 관행 및 태도의 주축을 이룬다. 농인 공동체에서 수어가 차지하는 중요성은 농문화에 관한 글들을 통해 확인할 수 있다. 가령 세계농인연맹World Federation of the Deaf은 농인을 "농문화"에서 발현되는 "공통적인 삶의 경험"을 지닌 "언어적 소수자"로 설명한다.[17] 농인이 농인 공동체에 수용되는 것은 "수어 능력과 강하게 연관되어 있다"는 것이다. 캐럴 패든Carol Padden과 톰 험프리스Tom Humphries는 책 《농문화 속으로Inside Deaf Culture》에서 농인 공동체가 공통의 종교, 지리적 경계, 의복, 식단 등 문화의 전형적인 표식을 갖지는 않지만, "공동체의 일상생활에서 중심적인 역할"을 하는 수어를 보유한다고 언급한다.[18]

영국농인협회British Deaf Association는 농인들이 그들의 역사, 시각적으로 이야기를 전달했던 전통, 그리고 "연극, 시, 코미디, 풍자를 포함한 다양한 예술 형태로 확장되는 영국수어BSL"를 보여준다는 점에서 명백하게 "독특한 문화"를 가지고 있는 언어적 소수자라고 언급한다.[19] 이와 유사하게 캐나다농인문화협회Canadian Cultural Society of the Deaf와 미국의 비영리단체 손과 목소리Hands & Voices 모두 수어를 농문화 공동체의 핵심으로 기술하고 있다.[20] 수어는 농문화의 중심이자 공동체 의식을 형성하는 핵심 수단이다. 이 공동체는 청력 손실을 결핍으로 인식하지 않고 긍정적인 상태로 여긴다. 예를 들어, 농인은 수어를 포함해 농인들이 주고받는 소통의 시각적 특성을 강조하면서 스스로를 '들을 수 있는 사람Hearing person'과 구별되는 '볼 수 있는 사람Seeing person'으로 묘사한다.[21] 또한 농인 전용 학교, 클럽, 교회와 같은 기관들의 존재는 농문화를 뒷받침한다. 마지막으로 농인들은 자신들의 권리와 문화를 보호하기 위해 캠페인을 벌이는 과정에서 공동체 의식과 연대감을 기른다. 이는 언제나 모든 것이 농인을 위해 고안되지 않은 세상에서 사는 까닭에 발생하는 결과이기도 하다.

농문화는 전형적인 문화공동체와 다르지만, 그 공동체 구성원들에게 인간의 주요 활동에 걸쳐 "의미 있는 삶의 방식"을 제공하면서 이상적인 문화공동체 형태에 접근한다.[22] 초정통파 유대인 문화처럼 포괄적 문화는 아닐 수 있지만, 수어로 자신을 표현하고 학습하는 것이 일부 농인들의 삶에서 갖는 핵심적 중요성은 농문화를 문화공동체로 볼 수 있음을 시사한다.

우리는 매드문화와 농문화가 지니는 여러 공통점을 발견할 수 있다. 예를 들어 농인처럼, (적어도 영어권 세계에서는) 매드로 자신들을 식별하는 사람들은 일련의 연결된 역사적 서사, '정신장애차별주의sanism'[23]와 정신의학의 강압적 대우에 대한 저항, (목소리, 일반적이지 않은 믿음, 극단적 기분 등의) 현상학적 경험을 통해 하나로 단결한다. 또한 광인들은 독특한 예술과 문학을 만들어내는 전통을, 사회의 부정적인 인식을 바꾸는 것에 대한 관심을 공유하고 있다. 그러나 광인은 농인과 달리 언어적 공동체를 형성하지 않으며, 이것은 광기가 하나의 문화를 구성할 수 있다는 생각의 설득력을 약화한다. 한 가지 대안이 있다면, 광인 당사자들을 더 나은 번영의 기회를 창출하고자 그 자신이 살아가는 포괄적인 문화적 맥락을 바꾸기 위해 결속하는 주체들로 바라보는 것이다.

이 절에서 시도한 사회적 문화 개념과 매드문화 사이의 관계에 대한 결론을 최종적인 것으로 확정할 수는 없다. 사회적 문화와 매드문화를 다른 방식으로 개념화할 경우, 지금과는 다른 결론이 도출될 가능성이 있기 때문이다. 그러나 만약 광기가 문화를 구성할 수 있다고 하더라도, 그에 대한 문화적 권리의 정당성을 확보하는 과정에서 우리는 사회적 정체성이라는 새로운 문제를 맞닥뜨리게 된다. 이에 대해 좀 더 자세히 살펴보고자 한다.

4. 문화적 권리로 가는 경로

민권civil rights은 동등한 시민의 신분을 위해 필수적인 것으로 여겨지는 기본권이다. 전통적으로 민권은 세 개의 세대로 구분된다.[24] 1세대 권리는 법적이고 정치적인 것으로 투표권, 자유권, 언론과 결사의 자유, 적법한 절차 등을 포함한다. 2세대 권리는 사회경제적인 것으로 고용, 보건의료, 교육 및 주거에 대한 접근을 포함한다. 3세대 권리는 문화적 권리로 소수민족과 언어적 소수자의 자기결정권, 그들이 자신들의 문화 및 언어를 실천할 권리, 그리고 다수의 문화에 의한 침범에 맞서 자신들의 제도와 전통을 보호할 권리 등을 포함한다.[25]

3세대 권리는 다양한 사회운동에서 두드러지게 부각되어 왔다. 예를 들어 북미 원주민 부족, 뉴질랜드 마오리족, 캐나다 어보리진, 퀘벡의 프랑스계 캐나다인, 스페인의 바스크인처럼 다양한 집단의 투쟁에 3세대 권리 개념이 녹아 있다. 실제로 이런 집단들은 토지권land rights과 자치권, 학교에서 자신들의 언어를 가르칠 권리, 개발 위협에서 보호받는 특별구역을 가질 권리 등을 요구했다.[26] 우리는 3세대 권리가 **문화**공동체라는 가치의 맥락에서 어떤 한 집단이 주장할 수 있는 권리가 된다는 점에

유의할 필요가 있다. 논쟁의 소지가 있지만, 한 집단이 언어, 역사, 전통 및 관습 등으로 단결하는 이유는 그 집단의 자치와 보호에 대한 문제 때문이다. 특히 "소수민족이 가지고 있는 문화적 통합성 및 지속성"이 위협받는 상황이 문제가 된다.[27] 모든 시민을 동일한 언어, 교육 등의 제도하에 두려는 국가 건설의 열망이 그런 위협을 초래하기도 한다.[28] 그렇다면 위협은 왜 문제가 되는가? 이때 문화적 권리의 철학적 정당성은 무엇일까?

선택의 맥락으로서의 문화

문화적 권리를 지지하는 핵심 논거를 제시한 이는 윌 킴리카이다.[29] 킴리카는 자유주의 전통에 입각해, 문화적 성원권 cultural membership이 롤스가 표현한 것처럼 "기본재"에 해당한다고 주장한다.[30] 기본재는 "일반적으로 대다수 사람들의 합리적인 삶의 계획에서 유용한 것"으로 "권리와 자유, 권력과 기회, 소득과 부"를 포함한다.[31] 기본재는 주체가 자율성을 개발·행사하고, 선택하고 변경하며, 자신이 선택한 가치에 따라 강제성에 얽매이지 않고 살 수 있도록 함으로써, 가장 일반적으로는 자신이 생각하는 삶의 가치를 스스로 결정할 수 있도록 하는 기본적인 요건이다.[32] 킴리카는 한 개인이 마음껏 선택을 내리고 재고할 수 있는 안전한 문화적 맥락이 없는 상황에서는 자율성을 행사할 수 없다는 점에 착안해, 문화적 성원권이 기본재에 해당한다는 주장을 전개한다. 문화적 유산은 스스로에게 소중하고 추구할 가치가 있다고 여기는 것을 선택할 수 있는 다양한 맥락을 제공해준다. 그러나 일반적으로 우리는 문화적 맥락 그 자체를 선택하지는 않는다. 즉 우리는 특정 언어와 역사적 전통을 가진 특정한 공동체에서 성장하며, 이 과정을 통해 다양한 역할과 관습에 대해 인식하게 된다. 그런 문화적 맥락 중 일부는 이미 자기 자신의 일부가 되어 있을 수 있으며, 다른 일부는 그 자체로 (선택) 가능한 삶의 방식으로 존재할 수 있다.[33] 이에 대해 킴리카는 다음과 같이 지적한다.

> 자유주의자는 문화적 구조의 피할 수 없는 숙명에 관심을 가져야 한다. …… 사람들이 가능한 선택지들에 대해 명확히 인지하고, 그 선택의 가치를 철저히 검토할 수 있는 것은 그들 자신의 도덕적 지위 때문이 아니다. 그건 전적으로 그들이 풍부하고 안정적인 문화적 구조를 가지고 있기 때문이다.[34]

여기서 킴리카가 지적하는 핵심은 문화적 구조와 문화가 가진 구체적 특징을 구분하는 것이다.[35] 문화적 구조는 특정 언어, 믿음 또는 관습과 같은 문화적 맥락의 '내용'과 무관하게 선택의 맥락 그 자체를 가리킨다.[36] 킴리카가 확립하고자 했던 것은 문화적 구조가 마치 소득이나 주거와 같이 인간 삶의 번영을 위한 기본재라는 점이었다. 문화적 구조가 기본재가 되는 사회를 상상해본다면, 문화적 구조가 부재하는 상태는 총체적 소외와 다름없다. 즉 공동체·역사·전통이 부재하므로 무엇이 가치 있는 삶이 되는가에 대한 지향점을 가질 수 없다. 이런 이유로 문화적 권리는 **특정한** 문화적 맥락에 대한 권리가 아니라, 문화적 맥락 **일반**에 대한 권리가 된다. 이것은 문화적 성원권을 이해하는 일반적이지만은 않은 방식으로, 이에 대해 좀 더 살펴볼 필요가 있다.

만약 문화적 성원권이 기본재라면, 일반적으로 대다수는 그것을 확보하는 문제에 대해 걱정할 필요가 없다. 그러나 여러 소수집단은 이 권리를 당연하게 보장받을 수 없다. 만약 주류문화로 흡수될 위험과 압박으로부터 보호받지 못한다면 그들은 항상 자신의 유산과 독특한 삶의 방식을 상실할 수 있는 위험에 직면하게 될 것이고, (다수에게는 일상과도 같은) '문화적 권리 보장'을 적극적으로 주장해야만 할지도 모른다. 예를 들어, 캐나다 어보리진 집단은 소수자라는 이유로 문화공동체로서의 생존과 안녕의 문제에서 정치적으로 소외될 수 있다. 반면 영어를 주 언어로 삼는 백인 캐나다인들은 자신들의 언어를 상실하는 것에 대해 걱정할 필요가 없다. 이런 의미에서 인정과 보호를 외치는 문화적 소수자들의 요구는, 사람들이 스스로 선택을 내리는 것에 앞서 사회 내의 어떤 집단도 불이익을 받지 않도록 기본적인 불평등을 시정하라는 요구가 된다.[37]

예를 들어, 캐나다 어보리진 집단의 문화적 온전성이 위협받는 상황을 생각해보자. 이 문화적 소수자에 속하는 사람들 중 문화적 온전성이 상실될 때 명백한 피해를 입게 될 이들은 다수인 주류문화의 제도, 언어, 생활 방식에 참여할 수 없는 사람들이다. 캐나다 어보리진 노인들은 주류문화에 적절히 적응하는 데 어려움을 겪을 수 있다. 그들에게 자신이 속한 소수문화의 붕괴는 스스로의 삶의 방식을 영위할 수 있는 기회의 크나큰 상실로 경험될 것이다. 이는 토지 개발 때문에 전통의례의 장소가 상실되면서 발생할 수도 있으며, 젊은 세대가 주류문화에 동화되어 소통할 수 있는 사람이 부족해지면서 발생할 수도 있다. 문제의 양상은 다르겠지만, 청년층도 피해를 입을 수 있다. 일반적으로 청년층은 주류의 문화적 맥락에 더 많이 접근할 수 있을 것이다. 예를 들어 어보리진 청년들은 학교에서 영어로 교육받을 수 있을 것이며, 다양한 삶의 방식과 교류할 수 있는 기회를 더 많이 가질 수 있을 것이다. 그러나 그들은 여전히 두 세계 사이에 갇혀 있는 자신을 발견하게 될지도 모른다. 하나의 세계는 무너지고 있는 반면, 다른 세계는 점점 더 강력해져가는 상황 말이다. 최악의 경우, 이런 투쟁은 세대 간의 소통 붕괴 및 화합의 상실로 이어질 수 있다. 정리하자면, 어보리진 문화는 선택의 맥락에서 설명될 수 있지만, 해당 문화의 붕괴가 (어보리진 문화공동체에 속한 모두에게) 해악을 끼칠 것이라는 점에는 의문의 여지가 없다.[38] 그렇다면 그 이후에는 어떤 결과가 따라올까?

어떤 '임의의' 문화에 대한 권리인가, 아니면 '나의' 문화에 대한 권리인가?

만약 모든 사람은 어떤 **임의의** 문화적 맥락**a** cultural context에 대한 권리를 가지고 있다는 킴리카의 핵심 주장을 고수한다면, 해체 위기에 처한 문화적 소수집단의 문제와 관련해 적어도 두 가지 해결책을 제시할 수 있을 것이다. 하나는 현존하는 소수문화를 보호하고 지원하는 것이며, 다른 하나는 소수문화가 주류문화에 통합되도록 돕는 것이다. 이처럼 문화 해체의 위험에 맞서는 적절한 대응에는 문화를 보호하는 일 뿐 아니라 소수문화의 구성원들에게 집중적인 언어 학습이나 '문화 재교육'을 통해 다른 문화에 성공적으로 동화될 수 있도록 충분한 자원을 제공하는 일이 포함될 수도 있다. 물론 이런 해결책이 그다지 매력적이지 않고 그 내용 또한 불충분해 보일 수 있지만, 이는 선택의 맥락에 대한 논의에서 이미 암시되었던 바이다. 한 명의 개인에게 스스로가 어떻게 삶을 영위하고 싶은지에 대한 관점을 형성하고 이를 바탕으로 다양한 선택을 내릴 수 있는 안정적인 문화적 맥락을 지니는 것이 중요한 문제라면, 앞서 언급한 주류문화로의 완전한 동화라는 방식은 어떤 이유에서 해답이 될 수 없는 것일까? 문화적 소수자가 주류문화에 대한 완전한 접근성과 지원을 보장받는 것만으로는 충분하지 않을까?

그것이 왜 충분하지 않은지 증명하기 위해 어떤 하나의 문화가 자신의 존재와 온전성을 위협받는 상황을 생각해보자. 앞 절에서 지적한 것처럼, 다수의 주류적 제도들이 점진적으로 침식한 결과 소수집단에 이런 상황이 발생할 수 있다. 예를 들어 농문화의 경우, 인공와우cochlear implant 보급이 증가하면서 수어 교육이 사라지게 된 상황을 생각해볼 수 있을 것이다.[39] 이 상황을 매드문화에 도입해보면, 광기에 대한 지속적인 의료화와 치료 속에서 매드문화가 가지고 있는 응집성과 통합성이 상실되는 것을 상상해볼 수 있다. 이런 문화 상실이 문화적 소수집단에 속하는 당사자들의 자율성과 선택을 제한하고 그들에게 해를 끼칠 수 있음을 인정한다면, 앞서 살펴본 두 가지 선택의 경로를 고려해볼 수 있다. 즉 소수문화를 **보호**하거나 혹은 주류문화로 **통합**하는 것이다. 후자의 해결책은 만족스럽지 못한데, 그 이유를 간단한 사고실험으로 밝힐 수 있다.

문화적 구조가 해체되고 있는 와중에 구성원들이 경험할 수 있는 피해를 확실하게 제거할 수 있는 가상의 상황을 상상해 보자. 소수집단의 모든 구성원에게 주류문화에 성공적으로 동화될 수 있는 선택지를 제공하는 방안이 바로 그것이다. 예를 들어 모든 농인들에게 생체공학적인 인공와우 이식 기회를, 그들이 청인 세계hearing world에 완벽하게 적응할 수 있는 즉각적인 문화적 재통합의 기회를 제공하는 것이 그렇다. 또한 광인에게 '정상성의 기준'으로 완전히 돌아갈 수 있는 치료의 기회를 제공하는 것이다. 만약 그런 식의 '완벽한' 해결책이 존재한다면, 문화 상실을 경험하고 있는 사람들의 자율성을 제한하는 어떤 제약도 없을 것이며 해악 또한 사라질 것이다.

그러나 이렇게 완벽한 해결책이 제시된 상황에서도 그 해결책을 거부하는 개인들이 있을 수 있다. 왜냐하면 어떤 해악을 제거할 가능성이 명확히 있지만, 자신들만의 문화에 가치 있는 무언가가 있기 때문이다. 사람들이 문화적 권리를 요구할 때, 그들은 단순히 문화적 구조에 대한 권리뿐 아니라 그보다 훨씬 더 많은 것을 요구하는 것이다. 즉 어보리진, 농인, 광인의 삶의 방식에 대한 독특성과 가치에 대한 인정 말이다.

킴리카의 주장을 비판하는 이들은 바로 이 점을 지적했다. 찰스 테일러는 "당사자들에게 자신의 삶의 방식은 보존할 가치가 있는 좋은 것이다. 실제로 그것은 대안이 존재하지 않는 경우는 물론 심지어 대안이 있는 경우에도 그 무엇으로도 대체될 수 없는 매우 귀중한 것"이라고 언급했다.[40] 테일러가 보기에 이런 태도는 프랑스어를 사용하는 캐나다 지역에 거주하는 사람들에게서 명백히 드러나며, 이것이 프랑스계 캐나다인 문화의 현존뿐 아니라, 그 문화의 지속과 미래 세대의 **생존**을 위한 문제라고 지적한다. 마갈릿과 할베르탈도 킴리카의 주장을 문제 삼으며, 한 개인은 어떤 임의의 문화에 대한 권리가 아니라 "**자신의** 문화에 대한 권리"를 가지고 있다고 지적한다.[41] 그들에 따르면, 자신의 문화에 대한 권리는 스스로의 삶에 의미를 부여하는 **정체성**의 원천을 보존하는 것에 대한 관심에서 비롯된다. 야엘 타미르Yael Tamir는 한 사람의 자존감은 그 자신이 동일시하는 집단과 결부되어 있으며, 동시에 집단의 굴욕은 한 명의 개인에게도 상처가 된다는 점을 지적한다.[42] 즉 한 개인은 "(집단의) 성공과 번영에 따라 자존감과 만족감을 갖게" 된다. 한편 하임 간스Chaim Gans는 문화적 권리에 대한 정당성을 두 가지로 구별한다.[43] 첫 번째는 자율성에 기반을 두는, 킴리카가 주장한 것처럼 어떤 **임의의** 문화공동체에 대한 권리를 지지하는 주장이다. 두 번째는 지금 살펴본 정체성에 기반을 두고 있는 주장으로, 이에 따르면 사람들은 **자신의** 문화에 관심을 가지고 있다. 왜냐하면 그것이 "자기 자신의 정체성을 구성하는 요소"이기 때문이다.

> 사람들은 자신이 고수하고자 하는 정체성의 모든 요소들(자신의 성별, 성적 지향, 종교 등)을 유지하고, 자신의 문화를 고수하는 데 관심을 갖는다. 설사 그것이 자신의 이익에 도움이 되지 않을지라도 말이다.[44]

이후의 작업에서 킴리카는 이런 비판을 부분적으로 인정하며, 사람들이 자신의 **고유한** 문화에 접근할 필요가 있는 것은 자신의 언어와 전통에 강한 유대감을 지니고 있기 때문이라고 언급했다.[45] 그는 유대감을 설명하며 정체성의 문화적 성원권의 중요성에 주목한다.[46] 가령 문화적 권리에 대한 정당성을 다음과 같이 요약해 언급하는 대목에서 그렇다.

> 일부 이론가들은 **정체성**에 대한 존중의 중요성을 강조한다. 이런 맥락에서 사람들은 자신의 정체성을 다른 사람들에게 인정받고 존중받고 싶다는 깊은 인간적 욕구를 갖는다. 자신의 정체성이 사회로부터 무시당하거나 인정받지 못한다면 자기존중은 심각하게 손상될 것이다. 인정에 대한 요구는 소수자의 권리 그 자체다.[47]

이후 킴리카는 자신의 주장에 대한 비판을 참고해 다시금 입장을 정리했다. 그 과정에서 도출된 논점은 다음과 같다. 사람들은 자신이 누구인지에 대한 의미, 즉 스스로의 정체성에 대해 깊이 관여하기에 자신만의 삶의 방식에 대한 인정과 보호를 요구하게 된다는 것이다. **어떤 임의적인** 문화공동체에 대한 추상적인 권리는 (비록 그것이 삶의 방식과 관련해 중립성에 대한 자유주의적 책무를 충족시킨다 할지라도) 이런 요구를 충족시키기에 충분하지 않다. 이제 이 절의 제목에 제시된 질문[어떤 '임의의' 문화에 대한 권리인가, 아니면 '나의' 문화에 대한 권리인가?]에 대해 다시 생각해보자. 그 질문에 대해 우리는 다음과 같이 답할 수 있다. 개인은 어떤 임의적인 문화적 구조를 넘어 '자신만의 문화'에 대한 권리를 가질 수 있으며, 그 권리는 정체성에 문화적 소속감이 배태되어 있다는 중요한 사실에서 비롯된다.

문화에서 정체성으로

앞서 문화에 대한 권리를 검토했을 때, 사람들은 단지 어떤 문화적 맥락을 임의적으로 선택하는 것이 아니라 자신의 정체성의 원천을 보존하기를 원한다는 것을 확인했다. 이때 문화적 통합은 만족스러운 해결책이 아니므로, 문화에 대한 권리가 정당화될 수 있는 방식 또한 바뀌어야 한다. 킴리카가 초기에 제시한 정당화에서는 문화적 맥락을 선택하는 개인의 자율성이 중요하게 여겨졌다는 점을 상기해보자. 앞서 살펴보았듯 단순히 어떤 임의의 문화적 맥락이 아니라 특정한 문화적 맥락이 중요하다는 점에서 킴리카의 이런 주장은 수정될 필요가 있다. 이에 대해 마갈릿과 할베르탈은 문화에 대한 권리가 "자유에 대한 권리"가 아니라 "정체성에 대한 권리에 의해 정당화된다"고 주장한다.[48] 나는 이를 문화에 대한 권리에 **앞서**, '정체성에 대한 권리'가 있다는 주장으로 정식화하고자 한다. 문화에 대한 권리가 정당화될 수 있는 것은 바로 문화가 정체성의 핵심 요소이기 때문이다. 따라서 문화는 정체성에 결정적으로 의존한다.

사람들이 자신의 문화적 소속에 관심을 가지며, 그것을 통해 자신이 누구인지 이해할 수 있다는 점에는 의심의 여지가 없다. 그러나 스스로가 누구인지 이해하는 작업은 그 밖의 다양한 범주를 통해서도 이루어진다. 즉 문화는 정체성의 한 측면일 뿐이며, 그 외 직업, 인종, 종교, 성별 및 성 정체성 등의 다른 측면 또한 존재한다. 어떤 경우에는 문화적 정체성이 한 사람의 삶에서 가장 중요한 정체성이 아닐 수도 있다. 그렇다면 사람들의 정체성 형성에 핵심적인 역할을 하는 집단이나 공동체가 보호되고 장려되어야 하는 필요성은 어디에서 비롯될까? 이 질문에 대한 답은 우리가 **정체성에 대한 권리**를 어떻게 이해하느냐에 달려 있다. **정체성에 대한 권리**라는 문구는 '모든 사람은 스스로에 대한 개념을 형성할 권리를 갖는다'는 상대적으로 자명한 해석과, '모든 사람은 자신의 정체성이 있는 그대로 받아들여질 권리를 갖는다'는 논쟁적인 해석을 모두 의미할 수 있다.

나는 이를 변형해 사람들은 '각자의 정체성의 타당성과 가치에 대한 상호인정이 가능해질 수 있는 화해적 태도로 서로를 마주하도록 노력해야 한다'고 주장하고자 한다. 그리고 한 개인이 가진 정체성이 항상 다양한 집합적 범주에 근거한다는 점을 감안할 때, 그에 대한 인정은 해당 집합적 범주에 대한 인정과 뚜렷하게 분리될 수 없다(4장의 '사회적 정체성과 개인적 정체성의 관계' 절 참고). 즉 어떤 개인의 정체성을 인정하기 위해서는 소수문화를 보호하고 장려해야 할 수도 있다. 예를 들어, 캐나다 어보리진의 문화적 정체성의 유효성과 가치를 인정하려 한다고 말하면서 다른 한편으로는 주류 사회의 문화가 그들의 토지권을 박탈하고, 그들의 언어를 학교에서 가르치지 않으며, 그들 공동체의 삶의 방식을 주류문화로 흡수시킨다면, 애초 의도했던 인정에 대한 시도는 단지 공허한 움직임에 지나지 않을 것이다. 이처럼 소수문화에 대한 보호와 장려는 매우 중요한 문제이지만, 그것을 어떤 방식으로 실현할지는 간단치 않은 문제이며, 이를 둘러싸고 정치철학 분야에서 많은 논쟁이 있어왔다.[49]

인정을 실현하기 위해 문화에 대한 보호와 장려가 필요할 수도 있지만, 그것만으로는 충분하지 않다. 예를 들어 어떤 문화적 소수집단에 대한 존중 없이 당사자들이 살아가는 곳을 관광 명소로 조성하려는 상황을 상상해볼 수 있다.[50] 또한 보호와 장려 자체가 문제의 핵심이 아닌 경우가 있을 수도 있다. 어떤 집단이 보호와 장려를 통해 지속적으로 존재할 수 있는지 여부가 아니라, 그 집단의 정체성을 지니고 살아가는 사람들이 사회에서 직면하게 되는 부정적인 태도가 문제가 되는 경우를 생각해볼 수 있을 것이다.

요약하자면, 문화적 권리는 정체성에 대한 권리와, (자신이 누구인지 이해하는 것과 관련된) 문화적 소속의 중요성을 통해 정당성을 가질 수 있다. 어떤 경우 한 개인의 정체성을 인정하는 데 해당 문화에 대한 보호와 장려가 필요할 수도 있지만, 이것만으로는 충분치 않았다. 또한 정체성은 문화적 소속보다 더 광범위하며 다른 다양한 집단 범주에 영향을 받는다는 점도 살펴보았다. 이처럼 정체성은 문화적 권리보다 도덕적으로 우선시하며, 더 광범위한 영역을 포괄한다. 즉 문화적 권리의 문제는 하나의 범주이자 핵심 쟁점인 정체성의 문제로 우리를 인도한다.

5. 나가며

이 장에서는 인정을 확보하는 방식으로서 매드문화의 실현 가능성을 탐구했다. 이제 우리는 몇 가지 결론을 내릴 수 있다. 첫째, 매드는 전형적인 사회적 문화의 요소들을 충족시키지 않기에, 매드문화가 성립하는 데 여러 어려움이 존재한다는 것을 살펴보았다. 둘째, 설사 우리가 매드문화를 문화공동체로 간주한다고 할지라도, 문화 그 자체가 아닌 정체성을 핵심 쟁점으로 고려해야 한다는 것을 이 장에서 전개한 문화적 권리에 대한 분석을 통해 알 수 있었다. (서론에서 다뤘듯, 광기를 정체성으로 바라보는 것은 광기가 정신의 질병이라는 기존의 관점에 맞서는 주요한 대안이기도 하다.) 4부로 넘어가 매드 정체성의 인정 요구에 대한 적절한 사회적 응답의 문제를 다루기 전에, 다음과 같은 복잡한 문제들을 먼저 검토할 필요가 있다.

광기가 정체성의 근거가 될 수 있을까? 혹은 망상, 극단적인 기분, 수동성 현상의 경험 등과 같이 '정신병'과 관련된 현상들은 정체성을 형성하는 기반을 그저 약화할 뿐일까?

| 7장 |

매드 정체성 I : 논쟁의 여지가 있는 정체성과 실패한 정체성

1. 들어가며

6장에서 우리는 인정을 향해 나아갈 수 있는 두 가지 가능한 방식 중 하나인 매드문화를 검토했다. 그리고 문화적 권리의 도덕적 토대를 탐구함으로써, 첫 번째 가능성인 매드문화 논의의 핵심은 사회적 문화보다는 정체성의 문제임을 알 수 있었다. 이제 인정으로 이어지는 두 번째 가능성인 매드 정체성Mad identity을 살펴보고자 한다.

'매드 정체성'이라는 표현은 광기를 병리화하지 않는 대항서사에 해당하며, 당사자들이 견지하는 자기이해의 핵심 요소이기도 하다. 이때 어떤 한 개인이 자기 자신을 '매드'로 지칭하는지 아닌지는 문제의 핵심이 아니다. 어떤 사람들은 매드 정체성을 받아들이지만, 그렇지 않은 사람들도 있을 수 있다. 여기서 핵심은 광기를 가능한 정체성 중 하나로 간주할 수 있느냐에 관한 것이다. A. 트리에스테A. Triest는 이 핵심을 잘 표현했다. "광기는 (내가 누구인지, 그리고 내가 어떻게 세계를 경험하는지에 대한) 나의 정체성의 한 단면이지, 나와 분리되어 있는 별개의 '질환'이 아니며, 내가 치료하길 원하는 '증상'의 집합체도 아니다."[51] 트리에스테의 이 구절은 우리에게 질문을 던진다. 과연 광기가 정체성의 근거가 될 수 있을까?

언뜻 보기에 '미쳤다는 것이 정체성의 근거가 될 수 있는가'라는 질문은 애초부터 성립되지 않는 것처럼 보이기도 한다. 우리가 지난 수십 년간의 정체성 운동에서 목격했듯, 사람들은 자신의 경험에서 비롯된 어떤 특성 혹은 다른 사람들과 공유하는 특성을 자기 자신에 대한 이해의 핵심으로 삼는다. 이런 특성으로는 성적 지향, 성별, 인종, 에스니시티, 종교적 소속, 직업 등이 있으며, 개인은 이를 바탕으로 좀 더 확고하게 스스로를 정체화한다. 그렇다면 광기라는 현상을 토대로 정체성을 형성할 수는 없는 것일까? 그럴 수 없다면, 광기는 위와 같은 다른 특성들과 어떤 점에서 다른 것일까?

이 질문에 답하기 위해서는 앞서 제기한 주장을 수정해야 한다. 즉 어떤 것이든 정체성 형성 능력을 손상시키지 **않는다면** 정체성의 근거가 될 수 있다. 일반적으로 미쳤다는 것은 정체성 형성 능력을 손상시키는 요인으로 보이며, 이 지점에서 매드 정체성은 모순적 상황에 처한다. 즉 매드 정체성은 정체성 형성 능력을 손상시키는 것으로 보이는 바로 그 정신적 현상들을 자신들의 정체성을 주장할 수 있는 동등한 가치를 지닌 근거로 주장하게 되는 것이다. 이것이 사실이라면, 매드 정체성을 인정하라는 요구는 난처한 결과를 낳게 된다.

이에 대한 비교로, 게이 정체성을 유효한 삶의 방식으로 인정하도록 사회에 요구하는 집단을 생각해보자. 오늘날 여러 사회적·정치적 맥락에서, 그들의 요구는 인정 혹은 무시의 범주에서 고려되어야 하는 것으로 여겨질 것이다. 각 사회에서는 긍정적인 인정 및 관용에서부터 법률로 금하는 상황에 이르기까지, 다양한 방식으로 게이의 요구에 대응할 것이다. 결과가 어떻든 성적 지향이 어떤 사람의 정체성 형성 능력에 특별한 문제를 일으키지 않는다는 것은 분명하며, 게이의 요구는 사회적·정치적으로 대응할 가치가 있는 것으로 간주된다.

반면 매드운동에서는 망상, 수동성 현상, 환각, 극단적인 기분 등의 현상들이 어떤 한 사람의 정체성 형성 능력을 손상시킨다고 가정할 경우, 광기에 근거해 정체성을 형성하려는 것은 인정의 범위를 벗어나게 된다. 즉 정체성 형성 능력을 약화하는 바로 그 현상에 근거해 정체성을 주장하게 되는 역설적인 상황에 처하게 된다. 만약 그렇다면, 광기에 대한 대응은 아마도 치료 및 돌봄의 영역에 위치하게 될 것이고, 인정의 대상에서는 제외될 것이다. 이와 달리, 만약 광기가 정체성의 근거가 될 수 있다면 인정의 범위에 포함될 것이고, 매드운동의 요구는 정체성의 관점에서 다뤄질 수 있을 것이다. 따라서 이 문제를 세심히 검토할 필요가 있으며, 이 장과 다음 장에서 이에 대해 다루고자 한다. 이와 관련해 다음과 같은 두 가지 질문을 제기할 수 있다. (1) 정체성 형성의 요건은 무엇인가? (2) 광기 혹은 정신병은 어떤 방식으로 그런 요건들을 약화하는가?

인정이론에서는 정체성 형성과 관련된 인정의 주체로 행위주체로서의 자각을 지닌, 언어와 같이 공유된 표현 수단을 쓸 수 있는 능력을 갖고 있는 행위주체를 전제한다(4장의 〈2. 정체성〉 참고). 이 능력은 유기체가 자기개념을 표현하고, 자기개념을 지닌 개인으로서 스스로를 자각할 수 있도록 한다. 이 능력은 인간을 대부분의 생명체, 그리고 모든 무생물체와 분명히 구분 지어주는 차이이다. 가령 바위는 자기개념을 형성할 수 없다. 인정이론의 관점에서 이 능력을 갖는 것은 단지 논의를 가능케 하는 출발점일 뿐이다. 즉 인정이론에서 스스로를 자각하는 행위주체가 되는 것, 그리고 언어를 사용한다는 것은 풍부한 정체성을 형성하는 데 가장 기본이 되는 요건이다. 인정의 대상이 되기 위해서는 자기개념을 보유할 수 있는 능력을 넘어 다양한 요건을 충족해야 한다.

(1) 원칙적으로 인정을 요구하는 자기개념은 사회적·정치적 운동을 통해 다뤄질 수 있는 인식론적 지위를 가져야 한다. 즉 **논쟁의 여지가 있는** 정체성(논쟁의 여지가 있는 정체성controversial identity)이어야 하며, **실패한** 정체성failed identity이어선 안 된다. (2) 자기개념은 정신의 통합적인, 즉 분열되거나 단절되지 않은 표현이어야 한다. (3) 자기개념은 충분한 기간에 걸쳐 지속되어야 한다.

이러한 요건을 충족시킴으로써 개인은 인정의 영역으로 진입한다. 즉 위의 조건들이 성립될 때 자신의 정체성이 적절한 규범적 지위를 부여받지 못한다는 주장이 주목받을 가치가 있는 것으로 여겨지며, 사회적·정치적 대응의 잠재적 후보가 될 수 있다.

하지만 관련 문헌에 따르면, 정신병은 이 세 가지 요건들을 약화한다. 저넷 케넷Jeanette Kennett은 일부 사례를 언급하며 정신질환이 "우리 모두가 정체성을 구축하고 유지하는 데 필요한 핵심적인 요건을 심각하게 훼손한다"고 주장한다.[52] 이어 케넷은 망상, 환각, 와해된 사고와 같은 정신병리적 현상들은 "도덕적 사안들을 적절하게 인지 및 평가하고 그에 따라 판단하는 능력을 감소시키거나 소실시킬 수 있다"고 언급한다.[53] 조지 그레이엄George Graham은 정신과 환자가 "책임 있는 행위를 위한 능력이나 숙고·성찰하는 행위주체로서의 능력뿐 아니라, 한 명의 사람이자 행위주체로서 자신들의 정체성을 경험적으로 인식하는 능력 또한 취약하거나 손상된 상태"에 있다고 언급한다.[54] 정신질환은 시간이 경과해도 자신을 통합된 자아로 인식할 수 있는 개인의 능력을 점차 약화할 수 있으며, 이것이 결국 삶의 목표와 계획을 이행하는 능력을 방해할 수 있다는 것이다.[55] 제니퍼 래든도 "정신병은 필연적으로 개인의 정체성에 대한 전통적 개념에 도전한다"며 비슷한 점을 지적한다. 정신질환이 "이전과 이후의 주체성, 인격, 삶이 부드럽게 연결되는 것을 방해함으로써, 고통받는 당사자를 심대하게 변형시킬 수 있다"는 것이다.[56]

정신병이 정체성 형성을 위한 기본 요건들을 약화한다는 주장에 대한 포괄적인 검토는 두 개의 장에서 완전히 다루기는 어려운 과제이다. 따라서 7장과 8장에서는 해당 사안에 대한 포괄적인 검토를 진행하지는 않는다. 두 개의 장에서 달성하고자 하는 목표는 주요한 몇몇 정신 현상들을 선별해 각각의 현상이 정체성의 기본 요건을 약화한다는 주장이 지닌 복잡성을 보이고자 한다. 또한 여기서 더 나아가, 이런 문제들에도 불구하고 광기가 정체성의 근거가 될 수 있는 가능성을 확보해내고자 한다(이는 9장에서 더 자세히 설명될 것이다). 앞서 언급한 정체성 형성에서의 세 가지 조건과 관련된 정신적 현상 및 상태는 다음과 같다. (1) '망상적 믿음'에 기반한 정체성은 '실패한 정체성'일 소지가 높아 보인다. (2) '수동성 현상Passivity phenomena'은 '자아의 통합'을 저해하는 것처럼 보인다. (3) '조현병'과 '양극성 장애'로 알려진 정신 상태는 '자아의 불연속성'으로 나타나는 것처럼 보인다.

물론 위와 같은 세 가지 문제가 동시에 발생하지 않을 수도 있으며, 어떤 사람은 셋 중 하나를, 다른 사람은 아예 다른 문제를 경험할 수도 있다. 그러나 공통적으로 이런 문제들은 정체성을 형성하고 유지하는 능력을 약화함으로써 한 사람을 인정의 범위에서 배제할 수 있다.[57] 7장에서는 첫 번째 조건에 초점을 두고 진행하고자 한다. 즉 망상이라는 현상에 비춰 논쟁의 여지가 있는 정체성과 실패한 정체성을 살펴보며, 8장에서는 두 번째 조건과 세 번째 조건을 다룬다.

2. 논쟁의 여지가 있는 정체성과 실패한 정체성의 구별

정체성의 주요 특징

논쟁의 여지가 있는 정체성과 실패한 정체성의 구별을 정의하고 검토하기 전에, 4장에서 자세히 설명한 정체성의 개념으로 돌아가 몇 가지 주요 특징을 짚어볼 필요가 있다. 정체성은 한 개인에 대한 자기개념의 총체이다. 정체성은 연구자, 교사, 남성, 불교, 마오리족 등과 같은 사회적 범주의 목록은 아니지만, 이런 범주들이 자기 자신에 대한 이해에서 어떤 방식으로 작용하는지와 관련된다. 예를 들어 당신은 어떤 사람이 선생님이라는 것을 알게 되었을 때보다, 그 사람이 선생님이라는 직업을 어떻게 받아들이고 있는지 이해하게 될 때 그 사람에 대해 훨씬 더 많은 것을 알 수 있다. 가령, 그 사람은 선생님이라는 직업에 소명의식을 가지고 있는가? 아니면 단지 돈을 벌기 위한 직업으로 여기는가? 연구 활동을 중시하는가, 아니면 학생들을 가리키는 것을 중시하는가? 사람들은 특정한 집단 범주에 자신이 포함되어 있음을 알게 되고, 그 범주와의 관계 속에 자신을 위치시키며, 그 과정에서 자신이 누구인지 이해하게 된다. 또한 사람들은 특정 범주를 거부하고 새로운 범주의 측면에서 자신을 이해하려고도 한다. 혹은 자신이 속한 집단 범주를 지지하면서도, 그 범주의 사회적 의미와 가치를 바꾸려고 노력할 수도 있다.[58] 정체성과 관련한 이런 성찰들은 오늘날 정체성을 둘러싼 문제의 바탕을 이룬다. 즉 정체성은 고정된 상태가 아니라

변할 수 있다. 과거의 다른 시대에서는 불가능했을 방식으로 정체성에 대한 논쟁이 활발히 일어나는 것은 이 때문이다.

2부에서 논한 정체성 개념의 또 다른 핵심은 우리의 자기개념이 행위와 관련을 맺고 있다는 것이었다. 즉 정체성은 행위주체로서 살아가는 과정에서 삶의 방향성을 제시하는 핵심적 기능을 한다. 4장의 '정체성 논의를 시작하며' 절에서 언급했듯, 인간 행위주체성의 본질적인 특징은 강한 평가를 형성할 수 있는 능력이다. 이는 스스로의 욕망을 충족시킬 수 있는 능력이 아닌, 스스로 정한 기준에 따라 욕망을 통제하거나 반성적으로 승인할 수 있는 능력이다. 강한 평가는 도구적 이성이 아니며, 어떤 행위가 '나쁘다' '비도덕적이다' '야비하다' 혹은 '의미 있다' '칭찬받을 만하다' '좋다' 따위의 판단을 내리고 자신의 행위 여부를 결정할 때마다 이루어진다. 강한 평가는 우리의 욕망과 성향을 넘어서며, 그것을 평가할 수 있는 규범을 구성한다. 예를 들어, 만약 누군가 자기 자신을 세속적인 과학자로 이해한다면, 그 자기개념 안에 내재된 가치들이 자신이 인생에서 내리는 선택에 상당한 영향을 미칠 것이다. 즉 그것은 자기 행위의 범위를 한정하고, 의미와 목적을 부여한다.

이로부터 우리는 정체성의 두 가지 주요 특징을 도출할 수 있다. (1) 정체성은 주어진 것이 아니라, (특정 한계 내에서) '성취하는 것'이다. 즉 우리는 자신을 어떻게 이해하는지, 그리고 그 이해가 시간이 지나면서 어떻게 발전하는지에 대해 말할 수 있다. (2) 우리의 자기개념은 숙고의 과정을 통해 행위에 영향을 미치거나, 스스로의 행위에 대한 이유를 제공함으로써 사후적으로 행위를 정당화하곤 한다.

사회적 타당성에서의 간극

정체성의 두 특징에 각각 대응하는 두 가지 오류의 가능성 역시 생각해볼 수 있다.

(1) 우리는 나 자신을 어떻게 이해하는지에 대한 발언권을 갖지만 이는 절대적인 것이 아니며, 우리가 생각하는 정체성이 틀릴 수도 있다. 예를 들어, 누군가 자신을 마오리족 혈통으로 여긴다고 할 때 그것이 틀린 사실일 수 있다. 또한 자신이 훌륭한 피아니스트라고 생각하는 누군가는 실은 평범한 피아니스트일 수 있다.

(2) 자기개념은 스스로의 행위에 적절한 영향을 미치지 못할 수도 있으며(예를 들어, 양가감정을 생각해보라), 우리의 삶의 질을 감소시키는 방향으로 행위에 영향을 미칠 수도 있다(예를 들어, 누군가는 자신이 훌륭한 피아니스트라는 그릇된 믿음 때문에 런던 심포니 오케스트라의 모든 채용 공고에 지원하지만 계속해서 탈락하고, 결국 자존감은 점점 깎여나갈 수 있다.)

이 장의 나머지 부분에서는 우선 자기개념과 행위 사이의 연관성과 관련한 두 번째 문제는 잠시 제쳐두고, 첫 번째 문제를 주로 탐색하고자 한다. 첫 번째 문제에 집중하려는 것은 두 가지 이유 때문이다. 첫째, 이 장에서는 한 개인이 자신이 누구라고 생각하는지에 대해 그릇된 판단을 내리는 것과 그런 실수의 본질에 논의의 초점을 두고 있다. 둘째, 자기개념과 행위의 연관성은 도덕적·법적 책임, 의사결정 과정, 실용적 합리성[59]과 관련된 중요한 문제들을 제기하지만, 이 문제들은 잘못된 자기 개념 혹은 잘못된 믿음이라고 여겨지는 것에만 국한되지는 않는다.[60] 두 가지 이유를 근거 삼아, 이어지는 논의에서는 첫 번째 문제에 초점을 맞춰 정체성의 성취와 거기서 발생할 수 있는 오류에 관해 살펴보고자 한다.

첫 번째 문제는 '사회적 타당성'의 간극을 만들어낸다. 이 간극은 오늘날 다양한 인정 요구에서 나타난다. 사회적 타당성의 간극이란 나 자신에 대한 스스로의 이해와 나에 대한 다른 사람들의 이해 간의 차이에 해당한다. 최근의 사례들 중에는 트랜스젠더 정체성을 둘러싼 지속적인 의견 불일치가 있는데, 일부 급진적인 페미니스트들은 MTF 트랜스젠더male-to-female transgender(성별이 남성으로 지정되었으나 여성의 성 정체성을 가진 트랜스젠더)가 '여성'이라는 사실을 받아들이지 않고 있으며, MTF 트랜스젠더는 이것이 무시의 한 형태라고 주장한다. 로버트 피핀은 이런 간극에 대해 다음과 같이 설명한다.[61]

> 어떤 주장 혹은 행동 방침을 다짐할 때, 나의 자기확신, 지금 일어나는 일과 요구되는 것에 대한 나의 주관적인 관점, 그리고 '진실' 사이에 간극이 발생할 수 있다. 이는 내가 스스로에게 부여하지 않은 주장 및 행동 방침을 타인이 나에게 부여할 때 더욱 명백해진다. 일종의 사회적 병리의 한 형태인 이 간극의 경험을 헤겔은 개념적·사회적 변화를 위한 원동력으로 보았고, 이것이 화해와 상호성을 위한 투쟁과 노력으로 이어질 수 있다고 여겼다.

피핀의 간결한 설명은 우리가 여기서 다루고 있는 문제의 핵심을 관통한다(3장의 '규범적 지위에 대한 승인으로서의 인정' 절과 '자기개념에 관한 직관' 절 참고). 모든 대인적 상호작용에서 내가 스스로에 대해 주장하는 정체성이 어떤 식으로든 타인들에게는 근거가 없는 것으로 비춰질 가능성은 항상 존재한다. 나 자신의 생각을 타인은 다르게 볼 수 있다. 인정받기 위해 노력할 때, 한 개인은 자신의 주장을 고수하고, 타인에게 있는 그대로의 나(혹은 내가 이해하고 싶은 나)를 인정해줄 것을 요구한다. 즉 화해를 향한 투쟁이 시작되는 것이다. 그러나 사회적 타당성을 둘러싼 모든 간극을 화해를 위한 기회로 간주할 수는 없다. 때로 이 간극은 단순히 한쪽이 실수를 저지른 결과에서 비롯된 것일 수도 있다. 따라서 모든 인정 요구가 적절한 인정의 범위에 포함되는 것은 아니다. 예를 들어, 내가 훌륭한 피아니스트라는 나의 믿음은 어떤 기준에 따르면 거짓일 수 있지만, 그렇더라도 인정의 범위 내에서 고려될 수 있는 종류의 주장이다. 왜냐면 그는 그 기준이 차별적이라거나, 독학으로 실력을 키운 피아니스트 집단에서는 자신이 훌륭한 피아니스트라고 주장할 수도 있기 때문이다. 반면 자신이 마오리족 혈통이라는 믿음 혹은 그 혈통이 아니라는 믿음은 적절한 인정의 범위 내에서 논의될 수 없는 종류의 믿음이다. 왜냐하면 그가 마오리족임에도 마오리족으로 인정하지 않는 것은 사회적 해악과 잠재적 불평등의 가능성이 존재하는 명백한 오인의 사례이기 때문이다.

이런 예시들은 어떤 한 사람이 자신이 누구인지에 대해 잘못 알고 있다고 해서 반드시 그 사람이 인정의 가능한 범주에서 배제되는 것은 아니라는 것을 보여준다. 즉 어떤 착오는 적어도 원칙적으로 문제의 범주(앞선 훌륭한 피아니스트의 사례)에 대한 수정을 요구할 수 있지만, 반면 어떤 착오는 수정을 요구할 수 없다(앞선 마오리족 혈통의 사례). 이런 구분을 견지하는 것은 매우 중요하다. 그렇지 않으면 집단 범주가 무결하다는 전제 아래에서 인정에 대한 여러 요구들이 착오에 근거한다는 식으로 섣불리 판단되고 거부될 수 있기 때문이다. 따라서 우리는 두 가지 경우를 상상할 수 있다. 첫 번째 경우는 어떤 사람이 자신이 누구라고 생각하는지에 대해 잘못 알고 있지만, 잠재적으로 그의 정체성이 기반을 두는 집단 범주의 변화를 요구할 수 있는 경우이다. 이 책에서는 이를 **논쟁의 여지가 있는 정체성**controversial identity으로 지칭하고자 한다. 두 번째 경우는 어떤 사람이 자신이 누구라고 생각하는지에 대해 잘못 알고 있고, 그의 정체성이 기반하는 집단 범주의 변경을 요구할 수 없는 경우이다. 여기서는 이를 **실패한 정체성**failed identity으로 지칭하고자 한다. (실패한 정체성의 경우, 해당 개인의 정체성 형성 능력에 손상이 있다는 추가적인 의견이 제시될 수도 있다.) 따라서 문제는 다음과 같다. **인정의 범위 내에서 적절히 검토될 수 있는 착오인 논쟁의 여지가 있는 정체성과 인정의 범위 내에서 검토가 불가능한 착오인 실패한 정체성을 분류해낼 수 있을까?**

두 가지 정체성을 분류하는 방법

이 문제의 해결 방법을 다루기 전에, 몇 가지를 정리할 필요가 있다. 인정의 범위를 어디까지 설정할 것인지, 그리고 어떤 집단의 주장이 그 범위에 속하기 위해서는 어떤 요건이 필요한지 살펴보자.

인정의 범위란 무엇을 의미할까? 어떤 주장이 인정의 범위에 들어가기 위해서는 그것이 타당성을 다룰 만한 적절한 종류의 주장인가에 주의를 기울일 필요가 있다. 이것은 그 주장이 타당한 것으로 인정되리라는 확약이 아니라, (그 주장이 타당한지를 떠나) 사회적·정치적 대응의 가치가 있는 종류의 주장인지를 다루는 문제다. 어떤 주장이 인정의 범위에 들어오게 되면, 관심은 그 주장을 제기한 사람의 능력에서 그 사람의 정체성을 형성하는 범주의 범위, 의미, 경계 등으로 이동하게 된다.

그렇다면 어떤 주장이 인정의 범위에 포함되기 위해 **충족되어야 하는 요건**은 무엇일까? 인정에 대한 요구를 주장하는 자기개념이 특정한 사회적 관점에서는 스스로에 대해 부정확한 관점을 취하는 것으로 여겨지고 있다고 가정해보자. 그렇다면 해당 주장이 인정의 범위로 진입하기 위해서는 부정확성의 원인이 된 착오가 사회적·정치적 행동을 통해 다뤄질 수 있어야 한다. 즉 사회적·정치적 행동을 통해 자신의 정체성을 형성하고 있는 집단 범주에 문제를 제기하고 수정하는 작업이 가능해야 한다. 다시 말해, 해당 주장은 **논쟁의 여지가 있는 정체성**이어야 하며, **실패한 정체성**이 아니어야 한다.

실패한 정체성으로부터 논쟁의 여지가 있는 정체성을 분류하는 문제로 돌아가 그 **방법**을 모색해보자. 여기서는 특정 정체성 주장들을 검토하는 작업을 통해 그런 주장들에 내포되어 있는 착오들을 평가해보고자 한다(7장의 〈3. 망상적 정체성〉). 우선 망상이라 칭해지는 정체성 주장을 중심으로 살펴볼 것이다. 검토 방법과 대상을 이렇게 결정한 데는 세 가지 이유가 있다.

(1) 이런 종류의 주장은 7장부터 9장까지 걸쳐 있는 궁극적인 관심사인 '광기가 정체성의 근거가 될 수 있는가'를 검토하는 작업과 관련되어 있다. (2) 망상적 정체성은 인정을 활발히 요구하는 경향이 있기 때문이다. (다른 사람들이 자신의 믿음을 유효한 것으로 받아들여야 한다는 주체의 지속적인 주장은 망상의 일반적인 특징에 해당한다.) (3) 망상은 중대한 인식적 결함epistemic fault을 나타내므로, 어떤 사람이 망상적 자기개념을 받아들이고 있다는 것을 확인하는 순간, 우리는 그가 실패한 정체성만을 가질 뿐이라고 섣불리 단정할 우려가 있다. 만약 망상과 같은 난제에 대해 다른 방식으로 서술할 수 있다면, 논의의 상당한 진전을 이룰 수 있을 것이다.

이제 두 정체성을 구분해내는 것을 가능케 하는 **두 가지 단서**를 살펴보자. 첫 번째 단서는 정체성이 오인되는 측면과 관련이 있다. 한 개인은 자신이 누구인지에 대해 사실적 방법 혹은 평가적 방법으로 틀릴 수 있다. 예를 들어 어떤 한 사람은 자신이 기사knight가 아님에도 기사라고 믿을 수 있으며, 혹은 자신이 사실은 겁 많은 기사인데 용감한 기사라고 믿을 수도 있다. 많은 경우, 후자보다는 전자의 실수가 더 심각한 것으로 간주될 것이다. 용기의 의미는 상당히 주관적이고 [맥락에 따라] 달라질 수 있으므로 평가상의 실수가 인정의 범위 내에서 좀 더 수월히 수용될 수 있다. 그렇다면 실패한 정체성과 논쟁의 여지가 있는 정체성 구분을 사실적 방법과 평가적 방법의 구분에 기반해 설명해낼 수도 있을 것이다. 이러한 시도는 일리 있어 보이지만, 사실과 가치를 구분하는 것 자체가 논쟁적이라는 점을 고려할 때 추구할 만한 접근법은 아니다. 이런 구분은 사실의 가치의존성이나 가치의 사실적 성격 때문에 지속적으로 공격받고 있다.[62] 따라서 이어지는 절에서는 통상 '사실적'인 것으로 간주되는 주장을 중심으로 까다로운 사례들을 고찰하고, 이를 통해 논쟁의 여지가 있는 정체성과 실패한 정체성을 구분하고자 한다. 사실과 가치의 구분을 지지하는 사람들에게 사실적 착오 중 일부가 인정의 범위 내에 수용될 수 있다는 것을 보여줌으로써, 평가적 착오 또한 수용될 수 있다는 것을 충분히 입증해낼 수 있기 때문이다. (사실과 가치의 구분을 받아들이지 않는 사람들이라 할지라도 이 논의에서 특별히 잃을 것은 없다.)

두 번째 단서는 추가적인 구분과 관련된다. 이 구분의 한쪽에는 정체성 형성 그 자체의 문제(즉 논쟁의 여지가 있는 정체성인지 혹은 실패한 정체성인지)가 있고, 다른 한쪽에는 그 사람이 그릇된 방식으로 정체성을 형성하고 있는 집단 범주의 일관성이 있다. 예를 들어 어떤 한 사람이 자신을 외계인에게 납치된 피랍자로 잘못 정체화해서 실패한 정체성을 형성하는 것과 외계인에게 납치된 피랍자라는 집단 범주의 유효성에 의문을 제기하는 것을 구분할 수 있다. 여기서는 우선 첫 번째 단서와 관련한 문제를 다루고자 한다. 두 번째 단서는 10장의 '비합리적 정체성' 절에서 다룰 것이다.

3. 망상적 정체성

임상적 정의와 공유성의 기준

자신이 누구인지에 대해 잘못 알고 있는 가장 극단적인 예는 의심할 여지없이 망상적 정체성delusional identity일 것이다. 자신이 영국의 여왕이라고 믿거나, 예언자 아브라함의 살아 있는 후계자라고 생각하는 유의 예시를 생각해볼 수 있다. 망상적 정체성을 실패한 정체성의 전형적인 사례로 간주하는 것은 그럴듯하지만, 모든 망상적 정체성이 반드시 실패한 정체성일까? 아니면 그중 일부는 논쟁의 여지가 있는 정체성으로 간주될 수 있을까?[63]

이 질문에 답하기 위해 나는 망상이 다음과 같은 특징들을 포함하고 있다는 전제를 제시하고자 한다. (1) 망상은 강한 확신을 견지한다. (2) 망상은 변화 및 반증counterevidence에 저항한다. (3) 망상은 주체가 지나치게 몰두하고 있는 믿음이다. (4) 망상은 불충분하거나 무관한 이유들로 뒷받침되며, 근거가 취약하다. 즉 망상은 비합리적인 믿음이다. (5) 망상은 자신 또는 타인에게 해를 끼치는 결과를 초래할 수도 있고, 그렇지 않을 수도 있다. (6) 망상은 틀리거나 기괴한 것일 수도 있고, 그렇지 않을 수도 있다.[64]

망상에 대한 임상적 정의는 또 다른 특징을 포함한다. 바로 공유성sharedness의 결핍이다. 즉 사람들 사이의 문화 및 하위문화에서 공유되고 있는 신념이라면 망상으로 진단되어서는 안 된다.[65] 그러나 공유성의 결핍은 망상의 특징 자체라기보다는 무엇이 망상이 아닌지 판단하는 기준으로 여겨져야 한다. 배제 기준으로서 공유성은 두 가지 유용한 함의를 제공한다. 첫째, 이는 망상적 믿음에 의해 피해를 입을 가능성이 높은 사람들에게 임상적 관심을 집중할 수 있게 해준다. (이때 망상이 사회적으로 공유된 현실에서 이탈하는 정도가 클수록 그로 인한 잠재적 피해도 커질 수 있다.) 둘째, 공유되고 있는 문화적 믿음이 아무리 비이성적이거나 기괴하다고 할지라도, 임상 정신의학은 그런 믿음들을 병리화화지 않는다는 것을 보여준다. 일부 저자들의 경우, 이 배제 기준을 임의적으로 설정한다. 일관되게 판단한다면, 얼마나 많은 사람들이 특정 믿음을 가지고 있든 상관없이 적절한 기준을 충족하는 모든 믿음을 망상으로 간주해야 할 것이다. 로리 레즈넥Lawrie Reznek은 저서 《군중의 망상과 광기Delusions and the Madness of the Masses》에서 우리가 공유성의 기준이라 칭한 것과 유사한 "공동체 공리community axiom"라는 개념에 이의를 제기한다.[66] 레즈넥은 이 개념을 거부하고, 전 세계 사람들을 감싸고 있는 거대한 믿음들, 예를 들어 초자연적 믿음, 기독교 창조론, 종말론적 믿음 및 추종 집단, 9·11 음모론, 약속된 땅에 대한 유대교의 믿음, 이슬람 근본주의 믿음 등을 망상으로 묘사한다.

> 전 세계가 미쳐 있고, 전 인류에 걸쳐 비이성이 만연해 있다. 이성의 실패가 오히려 정상적인 것으로 보이며, 그 누구도 망상적 관념에서 자유로워 보이지 않는다. …… 우리 모두는 잠든 이성에 굴복한 것으로 보이며, 망상적인 생각을 낳는 괴물이 된 것 같다.[67]

그러나 레즈넥의 주장은 다음의 세 가지 측면에서 문제가 있다.

(1) 레즈넥의 주장은 정신병리의 언어가 무의미해질 정도로 그 범주를 확장시킨다. '망상'이나 '병'과 같은 용어가 어떤 집단에 적용되는 경우(예를 들어 '망상적 집단' 혹은 '병든 사회')는 그 단어들이 가지고 있던 의미를 은유적으로 확장한 것이므로 문자 그대로 받아들여서는 안 된다. 한 사회를 두고 '병 들었다'는 식으로 묘사하는 것은 그 사회를 아픈 사람과 유사하게 간주하면서 우리가 그 상황에 반감을 가지고 있음을 드러낸다. 이 용어들을 어떤 집단에 적용하는 것은 많은 경우 모욕에 지나지 않는다. 정신병의 다양한 개념들은 사회적 역할을 수행하지 못하거나 공유된 현실을 받아들이지 못하는 것과 같은 개인의 기능상의 문제를 포착하기 위해 고안되었다. 이 점만으로도 망상이나 질병이라는 개념을 전체 공동체에 적용하는 것이 불합리하다는 것을 알 수 있다.

(2) 그는 공동체가 믿음을 형성 혹은 수정하는 방법으로 오직 과학적 방법론만을 권고한다. 즉 과학적 방법론에 비춰 현실과 부합하지 않는 모든 믿음은 망상이 된다. 과학적 방법을 따르지 않는 것을 모조리 망상적인 것으로 치부하는 논리상의 비약은, 레즈넥이 과학적 방법론을 세계에 대한 관찰과 이론을 구성하는 특별히 성공적인 방법론으로 여길 뿐 아니라, 모든 사람이 따라야 하는 이데올로기로 간주한다는 것을 보여준다. 이러한 논리적 비약은 과학적 엄격함 이외에 실제로 믿음이 형성되는 복잡한 방식과 [믿음의] 다양한 역할을 간과한다.[68 69]

(3) 그의 주장은 망상적 믿음의 기원을 그 망상이 타인들에게 전달되는 메커니즘과 혼동한다. 예를 들어, 집 앞에 파란색 차가 지나가는 것을 보고 세상이 10년 안에 끝날 것이라는 망상적 인식을 가지게 된 사람과 이후에 그를 따르게 된 1000명의 추종자들 사이에는 차이가 있다. 그의 믿음은 그럴 만한 이유가 없다는 의미에서 근거가 부족하고, 엄밀히 말하면 망상이다. 반면 그의 추종자들은 그에게 너무 쉽게 속아 넘어갔다고 비난받을 수는 있지만, 카리스마 있는 개인을 믿고 따르는 널리 알려진 사회적 방식을 따랐을 뿐이다. 이런 추종, 그리고 그 과정에서 자신의 비판적 능력을 제쳐두는 것이 항상 존중받아야 할 행위는 아니지만, 그렇다고 해서 망상은 아니다.[70]

이런 이유에서 망상이라는 개념을 전체 공동체로 확장하려는 레즈넥의 시도는 성립하기 어렵다. 그러나 나는 레즈넥과 논의의 시작점, 즉 망상의 개념과 공유성의 기준은 (임상 정신의학에서 양자를 동일하게 취급하는 것과 달리) 서로 분리되어야 한다는 통찰을 공유하고자 한다. 레즈넥은 이를 이용해 공동체 전체가 망상적이 될 수 있다고 주장했지만, 나는 이를 다른 방향으로 끌고가고자 한다. 망상과 관련된 인정 요구를 구상하고 대응할 수 있는 개념적이고 규범적인 영역을 창출하기 위해서는 망상과 공유성을 분리시켜 다뤄야 한다. 인정에 대한 모든 요구는 상호 간의 착오에 대한 인식을 동반한다. 만일 내가 나 자신이 예언자 아브라함의 살아 있는 후계자라고 주장한다면, 나와 대화하는 상대방은 나를 망상적 존재로 여길 것이고, 나는 상대방을 불신하면서 그가 잘못되었다고 생각할 것이다. 나의 정체성 주장은 상대방과 공유되지 않으며, 나는 타인들이 나의 주장을 타당하게 받아들이고 내 주장이 공유되기를 바랄 것이다. 나는 이 일에 성공할 수도 있고 실패할 수도 있다. 즉 공유성(혹은 그것의 부재)은 진단 기준이 아니라 서로 간의 상호작용에서 비롯되는 결과물이다. 만약 우리가 공유성의 결핍을 진단 기준으로 받아들인다면, 문제는 그 믿음이 공유되어야 하는지 여부가 되므로 우리는 더 이상 그런 상호작용을 평가할 수 있는 입장에 있지 않게 된다. 따라서 반드시 짚고 넘어가야 하는 질문은 다음과 같다. 망상적 정체성이 인정의 범위 내에서 고려될 가치가 있을 때는 언제인가? 달리 말해, 망상적 정체성은 언제 실패한 정체성이 아니라 논쟁의 여지가 있는, 공유될 수 있는 정체성의 후보로 간주될 수 있는가?

대통령의 아들

카말은 이집트 다흘라Dakhla 오아시스에서 부모와 함께 살고 있는 스물두 살의 남성이다.[71 72] 그는 자신의 친부모가 호스니 무바라크(당시 이집트 대통령)와 영부인 수잔 무바라크라고 믿었다. 반면 그와 함께 살고 있던 그의 실제 부모는 소박한 재산을 가지고 있는 농부였다. 그의 믿음은 이렇게 시작되었다.

> 저는 텔레비전을 보고 있었고 수잔[공영 언론에서 "마마 수잔"이라고 부르는 영부인]을 보았습니다. 그녀는 한 번인가 두 번 채널에 나왔는데 잘 기억은 안나요. 마치 어떤 컨퍼런스 같은 자리였고, 어린 소녀들과 소년들이 몇 명 있었지만, 영부인의 아

이들은 아니었어요. 영부인은 이렇게 말했어요. “정말 다행입니다. 이제 저는 당신을 전혀 걱정하지 않아요. 당신은 잘 성장했어요. 지금은 몸이 좋지 않지만 곧 나아질 것이에요.” 영부인은 저를 격려해주고 있었어요. 영부인은 말했어요. “제 아이는 모래와 산이 있는 황폐한 집에서 살고 있고, 아이의 아버지(무바라크)가 비행기로 거기를 지나가고 있어요. 아이는 선인장과 꽃이 심겨 있는 큰 모스크mosque[이슬람교의 예배당] 옆에 있는 광장에서 시간을 보내고 있어요. 그는 이제 나이가 들었고, 신이 원하신다면 제가 그를 결혼시킬 거예요. 저는 그가 어디에 있는지 알고 있고, 그에 대해서도 알고 있어요.” 어느 순간 저는 방을 떠나고 싶었고, 문을 향해 걸어가는데 채널이 저절로 바뀌었고, “Shams El-Zanatee”(‘Shams’는 ‘태양’을 뜻한다)라는 제목의 영화가 나왔어요. 왜 이 영화가 나왔지? 저는 이해가 되었어요. 그 영화는 이 마을을 의미하고, 이 마을에는 햇빛이 많이 비춘다는 것을요. 저는 밖으로 나가서 하늘을 보고 싶었어요. 하지만 그들은 인공위성을 통해 나를 볼 수 있을 것이라고 생각했고, 그때 저는 ‘그래서 나에 대해 모든 것을 알고 있었겠구나’라고 생각했어요. 영부인은 연설을 하는 동안에도 저를 볼 수 있었다고 생각했어요. 그날 이후 제 머리, 바로 제 머리로 영부인이 말한 사람이 틀림없이 나라는 걸 알게 됐어요.

이 경험은 며칠 뒤 무바라크와의 가상 만남을 위한 기반을 마련했다. 며칠 후 그는 대통령이 텔레비전에서 생방송으로 하는 연설 방송을 듣게 되었다.

> **카말:** 아버지(무바라크 대통령)는 큰 홀에 계셨고 1000여 명의 사람들이 박수를 치고 있었어요. 그는 "단순한 의미로 소작농", 즉 "소작농"에 대해 말하고 있었어요. …… 아버지는 특정한 사람을 가리키고 싶어 했지만, 그 마음을 대놓고 드러내려 하지는 않았어요. 아버지는 나를 언급하고 있었어요.
> **면담자:** 그러면 당신의 (실제) 아버지인 아바스는 어떻게 되죠?
> 카말: 저는 그가 내 아버지가 아니라는 것을 알았어요.
> **면담자:** 그러면 당신의 어머니인 나피사는 어떻게 되죠?
> **카말:** 저는 무바라크처럼 줌후리야(공화국을 뜻하는 아랍어) 가 Gomhoreyya Street에서 자랐어요.

카말은 위와 같은 믿음에 따라 두 차례에 걸쳐 마을을 가로지르는 장관급 차량 행렬에 끼어들었고, 자신을 카이로에 있는 자기 "아버지"의 집으로 데려가달라고 요구했다. 2007년 무바라크가 인근 마을을 방문했을 때, 카말은 대통령이 그곳에 도착할 것이라는 것을 알고 다흘라 군공항으로 갔다. 카말은 자신의 믿음을 혼자서만 간직하는 것이 아니라, 그의 진짜 부모에 대해 마을 사람들과 자주 논쟁하곤 했다. 예상하지 못할 바는 아니지만, 불행하게도 이런 행동은 다른 사람들의 비웃음을 샀고, 그는 점차 사회적으로 고립되었다.

카말은 여전히 자신의 아버지와 어머니가 대통령과 영부인이라고 믿고 있었지만, 시간이 지나면서 자신의 친부모에 대해 사람들과 논쟁하는 것을 피하는 법을 배웠다. 우리의 마지막 만남에서 그는 자신의 감정과 의심을 명확하게 밝혔다.

카말: 저는 무바라크에게 강한 애착을 느껴요. 우리의 연결고리를 느껴요. 그를 만난 적은 없지만, 그에게 강한 애착을 갖고 있죠. 그리고 저는 저의 어머니 수잔을 사랑해요. 만약 모든 사람들이 그[무바라크]를 사랑하지 않더라도, 저는 변함없이 사랑할 거예요.

면담자: 무바라크가 당신을 알고 있나요?

카말: 그는 제가 무슨 생각을 하는지 알고 있고, 저와 만나길 원하고, 제게 찾아오기를 원하지만, 우리를 떨어뜨려놓는 무언가가 있어요. 그것이 무엇인지는 몰라요. 그는 친절해요. 저는 그가 친철한 마음을 가지고 있다는 걸 알고 있어요. 사람들은 무바라크에 대해 잘못 알고 있어요. 왜 그가 병원을 방문했을까요? 왜 환자들과 대화를 나누었을까요? 왜 연설 중에 소작농을 언급했을까요? 저는 돈이나 지위에 대해 전혀 신경 쓰지 않아요. 그저 부모님을 원할 뿐이에요. 오랫동안 그들의 사랑을 받지 못했고, 그들의 품에 있지도 못했어요.

우리가 헤어질 때 나는 카말에게 무바라크가 왜 당신에게 연락하려고 시도하지 않았는지에 대해 물었다. 몇 차례의 주저함과 머뭇거림 끝에 그는 무바라크가 실제로 연락을 취해 돈을 보냈지만, 그 돈을 여기 오기 전에 도난당했다고 설명했고, 그 설명은 다음과 같은 요청으로 끝이 났다.

만약 당신이 카이로에서 제 아버지나 아버지와 함께 있는 사람들을 만나게 된다면, 제 이야기를 전해주거나, 그들을 저에게 연결해줄 수 있을까요?

우리는 카말이 대통령의 아들이라는 주장과 다른 사람들이 자신의 의견에 동의해주길 원하는 그의 주장에서 인정에 대한 요구를 알 수 있다. 즉 그는 자신의 주장이 타당성을 얻길 원한다. 그렇다면 카말의 주장은 완전히 거부되어야 하는 실패한 정체성에 해당할까, 아니면 그의 정체성을 형성하는 범주를 수정해 그를 포함시키는 것을 고려할 수 있다는 점에서 논쟁의 여지가 있는 정체성에 해당할까? 그의 주장이 실패한 정체성에 해당한다는 것은 명백하다. 카말은 그가 원하는 타당성을 확보할 수 없기 때문이다. 그렇다면 이런 평가가 내려진 근거는 무엇인가? 우리가 '아들'이라는 단어를 특정 개인의 생물학적 자손을 가리키는 말로 사용한다고 가정하면, 카말은 실제로 무바라크 대통령의 생물학적 자손인 경우에만 대통령의 아들로 인정받을 수 있다. 그의 주장이 진릿값truth value을 가질 수 있으므로, 이 맥락에서 적절한 용어는 진실과 거짓이다. 즉 그는 대통령의 아들이거나, 아들이 아니다. 또한 이 주장은 진실 혹은 거짓을 가리는 공개적인 검증에 부쳐질 수 있으며, 친자관계를 증명하거나 반증하는 방법들이 있다. 예를 들어 DNA 검사를 실시하고 공문서를 통해 확인받는 방법은 상당 부분 적절한 공개 검증 방법으로 합의될 수 있을 것이다. 따라서 자신이 대통령의 아들이라는 카말의 주장은 실패한 정체성이며, 말 그대로 '틀린 것'이 된다.

위의 사례를 비롯한 다양한 상황에서, 우리는 어떤 정체성 주장의 진위 여부를 철저히 확인하지 못하는데도 해당 주장이 틀렸을 거라고 간주한다. 가령 카말의 주장은 설득력이 크게 떨어진다. 이집트 서부 사막 오아시스 출신의 가난하고 젊은 농부가 이집트에서 가장 많은 권력을 가진 남자의 아들일 수 있을까? 그리고 설령 그 주장이 그럴듯하다 하더라도, 그가 그 주장을 정당화하고 옹호하는 방식을 살펴보면 그 주장이 진짜일 가능성에 회의적인 태도를 갖게 된다. 망상에 관한 철학 문헌이라면, 이러한 믿음에 대해 '인식적으로 비합리적'이라고 표현할 것이다.[73]

믿음은 충분한 증거를 기반으로 형성되어야 하며, 반증에도 대응할 수 있어야만 '인식적으로 합리적'이 된다.[74] 이런 합리성 정의에 따르면 카말의 주장을 비롯한 통상의 망상적 믿음은 '합리성의 실패'를 보여주는 전형적인 사례가 된다. 즉 증거가 불충분함에도 확신을 가지고 있으며, 그 주장이 반증에 직면했을 때 주체는 충분한 증거적 기반이 부족한 임시 가설을 내세워 다시 망상을 지탱한다. 앞서 언급한 인터뷰에서 볼 수 있듯 카말은 (정신병리학적 설명으로 언급하자면) 일련의 망상적 지각, 관계 사고ideas of reference*, 피해망상을 통해 자신의 믿음에 도달했다. 대통령 무바라크와 영부인 수잔이 자신의 부모라는 주장을

* 자신과 관계없는 중립적 정보에 의미를 부여해 스스로와 관련 짓는 생각. 정신병적 장애의 피해망상과 관계망상의 전단계로 나타나는 경우가 많다.

뒷받침하기 위해 그가 인용한 증거는 일반적으로 부모-자식 관계를 입증할 수 있는 충분한 증거가 되지 못한다. 예를 들어, 그는 영부인의 연설에 그녀의 아들인 본인을 위한 위로와 인내의 메시지가 암호화되어 들어 있다고 믿었다. 그는 줌후리야 가에서 자랐던 것, 자신의 중간 이름이 대통령의 이름과 동일하다는 것을 자신의 주장을 더욱 뒷받침해주는 두 가지 사실로 제시했다. 카말은 이런 점들을 자신이 친자임을 입증해주는 증거로 간주했을 뿐 아니라, 이에 대한 가능한 모든 대안적 설명도 거부했다. 그의 이야기에서 드러나는 명백한 모순을 설명하라는 압력을 받으면 그는 무작위로 가설을 제시했다.

(1) 왜 그의 "아버지"가 카이로에서 1000킬로미터 이상 떨어진 작은 마을에 당신을 남겨두었느냐고 질문했을 때, 그는 무바라크 대통령이 자신과 형제들(대통령의 두 아들) 사이의 경쟁을 피하고 싶어서 그랬다고 답했다. (2) 그의 진짜 부모를 증명하는 출생증명서를 보여주었을 때, 그는 그 서류를 가짜로 치부했다. (3) 그렇다면 당신의 아버지라고 주장하는 사람[카말의 친부]이 왜 아버지 행세를 하고 있느냐고 물었을 때, 카말은 이 남자[친부]가 대통령 집무실에서 돈을 받고 비밀을 지키고 있다고 주장했다.

카말의 이야기는 다음과 같은 다양한 인식적 결점과 추론의 오류들을 보여준다. (1) 카말은 제한적이고 무관한 증거에 근거해 믿음을 형성한다. (2) 자신의 주장이 사실이 아님을 입증해주는 증거들이 있음에도 확신을 가지고 믿음을 고수한다. (3) 자신의 주장에 문제를 제기하면, 설득력이 없는 증거로 구성된 가설을 추가함으로써 믿음을 방어한다. (4) 자신의 가설을 뒷받침하기 위해 정보들을 해석할 때 성급히 결론을 내린다.

여기서 주의해야 할 점은 인식적 합리성epistemic rationality과 비합리성은 어떤 믿음이 진실인지 혹은 거짓인지에 대한 구분이 아닌, 그 믿음을 구성하고 있는 근거와 관련이 있다는 것이다. "인식적 합리성은 믿음의 형성·유지·변경을 관장하는 규범을 제공한다."[75] 즉 어떤 사람은 그런 규범을 준수하더라도 그릇된 믿음에 도달할 수 있다. (단, 만약 해당 개인이 인식적으로 합리적이라면, 향후 믿음을 수정하게 될 수 있다.) 반면 어떤 믿음은 이런 규범을 위반하고 있음에도, 공교롭게도 진실한 믿음에 도달할 수도 있다. 따라서 만약 카말이 진짜로 무바라크의 아들**이라 하더라도**, 그의 믿음은 인식적으로는 비합리적이다.

망상을 진단 및 검토하고 설명하는 데 현명한 접근법은 어떤 주장에 대해 진실과 거짓을 구분하기보다 인식적 합리성과 비합리성의 구분에 초점을 맞추는 것일 수 있다. 그 한 가지 이유는 특정 망상의 진실이나 거짓을 완벽히 조사하는 것이 현실적으로 거의 불가능하기 때문이다. 가령 완전한 거짓으로 판정할 만큼 대단히 특이하지는 않지만, 실제로 조사하기에는 매우 복잡하고 정교한 피해망상 체계를 생각해볼 수 있다. 또 다른 이유는 일부 망상은 진릿값을 가지고 있지 않으며, 진실 혹은 거짓을 판별하는 것과 관련된 조사가 불가능하기 때문이다(7장의 '하나님과의 교감' 절 참고).

하지만 우리가 실패한 정체성과 논쟁의 여지가 있는 정체성을 구별하기 위해 노력하고 있다는 점을 고려할 때, 진릿값을 가질 수 있는 주장에서 중요한 것은 그 주장을 뒷받침하는 증거의 질이 아니라, 그 주장이 진실인지 거짓인지이다. 이를 판단하기 위해서는 첫째, 우선 우리는 어떤 당사자가 주장하는 범주의 의미(카말에게서 이 범주는 '아들'을 의미한다)에 대해 동의해야 하며, 둘째, 그 동의된 의미에 따라 당사자의 주장이 진실인지 거짓인지를 결정해야 한다. 만약 그 주장이 거짓이라면, 당사자는 바로 그 자신의 관점에서 보더라도 틀린 것이 된다. 이 경우, 당사자의 착오는 당사자가 자신의 정체성을 식별하는 범주를 수정함으로써 해결할 수 있는 종류의 착오가 아니다. 누군가가 그 자신의 관점에서도 틀렸다면, 그런 수정을 요구하는 자는 엄밀히 말해 당사자가 아니다. 반면, 앞서 언급한 인식적 비합리성은 제기된 어떤 주장이 거짓일 가능성을 가리키는 신호일 뿐일 수 있다. 즉 인식적 비합리성만으로 특정 정체성 주장을 완전히 실패한 주장으로 치부하기에는 무리가 있다.

백인이면서 흑인이 되는 경우

2015년 6월 10일, 레이철 돌레잘Rachel Dolezal은 워싱턴 주 스포캔Spokane 지역의 한 뉴스 채널 기자와 인터뷰를 하고 있었다. 당시 돌레잘은 전미유색인지위향상협회National Association for the Advancement of Colored People[이하 'NAACP'] 지역지부장, 경찰옴부즈만위원회 위원장, 이스턴워싱턴대학교의 아프리카학African studies 시간강사, ['흑인들의 생명은 소중하다'는 기치를 내건] 블랙 라이브스 매터Black Lives Matter, BLM 캠페인 활동가였다. 몇 분간 돌레잘이 주장하는 흑인이 경험하는 어려움에 대해 이야기를 나눈 후, 기자는 그녀에게 물었다. “당신은 아프리카계 미국인African-American인가요?” 깜짝 놀란 돌레잘은 잠시 후 “질문을 이해하기가 어렵네요”라고 답했다. 기자는 다시 물었다. “당신의 부모님은 백인인가요?” 돌레잘은 인터뷰를 중단했다. 이후 그녀의 삶은 빠르게 무너져내리기 시작했다. 돌레잘은 1977년 근본주의 기독교인인 체코·독일계 백인 부모 사이에서 태어났지만, 2006년부터 자신을 흑인으로 정체화하고 살아온 것으로 밝혀졌다. 이후 그녀는 스포캔 지역의 NAACP 지부장에서 물러났고, 대학 교수직과 많은 친구들을 잃었다. 그녀는 소셜미디어, 신문, 블로그 및 TV쇼에서 위협과 증오, 조롱을 받았다. 많은 사람들이 그녀를 불안정한 망상을 가진 여성으로 묘사했다. 일부 아프리카계 미국인들은 그녀가 이익을 위해 자신들의 고통을 이용했다고 비난했다. 다른 사람들은 그녀가 스스로 머리를 땋고 피부를 태닝하는 식으로 스타일링한 것은 문화적 전유cultural-appropriation에 해당하며, 블랙페이스blackface*의 대표 사례라고 묘사했다. 소수의 논평가들만이 어쩌면 지금이 인종에 대해 진지하게 논의하기에 적절한 시기일지도 모른다고 조용히 제안할 뿐이었다. ‘유럽계 미국 백인 여성’인 돌레잘이 왜 스스로를 흑인으로 정체화하기로 선택했는지에 대해서는 많은 이야기가 있다. 자서전[76]과 심층 인터뷰[77]에서 그녀는 자신의 초기와 중기, 그리고 전 생애에 걸쳐 기울여온 아프리카계 미국인 및 흑인 문화를 향한

* 흑인이 아닌 사람이 흑인을 흉내 내기 위해 얼굴을 검게 칠하거나 흑인의 입술을 과장해 표현하는 식의 분장을 의미한다. 1960년대 미국 민권운동의 흐름 속에서 인종차별적 행위라는 비판을 받고 금기시되었다.

관심과 열정에 대해 설명한다.

1990년대 초 돌레잘의 부모는 단기간에 걸쳐 흑인 자녀 네 명을 입양했다.[78] 10대였던 돌레잘은 그 아이들을 돌보는 데 중요한 역할을 했다. 특히 돌레잘의 가족이 거주하고 있는 마을은 거의 백인으로만 구성되어 있었기 때문에, 그녀는 아이들에게 흑인에 관한 책과 이미지를 보여주기 위해 노력했다. 돌레잘은 입양된 여동생의 머리를 땋아주기 시작했고, 동생들에게 흑인 문화에 대해 교육하기 시작했다. 고등학교 때 그녀는 우연히 인종 화합에 관한 책을 발견했고, 그 논의에 감명을 받아 작가 중 한 명과 연락하게 되었다. 작가는 미시시피 주 잭슨Jackson 지역에서 혼혈 가족과 함께 거주하고 있는 아프리카계 미국인 남성 스펜서였다. 스펜서는 그녀의 멘토가 되기로 했고, 그녀는 벨헤이븐대학 크리스천칼리지Belhaven Christian College에 다니기 위해 잭슨 지역으로 이사했다. 돌레잘은 스펜서의 가족과 친해졌고, 다른 사람들이 그녀를 스펜서의 딸로 생각할 정도로 교회에 정기적으로 참석했다. 후일 돌레잘은 스펜서를 아버지라고 불렀다. 그녀는 자신이 오직 흑인 학생들과 어울렸으며 흑인 학생회에도 참여하게 되었다고 당시를 회상했다. 그녀는 이 대학이 최초로 아프리카계 미국인학African-American Studies 과정을 마련하는 데 기여했다. 학생들은 그녀가 "밝은 색 피부를 가진 흑인 소녀"일 거라고 추측했다. 돌레잘은 이 시기에 대해 다음과 같이 말했다. "저는 백인이 아니었어요! 사람들에게 이걸 설명하는 건 너무 어려워요. 저는 제가 백인이라고 생각하지 않았어요. 저는 미시시피에서 그 어떤 백인과도 어울린 적이 없어요." 돌레잘과 잠시 함께 산 적이 있는 같은 교회의 신자 한 사람은 그녀에 대해 이렇게 회상했다. "돌레잘은 자신이 흑인으로 태어났어야 한다는 것을 마음속으로 알고 있었어요. 그녀는 자신이 흑인과 더 강력히 연관되어 있음을 느꼈죠. 그녀의 몸부림은 눈물겨운 현실이었어요." 2000년 돌레잘은 아프리카계 미국인 남자와 결혼해 아들 하나를 낳았다. 그 후로도 전통적으로 흑인 학생이 많은 하워드대학Howard University에 입학해 흑인문화와 역사에 대해 지속적으로 공부했다. 그녀의 남편은 그런 행보를 이해하거나 긍정적으로 바라보지 않았다. 돌레잘은 자서전에서 남편을 강압적인 사람으로 묘사했다. 결국 그들의 관계는 깨졌고, 2005년 돌레잘은 이혼을 신청했다. 2006년 혼자가 된 돌레잘은 피부를 태닝하고 머리를 땋기 시작했다. 또한 그녀는 다른 사람들이 자신을 혼혈 혹은 흑인으로 생각했을 때 그것을 교정하는 대신 받아들였다. 어쨌든 그 모든 것은 그녀가 자기 자신에 대해 느끼는 바에 따라 내린 결정이었다. 2015년 6월 10일 그녀의 삶의 방식이 중단되기 전까지, 그녀는 자신이 처음으로 진정한 삶을 살기 시작했다고 말했다.

이 이야기들은 돌레잘이 자신을 흑인으로 정체화한 충분한 이유를 제공하는가? 세상에는 돌레잘처럼 다양한 인종의 사람들과 깊고 지속적인 상호작용을 주고받으며 살아가는 이들이 많다. 하지만 이것이 반드시 그들로 하여금 스스로를 다른 인종의 구성원으로 정체화하도록 이끌지는 않는다. 논평가들은 돌레잘의 이야기에는 그녀가 왜 그렇게 '터무니없는 주장'을 하게 되었는지를 설명해주는 요소들이 누락되어 있다고 보았다. 돌레잘에 대한 '폭로'의 여파로, 많은 논평가들은 그녀가 "망상적"이거나 "정신질환을 가지고 있는" 사람이라는 주장을 펼치며 누락된 요소를 채웠다. CNN 기고문의 저자는 돌레잘이 자신을 둘러싸고 있는 망상적인 세계를 만들어냈으며, 그것을 만든 이유가 무엇이든 간에 그녀의 믿음을 찬사해서는 안 된다고 주장했다.[79] 어떤 블로거는 돌레잘의 망상에 대한 이야기에 소름이 끼쳤다고 언급했다.[80] 또 다른 기사는 돌레잘의 믿음을 "새로운 현실 창조"라는 주제로 드러나는 극단적인 자기기만 사례로 간주했다. 그 기사에서는 돌레잘이 신체변형장애body dysmorphic disorder를 가지고 있을지도 모른다는 가능성을 제기했다.[81] 《워싱턴 타임스》의 한 기고문은 소망은 우리가 경험할 수 있는 것이지만, 돌레잘은 소망이 망상으로 악화된 사례에 해당한다고 언급했다.[82] 이와 더불어 소셜미디어에서는 그녀의 믿음이 망상이며, 그 믿음에 관여하는 것은 망상을 강화할 뿐이라는 취지의 수많은 게시물이 게시되었다.

돌레잘의 믿음이 **정말로** 망상인지 아닌지에 대한 판단은 (훈련받은 임상의에게 진단을 받는다는 의미에서) 그녀를 직접 인터뷰하지 않고서는 이뤄질 수 없다. 대면 없는 진단은 부정확하며, 비윤리적일 수 있다. 그러나 '여론의 법정'이 보여주듯, 그녀를 향한 대다수의 반응 중 하나는 그녀가 망상에 빠져 있거나 정신질환을 가지고 있다는 것이었다. 이런 입장은 그녀의 믿음을 앞서 살펴본 방식으로 규정함으로써, 자신을 '흑인'으로 정체화하는 그녀의 주장에 일말의 가치도 없다고 말한다. 즉 그녀의 주장은 실패한 정체성이며, 정신적 결함에서 비롯된 명백한 착오에 지나지 않는다는 것이다. 그런 입장에 따르면, 돌레잘의 믿음은 그녀의 정체성을 형성하는 집단 범주에 대해 우리가 지닌 개념에 의문을 제기함으로써 해결할 수 있는 착오가 아니다. 그렇다면 그 입장은 얼마나 타당할까?

우리는 수많은 비난에도 불구하고 자신이 흑인임을 계속해서 고수하고 옹호하는 돌레잘의 주장이 곧 인정에 대한 요구임을 알 수 있다. 그러나 그녀는 사회로부터 타당성을 인정받지 못했다. 돌레잘에게 쏟아진 반응이 너무나도 강력하고 확고했던 나머지, 그녀가 근본적인 착오를 저질렀다는 생각만이 남았으며 그녀의 주장은 더 이상 고려할 필요가 없는 것으로 치부되었다. 이러한 입장에 따르면, 우리가 계속 검토한 구분의 측면에서 볼 때 돌레잘의 주장은 그릇되다는 이유로 실패한 정체성이 될 것이다. 무엇보다도 그녀가 흑인이 아니기 때문이다. 인종이라는 개념을 거부하는 입장을 제외하면, 인종 범주의 경계를 둘러싼 모든 분란은 인종 분류와 관련된 물음들이 하나의 해답을 갖는다고 전제한다. 다시 말해, 인종 범주가 진릿값을 가질 수 있다고 가정하는 것이다. 만약 내가 위구르 혈통이라고 주장한다면, 내 주장을 증명하거나 반증하기 위해 공개적으로 이용할 수 있는 어떤 조사의 과정이 있기 마련이다. 논의의 편의를 위해, 돌레잘에 대해 논평한 많은 이들과 마찬가지로 흑인 정체성을 **주장하기 위해서는** 아프리카계 미국인이어야 한다고 가정해보자. (이는 사하라 사막 이남의 아프리카에서 태어나 노예제도가 존재하던 시기에 미국으로 끌려온 조상의 후손임을 의미한다). 만약 그것이 흑인 정체성 자격의 기준이라면, 그리고 그 자격의 측면에서 본다면 자신이 흑인이라는 돌레잘의 주장은 말 그대로 틀린 것이 된다. 그러나 돌레잘은 자신이 아프리카계 미국인은 아니지만, 흑인 정체성을 가졌음을 매우 분명하게 밝혀왔다.[83] 그녀는 흑인이 되는 것과 아프리카계 미국인이 되는 것을 분리하고 있으며, 그런 의미에서 오늘날 미국에서 흑인이라는 것이 무엇을 의미하는지에 대한 논쟁적인 개념을 제시한다. 그리고 그 개념은 유럽계 조상을 가진 돌레잘을 흑인의 경계 안으로 포함하고 있다. 그녀가 제시한 개념과 그 요소들은 무엇인가?

돌레잘은 자서전 《다채로움으로In Full Color》의 프롤로그에서 인종 분류의 근거에 대해 다음과 같은 질문을 던진다.[84]

> 어떤 사람이 백인인지 흑인인지 어떻게 결정하는가? 결정적인 요인은 무엇인가? 그 사람의 DNA인가? 피부색인가? 다른 사람들이 그를 어떻게 인식하는가에 관한 것인가, 아니면 그가 자기 자신을 어떻게 인식하느냐에 관한 것인가? 그가 물려받은 것인가? 그가 어떻게 자랐는지에 관한 것인가, 아니면 현재 어떻게 살고 있는지에 관한 것인가? 그들이 자기 자신에 대해 어떻게 느끼는지가 중요한 역할을 한다면 그것은 얼마나 많은 역할을 하고 있는가? …… 별개의 인종이라는 관념은 생물학적 정당성을 갖는가? 아니면 단지 인종차별주의의 창작물일 뿐일까?

이런 질문들과 다양한 인터뷰, 그리고 그녀가 쓴 글로 미루어볼 때, 돌레잘은 본질주의에 대항하는 경험적이며 문화적인 인종 개념을 채택하고 있다. 본질주의에 반대하는 그녀의 태도는 다음과 같은 구절에서 분명히 드러난다.

> 사람들은 '당신의 DNA에 인종 정보가 새겨져 있으며, 인류의 인종은 서로 다르고, 그 인종은 흑인, 백인 등으로 지칭된다'는 자동 조종장치를 작동시키고 있다. 이와 대조적인 주장은 인종 개념은 만들어진 허구라는 것이다. …… 나는 인종 개념이 실재하지 않는다고 믿는다. 인종은 생물학적 실재가 아니다. 인종은 서로 다른 집단들 사이에서 권력과 특권을 활용하기 위해 만들어진 계층적 시스템이다.[85]

돌레잘에게는 자신이 느끼는 감정, 자신이 살아오면서 겪은 경험들, 그리고 자신이 지닌 삶의 선택지 등이 출생의 제약보다 자신의 인종 정체성을 구성하는 더욱 근본적인 요소가 된다.

> 내가 어떻게 느끼는지가 내가 어떻게 태어났는지보다 더 강력합니다. 논의에서 쉽게 도망치고자 하는 것이 아닙니다. 이는 제 평생에 걸친 여정에서 비롯된 것입니다. …… 백인성 whiteness과 관련된 그 어떤 것도 내가 누구인지를 설명하지 못합니다.[86]
>
> 그렇다. 나의 부모님은 흑인이 아니었지만, 그것만이 흑인성 blackness을 정의하는 유일한 방법은 아니다. 당신이 자연히 끌

리는 문화, 그리고 당신이 채택한 세계관은 동일하게 중요한 역할을 한다. 나는 내가 자란 백인 세계에서 탈출할 수 있게 되자마자 흑인 세계를 향해 쏜살같이 달려갔고, 그 과정에서 나 자신을 그렇게 정의할 수 있는 충분한 개인적 주체성을 얻을 수 있었다.[87]

흑인 정체성을 갖는 것의 핵심 측면은 현재 진행형인 투쟁과의 동일시로 나타난다.

나에게 흑인성은 인종으로 구분되는 신체적 특징 그 이상의 것이다. 그것은 아프리카에 뿌리를 두고 있는 우리 공통의 선조에 대한 인정을 포함한다. 흑인성은 전 세계에 펼쳐져 있는 아프리카 유산을 가진 사람들의 자유, 평등, 정의를 위해 싸우는 것을 의미한다.[88]

돌레잘은 자신의 성 정체성에 대해 고심하고, 자신이 누구인지 인정받고자 노력하는 성소수자들과 유사점을 끌어낸다. 그녀는 트랜스젠더와 동등한 의미를 갖는 용어로 트랜스인종trans-racial이라는 용어를 제시하며, 성 정체성의 유동성이 일부 공동체에서 받아들여지기 시작한 것과 같은 방식으로 인종 정체성의 유동성이 받아들여지기를 희망한다.

만약 유동적이고 논바이너리한non-binary* 성 정체성에 대한 담론이 널리 받아들여진다면, 돌레잘은 인종에도 그런 담론이 동일하게 적용되어야 한다고 생각한다.

돌레잘: 성 정체성과 인종 정체성은 매우 유사해요. 저는 이 범주에 속하는 사람으로 태어났지만, 실제로는 저 자신이 다른 범주에 속한다고 느낍니다.

질문자: 인종 정체성이 성 정체성처럼 유동적인가요?

돌레잘: 더 유동적입니다. 왜냐하면 애초 생물학적인 것조차 아니었기 때문입니다. 인종 정체성은 항상 사회적 구성물이었습니다.[89]

이 개념을 염두에 두고 우리는 질문을 다시 할 수 있다. 돌레잘의 주장은 실패한 정체성인가, 아니면 논쟁의 여지가 있는 정체성인가? 첫째, 우리가 이렇게 질문하는 이유는 마치 돌레잘이 착오를 저지르고 있는 것처럼 보이기 때문이다. 인정에 대한 모든 요구는 이 요구에 관련된 양측, 즉 인정을 받는 자recognizee와 인정을 해주는 자recognizer가 서로 착오를 범하고 있음을 암시한다. 돌레잘은 타인이 자신을 흑인으로 인정해주기를 요구하지만, 정작 타인은 그녀의 인정 요구를 거부한다. 이 상황을 어떻게 바로잡을 수 있을까? 이것은 착오의 특성에 따라 다르다. 가령, 실패한 정체성에서 착오는 그 자신의 관점에서 보더라도 당사자가 틀렸을 때 발생한다. 앞의 '대통령의 아들' 절에 등장하는 사례 속 카말은 그 자신의 관점에서 보더라도 틀

* '남성-여성'이라는 기존의 이분법적인binary 성별 구분을 벗어난 다양한 성 정체성을 포괄적으로 지칭하는 용어.

렸으며, 만약 돌레잘도 자신이 아프리카계 미국인이라는 이유로 흑인 정체성을 주장했더라면 카말과 마찬가지로 틀렸을 것이다. 하지만 우리가 살펴보았듯, 돌레잘은 그런 근거를 내세우며 자신의 주장을 견지했던 것이 아니다. 그녀는 흑인이라는 사회적 범주의 급진적인 개념을 바탕으로 자신의 흑인 정체성을 주장했다. 이 사실은 돌레잘의 주장이 실패한 정체성이 아니라, 논쟁의 여지가 있는 정체성에 해당함을 시사한다. 하지만 그렇다고 해서 이 주장이 반드시 받아들여져야 할 주장이 되는 것은 아니다. 논쟁의 여지가 있는 정체성은 우리가 경청하고 토론을 진행해야 할 수도 있는 일련의 생각으로서, 지배적인 개념들에 대한 도전으로 간주될 필요가 있음을 뜻한다. 이런 생각은 거부될 수도 있지만, 그것은 그 생각들 자체에 내재된 문제 때문이지, 해당 개인이 지닌 정체성 형성의 능력이 손상되어서가 아니다.

만약 19세기 말 영국에 살고 있는 그레이스라는 한 '백인' 여성이 비슷한 주장을 했더라도 우리는 같은 결론에 도달했을까? 그녀가 인종은 어느 정도 선택할 수 있는 것이라는 주장에 근거해 흑인임을 주장했다면, 그 주장은 당대에 정신이상이 아닌 다른 무엇으로 여겨질 수 있었을까? 아마 그레이스의 주장은 오로지 정신이상으로 간주되었을 것이다. 우리가 돌레잘의 주장이 논쟁의 여지가 있는 정체성일 수 있다는 견해에 도달할 수 있었던 이유는 아마도 인종이나 성별의 범주가 "고정되어 있지 않고 유동적"[90]인 것이 되었으며, "가변적인"[91] 상태가 되었기 때문일 것이다. 학계 및 지식인 등 일부 사람들에게는 인종이 사회적 구성물이라는 관념이 친숙하다. 그러나 19세기에 살고 있는 그레이스에게는 그런 선례가 없었다. 빅토리아 시대 영국에서 인종은 사회적 구성물이 아니었고, 그런 관점을 지지하는 사람은 호의적으로 평가받지 못했을 것이다. 또한 그레이스가 어떻게 그런 관점에 도달했는지를 둘러싸고 의문이 제기될 수도 있다. 아프리카학 강사인 돌레잘은 인종의 자격에 대한 논쟁을 알고 있었고, 그녀의 사고는 그로부터 형성되었다. 하지만 그레이스는 어디에서 그런 사고를 얻었을까? 어쩌면 망상적 인식과 유사한 깨달음이었을까? 아니면 그 문제에 대해 심도 깊은 생각을 한 결과일까?

두 사례의 비교를 통해 강조하고 싶은 점은, 특정 사회적 범주 개념의 그럴듯함은 이미 존재하는 사고를 새로운 것으로 발전시키는 문제의 혁신성의 정도에 달려 있다는 것이다. 돌레잘이 해냈던 작업이 바로 그런 일이다. 그렇지만 비판자들은 돌레잘의 주장이 망상이며, 인종에 대한 돌레잘의 견해는 자신의 믿음을 정당화하려는 시도일 뿐이라고 여긴다. (돌레잘을 비판하는 이들 다수는 인종이 사회적 구성물이라는 관점을 거부한다.) 반면 그레이스가 존재했던 시대의 문화적 환경을 고려할 때, 그녀의 주장의 그럴듯함은 사실상 전혀 고려되지 않았을 것이다. 그러나 그럴듯함과 혁신은 별개이다. 그레이스의 주장은 특정한 사회적 맥락에서 고려되는 그럴듯함과 상관없이 혁신에 해당한다. 이것이 혁신이 되는 것은 그레이스가 특정 사회적 범주에 대해 논쟁의 여지가 있는 개념을 제시하고 있다는 사실 때문인데, 이것은 바로 돌레잘이 시도했던 일이기도 하다. 만약 우리가 그럴듯함과 혁신의 구분을 없애고 이미 그럴듯한 주장만 혁신으로 간주되도록 규정한다면, 우리는 혁신을 이미 일부라도 받아들여진 주장의 범주로 불필요하게 제한하게 될 것이다. 반면 만약 우리가 여기서 제시한 제안을 받아들인다면, 모든 혁신은 논쟁의 여지가 있는 정체성에 해당하므로 결국 인정의 범위 내에서 검토될 수 있다. 이런 의미에서 그레이스와 돌레잘의 주장 사이에는 차이가 없다. 즉 둘 모두 논쟁의 여지가 있는 정체성을 제시하고 있다.

하나님과의 교감

아베오는 서아프리카 국가에서 태어난 스물아홉 살의 여성이다.[92] 그녀는 지난 15년간 영국에서 아버지와 함께 살았다. 정신건강 서비스를 이용하기 전 그녀의 건강은 양호했고, 정신과적 병력을 비롯해 어떤 병력도 없었던 것으로 보고되었다. 아베오의 환경은 그녀의 나이대에 있는 이들이 지닌 사회적 배경과 크게 다르지 않았다. 고등학교를 졸업한 후 그녀는 백화점 영업부에 안정적으로 자리를 잡기 전까지 여러 가지 일을 했다. 그녀에게는 최근에 관계를 맺은 몇 명의 친한 친구가 있었다. 아베오 자신과 그녀의 아버지 말에 따르면, 그녀는 항상 신앙심이 깊었다. 그녀는 아버지가 다니는 교회인 런던 소재의 오순절 교회Pentecostal church 예배에 참석해 매주 설교를 들었고, 자신의 삶을 기독교 교리에 맞추려는 경향이 있었다.

정신병원에 입원하기 두 달 전 그녀는 매주 열리는 예배에 빠지기 시작했고, 대신 성경을 읽으며 많은 시간을 보냈다. 그녀는 다니고 있던 교회에 환멸을 느꼈고, 교회의 설교에 대해 "공허하다" "시시하다"고 묘사했다. 그 무렵 그녀는 자신의 모국(서아프리카 국가)에 있는 다른 교회와 접촉하게 되었는데, 그 교회는 체험을 통해 하나님을 개인적으로 이해하는 것을 강조했다. 그녀는 녹음된 설교를 읽고 듣는 데 몰두하면서 자신을 고립시키기 시작했다. 자신의 많은 소유물들을 없앴고, 물질적 욕구로부터 자신을 정화하고 싶다는 말로 그런 행위를 정당화했다. 그녀는 직장을 그만두고 매일 장시간 걷는 것을 반복했다. 그녀는 더 이상 아버지와 다니던 교회에 가는 것이 아무런 의미도 가치도 없다고 주장하며 교회에 가는 것을 회피했다. 입원 4주 전, 그녀는 하나님이 자신에게 말을 걸고, 위로하고, 조언하고, 충고하고, 때로는 자신의 소유물을 없애라고 명령하는 것을 듣게 되는 강렬한 경험을 하기 시작했다. 그녀는 때때로 "장악당했다"고 느낄 정도로 자신의 몸속에서 "성령"을 직접적으로 경험하기 시작했다. 그녀는 이런 경험을 받아들였고, 그 진위를 단 한순간도 의심하지 않았다. 아베오의 아버지는 그녀의 행동에 나타난 설명하기 어려운 갑작스런 변화들을 마주하며 크게 염려했다. 아버지는 이렇게 갑작스레 나타난 행동들이 계속되지 않도록 아베오를 설득하려 애썼으며, 런던에 본부를 둔 교회에 도움을 호소했다. 그 교회의 목사는 아베오의 행동에 대해 유해하고 지나치다고 생각했고, 자신의 교회에서 해결하기 어렵다는 것을 알렸다. 입원 며칠 전, 아베오는 "영혼을 더 깨끗하게 하기 위해" 장기간의 단식을 시작했다. 단식으로 인해 신체적인 문제를 겪게 된 그녀는 결국 공공장소에서 혼돈에 빠지고 지남력指南力을 잃은 상태로 발견되었고, 구급차로 이송되어 정신보건법에 따른 평가를 받게 되었다.

정신과 의사와 사회복지사에게 그녀는 지난 4주 동안 자신이 하나님과 직접 교감했으며, 하나님께서 자신[하나님]과 가까워지기 위한 방법으로 재산을 없애고, 직장을 그만두고, 금식하라고 말씀하셨다고 이야기했다. 임상의들이 그 목소리의 진위성에 이의를 제기하자, 그녀는 그것이 하나님으로부터 온 것이라는 사실을 의심하지 않는다고 대답했다. 또한 그녀는 때로 하나님에 의해 자신의 행동이 직접적으로 통제되는 것을 경험했으며, 자신의 몸을 움직이는 "성령"에 대해 느낀 적이 있다고 언급했다. 그녀는 마침내 하나님이 무엇인지 이해했고, 자신의 삶에서 중요한 무언가에 대해 느끼게 되었다고 말했다. 병원에서는 최근 그녀의 사회적·직업적 측면이 불안정해진 상황과 더불어 아버지와 교회가 그녀의 진정한 종교적 경험을 인정해주지 않은 상황 속에서, 그녀에게 2인칭 환청second-person auditory hallucination, 명령적 환각command hallucination, 자발적 수동성volitional passivity, 자해에 대한 상당한 위험성이 발생했다고 평가했다. 결과적으로 그녀는 정신보건법에 따라 입원되었다.

입원 후 그녀는 모든 형태의 치료에 계속해서 저항했다. 자신이 감금된 이유를 납득하지 못했고, 이 모든 과정이 하나님의 시험이라고 생각했다. 입원한 지 일주일이 지난 후의 정신 상태 평가 및 간호 기록에서 이전에 언급된 증상의 지속이 확인되었고, 이에 따라 정신과 의사들은 해당 현상이 급성 정신증적 삽화acute psychotic episode 진단을 내리기에 충분한 근거가 될 수 있다고 확신했다. 이에 따라 그녀는 강제적 약물치료를 받게 되었다. 며칠 후 그녀는 더 이상 약물치료에 저항하지 않았고, 그로부터 2주 후 처음으로 자신이 아팠을 수도 있었음을 인정했다. 증상 측면에서 그녀는 더 이상 하나님의 목소리를 듣지 않았고, 더 이상 자신의 삶에 중대한 변화가 생길 것이라는 기대를 갖지 않았으며, 다소 의욕 없고 무심한 젊은 여성으로 변모했다.

이것은 여러 가지 이유로 분석이 필요한 중요한 사례 연구다. 나는 〈종교적 경험과 정신의학Religious Experience and Psychiatry〉[93]라는 글에서 아베오의 이야기를 다룬 바 있는데, 정신과 진단을 정당화하는 두 가지 핵심 요인, 즉 사회적 기능 저하와 문화적 일치성의 부재를 비판하는 맥락에서 상세히 고찰했다. 여기서 중요한 것은 아베오가 자신이 겪었던 일을 이해하고 있는지, 그리고 그녀가 가지고 있는 자기개념이 논쟁의 여지가 있는 정체성에 해당하는지, 아니면 실패한 정체성에 해당하는지 같은 문제이다. 우선 우리는 아베오가 자신을 하나님과 교감하는 존재로 이해하지만, 자신의 아버지에게서도, 런던에 본부를 둔 교회에서도, 정신건강 서비스 기관에서도 자신의 자기개념에 대한 어떠한 타당성도 인정받지 못했다는 데 주목할 수 있다. 이처럼 다양한 외부적 관점들에서 합의된 사항은 그녀가 종교적 경험을 하는 것이 아니라 정신적으로 질병을 가지고 있다는 것이었다. 타인들은 아베오가 자기 자신에 대해 생각하는 바 자체를 틀린 것으로 간주했으며, 그녀는 실패한 정체성을 드러낼 뿐인 것으로 여겨졌다. 앞서 '대통령의 아들' 절에서 살펴본 카말의 경우에서도 우리는 비슷한 결론에 도달할 수 있었다. 왜냐하면 그의 주장은 진릿값을 가지고 있는 주장이며, 따라서 원칙적으로 그 주장이 진실인지 거짓인지 판별할 수 있었기 때문이다. 그러나 **내가 하나님과 교감하고 있다**는 아베오의 주장 역시 진릿값을 가질 수 있을까?

아베오의 주장, 그리고 일반적으로 종교적·영적 믿음에 대한 주장에는 그 기저에 인과관계가 있는 초자연적 행위자의 가능성을 포함해 그런 주장의 배경이 되는 기본 개념들이 검증되어야만 진릿값을 가질 수 있다. 이를 위해서는 "신과의 교감"으로 불리는 타당한 범주가 있다는 것, 또한 해당 범주에 포함될 수 있는 옳은 방법과 잘못된 방법이 있다는 것이 받아들여져야만 한다. 그리고 어떤 한 사람이 신과 교감하고 있다는 주장의 진실 혹은 거짓을 판명하기 위해서는 신의 개념이 실제적 지시 대상referent을 갖는다는 전제, 그 대상과 교감한다는 주장이 사실인지 거짓인지 검증할 수 있다는 전제가 받아들여져야 한다. 그런 선험적 믿음을 가진 사람들에게는 아베오의 주장이 진실이거나 거짓일 수 있는 것으로 보일 테지만, 아마도 이는 관련 지식을 가진 종교인이나 종교 관계자만이 답할 수 있는 문제일 것이다. 즉 그런 이들은 어떤 누군가가 정말로 신과 교감하고 있는지, 또는 악령에 사로잡혀 있는지, 아니면 거짓으로 그것을 꾸며내고 있는지 알기 때문에 오직 그들만이 이런 질문에 답할 수 있을 것이다. 예를 들어, 아베오의 사례에서 보았듯, 런던에 본부를 둔 교회는 그녀의 경험이 진정한 종교적 경험이 아니라고 선언할 수 있었다. 반면, 어떤 주장의 배경이 되는 기본 개념이 검증될 수 없다면 그 주장은 진릿값을 가질 수 없다. 즉 우리는 제기된 주장이 무엇을 의미하는지 이해하지만, 그 주장의 진실 혹은 거짓을 판명할 수 없다. 그렇다면 종교적 주장은 진릿값을 가질 수 없는 경우인 것일까?

인식론적 지위epistemological status와 종교적 주장의 의미는 너무나 광범위한 학문적 주제이다. 이미 알려진 바와 같이, 종교적인 주장을 포함한 형이상학적 주장은 그 모든 주장이 무의미하다고 간주했던 논리실증주의자들에게 비판받았다. 고전적 텍스트인 《언어, 진리, 논리Language, Truth and Logic》에서 A. J. 에이어A. J. Ayer는 흄이 《인간의 이해력에 관한 탐구Inquiry Concerning Human Understanding》에서 주장한 잘 알려진 구별을 차용해 의미를 갖는 명제는 단 두 종류뿐이라고 주장했다.[94] 첫 번째는 흄의 "관념들의 관계relations of ideas"에 관한 분석적 명제analytic proposition로, 이는 "상징을 특정 방식으로 사용하겠다는 우리의 결의를 진술"할 뿐 경험세계에 대해 주장하지 않기 때문에 필연적으로 참이다.[95] 두 번째는 흄의 "사실의 문제matters of fact"와 관련된 경험적 명제로서, (원칙적으로는) 경험을 통해 반박하거나 개연성을 부여할 수 있는 가설이다. 어떤 진술이 진정한 경험적 가설empirical hypothesis을 표현하려면, 진실 혹은 거짓을 결정하기에 적절한 사실을 관찰할 수 있어야 한다. 이것이 바로 검증의 원칙principle of verification이다.[96] 이를 근거로 에이어는 철학적 탐구, 특히 형이상학의 중심이라고 여겨지는 것의 많은 부분을 거부하려 했다.[97] 에이어는 형이상학적 주장은 분석적 명제도, 경험적 가설도 아니기 때문에 말 그대로 무의미하다고 주장했다. 원칙적으로 초월적이고 초경험적인 실재가 존재한다는 형이상학적 주장을 입증하거나 반박하는 데 활용될 수 있는 적절한 증거가 존재할 수 없기 때문이다.

이런 논리실증주의는 많은 비판을 받았다. 한 가지 핵심적인 비판은 검증원칙의 타당성에 관한 것이었다.[98] 검증원칙은 경험적으로 검증될 수 있는 명제와 정의상 참이 되는 분석명제만을 유의미하다고 여겼다. 그러나 이 검증원칙 자체도 경험적 가설이 아니다. 이에 대한 대안적 가능성은 검증원칙이 분석적이라고 보고, 이 원칙이 '의미meaning'라는 용어를 정의한다고 보는 것이다. 그러나 우리는 정의를 이루고 있는 단어들을 이해할 수 있으며, 이 단어들의 의미를 논리적으로 따라감으로써 그 원칙의 진리 여부를 도출할 수 있음을 알고 있다. 이는 검증원칙을 의미에 대한 타당한 정의로 받아들이지 않더라도 알 수 있는 사실이다. 따라서 그 검증원칙 자체가 증명되고, 비판으로부터 적절히 방어될 수 있어야 한다.[99] 다른 철학자들은 에이어가 내세우는 의미에 대한 기준과 경험주의적 관점이 "불필요하게 엄격하다"고 주장하면서, "사변적 형이상학의 개념적 과장"을 억제하는 것은 좋지만, 인간의 지적 사유의 범위에 너무 엄격한 제약을 가한다고 주장했다.[100] 또 다른 비평가는 에이어의 검증원칙과 그 적용에서 비롯되는 의미의 제한이 "[형이상학적 주장을] 솎아내는 유용한 역할을 넘어서버림으로써 우리의 사고를 명확하게 제약했고, 그 제약은 '사유를 없애는' 것으로 이어졌다"고 비슷한 견해를 밝혔다.[101]

중요한 것은 이런 검증원칙에 내재되어 있는 두 가지 주장을 구별하는 것이다. 첫 번째는 진릿값을 가질 수 있는 명제의 한계를 설정해야 한다는 주장이며, 두 번째는 진릿값을 가질 수 있는 명제만이 유의미하다는 주장이다. 앞서 비평가들이 지적한 것처럼, 여기서 문제가 되는 것은 두 번째 주장이다. 반면 첫 번째 주장은 원론적으로 어떤 명제의 진실과 거짓을 규명하는 것이 가능한지 여부를 따져보려는 시도이다. 우리는 분석적 명제와 경험적 가설만이 진실이나 거짓에 대해 검증할 수 있음을 받아들일 수 있다. (분석적 명제는 정의 그 자체에 부합하는가에 따라서, 경험적 가설은 경험적 검증을 통해 진실 혹은 거짓을 검증할 수 있다.)

하지만 어째서 **의미**를 이런 종류의 명제들에 국한해야 하는가? 이것은 명백히 논리실증주의자들이 세운 규정이며, 우리는 이를 거부할 수 있다. 예를 들어, 우리는 어떤 명제의 의미가 다른 명제와 연결되는 방식, 특정한 관습에 내재된 사항, 행위를 어떻게 설명하고 예측하는지 등의 다양한 원천으로부터 비롯된다고 주장할 수도 있다. 이렇게 해석한다면, 종교적 언어는 개인적으로나 문화적으로 분명 의미가 있다. 종교적 언어가 진릿값을 가질 수는 없겠지만, 그렇다고 그것이 무의미한 것은 아니다.[102] 종교적 언어를 받아들이는 것은 앞서 살펴본 신과 교감한다는 아베오의 주장이 실패한 정체성에 해당하는지, 논쟁의 여지가 있는 정체성에 해당하는지를 판단하는 데 중요한 시사점을 제공한다.

진릿값을 가질 수 없는 주장은 당사자가 저지른 착오의 본질을 판단할 수 있는 방법이 없기 때문에 실패한 정체성이 될 수 없다. 그럼에도 아베오의 주장과 같은 종교적 믿음은 다양한 형태로 나타나며, 때로 쉽게 해결되기 어려운 거대한 의견 불일치를 불러일으킨다. 아베오의 사례를 보자. 런던에 본부를 둔 교회와 아버지는 그녀의 주장을 기각했으며, 정신건강 서비스는 그녀의 경험을 의료적 언어로 재기술해 "신과 교감하고 있다는 그녀의 주장"을 "그녀는 정신증 환자"라는 판단으로 완전히 바꾸어버렸다. 반면 아베오의 본국 교회는 그녀의 주장을 타당하게 여겼고, 그녀가 적극적으로 영적 교감을 추구하도록 독려했다. 그렇다면 대체 누가 옳은가? 우리가 앞서 검토했듯, 이는 적절한 질문이 아니다. 이와 같은 상황에는 종교적 권위를 포함해 다양한 권위들이 공존하고 있으며, 각각의 권위는 사회적 압력(예를 들어, 자신 또는 타인에게 가해지는 위험성에 대한 인식)과 정치적 압력(교회라는 영역과 의학이라는 영역 사이의 복잡한 역학 관계)에 따라 자신의 신학적 혹은 과학적 기준과 설명을 제시한다.[103] 궁극적으로 어느 쪽이 우위를 차지하느냐는 자신의 비전을 집행할 충분한 자원, 권력, 설득의 역량을 가지고 있는가와 관련이 있다.[104] 우리가 논했던 아베오의 사례는 이런 문제가 얽혀 있는 전형적인 예로, 여기서 발생하는 의견 불일치는 누구의 설명이 우세한지에 영향을 받으며, 따라서 인정의 범위 내에서 고려되어야 한다. 만약 이 의견 불일치가 확고하게 정리될 수 없는 것이라면, 아베오의 주장은 노골적으로 거부되어서는 안 되며, 충분히 검토될 필요가 있다. 즉 그것은 실패한 정체성이 아니라 '논쟁의 여지가 있는 정체성'에 해당한다.[105]

살아 있으면서 죽은 경우

코타르 망상Cotard delusion*은 극단적인 허무망상으로, 이 망상의 당사자는 자신이 사망했다고 믿는다. 어떤 경우 그 믿음은 정서적으로 사망한 상태와 연관되며, 내면의 활력 및 세계와의 연결을 급격히 상실한 모습으로 나타나기도 한다. 다른 경우에는 자기 자신이 문자 그대로 사망했다고 인식하며, (사망한 자는 음식이 필요하지 않기 때문에) 먹는 것을 거부하거나, (사망한 자에게 일반적으로 이루어지는) 장례식과 안장을 요구하는 이들도 있다. 또 다른 경우에는 코타르 망상을 가지고 있는 사람에게 누군가 문제를 제기했을 때(예를 들어 어떻게 죽은 사람이 움직이고 말을 할 수 있냐고 지적될 때) 그들은 자신의 상황이 이상하다는 것을 인정하면서도 계속 자신이 죽었다고 믿는다.[106] 코타르 망상은 자신의 망상을 말할 수 있다는 그 사실에서부터 진실과 거리가 멀다. 살아 있는 사람만이 말할 수 있고, 누군가 말을 한다는 것은 논리적으로 문자 그대로의 사망이라는 것을 포함할 수 없기 때문이다. 코타르 망상은 논리적으로 성립할 수 없는 정체성 주장의 예시이다. 즉 그것은 'A는 B지만, A는 B가 아니다'가 동시에 모두 참일 수 없는 무모순율law of noncontradiction을 위반한다.

물론 사망을 어떻게 정의해야 하는가에 대해 논쟁의 여지가 있을 수 있으며, 언제 사망이 발생하는 것인지를 판단하기 위한 몇 가지 기준이 있음을 지적할 수 있다. 뇌간을 포함해 뇌 기능이 완전히 상실되는 것을 사망으로 정의할 수 있으며, 다른 기준으로는 심장과 폐가 완전히 멈춘 상태를 사망으로 보기

---

* 코타르 망상은 자신의 신체 일부가 이미 사라졌거나, 자신이 죽었다고 믿는 망상의 한 종류이다. 이른바 '걷는 시체 증후군walking corpse syndrome'으로도 불린다.

도 한다. 또 다른 기준으로는 뇌간과 심폐 기능에 상관없이 이전 상태로 되돌아갈 수 없는 의식의 상실을 사망으로 정의한다. 각각의 접근법은 독특한 실천적·도덕적·법적 문제를 제기한다. 그러나 어떤 기준이든 사망을 둘러싼 다양한 정의는 의식의 상실을 포함해 생리적 기능의 대부분을 상실한 사람들을 전제하며, 이는 외부의 개입 없이 신체적 기능을 유지할 수 있는 능력을 상실한 사람들에게 언제 사망이 발생했다고 간주해야 하는지를 명확히 하기 위한 노력이다. 다시 말해, 사망의 기준이 무엇이든 간에 사망의 정의는 명료하게 말할 수 있는 사람을 포함하지 않는다. 따라서 코타르 망상을 가진 사람은 사망한 것이 아니며, 사망의 정의를 둘러싼 어떤 논쟁도 이런 망상 당사자까지 논쟁의 대상으로 삼지는 않는다.[107] 이처럼 정체성 주장으로서의 코타르 망상은 근본적인 착오를 수반하며, 이와 같은 정체성을 표출하는 행위 자체가 그 정체성에 위배되기 때문에 실패한 정체성이 된다.

4. 논쟁의 여지가 있는 정체성과 실패한 정체성을 구분하는 방법론

앞의 '사회적 타당성에서의 간극' 절에서 나는 인정에 대한 모든 요구(즉 사회적 타당성에서의 간극을 동반한 모든 요구)는 각기 상대방이 착오를 범하고 있다는 인식을 가지고 있다는 점에 주목했다. 가령, 나는 스스로를 x라고 생각하는 반면, 상대방은 내가 y라고 생각한다. 이때 나는 상대방이 나를 x로 봐주기를 요구하고, 이에 상대방은 나의 요구를 검토하게 된다. 이런 상황에서 우리가 다뤄야 할 질문은 인정의 범위 내에서 다룰 수 있는 착오(논쟁의 여지가 있는 정체성)와 다룰 수 없는 착오(실패한 정체성)를 구분할 수 있는가이다. 이때 중요한 것은 실패한 정체성은 자신의 정체성을 형성하는 범주 자체를 수정해 정정하는 것이 불가능한 착오를 수반하지만, 논쟁의 여지가 있는 정체성은 원칙적으로 이런 방식으로 정정이 가능할 수 있는 착오를 수반한다는 점이다. 달리 말해, 누군가를 x라는 범주에 포함시키기 위해 x라는 범주를 재구상할 수 있는지(논쟁의 여지가 있는 정체성), 아니면 누군가를 x라는 범주에서 제외시켜야만 하는 논쟁의 여지가 없는 이유가 있는지(실패한 정체성)를 구분해야 하는 것이다. 이런 의문을 해결하기 위해 우리는 망상으로 여겨지는 사례들을 검토했다. 망상적 정체성은 실패한 정체성의 전형적인 사례로 보이며, 일반적으로 이런 정체성은 틀렸기 때문에 관련 범주의 수정을 요구할 수 없다고 여겨진다. 그러나 이것이 모든 망상적 정체성에 적용될까? 아니면 일부 사례들은 논쟁의 여지가 있는 정체성으로 간주될 수 있을까? 네 가지 사례를 설명·분석함으로써 우리는 특정한 망상적 정체성이 논쟁의 여지가 있는 정체성인지, 실패한 정체성인지에 답하기 위한 잠정적인 방법론에 도달했다. 〈그림 1〉에 정리한 이 방법론은 앞서 살펴본 제한된 수의 사례 연구에서 도출된 것으로 잠정적인 초안일 뿐이다.

인정 요구에 수반되는 정체성 주장에 직면했을 때, 우리는

〈그림 1〉 논쟁의 여지가 있는 정체성과 실패한 정체성을 구분하는 방법론

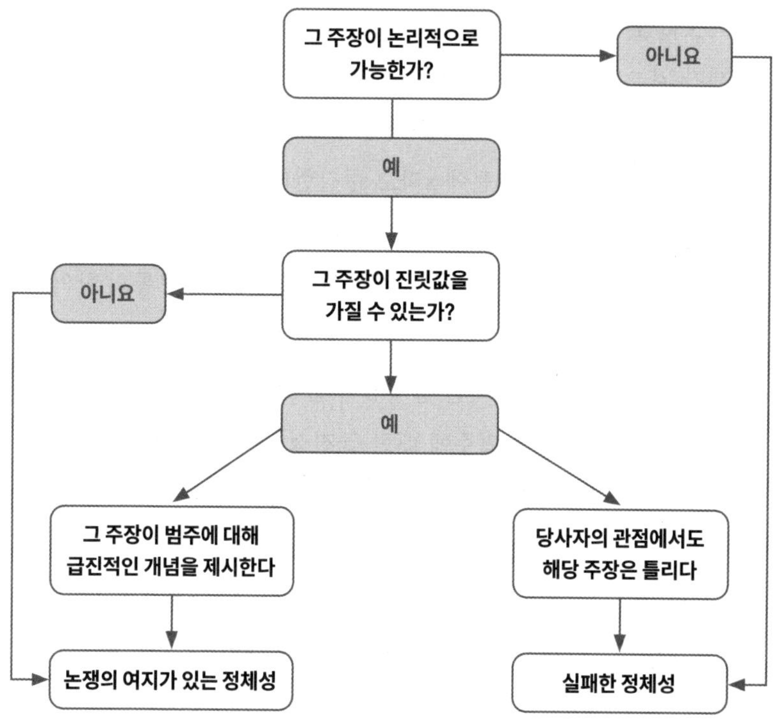

우선 그 주장이 논리적으로 가능한지 살펴볼 필요가 있다. 만약 불가능하다면 그것은 실패한 정체성일 것이다. (앞서 살펴본 코타르 망상이 그 대표적 사례에 해당할 것이다.) 만약 그 주장이 논리적으로 가능하다면, 우리는 해당 주장이 진릿값을 가질 수 있는지를 살펴볼 것이다. 달리 말해, 해당 주장이 진실인지 거짓인지를 검토할 때, 그에 대해 우리가 답을 얻을 수 있는 쟁점이 되는 사실이 존재하는가를 살펴보는 것이다. 앞서 살펴본 자신이 대통령의 아들이라고 주장하는 카말의 사례와 스스로를 흑인으로

주장한 돌레잘의 사례는 이 요건을 충족한다. 만약 어떤 주장이 진릿값을 가질 수 있다면, 그다음으로 우리가 해야 할 일은 문제가 되는 착오의 본질을 명확히 하는 것이다.

(1) 당사자의 관점에서도 해당 주장이 틀린 주장인 경우: A는 자신이 y가 있기 때문에 x라고 주장한다. A는 다른 사람들이 받아들이는 것처럼, y를 지녔다면 x에 속하는 것이 정당화된다는 것을 받아들인다. 그러나 'y임'을 결정하는 것에 공통의 합의가 형성되어 있는데, 이런 합의에 비춰볼 때 A는 y를 지니고 있지 않다. → 이 경우 실패한 정체성이 될 것이다.

(2) 해당 정체성 범주에 대한 급진적인 개념을 제시한다는 점에서 그 당사자가 틀렸다고 여겨지는 경우: A는 자신이 z를 지녔기 때문에 x라고 주장한다. 다른 사람들은 z를 지닌다고 해서 x가 된다는 정당화를 받아들이지 않는다. A는 z를 지니고 있는 자신이 포함될 수 있도록 x라는 범주에 대해 급진적·혁신적인 개념을 제시한다. 그러나 그런 급진적인 개념은 일반적으로 타인들에 의해 거부된다. → 이 경우 논쟁의 여지가 있는 정체성이 될 것이다.

단, 첫 번째 유형에서도 항상 쉽사리 위와 같이 실패한 정체성으로 확정할 수는 없다는 점에 유의해야 한다. 비록 어떤 사람이 y를 지니고 있기 때문에 x라고 주장하는 것이 명백할지라도(그리고 급진적이거나 새로운 개념을 제시하지 않더라도), 당사자가 'y임'이 진실인지 거짓인지 규명하는 것은 (원칙적으로는 가능할지라도 현실적으로는) 실현 가능하지 않을 수 있기 때문이다.

반면 진릿값을 가질 수 없는 주장은 판단하기 더 간단하다.

앞서 '하나님과의 교감' 절에서 주장했듯, 이런 주장은 실패한 정체성이 될 수 없다. 진릿값을 가질 수 없는 주장들은 단지 다른 관점에 대해 또 하나의 관점을 제시하는 것일 뿐이다. 즉 이런 주장들은 토론될 수도, 공유될 수도, 또는 거부될 수도 있으며, 따라서 인정의 범위 내에서 고려될 수 있다. 이 모든 것을 종합하면 망상적 정체성이 반드시 실패한 정체성은 아니라는 것을 알 수 있다. 각 주장은 각각의 방식에 따라 분석되어야 하며, 여기서 제시하는 방법론은 이를 위한 하나의 접근 방식이다.

혹자는 ('당사자의 관점에서도 해당 주장이 틀린 주장인 경우'에서 언급된) "**공통의 합의**consensus**가 존재한다**"는 조건이, 당사자의 주장이 받아들여질 여지를 줄이고 현상 유지를 추구하도록 만든다고 이의를 제기할 수도 있다. 즉 어떤 당사자들의 주장은 그들이 바꾸고자 하는 바로 그 공통의 합의에 의해 처음부터 그른 것으로 치부될 수 있다는 것이다. 이 이의제기에 대해 우리는 세 가지의 재반론을 생각해볼 수 있다.

(1) 어떤 주장을 평가하기 위해서는 불가피하게 특정 기준을 채택해야 한다. 왜냐하면 모든 기준을 포기하면 인정의 개념도 포기해야 하기 때문이다. 인정의 구조는 한 개인의 자기개념과 (이 자기개념이 준거하는) 집단 범주를 나란히 병치한다. 만약 개인이 주장하는 모든 것에 타당성을 부여한다면, 집단 범주 포함 여부를 규정하는 특정한 자격 기준 자체가 존재하지 않을 것이다. 즉 자신이 특정 집단 범주에 소속되어 있다는 모든 주장은 전적으로 허용되고, 따라서 무의미해진다. 이는 인정에 대한 요구를 약화할 뿐만 아니라, 논리적으로 받아들이기에도 쉽지

않다. 즉 이는 그 누구라도 아무런 정체성 주장을 펼칠 수 있으며, 바로 그런 주장이 타당성을 갖게 된다는 옳지 않은 결론으로 이어질 뿐이다.

(2) 여기서 내가 사용하는 "공통의 합의"라는 용어는 비교적 거부하기 어려운 주장에 적용될 뿐이다. 예를 들어, 다음과 같은 사항에서 합의가 이루어질 수 있다. 누군가의 생물학적 아들이 되기 위해서는 DNA의 50퍼센트가 동일해야 한다. 누군가 아프리카계 미국인이 되려면 사하라 이남 아프리카에서 태어난 조상들과 접점이 있어야 한다. 두 주장은 (물론 현실적으로 어려울 수 있지만) 원칙적으로 검증 가능한 것들이다. 만약 내가 누군가의 아들이거나 흑인이라고 주장할 때 그 정의를 충족할 수 있는 근거를 실제로 가지고 있지 않다면, 나 자신의 주장은 틀린 것이다. 만약 내가 [누군가의] '아들임'과 '흑인'이라는 것에 대해 새로운 개념을 제시하고, 이에 근거해 해당 범주에 속한다고 주장한다면 어떨까. 나는 나 자신의 관점에서는 틀리지 않았지만, 타인은 이런 범주를 사용하는 나의 방식이 틀렸다고 간주할 수도 있다. 이 경우 나의 주장은 실패한 정체성이 아닌 논쟁의 여지가 있는 정체성이 된다.

(3) 이에 따라 우리는 **당사자의 관점에서도 틀린 경우**와 **당사자가 해당 범주를 개념화하는 방식이 틀린 경우**를 구분할 수 있으며, 후자의 영역에 속하는 요구는 인정의 범위 내에서 검토될 수 있다. 따라서 근본적인 착오를 범하고 있는 것처럼 보이는 요구가 실제로는 기존 범주에 대한 급진적 비판이자 현재의 상황을 변화시키는 주요한 도전이 될 수 있다.

5. 나가며

이번 7장과 이어지는 8장에서는 '광기가 정체성의 근거가 될 수 있는가'라는 질문을 중심으로 논의를 전개했다. 7장의 〈1. 들어가며〉에서는 이 질문과 관련해 정체성 형성에 필요한 세 가지 요건을 확인했다. 널리 퍼져 있는 관점에 따르면, 광기는 그 요건들을 충족시킬 수 없으며, 따라서 정체성의 근거 또한 될 수 없다고 여겨진다. 그렇다면 이 주장은 어느 정도까지 진실일까.

7장에서는 세 가지 중 첫 번째 요건에 초점을 맞췄다. 인정을 요구하는 정체성 주장은 원칙적으로 해당 개인이 정체성 형성에 기반을 두는 집단 범주를 사회적·정치적 운동을 통해 수정함으로써 해결 가능한 착오를 가지고 있어야 한다는 것이 바로 그것이다. 즉 인정을 요구할 수 있는 정체성은 논쟁의 여지가 있는 정체성이어야 한다.

한편 망상적 정체성은 일반적으로 근본적인 착오를 포함한 '실패한 정체성'으로 여겨진다. 그러나 이 장에서 검토한 사례 연구들은 반드시 그렇지 않다는 것을 보여주었다. 일부 망상적 정체성은 논쟁의 여지가 있는 정체성으로 간주될 수 있으며, 따라서 인정의 범위 내에 들어와 검토의 대상이 될 수 있다. 비록 어떤 사람이 특정 범주의 독특한 정체성을 제시하더라도(이는 일반적으로 망상으로 설명될 수 있는 정체성 주장일 수 있다), 그런 주장은 해당 정체성 범주의 포괄성, 배타성, 전반적인 의미 등을 둘러싼 논쟁을 촉발할 수 있는 것이다.

그러나 어떤 주장이 실패한 정체성 주장인지 논쟁의 여지가 있는 정체성 주장인지에 대해서는 각각의 요소를 살펴 개별적으로 검토해야 한다. 이 장에서는 다양한 정체성 주장과 관련해 각 요소를 평가할 수 있는 잠정적인 방법론을 제시했다. 이 방법론의 핵심은 다음과 같다. (1) 해당 주장이 진릿값을 가질 수 있는가? 만약 그럴 수 있다면, (2) 해당 정체성 주장은 당사자 자신의 관점에서도 틀렸는가, 아니면 해당 정체성 범주에 대해 급진적인 개념을 제시하고 있는가? 후자인 경우, 즉 당사자가 정체성 범주에 대한 급진적 개념을 주장하고 있다면, 우리는 그 정체성 주장을 실패한 정체성이 아닌 논쟁의 여지가 있는 정체성으로 간주하고 인정의 범위 내에서 검토해야 한다. 설령 우리가 궁극적으로 그 주장을 거부하게 되더라도 말이다. 결론적으로, 광기의 핵심 현상으로서 망상은 경우에 따라 정체성의 근거가 될 수 있다.

| 8장 |

매드 정체성 II : 자아의 통합성과 연속성

1. 들어가며

7장에서 우리는 어떤 정체성 주장이 인정의 범위 내에서 고려될 수 있기 위해 반드시 충족되어야 하는 정체성 형성의 세 가지 요건을 살펴보았다. (1) 해당 주장은 실패한 정체성이 아닌 논쟁의 여지가 있는 정체성이어야 한다. (2) 해당 주장은 통합된 정신의 표현이어야 한다. (3) 해당 주장은 충분한 기간에 걸쳐 지속되어야 한다.

우리는 첫 번째 요건을 망상과 관련지어 7장에서 검토했다. 이번 8장의 목적은 두 번째와 세 번째 요건을 조현병 혹은 양극성 장애를 진단받은 사람들이 자주 경험하는 수동성 현상, 자아의 단절 등과 관련지어 각각 검토하는 것이다. 주요 쟁점은 특정 정신 현상이 자아의 통합성과 연속성에 어떤 영향을 미치는가이다.

제니퍼 래든은 저서 《분열된 정신과 연속적 자아Divided Minds and Successive Selves》를 통해 자아의 통합성에 대해 말할 수 있는 두 가지 방법을 구별한다.[108]

> 일반적으로 **어떤 특정한 시점**에 한 사람이 체험하는 이질적 경험들에 대한 일체감과 조화로움은 그 체험들이 모두 그 사람의 경험임을 말할 수 있게 해준다. [반면] **시간 경과에 따라 흩어지는** 경험들 사이의 정상적 연결성은 이와 구분되는 또 다른 요소이며, 일정 시간에 걸쳐 서로 연결되고 지속되는 일련의 특성 및 경험의 성질은 그것들이 모두 같은 사람에게 귀속된다고 말할 수 있게 해준다.

위의 글에서 첫 번째로 언급된 사항은 "현재의 경험들이 모두 나의 경험인가?"와 같은 질문과 관련된 자아의 **통합성unity**을 가리키며, 두 번째 사항은 "이전 시점에 존재했던 내가 지금의 나와 같은 사람인가?"와 같은 질문과 연관된 자아의 **연속성continuity**을 가리킨다.[109] 앞선 4장의 〈2. 정체성〉과 7장의 '정체성의 주요 특징' 절에서 살펴본 정체성에 대한 설명에는 이와 같은 두 종류의 개념이 모두 필요하다.[110] 정체성 설명의 기저에는 나의 정신이 어느 시점에든 통합되어 있다는 것이 전제되어 있다. 즉 나의 정신 상태는 나의 것으로 경험되고 있으며, 특정한 욕망이나 생각은 설사 내가 그것을 마음에 들어하지 않는다 하더라도 여전히 **나의** 욕망과 생각이라는 것이다. 자신의 정신 상태와 동일시할 수 없는 자아는 총체적인 자신에 대한 이해를 형성할 수 없다. 스스로에 대한 그런 식의 이해를 구성하는 요소들을 평가받거나 인정받을 수 없기 때문이다.[111] 또한 정체성은 시간이 경과하더라도 지속되는 자아의 연속성을 필요로 한다. 우리는 자기개념이 어느 한순간에만 존재하는 것이 아니라, 시간이 경과해도 지속될 것으로 예상한다. 이런 것들은 곧 인격을 정의하는 것이기도 하다. 7장의 〈1. 들어가며〉에서 언급했듯, 정신병과 관련된 몇몇 사례들은 자아의 통합성과 연속성을 저해하고 따라서 정체성 형성을 위한 두 가지 핵심 요건을 위태롭게 만든다. 8장에서는 이런 문제를 탐구함으로써 이것이 미쳤다는 것이 정체성의 근거가 될 수 있다는 주장을 철회할 정도의 사유가 되는지 여부를 살펴보고자 한다.

2. 자아의 통합성과 분열

자아의 통합성

자아의 통합성은 너무나 일상적인 나머지, 부재할 때에야 그것이 존재해왔음을 인식하게 된다. 그렇다면 우리는 일상에서 어떤 경험을 할 때 자아의 통합성을 인지할 수 있을까? 이를 위해 래든은 몇 가지 예를 차용하는데,[112] 그중 중요한 것은 양가감정이다. 두 갈래의 마음을 뜻하는 양가감정은, 한 사람의 내면에 존재하는 서로 다른 욕망들 간의 갈등을 포함하는 익숙한 심리적 상태다.[113] 우리는 양가감정으로 인해 무엇을 해야 할지 결정하는 데 큰 어려움을 느끼기도 하며, 결국 적절한 해결책을 찾지 못할 수도 있다. 이런 상황에 처하게 되는 데는 여러 가지 이유가 있다. 아마도 우리는 동등하게 중요하지만 양립할 수 없는 여러 책무들 사이에서 양가감정을 느끼게 될 것이다. 이 상황에서 우리가 어떤 식으로든 하나를 결정하게 된다면, 가치 있는 또 다른 기회를 포기하게 된다고 느낄 수도 있다.

이는 어떤 사람이 서로 충돌하는 상황을 초래하는 두 종류의 인생 각본을 앞둔 상황에서 명확히 드러난다. 예를 들어, 어떤 사람은 직업적 야망을 가지고 있음과 동시에 아픈 어머니를 돌보는 책임감 있는 딸이 되고 싶다는 소망을 가짐으로써 서로 조화할 수 없는 두 개의 각본과 맞닥뜨릴지도 모른다. 또한 양가감정은 더욱 깊은 심리적 갈등을 나타내는 것일 수 있다. 예를 들어 가정폭력에 노출되어 있는 어떤 사람은 그 폭력적 관계를 끝내는 것에 대해 양가감정을 느낄 수도 있다. 피해 당사자는 반복해서 자신을 지배하고, 강요하고, 비난하는 배우자를 떠나 다른 곳에서 더 나은 삶을 추구해야 한다고 생각한다. 하지만 다른 한편으로 그녀는 자신의 어린 자녀가 상처받는 것을 걱정해 이 관계를 끝내려는 생각에 저항할 수도 있다. 따라서 어떤 욕구를 따라가야 하는지 내면의 갈등이 발생하게 된다. 폭력이 만성화되고 피해자의 자신감이 저하되면, 양가감정은 자기기만으로 이어질 수 있다. 그녀는 배우자가 자신을 아끼기 때문에 이런 짓을 하고 있을 뿐이며, 결국 그는 나쁜 사람이 아니라고 스스로를 설득할 수도 있다. 더 나아가 그녀는 자신이 더 나은 사람이 될 가치가 없다고 여김으로써 그 관계를 유지하는 선택을 정당화할 수도 있다. 물론 정도의 차이는 있겠지만, 이런

예는 자신의 욕망들 혹은 행동 방침들 간의 갈등이 "일반적이고 자연스러운 경험"임을 보여준다.[114]

양가감정에 대한 이와 같은 사례들이 자아 통합성의 붕괴를 나타낸다고 할 수 있을까? 앞서 살펴보았듯 래든은 통합성을 이를 **일체성**oneness과 경험들 사이의 **조화**harmony라는 두 가지 방식으로 설명했다.[115] 이때 조화 혹은 부조화는 통합성이 선행적으로 전제된 요소들에 적용된다. 통합성이 전제되지 않은 상태에서 어떻게 그 요소들의 공존을 조화롭다고(혹은 조화롭지 않다고) 판단할 수 있겠는가. 선행적으로 전제된 통합성이 바로 이질적 요소들을 통합하는 **일체성**이다. 예를 들어 오케스트라는 모든 요소가 하나로 합쳐진다는 의미에서 통합되어 있으며, 따라서 이질적인 요소들을 통합하는 일체성을 갖는다고 할 수 있다. 이 통합성 속에서 다양한 요소인 연주자들이 조화로운 음악을 만들어내는 방식으로 함께 작업할 수 없다면 오케스트라는 불협화음을 낼 수 있다. 반면 오케스트라의 일부로 수용하기 힘든 이질적인 악기가 합류하게 된다면 일체성은 무너질 수 있다. 즉 일체성의 붕괴는 특정 요소를 자신의 이질성의 일부로 받아들이고 동일한 것으로 간주하는 것이 불가능한 상태 혹은 그에 대한 거부를 뜻한다. 이 사태는 부조화disharmony가 아니라 분열disunity이라는 표현으로 지칭되어야 한다.

양가감정으로 돌아와, 나는 앞서 서술한 종류의 양가감정의 사례들이 자아 일체성의 붕괴가 아닌, 자아의 부조화에 해당한다고 생각한다. 나의 욕망들 사이에 갈등이 있다는 분석은 (자아 일체성의 의미에서) 자아의 통합성을 이미 전제하고 있다.

만약 내가 나의 욕망과 스스로를 동일시하지 않았다면, 갈등 자체가 불가능했을 것이기 때문이다. 이런 사유에 따르면, 양가감정을 자아의 부조화로 특징짓는 것이 더 정확할 것이다.

만약 부조화가 분열의 징표가 아니라면, 남는 것은 어떤 사람이 자신의 정신 상태와 자신을 동일시하는 경우와 그처럼 동일시하는 것이 부재하는, 분열의 근거가 되는 경우이다. 그 예시를 우리는 비교적 흔하게 경험한다. 예를 들어, 강렬한 사랑에 빠졌을 때 우리는 **마치** 자신의 의지에 반하는 것과 같은 강력한 감정들을 경험한다. 그러나 사랑의 열병이 우리에게 분열을 가져다주지는 않는다. 왜냐하면 강렬한 사랑에 빠지더라도 해당 개인은 자신의 정신 상태와 자신을 지속적으로 동일시할 수 있기 때문이다. 비록 그 욕망이 너무 강렬해 나를 당황케 할 수도 있지만, 그것은 여전히 '나의' 욕망이며, 나는 이미 다양한 이유들(내 연인의 특별함, 혹은 연인과 잘 맞는다는 점 등)을 가지고 그 욕망을 정당화한다. 욕망과 더 이상 동일시하지 않는 지점에서만이 욕망은 '나의 감정'으로 경험되는 것을 멈추며, 이 경우가 바로 자아의 분열이 일어나는 시점에 해당한다. 자기 자신을 자신의 정신 상태와 동일시하지 않는 자아 분열의 예는 종교적 경험에서 명백하게 나타나며, 정신의학 문헌들에는 "수동성 현상"이라는 용어로 기술된 다양한 사례들이 열거된다.

수동성 현상

수동성 현상passivity phenomena은 분열의 전형적인 예로, 수동성 현상을 경험하는 당사자는 사고·의욕·충동·감정과 관련해 일반적인 사람들이 겪는 익숙한 경험을 하지 못한다. 정신병리학의 설명에 따르면, 수동성 경험은 조현병의 일급 증상first rank symptom에 속하며, 사고 주입과 의지적 수동성volitional passivity을 포함한다.[116] 사고 주입을 경험하는 개인은 자신이 경험하고 있는 생각이 사실 자신의 것이 아니라고 믿으며, 자신에게 사고를 주입한 누군가를 상정하고 그 생각을 더욱 정교하게 발전시킨다. 의지적 수동성을 경험하는 개인은 자신의 행동이 스스로의 의지에서 비롯된 것이 아니라, 자신을 통제하는 누군가에 의해 이루어진 것이라고 생각한다.

> 저는 그들을 보지도 못했고 듣지도 못했어요. 그들은 갑자기 찾아와요. 그들이 저에게서 비롯된 것이라고는 상상조차 할 수 없어요. 무심코 그들의 존재를 알게 되었고 저는 기뻤어요. 그들은 어느 순간 갑자기 선물처럼 저에게 와요. 그들이 제 자신의 일부라고 말할 엄두는 나지 않아요.[117]

> 빗을 잡으려고 손을 뻗을 때 저의 손과 팔이 움직이지만, …… 저는 그것을 통제할 수 없어요. 저는 그들이 움직이는 것을 보고 있지만, 그들은 완전히 독립적이고, 그들이 하는 일은 저와 아무런 상관이 없어요. …… 저는 우주의 끈에 의해 조종되는 꼭두각시일 뿐이에요.[118]

> 혼란스럽지 않았고, 그 무엇에 대해서도 환멸을 느끼지 않았어요. 그저 뭔가 받고 있는 것 같은 느낌이었어요. 그걸 느낄

수 있었어요. 우리는 무언가를 알 때 무언가를 느끼게 되죠. 저는 텔레파시로 소통하는 것이 가능하다고 믿어요. 어느 단계에서 저는 사람들과 함께 있었고 그들은 저에게 신호를 보내곤 했어요. 확실히 어떤 생각을 받고 있었어요. 그건 제 마음속에서 만들어진 저 자신의 생각이 아니었어요. 그 차이를 알 수 있어요. 저는 제 마음을 알고, 저 자신을 알아요. 이것을 표현하기는 어려워요. 단지 입을 사용하지 않고 마음으로 사람들과 소통을 할 수 있다는 것. 저는 사람들의 사고 패턴을 받아들이고 있었어요. 그건 마치 제 마음속에서 만들어지는 저 자신의 생각이 아닌 것 같아요.[119]

만약 수동성 현상이 자아의 통합성을 훼손한다면, 그것은 정체성 형성을 위한 조건 중 하나 역시 저해하게 된다. 이에 관한 논증을 다음과 같이 전개할 수 있다.

(1) 수동성 현상은 자아의 통합성을 저해한다. 즉 수동성 현상은 주체로 하여금 스스로를 자신의 정신 상태와 동일시하지 못하도록 한다. (2) 자아의 통합성은 정체성 형성을 위한 요건이다. 총체적인 자기이해에 도달하기 위해 주체는 스스로를 (의욕, 충동, 사고와 같은) 자신의 정신 상태와 동일시할 수 있어야 하며, 그것을 다른 누군가에게 귀속시켜서는 안 된다. 이것이 지켜지지 않는다면, 자기이해의 질은 심각하게 저해될 것이다. (3) 이 점에 비춰볼 때, 수동성 현상은 정체성 형성의 핵심 요건을 훼손한다. 이런 훼손은 주체가 인정의 범위 내에 있지 않을 수 있음을 시사한다.

우선 논의 전체를 좌우하고 있는 첫 번째 전제부터 살펴보자. 첫 번째 전제에서는, 주체가 동일시하지 못하고 있는 정신 상태가 주체가 반드시 동일시해야만 하는 것이라는 가정 아래 논의를 전개하고 있다. 나는 이 가정이 언뜻 보이는 것보다 더 복잡하며, 경우에 따라 수동성 현상이 자아의 분열이라기보다는 오히려 더 복합적이고 잠재적으로 풍부한 자기이해를 위한 근거가 될 수 있다고 주장하고자 한다. '수동성 현상과 문화심리학' 절과 '자아 분열의 판단: 문화적 맥락과 운동의 역할' 절에서 이 주장을 전개하고 그 의미를 살펴보기 전에, 우선 수동성 현상에 관한 철학적 문헌에서 다뤄진 중요한 개념 구분을 살펴보고자 한다.

소유권과 저자성

수동성 현상에 대한 철학적 분석에서는 정신 상태의 소유권ownership과 저자성authorship을 구별한다. 사고 주입과 관련해 소유권은 "그 사고를 자신의 것으로 인정할 수 있는 능력"을 뜻하며, 저자성은 "이유 제시reason giving를 통한 해당 사고의 내용에 대한 보증"을 뜻한다.[120] 현상학적으로 사고 주입은 소유권과 저자성 두 차원 모두에서의 실패에 해당하며, 따라서 자기이해의 실패로 귀결된다.[121] 앞의 '수동성 현상' 절에서 인용한 것과 같은 전형적인 사고 주입 사례에서 그 주체들은 자신이 경험하고 있는 생각이 스스로에 의해 저술된 것author이 아니며, 자신이 소유한 것own 또한 아니라고 보고한다. (나중에 살펴보겠지만, 두 개념 중 중요한 분석적 쟁점은 소유권이 아닌 저자성이다.)

래든은 사고 주입과 "자아 이질적 상태ego-alien state"에 대한 분석에서 그런 상태를 "소유권 박탈disownership"의 예로 설명하면서 이 개념을 이해할 수 있는 두 가지 방법, 즉 논리적·문법적 방법과 심리적 방법을 구분한다.[122] 논리적으로 우리의 경험은 분명 우리의 소유이며, "경험"의 문법에 따라 우리는 자신의 것이 아닌 경험을 가질 가능성을 배제한다.[123] 한편, 현상학적으로 사고 주입 내에는 다양한 현상들이 이질적으로 공존하고 있다. 어떤 사람들은 스스로가 경험한 생각이 자신의 소유가 아니라고 보고하며, 또 다른 어떤 사람들은 [자신의 생각은 맞지만] 자신이 그 생각의 저자는 아니라고 보고한다. 사고 주입과 관련된 다양한 현상들을 관통하는 핵심은 해당 경험에 대해 주체가 1인칭적 접근성을 지니며, 따라서 주체에게 소유권이 자명하게 보장된다는 사실이다. 소유권이 "논리적으로 보장되는 것"[124]이라면, 수동성 현상의 핵심 쟁점은 저자성의 차원에 놓인다.[125] 만약 소유권이 그 내면에서 경험이 일어난[즉 그 경험을 겪는] 행위주체와 관련된다면, 저자성은 경험을 창출한 행위주체와 관련된다. 이 두 행위주체는 일반적으로 동일하지만,[126] 사고 주입과 수동성 현상에서는 분리된다. 그 경험을 겪고 있는 것은 필연적으로 내가 되지만(논리적 측면), 그 경험을 생산한 사람이 필연적으로 내가 되지는 않기 때문이다(심리적 측면). 래든은 분석을 마무리하며 다음과 같이 언급한다.[127]

> 따라서 환자들의 이런 경험에 대한 침범할 수 없는 소유권은 그 경험이 다른 사람의 경험이라고 믿는 것(거짓일 수 있지만,

일관성이 없는 것은 아니다)과 양립할 수 있다. 이는 또한 그들이 자신의 경험을 생경하고 이질적으로 느끼거나, 자신의 외부에서 비롯된다고 믿는 것과도 양립할 수 있다.

나는 소유권과 저자성의 중요한 구분에 대한 래든의 설명에 동의한다. 이런 구분을 통해 우리는 수동성 현상이 자아의 통합성을 훼손한다는 주장이 전제하는 가정의 기초를 명확히 식별할 수 있다. 이제 다음과 같이 말할 수 있다. "**정상적인 조건 아래에서 사람은 자신의 모든 정신 상태에 대한 저자가 되며, 저자성의 결핍은 자아의 통합성을 저해한다**." 주장을 이렇게 정리해보면, 우리는 이미 정상적 경험의 방식과 그 이상적인 모습을 상정하고 있음을 알 수 있다. 즉 이 주장은 저자성으로부터 소유권이 갈라져 나오는 것이 정상적 경험의 이상을 위반하는 것이며, 자아 분열의 증거가 된다고 여기고 있다. 그렇다면 이어서 다음과 같은 질문을 제기할 수 있다. 정상적 경험의 이상은 수동성 현상에 대한 이론적 논의에 전제될 정도로 정말 당연한 것일까?

수동성 현상과 문화심리학

자아 통합성의 이상은 소유권과 저자성의 일치를 요구한다. 나아가 이상적 관점은 만약 이 둘이 분리되는 자아의 분열 상태가 될 경우, 정신병리의 영역에 가까워진다고 여긴다.[128] 이런 이상은 사람들이 자신의 정신 상태와 맺는 **올바른** 방식을 전제한다. 즉 자신의 정신 상태에 대한 외부의 저자성external authorship을 허용하지 않는 규범적 심리이론이 이를 뒷받침하고 있다. 규범적 심리이론은, (물론 간접적으로 대화를 통해 말하는 것은 제외하고) 타인이 자신의 정신을 잠식하고 영향을 미칠 수 없도록, 자신과 타자 사이의 명확한 경계를 유지하는 것에 중점을 두는 이론이다. 또한 이 이론의 기본 전제가 특정한 맥락에 따라 상대적일 수 있다는 측면에서 문화심리학 이론이기도 하다.[129] 이런 심리적 관점에 대해 호라시오 파브레가Horacio Fabrega는 다음과 같이 언급했다.[130]

> [이상적인 자아는] 자율적이고, 독립적이며, 경계가 뚜렷하고, 의지적이다. 이상적인 자아는 자신의 활동의 원천 그 자체이거나 근원이 되며, 외부의 힘으로는 통제할 수 없다. 자아의 속성에는 행동, 느낌에 더해 사고가 포함되어 있으며, …… 자아는 그것을 소유하고 통제한다. 자아는 자기 자신 외에는 아무도 알 수 없는 비밀스럽고 사적인 것이다.

이 설명이 제시하는 일부 세부 사항에 동의하지 않을지라도, 우리는 전반적으로 이런 식의 구도를 익숙하게 받아들이곤 한다. 이상적인 자아에 대한 규범적 가정은 수동성 경험을 포함한 조현병의 여러 증상들을 비정상적인 것으로 간주하는 근거가 된다. 이런 관점에서 소유권이 저자성으로부터 갈라져 나오는 현상은 필연적으로 자아의 분열로 간주된다. 그런 일이 발생한 이유를 추궁하게 되는 것이다.[131]

그러나 만약 우리가 특정 조건하에서는 외부의 타인이 자기의 생각과 행동에 직접적으로 영향을 미칠 수도 있다는, 앞선 이상과는 다른 문화심리학적 전제를 채택한다면 어떨까. 이 다른 관점에서는 소유권과 저자성의 분리가 반드시 자아의 통합성에 대한 위협이 아니라, 자아에 대한 **증축**을 의미할 수 있다. 내가 이집트의 다흘라 오아시스에서 현장연구를 하던 중 만나게 된 서른두 살의 남성 마흐디의 이야기를 살펴보자. 마흐디는 자신이 여성인 '지니jinni'('영혼'을 뜻하는 아랍어)와 관계를 맺고 있다고 주장한다.[132]

> **마흐디:** 저에게는 오랫동안, 한 10년 정도 동거하고 있는 여성이 있어요. 그녀가 처음 나타났을 때 저는 집에 있을 수 없었어요. 도망쳐서 밤새 마을을 걷곤 했죠. 저는 '메카위mekhawy'(영혼과의 관계에 놓였음을 지칭하는 용어. 괄호는 저자)에요.
>
> 처음 그녀가 나타났을 때 저는 겁에 질렸지만, 세월이 지나면서 그녀는 아름다워지기 시작했어요. 처음에는 셰이크Sheikh에 가서 그녀를 없애고 싶었지만, 그녀가 저를 돕고 돌봐주기 시작했어요. 예를 들어 그녀는 제 앞에 있는 사람의 성격을 말해주곤 했어요. 만약 어떤 사람이 저에게 상처를 줬다면, 저는 그냥 그 사람을 떠났거나, 어떤 변명을 찾았을 거예요. 저는 표면적으로는 사람들에게 보여줄 것이 아무것도 없지만, 많은 것을 알고 있고, 사람들을 이해하고 있어요.
>
> 그녀는 모두가 잠든 밤에만 나타나요. 저는 제 침실로 가고 그녀와 함께 밤을 보내요. 우리는 여러 번 관계를 가졌어요. 저에 대한 그녀의 사랑은 제가 다른 사람을 만날 때도 상황을 복

잡하게 만들었죠. 제가 카페에 있을 때 그녀는 저에게 "네가 사랑하는 이 여자의 실체를 확인해봐"라고 말하곤 했어요. 아니면 그녀는 약혼자를 믿지 말아야 한다는 생각을 제 마음속에 심어주곤 했어요. 저는 제 약혼녀가 다른 남자와 이야기를 나누고 있는 걸 발견하고 그것이 사실임을 알게 되었어요. 그리고 이런 일은 여러 번 일어났고, 그럴 때마다 그녀는 항상 옳았어요. 그녀는 내 생각을 읽을 수 있었고, 무엇이 나를 걱정시키는지 알았어요. 한번은 내가 약혼자 집을 방문했을 때, 약혼자의 아버지가 우리를 두고 따로 사적인 대화를 나누고 있었어요. [그 틈을 타] 우리가 손을 잡으려 했는데, 순간 제가 약혼자의 손바닥을 찰싹 때렸죠. 그런 짓을 한 건 제가 아니었어요. [그녀였죠.] 그녀는 질투심이 매우 많아요.

저자: 그녀가 얼마나 자주 당신에게 말을 거나요?

마흐디: 대부분의 시간에 말을 하지만, 어떤 문제가 있을 때 특히 더 많이 말을 걸어요. 그녀는 제 앞에 있는 사람의 성격을 말해주고, 저에게 충고해줘요. 선생님은 누구를 믿어야 하는지, 믿지 말아야 하는지 알 수 있나요? 선생님은 그걸 알 수 없겠지만, 저는 그녀가 말해줘요. 수천 파운드에 이르는 돈, 자동차 등 무엇이든 요청할 수도 있지만, 그녀가 저를 지배하게 놔두고 싶지는 않아요. 저는 지금 그녀와 있는 것이 너무 익숙해요. 그녀가 며칠 동안 떠나 있을 때 그녀가 그리워져요.

정신병리학적으로 설명하면, 마흐디의 이야기는 다음과 같은 몇 가지 주요 정신과적 증상을 떠올리게 한다. 2인칭의 명령적 환청, 사고 주입, 의지적 수동성 등이다.[133] 앞서 설명한 심리학적 관점으로 보면 이 모든 증상들은 명백한 자아의 분열을 나타내며, 이는 마흐디가 자신의 정신 상태의 저자로서 자신을 경험하지 않고 있다는 점에서 명백해진다.

하지만 마흐디가 설명하는 관점을 채택하면, 이에 대한 다른 묘사가 가능하다. 마흐디가 말했듯, 그는 메카위이며, 이 단어는 '형제'라는 단어에서 파생된 아랍어이다. 아랍어 메카위는 두 사람 사이의 가까운 상태, 심지어 친밀한 성적 관계를 의미한다. 다흘라 지역의 문화적 맥락에서는 메카위가 인간과 영혼(아랍어 '지니') 사이에서 발생할 수 있다고 여겨진다. (이때 영혼은 보통 자신과 반대 성별인 경우가 많다.) 예를 들어 다흘라 지역에서는 젊은 청년이 정당한 이유 없이 적절한 구혼자를 거절하는 경우, 지니와 메카위 관계에 있는 것은 아닌지 의심받을 수 있다. 즉 누군가에게 깃든 영혼(지니)이 당사자의 기분과 인식에 영향을 미쳐 구혼자를 거절하게 하고, 결과적으로 그 청년을 자신(지니)의 것으로 남겨놓는다는 것이다. 다흘라의 지역문화에서 지니는 때때로 자신의 존재를 노골적으로 드러내며, 그 당사자와 이야기를 나누고 밤에는 침실에서 나타나기도 한다. 지니가 서린 사람들은 지니가 자신의 결혼이나 전반적인 업무 수행 능력을 방해한다고 생각하는 경우 그 영혼과의 관계에 저항할 수 있고, 조금이나마 이익을 가져다준다고 생각하는 경우 그 존재와의 관계를 받아들이기도 한다.

이처럼 독특한 문화심리학에 따른 문화적 서사가 가능하다. 일반적인 경우는 아닐지라도, 이것이 자아를 병리화하는 것은 아니다. 이 문화적 서사는 마흐디의 경험을 구조화해 그의 경험들에 개인적·사회적 의미를 부여했다. 마흐디뿐만 아니라, 이 서사를 받아들이는 지역사회의 구성원들 모두 마흐디가 경험하는 상태를 자아 분열의 지표로 간주하지 않았고, 오히려 외부 주체와의 상호작용에서 일어나는 현상으로 보았다. 이런 관점에서 마흐디의 이야기를 본다면, 여러 현상들은 영혼과의 복잡한 관계로 설명된다. 즉 돌봄, 통제, 두려움, 질투, 사랑, 불안, 상실 등 인간과 인간 사이에서 발생하는 인상적인 상호작용의 특성을 가진 관계가 드러나는 것이다. 이런 언어들은 소유권 박탈 및 분열이라는 용어보다 훨씬 더 풍부한 묘사를 가능케 한다. 이런 독특한 문화심리학을 고려할 때, 마흐디의 경험은 자아의 분열이 아닌 자아의 풍요로움으로 표현될 수 있다.[134] 이런 관점은 자아 분열에 대한 판단에서 어떤 함의를 가질까?

자아 분열의 판단: 문화적 맥락과 운동의 역할

앞서 살펴본 분석에서 자아의 분열이 존재한다는 판단은 정신 상태의 외부 저자성이 존재할 가능성에 관한 문화심리학적 가정과 관점에 달려 있다. 래든이 지적하듯, "자아의 분열과 불연속성은 냉담한 대중적 입장에서 비롯된 것으로, 재고될 필요가 있"다.[135] 정신 상태의 외부 저자성이 불가능하다고 보는 대중적 관점은 수동성 경험을 자아 분열의 증거로 간주할 것이다. 조현병과 정신증에 대한 과학적 이론이 이런 관점을 채택하는 전형적 사례에 해당한다. 이와 반대로, 외부의 저자성이 가능하다고 보는 관점은 수동성 경험을 자아 분열의 증거가 아니라, 자아가 확장된 상태의 증거로 볼 것이다. 이러한 관점은 앞서 언급한 다흘라 오아시스 공동체를 비롯해 다양한 문화적 맥락들에서 발견된다.

당사자의 주관적 관점은 외부 저자성의 가능성에 대한 주체의 사전적 믿음prior belief이 스스로의 경험과 다시 상호작용하기에 더욱 복잡한 양상을 띤다. 수동성 경험의 특징은 자신의 정신 상태에 대해 갖는 (일반적인 의미에서의) 저자성의 상실이라는 점을 상기하자. 이런 점을 감안할 때, 만약 주체가 정신 상태의 외부 저자성이 가능하다고 믿지 않는다면, 수동성 현상은 주체의 사전적 믿음과 현재 경험 사이의 불화를 초래할 것이다. 이와 대조적으로, 만약 주체가 (앞서 언급한 마흐디의 사례처럼) 외부의 저자성이 가능하다는 사전적 믿음을 가지고 있다면 불화는 발생하지 않을 것이다. 관점의 이원성(대중적 관점 vs 주관적 관점)과 주체가 스스로의 경험에 대해 가지고 있는 관계의 복잡성은 의견 충돌의 다양한 가능성을 만들어낸다. 이런 가능성들을 고려하면서, 자아의 분열에 대한 판단과 이와 관련한 문화적 맥락과 당사자운동의 역할을 조명하는 네 가지 시나리오를 도출해보고자 한다. 논의의 초점을 핵심적 부분에 집중시키기 위해 시나리오를 단순화했다(〈표 1〉을 보라).[136]

각각의 시나리오에는 불화와 관련된 두 가지 가능성이 있다. 첫 번째로, 주체의 현재 경험과 외부의 저자성에 관한 사전적 믿음 사이의 불일치로 인해 **내적** 불화가 발생할 가능성이 있다. 두 번째로, 자아의 분열 여부에 대한 주관적 판단과 대중적 판단 사이에 존재하는 **외적** 불화 혹은 불합치의 가능성이 있다.

〈표 1〉 수동성 현상과 관련된 자아의 통합 및 분열 시나리오

	1. 문화적 합치 시나리오	2. 문화적 불합치 시나리오	3. 정신건강 시나리오	4a. 의료적 대응 시나리오	4b. 사회적 대응 시나리오
대중적 관점에서 볼 때 외부의 저자성이 가능한가?	예	아니오	아니오	아니오	아니오
당사자의 주관적 관점에서 볼 때 외부의 저자성이 가능한가?	예	예	아니오	아니오	예
주체는 내적 불화를 경험하는가?	아니오	아니오	예	예	아니오
자아의 분열에 대한 주관적 판단이 존재하는가?	아니오	아니오	4a 시나리오로 대응하느냐, 4b 시나리오로 대응하느냐에 따라 결과가 달라짐	예	아니오
자아의 분열에 대한 대중의 판단이 존재하는가?	아니오	예	예	예	예
외적 불화 및 불합치가 존재하는가?	아니오	예	4a 시나리오로 대응하느냐, 4b 시나리오로 대응하느냐에 따라 결과가 달라짐	아니오	예
사례	다흘라 오아시스에 있는 공동체 내에 존재하는 마흐디	정신건강 전문가와 대화를 하게 될 때의 마흐디	정신건강 전문가와 대화하게 될 때의 세라	자신의 경험에 대해 의료적 관점을 채택하게 된 세라	당사자운동에 참여하게 된 세라
결과	주관적 판단과 대중적 판단이 중첩되어 나타남	올바른 문화적 맥락을 추구해야 할 필요성과 관련해 주관적 판단과 대중적 판단 사이의 불일치가 발생	4a 시나리오로 대응하느냐, 4b 시나리오로 대응하느냐에 따라 결과가 달라짐	'병식'은 의료적 대응의 판단에 동의할 때만 획득됨. 내적 불화가 확고하게 자리 잡게 됨.	주관적 판단과 대중적 판단의 불일치로 인해 인정에 대한 요구를 하게 됨.

첫 번째 시나리오의 경우, 모든 항목에 불화가 없다. 두 번째 시나리오에는 내적 불화는 없지만 외적 불화가 존재한다. 한편, 정신의학의 진단 절차는 두 번째 시나리오를 허용하고 있다. (이는 한 사람이 문화공동체 구성원들과 공유하는 경험과 믿음은 비록 정신과적 현상과 유사하더라도 정신병리로 간주되어선 안 된다는 권고에서 분명하게 나타난다.[137]) 따라서 두 번째 시나리오에서 나타나는 외적 충돌은 다른 사람의 믿음과 경험을 평가하기 위해 잘못된 문화적 맥락을 적용했을 때 발생하는 옳지 않은 결과일 수 있다.[138] 마흐디가 다흘라에서 런던으로 이사를 간다고 해서, 그가 성장한 문화적 맥락 및 그가 내재화한 가정들과 그가 현재 살고 있는 맥락 사이에 존재하는 심리적 가정들의 불일치를 감수해야 할 직접적인 이유는 없다. 따라서 두 번째 시나리오는 해당 상황에 대한 문화기술지적ethnographic 측면의 이해가 심화될 때까지 판단을 유예해야 할 필요가 있음을 시사한다.[139]

세 번째 시나리오는 대부분의 정신과 상담에서 의사와 환자 사이에 발생하는 상황으로, 정신 상태에 대한 외부의 저자성이 불가능하다는 문화심리학의 가정을 양측 모두 공유하는 상황이다. 예를 들어, 케임브리지에서 자랐고 성인이 되어 런던으로 이사한 영국인 세라를 생각해보자. 세라는 그녀가 성장한 맥락과 일관되게 일반적으로 정신 상태에 대한 외부 저자성이 존재할 수 있다고 생각하지 않는다. 그녀가 경험하는 사고 주입 같은 현상은 세라의 이런 생각과 충돌하고, 그 결과 내적 불화가 발생한다. 대중적 판단은 세라의 상태를 자아의 분열로 볼 가능성이 있다. 하지만 세라는 이 판단에 동의할 수도, 동의하지 않을 수도 있는데, 자신이 경험하고 있는 것이 자아의 분열을 나타내는지 여부에 대해 아직 확신하지 못하기 때문이다. 달리 말하면, 세라는 지금의 경험이 자신이 가지고 있던 이전의 가정들을 무효화하는 것인지, 아니면 자신이 가지고 있던 이전의 가정들이 지금의 경험을 무효화하는 것인지 아직 확신하지 못한다. 이에 따라 세 번째 시나리오는 [서로 다른] 두 가지 방식으로 진행될 수 있다(〈표 1〉의 시나리오 4a 및 시나리오 4b).

대다수의 정신과 상담의 접근법은 세라에게 외부 저자성의 존재가 불가능하다는 심리이론을 자신의 경험에 대한 판단 기준으로 간주하도록 유도한다(4a 시나리오). 이는 세라로 하여금 그녀 자신의 경험이 규범적인 심리적 기준에서 벗어나 있다는 것을, 그리고 그런 기준에 의해 그 경험이 무효화된다는 것을 받아들이게 하기 위함이다. 여기에는 세라의 경험을 정신병리의 언어로 설명하는 것과 그녀에게 진단명을 제공하는 것이 포함된다. 만약 이 접근법이 성공할 경우, 그녀가 병식insight을 갖게 되었다고 말할 수 있게 된다. 이것은 자아 분열 문제에 대한 합의를 이끌어낼 수도 있지만(따라서 외적 불화가 해결될 수 있다), 내적 불화는 여전히 해결되지 않은 상태로 남아 있을 수 있다. 만약 내적 불화가 계속 존재할 때, 세라 자신의 경험과 모순되는 심리적 기준을 계속해서 우선시하게 된다면 이 불화는 더욱 심화될 수 있다. 가령 세라는 (이런 경험을 멈추게 할지도 모르는) 정신과 치료를 선택하지 않을 수도 있다.[140]

세 번째 시나리오가 나아갈 수 있는 두 번째 경로는 〈표 1〉의 시나리오 4b이다. 시나리오 4b에서는 주어진 심리적 기준이 올바른 판단 기준인지에 의문을 제기한다. 두 번째 시나리오와 유사하지만, 정확히는 (문화기술지의 관점으로 말하자면) 판단에 대한 가장 적절한 맥락을 찾는 시나리오이다. 시나리오 4b에서 그 맥락은 아직 존재하지 않을 수도 있고 **새롭게 생성**될 필요가 있을 수도 있다. 즉 바로 이 시나리오에서 당사자운동의 역할이 비롯된다. 활동가들이 발전시킨 심리적 다양성을 지향하는 각양각색의 대항서사는 수동성 현상이나 (이른바 '목소리'로 칭해지는) 환청을 경험하는 사람들에게 더 적절한 판단의 맥락을 만들어내려는 시도라고 볼 수 있다. 예를 들어, 세라는 비슷한 경험을 가진 다른 사람들과 함께 모여 정신 상태에 대한 외부의 저자성이 허용되도록 환경을 바꿈으로써, 수동성 현상에 대한 대안적 이해를 구축할 수도 있다. 억압받은 자의 대항서사가 갖는 힘과 잠재적인 정당성이 집단에서 공유된다는 점을 염두에 둘 때, 세라는 혼자서는 그 일을 할 수 없다. 그런 맥락을 만들게 된다면, 그 첫 번째 성과는 내적 불화의 해결이 될 것이다. 즉 세라 자신의 믿음과 경험 사이에 존재했던 불화는 사라지게 된다. 따라서 시나리오 4b는 외적 불화·불일치는 여전히 존재하지만, 내적 충돌은 없다는 점에서 두 번째 시나리오와 유사하다. 하지만 시나리오 2가 판단의 올바른 맥락을 추구하고자 하는 반면, 시나리오 4b는 활동가들이 수동성 현상에 대한 의료적 이해의 유효한 대안으로서 대안적인 맥락을 구축하고, 억압받은 자들의 다양한 서사에 대한 인정을 요구한다는 점에서 차이가 있다. 만약 이 최종 목표가 실현된다면 시나리오 4b는 시나리오 1과 동일해진다. 내적 충돌 혹은 외적 충돌이 사라지며, 자아의 분열을 주장할 근거도 사라지는 것이다.

소결

수동성 현상이 자아의 통합성을 훼손하고, 따라서 한 사람을 둘러싼 자기이해를 약화한다는 주장을 분석하는 과정에서 우리는 이런 판단의 복잡성과 그 판단 과정에 얽힌 문화적 맥락 및 당사자운동의 중요성을 파악할 수 있었다. 모든 사람들이 자기 정신 상태의 저자가 되어야 한다는 주장은 본질적인 문제를 지나치게 단순화하고 문화심리학 체계의 가정을 너무나 당연하게 받아들이도록 한다. 일단 현존하는 관점과 그것을 뒷받침하고 있는 가정들을 검토한다면, 우리는 논쟁의 구도를 더욱 명확히 파악할 수 있다. 가령 어떤 한 개인이 자아 분열로 간주되지 않으면서 수동성 현상을 경험할 수 있는 상황들이 존재한다(〈표 1〉의 시나리오 1과 2). 또한 수동성 현상을 경험하는 것이 정체성 형성에 위협이 된다고 이야기하는 정신병리 담론에 더 가까워지는 상황들도 존재한다(시나리오 3과 4a). 그러나 이런 경우에도 당사자운동을 통해 새로운 판단의 맥락을 생성해낼 수 있는 여지가 있으며, 이는 수동성 현상과 같은 상황을 자아의 분열이 없는 상황으로 변형시킬 수도 있다(시나리오 4b). 이런 논의를 염두에 두고 우리를 여기로 이끌었던 처음의 문제로 되돌아가보자. 우리는 이제 수동성 현상이 자아의 통합성과 정체성 형성을 위한 핵심 요건을 항상 훼손하는 것은 아님을 알 수 있다. 즉 수동성 현상이 반드시 주체를 인정의 범위에서 제외시키는 것은 아니다. 실제로 수동성 현상은 한 사람이 자기이해를 구성하는 데 중요한 역할을 할 수도 있다. 만약 수동성 현상이 인정의 범위에서 주체를 제외시키는 것으로 보이는 경우, 활동가들의 대항서사는 해당 경험을 인정의 범위 안으로 다시 끌어들이는 데 도움이 되는 역할을 한다. 이에 대해서는 9장에서 좀 더 자세히 설명할 것이다(9장의 '자아의 분열을 해소하는 방법' 절 및 〈5. 주관적 서사와 매드 서사의 차이〉).

3. 자아의 연속성과 불연속성

자아의 연속성

인정의 범위 내에서 고려될 수 있는 정체성 주장은 자아의 **통합성** 외에도, 시간이 경과해도 지속되는 자아의 **연속성**을 필요로 한다. 연속성continuity의 개념을 명확히 하기 위해 우리가 타인과 마주하는 방식부터 들여다보자. 아이리스 머독Iris Murdoch은 이에 대해 다음과 같이 설명한다.[141]

> 타인을 파악하고 평가할 때 우리는 구체적으로 명시할 수 있는 실제적인 문제에 대한 답만을 고려하지 않는다. 그의 말투, 침묵의 방식, 단어 선택, 그에 대한 다른 사람의 평가, 그가 자신의 삶에 대해 가지고 있는 생각, 그가 매력적이라고 혹은 칭찬할 만한 것이라고 생각하는 것, 그가 재미있게 여기는 것 등 우리는 타인의 삶에 대한 총체적 상vision이라고 할 수 있는 쉽사리 찾기 힘든 것들을 파악한다. …… 이를 은유적으로 개인

존재의 질감texture, 개인적 상의 본질이라고 부를 수도 있을 것이다.

타인에 대한 머독의 기대는 굉장히 야심찬 측면이 있으나(과연 우리 중 얼마나 많은 사람들이 "총체적인 삶의 비전"을 명확히 가지고 있을까?), 결국 그 요점은 다음과 같다. 정체성에 대해 이야기할 때 우리는 대단히 중요하면서도 시간적 차원을 지닌 자기개념에 대해 이야기하게 된다는 것이다. 가령 우리는 자기개념이 오랫동안 유지될 것으로 기대한다. 즉 내일의 나는 오늘 내가 지지하는 가치·믿음·계획을 계속 유지할 것으로 기대한다. 만약 이런 시간적 차원을 제거하면, 정체성이라는 개념은 사라지고 서로 연결되지 않는 일련의 스냅사진만이 남게 될 것이다. 이는 1960년대부터 1980년대까지 유행했던 뷰마스터View-Master 오리지널 입체경을 떠올리게 하는데, 이용자는 버튼을 누르면서 아름다운 풍경과 관광 명소를 담은 작은 컬러 사진들을 볼 수 있다. 릴에 있는 각각의 사진들은 생생한 3D 이미지로, 서로 독립적으로 존재하며, 파리나 사하라 사막처럼 약한 연결성만을 공유하고 있다. 물론 입체경을 통하지 않고도 각각의 사진들을 볼 수도 있었지만, 그 경우 사진들이 덜 생생하고, 덜 아름답고, 독립적이지 않은 방식으로 나타난다.

하지만 스냅사진은 분명 정체성에 대한 만족스러운 관점과는 거리가 멀다. 가령 어느 한 시점에서 특정 인물을 포착한 스냅사진은 그 사진이 그 인물의 **어떤** 과거에서 유래된 것인지, 그리고 그 사진이 **그 인물의** 미래와 어떻게 연결되는지에 대한 관점이 존재할 때만 충분히 이해될 수 있다. 즉 시간 경과에 따른 자아의 연속성이 존재할 때만 우리는 그 스냅사진을 이해할 수 있다. 대부분의 사람들은 이런 연속성을 가정하며, 비록 어떤 사람이 자신의 가치관·믿음·계획을 수정할 수도 있지만(그리고 그 과정에서 급격히 변할 수도 있지만), **그는 변하더라도 같은 사람으로 남아 있다**.

이런 가정은 내가 스스로를 이해하고, 다른 사람들이 나를 이해하기 위해 필요한 것으로 보인다. 하지만 이것이 과연 당연하고 자연스러운 가정이라고 할 수 있을까? 이 문제는 시간의 흐름에 따른 수적 동일성numerical identity의 지속에 관해 오래전부터 논의되어온 문제로, 데렉 파핏Derek Parfit은 이에 대해 다음과 같이 정리한 바 있다. "각기 다른 시점에 존재했던 사람을 한 명의 동일한 사람으로 만드는 것은 무엇인가?"[142] 일반적으로 이 질문에 대한 답은 수적 동일성의 필요충분조건들을 제공하는 것으로 이어지는데, 이는 매우 복잡한 문제이다.[143] 이런 시도를 뒤로하고, 좀 더 실용적인 측면에서 시간이 경과해도 지속되는 자아의 연속성이라는 관점을 견지할 필요가 있다. 이는 수적 동일성 개념에 매우 근접한 후보들 중 우리가 이용할 수 있는 것을 골라내 자아의 연속성 개념으로 구축해야 할 필요가 있다는 의미이며, 이때 행위주체성agency 개념은 이 후보들의 토대를 이룬다.

크리스틴 코스가드Christine Korsgaard는 자신의 주저에서 실제적·실용적 관점을 견지하며, 수적 동일성의 지속성과 관련된 형이상학적 문제들을 우회한다. 그녀는 설령 "내가 미래의 내

몸을 차지하고 있는 경험의 주체와 동일하다는 강한 감각은 가지고 있지 않다"할지라도, "나는 미래에도 내 몸을 차지하는 사람과 동일한 합리적인 행위주체로 나 자신을 간주할 이유를 갖는다"고 주장한다.[144] 이런 이유들은 실천적인 것으로, 그 본질상 형이상학적인 것은 아니다. 코스가드는 우리가 하는 많은 일들이 일정한 시간에 걸쳐서만 이뤄질 수 있다는 것을 언급하면서 자신의 주장을 전개한다. 모든 행동은 우리를 미래로 이끄는데, 여기서 우리 인생의 값진 과업과 계획들 중 다수가 몇 달, 몇 년, 때로는 평생을 지속하곤 한다. 예를 들어, 친구, 배우자, 부모가 되는 것, 경력을 계발하는 것, 책을 쓰는 것, 학위를 마치는 것, 마라톤을 위한 훈련을 하는 것 등을 생각해보자. 이 과업들에 참여하면서 "우리는 자기동일성과 행위주체성의 연속성을 전제하고 구축한"다.[145] 이 주장은 다음과 같이 진행된다. 현시점에서 우리가 숙고 끝에 결정하는 선택들은 다양한 이유에서 이뤄진다. 가령 우리의 선택들, 그리고 우리에게 가장 가치 있는 과업들은 현재를 넘어 미래로 확장되며, 따라서 그것을 선택하는 우리의 이유 또한 현재를 넘어 미래로 확장된다. 그러므로 지금 선택할 수 있기 위해 나의 현재 자아는 스스로를 미래의 자아와 동일시하며(지금 선택하는 것이 미래에 하게 될 선택에 영향을 주기 때문이다), 이 동일시가 인생의 여러 과업 및 계획을 실질적으로 수행할 수 있도록 한다(장기적 삶의 과업은 다가올 미래에 어떤 행위를 수행할 것을 필요로 하며, 따라서 우리가 미래의 행위가 수행될 것임을 믿을 수 있어야 한다). 시간의 경과에 따른 자아의 연속성은 이런 방식으로 유지되며, 그 필요성은 실천적인 이유에서 출발한다.[146]

코스가드의 이런 접근은 행위주체성 개념을 위해 시간이 경과해도 지속되는 자아의 연속성에 관한 논의가 필요하다는 것을 보여준다는 점에서 주목할 만하다. 제니퍼 래든은 코스가드의 주장에 대한 논평에서 다음과 같이 언급한다. "단지 현재에만 머무는 자아는 현재 시점보다 더 넓은 안목을 가지고 장기적인 삶의 계획과 행동을 추진하는 사람과 일치한다거나 그런 자아를 아우른다고 볼 수 없다."[147] 만약 현재의 나의 자아를 미래의 나의 자아와 동일시할 수 없다면, 즉 어떤 이유든 상관없이 시간 경과 속에서 자신을 통합된 존재로 지각할 수 없다면, 나의 잠재적 과업과 계획들은 사라질 것이다. 미래의 자아가 현재의 자아가 가지고 있는 이유, 가치, 목표 등을 이어가지 못할 거라고 가정한다면, 어떤 과업이라도 실행하고 추진할 수 없을 것이기 때문이다. 래든은 "오직 통합된 자아의 개념만이 자발적 행위주체, 계획자, 목표 지향적 행위자로서 우리 자신의 개념과 특징을 보존할 수 있게 해줄 것"이라고 지적한다.[148]

그러나 다음 절에서 다룰 일부 정신 상태(예를 들어 해리성 정체성 장애 및 양극성 장애의 사례들)를 고려할 때, 시간 경과에 따른 자아의 연속성 가정이 항상 성립할 수는 없음을 알 수 있다. 이 점을 감안할 때, 우리는 래든과 유사한 질문을 던질 수 있다. 우리의 가치 있는 개념을 보존하기 위해서는 어느 정도의 연속성이 있어야 충분한가? "행위주체성을 위한 충분한 연속성"은 어느 정도를 말하는가?[149] 만약 우리가 행위주체성을 삶에서 과업을 추진하고 추구할 수 있는 능력으로 이해한다면, 과업이 이행되는 한 자아의 연속성은 충분하다고 볼 수 있다. 따라서 문제는 삶의 과업이 이행되고 있다고 받아들일 수 있는 지속 시간의 범위가 된다. 그렇다면 얼마나 긴 시간 동안 지속되어야 과업이 진행되는 것으로 볼 수 있을까? 몇 달, 몇 년, 혹은 평생으로 보아야 할까?

래든은 행위주체성이라는 개념이 오직 평생에 걸친 자아 연속성을 전제하는 경우에만 유지될 수 있다는 생각에 반대한다. 래든은 다음과 같이 언급한다.[150]

> 생각과 행동, 계획과 실행, 기대와 결과와 같이 삶의 이전과 이후의 순간을 연결하는 한 사람의 행위주체성이 의미 있는 것이 되기 위해, 그것이 반드시 한 사람의 일생에 걸쳐 있을 필요는 없다. 우리는 한 시간이나 하루, 또는 5년 등의 기간에 걸쳐 계획을 세우고 실행하는데, 이 각각에 일생을 계획할 때 사용하는 것과 동일한 행위주체성 개념이 요구되는 것으로 보인다.

즉 우리 삶의 과업 중 다수는 가변적인 기간 안에서 진행되며, 과업의 기간이 어느 정도인지와 상관없이 행위주체성은 모든 프로젝트에서 동일한 특징을 나타내므로, 행위주체성 개념을 존속하기에 충분한 자아의 연속성은 일생의 기간을 요구하지 않는다.

행위주체성을 유지하는 데 평생의 기간이 필요하지 않다는 래든의 주장에 나 역시 동의한다. 그러나 사회적·평가적 관점에서 볼 때 행위주체성을 유지하려면 일정 기간 이상의 연속성이 필요할 수는 있다. 그 일정 기간이란 몇 분일까, 몇 시간일까, 아니면 며칠일까? 여기서 요점은 정해진 답변은 없다는 것이다. 삶의 과업이 얼마나 오래 지속되어야 하는지의 문제는 사회와 개인이 어떤 가치를 소중히 여기는지에 달려 있다. 다양한 시대에 걸쳐 존재했던 전 세계의 공동체들을 검토해보면, 비록 각각의 공동체가 어떤 가치를 우선시하는지에는 차이가 있지만, (장기간에 걸친 과업인) 우정, 동료애, 직업적 성취, 가족애 등의 가치가 보편적으로 언급된다는 것을 알 수 있다. 그리고 경력이나 결혼과 같은 특정 과업들에 이렇다 할 가치를 부여하지 않는 공동체의 경우 인생에서 다른 장기적 과업들을 더 중시할 것이다. 또한 “현재 이 순간에 충실하라” 같은 격언은 (다른 모든 과업들을 종결시키는) 그 자체로 이뤄내야 할 또 하나의 과업이 될 수 있으며, 따라서 지금 이 순간에 충실한 것 자체가 장기적인 성취의 한 형태가 되기도 한다. 이처럼 사회적으로 대부분의 사람들의 성취는 시간 집약적인 방식으로 이뤄지기에 일정 시간에 걸친 자아의 연속성이 요구되지만, 행위주체성 개념에 반드시 평생의 기간이 필요한 것은 아니다.

어떤 이유로든 만약 어떤 한 사람이 자아의 연속성을 구축하지 못한다면, 삶의 과업을 실행하고 추진하는 능력, 그리고 시간이 경과해도 정체성을 유지하는 능력을 상실하게 될 것이다. 정신병의 특정 사례들은 자아의 불연속성으로 나타나 어떤 사람의 정체성 형성을 방해할 수 있다. 예를 들어, 어떤 한 사람의 성격이 급격히 변해서 이전의 그 사람과 같은 모습이라고 생각하기 어려운 경우를 떠올려보자. 일반적으로 자아의 불연속성은 겉보기에 안정적으로 유지되는 몸의 연속성과 대비를 이루며 포착된다. 예를 들어 어떤 몸에 깃든 자아가 이전 시점에 그 몸에 깃들어 있던 자아와 근본적으로 다르게 보일 때가 문제가 된다. 이런 불연속성의 사례는 정신의학 관련 문헌들과 전 세계의 여러 공동체에 존재하는 다양한 믿음 및 관행에서 다양하게 나타난다. 나는 조현병과 양극성 장애에서 나타나는 불연속성을 다루기 전에, 불연속성이 명확히 드러나는 사례에서 시작하고자 한다. 귀신 들림, 그리고 이와 관련이 있는 해리성 정체성 장애(다중인격장애multiple personality disorder로 지칭되기도 한다)가 바로 그것이다.

귀신 들림과 해리성 정체성 장애

귀신 들림spirit possession은 세계 대부분의 지역에서 흔히 나타나는 광범위한 경험·믿음·관행이다.[151] 귀신 들림의 결정적인 특징은 형체 없는 행위자가 사람을 숙주로 삼아 관여하는 것으로, 다양한 양상으로 나타난다. 그 외부 행위자는 보통 귀신 혹은 영혼으로 불리며, 여기에는 이미 돌아가신 조상, 악마, 신령 등과 같이 영적인 존재로 추정되는 것이 포함된다. 귀신 들림 현상은 편의상 병원성 귀신 들림pathogenic possession 및 집행적 귀신 들림executive possession으로 구분할 수 있다.[152] 병원성 귀신 들림이란 어떤 영혼이 사람의 몸에 침입해 다양한 종류의 신체적·심리적 변화를 일으키는 것을 말한다. 이는 정체성의 전환을 수반하지 않으며, 영혼의 침입은 원하거나 원하지 않는 어떤 상태에 대한 인과적 설명과 관련된다. 반면 집행적 귀신 들림은 숙주의 정체성과 행위주체성이 다른 영혼의 정체성으로 대체되는 상태를 가리킨다. 이런 형태의 귀신 들림은 숙주 정체성의 부분적인 전환 혹은 완전한 전환을 수반할 수 있다. 정체성의 부분적 전환이 숙주의 행동 중 특정 측면만이 영혼에 귀속되는 것을 의미한다면, 완전한 전환에서는 인간 숙주의 몸이 영혼이 말하고 행동하는 매개체가 된다. 집행적 귀신 들림의 경우, 그 사람은 몽환적 상태trance state에 있을 가능성이 높다. 즉 그 사람은 해당 시점에 대한 완전한 의식적 자각을 가지고 있지 않을 것이고, 시간이 지나면 당시를 거의 기억하지 못할 것이다. 집행적 귀신 들림은 완전한 전환의 형태로, 자아의 불연속성을 분명하게 보여준다. 즉 그 사람은 독자적인 이름·종교·직업·성격을 가지고 있는 영혼에 의해 대체된다.[153]

집행적 귀신 들림은 해리성 정체성 장애dissociative identity disorder, DID라는 또 다른 정신 상태를 떠올리게 한다. 해리성 정체성 장애의 경우, 한 사람이 몇 가지 인격 상태('전환'으로 지칭되기도 한다)를 가지고 있으며, 그중 한 인격이 특정한 순간 동안 그 사람의 전체를 통제한다. 또한 각각의 인격은 "주변 환경과 자신에 대해 인지하고, 이해하고, 사고하는 것과 관련해 비교적 지속적인 경향"을 띤다.[154] 귀신 들림과 해리성 정체성 장애는 많은 유사점을 갖는다. 예를 들어 급작스럽고 전방위적인 정체성 전환, 자아의 불연속성, 행동에 대한 통제력의 총체적 또는 부분적 상실, 그리고 그런 상태에 대한 제한된 기억 등을 공통된 특징으로 한다.[155]

그러나 귀신 혹은 영혼은 일반적인 인격의 전환과는 중요한 측면에서 다르다. 가령 귀신은 대중적인 현상 및 관념으로, 사회적으로 구성된다. 즉 귀신은 한 개인의 내면에 위치한 정신적인 것이 아닌 외부적인 것으로 간주된다. 반면 인격의 전환은 보통 개인적 차원에서 나타나는 현상이며, 한 사람의 정신적 측면을 반영하는 심리적 실체로 간주된다. 또한 귀신 들림과 하나의 인격에서 다른 인격으로 전환되는 것은 둘 모두 자연스럽게 발생할 수 있지만, 전자의 경우 일반적으로 의례적 맥락에서 발생한다.

그럼에도 두 현상 모두 래든이 언급한 분류 체계에서 자아의 다수성multiplicity 기준을 충족하는 것으로 보인다.[156]

> (1) 개별적 행위주체성: 개별 자아들은 각자의 계획을 갖는다. (2) 개별적 인격: 개별 자아들은 홀로 혹은 공동으로 뚜렷한 인격의 특성을 나타낸다. (3) 연속성 조건: 개별 자아들은 시간이 경과해도 지속된다. (4) 혼란스러운 의식 조건: 의식의 혼란은 최소 하나의 자아에서 발견되고, 보통의 사람들에게 발생하는 것 이상의 기억의 혼란을 주체에게 초래한다.

그렇다면 이런 기준이 조현병과 양극성 장애에는 어떻게 적용될까?

조현병

조현병은 자기인식과 인격상의 급격한 변화를 수반하는 것으로 널리 알려져 있기에, 시간이 경과해도 지속되는 자아의 연속성에 문제가 발생할 수 있다. 카를 야스퍼스Karl Jaspers는 《정신병리학 총론General Psychopathology》에서 정신증이 시작된 한 남성이 들려주는 다음의 이야기를 소개한다.[157]

> 내가 이야기하고 있지만, 현재의 나 자신 중 일부만이 이 모든 것을 경험했다는 걸 나는 알고 있어요. 1901년 12월 23일까지의 나를, 현재의 나라고 부를 순 없어요. 과거의 나는 이제 내 안에 있는 작은 난쟁이처럼 보여요. 그건 불쾌한 느낌이에요. 1인칭 관점에서 이전의 경험들을 설명할 때 나는 존재감에 혼란을 느껴요. 지금 내 안에 있는 난쟁이가 과거의 나를 지배했다는 걸 회상하거나 떠올릴 수는 있지만, 이제 그의 역할은 끝났어요.

이와 관련해 로이드 웰스Lloyd Wells는 자신이 "조현병의 초기 단계"로 묘사하는 한 젊은 여성의 경험에 대해 언급한다. 그 여성은 웰스에게 "자신이 다른 사람이 되는 과정에 있으며, 본래의 자신이 떠나면서 현재의 자신은 예전의 자신과 근본적으로 다르고 예전의 그 사람과 단절되었음을 알게 되었다"고 말했다.[158] 그녀는 곧 닥칠 상실에 대해 이렇게 표현했다. "나는 내가 여전히 나임을 알고 있지만, 그렇게 느껴지지는 않아요. 이전에 내가 있었던 곳은 소음과 목소리로 가득 차 있었어요. 그곳은 작은 곳, 마치 뇌의 영역과 같은 곳이지만, 거기에는 내가 채워야만 하는 거대한 공허함이 있어요."[159]

웰스가 만난 이 젊은 여성이 느끼는 자신에 대한 불확실한 느낌과 대조적으로, 어떤 사람들은 자신을 완전히 새로운 사람으로 이름 붙이고 스스로의 정체성을 형성한다. 어떤 사람이 사실과는 다르게 자신이 예언자, 군주, 또는 어떤 권력자 혹은 유명인이라고 믿는 정체성 망상이 그러하다. 새로운 정체성은 갑작스레 드러나고, 과거는 새로운 자기이해를 뒷받침하기 위해 재해석된다.[160]

래든이 기술한 자아의 다수성 기준으로 돌아가면, 이 경우 앞서 언급한 세 가지 기준이 적용된다는 것을 알 수 있다. 두 사례 모두 이전의 자아와 불연속적인 새로운 자아의 출현을 묘사한다. 우리는 머잖아 새로운 자아가 뚜렷한 행위주체성과 인격을 갖게 될 거라고 가정할 수 있다(정체성 망상의 경우 이미 그것이 달성된다). [그러나] 네 번째 기준, 즉 "혼란스런 기억disordered memory"의 기준에 대해서는 설명이 다소 부족한 것으로 보인다. 한 자아가 다른 자아에 대한 인식을 갖지 못할 수 있는 해리성 정체성 장애와 대조적으로, 여기서 살펴본 사례들에서 현재의 자아는 이전에 존재했던 자아의 상실을 인식하고 기억하고 있다. 여기서 드러나는 것은 자아의 **다수성**이라기보다는, 자아의 **불연속성**과 새로운 자아의 출현이다.

자아의 불연속성은 두 가지 방식으로 나타날 수 있다. 첫째, 과거의 자아와 동일시하지 못하는 경우 혹은 미래의 자아와 동일시하지 못하는 경우가 그것이다. 과거의 자아와 동일시하지 못하는 경우는 앞서 언급한 사례에서 명백하게 나타난다. 가령 첫 번째 사례에서 당사자는 현재 자아의 관점에서 한때 존재했거나 지금도 존재하고 있는 과거의 자아를 부수적인 역할로 바라보고 있다. 당사자가 언급하듯, "난쟁이[과거의 자아]는 그날까지 군림했지만, 그 이후로 그의 역할은 끝"난 것이다. 이 단절은 현재의 자아가 과거의 자아와 스스로를 동일시하는 것을 거부할 수 있으며, 과거의 자아가 지향했던 가치 및 과업으로 스스로를 정체화하지 않을 수 있음을 함축한다. 이는 한 사람이 참여하고 있던 관계, 헌신, 장기적 과업의 중단으로 이어질 수 있다.

또한 자아의 불연속성은 미래의 자아와 동일시하지 못하는 경우에도 나타날 수 있다. 그렇다면 어느 정도로 동일시할 수 없을 때 이런 불연속성이 문제가 되는가? 이 문제가 특히 두드러지는 조건인 해리성 정체성 장애로 돌아가 조현병을 재고해보자.

심각한 해리성 정체성 장애를 지닌 30대 여성 메리의 이야기를 살펴보자.[161] 메리는 하나의 인격에서 다른 인격으로 자연스럽게 전환되는 다양한 인격 상태를 경험하고 있다. 또한 그녀는 다양한 인격 상태들을 경험하면서 기억의 격차를 느끼고, 자신의 삶에서 연속성 상실을 강하게 체험하고 있다. 예를 들어, 그녀는 딸과 관계를 유지하는 것이 어렵다는 것을 알게 된다.

> 저는 사기를 당했어요. …… 딸이 태어난 지 거의 18년이 지났지만, 저는 그 대부분의 시간을 살아낼 기회조차 갖지 못했어요. 다른 누군가가 저의 빌어먹을 시간을 가져가버렸지만, 그게 저의 어떤 부분인지 신경 쓰지는 않아요.[162]

연속성의 상실은 모녀 관계에 큰 어려움을 초래했다. 가령 그녀는 딸이 자신에게 이렇게 말한 적이 있다고 언급한다. "딸은 학교에 가는 게 힘들었다고 말했어요. 자신이 집에 돌아왔을 때 누가 집에 있을지(즉 엄마가 누구로 전환될지) 알 수 없으니까요."[163] 우리가 지닌 다양한 역할과 의무를 지속적으로 이행하기 위해서는 시간이 경과해도 지속되는 자아와 행위주체성을 구축할 필요가 있다. 8장의 '자아의 연속성' 절에서 논의했듯, 행위주체성 개념을 보존하기 위해서는 자신의 미래 자아와 동일시되어야 한다. 만약 내일 지금의 나와는 다른 인격 상태가, 즉 세상을 인지하고 관계를 맺는 독립적인 인격 상태가 나를 지배할 것임을 안다면, 미래로 이어지는 과업에 전념할 수 있는 나의 능력은 위기에 처하게 될 것이다. 저넷 케넷과 스티브 매튜스Steve Matthews는 메리의 상황에 대한 논평에서 이런 어려움을 유사한 방식으로 해석한다.[164]

> 일반적으로 우리는 미래의 자아가 자신의 이전 자아가 진행하고 있었던 삶의 과업을 받아들일 것으로 믿는다. 왜냐하면 스스로가 지지하던, 특정 활동을 추동하는 합리적 성향은 시간이 경과해도 보존되기 때문이고, 혹은 미래의 자아가 해당 삶의 과업과 이전과 동일한 관계를 유지할 거라고 생각하기 때문이다. 미래의 자아가 자신을 과업의 동일한 소유자로 여기기에 이런 방식의 자아 인식이 성립하게 된다.
>
> 그러나 인격의 전환을 경험하는 해리성 정체성 장애를 가진 사람에게는 이와 같은 개념적 연속성이 확보될 수 없다. 이 경우, 계획을 완료하겠다는 현재의 확실한 약속이 있더라도 삶

의 과업이 완료되리라는 점이 충분히 보장될 수 없다.

조현병의 경우, 해리성 정체성 장애에서와 같은 방식으로 자신의 미래 자아와 완전히 동일시할 수 없는 상태가 초래되지는 않을 것이다.[165] 오히려 앞서 언급한 것처럼, 조현병의 경우에는 현재의 자아와 과거의 자아를 자서전적으로autobiographically 통합하는 데 어려움이 발생할 수 있다.

양극성 장애

양극성 장애의 경우, 다른 종류의 자아 불연속성이 뚜렷하게 나타난다. 양극성 장애는 각기 다른 수준의 정신운동 활동성을 지니는 조증 상태와 우울 상태가 번갈아 나타나는 것이 특징이다.[166] 조증 상태에 있는 사람의 기분은 일정 기간 동안 고조되며, 사고 활동이 빨라지고(사고 비약), 자신의 수많은 생각을 표현하기 위해 빠르고 거침없이 말을 이어간다(언어 압출).[167] 조증 삽화manic episode 동안, 당사자는 평소와 달리 고조된 에너지 상태 때문에 안절부절 못하고 산만해진다. 그들은 자신의 삶에 대해 더 낙관적이 될 수도 있고, 직업과 같이 이전에 가지고 있던 책무를 저버리면서, 거창하거나 비현실적인 프로젝트를 새롭게 시작할 수도 있다. 조증 삽화 동안 일반적으로 사람들은 타인이 보았을 때 위험하고 성격에 맞지 않는 행동을 한다. 예를 들어 조증 속의 개인은 성적인 만남을 추구하고, 충동적으로 비싼 물건을 사는 데 가족의 돈을 사용해버릴지도 모른다. 이런 변화들에 의거해 양극성 장애로 인한 조증 삽화 기간에 존재하는 어떤 한 사람의 자아는 우울 상태 혹은 보통의 상태에 있는 자아와 불연속적인 상태에 있다고 말할 수 있다.

래든은 양극성 장애는 "조증 상태의 자아와 우울 상태의 자아에 대한 설명은 단순히 단일한 정체성이라는 양상을 넘어"서며, 이는 "우리가 보통의 인격체에서 떠올리는 통상의 연속성 개념에 이의를 제기한다"고 언급한다.[168] 이와 관련해 래든은 우체국 직원이자 두 아이의 아버지인 서른세 살의 M씨 이야기를 소개한다.[169] 어느 날 그는 자신이 "에너지가 가득 차 폭발하고 있다"는 것을 알리며, 우체부라는 직업으로 "자신의 재능을 낭비하고 있다"고 말했다. 그는 새로운 사업 구상을 위해 구체적인 계획을 세우며 밤을 지새웠다. 다음 날 그는 직장을 그만두고, 가계 저축 예금으로 다량의 열대어 관련 장비를 구입했고, 이 장비를 개조해 수백만 달러를 벌 수 있는 방법을 알아냈다고 확신했다. 래든은 M씨가 "도발적이고 낙관적이며, 무모하고 야심차고 활기에 가득 찬" 사람이 되었다고 언급하는데,[170] 이는 이런 조증 삽화가 발생하는 시기 이전과 이후에 M씨가 가지고 있는 특성과 전혀 다른 것이었다.

조증 삽화 이전의 M씨, 삽화 중에 있는 M씨, 삽화 이후의 M씨의 인격의 특성 및 행동 사이에는 분명한 단절이 있는 것으로 보인다. 이 단절이 자아의 불연속성에 해당할까? 여기에 답하기 위해서는 질문을 더욱 세밀히 다듬어야 한다. 세 명의 자아 중 누구에게 이 질문을 해야 하는가? 조현병으로 진단받은 사람의 자아 불연속성을 입증하기 위해 앞서 인용한 사례의 경우, 이전의 자아와의 균열을 알아차린 사람은 당사자 자신이었다. 하지만 우리가 조증 삽화 기간 중에 있는 M씨에게 물어본다면, 그는 불연속성을 보고하지 않을지도 모른다. 실제로 그는 이미 자신의 갑작스런 행동 변화에 대한 이유를 제시한 상태였다. 가령 그는 현재 직장에서 자신의 재능을 낭비하고 있으며, 더 많은 돈을 벌 수 있는 방법을 찾아냈다고 변화의 이유를 제시했다.[171] 만약 그가 평소의 자아로 돌아가거나, 혹은 우울 삽화depressive episode를 경험하고 있는 기간의 자아로 가게 된다면 상황은 다르게 보일 것이다. 보통의 시기 혹은 우울한 시기의 시점에서 본다면, 조증 삽화 중 나타나는 행동은 그 자신과 전혀 어울리지 않는 행동으로 보일 것이다. 래든의 표현대로 모든 조증 삽화 중에 일어난 일은 그가 '한 일'이라기보다는, 그에게 '일어난 일'이 된다.[172] 한편, 조증 삽화를 경험하고 있는 당사자의 가족과 동료들은 처음부터 그가 이전의 자아와 단절되어 있을 정도로 변했다고 판단할 가능성이 높다. 이와 관련해 웰스는 조증 삽화를 경험하고 있는 당사자의 부인과 나눈 이야기를 다음과 같이 적는다. "그는 제 남편이 아니에요. …… 저는 제 남편을 좋아하지만, 지금의 그는 다른 사람이에요."[173] 가족, 동료, 그리고 당사자 자신이 조증 상태의 자신과 이전 혹은 이후의 자신 사이의 불연속성을 보고할 때, 그것은 그 당사자가 똑같은 외모의 다른 인격을 가진 사기꾼으로 대체되었다고 말하는 것은 아니다. 그들이 말하는 것은 '정상적인' 자아가 '병리적인' 삽화에 의해 일시적으로 가려졌다는 것이다. 조증 상태에 있지 않은 상황에서 그 스스로는 아마도 조증과 같은 과거 자신의 상태를 '질환'과 같은 외적 요인에 의해 발생한 것으로 간주할 것이며,

이처럼 양극성 장애에서 자아의 불연속성은 가족, 동료, 당사자 등이 내리는 판단에 달려 있다.

자아의 불연속성 극복하기

조현병과 양극성 장애로 인한 자아의 불연속성을 어떻게 극복할 수 있을까? 가장 먼저 조현병 혹은 양극성 장애에서 나타나는 불연속성의 경향에 주목할 필요가 있다. 가령 조현병에서 나타나는 불연속성은 종적인longitudinal 것으로, 과거와 현재의 자아를 자전적으로 통합하는 데 어려움이 발생한다. 한편 양극성 장애에서 나타나는 불연속성은 순환적이며, 조증 상태의 자아와 우울 상태의 자아, 그리고 기저에 있는 보통 상태의 자아를 자전적으로 통합하는 데 어려움이 발생한다. 따라서 불연속성을 극복하기 위한 해결책은 조현병과 양극성 장애 두 경우에서 각기 다르게 나타난다.

여기서는 그 한 가지 방법으로 자아 불연속성과 유사한 **경향**을 보이지만, 심리학적으로 비정상적인 것으로 간주되지 않는 현상들을 검토하려 한다. 조현병과 관련해서는 이념적 전향ideological conversion 현상을 생각해볼 수 있으며, 양극성 장애와 관련해서는 사랑에 빠지는, 즉 콩깍지가 씌는 현상을 생각해볼 수 있다. 정신병리학 영역 외부에 존재하는 이런 현상들의 특징을 검토해보면, 조현병과 양극성 장애로 인한 자아 불연속성을 극복하기 위해 같은 특징들을 사용할 수 있는지 알아볼 수 있다.

9장의 '자아의 불연속성 극복하기' 절에서 좀 더 자세히 논하겠지만, 정신병리학 영역 외부의 자아 불연속성과 관련된 현상에는 두 가지 특징이 있다. 예를 들어, 이념적 전향과 같은 현상이 일반적으로 정신병리학 영역에서 고려되지 않는 이유는 다음과 같다. (1) 과거와 현재의 자아를 하나로 통합하는, 즉 불연속성을 연결시키는 서사를 동반한다. (2) 일정 부분 사회적 이해 가능성이 확보되는 서사를 동반한다.

한편, 활동가들이 발전시켜나가는 심리적 다양성에 기초한 대항서사는 잠재적으로 이런 특징들을 실현할 수 있고, 따라서 자아의 불연속성을 극복하고 당사자들을 다시 인정의 범위 안으로 포함시키는 데 핵심적으로 기여할 수 있다.

4. 나가며

자아의 통합성과 연속성은 정체성을 형성하고 유지하기 위한 두 가지 요건이다. 일반적으로, 특정 정신 현상은 통합성과 연속성을 모두 저해하고, 따라서 정체성 형성을 방해한다는 점이 널리 받아들여져 왔다. 만약 이것이 사실이라면, 이런 정신 현상들은 정체성의 근거가 될 수 없으며, 이는 결론적으로 매드 정체성이 성립하지 못하도록 방해할 것이다. 그런 식의 일반적 주장을 검토하는 과정에서 우리는 다음과 같은 몇 가지 결론을 내릴 수 있었다.

(1) 수동성 현상과 자아의 통합성에 관해 이야기하자면, 전자가 필연적으로 후자를 훼손한다는 판단은 특정한 문화심리학적 가정들에 의해서만 뒷받침된다. 일단 우리가 다른 문화심

리학적 가정들을 도입하면, 자아의 분열을 판단할 수 있는 시나리오가 다양해지고 논의도 좀 더 복잡해진다. 이런 시나리오들 중 일부에서 수동성 현상은 오히려 자아를 풍부하게 만드는데 도움이 되는 것으로 받아들여지기도 하며, 다른 시나리오에서는 적어도 자아를 축소시키지 않는 것으로 인식된다. 또 다른 시나리오에서 이는 분열된 자아로 이어지기도 하며, 이외의 시나리오의 경우 수동성 현상이 자아의 붕괴인지 아니면 자아의 풍요로움인지 판단하는 것은 당사자운동과 치료를 통해 답을 찾아야 할 문제로 여기기도 한다.

(2) 조현병과 양극성 장애가 초래하는 자아의 불연속성은 시간이 경과해도 지속되는 자아의 통합성을 해칠 수 있다. 이것은 광기와 정체성 형성에 확실히 문제가 되지만, 불연속성을 극복할 수 있는 가능성 역시 존재하며 적절한 해결책을 도출할 수도 있다(8장의 '자아의 불연속성 극복하기' 절).

그렇다면 미쳤다는 것은 정체성의 근거가 될 수 있을까? 이 장에서 검토된 논변들을 고려할 때, 그럴 가능성이 있다고 답할 수 있다. 많은 경우 광기가 인정의 한계를 넘어선다는 점은 의심의 여지가 없다. 만약 광기가 정체성의 근거를 구성한다면, 즉 이 장에서 설명한 가능성이 현실화된다면, 광기를 인정의 범위 내로 끌어들이기 위한 여러 작업이 이뤄져야 한다. 이는 자아의 분열과 자아의 불연속성을 극복하기 위한 것으로, 〈표 1〉의 시나리오 4b로 대표되는 작업이다. 9장에서는 이 작업이 어떻게 이뤄지는지, 그리고 광기가 그 자체로 인정의 범위 내에 충분히 포함될 수 있을지 검토하고자 한다.

| 9장 |

광기와 인정 범위의 경계

1. 들어가며

7장과 8장에서 우리는 미쳤다는 것이 정체성의 근거가 될 수 있는지에 대해 탐구했다. 그리고 그 과정에서 모든 정체성 주장에서 충족되어야 하는 다음의 세 가지 요건을 확인할 수 있었다. (1) 그 주장은 논쟁의 여지가 있는 정체성에 대한 주장이어야 하며, 실패한 정체성에 대한 주장이어서는 안 된다. (2) 그 주장은 통합된 정신의 표현이어야 한다. (3) 주장된 정체성은 충분한 기간에 걸쳐 지속되어야 한다.

위와 같은 요건을 충족시킨다면 광기는 정체성의 근거가 될 수 있다. 7장에서는 이 중 첫 번째 요건을 망상적 정체성에 비춰 검토했고, 경우에 따라 그 정체성이 논쟁의 여지가 있는 정체성으로 이해될 수 있다고 결론지었다. 즉 망상적 정체성에서 나타나는 일부 착오는 당사자가 자신의 정체성을 형성하고 있는 집단 범주를 수정함으로써 해결될 수 있다. 그 경우, 망상적 정체성 주장이라도 인정의 범위 내에서 고려할 수 있다.

8장에서는 두 번째와 세 번째 요건을 살펴보았다. 수동성 현상과 같은 정신 현상은 자아의 통합성을 방해할 수 있으며, 조현병과 양극성 장애 같은 상태는 자아의 연속성을 방해할 수 있음을 살펴보았다. 그러나 다른 한편으로 우리는 다음의 새로운 시각 또한 발전시킬 수 있었다. (1) 자아의 분열을 판단하는 데는 복잡한 과정이 따르며, 수동성 현상이 자아를 궁핍하게 하는 것이 아니라 오히려 풍요롭게 만들 수도 있다. (2) 자아의 불연속성을 극복하는 방법이 있다.

따라서 광기는 정체성 형성에 필요한 요건들이 충족되지 못하도록 방해함으로써 해당 정체성이 인정의 범위를 벗어나게 만드는 것처럼 비춰지지만, 위의 방법들을 통해 다시 인정의 범위 안에 포함될 수 있다. 9장에서는 그 작업을 어떻게 수행할 수 있는지에 대해 검토하고자 한다.

2. 인정의 경계

광기가 인정의 경계 밖에 놓여 있다는 것은 다음과 같은 주장에 기반한다. 인정에 대한 모든 요구는 특정 정체성을 제시하는데, 해당 정체성이 적절한 지위를 보장받지 못하고 있으며 사회에서 올바른 방식으로 받아들여지거나 가치 매겨지지도 않는다는 것이다. 이때 정체성 형성은 특정한 능력을 전제하며,

해당 능력이 손상된 경우 정체성 형성은 적절히 진행될 수 없다. 따라서 인정의 문제는 요구되는 능력을 당사자가 지니고 있음이 확인되기 전까지는 정당하게 논의될 수 없게 된다. 그리고 그 능력을 손상시키다고 여겨지는 대표적인 경우가 광기와 관련된 특정 정신 현상이 동반되는 경우이다. 이 모든 것이 의미하는 바는 매드 정체성에 대한 인정 요구가 기껏해야 잘못된 방향의 요구로 인식될 뿐이며, 최악의 경우 정체성과는 무관한 요구로도 인식될 수 있다는 것이다. 매드 정체성에 대한 인정 요구가 그릇된 것으로 여겨지는 이유는 인정 요구를 제기하기 위해 필요한 능력이 매드 당사자들에게 부재한다는 인식 때문이다. 그러나 만약 이런 개인들을 배제하고 인정을 요구할 수 있는 능력을 갖춘 사람들만을 고려한다면, 매드 정체성 주장은 얼토당토않은 것이 되거나 소수의 [당사자] 활동가 집단에서만 의미를 갖게 될 것이다.

인정에 대한 요구를 하는 이 소수의 사람들은 심리적 다양성에 기초한 대항서사를 구성하는 데 핵심적인 역할을 하는 이들이다. 이들은 정신 현상을 체험하고, 정신의료제도와 관련해 힘든 경험을 했을 가능성이 높다. [당사자] 활동가들은 충분한 역량을 가지고 있으며, 광기에 대한 사회적 인식을 바꾸는 데 중요한 역할을 한다. 그리고 매드운동이 이 소수의 사람들을 넘어 더 확장되기 위해서는 매드운동이 인정의 경계 밖에 속한다고 간주되는 사람들 (그리고 정체성 형성을 향한 다양한 손상을 넘어서기 위해 지원이 필요한 사람들)에게 어떻게 영향을 미칠 수 있을지 밝혀야 한다.

인정이 경계를 갖는 개념이라는 것은 불가피한 사실이다. 이런 한계는 앞 문단의 '능력'이라는 단어에 이미 내포되어 있다. '능력이 손상되었다'거나 '능력이 적절하다'고 말하는 것은 곧 가치 있는 목표의 달성(다채로우면서도 일관적인 정체성의 형성, 자율적이고 효율적인 행위주체가 되는 것 등)과 관련해 해당 능력이 기능해야 하는 범위에 관한 규범적 표준을 설정하는 것이기 때문이다. 여기서 핵심은 (인정이론을 포함하는) 규범적인 도덕이론 및 정치이론은 그 이론의 근거로서 그리고 그 성공과 실패를 판가름하는 척도로서 일련의 능력들을 중심으로 삼아 여러 개념적 산물을 제시한다는 점이다. 예를 들어 칸트의 도덕이론에서 선의지good will는 도덕원칙에 대한 존중에 의해 동기가 부여된다. 칸트가 말하는 선의지는 의무에 근거하며, 우발적인 성향이나 외부로부터 부과된 원칙에 근거하지 않는다. 즉 선의지는 자율적 의지이다. 자율적 의지를 달성하는 것이 칸트 도덕론의 선善이자 목표가 된다. 자율성을 갖기 위해서는 의무를 지울 수 있는 법칙을 입법해야 하고, 그것은 오직 선험적인 것, 즉 이성의 능력을 행사함으로써만 이루어질 수 있다(3장의 〈2. 자유로운 행위주체란 무엇인가?: 도덕적 의무 vs 인륜성〉 참고). 결과적으로, 칸트의 도덕론은 이성의 능력을 가진 개인을 요구하고 있다. 물론 이론은 개인들이 이성적으로 자신들의 능력을 행사할 때 직면할 수 있는 어려움들, 그리고 자신들의 욕망과 성향에 따라 행동하려는 유혹에 빠질 수 있다는 것을 인정하지만, 이 이론은 적어도 '행위자는 원칙적으로 합리적인 자율성을 가질 수 있는 능력이 있는 존재'라는 이해를 바탕으로 한다. 그리고 그 능력이 부족하다고 인식되는 개인은 인정의 범위를 벗어나게 된다. 즉 그들은 인정이 이뤄질 수 있는 범위를 구성하는 것이 아니라, 인정의 한계를 구성한다.

인정의 한계 바깥에 존재하는 것은 아주 오랫동안 광기의 숙명이었고, 광기는 '비이성' '분열' '비합리성' 등과 동일시되어 왔다. 따라서 광기는 특정 종류의 사람을 전제로 만들어진 규범적 도덕이론의 범위 내에 들어올 수 없었다. 만약 '미친 사람'이 합리적 자율성을 가질 수 있다고 여겨지지 않는다면, 그들은 도덕적 주체가 아니라 치료 대상으로 간주될 것이다. 이는 두 가지를 정당화한다. 첫째는 '미친 사람'을 치료해야 한다는 것에 대한 정당화이며, 둘째는 '미친 사람'을 우리의 도덕론과 윤리체계의 제약에서 면제하는 것에 대한 정당화이다. 그리고 앞서 제시한 것처럼, 인정이론 내에서 광기는 인정의 후보가 아니라 돌봄과 치료가 필요한 대상으로 여겨질 수 있다. 이는 광기가 정체성 형성의 핵심으로 간주되는 능력을 저해한다는 근거에서 비롯된다.

푸코가 서술한 이성의 시대 속 광기에 대한 설명에서도 광기의 배제는 많은 부분을 차지한다. "정신질환의 고요한 세계"에 대해 그는 이렇게 썼다.

> (정신질환의 고요한 세계에서) 현대인은 더 이상 광인과 소통하지 않는다. 한편에서 이성의 인간은 의사에게 광기를 위임하고, 그럼으로써 질병이라는 추상적 보편성을 통해서만 관계를 정당화한다. 다른 한편으로 광인은 동일하게 추상적인 이

성의 매개를 통해서만 사회와 소통한다. 여기서 이성이란 질서, 물리적·도덕적 제약, 집단 내 불특정 다수의 압력, 순응에 대한 요구로 규정된다. 이성의 인간과 광기의 인간 사이에 공유된 언어는 존재하지 않는다.[174]

매드운동은 이런 식의 배제를 끝내려 한다. 광기의 목소리를 찾고, 심리적 다양성에 기초한 대항서사를 구축하고자 하는 것이다. 그러나 이 새로운 목소리들은 앞서 설명한 어려움과 맞닥뜨리게 된다. 즉 광기는 그것을 배제하는 것처럼 보이는 규범적 이론과 어떻게 조화를 이룰 수 있을까? 인정이론의 경계 안으로 광기를 들여오는 것이 가능할까? 그리고 매드 정체성에 대한 인정 요구를 사회가 진지하게 받아들이고, 더 나아가 이 요구를 해결하기 위해 지원을 제공할 수 있을까? 여기에는 두 가지 가능한 해결책이 있다. (1) 인정이론의 규범적 요건을 완화함으로써 인정의 경계를 확장한다('인정의 경계 확장하기' 절). (2) 정체성 형성에 있어서의 손상(이런 손상은 광기가 인정의 경계 안에 포함되지 못하도록 방해한다)을 극복함으로써 광기의 개념을 정돈하기('광기를 정돈하기' 절).

인정의 경계 확장하기

인정의 경계를 확장한다는 것은 정체성 형성의 요건을 완화하는 것을 뜻한다. 여기서는 그 요건 중 하나인 자아의 연속성을 중점적으로 검토하고자 한다. 8장에서 논했듯, 자아의 연속성은 행위주체성에 필수적인 요건이다. 즉 시간이 경과해도 지속적으로 삶의 과업을 추진하고 실행할 수 있으려면, 현재의 자아가 미래의 자아와 동일시될 수 있어야 한다. 그러나 자아의 연속성은 양자택일은 아니며, 8장의 '자아의 연속성' 절에서 다룬 것처럼 연속성이 어느 정도여야 충분한지에 대한 답은 우리가 행위주체로서 수행하는 삶의 과업과 책무에 얼마나 많은 가치를 두느냐에 달려 있다. 사회적 관점에서 볼 때, 대부분의 사람들은 가치 있는 성취를 이루기까지 오랜 시간이 소요된다. 그 경우, 자아의 연속성을 저해하는 것으로 보이는 정신건강의 문제는 성취에 도달하는 데 필요한 조건들 중 하나를 방해하게 된다. 따라서 인정의 경계를 확장하는 한 가지 방법으로 성공적인 행위주체성의 기준을 오랜 시간이 소요되는 과업에 맞춰 설정해야 한다는 생각을 포기하고, 단기간에 이뤄지는 삶의 과업에도 동등한 가치를 부여하는 방식을 고려할 수 있다. 그렇게 되면 현재 허용되는 것보다 더 많은 자아의 불연속성을 포섭할 수 있으며, 따라서 더 많은 사람들을 인정의 범위 내로 수용할 수 있다. 그렇다면 이 논의는 어디까지 나아갈 수 있을까?

로버트 데잘라이Robert Desjarlais는 보스턴 시내에 있는 노숙인들을 위한 쉼터에 관한 문화기술지 연구를 통해 거주자들이 "스트레스, 두려움, 산만함에 파묻힌 일상"에서 "지속적인 분투를 경험하고 있다"고 언급한다.[175] 거주자들에게 삶은 "일상적 문제들에 대한 끊임없는 집중"이며 이는 "지속적이지만 순전히 일회적인 사건의 전개를 포함하는 연쇄적 참여"이다.[176] 여기서 핵심은 시간적 차원이며, 데잘라이는 통상적으로 이해되는 "경험"의 개념과 "지속적인 분투"의 상태를 대조시킨다. 통상적인 맥락에서 경험은 "미래·현재·과거가 서로 그다지 긴밀할 필요가 없는 유한한 시간의 형태"를 취하는 행위로 정의되는 반면, 지속적인 분투의 경험은 "시간을 통해 모든 것을 하나로 묶는 통합적·일관적·회복적·초월적 의미의 미학을 수반"한다.[177] 데잘라이는 노숙, 길거리 생활, 또한 '정신질환'이 지속적인 분투를 초래할 수 있다고 언급한다. 즉 당사자들은 미래의 계획에 대한 가능성을 상실하면서도 하나의 순간에서 다음 순간까지 분투하며 살아간다. 케넷은 다음과 같은 질문을 던지면서 이와 유사한 문제를 언급한다.[178]

> 만약 미래의 우리 자신이 현재의 계획과 결정의 영향권에 놓이지 않는다면 어떻게 될까? 우리 삶의 크고 작은 과업들이 예상과 다르게 흘러갈 위험성이 늘상 존재한다면? 만약 우리가 인격의 본질이라고 여기는 특성과 기질조차 갑자기 사라지거나 뒤바뀔 우려가 있다면 어떻게 될까?

케넷은 자신에게 "가치 있는 삶의 계획을 끝까지 실현해내는 힘"이 있다는 확신이 없다면 해당 개인은 의기소침해질 수 있으며, "근시안적 사고가 지배하는 빈곤한 삶을 살게 된다"고 지적한다.[179] 이런 상황에 처한 사람들에게 문제는 그들이 "현재를 살아가기로" 선택한 것이 아니라, 현재의 순간에 갇혀 있다는 것이다. 우리는 성공적인 행위주체성의 조건을 완화함으로써 (자아의 연속성 차원에서) 인정의 경계를 확장할 수 있지만, 행위주체성이 행사되기는커녕 오히려 제한되는 것으로 보이는 영역에 [다시금] 국한되고 만다. 광기를 인정의 경계 안으로 들여오려는 목적을 발전시키기 위해, 이제 우리는 앞서 언급한 두 번째 선택지를 고려해야 한다. 즉 정체성 형성에 있어서의 손상을 극복해 광기를 정돈ordering하는 것 말이다.

광기를 정돈하기

8장에서 살펴보았듯, 정체성 형성에 있어서의 손상은 자아의 분열과 자아의 불연속성이라는 측면으로 분류된다. 정신적 현상으로 인해 이런 손상을 경험하고 있는 사람들은 그 손상을 회복해 정체성을 적절히 형성할 수 있게 되면 인정의 범위 안으로 들어올 수 있다. 해결의 전략은 다양하다. 예를 들어 정신의학적 치료가 한 가지 해결책이 될 수도 있다. 이 경우 목표는 정신과 약물치료를 통해 현상을 제거하는 것이 될 수도 있으며, 심리학적 해석틀에 따른 재해석(가령 환자가 병식을 가지게 되었다고 간주되는 것)이 이뤄질 수도 있다.

그러나 우리가 다루는 광기의 인정 문제에서 이 방식은 해결책이 될 수 없다. 왜냐하면 정신의학적 해결은 정체성 인정이 추구하는 것을 제거해버리거나, 근본적으로 바꿔버리기 때문이다. 따라서 해결책은 다음의 두 가지 요건 속에서 하나의 변증법적 과정으로서, 좀 더 복잡한 방식으로 이해되어야 한다. (1) 광기의 측면을 보존해야 한다. (2) 정체성 형성에 있어서의 손상을 해결해야 한다.

이 두 가지 요건이 충족되어야만 광기가 정신과적 질환 혹은 심리학적 구성 개념과 같은 다른 어떤 것으로서가 아니라 광기 그 자체로서 인정의 범위 내로 들어올 수 있다. 그러나 이는 불가능한 시도처럼 보일 수 있다. 어떻게 광기를 부정하지 않고 인정의 범위 안으로 끌어들일 수 있을까? 하지만 이것이 불가능해 보이는 이유는 우리가 일면적인 해결을 추구하려 하기 때문이다. 여기서 내가 제안하고자 하는 해결책은 변증법적인 것으로, 광기에 대한 주관적 서사와 사회적 서사 **모두**를 바꾸는 것이다. 이 지점에서 **서사**narrative에 대해 다시 사유해보는 작업이 필요할 수 있다. 매드 정체성 인정에 대한 요구는 본질적으로 광기를 탈의료화하고, 지배적인 의료적·정신과적 서사를 정서적·경험적·심리적 다양성이 포함되는 대항서사인 매드 서사Mad narrative로 대체해야 한다는 요구이다. 우리는 어떤 종류의 서사가 앞서 언급한 변증법적 과정의 두 가지 요건을 충족시킬 수 있는지 검토할 필요가 있다. 특정 서사가 첫 번째 요건을 충족하지 못하는 경우(즉 광기라는 현상의 요점을 보존하지 못하는 경우), 첫 번째 요건이라는 필수조건을 충족하지 못했으므로 두 번째 요건은 애초 검토할 필요가 없다. 즉 광기의 측면을 보존하지 못하는 서사는 우리가 고민하는 문제에 대한 해결책이 될 수 없다. 다음 절에서는 광기에 대한 서사들을 개괄적으로 살펴보고자 한다.

3. 광기에 대한 서사들

주관적 서사

광기에 대한 주관적 서사란 당사자들이 스스로의 경험과 믿음에 대해 자기 자신의 언어로 설명하고 정교화하는 것을 뜻한다. (그러나 이런 설명은 보통 정신의학과 임상심리학을 거쳐 증상이나 과정으로 분류 및 재기술된다.) 주관적 서사는 광기 그 자체이며, 앞서 언급한 첫 번째 요건인 광기의 보존을 충족한다. 또한 주관적 서사는 자신의 세계에 대한 당사자의 표현으로, 비록 명료하게 표현되지 않을 수도 있고 자신에게 일어나는 사건들에 대한 깊은 이해를 담아내지 못할 수도 있지만, 당사자 자신과 다른 사람들에게 자신의 세계를 표현하려고 시도한다.

한편 주관적 서사는 광기를 인정의 범위 안으로 끌어들이기 위한 첫 번째 요건을 충족할 수 있지만, 두 번째 요건은 충족할 수 없다. 왜냐하면 주관적 서사는 수동성 경험이나 시간이 경과해도 지속되는 자기개념의 급진적 붕괴를 보고하기 때문이다. 즉 주관적 서사의 내용 자체가 정체성 형성을 위한 능력 손상의 증거로 간주되기 때문에 두 번째 요건을 충족시키지 못하게 된다. 광기에 대한 주관적 서사가 두 번째 요건을 충족시키기 위해서는 그 서사 자체가 어떤 식으로든 변화하거나 좀 더 질서 정연한 방식으로 재구성될 필요가 있다. 그러나 앞서 논했듯, 변형이나 재구성은 광기를 완전히 다른 것으로 만들어버리며, 광기 자체를 제거하는 결과를 초래하게 된다. 다음 절에서 다룰 전문가 서사는 광기 자체가 상실되는 대표적 사례로, 앞서 언급한 두 번째 요건은 충족하지만 첫 번째 요건을 위반한다.

전문가 서사

전문가 서사란 광기에 대한 여러 가지 체계적 접근법을 뜻하는데, 예를 들어 의료적 접근법, 심리학적 접근법, 정신분석학적 접근법 등의 몇 가지 주요한 접근법이 포함될 수 있다.[180] '체계적'이라고 표현할 수 있는 것은 해당 서사가 광기와 관련된 정신 현상의 기원에 대한 이해부터 치료 체계에 이르기까지 총체적인 관점을 제공하기 때문이다(혹은 언젠가 총체적 관점을 제공할 것이라고 전제하거나 제공하려고 시도한다).

광기에 대한 전문가 서사는 분열적 서사와 통합적 서사로 나뉜다. 우선 분열적 전문가 서사를 살펴보자. 분열적 전문가 서사에서 당사자의 표현 속 술어predicate는 소유적 관계로 변화한다. 이는 실재적 추상화hypostatic abstraction라는 용어로 다뤄져왔다. 가령 '꿀은 **달다**'고 말하기보다 '꿀은 **달콤함을 지닌다**'고 말하는 식이다.[181] 이런 측면은 광기에 대한 전문가 서사에서도 관찰되는데, 가령 분열적 전문가 서사는 '사람이 정신적 괴로움을 경험하는 것'을 '사람' 더하기 '괴로움'으로 구분한다. 예를 들어 전문가 서사는 '아마드가 우울해 보인다'고 말하는 대신 '아마드는 우울증을 가지고 있다'고 표현한다. 또한 '마리아가 조현적인 것 같다'고 말하지 않고, '마리아는 조현병을 가지고 있다'고 말하게 된다. 이런 점에서 임상적 진단은 분열을 초래한다. 한편, 정신적으로 경험하는 내용에 대한 당사자의 표현이 해당 개인의 주관성에 접근하는 단초가 된다. 당사자의 표현에 기초해 진단, 예후, 사후 관리, 위험성의 식별을 수행하는 것이다. 이때 정신적으로 경험하는 내용은 존재론적으로 당사자와 분리되어 별개의 대상으로 남는데, 분리를 통해 개인적인 도덕적 판단에 좌우되지 않고 [당사자로부터 분리된] 괴로움을 치료하고 고치는 데 전념할 수 있게 된다. 이처럼 실재적 추상화로서의 진단은 도덕적 판단의 대상을 사람에서 질병으로 전환시킨다. 예를 들어 어떤 사람에 대해 '무례하다'고 판단하는 것이 아니라, 그 사람이 '끔찍한 질환'을 가지고 있다고 바라보도록 하는 것이다. 따라서 당사자는 불운한 질병의 보유자가 되고, 의료적 관점 및 일부 심리학적 관점에서는 이런 질병을 제거하기 위해 오롯이 노력을 기울일 수 있게 된다.

이와 대조적으로, 통합적 전문가 서사는 광기의 현상을 소외된 정신적 내용의 발현(예를 들어, 사고 주입이나 언어적 환청)으로 간주하거나, 혹은 당사자가 인식할 필요가 있는 심리적 과정의 결과(예를 들어 조증 상태 및 과대망상)로 간주한다. 예를 들어 정신역동적 관점을 취할 경우, 소외[된 정신적 내용의 발현]는 자기통합성과 자존감을 위협하는 정신 상태에 대한 방어적 대상화defensive objectification 및 방어적 배제defensive exclusion로 이해할 수 있다. 또한 이를 현상학적으로 바라보면, 평소에 의식의 기저에 숨겨져 있던 현상이 의식적으로 출현하는 것으로 이해될 수도 있다. 통합적 전문가 서사는 정신 상태를 당사자와 분리시킴으로써 한층 더 대상화하려는 시도가 아니다. 분리적 전문가 서사와 달리 통합적 전문가 서사는 당사자가 자기 자신이 아닌 다른 무엇으로 경험하고 있는 정신 상태를 당사자의 자아와 통합할 수 있는 방법을 모색한다.

분열적 전문가 서사나 통합적 전문가 서사는 광기를 인정의 한계 내로 끌어들이기 위한 첫 번째 요건(광기의 보존)을 충족시킬 수 없다. 이 두 종류의 서사는 모두 전문가가 전제하는 관점에 맞춰 당사자의 말이 실제로 지시하고 있는 의미를 바꿔버린다. 예를 들어, 만약 누군가가 '**무스타파가 내 머릿속에 생각을 집어넣고 있다**'고 표현한다고 생각해보자. 어떤 전문가가 분열적 전문가 서사로 이 표현에 접근한다면 '**그는 정신증을 가지고 있다**'고 해석할 수 있으며, 통합적 전문가 서사로 접근한다면 '**그는 자신이 자기 생각의 저자라는 것을 인식하지 못하고 있다**'고 해석할 수도 있다. 결론이 어느 쪽이든 주관적 서사는 그 기본적 의미가 상실되는 방식으로 재기술되어 완전히 다른 것으로 변형된다. 그러므로 전문가 서사는 광기를 정돈하는 적절한 방법이 아니다.

매드 서사

매드 서사란 [광기와 관련한] 살아 있는 경험이 있는 당사자와 활동가가 개발한 서사로, 사람들이 광기를 이해할 수 있도록 하는 것을 목표로 한다. 우리는 이미 1장에서 이런 서사의 다양한 양상을 다룬 바 있다. 매드 서사는 광기의 의미를 정신의학적·심리학적 언어로 재기술된 이후의 것이 아닌 당사자가 체험하는 바에 따라 구성한다는 특징을 지닌다. 따라서 매드 서사는 광기 자체에 더욱 충실하며, 이런 의미에서 광기라는 현상의 핵심을 보존한다는 첫 번째 요건을 충족할 가능성이 더 크다. 또한 매드 서사는 정체성 형성에 있어서의 손상을 해결하는 역할을 수행함으로써 두 번째 요건 또한 충족할 수 있는 위치에 있다. 매드 서사는 전문가 서사 및 그로 인해 광기의 경험이 부적절하게 여겨지는 것을 바로잡음과 동시에, 주관적 서사가 지니고 있는 기이함을 이해 가능한 방식으로 수정하기 위해 고안되었다. 매드 서사는 집단적으로 형성되므로 어느 정도의 사회적 이해 가능성을 확보할 여지가 더 크다(2장의 '이해 가능성, 그리고 사회적 조정의 한계' 절 참고). 비록 주관적 서사와 완벽하게 일치하지 않을 수 있지만, 매드 서사는 당사자가 자신에게 일어나고 있는 일에 대해 더욱 포괄적이고 통합된 관점을 가지고 스스로의 체험을 이해할 수 있도록 하는 청사진을 제공한다. 즉 매드 서사는 광기를 정돈하는 수단이 될 수 있다. 어떻게 이런 포섭이 일어날 수 있는지 살펴보기 전에, 우선 매드 서사의 세 가지 대표적인 예시를 살펴보고자 한다. 여기서는 각 서사에 대한 찬반의 입장에 집중하기보다 그 내용을 간략히 살펴보는 데 초점을 맞추고자 한다. 이어지는 10장에서는 사회가 이런 주장에 어떻게 대응해야 하는지를 검토할 것이다.

영적 변화

매드 서사 중 영적 변화에 대한 서사는 오래전부터 광기와 결부되어왔으며, 로널드 데이비드 랭의 저술을 통해 널리 알려졌다.[182] 랭에게 조현병은 실존적 재탄생과 삶의 새로운 돌파구로 이어질 수 있는 자아의 분열에 해당한다. "붕괴breakdown는 돌파구breakthrough로 이어지는 관문"이라는 이 믿음은 최근 이카루스 프로젝트의 설립자 중 한 명인 사샤 듀브럴Sascha DuBrul에 의해 다양하게 변주되었다.[183] 세스 파버Seth Farber 또한 《광기의 영적 선물The Spiritual Gift of Madness》에서 "광기는 가치 있고, 한 사람의 상황을 조명하고, 그의 영적 성장을 촉진할 수 있는 잠재력을 지니고 있다"고 말한다.[184]

광기에 대한 영적인 접근은 정신 현상을 생생하게 체험한 당사자, 정신건강 서비스 이용자, 활동가의 이야기에서 공통적으로 발견된다. 예를 들어 샐리 클레이Sally Clay는 "'정신적으로 아프다'는 것은 언제나 영적인 위기였고, 회복에 대한 영적 모델을 찾는 것은 생사가 걸린 문제였다"고 언급했다.[185] 짐 기키Jim Geekie와 존 리드John Read가 쓴 《광기를 이해하기Making Sense of Madness》는 "참가자들이 자신의 경험에 대해 말하는 방식에서 나타나는 가장 일반적인 특징 중 하나는 …… 영적 측면에 대한 관심이었다"고 보고한다.[186] 저자들은 당사자들이 언급한 영적 측면에 다양한 의미가 포함되어 있었다고 서술하며, 이를 다음과 같이 정의한다.

> 넓은 의미에서 정신증의 체험을 바라보는 방식은 …… 한 사람이 자신과 세계의 관계를 어떻게 보는가와 관련된다. 즉 정신증적 경험을 해당 개인에 대한 실존적·도덕적 중요성을 반영하는 형이상학적 맥락에 배치하려는 경향을 읽을 수 있다.[187]

영적 변화의 서사에서는 오늘날의 정신의학적·심리학적 접근법이 광기의 영적 측면을 부정하고, 심지어 이런 측면을 정신질환의 증거로 간주하고 있다고 여긴다. 당사자의 경험담을 살펴보면, 스스로의 경험을 영적 관점에서 이해하거나 해석하려는 시도가 정신건강 전문가들에 의해 (당사자의 관점에 대한 전적인 거부 혹은 강제적 치료의 방식 등으로) 억압된 사례들이 다양하게 나타난다. 이런 억압은 중요한 변화 과정을 중단시키고, 소중한 가치를 잃게 하며, 심각한 혼란을 초래하는 등 당사자들에게 다양한 피해를 입힌다.[188] 자신의 중요한 변화 과정이 중단되고 소중한 가치를 잃게 되며, 심각한 혼란을 느끼는 등 한편, 영적 변화의 서사는 '[영적] 여정을 통한 경험'이라는 개념이 사라진 오늘날의 '선진적 자본주의' 사회를 애통하게 바라본다. 오늘날은 영적인 접근을 위한 사회적 공간이나, 영적 변화 과정에서 광기의 잠재력에 대한 이해가 있었던 다른 공동체 및 역사적 시대와 대조되는 시대로 묘사된다.

> 수 세기 동안 …… 사람들은 극단적인 정신적 상태를 경험해왔다. 대부분의 사회에서 달라진 정신 상태는 존중받았으며, 그 공동체의 문화에 영적인 의미를 부여하는 역할을 해왔다. 예를 들어, 토착문화 내부에 존재하는 샤머니즘적인 전통에는 한 사람이 자신의 마음을 통해 개인적인 (영적) 여정을 떠나는 것이 자연스럽게 포함된다. 그 여정은 일반적으로 고통스럽고 매우 혼란스럽지만, 경험의 당사자는 공동체와 영적 원로들에게 도움을 받을 수 있다. 결국 그들은 새로운 지혜와 치유의 힘을 가지고 시련에서 벗어난다.[189]

이처럼 영적 변화의 서사는 우리의 문화적 레퍼토리에 광기에 대한 영적인 화두를 불어넣어 되살림으로써 당사자의 어려움을 해결할 수 있는 방안을 모색한다. 영적인 화두는 동양의 신비주의와 영적 전통[190]에서부터 급진적인 생태학적 관점[191]에 이르기까지 다양하다. 예를 들어 급진적인 생태학적 관점의 경우, 인간과 자연계 사이의 근본적인 분리를 거부하고, 인류가 본질적으로 자연과 연결되어 있다고 여긴다. 이런 관점은 극한의 정신적 체험이 생태계와 연결되어 있으며, 지구상의 모든 생명체의 안녕을 표현한다고 이해한다. 영적 서사는 구체적인 내용에 관계없이 공통적으로 급진적인 변혁의 과정을 공유한다. 급진적 변형의 과정 속에서 몸-자아-세계로 분절되는 관습적 구분이 무너지며, 자아와 영적 죽음의 경계가 해체되고, 영적 서사를 통해 경험이 재구성되며, 성공적인 경우 이는 영적 변화와 재탄생으로 이어진다. 이는 칼 구스타프 융Carl Gustav Jung이 "태도의 근본적인 변화"[192] "마음의 변형"[193] "영혼의 재탄생"[194]을 지칭하며 사용한 개념인 **메타노이아**metanoia[회심, 위대한 정신적 전환]를 떠올리도록 한다.

'위험한 선물'

광기를 '위험한 선물'로 보는 관점은 이카루스 프로젝트를 통해 널리 알려졌다(1장의 '매드 프라이드 담론들' 절 참고). 이 서사는 광기를 두 얼굴을 지닌 것으로 받아들인다. 즉 광기는 한편으로 사회적 기능의 어려움 및 정신적 고난과 연관되지만, 다른 한편으로는 창조성과 독특한 관점의 잠재력을 지닌 것과 연결된다는 것이다. 이카루스 프로젝트의 창립자 중 한 명이자 아티스트 겸 활동가로, 젊은 시절 양극성 장애를 진단받은 잭스 맥나마라Jacks McNamara의 언어를 통해 이 서사를 제시하고자 한다.[195] 위험한 선물 서사는 (당사자의 체험을 경유하지 않는) 광기의 질병 모델과 그에 따라 사람들을 치료해야 한다는 관점을 거부한다.

> 저는 제 안에 무언가 다른, 이질적이고, 나쁜 일이 일어나고 있다고 생각하지 않아요. 그리고 그것을 제거하고 굴복시키는 것이 제 목표라고도 생각하지 않아요. …… 지금의 우리 문화에서 정신질환에 대한 질병 모델이 주는 가장 큰 괴로움 중 하나는 이 시기를 어둠이나 고통과 같은 잘못된 것으로 바라본다는 거예요. 이는 당사자가 궤도에서 벗어났음을 함축하고, 그가 고쳐져야 한다는 것을 의미하죠.

위험한 선물 서사의 핵심을 이루는 것은 다양한 광기의 독특한 사고 과정에서 무언가 가치 있는 것을 얻을 수 있다는 생각이다. 그리고 이런 과정을 적절한 방법으로 조절하지 못할 때 해당 개인은 고통받을 수도 있다.

> 우리는 다양한 아름다움에 접근할 수 있는 감수성, 기질, 성향 등을 부여받았어요. 하지만 이는 또한 극도로 고통스러울 수도, 파괴적일 수도 있죠. 이 위험한 선물을 어떻게 가꾸어갈지 배우는 것은 당사자로서 우리가 갖는 책임이에요. …… 우리

는 사람들의 있는 그대로의 모습을 중단시키는 치료에 모든 초점을 맞추는 경향을 중단시킬 필요가 있어요. 우리는 이런 것들을 경험하고 있는 사람들에게 "잘못되었다"고 말하길 멈춰야 해요. 대신 사람들이 자신이 가지고 있는 감수성을 다루는 방법을 배울 수 있도록 도와야 해요. 이런 감수성에 압도되는 것이 아니라, 당사자가 이를 새로운 정보의 원천으로 적절히 사용할 수 있도록 말이죠.

이질적으로 보이는 사건들과 경험들 사이의 연결성을 포착할 수 있는 능력은 다양한 형태의 광기가 지니고 있는 잠재적 가치의 일부이며, 위험한 선물이라는 개념으로 적절히 설명된다.

양극성 장애라는 꼬리표가 붙은 많은 사람들에게 그런 일이 일어나는 건 우리의 뇌가 만화경처럼 다채롭고 변화무쌍한 기질을 가지고 있어서예요. 대부분의 사람들이 그러하듯 세계를 받아들일 때 우리는 그렇게 많은 것을 걸러낼 수 없어요. 그건 마치 500개의 안테나를 한꺼번에 전방위적으로 사용하는 것과 같죠. 우리는 그 모든 채널에서 수 톤의 정보를 받아들이고 있는 거예요. 즉 저기에 있는 시든 꽃, 여기에 있는 그림자, 그리고 저기에 있는 사람, 저기에 있는 연애편지, 여기에 있는 지도, 어딘가에 있는 종말론, 저 아래에 있는 월마트, 그리고 바다와 아이들, 그리고 …… 제 마음속에서는 이것들이 모두 분리되지 않고 연결되어 있어요.

위험한 선물 서사는 질환 서사illness narrative*처럼 광기의 체험을 재기술하고 무효화하는 대신, 당사자들이 직면할 수 있는 어려움을 인정하면서 동시에 그 경험에 의미와 가치를 부여함으로써 광기의 체험을 새로운 해석적 맥락에 위치시킨다.

'치유의 목소리'

목소리 듣기 운동Hearing Voices Movement, HVM은 정신의학적 관점에 맞서 (환청이라 불렸던) 목소리에 대한 새로운 관점을 제기하는 데 성공했다. 목소리 듣기 운동은 목소리 들림을 치료해야 할 정신병리적 현상으로 간주하는 대신, 한 사람의 삶의 이야기와 관련된 정상적이고 의미 있는 인간적 경험으로 제시한다. 목소리 듣기 운동의 서사에서 목소리는 "삶의 문제에 대한 중요한 정보를 나타내는 '메신저'로 여겨지며, 따라서 사회적·정서적 갈등을 해결하기 위한 수단으로 활용될 수 있다"고 간주된다.[196] 목소리 자체를 문제로 보는 것이 아니라, 그 사람이 목소리와 어떤 관계를 형성하는지가 중요하다는 통찰이 이 개념을 뒷받침한다. 목소리 청자voice hearer는 자신에게 들리는 목소리의 기원과 의미를 이해하고, 그 목소리에서 [무언가를] 배우고, 적

---

* 질환 서사illness narrative란 당사자 삶의 서사적 맥락 속에서 질병이 어떤 의미를 지니는지 풀어낸 것으로, 생의학적 질병 개념으로는 포착할 수 없는, 질병을 겪어내는 인간의 체험을 이해할 수 있도록 해준다. 질환 서사는 '질병 서사' '질병 체험 서사' '질환 내러티브' 등으로 다양하게 번역되어왔다. 서문의 옮긴이주에서 언급했듯, 이 책에서는 ('질병disease'과는 다르게) 'illness'라는 단어 자체에 주관적 아픔과 고통의 관점이 포함되어 있다는 점에 주목해 'illness'를 '질환疾患'으로 옮겼으며, 'illness narrative'는 '질환 서사'로 옮겼다. 이와 관련해 질환 서사 논의를 정교화한 의료인류학자 아서 클라인먼의 다음 책을 참고할 수 있다. 아서 클라인먼, 《우리의 아픔엔 서사가 있다》, 이애리 옮김, 사이, 2022.

절히 대처할 수 있도록 목소리와 소통하도록 권장된다. '치유의 목소리healing voices'라는 개념은 이런 성장 가능성을 내포하고 있다.[197] 엘리너 롱든Eleanor Longden은 '내 머릿속의 목소리The Voices in My Head'라는 주제의 TED 강연을 통해 자신이 목소리와 어떻게 상호작용했는지 설명한다.[198]

> 저는 목소리에 대해 경계를 설정했고, 당당하지만 존중하는 태도로 각각의 목소리에 반응하려고 노력했어요. 목소리와 서서히 소통과 협력의 관계를 수립했습니다. 우리가 함께 일하고 서로를 지원할 수 있는 방법을 배우기 위해서였죠. …… 각각의 목소리는 저의 다양한 모습들과 밀접하게 연관되어 있었습니다. …… 저의 다양한 목소리들은 각기 [고유한] 압도적인 감정을 지니고 있었어요. 그리고 이런 감정들은 과거 제가 적절히 처리하고 해결하지 못했던 성적 트라우마, 성적 학대에 대한 기억들, 분노, 수치심, 죄의식, 낮은 자존감 같은 것과 연결되어 있었습니다. 목소리들은 이 고통들을 대신해서 각각의 고통에 이름을 붙여주었던 것입니다.

치유의 목소리 서사는 목소리의 근원에 대한 특정한 관점에 매몰되지 않는다. 즉 목소리 청자는 자신만의 이해를 발전시키도록 장려된다. 어떤 사람들은 목소리를 스스로와 소통하기 위해 온 다른 세계의 영혼으로 이해할 수도 있다. 또 다른 사람들은 목소리를 자신보다 먼저 떠난 가족이나 친구들의 존재로 이해할 수도 있으며, 또 어떤 사람들은 목소리를 자기 자신에게서 분리되어 나온 한 부분으로 이해할 수도 있다. 목소리의 기원을 무엇으로 여기든, 핵심은 목소리가 청자에게 이용 가능한 정보를 제공한다는 것이다. 목소리와의 관계를 발전시킴으로써 당사자는 목소리에 대처하는 능력을 키우고, 이를 통해 개인적인 성장을 도모할 수 있는 계기를 발견할 수 있다.

4. 정체성 형성에 있어서의 손상을 극복하기

앞 절에서 논했듯, 오직 매드 서사만이 광기를 정돈하기 위한 두 가지 요건, 즉 (1) 광기라는 현상을 보존하는 것, (2) 정체성 형성에 있어서의 손상을 해결하는 것을 충족할 수 있다. 반면 전문가 서사는 첫 번째 요건을 충족할 수 없었으며, 주관적 서사는 두 번째 요건을 충족할 수 없었다.

이제 매드 서사가 어떤 방식으로 (주관적 서사는 극복하지 못했던) 정체성 형성에 있어서의 손상을 해결하고 광기를 정돈하는 데 성공하는지 살펴볼 필요가 있다. 따라서 지금부터는 8장에서 논의한 두 가지 문제, 즉 자아의 불연속성 및 자아의 분열과 연관지어 그 해결 방식을 살펴보고자 한다.

자아의 불연속성 극복하기

8장의 '자아의 불연속성 극복하기' 절에서는 조현병과 양극성 장애에 존재하는 자아의 불연속성을 극복하는 데 자아의 다양한 부분을 통합하고 단절을 연결할 수 있는 서사가 필요하다고 제안했다. 그런데 이는 불연속성의 경향에 따라 달라진다. 가령 조현병에 존재하는 불연속성은 지속적이며, 조현병 당사자는 과거와 현재의 자아를 자서전적으로autobiographically 통합하는 데 어려움을 겪는다. 반면 양극성 장애에 존재하는 불연속성은 순환적이며, 당사자는 조증, 우울, 기저의 [보통 상태의] 자아를 자서전적으로 통합하는 데 어려움을 겪는다.

불연속성의 경향은 정신병리학 범위 내에 속하지 않는 다른 경험에서도 나타나곤 한다. 예를 들어, 인격과 가치관의 급격한 변화는 시간에 따른 불연속성의 형태로 나타날 수 있는데, 때로는 이것이 이념적 전향이라는 개념을 통해 극복되고 이해될 수 있다. 또한 반복적이며 강렬한 감정적 애착의 경험은 '사랑의 콩깍지가 씌다'라는 개념을 통해 극복되고 이해될 수 있다. 일상의 이런 경험들이 정신병리적으로 간주되지 않는 이유 중 하나는 그것들이 사회적 이해를 확보할 수 있기 때문이다.[199] 따라서 조현병이나 양극성 장애가 지닌 불연속성을 극복할 수 있는 서사는 일정한 사회적 이해를 확보하면서 자아의 다양한 측면을 하나로 통합할 수 있어야 한다. 나는 매드 서사가 이런 목표를 달성할 수 있다고 생각한다. (이때 사회적 이해를 확보하는 문제는 궁극적으로 인정의 틀 속에서 사회적으로 해결되어야 하며, 이에 대해서는 10장에서 다루고자 한다.) 다음으로는 '이념적 전향' 및 '사랑의 콩깍지가 씌다'라는 개념에 수반되는 불연속성의 **양상**이 각각 조현병과 양극성 장애에서 보고 및 관찰되는 경향과 유사하다는 견해를 진전시키고자 한다.[200] 나아가 각각의 사례에서 자아의 불연속성을 해결할 수 있는 매드 서사를 제안하려 한다.

조현병에서 나타나는 자아의 불연속성을 극복하기 위해서는 과거의 자아와 현재의 자아 사이의 급격한 차이를 하나로 묶어낼 수 있는 서사가 필요하다(8장의 '조현병' 절 참고). 이런 서사를 구축하는 데 참고할 수 있는 일상의 사례는 이념적·종교적 전향이다. 어떤 사람은 독실하고 신앙심이 깊은 존재에서 쾌락주의적이고 세속적인 존재로 급격히 변모할 수 있다. 또는 반대로 개방적이고 자유주의적인 신념을 가진 사람에서 극단적인 종교적 맹신자로 변모할 수도 있다. 래든이 지적했듯, 이런 전환은 "보통의 심리 상태에 있는 사람들에게 빠르고 급격하게 일어날 수 있는 인격 변화의 한 가지 방식을 보여준"다.[201] 핵심은 이런 전환을 이해 가능하게 만드는 것이다. 어떤 한 사람은 삶의 혼란과 어려움을 경험하는 취약한 시기에 강력한 이데올로기의 지배에 휩싸일 수도 있고, 자신의 정체성을 재정립하는 강렬한 경험을 하게 될 수도 있다. 당사자로서는 변화가 시작된 중요한 순간이나 계기를 확인할 수 있을 것이고, 그런 순간들이 그의 예전의 자아와 새로운 자아 사이의 연결고리가 되어줄 수 있을 것이다. 대부분의 사람들은 (설사 그 변화에 찬성하지 않을지라도) 동물에 대한 가혹한 학대를 목격한 후 육식주의자에서 적극적인 동물권 활동가로 변모한 사람을 충분히 이해할 수 있다. 이념적 전향이 정신적으로 '정상적인 것'으로 해석되려면 이 전환을 설명할 수 있는 이해 가능한 서사가 수반되어야 한다.

조현병에서 나타나는 시간에 따른 불연속성을 이해 가능하도록 해주는 매드 서사는 영적 변화의 서사이다(9장의 '매드 서사' 절 참고). 영적 변화의 서사를 통해 과거의 자아와 현재의 자아가 근본적으로 다를 수 있음에도 불구하고 이를 연결해주는 맥락을 확보하고, 이와 같은 전환을 이해 가능하도록 만듦으로써 결국 시간이 경과해도 지속되는 통합성을 확보할 수 있다. 자아, 영혼의 해체, 죽음에 뒤이어 그것이 재구성되고 재탄생되는 영적 변화의 서사를 통해 전후의 서사가 연결될 수 있는 것이다. 8장의 〈3. 자아의 연속성과 불연속성〉에서 보았듯, 서사를 통합적으로 연결하는 이런 맥락이 부재할 때, 당사자는 과거와 현재를 연결하지 못하고 강한 불연속성을 경험하게 된다.

양극성 장애에서 나타나는 불연속성을 극복하는 데는 조증, 우울, 기저의 [보통] 상태와 같은 여러 이질적 정신 상태들을 하나의 서사로 아우르는 작업이 필요하다(8장의 '양극성 장애' 절 참고). 이에 상응하는 일상적인 경험은 '사랑의 콩깍지가 씌는' 체험이다.[202] 갑작스럽고, 강렬하고, 종종 설명할 수 없는 감정적인 애착, 그리고 다른 사람에게 느끼는 육체적 매력 등의 경험은 다수의 사람들이 살면서 여러 차례 겪는 경험이다. 어떤 사람이 사랑에 빠져 있을 때 그는 강력한 감정에 사로잡힌 나머지 관점과 행동이 급격하게 바뀔 수 있다. 가령 자신의 삶에 대해 극도로 낙관적이 될 수도 있고, 사랑에 빠지기 **전** 자신의 기준에서 보았을 때 위험한 행동에 관여하게 될 수도 있다. 가까운 친구나 가족과 같은 제3의 관찰자들은 이런 성격 변화를 걱정스럽게 여길 수도 있다. 일부 공동체에서 사랑에 빠지는 것을 다른 누군가에게 사로잡혔거나 홀린 것으로 비유하는 것은 우연이 아니다. 필연적으로 찾아올 수밖에 없는 사랑의 끌림이 끝나고 사랑에서 빠져나오면, 이제 그는 이전에 자신이 이상화했던 상대방의 결점을 볼 수 있게 된다. 관점의 재전환이 뒤따르며, 미래에 대한 낙관과 강렬했던 동기 부여가 사라지면서 사랑에 빠졌던 기간에 자신이 내렸던 결정이 경솔했음을 보게 된다. 이 대조적인 두 상태(즉 사랑에 빠졌을 때와 그 사랑에서 빠져나왔을 때)는 그 사람이 다시 사랑에 빠지고 이 일련의 상황이 다시 반복될 수 있는 시기가 오기 전까지, 자신의 경험에 대해 좀 더 객관적인 입장을 취할 수 있는 기저의 세 번째 상태[즉 보통의 상태]에 의해 균형을 이루게 된다. 이처럼 '사랑의 콩깍지가 씌다'라는 개념은 이와 같은 세 가지 상태를 포함한다. 즉 이 개념은 다른 모든 상태들이 동일한 한 사람의 면모가 되도록, 다시 말해 자아의 연속성과 경험의 순환성을 허용한다.

사랑의 콩깍지 서사와 유사하게 통합적 역할을 수행할 수 있는 매드 서사는 '위험한 선물' 서사이다(9장의 '매드 서사' 절 참고). 이 서사는 당사자가 감정적·인지적 '비행flight'을 경험할 수 있도록 한다. 감정적·인지적 비행은 세계의 여러 사건들 및 대상들 사이에서 이뤄지는 수많은 연결들을 만들어낸다. 또한 이 서사는 혼란, 절망, 우울에 빠진 사람들까지 포괄할 수 있다. 마지막으로, 위험한 선물 서사는 조증과 우울 상태의 자아를 성찰하고 이해할 수 있게 해주는 기저의 [보통] 상태 또한 설명할 수 있다. 예를 들어, 당사자는 기저 상태에서 위험한 선물 서사를 처음으로 채택했을 가망이 높다. 질환 서사illness narrative와 달리 위험한 선물 서사는 양극성 장애에서 나타나는 다양한 상태를 연속적인 자아의 일부로 보고, 따라서 그 상태들이 서로 조화될 수 있다고 여긴다.

자아의 분열을 해소하는 방법

8장의 〈2. 자아의 통합성과 분열〉에서 나는 수동성 현상과 관련된 자아의 분열이 현상에 대한 객관적 특성에 기반하는 것이 아니라, 특정한 문화심리적 이론을 기반으로 이루어지는 판단이라고 주장했다. 즉 수동성 현상이 자아의 분열을 초래하는지 여부에 대한 판단은 자아에 대한 특정한 가정, 자아의 경계, 그리고 정신 상태의 외부 저자성이 존재할 수 있는 가능성에 달려 있다. 그러므로 자아의 분열을 해결하는 것은 판단을 뒷받침하는 여러 가정들을 변화시킴으로써 달성될 수 있다. 정신과 의사와 환자 모두 정신 상태의 외부 저자성이 불가능하다는 문화심리학적 가정을 공유하는, 전형적인 정신과 상담의 상황을 생각해보자(이는 8장 〈표 1〉의 시나리오 3에 해당한다). 정신과 의사는 환자의 사고 주입에 대한 보고를 자아 분열의 증상으로 여길 것이다. 환자 또한 일반적으로 정신 상태의 외부 저자성이 존재할 수 없다고 생각하며, 그의 사고 주입 체험은 이런 가정에 반한다. 이 경우 이야기는 두 가지 방향으로 진행될 수 있다. 첫 번째 시나리오는 외부의 저자성이 불가능하다는 가정을 고수하는 것이다. 즉 사고 주입이 자아의 분열에 해당한다고 생각하는 정신과 의사 의견에 동의하는 것이다(〈표 1〉의 시나리오 4a). 두 번째 시나리오는 그 가정을 거부하고, 정신 상태의 외부 저자성이 **가능하다는** 서사를 지지하는 것이다(〈표 1〉의 시나리오 4b). 따라서 자아의 분열을 해결하는 것은 시나리오 4b의 입장을 채택하고, 다른 사람들과 함께 수동성 현상에 대한 판단에 더 적절한 맥락을 부여할 수 있는 서사를 구축하고 지지함으로써 시작될 수 있다(더 자세한 내용은 8장의 '자아 분열의 판단: 문화적 맥락과 운동의 역할' 절 참고). 그렇다면 이런 해결을 가능케 하는 매드 서사가 존재할까?

해결을 달성할 수 있는 서사는 정신 상태의 외부 저자성을 허용해야만 할 것이다. 이 서사는 전 세계의 다양한 문화공동체에서(또한 8장 '수동성 현상과 문화심리학' 절에 등장하는 마흐디의 사례에서) 흔히 귀신 들림이라는 믿음과 실천의 형태로 발견된다. 귀신 들림은 수동성 현상이 자아의 분열이 아닌 자아의 풍요로움을 초래한다고 여겨질 수 있는 문화적 서사의 한 예시이다. 그러나 북유럽과 북미의 여러 매드운동에 참여자들에게는 영혼이나 귀신에 사로잡힌다는 믿음이 문화적 레퍼토리의 기본적 부분으로 포함되어 있지는 않다. 만약 그렇다면 정신 상태의 외부 저자성을 가능케 하는 또 다른 서사에는 어떤 것이 있을까?

앞서 언급했던 치유의 목소리에 기반을 두는 매드 서사를 생각해보자. 그 서사에서는 당사자가 자신에게 들리는 목소리와 소통하고, 그 목소리를 체험함으로써 여러 가지를 배울 수 있다고 여긴다. 이런 주장에서 우리는 그 목소리가 그 사람의 **외부**에 존재한다는 것을 암묵적으로 인정하게 된다. 이는 그 목소리가 반드시 영혼과 같은 다른 존재에게 귀속되어 있음을 의미하는 것이 아니라, 그 사람의 인식 영역 밖에 존재함을 의미한다. 바로 이 외부성 때문에 그 사람은 목소리를 독립적인 존재로 간주할 수 있으며, 따라서 해당 목소리를 당사자 본인에게 여러 정보와 통찰을 제공해줄 수 있는 원천으로 간주할 수 있다. 나는 외부성 개념에 기반한 매드 서사의 관점이 수동성 현상을 자아 분열보다는 자아의 풍요로움에 해당하는 사례로 변모시킬 수 있다고 본다. 마치 치유의 목소리 서사가 환청이라 불리는 목소리를 자아의 분열이 아닌 자아의 풍요로움으로 변화시킨 것과 같은 방식으로 말이다.

5. 주관적 서사와 매드 서사의 차이

지금껏 9장에서는 광기를 인정의 범위 안으로 끌어들일 수 있는 여러 방법들을 검토했으며, 특히 **광기를 정돈하는** 작업에 논의를 집중했다. 그렇게 하기 위해서는 ⑴ 광기라는 현상의 요점을 보존해야 하며, ⑵ 매드 정체성 형성에 있어서의 손상을 해결해야 한다는 두 가지 조건을 충족해야 한다는 것을 살펴보았다. 이어서 매드 서사가 **이론상으로는** 이 두 가지 조건을 충족할 수 있으며, 주관적 서사 및 전문가 서사 각각에 존재하는 단점을 해결할 수 있음을 확인했다. 그러나 매드 서사가 **이론상으로는** 이런 역할을 수행할 수 있을지 몰라도, **그 실현 과정에서** 또 다른 어려움이 있을 수 있다. 가령 매드 서사는 광기를 체계화하고 인정의 범위 안으로 끌어들일 수 있는 잠재력을 가지고 있지만, 이것이 실제로 이뤄지려면 자신의 경험에 의미를 부여하고, 이해 가능한 방식으로 만드는 당사자들의 실천적인 시도들에 주목할 필요가 있다. 이는 광기에 대한 주관적 서사로부터 매드 서사를 구분해내는 작업이기도 하다.

광기와 관련된 정신 현상을 경험하는 당사자들은 자신의

경험에 의미를 부여하고 그것을 이해 가능한 방식으로 구성하려는 시도에 적극적으로 참여한다.[203] 이 과정은 해당 경험의 양상, 당사자에게 가능한 서사들, 개인적인 창조성, 가족 및 관련 전문가들을 포함한 타인이 조언 등 다양한 요소의 영향을 받는다.[204] 조현병이나 양극성 장애를 진단받은 사람들은 의미를 구성하려고 시도함으로써 독특한 주관적 서사를 만들어내기도 한다. 하지만 독특한 주관적 서사를 제시하는 순간, 타인들은 오히려 이를 해당 개인의 정체성 형성 능력이 손상되었다는 증거로 여기기도 한다(9장의 '주관적 서사' 절). 예를 들어 제임스 필립스James Phillips는 조현병 진단을 받은 사람의 주관적 서사를 망상적 서사와 파편적 서사 두 가지 유형으로 분류한다.[205] 망상적 서사의 경우, 주체는 자신이 박해받는다는 믿음이나 자신이 중요한 인물이라는 믿음을 점점 더 체계화하고 자신의 체험을 구조화한다. 반면 주체가 강렬한 정서적 경험과 인지적 어려움을 넘어서지 못하는 경우 파편적 서사로 이어지며, 이는 곧 실패한 서사가 된다. 파편적 서사를 지닌 당사자에게는 그가 자신의 경험을 체계화하는 서사를 구축할 수 있도록 여러 지원이 필요하다. 만약 우리가 이 장에서 정의한 관점으로 광기를 체계화하고 인정의 범위 안으로 끌어들이려 한다면, 당사자들은 매드 서사에 기반해 스스로의 경험을 재해석하고 자기이해를 재구성해야만 할 것이다.

당사자들의 정체성 구축을 지원하는 방안은 기존 문헌들에서 다양한 방식으로 다뤄져왔다. 《정신의학에서의 인본주의를 향하여Towards Humanism in Psychiatry》의 저자 조너선 글로버Jonathan

Glover는 인본주의 정신의학의 목표 중 하나로 "좋은 인간적 삶을 살 수 있도록, 훼손되었거나 손상된 능력을 증진시키는 것"을 언급한다.[206] 글로버는 좋은 삶을 살기 위한 많은 요소들 중 무엇보다 필수적인 것은 "자기창조"라고 강조한다. 이때의 자기창조는 4장의 〈2. 정체성〉에서 다룬 정체성에 대한 설명을 상기시킨다. 즉 사람들은 자신을 정의하는 일, 자신이 어떤 사람이 되고 싶은지 결정하는 일, 그리고 자기 자신을 발견하고 위치 지을 수 있게 해주는 집단 범주와 어떻게 관계를 맺어나갈지 모색하는 과정에서 가치를 찾는다. 인본주의 정신의학은 정체성 형성에 손상을 초래하는 정신 상태에 놓인 사람들이 자기창조를 되찾도록 도울 수 있다.[207] 이와 유사하게 제니퍼 래든 또한 "어떤 환자가 스스로 정체성을 구축하는 능력에 손상을 입었다고 여겨질 때, 자신의 정체성을 부여하고 구축하는 작업 중 일부는 다른 사람을 통해 수행될 수 있다"고 언급한다.[208] 이런 작업은 치료의 목표 중 하나로 채택될 수 있다.[209] 그랜트 길렛Grant Gillet은 자신의 책 《어떻게 하면 다시 내가 되는 법을 알 수 있을까?How Do I Learn to Be Me Again?》에서 사람들이 아플 때, 그들을 "합당하며 존중의 태도가 있는 토론"에 참여시키는 "가이드나 정보 제공자"가 필요하며, 이를 통해 "(그들은) 자신의 정체성을 추정하고 정립할 수 있으며, 각자의 고유한 가치를 지닌 삶의 이야기를 전개할 수 있다"고 언급한다.[210]

그렇다면 조현병이나 양극성 장애를 진단받은 사람들은 어떤 종류의 공간에서 매드 서사에 의거한 정체성을 구성하고 유지하며 자기창조와 관련한 지원을 받을 수 있을까? 글로버와 래든은 임상 현장 속 치료 과정에서의 노력이 필요하다고 주장한다. 이런 노력은 매우 중요하며, 다양한 서사를 반영한 여러 임상적 시도가 알려지는 것은 환영할 만한 일이다. 길렛은 이에 더해 가이드 혹은 정보 제공자로서 다양한 당사자단체와 네트워크의 중요성을 강조한다. 목소리 듣기 운동,[211] 오픈 다이얼로그Open Dialogue,* 소테리아 공동체Soteria group,[212] 이카루스 프로젝트,[213] 현실 세계의 심리학 그룹Psychology in the Real World groups[214] 등의 사례들은 사람들이 함께 모여 자신의 경험에 대한 **공유된 이해shared understanding**를 개발해나가는 방안에 해당한다. 그리고 이 경우 사람들은 서로에게 가이드 혹은 정보 제공자가 된다.

매드 서사는 바로 공유된 이해이다. 이 장에서는 세 가지의 매드 서사만을 개략적으로 설명했지만, 현재 이보다 더 많은 매드 서사가 존재하고, 추후 더 많은 서사들이 구축될 것이라는 점에는 의심의 여지가 없다. 당사자의 자기창조를 위해서는 서사를 공유하고, 더욱 포괄적인 서사를 개발하고, 이를 통해 자신의 경험에 대한 개인적인 이해를 발전시키도록 지원해야 한

* 오픈 다이얼로그란 핀란드 서부 라플란드 지역에서 처음 개발된 대화적 접근법으로, 현재의 정신의료 관행에 대한 대안을 제시한다. 당사자에게 위기가 발생한 경우 24시간 이내에 첫 오픈 다이얼로그 모임이 구성되며, 당사자와 가족에 더해 의사, 사회복지사, 임상심리사, 간호사 등 전문가 집단이 모임에 초대된다. 모임에 초대된 이들은 당사자의 위기에 대한 각자의 견해를 투명하게 공유하며 정기적으로 열린 대화를 이어나가고, 평등한 대화 속에서 치료와 회복에 관한 결정이 도출된다. 오픈 다이얼로그 실천은 당사자와 가족의 회복에 효과가 있다는 점을 입증받아 영국, 이탈리아, 독일, 미국, 일본 등으로 확산되었으며, 2022년 한국에도 오픈 다이얼로그 코리아가 설립되었다. 관련 문헌으로는 다음을 참고할 수 있다. 타마키 사이토,《오픈 다이얼로그》, 송후림 옮김, 북앤에듀, 2022; 닉 푸트맨·브라이언 마틴데일 엮음,《정신증을 위한 오픈 다이얼로그》, 김성수·전대호 옮김, 한국임상정신분석연구소, 2023.

다. 이때 각각의 사람들에게는 서로 다른 욕구와 필요가 존재하므로, 다양한 수준의 지원이 필요할 것이다. 가령 일반적이지 않은 정신 현상(예를 들어, 수동성 현상, 목소리 들림 등)을 경험하지만 사회적 의사소통이 가능하고, 집단에 가입해 활동할 수 있고, 자신의 경험에 대해 타인과 새로운 이해를 공유하고 발전시킬 수 있는 사람들은, 사회적으로 위축되어 있고, 박해에 대한 두려움을 가지고 있고, 다른 사람들과 교류하는 데 어려움을 겪는 사람들에 비해 비교적 적은 지원이 필요할 것이다.[215] 각 개인의 상태에 맞춰 필요한 지원의 수준을 결정하고 개입해야 한다. 이 과정이 전반적으로 한 사람의 주관적 서사를 매드 서사와 조화시키는 것을 목표로 한다면, 결국 광기를 정돈하고 당사자들을 인정의 범위 안에 포함시킴으로써 그 목표를 이룰 수 있을 것이다.

6. 나가며

미쳤다는 것은 정체성의 근거가 될 수 있는가? 우리는 이제 7장의 〈1. 들어가며〉에서 제기된 이 질문에 최종 답변을 제시할 수 있다. 8장에서는 질문에 대한 긍정적인 답변의 가능성을 탐색했지만, 단지 그것이 가능하다는 정도의 답변만을 도출할 수 있었다. 즉 광기가 실제로 정체성의 근거가 되려면 무엇이 필요한지는 여전히 답해져야 할 과제로 남겨져 있었던 것이다. 광기와 관련된 정신 현상이 정체성을 형성하고 유지하는 능력을 손상시킬 수 있음을 감안할 때, 광기를 인정의 범위 안으로 포섭하기 위해서는 이런 손상을 극복하고 광기를 정돈할 필요가 있었다. 광기를 정돈함으로써 인정의 범위 안에 포섭하기 위해서는 두 가지 요건을 충족해야 했다. 즉 (1) 광기라는 현상의 요점을 보존하고, (2) 정체성 형성에 있어서의 손상을 해결해야 한다. 이 장에서 논증한 바와 같이, 매드 서사는 이 두 가지 요건을 충족할 수 있었다. 실천적 측면에서 주관적 서사와 매드 서사는 구분되며, 당사자는 매드 서사에 기초해 스스로의 경험이 이해 가능성을 확보하도록 정체성을 구축하는 데 충분한 지원을 받을 수 있어야 한다. 그리고 이 과정이 성공적으로 이뤄질 때 광기는 정돈될 수 있을 것이다. 이처럼 광기가 매드 서사에 근거해 정돈된다면, 결론적으로 미쳤다는 것은 정체성의 근거가 될 수 있으며 인정의 범위 안에 들어올 수 있다. 그렇다면 이제 우리는 마지막 질문을 떠올릴 수 있다. 매드 정체성에 대한 인정 요구는 규범적 효력을 갖는가? 만약 그렇다면, 사회는 이 요구에 어떻게 대응해야 하는가?

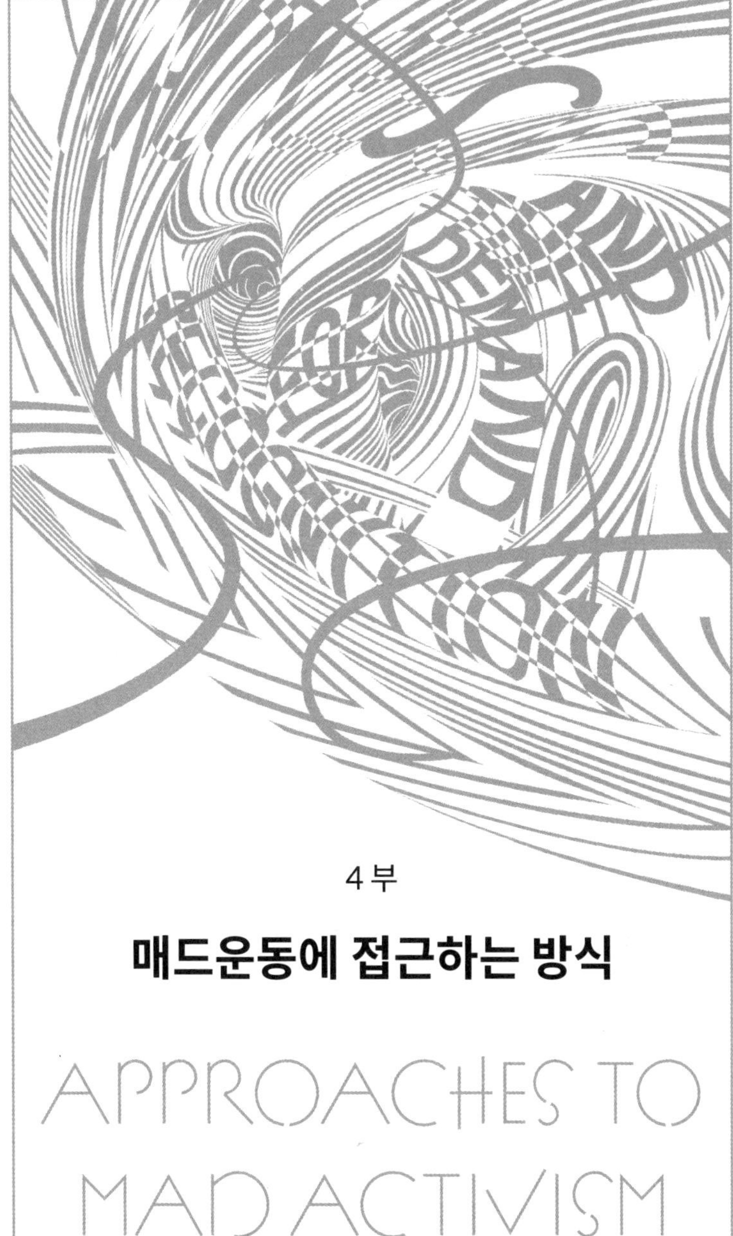

4부

매드운동에 접근하는 방식

APPROACHES TO MAD ACTIVISM

| 10장 |

매드 정체성과 인정에 대한 요구

1. 들어가며

3부에서는 미쳤다는 것이 정체성의 근거가 될 수 있는지를 질문했다. 우리가 내린 답은 일련의 자격 조건이 갖춰진다면 미쳤다는 것이 정체성의 근거가 될 수 있다는 것이었다. 이제 두 번째 중심 질문을 다루고자 한다. 매드 정체성 인정에 대한 요구는 규범적 정당성을 갖는가? 만약 그렇다면 사회는 여기에 어떻게 응답해야 하는가? 그 요구가 무엇인지 다시 살펴보는 것에서부터 시작하고자 한다.

매드 정체성 인정 요구와 관련해 우리는 1장의 〈4. 매드 프라이드〉에서 활동가들의 서술을 살펴보았다. 매드 정체성 인정에 대한 요구는 사회가 광기가 정체성의 근거가 될 수 있다는 것을 받아들이고, 심리적 다양성과 관련한 여러 대항서사들의 (혹은 매드 서사들의) 타당성과 가치를 인정하라는 요구이다(9장의 '매드 서사' 절 참고). 또한 이러한 대안적 서사에 '위험한 선물' '영적 변화' 그리고 '치유의 목소리' 등이 있음을 살펴보았다. 다수의 일반적 서사에서는 광기의 개념을 나타내기 위해 광기를 결핍, 질환, 비합리성, 질병 등의 단어와 연결시킨다. 매드 서사는 이러한 일반적 서사에 대항하여 나타나며, 매드운동에서는 이러한 전문가적 일반 서사가 무시와 오인의 대표적 사례라고 주장한다. 광기의 의미를 잘못 표현하는 이러한 서사로 인해 당사자들이 세상에서 자기 자신으로 자리매김하지 못하게 된다는 것이다.

서사 간 대립이라는 측면에서 문제를 구상하는 것은 옳지만, 단지 단어를 여러 방식으로 바꾸는 것을 해결법으로 받아들여서는 안 된다. 예를 들어, '질병'이라는 단어를 '정상'이라는 단어로 대체한다고 문제가 해결되는 것은 아니다. 지난 수십 년간 우리는 중립적인 용어, 심지어 긍정적인 용어로 교체한다 하더라도 그것을 그른 방식으로 사용하는 일부 사람들을 막을 수 없음을 확인했다. 최근의 예로, 영국에서는 낙인을 없애기 위해 일부 공적 영역에서 '정신질환mental illness'이라는 단어를 '정신건강mental health'이라는 용어로 대체했다. 그러나 오늘날 영국에서 정신건강이라는 단어는 '그 사람 말을 듣지 마세요. 그는 정신이 건강하니까요'라는 식으로 비꼴 때 사용되기도 한다. 따라서 매드운동의 요구가 달성되려면 대중과 전문가들이 광기를 생각하는 방식과 태도를 바꿀 수 있는 믿음·가치의 영역에서 중대한 변화가 일어야 한다. 래든이 말했듯, '정신질환'에 대한 관념은 합리성, 책임, 인격, 행위주체에 관한 우리 개념의 표면에서 떠도는 것이 아니라, 그런 개념 자체에 의해 구성된다(1장의 〈5. 매드 프라이드 담론에 대한 철학적 관여〉).[1] 예를 들어, 어째서 일부 사람들이 (누군가는 환청으로 묘사할 수도 있는) 목소리 들림의 경험을 경시하는지 설명하기 위해서는 자기 자신이 된다는 것은 무엇이고 스스로의 정신을 통제한다는 것은 무엇인지와 관련된 내면의 규범에 대해 다뤄야만 한다. 이런 점에서 우리는 매드 프라이드 담론이 "무엇이 정상이고 무엇이 인간적인 것인지에 대한 우리의 관점을 재구축하고 있다"는 주장을 이해할 수 있다.[2] 즉 매드운동의 요구가 해결되는 과정은 결코 쉬운 길이 아니며, 내면의 깊고 심대한 변화가 필요하다. 그리고 이 모든 것은 매드 정체성 인정에 대한 요구가 규범적 정당성을 갖는지, 사회가 이를 진지하게 받아들이고 해결할 의무가 있는지의 질문에 달려 있다. 이번 장의 핵심을 이루는 두 가지 질문은 다음과 같다. (1) 우리는 매드운동의 인정 요구에 응답하며 무언가를 해야 하는가?(이 장의 〈3. 매드 정체성 인정에 대한 요구는 규범적 효력을 갖는가?〉 참고) (2) 해야 한다면, 무엇을 해야 하는가?(〈4. 무시에 대응하기〉 참고)

이 두 질문을 다루고 나서는 광기와 관련된 성공적 인정의 결과가 우리의 문화적 레퍼토리를 확장시킬 수 있음을 이야기할 것이다. 매드 서사는 많은 사람들에게 도움이 될 수 있는 사회적 조정societal adjustment 혹은 문화적 조정cultural adjustment이 될 수 있다(이 장의 〈5. 매드 서사와 문화적 레퍼토리〉). 이런 주제들을 다루기에 앞서, 2부에서 다룬 인정에 대한 요구의 규범적 정당성에 초점을 맞춰 인정이론을 다시금 살펴보고자 한다.

2. 인정에 대한 요구의 규범적 정당성

이 책의 2부에서는 인정 요구를 이해하고 정당화할 수 있도록 해주는 인정에 대한 철학적·정치적 설명을 다뤘다. 여기서 핵심은 인정이 경험적 혹은 형이상학적 개념이 아니라, 자유로운 행위주체가 된다는 것에 대한 철학적 개념이라는 점이었다. 자유로운 행위주체가 되기 위해서는 스스로가 지닌 자기개념, 믿음, 행위의 이유를 (내가 자유로운 행위주체라 여기는 타인들로부터) 타당한 것으로 인정받아야 한다(3장의 '규범적 지위에 대한 승인으로서의 인정' 절 참고). 이런 점에서 "자유로운 행위주체"란 "사회적 인정에 의존"하는 규범적 지위이다.[3] 즉 규범적 지위의 성립 여부는 사회적으로 성취되고 부여되는 것으로, 인정이 특정 사람들에게 얼마나 부여되는가에 따라 지위의 성립 여부가 갈린다. 이런 관점을 수용함으로써, 우리는 자유와 사회관계를 사유할 때 필요한 철학적 개념을 얻을 수 있다. 그렇다면 (인정의 반대 개념으로서) 무시는 어떤 면에서 옳지 않으며, 어떻게 이에 대한 사회적·정치적 시정을 요구할 수 있는 것일까?

5장에서는 특정 개인의 자기개념, 믿음, 행위의 이유가 타당하지 않다고 간주함에 따라 초래되는 무시의 결과를 살펴봄으로써 이 질문에 대한 답을 제시했다. 5장의 〈2. 사회적 해악으로서의 무시〉에서 설명한 것처럼 무시는 두 가지 사회적 해악을 초래할 수 있다. 그것은 사회적 실격과 정체성 손상으로, 집단 차원에서 발생하고 유지된다. 사회적 실격은 누군가가 자기 자신 혹은 세계에 대한 권위를 갖는다는 것을 부정하는 데서 시작된다. 이는 실격당한 자의 인식적 주변화를 초래하며, (세상 속에서 자신의 관점을 실현할 수 있다는 의미에서) 실질적 행위주체로 자리매김하는 것을 방해한다. 4장의 〈4. 인정의 심리적 영향〉에서 호네트의 작업을 통해 다룬 바 있는 정체성 손상은 무시의 심리학적 결과를 말한다. 호네트에 따르면, 인정은 자기믿음, 자기존중, 자기가치부여의 차원에서 긍정적인 자기관계를 발전시키기 위한 하나의 핵심적이고 경험적인 조건이다. 따라서 인정에 대한 거부는 이 세 가지 차원에서 정체성의 발전을 저해할 수 있다.

만약 사회적 실격과 정체성 손상이 사회적 해악이라면, 그리고 만약 상호인정의 형태로 사회적 관계를 개선하는 것이 이러한 해악을 완화할 수 있다면, 무시에 어떤 대응을 하는 것이 옳을까? 5장에서는 정치적 개혁과 화해라는 두 가지 대응 방식을 탐구했다. 무시에 대한 정치적 대응에서는 사회적 해악을 인간의 번영을 가로막는 방해 요소로 보고, 이를 통해 무시가 인간 번영의 조건을 저해한다는 점에서 부정의하다고 주장한다. (사람들에 대한 적절한 인정을 거부하는 것이 정말 부정의인지에 대해서는 5장 '사회정의와 정치적 개혁의 한계' 절에서 지적한 것처럼 추가적인 검토가 필요하다.) 한편 인정이 자유롭고 진정성 있게 제공되어야 한다는 전제를 고려할 때, 인센티브 부여나 강제에 기반한 정치적 대응은 무시에 대한 해결 방식으로 적절치 않다. 오히려 정치적 행동은 사람들이 서로 마주하는 올바른 조건을 만들어낸다는 점에서 역할을 할 수 있으며, 이에 대해서는 5장의 마지막에서 논의한 바 있다. 이는 무시에 대한 두 번째 대응인 상호적 화해의 달성으로 이어진다. 화해를 이루기까지는 타인에 대한 수용의 과정이 필요하며, 서로가 상호작용하는 사회적 맥락과 서사 속에서 개인 대 개인의 조정이 동반되어야 한다. 이처럼 화해는 결과이자 태도이다. 그러나 5장의 〈5. 무시에 대한 대응: 정치적 개혁과 화해의 역할〉에서 언급했듯, 화해의 결과는 강요되거나 무조건적으로 보장될 수 없으며, 화해의 태도를 통해 타인에게 다가갈 수 있을 따름이다. 이때 화해의 태도란 세계 속에서 충만함을 느낄 수 있는 타인의 역량이 나의 그 역량만큼이나 중요하다고 받아들이는 것이다.[4]

인정 요구에 대한 대응의 한 가지 방식인 사회관계 개선을 살펴보자. 첫 번째 단계로 타인에게 화해의 태도를 취해야 하며, 이때 특정 종류의 정치 활동이 화해의 태도를 촉진시킬 수 있다(5장의 〈5. 무시에 대한 대응: 정치적 개혁과 화해의 역할〉 참고). 정치적 개입에는 교육적 캠페인을 통해 무시의 대상이었던 사회적 정체성에 대한 긍정적 서사를 촉진하는 방식, 소수집단에 대한 권리보장을 확장하는 방식 등이 가능하며, 이런 식의 정치적 개입을 통해 화해의 달성을 효과적으로 장려할 수 있다. 일반적으로 이렇게 특정 집단의 인간성을 회복시키는 것을 목표로 하는 정치적 개입은 사회관계 차원의 화해를 촉진하게 된다. 인정을 요구하는 집단 구성원들에게 더 많은 사람이 화해의 태도를 취할수록 해당 집단의 더 많은 요구가 가시화되는 것은 물론, 당사자가 지닌 자기이해의 타당성과 가치가 더욱 잘 고려될 수 있을 것이다.

3. 매드 정체성 인정에 대한 요구는 규범적 효력을 갖는가?

그렇다면 매드운동의 인정 요구에 대해 대응하기 위해 어떤 조치가 행해져야 할까? 특정 사람들을 성공적인 행위주체로 인정하지 않는 사회가 있고 그 때문에 그들이 실격과 정체성 손상과 같은 사회적 해악을 겪고 있음이 입증될 수 있다면, 인정에 대한 요구는 규범적 효력을 갖는다고 할 수 있다. 매드 정체성 인정 요구의 사례를 생각해보면, 무시에 의한 사회적 해악은 분명히 존재하는 것으로 보인다. 공적으로 광기를 결핍, 질병, 질환 등으로 표현하는 것은 사회적 자격을 직접적으로 박탈하는 행위이다. 활동가들이 "침묵당했다는 것"을 외치고 "목소리를 되찾기 위한" 투쟁을 전개할 때 이런 표현이 큰 걸림돌이 된다. 마찬가지로, 정체성 형성의 문제와 관련해서도 질환과 질병의 담론, 즉 그들의 마음에 무언가 문제가 있다는 관념에 지속적으로 종속되는 상황은 당사자의 자기믿음과 자기가치부여를 무너뜨릴 수 있다.[5]

그러나 인정에 대한 요구의 규범적 정당성에 대해 논할 때, 사회적 해악의 존재는 규범적 **효력**의 첫 번째 단계만을 충족시킬 뿐이다. 그다음으로 인정에 대한 거부를 정당화하는 **다른 이유들**이 없는지 확인하는 두 번째 단계를 거쳐야 한다. 다음 절에서는 인정 요구의 규범적 **효력**을 약화시킬 수 있는 세 가지 이유를 (1) 인정을 요구하는 정체성이 사소하거나, (2) 도덕적으로 반대할 수 있거나, (3) 비합리적인 경우로 나누어 검토하고자 한다.

사소하고 도덕적으로 반대할 수 있는 정체성

때로는 인정을 요구하는 정체성 자체가 사소한 것일 수도 있다. 어떤 정체성이 개인의 자기이해의 심층적 부분을 포괄한다 해도, 해당 정체성이 그들 삶의 방향을 제시하는 근본적이고 대체 불가한 기능을 수행하지 못한다면 그 정체성은 사소한 것이다. 이를테면, 골프 클럽 멤버십이나 팬클럽과 같은, 특정한 라이프스타일을 공유하는 집단 정체성[6]이 이런 사소한 정체성에 해당할 수 있다. 예를 들어, 만약 브라이언 페리Bryan Ferry의 모든 팬들이 자신의 음악적 취향의 타당성을 인정해달라고 요구하며 집단을 조직한다면, (그들이 얼마나 인정을 위해 고군분투하는지와는 별개로) 그 요구가 사소하다고 평가하는 것은 아마 정당화될 수 있을 것이다. 이것은 음악인에 대한 팬들의 엄청난 헌신을 과소평가하는 것이 아니라, 그러한 헌신이 자발적이며 세월이 지나며 바뀔지도 모른다는 것을 감안한 결과이다. 예를 들어, 어제 나는 비틀스를 위해 죽기를 결심했지만, 오늘은 웨이브스Wavves[미국의 록밴드 그룹]를 위해 목숨을 내놓을 수 있을지도 모른다. 나아가 이런 헌신은 국소적인 부분으로, 이와 같은 정체성에 대한 무시가 해당 개인을 삶 전반에서 실격시키지는 않을 것으로 생각된다. 이는 음악 취향과 같은 제한된 영역에서의 무시를 의미할 뿐이며, 따라서 그런 무시는 사회적 해악을 초래하지는 않을 것으로 보인다. (이 경우를 인종이나 젠더에 기반한 정체성과 비교했을 때 그 차이점은 좀 더 분명히 드러날 것이다.)

그렇다면 매드 정체성은 사소한 것인가? 특정 정신적 현상의 강도, 그 현상이 당사자에게 미칠 수 있는 중요성, 당사자의 삶에 대한 영향력, 자발적이지 않은 분명한 감각, 행위주체, 자아, 책임과 같은 핵심 개념에 심대한 영향을 미친다는 점, 그리고 사회적 해악으로 이어지는 무시의 광범위한 결과까지, 이런 다양한 측면을 고려할 때 매드 정체성은 결코 사소하지 않다.

한편, 인정을 요구하는 정체성이 도덕적으로 반대할 수 있는 것일 수도 있다. 도덕적으로 반대할 수 있는 정체성이란, 주장되는 인정에 대한 요구가 그 자신의 행복을 추구하지만 정작 타인의 행복의 조건을 부정하는 경우를 말한다. 젠더 평등과 상충하는 요소를 지닌 문화적 정체성부터, 자칭 인종차별주의적 정체성까지 여러 사례가 이런 정체성에 해당한다.[7] 9장에서 다룬 매드 서사를 살펴보면, 도덕적으로 반대할 수 있는 정체성이 범하는 잘못이 대표적인 매드 서사들에서는 등장하지 않는 것을 알 수 있다. 매드 서사는 타인을 부정하면서 당사자 자신을 위한 행복의 조건을 확보하려는 시도가 아니라, 그 조건이 좀 더 많은 사람들에게 마련되도록 확장하려는 시도이다. 따라서 이런 견해에 따르면, (해당 매드 정체성이 인종차별주의와 같은 잘못된 믿음으로 구성된 것이 아닌 한) 매드 정체성은 도덕적으로 반대할 수 있는 정체성이 아닐 것이다. 이처럼 매드 정체성은 사소한 것도, 도덕적으로 반드시 반대할 수 있는 것도 아니다. 그렇다면 매드 정체성은 비합리적인 것일까?

비합리적 정체성

7장에서 우리는 실패한 정체성과 논쟁의 여지가 있는 정체성의 차이에 대해 살펴보았다. 7장 도입부에서 모든 인정 요구에는 당사자와 타인 사이에 사회적 타당성을 받아들이는 격차가 존재하며, 인정 여부를 둘러싸고 서로가 착오를 범하고 있다고 인식한다는 것을 확인했다. 이를 통해 우리가 해결해야 할 질문을 다음과 같이 공식화할 수 있었다. 인정의 범위 안에서 다룰 수 있는 착오(즉 논쟁의 여지가 있는 정체성)를 인정의 범위 안에서 다룰 수 없는 것(즉 실패한 정체성)과 어떻게 구분해낼 수 있을 것인가? 7장의 논의를 통해, 실패한 정체성은 당사자의 정체성을 형성하는 범주를 수정하는 식으로 교정될 수 없으나, 논쟁의 여지가 있는 정체성은 그 범주의 수정을 통해 교정될 수 있는 착오를 포함한다는 것을 알 수 있었다.

이제 정체성 주장 자체가 아니라, 집단 범주 그 자체의 타당성에 대해 다뤄보자. 그렇다면 질문은 "x로 스스로를 정체화하려는 사람은 어떠한 종류의 착오에 연루되어 있는가?"가 아니라 "x라는 집단 범주가 타당한 범주인가?"로 바뀐다. 일부 사회적 정체성은 사회적·정치적으로 긍정적 반응을 이끌어낼 만한 것이 아니라는 의미에서 비합리적이므로, 이 물음은 일종의 판결과도 같은 특징을 지닌다. 이에 대해 콰메 앤서니 아피아는 다음과 같이 언급한다.

> 정체성이 규범적 측면과 사실적 측면을 모두 갖는다면, 두 측면 모두 이성에 위배될 수 있다. 하나의 정체성을 이루는 기본

적 규범들 간에 서로 충돌이 있을 수 있으며, 정체성을 구성하는 사실적 주장factual claim은 진실과 충돌할 수 있다.[8]

예를 들어, '평평한 지구 학회'라는 집단이 있다고 가정해보자. 그 구성원들은 자신을 '평평한 지구 주창자'로 정체화하고, 그 정체성의 타당성을 인정해달라고 요구할지 모른다. 그들은 사회가 그들을 성공적 행위주체로 인정하지 않아서 자신들이 실격과 같은 다양한 사회적 해악을 겪게 된다고 주장할 수도 있을 것이다. 그러나 그들의 주장이 숙고의 대상이 아니라는 것은 자명한데, 지구가 평평하지 않다는 진실을 위반하며 틀린 주장을 하고 있기 때문이다. (유사한 사례로, 모든 과학적 증거에 반해 1만여 년 전 지구가 6일 만에 생성되었다고 믿는 '젊은 지구 창조론자' 집단도 생각해볼 수 있다.) 즉 '평평한 지구 학회'나 '젊은 지구 창조론자' 같은 집단 구성원들의 정체성 주장은 우리가 알고 있는 현 시점에 존재하는 최선의 증거에 기반한 진실과 일치하지 않고, 따라서 그들이 그런 정체성을 진지하게 받아들여서는 안 된다고 합당하게 제안할 수 있다. 다시 말해, 우리와 평평한 지구 학회 및 젊은 지구 창조론자 구성원들 사이에 의견의 불일치가 존재하는 사항(지구의 모양, 나이, 지구의 탄생과 그 위의 생명체의 발흥 등)과 관련해, 그들의 주장이 진지하게 받아들여져서는 안 된다고 말하는 것은 합당하다.

한편, 여기서 '우리'란 누구를 의미하는 것일까? 우리란, **과학적 합리성scientific rationality**을 이 사회에서 지켜야 할 중요한 가치로 여기는 사람들을 가리킬 것이다. 나는 과학적 합리성을 신 혹은 무오류성의 권위에서 유래하는 실체적인 확신을 거부하고, (경험적 관찰, 증거 세분화, 독단적 교리나 특정 형이상학적 관념에 의존하지 않는 추론과 같은) 지식 획득의 절차적 원리를 우선시하는 인식론적·방법론적 틀을 의미하는 것으로 사용하고자 한다.[9] 평평한 지구 학회나 젊은 지구 창조론자 구성원들의 요구를 거부한다면, 그건 특정 정체성에 대한 개인의 신념의 가치보다 과학적 합리성의 가치를 우선시하기 때문이다. 설사 자신들의 세계관이 우리에게 받아들여지는 것이 그들에게 중요한 사안이라 할지라도, 그 관점이 우리의 더욱 중요한 가치와 상충한다면 우리는 그 관점을 받아들이지 않을 수 있다.

그럼에도, 그들이 자신의 관점을 자유롭게 표출할 수 있는 표현의 자유라는 가치는 보호되어야 한다는 점에 주의를 기울일 필요가 있다. 그들의 주장을 적극적으로 금지하는 것(이러한 긍정적 입장을 취하지 않는 대표적 사례로 학교에서 창조설을 가르치는 것을 금지하는 정부의 개입을 떠올릴 수 있다)[10]과 그런 정체성에 대해 긍정적 반응을 보이지 않는 것은 별개의 문제다. 우리가 다루고자 하는 것은 어떤 집단이 부정적으로 다뤄져야 하는지 여부가 아니라, 정체성 주장을 긍정할 수 있는 정당한 후보를 판단하는 기준에 관한 것이다. 평평한 지구 학회나 젊은 지구 창조론자 집단의 주장은 과학적 합리성에 어긋나므로, 그들의 정체성 주장은 긍정할 만한 정당한 후보가 될 수 없다.

위의 논거에 대해, 누군가는 정체성의 합리성을 평가하는 전제에 이의를 제기할지도 모른다. 이의를 제기할 수 있는 근거로 두 가지를 생각해볼 수 있다. 첫째는 정체성의 합리성을 평가할 수 있는 기반 자체가 없다는 주장이다. 둘째는 그런 기반이 존재해 정체성의 합리성을 결정할 수 있다고 할지라도, 인정의 요구와 특정 정체성에 대한 해당 구성원들의 지지가 그 기반을 능가할 수 있다는 주장이다. 나아가 두 주장에 근거하여, 정체성이 사소하거나 도덕적으로 반대할 수 있는 유형의 것이 아닌 한 긍정적으로 고려되어야 한다는 결론을 내릴지도 모른다. 이때 첫 번째 주장에는 인지적 상대주의가, 두 번째 주장에는 자유주의적 관용의 극단적 형태가 자리하고 있다. 이제 이 두 가지 주장의 문제점에 대해 알아보자.

첫 번째 주장과 관련한 인지적 상대주의cognitive relativism는 모든 지식 주장은 각각의 관점에 따라 상대적이라는 생각에서 출발한다. (이때의 관점이란 우리의 개념틀conceptual schemes이나 지각된 현실perceptual reality과 같은 것들을 포함한다.)[11] 지식이란 항상 특정 관점에서 출발한다는 이러한 주장 자체는 놀라운 것이 아니다. 예를 들어, 칸트가 주장했듯 공간과 시간의 개념은 모든 경험을 가능케 하는 조건이다. 이는 객관적인 진리가 더 이상 추구될 수 없음을 의미하는 것이 아니라, 그것이 특정 개념적 장치를 통해서만 추구될 수 있음을 의미한다.

그러나 상대주의자들은 훨씬 더 강력한 두 번째 주장을 전개한다. 개념틀의 다원성 때문에, 어떠한 관점도 다른 관점들에 대해 특권적 지위를 주장할 수 없으며, 다른 모든 것들을 포섭하는 초월론적transcendental 관점이란 존재하지 않는다는 것이다. 이 두 번째 주장을 받아들이면 많은 것들이 달라진다. 어떤 이들은 우리가 진리를 탐구하겠다는 목적을 포기하고, 세계에 대한 우리의 설명의 상대적 효용과 같은 좀 더 실용적인 관심으로 옮겨갈 것을 촉구하기 위해 이러한 상대주의를 이용한다. 더 나아가 어떤 상대주의자들은 (실용주의적 측면뿐만 아니라 존재론적 측면에서도) 객관성을 완전히 부정하고, 서로 다른 실재를 구축하는 다양한 개념틀로 객관성을 대체한다. 이러한 주장이 "서로 다른 개념틀은 통약 불가능하다incommensurable"는 생각과 만나면, 상대주의의 가장 급진적 주장이 도출된다. 지식은 관점에 구속될 뿐 아니라, 특정 관점의 영역을 넘어선 판단을 내릴 수 있는 어떠한 가능성도 존재하지 않는다. 타당성의 기준 자체를 완전히 상대화하면, 결국 보편적 정당화라는 개념 자체가 사라지게 된다. 즉 누군가의 주장은 나의 주장만큼이나 타당하거나, 두 주장 모두 타당하지 않다.[12]

많은 철학자와 사회과학자가 통약 불가능 테제the incommensurability thesis를 받아들이지 않을 가능성이 높기에, 우선 상대주의의 급진적 관점은 제쳐두고 논의를 전개하고자 한다. 여기서 나는 두 번째 주장에 주목하고자 하는데, 상대주의를 둘러싼 논의를 살펴보는 목적이 '정체성이 **사실의** 성격factual nature을 띠는 주장으로 구성되는 경우에서도 정체성의 합리성을 평가할 수 있다'는 관념을 옹호하는 데 있기 때문이다. 두 번째 주장에 따르면, 그런 평가를 가능케 하는 정당한 관점이 존재한다. 두 번째 주장은 초월론적 관점이 없다고 주장한다는 점에서 옳았지만, 특권적 관점이 없다고 간주한다는 점에서는 옳지 않았다. 그러나 어떠한 초월론적 관점도 존재하지 않는다고 가정하면, 어떤 관점의 특권적 지위를 순환적인 방식으로 확립할 수

밖에 없게 된다. 어니스트 겔너Ernest Gellner가 지적하듯, "다른 관점은 우리의 규칙이 아닌, 그 스스로의 규칙에 의해 스스로를 검증할 것이다. 따라서 그 관점을 제거하려는 모든 행위는 자신의 규칙에 어긋날 것이기에, 이는 결과적으로 선결문제 요구의 오류question begging에 빠지게" 된다.[13] 그럼에도, 적어도 "부분적으로는 선결문제의 오류를 범하지 않는 방식으로" 과학적 세계관의 우선성을 주장할 수 있다.[14] 이에 대해 겔너는 인식론적 측면과 사회학적 측면에서의 두 가지 주장을 제시하며 논지를 전개한다.[15]

> 인식론적으로 …… 처음에는 어떤 것이든 참일 수 있다. 그것이 무엇인지에 대한 선재하는 표지 없이 우리는 어떻게 올바른 믿음을 선택해낼 수 있을까? 해답은 근대 과학의 발흥을 이끌어낸 인식론적 전통에서 찾을 수 있다. …… 이 해답을 거칠게 표현하자면, '자신을 유지하는self-maintaining 순환적 믿음 체계를 모조리 제거하라'는 명령이다. 자기 유지 체계라고 하는 이 장치는 주로 패키지 딜package deal*을 원칙으로 삼는다. 즉 바로 이 패키지 딜 원칙이 관념들의 자기유지 체계를 초래하므로, 우리는 주어진 정보를 가능한 한 여러 부분으로 분해하고, 이들 각각을 따로따로 면밀히 살펴야 한다. 이러한 과정을 통해 순환성과 자기유지적 속성을 파괴할 수 있다. 그럼에도

* 해당 인용문에서는 자기유지 체계가 순환적 믿음 체계를 일괄적으로 받아들이도록 함으로써 자신의 지식 체계를 유지하고 있다는 점을 다양한 상품을 한데 묶어 판매하는 방식을 뜻하는 용어인 '패키지 딜package deal'을 빌려 설명하고 있다.

동시에 세계가 체계적인 성격, 즉 규칙성을 갖는다고 상정해야 한다. 이 규칙성이 논증 가능한 것이어서가 아니라, 이 원칙을 피해가게 되면 어떠한 실제적 지식real knowledge과도 마주할 수 없기 때문이다.

이러한 인식론을 꾸준히 적용해온 공동체는 막대한 "인지적 자산cognitive wealth"을 창출하는 과학적 실천을 발전시켰고, 그로 인해 "매우 강력한 테크놀로지"가 탄생함으로써 전 세계의 많은 공동체들에 도입되기에 이른다.[16] 스티븐 룩스Steven Lukes는 이와 관련해 다음과 같이 지적한다.[17]

누구도 과학이 우리의 환경을 예측하고 통제할 수 있게 해주는 객관적 지식을 만들어낸다는 것을, 엄청난 과학기술의 진보가 있었다는 것을 **정말로** 의심하지 않는다. 또한 과학 발전 이전의 사고방식보다는 그 이후의 사고방식이, 초기의 과학 지식보다는 이후의 과학 지식이 상대적으로 인지적 우월성을 갖는다는 판단에 대해, 어느 누구도 진정으로 그러한 판단이 '우리의' 지역적인 개념틀이 만들어낸 단순한 편견이라고 여기지 않는다. 전 세계의 사람들은 주술, 종교, 과학이 무수한 방식으로 결합된 다층적인 삶을 살아가고 있지만, 과학이 지닌 축적된 인지적 권력cognitive power을 받아들이지 못하는 삶의 방식은 더 이상 존재하지 않는 것처럼 보인다. 사람들은 아플 때 기적, 기도뿐 아니라 수술을 찾는다. 창조론자들과 종교근본주의자들도 다윈주의의 진리를 토대로 발전한 독감 백신을 접종하며, 비행기를 타고, 컴퓨터로 웹 서핑을 한다. 주술사와 상담하곤 하는 부족의 구성원들 역시 가능한 상황이라면 지역의 병원을 찾곤 한다. 현대사회의 많은 이들이 여전히 여러 기괴하고 비이성적 믿음을 갖지만, 그들은 과학과 양립할 수 있는 상식이라는 거대한 배경에 밀착한 채 행동한다. 반모더니즘anti-modernism을 가장 크게 외치는 사람들은 모더니즘 전체를 일괄적으로 부정할 수 없다. 반모더니즘은 모더니즘적인 입장으로, 모더니즘으로부터 되돌아오는 길이란 존재하지 않는다.

이처럼 인식론적·사회학적 논증은 두 번째 주장에 이의를 제기하며, 세계에 대한 사실적 주장이 관계되는 한 과학적 합리성이 다른 관점에 대해 특권적 위치를 점한다는 생각을 뒷받침한다.

극단적으로 관용적인 자유주의자의 입장에는 또 다른 문제점이 있다. 정체성이 비합리적임을 알면서도 긍정적 판단을 내린다면, 그 판단은 타당하지 않고 기만적일 뿐이다.[18] 평가 기준 자체가 유명무실해짐으로써 판단은 타당성을 잃게 된다. 예를 들어, 평평한 지구를 믿는 사람들은 자신의 정체성과 그것을 구성하는 진실에 대해 자신들이 주장하는 바를 다른 이들이 타당하다고 인정해줄 것을 요구한다. 그러므로 우리 판단의 타당성은 그들 주장의 진실 여부에 달려 있다. 따라서 극단적으로 관용적인 자유주의자가 내리는 긍정적 판단이란, 그것이 결과적으로 거짓말이라는 점에서 기만적일 수 있다. 인정에 대한 요구를 표현할 때, 사람들은 자신의 정체성이 진정으로 타당하고 가치 있게 받아들여지기를 바란다. 자신의 정체성에 대한 긍정적 수용이 단지 사회적으로 잘 꾸며진 거짓말이기를 바라는 사람은 없다.

물론 일부 사람들은 자신의 정체성에 대해 진실하지는 않지만 긍정적인 판단을 내려주는 상황에 만족할 수도 있다. 그러나 사람들이 서로의 삶의 방식이나 정체성에 대해 거짓으로 긍정적인 견해를 교환하는 사회란 우리가 지향하는 인정의 이상과 크게 다르다. 사람들의 실제 견해와 밖으로 드러내는 판단 사이에 본질적 모순이 자리하는 이런 사회는 오히려 디스토피아적 사회에 가까워 보인다.

이제 우리는 인지적 상대주의에 대항해 정체성의 합리성을 판단할 수 있는 관점이 있으며, 이것이 다른 관점들보다 우위에 있다고 주장할 수 있다. 마찬가지로, 우리는 자기 판단의 근거가 되는 기준을 인정해야만 한다. 그렇지 않으면 앞서 극단적 관용주의적 자유주의자들이 직면했던 한계를 다시 마주하게 될 것이며, 결과적으로 기만적이고 타당하지 않은 판단을 내리게 될 것이다. 만약 우리가 판단을 내리지 않을 수 없다면(다시 말해, 인정 요구에 관해 판단을 내리는 자리에 서지 않을 수 없다면), 과학적 합리성의 입장을 취하는 것이 항상 적절할까?

계몽주의의 입장을 취하는 과학적 합리성은 종교 근본주의나 문화적 전통주의와 같은 여타의 입장과 차이를 보인다. 누군가가 종교 근본주의의 입장을 취한다면, 정체성의 합리성과 도덕적 수용성과 관련해 다른 견해를 갖게 될 가능성이 크다.

그러나 앞서 제기한 과학적 합리성에 대한 논의들과 별개로, 나는 다음과 같은 이유에서 논의를 계속 전개해나가고자 한다. 첫째, 과학적 합리성은 이 책을 읽는 이들 다수가 취하는 입장일 거라고 생각한다. 둘째, 과학적 합리성은 동시대의 철학적 전통 속에 놓인 이 책 자체의 입장이기도 하다. 셋째, 광기와 사회의 대립은 정신의학을 통해 매개되는데, 이 대립 구도에서 정신의학은 과학적 합리성을 대신해 쓰인다. 그러므로 이 대립을 해소하기 위해서는 어떤 조건에서 대립이 발생하는지 살펴야 한다. 이어서 살펴보겠지만, 과학적 합리성의 관점이 언제나 정체성을 평가하는 적절한 입장인 것은 아니다. 몇몇 사례에서는 정체성 평가의 관점이 과학적 합리성의 범위를 벗어나기도 한다.

앞서 다뤘던 평평한 지구론자와 젊은 지구 창조론자들의 사례를 다시 생각해보자. 우리는 두 집단이 우리 또한 참여하고 있는 동일한 '게임'의 참여자이기 때문에 그들의 합리성에 대해 판단을 내릴 수 있었던 것일지도 모른다. 이 게임 속 참가자들은 관찰하고 가설을 세우며, 가설을 검증하기 위한 데이터를 모으고 결과적으로 이론을 세운다. 각자의 믿음을 형성하는 데 이렇게 엄격한 방법론으로 일일이 검증하는 사람은 거의 없겠지만, 우리는 일반적으로 이런 방법이 세계의 본성을 올바르게 파악할 수 있는 최선의 방법이라는 점에 동의한다.[19] 그리고 추가적 실험과 이론을 통해 기존에 정립된 사실이 참이 아니라는 것이 밝혀지면, 그에 따라 자신의 견해를 수정하게 된다.

그러나 여타의 정체성과 관련된 다른 경우에도 이와 동일한 방식의 게임이 진행될지는 명확하지 않다. 즉 모든 사람들이 과학적 합리성에 따라 세상 속 여러 사안들을 바로잡기 위해 세상에 관여하고 있는 것은 아니다. 오히려 그들은 다른 종류의 게임을 하고 있는 것일 수 있다. 세상에 관여하는 방법에는 여러 가지가 있으며, 과학적 합리성은 이런 정체성 형성의 주장을 평가하는 적절한 틀이 아닐 수 있다. 그렇다면 세상에 관여하는 다른 방식에는 어떤 것들이 있을까? 나는 그 다른 방식들을 교리와 관습을 구분하며 간략히 탐구해보고자 한다. (교리와 관습의 구분은 유일신 종교를 포함하는 믿음 체계 전반에 적용되는 구분법이다.) 우선 관습이나 의례보다 교리가 강조되는 경우를 먼저 검토해보자.

겔너는 종교 근본주의에 대해 다음과 같이 말한다.[20]

> [종교 근본주의의] 기저에 자리하고 있는 생각은, 주어진 신앙은 타협, 완화, 재해석 또는 축소 없이 완전하고 문자 그대로의 형태로 굳건히 지켜져야 한다는 것이다. 종교 근본주의는 종교의 핵심은 의례보다는 **교리**doctrine에 있으며, 이 교리는 정확하고 최종적인 것으로 확정될 수 있다고 전제한다.

종교적 교리에는 우리의 본성, 세계와 우주의 본성, 그리고 우리가 살아가고 서로를 대해야 하는 방식에 대한 근본적인 관념이 포함되어 있다. 자신이 추종하는 신앙의 교리에 따라 신자들은 이러한 방식을 바로잡고자 하는데, 여기서 바로잡는다는 것은 신이 우리에게 무엇을 의도했는지 정확하게 아는 것을 뜻한다. 내가 가장 잘 알고 있는 전통인 이슬람교의 경우, 신의 뜻은 신의 말씀으로 간주되는 코란과 전승되는 격언들과 구분될 수 있다.[21] 따라서 앞서 언급한 바로잡는 과정은 해석적인 과정이 된다. 특정 구절을 어떻게 이해할 것인가? (인간 창조에 대한 묘사에서) 신은 '흙'이라는 단어를 통해 무엇을 의미했는가?* 전승 속에서 선지자가 언급한 사람은 누구를 가리키는가? 이러한 전승을 전달해온 사람들reteller의 계보는 신뢰할 만한가?

우리는 종교 근본주의자와 과학적 합리주의자에게 무언가를 바로잡는다는 것이 각기 다른 의미를 나타낸다는 것을 알 수 있다. 종교 근본주의자는 신의 의도를 해석해내는 것을, 과학적 합리주의자는 세계의 본성에 대한 참된 설명을 만들어내는 것을 바로잡는 것이라고 여기고 있다. 그러나 종교적 교리가 때로 현실과의 관계 속에서 그것이 진리임을 원칙적으로 확정할 수 있는 주장을 포함하기에 문제에 봉착한다. 그러나 해석적 모험을 감행하고 있는 종교 근본주의로서는 자신이 이러한 의미의 진리성에 접근할 권리를 갖는다고 주장할 수 없다. 오히려 종교 근본주의자는 신의 말씀이 진리에 대응한다고 즉각적으로 대응할 수 있다. 그들에게는 **신의 말이 곧 진리**이다. 만약 종교 근본주의자에게 왜 그러한지에 대해 묻는다면, 코란에서의 신의 선언의 진리는 (그의 말씀은 진리이며 영원히 왜곡되지 않을 것이라는) 신의 선언에 의해 보장된다는 답변을 들을 수도 있다.[22] 그러나 이런 식의 순환 논증은 충분하지 않으며, 증거와 논리의 문제가

---

* "여호와 하나님이 땅의 흙으로 사람을 지으시고 생기를 그 코에 불어넣으시니 사람이 생령이 되니라.", 창세기 2장 7절.

믿음의 문제로 환원되었다는 사실이 명확해질 뿐이다. 만약 우리가 종교 근본주의자에게 재차 질문한다면, 코란은 1400여 년 전에 근대 과학의 발견들을 미리 내다보았다는 것을 입증함으로써 신의 말씀의 진리를 정당화하려는 시도를 마주할 수도 있다. 그 시도는 "코란의 과학적 기적"으로 알려져 있는데, 학자들은 시간의 상대성, 개념화의 과정, 뇌의 기능, 태양의 구성요소 등과 같은 발견을 보이기 위해 애매하고 시적인 구절에 대한 해석을 제시한다. 여기서 아이러니는 그런 시도가 과학적 진리를 신의 말씀의 진리에 대한 심판자의 지위로 격상시킨다는 점이다.

더욱 어려운 문제는 과학이 자기수정적인self-correcting 진보적 기획이라는 점이다. 오늘날 참으로 알려진 것이 내일은 거짓이 될 수도 있지만, 코란은 고정되어 있다. 즉 코란의 모든 과학적 주장은 과학이 발전함에 따라 반박될 수 있다. 끊임없이 변화하는 지식을 이용해 영원히 고정된 신의 말씀이 타당하다는 것을 보일 수는 없다.

신앙에 기초해서도, "코란의 과학적 기적"에 기초해서도 신의 말씀을 진리로 간주할 수 없다. 과학적 합리성의 입장에서 볼 때, 종교 근본주의자가 할 수 있는 전부는 "신의 의도"에 대한 해석을 제공하는 것뿐이다. 이 점을 감안하면, 우리가 그 주장의 진실 여부를 원칙적으로 확립할 수 있는 (그리고 따라서 그 주장의 진실성에 대한 검토에 종속되는) 교리적 주장에 의해 구성된 정체성과 마주할 때, 이 정체성에도 긍정적 반응을 보일 수 없다. 왜냐하면 과학적 합리성이 얼마든지 그 주장에 대해 판단을 내릴 수 있기 때문이다.

그러나 모든 종교가 이런 의미에서 순전히 교리적인 것은 아니다. 즉 모든 종교의 교리가 세계에 대한 엄격한 사실적 주장인 것은 아니다. 이와 관련해 아피아는 다음과 같이 말한다.[23]

> 고어 비달Gore Vidal은 고대의 신비주의 종파에 대해 이야기하는 것을 좋아하는데, 그 종파들의 의식은 종파의 성직자들도 주문을 외울 때 더 이상 그 말의 의미를 이해하지 못할 만큼 오랜 세월 이어져 내려오고 있다. 이런 관찰은 풍자적이지만, 한편으로 좋은 논점을 포함하고 있기도 하다. 종교적 의식에 종교적 신조에 대한 확인이 포함되어 있는 경우, 궁극적으로 중요한 것은 문장의 인식론적 내용이 아니라 그 문장을 발화하는 실천이다. 프로테스탄트 전통에서는 독실한 사람을 실천가practitioner보다는 신자believer로 묘사하는 경향이 있으나, 이는 다소 빗나간 강조로 보인다.

아피아가 올바르게 지적하듯, 많은 사람에게 종교란 실천적 행위이다. 사람들은 가족과 함께 금요 기도를 위해 모스크에 참석하고, 코란의 구절을 암송하며, 이맘Imam[이슬람교의 영적 지도자]의 뒤에 서서 기도를 반복하고, 기도회 이후에는 친구들과 어울린다. 이 모든 것 중 교리는 그들의 마음에서 가장 마지막 순서를 차지한다. 신자들은 심지어 신과 연결되어 있다는 영적 감정에 압도되거나, 종교적 의식을 행하는 동안 세계에 관한 터무니없는 주장이 포함된 구절을 암송할지도 모른다. 그러나 이런 주장에 대한 경험적 혹은 논리적 의미에서의 진리를 신자들에게 강조하는 것은 잘못된 일일 수 있다. 찰스 테일러가 제시한 예처럼, 이는 "인도의 전통 음악인 라가raga"에 대해 "잘 조율된 클라비어clavier(바흐의 평균율)에 내재된 가치를 전제"로 접근하는 것만큼이나 맞지 않는 일이며,[24] 판단의 잘못된 수단을 적용함으로써 "영원히 핵심을 놓치는 것"이 된다.[25]

그리고 이때의 진리란 은유적 의미에서의 진리, 인간 경험의 상징적 표현, 경험의 범위 및 도덕적 깊이를 나타내는 것으로 사용될 가능성도 있다. 이런 맥락에서 테일러는 과학 연구와 그 기술적 응용에서는 지워져버린 인간 경험의 표현적 차원에 주목한다.[26] 인류 문명은 언제나 풍부한 언어적 표현을 발전시켜왔으며, 종교적 언어는 그 명확한 사례 중 하나이다. 과학적 합리성의 전문화된 언어와 그에 수반되는 절차적 금욕주의procedural asceticism는 세상의 여러 일들을 바로잡기에 최적의 방법이지만, 때로 인간의 심리적·감정적·도덕적 복잡성을 표현하는 수단으로는 불충분하다.

그렇기에 과학적 합리성의 표준에 비춰 특정 정체성의 실천적·의례적 차원과 표현적 차원을 판단하는 것은 그 정체성을 침해하는 일이 된다. 다시 말해, 과학적 합리성에 입각한 우리의 판단은 제한된 가치만을 지니게 되는 것일 수 있다. 나는 우리가 타인의 정체성을 이해하는 데 적합한 언어를 가지고 있지 않다는 것, 혹은 그들에게 스스로의 정체성을 표현할 수 있는 언어가 있음에도 외부인인 우리가 자꾸 그 언어에 개입하려는 경향이 있음을 스스로 인지하고 의심할 때, 공유된 이해의 진짜 문제를 발견할 수 있다고 생각한다. 우리는 타인의 정체성을 구성하는 서사의 비합리성을 판단할 수 있는 수단을 갖고 있지 않다. 나는 교리와 실천의 구분이, 세상에 대한 이해와 스스로에 대한 표현을 구분하는 것이 쉽다고 말하는 것이 아니다. 그리고 어떤 특정 사례가 이런 구분의 어느 한쪽에 깔끔하게 자리한다고 말하려는 것도 아니다. 다만 우리가 과학적 합리성의 입장을 채택하려면(앞서 살펴보았듯, 우리는 결국 **어떤** 입장이든 반드시 취해야만 한다), 다음과 같은 두 문제를 생각해보아야 한다는 것이다. (1) 해당 서사가 사실적 차원과 표현적 차원 중 어느 층위에서 가장 잘 이해될 수 있는가? (2) 그들의 정체성을 적절히 표현해 내는 서사를 충분히 구성해낼 수 있는 경험들이 존재하는가?

이어서 이 두 질문과 관련해 매드 서사를 살펴보자. 첫 번째 질문과 관련해 앞서 살펴본 영적 변화의 서사를 떠올려보자(9장의 '매드 서사' 절 참고). 이 서사의 핵심에는, 개인이 정신적으로 좋은 삶을 영위하는 것과 지구상의 모든 생명체가 좋은 삶을 살아가는 것이 근본적으로 연결되어 있다는 급진적인 생태학적 관점이 자리한다. 과학적 합리성의 입장에서 볼 때, 누군가는 이 주장의 사실적 정확성에 이의를 제기할 수 있다. 그러나 그 이의제기는 해당 서사의 핵심을 놓치는 잘못된 방식의 판단이다. 물론, 한편으로 급진적 생태주의 서사는 사람들로 하여금 지구의 생태계를 돌보도록 촉구하는 것을 목표로 한다. (그렇기에 일정 부분 사실적 주장을 포함하고 있다.) 그러나 다른 한편으로 그것이 **영적 변화**의 서사인 한, 급진적 생태주의 서사는 그 자신과 환경의 관계를 새롭게 조정하는 시도일 수 있다. (그리고 이는 서사의 표현적 측면으로 가장 잘 이해될 수 있다.)

이번에는 정신 상태에 대한 외부의 저자성을 허용하는 '목소리 듣기'나 '사고 주입' 서사의 관점에서 첫 번째 질문을 다시 생각해보자. 이런 서사에서는 (다른 누구도 지각하지 못하는) 외부의 행위주체가 어떤 사람에게 말을 걸고 그의 생각을 써내려가는 것이 가능하다고 말한다. 과학적 합리성의 관점에서 볼 때 그와 같은 주장은 일반적이지 않으며, 자아의 경계와 관련해 (과학적 관점에서는 상당히 이질적인) 어떤 외적 존재에 대한 문화심리학적 가정을 전제한다. 과학적 합리주의자들은 그들 세계관의 인식론적·존재론적 근거와 상충하는 이 가정 및 주장을 거부할지도 모른다. (이때 과학적 합리주의자는 그런 외적 존재에 대해 알 수 없으며, 존재 여부 또한 명백히 상정할 수 없다.) 물론 과학적 합리주의자가 왜 그런 입장을 취하는지 이해할 수는 있지만, 그런 식의 주장을 둘러싼 문제는 생각보다 간단하지 않다.

문제의 복잡성은 앞서 제기된 두 번째 질문, 즉 그들의 정체성을 충분하게 표현하는 유형의 서사를 구성하는 여러 경험들이 존재하는가와 관련된다. 매드 서사의 경우 그런 경험을 보유하는 것으로 보인다. 몇 가지 예를 살펴보자면, 우선 '위험한 선물' 서사에서는 독특한 사고 과정과 극단의 감정 상태와 같은 경험이 존재한다. '치유의 목소리' 서사에는 개인의 마음 외부에 있는 목소리를 듣는 경험이 존재하며, (정신 상태의 외부 저자성을 허용하는) 사고 주입 또한 그런 경험의 일부가 될 수 있다. '영적 변화'의 경우, 자아와 세계에 대한 관습적 경험의 붕괴와 자아의 연속성을 깨뜨리는 균열을 경험한다. 해석틀이 이처럼 여러 경험들 속에서 충분히 도출될 수 있다는 것은, 단지 과학적 합리주의 서사의 일관성이나 매드 서사의 비합리성을 주장하는 방식만으로는 당사자의 해석틀과 (이런 경험에 익숙지 않은) 타인의 해석틀의 차이를 극복할 수 없음을 뜻한다. 서로의 이해방식 사이에는 중대한 간극이 존재하며, 그 간극에 주의를 기울일 필요가 있다.

서사가 표현적 차원에서 가장 잘 이해될 수 있는 경우, 혹은 서사를 충분히 구성해낼 수 있는 경험이 존재하는 경우, 과학적 합리성은 정체성 주장을 구성하는 데서 판단을 내릴 수 있는 위치에 있지 않다. 그렇다면 인정의 요구가 있는, 사소하지 않으며 도덕적으로 반대할 수 없는 정체성의 경우, 다음과 같은 질문이 제기될 수 있다. 인정에 대한 요구에 대응해 우리는 무엇을 해야 하는가?

4. 무시에 대응하기

매드운동에서 제기하는 인정에 대한 요구에 대응하려면 어떤 것들이 이뤄져야 할까? 이 질문을 제기하기까지, 앞서 우리는 다음과 같은 내용들을 확인할 수 있었다. (1) 매드 정체성의 인정에 대한 요구는 규범적 효력을 갖는다. (2) 매드 정체성은 사소하지 않고, 도덕적으로 반대할 수 있는 것이 아니며, 비합리적이지 않다. 이제 5장의 〈3. 무시와 정치적 개혁〉과 〈5. 무시에 대한 대응: 정치적 개혁과 화해의 역할〉, 10장 〈2. 인정에 대한 요구의 규범적 정당성〉의 전반부에서 상세히 다룬 내용을 바탕으로 무시에 대한 대응에 필요한 사항들을 검토해보자.

의도된 결과는 무엇인가?

광기의 인정 요구는 심리적 다양성에 기반한 일련의 대항 서사, 즉 매드 서사의 타당성과 가치를 사회가 인정하도록 요청한다. 예를 들어, 광기의 인정 요구의 과정에서 '위험한 선물'과 같은 서사는 흔히 양극성 장애로 불리는 사고 과정과 경험을 이해하는 타당한 방식으로 여겨질 수 있다. 또한 이런 사고 과정과 경험들은 매드 서사의 묘사에 따라 잠재적으로 가치 있는 것으로 여겨진다. 따라서 인정의 이상적인 모습은 광기에 대한 사회적 이해가 다양한 매드 서사와 결합하는 것이다. 이는 타인들이 **자유로운 상태**에서 **진정으로** 매드 서사의 타당성과 가치를 받아들이는 상황을 뜻하기도 한다.[27] 그러나 인정 요구에 대한 승인이 무조건적으로 이뤄질 수는 없으며, 승인이 실현되려면 해당 서사를 실제적으로 마주하고 이해하며, 평가하는 과정이 필요하다. 그런 과정을 가능케 하는 주요한 수단이 바로 (넓은 의미의) 대화다.

어떤 수단을 통해 이런 결과를 이끌어낼 수 있을 것인가?

대화는 참여자들로부터 시작된다. 우리가 검토하고 있는 대화 참여자는 다음과 같다. (1) 대항서사를 발전시키고 인정을 요구하는 활동가, (2) 정신건강 서비스 이용자 및 환자, (3) 다양한 배경을 가진 정신건강 전문가, (4) 학자와 연구자,(5) 정신건강에 직접적으로 관여하지 않는 사회구성원.

대화의 중심에 있는 이들은 바로 지배적 서사에 직접적으로 도전하고 인정에 대한 요구를 주장하는 당사자 활동가들이다. 지나친 단순화일 수 있지만, 대화의 한편에는 다양한 매드 서사가, 다른 한편에는 정신의학적·심리학적 진단 범주와 관련된 서사가 존재한다고 할 수 있다. 예를 들어, 한 개인은 자신의 목소리를 자신의 성장을 견인하는 유용한 정보로 여길 수 있다('치유의 목소리' 서사). 그러나 정신의학·심리학 서사는 그 목소리를 고유한 가치가 없는, 잘못 부여된 내적인 소리 혹은 언어적 환청으로 여길 수도 있을 것이다. 또한 누군가는 자기 자신과 타인, 세상에 대한 스스로의 경험이 엄청난 파괴와 변화를 겪는 것을 영적 변화의 과정으로 여길 수도 있다. 그러나 정신의학적·심리학적 서사는 그런 변화를 조현 증상이나 정신병적 삽화로 여길 가능성이 높다. 정신의학적·심리학적 서사에서는 이와 같은 증상을 일반적으로 치료해야 할 대상으로 여기며, 따라서 개인을 지지하고 방향을 제시하는 일종의 여정이라는 주장은 잘 수용되지 않는다.

두 입장의 극심한 대립은 우리가 극복해나가고자 하는, 사회적 타당성을 검증하는 일에 존재하는 깊은 간극을 다시 한번 상기시킨다. 특정 매드 서사를 통해 나를 이해하는 것과 특정 정신의학적·심리학적 서사를 통해 다른 사람들이 나를 이해하는 것 사이에는 이렇게 깊은 간극이 존재한다. 인정을 요구하는 사람들이 보기에는 바로 이 대립의 반대편에 놓인 정신의학적·심리학적 서사야말로 자신들의 정체성에 대한 무시와 오인을 초래한다. 따라서 대화의 목적은 매드 서사에 다가가고 이해하려는 진지한 노력을 통해 그 괴리를, 무시와 오인을 해결하는 것이 된다.[28] 한편, 다양한 대화 형태 중 우리에게 필요한 것은 화해를 이끌어낼 수 있는 대화에 해당한다. (어떤 종류의 대화는 어느 한쪽이 다른 쪽을 바꾸거나 이해하려는 열망 없이 진행된다.) 따라서 화해를 이끌어내는 대화에 필요한 옳은 태도가 무엇인지 좀 더 구체적으로 살펴볼 필요가 있다.

어떤 태도가 화해를 이끌어내는 대화를 형성하는가?

무시에 대한 대응에서 우리는 화해의 태도로 타인과의 대화에 임해야 한다(5장의 〈4. 무시와 화해〉 참고). 화해의 태도에는 다른 사람들이 사회 속에서 스스로의 타당성을 검증받고 자리매김할 수 있다는 것이 나의 그것만큼이나 중요하다는 것을 인정하는 과정이 포함된다. 즉 사회 속에서 자신의 정체성과 삶의 기획을 위치 짓고 그 타당성을 승인받는다는 것은 나 자신뿐 아니라 상대방에게도 중요한 일임을 인정하는 것이다. 이런 태도를 취함으로써 상대방의 말을 경청할 수 있으며, 대화를 통한 화해의 가능성이 생겨난다. (이때 화해의 **가능성**이라고 표현한 이유는 앞서 지적한 것처럼 인정은 해당 서사를 마주하고 이해하며 평가함을 통해 자유롭고 진정성 있게 이뤄져야 하기 때문이다.)

그렇다면 우리가 화해의 태도로 타인에게 다가가야 하는 이유는 무엇인가? 우리는 이러한 질문은 가까운 친구나 파트너와의 관계에서 적용되는 질문이 아님을 5장의 '왜 우리는 화해의 태도로 타인에게 다가가야 하는가?' 절에서 살펴보았다. 흔히 이상적인 우정과 파트너십은 무조건적인 상호적 화해의 태도로 정의된다. 화해의 태도를 타인에게까지 확장하기 위해서는 자신의 관심 범위를 친구나 파트너 너머로 넓혀야만 한다. 무관심, 부정, 방관자 효과와 같은 동기 부여와 관련된 사회심리학적 문제, 정서적 연결의 부재, 경제적·정치적 문제까지, 이런 확장을 가로막는 방해물은 수없이 많다. 또 다른 주된 방해물은 우리가 타인을 우리 자신과 근본적으로 다른 존재로 묘사할 때 발생한다. 예를 들어, 누군가는 어떤 타인을 우리와 같이 고통받을 수 있는 능력이 없거나, 인간의 핵심적 가치와 역량을 결여한 존재로 여길지도 모른다. 이런 편견들을 뒤집고 타자를 인간화하는 것은 우리의 관심 범위를 확장하는 데 분명 도움이 되겠지만, 앞서 언급한 여러 다른 방해물을 모두 해결하기에는 불충분한 것으로 보인다.[29] 다음 절에서는 화해의 태도라는 시작점에서 무시의 해결로 나아가는 몇 가지 방법을 살펴보자.

어떤 활동이 화해를 촉진할 수 있는가?

특정 타인을 우리가 관심을 기울일 가치가 없는 존재로 여기도록 하는 대중적 편견을 뒤집음으로써 화해의 태도를 촉진할 수 있다. 광기에 대해서도 마찬가지로 다음과 같은 다양한 대중적이고 부정적인 편견이 존재한다. (1) 광인은 폭력적이다. (2) 광인은 무력하며, 오직 동정의 대상일 뿐이다. (3) 광인은 신경학적·화학적 변화를 겪을 뿐, 그들의 경험 속에서 의미를 찾기란 불가능하다. (4) 광기는 만성적이고 퇴행적인 정신 상태이다.

이와 같은 편견은 당사자로 하여금 자신을 비당사자와 완전히 다른 존재로 느끼도록 하며, 따라서 당사자에게 화해의 태도로 다가갈 가능성을 축소시킨다. 이런 맥락에서 낙인과 싸우기 위한 정신건강 관련 단체들의 역할이 매우 중요하게 부상한다.[30]

그러나 광기를 둘러싼 편견에 맞서는 문제는 여전히 우리가 왜 광기에 대해 긍정적인 관점을 취해야 하는지 의문을 불러일으킨다. 일반적으로 이러한 견해에서는 대개 정신질환을 신체질환과 유사하다고 여긴다. 예를 들어, 2017년 영국 정부는 정신질환과 신체질환의 "동등한 존중"을 달성하기 위한 정신건강 개혁 프로그램을 시작했다.[31] 이와 유사하게, 영국 왕실의 후원하에 여덟 개 단체의 연합으로 시작된 최근의 캠페인인 헤즈투게더Heads Together는 "정신건강에 관한 대화의 변화"를 추구하며 정신건강은 신체건강과 동일하다는 관점을 채택하고 있다.[32] 물론 이런 식의 일반적 비유가 정신질환과 신체질환이 그 증상이나 병인病因의 측면에서 비슷한 종류의 문제라는 의미는 아니다. 이 비유는 오히려 신체질환에 대해 우리가 부여하고 있는 긍정적 견해를 정신질환에 대입하고 활용하려는 시도이다. 즉 정신질환은 신체질환처럼 개인의 잘못이나 부끄러워할 일이 아니며, 약하다는 것을 의미하지 않고, 치료 불가능한 대상도 아니라는 함의를 담고 있다.[33] 물론 이는 의료적 관점의 일부로, 매드운동은 심리적·감정적·경험적 다양성과 관련한 대항서사를 도입하며 이에 저항하려 한다. 그럼에도 이런 캠페인들은 의학적 관점 이외에도 광기에 관한 다양한 대안적 서사들이 존재한다는 점을 상기시킨다는 점에서 환영받을 만하다. 이를 통해 대중에게 광기의 다양한 서사들을 소개하고, 나아가 화해를 촉진할 수 있기 때문이다. 주목할 만한 최근의 사례로 2017년 BBC 호라이즌Horizon 시리즈에 방영된 〈나는 왜 미쳤는가?Why Did I Go Mad?〉라는 제목의 다큐멘터리를 꼽을 수 있다. 이 다큐멘터리는 '치유의 목소리' 서사와 유사한 관점을 소개했다. 이처럼 주요 방송사의 시도는 광기의 대안적 서사를 대중화하는 이상적인 수단이 될 수 있다.

지금껏 우리는 10장의 〈1. 들어가며〉에서 구체화한 두 가지 주요한 질문을 다뤘다. 이제부터는 성공적인 화해 과정을 통해 얻을 수 있는 장점들 짚어보자.

5. 매드 서사와 문화적 레퍼토리

매드 서사와 성공적 화해를 이룰 때 기대할 수 있는 이점은 의학적·심리학적 관점을 넘어 광기와 관련된 문화적 레퍼토리를 풍부하게 만들 수 있다는 것이다. 이때 "문화적 레퍼토리"란 무엇이고 매드 서사를 그 범주에 새롭게 포함시킴으로써 얻을 수 있는 구체적 이점은 무엇일까?

"문화적 레퍼토리cultural repertoire" 개념을 제시한 이는 앤 스위들러Ann Swidler이다. 그녀는 문화란 "상징, 이야기, 의례 그리고 세계관의 '공구 키트tool kit'이며, 사람들은 이 키트를 자신이 가진 여러 문제를 해결하는 데 다양한 형태로 사용할 수 있다"고 여겼다.[34] 이는 문화를 개인의 행위주체성과 경험을 규정하는 단일한 실체로 보았던 초기 인류학 연구(또한 이는 오늘날의 대중 담론에서 구성원들의 '문화적' 소속을 근거로 개개인의 특성과 동기를 균일한 것으로 가정하는 방식으로도 여전히 발견된다)에 반론을 제기하는 견해였다.[35] 문화를 "자원" 혹은 "공구 키트"로 바라본 의료인류학적 광기 연구들은 당사자가 스스로의 경험을 이해하는 과정에 적극적이고 창조적으로 관여한다는 점을 보일 수 있었다(9장의 〈5. 주관적 서사와 매드 서사의 차이〉 참고). 자연스럽게, 이러한 과정은 경험의 본질적 특성 및 정도, 전문가 및 가족의 반응, 당사자의 창의적 역량, 사회적인 위치와 권력 등 여러 제약 조건 속에서 진행된다.[36] 또한 문화적 레퍼토리를 창조적이고 의식적으로 '사용'할 수 있는 부분도 분명 있지만, 문화는 우리의 사고, 행동, 체화된 경험의 깊은 곳에 이미 녹아들어 있으며 이를 변형하거나 거부하는 것은 일반적으로 가능하지 않다는 점도 반드시 염두에 두어야 한다. 즉 문화적 결정론과 개인의 행위주체성 중 어느 한쪽이 모든 것을 설명해낼 수는 없다.

사람들이 자신의 경험에 의미를 부여하고 이해할 수 있도록 만드는 능력이 제한되는 주된 이유는 빈약한 문화적 레퍼토리에 있다. 예를 들어, 스스로가 동성에게 끌리는 것을 죄악이나 범죄로밖에 설명할 수 없는 사회를 상상해보자. 광기의 경우, 다양한 경험과 감정적 표현, 심리적 상태들이 오직 정신병, 정신질환, 심리적 기능부전과 같은 언어로만 일괄적으로 표현되는 사회를 떠올릴 수 있다. 이런 의미에서 우리는 성소수자

운동과 매드운동을 섹슈얼리티와 광기에 대한 우리의 문화적 레퍼토리를 넓히려는 시도로 이해할 수 있다. 매드운동은 당사자의 실제 체험에 더욱 충실하고 당사자가 현재 겪고 있는 것을 스스로 이해하는 데 도움을 줄 수 있는 다양한 매드 서사를 도입하기 위해 많은 노력을 기울이고 있다(9장의 '매드 서사' 절 참고). 매드운동이 성공적일수록, 이런 대안 서사는 문화적 레퍼토리의 일부가 되어간다. 그리고 문화적 레퍼토리가 된다는 것은 매드 서사가 사회적으로 이해되고, 가치 매겨지며, 받아들여진다는 것을 의미한다.

한편 이러한 성공은 강요될 수 없으며(5장), 화해의 과정을 통해 도출되어야 한다. 우리는 사람들로 하여금 일련의 생각들을 이해하고, 가치 매기며, 받아들이도록 넘겨짚거나 강요할 수 없다. 우리가 할 수 있는 것은 올바른 방향을 설정하고 사람들이 화해의 태도로 서로에게 다가갈 수 있도록 장려하는 것뿐이다(10장의 〈4. 무시에 대응하기〉 참고).

마지막으로, 문화적 레퍼토리를 확장해 매드 서사를 포함하는 것의 몇 가지 이점을 살펴보며 매드운동의 인정 요구에 대한 탐구의 여정을 마무리하고자 한다. 매드 서사는 사회적 조정의 문화적 형태가 될 수 있으며(즉 문화적 조정이 될 수 있으며), 단지 활동가뿐 아니라 사회의 많은 이들에게도 수혜를 줄 수 있는 자원이 될 수 있다. 물리적 조정physical adjustment*과의 유사성이 이 지점을 잘 설명해준다(〈표 2〉). 물리적 조정의 경우, 우리는 사회 전체의 이득뿐 아니라 즉각적이고 장기적인 수혜자를 생각해볼 수 있다. 대표적 예시로 휠체어 접근성을 확보하기 위해 경사로를 설치하는 사례를 떠올려보자. 경사로의 즉각적 수혜자는 물론 휠체어 사용자일 것이며, 이런 물리적 조정은 휠체어 사용자들의 편익 증진을 위해 수행된 것이기도 하다. 그러나 계단 사용이 어려운 사람들과 유모차를 끄는 부모들처럼, 의도하지 않았지만 즉각적으로 수혜를 받는 사람들도 존재한다. 장기적 수혜자로는 당장은 그런 접근성이 필요없지만 미래에 이동상의 어려움을 겪을 수도 있는 사람들, 현재는 와상 상태이나 미래에는 휠체어를 사용할 수도 있는 사람들 등을 생각해볼 수 있다. 이런 식으로 접근성이 향상되면 이동에 어려움이 있는 사람들은 공적 삶에서 취직과 같은 좀 더 실질적인 역할을 할 수 있게 된다. 마지막으로, 전반적인 사회적 편익의 측면에서 휠체어 경사로는 사람들의 서로 다른 능력과 필요에 대한 공공적 감수성을 증진시킬 수 있다.

매드 서사와 관련한 문화적 조정의 결과, 앞선 휠체어 접근성의 사례와 유사한 유형의 편익이 발생한다는 것을 알 수 있다. 우선, 수동성 경험이나 목소리, 극단적 감정 상태와 자아 통합성 및 연속성의 혼란과 같은 정신적 현상을 경험하는, 그리고 이런 경험을 이해하는 방법을 적극적으로 찾는 당사자가 문화적 조정의 즉각적 수혜자가 될 것이다. 이러한 경험과 관련된 서사의 풍부한 문화적 레퍼토리는 당사자들로 하여금 의미와 목적, 행위주체성, 그리고 자아의 통합성과 연속성을 확보할

---

* '조정adjustment'이라는 단어는 영국에서 '편의제공'의 의미로 사용되는 경우가 많다. 그러나 이 책에서는 저자가 '조정'을 신체적·물리적 편의제공을 넘어 문화적·사회적 측면으로 확장하여 광기와 연결시키고 있음을 고려하여 물리적 제공의 뉘앙스를 지니는 '편의제공' 대신 '조정'이라는 번역어를 채택했다.

〈표 2〉 물리적 조정과 문화적 조정

예시	물리적 조정	문화적 조정
	휠체어 경사로	**매드 서사**
즉각적 수혜자	(가) 의도된 경우 : 휠체어 이용자 (나) 의도되지 않은 경우 : 휠체어를 이용하지 않지만 이동에 어려움이 있는 사람, 유모차를 끄는 부모.	광기의 현상을 경험하고 있고, 적극적으로 자신의 경험을 이해하는 방법을 찾는 사람 (9장의 〈5. 주관적 서사와 매드 서사의 차이〉 참고).
장기적 수혜자	현재 와상 상태지만, 미래에 휠체어를 이용할 사람, 당장은 이동상의 어려움이 없지만, 미래에 쇠약해질 수 있는 사람.	현재 심한 사고장애 및 인지장애를 겪고 있지만, 미래에 치료를 통해 매드 서사를 이용할 수 있는 사람. 현재 광기의 현상을 경험하지는 않지만 미래에 겪을 수 있는 사람.
전반적인 사회적 편익	접근성 향상을 통해 이동에 어려움이 있는 사람들의 필요에 대한 인식과 감수성 향상. 이동에 어려움이 있는 사람이 취업과 같은 사회적 역할을 할 수 있게 함.	광기의 다양한 의미에 대한 인식 향상. 심리적·경험적 차이와 광기 현상에 대한 이해 및 수용의 폭이 더 넓어짐.
비수혜자[37]	이동에 어려움이 있지만, 인공보철 수술이나 의학적 치료를 바라며 휠체어를 이용하고 싶지 않은 사람, 미래에도 결코 이동상의 어려움을 겪지 않을 사람.	자신의 경험에 대해 오직 의료적·진단적 이해만을 택하는 사람. 미래에도 결코 정신건강 관련 현상을 경험하지 않을 사람.

수 있도록 돕는다. 나아가 매드 서사의 사회적 수용이 이뤄지면, 당사자는 매드 서사를 통해 스스로의 경험에 대한 개별화된 이해를 발전시키게 되며, 이로써 당사자의 서사는 자신만의 특이한 주관적 서사가 아닌 사회적으로 승인될 가능성이 높은 서사로 자리매김한다. 장기적 수혜자로는 심한 인지장애를 겪고 있어 당장은 매드 서사를 사용할 수 없으나, 치료를 통해 미래에 그 서사를 이용할 수도 있는 사람들을 고려할 수 있다. 나아가 누구라도 인생의 어느 시점에 광기의 현상을 경험할 수 있으

며, 이런 측면에서 모든 사람은 장기적 수혜자라고 할 수 있다. 전반적 사회적 편익은 물리적 조정에 비해 광기와 관련된 문화적 조정에서 더 두드러진다. 질병과 병리를 넘어 광기의 사회적 의미를 다양화함으로써, 일반적이지 않은 경험, 심리적·행동적 측면의 여러 차이들을 좀 더 폭넓게 수용할 수 있게 된다. 이처럼 물리적 조정과 문화적 조정은 분명히 다르지만, 그럼에도 공통점을 지닌다. 휠체어 경사로와 매드 서사의 사례에서 볼 수 있듯, 두 조정 모두 애초 고려했던 즉각적인 수혜자를 넘어 다양한 편익을 발생시키게 된다.

다양한 매드 서사가 문화적 레퍼토리의 일부분으로 확립된, 그렇게 해서 앞서 살펴본 여러 이점들이 실현된 미래를 상상해보자. 그 미래에는 하나의 특정 서사가 **만능서사**master narrative가 되어서는 안 될 것이다. 나는 광기를 마음의 질병이나 정신이상으로 간주하는 관점이 오늘날의 문화를 지배하는 양상을 지적하며 이 책을 시작했다. 매드운동은 그 지배적 관점에 대항해 시작되었으며, 광기에 대한 여러 대안 서사들로 우리의 문화를 채워나가고자 했다. 다양한 경험을 가진 여러 사람들이 자신을 발견할 수 있는 풍부한 문화적 레퍼토리를 창조하는 것은 매우 중요한 목표이다. 그리고 설령 그것이 달성되었다고 하더라도, 특정 서사가 자신의 우위를 주장하고 다른 서사들을 훼손한다면 그 목표는 다시 위태로워질 수 있다. 그 사회적 과정을 전부 통제하거나 예측할 수는 없더라도, 우리는 이런 문화적 조정의 과정을 기민하게 살펴야 할 것이다.

6. 나가며

이번 장에서는 다음의 두 질문을 다뤘다. (1) 매드 정체성의 인정에 대한 요구는 규범적 효력을 갖는가? (2) 매드 정체성의 인정요구에 대해 사회는 어떻게 대응해야 하는가?

첫 번째 질문과 관련해 나는 인정에 대한 요구가 다음의 두 가지 조건을 만족시킬 경우 규범적 효력을 갖는다고 논증했다. (1) 무시로 인한 사회적 해악의 존재가 입증되는 경우. (2) 그런 규범적 요구를 기각할 다른 이유가 없는 경우(즉 인정이 요구되는 정체성이 사소하지 않고, 도덕적으로 반대할 수도 없으며 비합리적이지 않다). 〈3. 매드 정체성 인정에 대한 요구는 규범적 효력을 갖는가?〉에서 자세히 다뤘듯, 매드 정체성은 이 두 가지 조건을 만족시킬 수 있다.

두 번째 질문과 관련해서는 무시에 대응하기 위한 개념적 틀을 개발했으며, 이는 몇 가지 요구 사항이 맞물려 작동한다. 우선, 무시에 대한 대응의 핵심에는 광기에 대한 의학적·심리학적 서사의 지지자들과 광기에 대한 대항서사를 발전시키는 집단 사이에서 이뤄지는 '대화'가 자리한다. 또한 대화가 성공적으로 이뤄지려면 그들이 서로 화해의 태도를 취해야 한다. 이런 태도는 광기에 대한 부정적 편견을 전복시키고, (신체건강과의 유사성을 넘어) 광기에 대한 대항서사를 발전시키는 여러 캠페인을 통해 촉진될 수 있다. 이때 화해의 결과를 달성하는 것은 결코 강요될 수 없다. 광기를 둘러싼 대화와 사회적 변화는 그 자신의 길을 만들어가야 한다. 이번 10장에서 무시와 오인에 대응하기 위한 개념적 틀을 구축한 것은 그렇게 나아갈 수 있는 경로를 그려보려는 시도였다.

| 11장 |

결론: 화해로 나아가는 길

1. 회의론자와 지지론자의 화해

서문에서 나는 이 책의 프로젝트를 시작하며 즉각적으로 마주하게 되는 두 가지 반응인 회의론과 지지론에 대해 다뤘다. 회의론자들은 매드운동의 주장과 요구를 무조건적으로 거부하는 반면, 지지론자들은 이를 무조건적으로 수용하는 경향이 있었다. 회의론자들은 매드운동의 주장과 요구가 근본적으로 적절하지 않으며 앞뒤가 맞지 않는다고 토로했고, 지지론자들은 이를 근본적으로 옳다고 여겼다. 이러한 견해 차이를 두고, 양측 모두 각자의 주장과 요구에 대한 검증을 제대로 시행하지 못했다. 책 전체에 걸쳐 매드운동의 주장과 요구를 분석했기에, 이번 장에서는 서론에서 다뤘던 회의론자들과 지지론자들의 주장에 답하며 책을 마무리하고자 한다. 그 답을 찾아가는 과정에 회의론과 지지론 사이에 오가는 배타적 입장을 화해시킬 수 있는 가능성이 존재할지도 모른다. 화해의 가능성이 잠재해 있는 두 근본적 논점은 다음과 같다. (1) 광기는 정체성의 근거가 될 수 있는가?(가능성에 대한 반론) (2) 당사자 활동가 자신을 넘어 다른 사람들에게도 매드운동은 적절한가?(범위에 대한 반론)

가능성에 대한 반론

3부에서 논의했듯, 가능성에 대한 반론은 다음과 같이 정리될 수 있다. 광기가 정체성의 근거가 될 수 없다면, 매드 정체성이라는 개념은 앞뒤가 맞지 않는다. 그렇다면 매드운동의 핵심 주장에 대한 회의론자들의 무조건적 거부는 정당화될 수 있을 것이다. 반면 광기가 정체성의 근거가 될 수 있다면, 회의론자들은 그들의 입장을 재고해야 하며, 따라서 지지론자들과의 타협점이 도출될 수 있을 것으로 생각된다.

우리는 7장부터 9장에 걸쳐 이 중요한 이슈를 다뤘다. 문제는 특정 정신적 현상들이 인정의 범위에 포함될 수 있는 정체성 주장이 되기 위한 주요 요건을 손상시킬 수 있다는 점이다. 우리는 정체성 주장이 (실패한 주장이 아닌) 논쟁의 여지가 있는 주장이어야 하며, 통합된 정신의 표현이어야만 하고, 충분한 기간 동안 지속되어야 한다는 것을 살펴보았다. 실제로 망상, 수동성 현상, (조현병과 양극성 장애에서 자주 나타나는) 자아의 불연속성이 이런 요건들 각각을 충족시키지 못하는 경우가 있었다. 광기가 정체성의 근거가 될 수 있으려면, 이러한 현상이 앞서의 요건들에 반드시 위배되는 것이 아님을, 혹은 단지 위배되는 것처럼 보일 뿐임을 입증하거나, 요건에 위배되지만 이를 극복할 방안이 있음을 증명해야 한다. 7장과 8장에서 우리는 이러한 각각의 정신적 현상들을 다음과 같이 분석할 수 있었다.

⑴ 망상과 그에 기반한 정체성 주장이 논쟁의 여지가 있는 정체성이 되기 위한 요건: 망상이란 어떤 사람의 자기이해를 가능케 하는 것일 수 있으며, 반드시 실패한 주장인 것은 아니다. 일부 망상적 정체성은 당사자의 정체성을 형성하는 범주에 대한 급진적 관점을 나타낼 수 있고, 따라서 논쟁의 여지가 있는 정체성이 될 수 있다.

⑵ 수동성 현상과 자아의 분열: 수동성 현상이 자아의 통합성을 해칠 수 있다는 판단은 자아와 세계에 대한, 정신 상태의 외부 저자성의 가능성과 관련한 특정한 문화심리학적 가정들을 전제한다. 외부의 저자성이 가능하다고 여겨지는 맥락에서 수동성 현상은 자아의 분열이 아니라 자아의 풍요로움이 될 수도 있다. 또한 그것이 가능하다고 여겨지지 않는 맥락에서도 매드운동을 통해 판단의 새로운 맥락을 창조함으로써 분열로 결론 지어지는 판단을 넘어설 가능성이 여전히 남아 있다.

⑶ 조현병, 양극성 장애, 그리고 자아의 불연속성: 조현병은 시간이 지남에 따라 지속적으로, 조울증은 시간이 지남에 따라 순환적으로 자아의 불연속성을 나타낼 수 있다. 이러한 서사의 불연속성은 사회적으로 이해 가능한 방식으로 서사들을 통합해냄으로써 극복될 수 있다.

앞서 언급한 결론을 통해 광기는 정체성의 근거가 될 수 있는가라는 질문을 다시 생각해보자. 광기가 정체성의 근거가 될 수 있으려면, 그것이 어떤 식으로든 체계화되어 인정의 범위 안으로 들어와야 한다. 이를 위해서는 이중의 요건이 필요하다. 첫째, 정체성 형성에 있어서의 손상을 해결해야 하며, 둘째, 광기라는 현상의 핵심을 보존해야 한다. 적어도 원칙적 측면에서 매드 서사는 광기의 현상을 충실하게 보존하면서도 자아의 통합성과 연속성이라는 요구 조건을 충족시킬 수 있었다(9장의 '광기를 정돈하기' 절 및 〈3. 광기에 대한 서사들〉 참고). 결론적으로 광기는 정체성의 근거가 될 수 있으며, 광기가 정체성이 될 수 있는 가능성을 일괄 부정하는 것은 적절하지 않다.

물론 광기가 정체성의 근거가 될 가능성이 확립된다고 해서 그것이 항상 실현되는 것은 아니다. 따라서 회의론자들은 광기가 정체성의 근거가 될 수 있음을 인정하면서도 또 다른 이의를 제기할 수 있다. 예를 들어, 어떤 이들[특히 임상의들]은 매드 정체성이 앞뒤가 안 맞는 개념은 아니지만, 자신이 진료실에서 만나는 사람들에게는 적용되지 않는다고 주장할 수도 있다.

범위에 대한 반론

범위에 대한 반론은 매드운동의 논리적 정합성은 받아들이지만, 이는 인정을 요구하고 심리적 다양성이라는 대항서사를 구축해온 일부 활동가들이나 소수의 당사자들에게만 적절할 뿐, 그 외의 사람들에게는 부적절하다고 주장한다. 임상 현장에 있는 회의론자들은 그들이 급성기 병동과 재활치료실에서 만난 사람들이 사고 과정에서 심각한 장애와 중대한 인지적 문제, 자아의 분열 등을 겪고 있으며, 매드운동이 그런 환자들에게 적용될 수 없다고 주장한다. 회의론자들에 따르면, 그런 개인들에게는 치료와 보살핌이 필요하며, 자기이해에 대한 정치적 인정을 표현하는 것 자체가 어려워 보인다고 주장한다. 이와 유사하게, 서비스 이용자이며 스스로의 경험에 대해 의학적 이해 방식을 취하는 회의주의적 당사자는 매드운동이 자기 자신에게도 해당하는 문제로 여기지 않을 수도 있다. 이처럼 매드운동이 누군가에게는 무관한 것으로 전락하지 않게 하려면, 매드운동이 이끌어낼 수 있는 광범위한 편익을 다양한 집단과 사회 전반에 제시해야만 한다.

매드운동의 더욱 광범위한 이점은, '매드 서사는 문화적 조정이다'라는 통찰로 요약될 수 있다(10장). 의학적·심리학적 이론을 넘어 광기와 관련된 우리의 문화적 레퍼토리를 더욱 풍부하게 함으로써 광기와 관련한 개념적 자원들을 스스로의 경험을 이해하는 데 활용할 수 있다는 것이다. 주요한 방식에 분명한 차이가 있긴 하지만, 다양한 편익의 차원을 분석하기 위해 휠체어 경사로 설치와 같은 물리적 조정과 광기를 둘러싼 문화적 조정 사이에 존재하는 유사성을 앞의 〈표 2〉에서 살펴보았다. 우리는 매드 서사가 활동가 집단을 넘어서는 편익을 발생시킨다는 것을 확인할 수 있었다. 따라서 회의론자가 제기한 적용 범위에 대한 문제제기는 매드운동의 편익을 협소하게 고려한다는 점에서 과도한 주장이라 할 수 있다.

결론적으로, 회의론자들이 주장한 가능성에 대한 반론과 범위에 대한 반론은 부정확하다. 이 책에서 논한 것처럼, 광기는 정체성의 근거가 될 수 있으며 매드운동은 광범위한 편익을 발생시킬 수 있다. 이를 입증해 보이는 과정에서 우리는 회의론자와 지지론자를 화해시킬 수 있는 가능성의 단초를 마련할 수 있었다. 예컨대, 매드운동의 지지론자들은 광기에 대한 인정 요구와 주장을 무조건적으로 받아들이는 것이 아니라, 해당 요구와 주장을 적절히 판단하고 그 판단에 의거해 지지를 표명할 수 있다.

2. 광기와 사회를 화해시키기

회의론자와 지지론자를 화해시키는 것은 단지 문제의 일부일 뿐이다. 우리에게 주어진 더 큰 도전은 광기와 사회를 화해시키는 것이다. 우리는 광기와 사회의 화해 과정을 다음의 질문과 함께 검토했다. 매드 정체성에 대한 인정의 요구는 규범적 효력을 갖는가? 만약 그렇다면, 사회는 어떻게 대응해야 하는가? 2부에서 상세하게 다룬 인정에 대한 철학적·정치학적 설명과 4부에서 다룬 판단 기준에 비춰볼 때, 인정에 대한 요구는 다음의 두 단서를 만족시킬 경우 규범적 효력을 갖는다. (1) 스스로를 성공적인 행위주체로 인정하지 않는 사회적 관계 때문에 실격 혹은 정체성 손상이라는 사회적 해악을 경험하고 있음을 입증할 것. (2) 규범적 요구를 기각할 이유가 없을 것(즉 요구가 사소하지 않고, 도덕적으로 반대할 수 없으며, 비합리적이지 않을 것). 매드 정체성에 대한 인정의 요구는 첫 번째 단서를 충족시킨다. '정신질환' 혹은 '정신병'이 있다고 간주되는 사람들은 무시당하는 경험과 함께 사회적 실격을 경험한다. 또한 매드 정체성을 구성하는 서사들이 사소하지도, 도덕적으로 반대할 수 있는 것도 아니라는 점에서 두 번째 단서 또한 충족시킬 수 있다. 그러나 두 번째 단서에 제시된 비합리성과 관련한 부분은 좀 더 복잡한 논의가 필요하다.

우리는 일부 정체성이 틀린 주장에 의해 구성된다는 것을 살펴보았다. 그 명백한 예시로, 앞서 평평한 지구론에 기반한 정체성을 주장하는 경우를 논했다. 이러한 정체성은 사소하지도 않고 도덕적으로 반대할 수 있는 것도 아니다. 그러나 이는 비합리적인 정체성에 해당하며, 우리가 그 주창자들과 어떻게든 화해하기 위해 노력을 기울여야 한다고 제안하는 것은 직관에 어긋난다. 이 사례에서 우리는 특정 정체성에 대한 개인의 애착이라는 가치보다 과학적 합리성의 가치를 우선시하고 있다. 그렇다면 '꼭 과학적 합리성이 우선시되어야 하는가'라는 질문을 이어서 제기할 수 있다. 평평한 지구론을 긍정하는 것은 현존하는 최선의 증거에 비춰볼 때 거짓으로 간주되는 것을 주장하는 것이므로, 평평한 지구 학회의 사례에서는 과학적 합리성의 가치가 우선되어야 한다. 그러나 다른 경우에는 과학적 합리성이 해당 정체성에 적용할 만한 적절한 틀이 아닐 수도 있다. 어떤 주장들은 표면적으로는 사실과 관련된 문제를 다루는 것처럼 보이지만, [실제로는] 수행적이고 표현적인 측면에서 더 잘 이해되기도 한다. 또한 어떤 경우에는 당사자들이 자신의 믿음과 관행을 이해하기 위한 적절한 어휘를 지니고 있지 않을 수도 있다. 게다가 해당 정체성 주장이 경험에 대한 해석이어서 사실적 정확성의 기준에 직접적인 영향을 받지 않는 경우도 존재한다. 이러한 모든 경우, 상호이해에 결함이 있을 수 있으므로 우리는 비합리성에 대한 판단을 유예해야만 한다. 10장에서 논의했듯, 이것이 바로 '위험한 선물' '영적 변화' '치유적 목소리'와 같은 매드 서사와 관련해 우리가 취해야 하는 입장이다. 이러한 서사들은 경험적으로 검증되어야 하는 사실적 주장이라기보다는 의미를 부여하는 해석틀로서 가장 잘 이해될 수 있다. 이와 같이 비합리성에 대한 의문에 적절히 응답함으로써 매드 서사는 그 규범적 정당성을 지켜낼 수 있다.

앞서 언급한 두 단서를 충족시킨다면, 매드 정체성에 대한 인정 요구는 정당하다. 정치적 개혁과 상호적 화해는 정당한 인정 요구에 대한 두 가지 가능한 대응이다(5장). 정치적 개혁에는 무시를 해결하기 위한 강제적 제도와 인센티브를 부여하는 제도가 포함된다. 정치적 개혁의 예로, 오늘날 인종 비하 용어를 금지하는 것과 같이 특정한 부정적인 정신과 용어를 금지하는 방안을 마련할 수도 있다. 그러나 인정이 자유로운 상황에서 진정으로 부여되는 것임을 고려할 때, 강제적 조치나 인센티브를 부여하는 것과 같은 제도는 무시에 대한 적절한 대응이 아니다. 다양한 공동체에서 발생하는 인종과 종교를 둘러싼 여러 사안에서 볼 수 있듯, 특정 용어의 사용을 금지하거나 범죄화하는 것은 진정한 상호인정을 도출해내지 못할 수 있다. 오히려 일부에게는 이런 정치적 행위가 표현의 자유에 대한 침해로 받아들여질 수 있으며, 그들의 분노를 키움으로써 정반대의 결과를 초래할 위험도 있다. 정치적 개혁이 도움이 되는 지점은 오히려 사회에서 무시된 집단과 관련된 서사를 인간화하거나, 지금까지 거부되었던 법적·시민적 권리를 확장함으로써 사람들이 누릴 수 있는 좀 더 나은 조건을 형성할 수 있다는 데 있다. 이로써 인정의 요구를 달성하기 위해 최종적으로 필요한 상호적 화해의 달성을 촉진시킬 수 있다.

화해에는 서로가 상호작용하는 삶의 맥락 속 개인 간 조정accommodation의 과정이 포함되며, 이러한 조정 과정은 각자의 삶의 서사를 매개로 해서 이뤄진다. 여기서 화해란 태도이자 결과이다. 태도로서의 화해란 사회 속에서 타인의 정체성이 승인될 수 있다는 것이 자신의 그것만큼이나 중요하다는 것을 인정하며 타인에게 다가가는 것을 말한다. 반면 결과로서의 화해란 타인의 정체성을 구성하는 서사가 실제로 타당성을 승인받아 화해가 이뤄지는 것을 말한다. (매드운동에서 결과로서의 화해란 '영적 변화'나 '위험한 선물'과 같은 대항서사가 타당한 서사로 받아들여지고 광기와 관련된 우리의 문화 레퍼토리의 일부가 되는 상황을 가리킨다.) 이때 이런 이상적 목표는 강요될 수 없다. 강요를 통해 화해를 달성하는 경우, 오히려 이는 서사를 수용한다는 것의 가치를 떨어뜨리고, 사회적 변화의 진정성을 훼손하게 된다. 진정으로 필요한 것은 사람들이 화해의 태도로 서로에게 다가가고 상호작용할 수 있도록 장려하는 것이다. 정신건강 전문가와 활동가, 여러 공동체 구성원 사이에서도 이런 상호작용이 이뤄지며, 이때 대개 정신의학적 서사와 매드 서사라는 상반된 서사가 대립하게 되는 경우가 많다. 그러나 올바른 태도가 견지된다면, 매드 정체성이 단순히 '앞뒤가 맞지 않는 것'이라거나 '비합리적인 것'으로 폄하되지 않는 대화가 이루어질 수 있다. 즉 그 서사를 진정으로 이해하고 그것이 지닌 가치를 수용하려는 시도가 일어날 수 있다.

우리를 성공적인 화해로 이끄는 대화가 도대체 어떤 것인지 설명해줄 개념과 방법을 찾는 일은 중요한 향후 과제이다. 나는 이 책을 통해 광기가 정체성의 근거가 될 수 있다는 것, 매드운동이 활동가 집단을 넘어 더 많은 이들과 연관되어 있다는 것, 매드 서사가 즉각적으로 비합리적인 것으로 치부될 수 없다는 것을 보였다. 이 책이 시도한 이런 작업이 앞으로 이뤄질 여러 논의에 명료한 근거를 제공할 수 있길 바란다. 매드 정체성에 대한 인정 요구에는 규범적인 힘이 있으며, 사회는 반드시 광기와의 대화를 시작해야만 한다.

감사의 말

이 책 작업을 시작한 것은 2013년이지만, 책의 문제의식을 구상할 수 있도록 해준 여러 경험과 사유는 그보다 더 이전에 시작되었다. 여러 해에 걸쳐 너무나 많은 이들에게 영향을 받고 영감을 얻었기에, 여기서 모든 사람을 언급하기란 어려울 것이다. 가장 먼저, 내가 임상의사로서 런던에서 일할 때, 그리고 이집트의 다흘라 오아시스에서 인류학 현장연구를 하던 시기, 자신의 이야기를 너그럽게 공유해주었던 많은 이들에게 감사를 표한다.

데릭 볼튼Derek Bolton과 베르디 반 슈타덴Werdie van Staden의 조언과 우정에 특별한 감사의 말을 전한다. 나는 이들의 철학과 정신의학에 대한 지식으로부터, 그리고 그러한 주제의 독특성이 무엇이며 왜 중요한지에 대한 날카로운 통찰과 지혜로부터 많은 것들을 배웠다. 수년간 함께했던 토론과 협업 속에서 나의 지적 관점을 형성할 수 있었다.

이 책의 일부는 내가 다음과 같은 세 기관에 연구원으로 소속되어 있을 때 작업한 것이다. 나의 작업에 관심을 가지고 다양한 피드백을 제시해준 유니버시티칼리지 런던University College London의 고등연구소Institute of Advanced Studies, 프레토리아대학University of Pretoria의 정신건강의 철학과 윤리Philosophy and Ethics of

Mental Health 분과, 런던대학의 버크벡 칼리지Birkbeck College, University of London 철학과 동료들에게 감사의 말을 전한다. 특히 좋은 연구 환경을 마련해주고 내가 함께 연구할 수 있도록 해준 고등연구소 소장 태머 가브Tamar Garb에게 고마움의 마음을 전한다. 또한 고등연구소 재직 당시, 여러 방면으로 지도해주고 지원해주었던 제임스 윌슨James Wilson에게도 고맙다는 말을 전한다. 나는 2008년부터 킹스칼리지 런던King's College London의 정신의학의 철학philosophy of psychiatry 모임에 졸업생 구성원으로 소속되어 있으며, 해당 모임에서 내 연구를 발표하고 토론을 나눌 기회를 여러 번 가질 수 있었다. 다른 구성원들의 값진 피드백에 감사의 말을 전한다. 또한 원고의 일부를 읽고 논평해준 베르디 반 슈타덴, 데릭 볼튼, 레이철 빙엄Rachel Bingham에게 고마움을 전하고자 한다. 체탄 쿨루어Chetan Kuloor와 암르 셸러비Amr Shalaby에게도 특별히 감사하다는 말을 전한다.

이어지는 내용에서 볼 수 있듯, 나는 제니퍼 래든의 엄밀하고 섬세한 철학적 작업에서 큰 영향을 받았다. 정신건강과 정체성에 대한 그녀의 저술은 내가 해당 이슈를 이해하는 데 핵심 역할을 했다. 나는 그녀가 나의 책을 소개해주었다는 사실을 큰 영광으로 생각한다. 또 한 명의 학자인 찰스 테일러에게도 많은 지적 영향을 받았다. 수년 전 〈인정의 정치〉라는 그의 저술을 읽고 정신건강, 광기 그리고 사회를 사유하는 완전히 새로운 관점을 얻을 수 있었다.

흠잡을 데 없이 편집을 진행해주고, 출판의 전 과정에 걸쳐 지지를 보내준 옥스퍼드대학출판부의 샬럿 홀러웨이Charlotte

Holloway에게도 감사의 마음을 전한다.

나는 다양한 장소에서 이 책을 작업했다. 연구의 많은 부분은 런던에서 이루어졌으나, 프레토리아와 카이로에서도 작업했다. 2017년 7월에는 알렉산드리아에서 2주를 보냈으며, 당시 이 책의 아주 까다로운 부분을 작업하고 있었다. 지중해의 여러 카페에서 인내심을 가지고 작업한 끝에 저술에 대한 영감을 얻을 수 있었다. 2014년 12월, 남아프리카공화국의 눈부신 여름에 커피 베이Coffee Bay에서 일주일을 보냈고, 와일드 코스트Wild Coast의 인도양변에서 아침 산책을 하는 와중에 마침내 이 책의 전체적인 컨셉을 떠올릴 수 있었다.

나의 부모님인 나디아 압델라지즈Nadia Abdelaziz와 모하메드 아부엘레일Mahmoud Abouelleil, 딸 아델Adele의 격려와 지원에 감사드린다. 마지막으로, 나의 파트너인 레이철 빙엄의 철학적 명민함과 도덕적 지원이 없었다면 이 책은 세상에 나올 수 없었을 것이다. 내 작업과 사유에 그녀가 끼친 영향은 너무나 크다.

자료 출처에 대한 안내

이 책에 등장하는 여러 자료의 저작권자인 저자와 출판사, 특히 다음과 같은 자료의 전재를 허락해주신 분들께 감사의 말을 전한다.

《가디언The Gardian》

extracts from Rachel Dolezal, "I wasn't identifying as black to upset people. I was being me.", December 13, 2015. © Gardian News & Media Ltd 2018.

잭스 맥나마라Jacks McNamara

extract from "Navigating the Space between Brilliance and Madness: a Reader and Roadmap of Bipolar Worlds", The Icarus Project, www.theicarusproject.net.

오하이오주립대학출판부Ohio State University Press

extract from Joel Myerson, "Selected Letters of Nathaniel Hawthorne"(OSU Press, 2002).

켄 폴 로젠탈Ken Paul Rosenthal

quotations from documentary 〈Crooked Beauty〉(2010), the first movie in the 〈Mad Dance Mental Health Film Trilogy〉, www.kenpaulrosenthal.com.

주

서문

1 주의 환기용 인용 부호[한국어판에서는 작은따옴표로 처리]는 그 용어의 의미나 정당성에 많은 논쟁이 있을 때 주로 사용한다. 하지만 이 책에서 사용되는 많은 주요 용어들(예를 들어 광기, 매드, 조현병, 양극성 장애, 정신병, 정신질환 등)은 여전히 논쟁의 대상이다. 이 용어들이 언급될 때마다 인용 부호를 사용하면 모든 페이지에 다수의 부호를 붙여야 할 것이고, 그렇게 되면 글이 산만해지고 읽기 어려워질 수도 있다. 따라서 나는 두 가지 경우, 즉 어떤 용어에 대한 논쟁이 실제로 존재할 때와 내가 강조하고 싶은 개념을 언급할 때만 주의 환기용 인용 부호를 사용하고자 한다.

1부 | 광기

1 Kraepelin, 1909.
2 Foucault, 2001, p.xii.
3 Schrader et al., 2013, p.62.
4 Schrader et al. 2013.
5 정신장애인 당사자운동 및 옹호활동의 대다수 단체와 네트워크는 자신들의 역사, 활동, 캠페인 및 행사를 설명하는 웹사이트 및 블로그를 운영한다. 1장에서는 그 링크들이 자주 인용된다. 2018년 9월 현재 모든 링크가 접속 가능한 것을 확인했다. 그러나 각 단체는 상황에 따라 캠페인을 중단할 수도 있고, 웹사이트 도메인을 변경할 수도 있으며, 예산 부족으로 사이트를 더 이상 유지하지 않을 수도 있다. 따라서 일부 링크의 경우 유효하지 않을 수도 있다.
6 이후부터는 정신장애인 당사자운동 및 옹호활동의 주요한 시기, 인물, 단체, 전략 등을 개략적으로 설명하고자 한다. 여기서 목표는 당사자운동의 자세한 역사를 다루는 것이 아니라 매드 프라이드 운동과 담론의 배경을 설명하는 것이기 때문이다.
7 자세한 타임라인은 http://studymore.org.uk/mpu.htm에서 볼 수 있다. (이 사이트에는 생존자의 역사를 책으로 엮고 있다는 언급이 있다.) 이와 더불어 캠벨과 로버츠(Campbell & Roberts , 2009)의 자료도 참고하라.
8 생존자 역사와 다르게, '정신의학'과 '광기'의 역사와 정신병원 개혁운동lunacy reform, 정신건강 관련 법률 발전에 관한 역사적·비판적 집필의 역사적 전통도 존재한다.

이런 전통에서 주목할 만한 이름으로는 로이 포터Roy Porter, 앤드루 스컬Andrew Scull, 미셸 푸코 등이 있다.

9 Peterson, 1982, pp.3–18.

10 Hervey, 1986.

11 Reiss, 2004.

12 Tenney, 2006.

13 Dain, 1989, p.9.

14 Dain, 1989, p.6.

15 이 절의 내용은 부분적으로 크로슬리의 문헌(Crossley, 2006, chapter 4)에 나와 있는 정신위생에 대한 설명에서 많은 도움을 얻었다.

16 Rossi, 1962.

17 Rossi, 1962.

18 Davis, 1938.

19 Crossley, 2006.

20 Crossley, 2006, pp.71-75.

21 Mental Health America. Online: http://www.mentalhealthamerica.net/

22 Mind. Online: http://www.mind.org.uk/

23 리버티의 역사에 관한 자료는 다음의 웹사이트에서 볼 수 있다. The history of Liberty can be found on its website: https://www.liberty-human-rights.org.uk/who-we-are/history/ liberty-timeline

24 Szasz, 1960.

25 Laing, 1965, 1967.

26 1967, p.106.

27 David Cooper, 1967, 1978.

28 Cooper, 1978, p.156.

29 미국에서는 이런 단체들이 정기적인 뉴스레터인 '광기 네트워크 뉴스Madness Network News'(1972~1986), 그리고 매년 정기적으로 이루어진 '정신과적 억압에 저항하는 인권 컨퍼런스Conference on Human Rights & Against Psychiatric Oppression'(1973~1985)를 통해 서로 소통할 수 있었다.

30 Chamberlin, 1990, p.324.

31 Chamberlin, 1990, p.323.

32 이와 유사한 내용은 커티스 외 다수가 쓴 문헌(Curtis et al., 2000, pp.23–28)에 기재된 정신과환자연합 창립 문서를 참조하라.

33 일부 당사자 활동가들은 자신을 "정신과적 수감자psychiatric inmate" 혹은 "수감경험자ex-inmate"라고 칭했는데, 이는 정신의료기관에 수감되었다는 사실을 강조하는 호칭이며, '환자'라는 용어에 감춰져 있는 의미를 거부하겠다는 의지의 표출이기도 하다. 이처럼 초창기 운동에서 나타난 '수감자'라는 용어와 '환자'라는 용어 사이의 대조는 오늘날에 이르기까지 정신장애 당사자운동과 옹호활동을 규정하고 있는 용어의 다양성과 관련된 여러 논점들을 미리 내다보았다고 할 수

있다.

34 가장 초기의 자조단체로는 우리는 혼자가 아니다We Are Not Alone, WANA가 있다. 1940년대 뉴욕에서 환자들의 주도로 결성된 이 단체는 이후 주요한 심리사회 재활센터로 발전했고, 결국에는 정신건강 전문가들이 맡아 운영하게 되었다. Chamberlin, 1988, pp.94–95.

35 Chamberlin, 1990.

36 Chamberlin, 1988, pp.70–71.

37 Chamberlin, 1988.

38 Campbell, 2009.

39 더 자세한 내용은 게일 블루버드Gayle Bluebird가 정리한 소비자/생존자 운동의 역사를 참조하라. https://power2u.org/wp-content/uploads/2017/01/History-of-the-Consumer-Survivor-Movement-by-Gayle-Bluebird.pdf

40 미국의 활동가이자 학자인 린다 모리슨이 언급한 용어이다. Morrison, 2005, p.80.

41 Chamberlin, 1988, p.vii.

42 아테나 매클레인(Mclean, 1995, p.1054)은 다음과 같이 소비자와 생존자를 구별한다. "자신을 '소비자' '내담자' 혹은 '환자'로 규정하는 사람들은 정신질환의 의료 모델, 전통적인 정신과 치료의 관행을 받아들이는 경향이 있지만, 전반적인 시스템 개선, 그리고 부가적으로 소비자가 통제하는 대안을 위해 노력한다. 자신을 '환자경험자' '생존자' '수감경험자'로 지칭하는 사람들은 정신질환의 의료적 모델, 전문가에 의한 통제, 강제적 치료를 거부하며, 이용자가 통제하는 센터들에서만 대안을 모색한다."

43 Campbell 1992; Chamberlin 1995.

44 소비자 담론과 생존자 담론 이외에 더 급진적인 목소리를 가진 담론과 활동 또한 1970년대에 지속되었다. 이러한 목소리는 정신의학에 격렬하게 반대했고, 개혁을 지향하는 서비스 혹은 옹호자 및 활동가와의 협력도 거부했다. 예를 들어 미국의 경우 정신의학 폐지 네트워크Network to Abolish Psychiatry(1986)가, 영국의 경우 정신의학의 억압에 반대하는 캠페인Campaign Against Psychiatric Oppression, CAPO(1985)가 그러했다(CAPO는 이전에 존재했던 정신과환자연합Mental Patients' Union에서 비롯된 단체이다). 이 두 단체 모두 1980년대에 몇 년간 활동했다. 이런 단체들이 볼 때 '정신의료 시스템'은 본질적으로 억압적이었기 때문에 폐지되어야 마땅했다. 즉 정신의료 시스템을 개혁하려는 시도는 단지 정신의료 시스템을 강화할 뿐이라는 게 그들의 생각이었다(*Madness Network News*, Summer 1986, vol.8, no.3, p.8). SSO의 설립자인 피터 캠벨은 다음과 같이 언급한다. "SSO의 시작을 되돌아보면, CAPO와 그 외 '분리주의를 지향하는' 단체들은 '철학적이며 이념적인 문제'에 더 관심을 가졌으며, SSO는 "이런 경향에 대응하는 과정에서 탄생한 측면이 있"다. 즉 그들은 다른 단체들과의 대화를 중시하며 "그 당시 당사자운동을 주도한 '실용적' 경향의 첫 주자"였다. "Peter Campbell on The History and Philosophy of The Survivor Movement", *Southwark Mind Newsletter*, issue 24, year not specified.

45 Morrison, 2005.

46 여기에서 언급하는 것은 국가적(전국 단위의) 네트워크 및 단체에 관한 것이다. 즉 여기에서 미국, 영국, 그 외 다양한 국가에서 정신장애인 자조모임, 지원, 교육, 훈련, 옹호활동 등 다양한 활동을 펼치고 있는 여러 지역 단위의 단체들은 언급하지 않았다.

47 National Coalition for Mental Health Recovery. Online: http://www.ncmhr.org/purpose.htm.

48 Mind Freedom International. Online: http://www.mindfreedom.org/mfi-faq.

49 영국의 전국적 단위의 당사자단체는 크게 두 가지 유형으로 구분된다. 첫 번째 유형은 정신건강 전반을 다루는, 본문에 언급한 단체들이다. 두 번째 유형은 목소리듣기네트워크Hearing Voices Network, 전국자해네트워크National Self-Harm network와 같이 특정 상태나 행동에 초점을 맞춘 단체들이다.

50 National Survivor User Network. Online: https://www.nsun.org.uk/our-vision.

51 UK Advocacy Network. Online: http://www.u-kan.co.uk/mission.html.

52 Wallcraft et al., 2003.

53 Wallcraft et al., 2003, p.50.

54 Wallcraft et al., 2003, p.14.

55 Crossley, 2004, p.169.

56 Crossley, 2006, p.182.

57 Morrison, 2005, p.102.

58 Campbell, 1992, p.122.

59 Crossley, 2004, p.167.

60 Heyes, 2000, p.21.

61 여성들이 여성으로 존재하기 때문에 세계에 대한 독특한 경험들을 공유하고 있다는 주장을 말한다. 자세한 개요는 스톤의 문헌(Stone, 2004)을 참고하라.

62 구분되는 범주들로 인해 인종 간 구분이 존재한다는 주장. e. g., Appiah, 1994a, pp.98–101.

63 Zachar, 2015, 2000; Haslam, 2002; Cooper, 2013.

64 Haslam, 2000, pp.1033–1034.

65 Zachar, 2015.

66 Keil, Keuck, Hauswald, 2017

67 Sullivan-Bissett et al., 2017.

68 Horwitz & Wakefield, 2007.

69 e. g., Jackson, 2007.

70 LeFrançois et al., 2013.

71 하지만 여기서 광기는 특정한 정신과적 범주들과 같은 개념이 아니라는 것에 유의해야 한다. 고먼(Gorman, 2013, p.269)은 다음과 같이 썼다. "'매드Mad'는

정신과 소비자/생존자 정체성보다 더 광범위한 정체성을 나타낸다. …… 정신병원과 진료소라는 한정된 공간을 넘어 정신과 꼬리표 붙이기psy labelling에 사로잡혀 있는 사람들까지 포괄할 수 있는 더 많은 가능성이 있다. 실제로 '매드'라는 용어의 어원은 의료적 및 과학적 담론 바깥에서 탄생했다."

72 Poole & Ward, 2013, p.96.

73 Fabris, 2013, p.139.

74 Menzies et al., 2013, p.10.

75 Liegghio, 2013, p.122.

76 Burstow, 2013, p.84.

77 Lilith Finkler, 1997, p.766.

78 최초 프라이드 데이Pride Day의 목적은 다음과 같다.
• 낙인과 싸우기
• 정신과 생존자가 '캐나다 사회의 활동적인 일원'이 된 것을 기념하기
• 살아 있는 경험을 가진 사람들의 관점에서 정신과 생존자들의 역사와 문화 제시하기
• '억압적인 문화적 고정관념을 거부'하면서, '장애인, 유색인, 캐나다 원주민'을 포함해 그 외 주변화된 집단과 연대하기
• 정신과 병력이 있는 사람들이 더 많이 가시화되고 [사회에] 받아들여질 수 있도록, 파크데일Parkdale 내 다른 지역사회 단체들과 연대하기
• 기존에 배제되어 있던 우리들에게 권한을 부여해 캐나다 문화에 대한 우리의 공헌을 창출하고 유지하는 데 참여하기(Reaume, 2008, p.2).

79 Curtis et al., 2000, p.7.

80 Curtis et al., 2000, p.7.

81 Curtis et al., 2000.

82 Curtis et al., 2000, p.8.

83 Reaume, 2008, p.2.

84 Consumer/Survivor Information Resource Centre of Toronto, 2015, Bulletin no. 535. Online: http://www.csinfo.ca/bulletin/Bulletin_535.pdf.

85 7월 14일은 프랑스 시위대가 바스티유 요새(1789)를 기습한 날이다. 이 날은 프랑스혁명의 시초이자 해방의 상징으로 간주된다.

86 과거 및 현재, 그리고 추후 개최될 매드 프라이드의 기록, 홍보물, 공지 등은 다음의 웹사이트를 참고하라.
• 토론토Toronto: http://www.torontomadpride.com.
• 해밀턴Hamilton: http://madpridehamilton.ca.
• 더비Derby: http://www.derbyshirehealthcareft.nhs.uk/about-us/latest-news/mad-pride-2013.
• 헐Hull: https://madpride.tk.
• 국제: http://www.mindfreedom.org/campaign/madpride/events.
이외에 참고할 만한 출처로는 다음이 있다.

• 캐나다소비자/생존자정보센터Consumer/Survivor Resource Centre of Canada Bulletin의 매드 프라이드 이슈: http://www.csinfo.ca/bulletin.php.

• 영국의 《어사일럼 매거진Asylum Magazine》, Spring 2011, Mad Pride issue, volume 18, No. 1.

87 Consumer/Survivor Information Resource Centre of Toronto, 2012, Bulletin no. 467. Online: http://www.csinfo.ca/bulletin/Bulletin_467.pdf

88 매드 프라이드 해밀턴의 브로슈어에서 발췌. 브로슈어 링크는 다음과 같다. http://madpridehamilton.ca/2014.

89 Sen, 2011, p.5.

90 Triest, 2012, pp.20–21.

91 Costa, 2015, p.4.

92 deBie, 2013, p.7.

93 Curtis & Dellar & Leslie & Watson, 2000.

94 이카루스 프로젝트는 "정신질환으로 진단되곤 하는 방식으로 세계를 경험하는 사람들을 위한 지원 네트워크 및 교육 프로젝트"이다. 현존하는 환원주의적 설명, 범주화 등에 도전하며, "인간 경험의 무한한 다양성을 표현하기 위해 매우 광대하고 풍부한 언어를 창조하는 것"을 목표로 한다(더 자세한 내용은 다음 사이트의 사명 선언문을 참고하라. http://theicarusproject.net/mission-vision-principles/). 이카루스 프로젝트는 스스로를 매드 프라이드 운동의 일부로 간주한다. 창립 멤버인 사샤 듀브럴(DuBrul, 2014, p.262)은 다음과 같이 썼다. "우리 연합의 핵심은 정치적 행동을 촉발하기 위해 억압된 정체성을 둘러싼 자부심을 활용하고, 수치로 점철된 정체성에 노출되는 것을 두려워하지 않을 때 우리를 막을 수 있는 것은 아무것도 없다는 것을 이해하는 데 있다." 그럼에도 이카루스 프로젝트의 웹사이트는 모든 회원이 광기라는 단어와 얽혀 있는 것은 아니라고 언급한다.

95 Watson, 2000, p.120.

96 Morris, 2000, p.207.

97 Jacks McNamara, founding member of the Icarus Project. Statement can be found: http://nycicarus.org/images/navigating_the_space.pdf.

98 DuBrul, 2014, p.267.

99 Icarus Project: Shamanism, Psychosis and Hope for a Dying World. http://legacy.theicarusproject.net/content/shamanism-psychosis-and-hope-dying-world.

100 Icarus Project: Wounded Healers: Illness as Calling. http://theicarusproject.net/articles/wounded-healers-illness-as-calling

101 MindFreedom International Mad Pride campaign. Published in Asylum: *The Magazine for Democratic Psychiatry*, 2011, volume 18, issue 1, p.20.

102 deBie, 2013, p.8.

103 Mad Pride Ireland. http://www.madprideireland.ie/about/(2017년 12월부터 해당 웹사이트가 더 이상 운영되지 않는 것을 확인했다).

104 deBie, 2013, p.8.

105 Morris, 2000, p.208.

106 Smiles, 2011, p.8.

107 Icarus Project: Mission, Vision, and Principles. http://theicarusproject.net/mission-vision-principles.

108 Polvora, 2011, p.5.

109 Polvora, 2011, p.4.

110 Icarus Project Navigating Crisis Handout. http://theicarusproject.net/wp-content/uploads/2016/08/IcarusNavigatingCrisisHandoutLarge05-09.pdf.

111 DuBrul, 2014, p.259.

112 deBie, 2013, p.7.

113 Triest, 2012, p.20.

114 Sen, 2011, p.5.

115 Mad Pride Hamilton.

116 Clare, 2011, p.15.

117 Bracken & Thomas, 2005.

118 Thomas & Bracken, 2008, p.48.

119 Bracken & Thomas, 2005, p.80.

120 Bracken & Thomas, 2005, p.81.

121 Thomas & Bracken, 2008.

122 최근 출판물에서 브래컨과 토머스(Bracken & Thomas, 2013)는 매드 프라이드와 관련 운동을 근대주의 및 과학기술이 주도하는 의제, 그리고 전문가들이 주도하는 정신의학의 권위에 문제를 제기하는 것으로 보았다. 그들은 이런 매드 프라이드 정신이, 광기를 생의료적이지 않은 방식으로 재정의하고 서비스 구조화와 운영 방식에 대한 관여에 더 큰 관심을 두는 당사자운동의 갈래와 상충할 수 있다고 언급한다.

123 Radden & Sadler, 2010.

124 Radden & Sadler, 2010, p.58.

125 Radden, 2012.

126 Radden, 2012, p.3.

127 Thomas & Bracken, 2008, p.48.

128 2장은 다음의 논문을 참고해 작성했다. Rashed, M. A. (2018a), "In Defense of Madness: The Problem of Disability". *Journal of Medicine and Philosophy*(doi.org/10.1093/jmp/jhy016).

129 Clare Allan, "Misplaced Pride", *The Guardian*, September 27, 2006. http://www.theguardian.com/commentisfree/2006/sep/27/society.socialcare.

130 Jost, 2009, p.2.

131 Jost, 2009.

132 Perring, 2009.

133 Polvora, 2011, p.4.

134 예를 들어 영국의 평등법Equality Act(2010), 미국장애인법Americans with Disabilities Act(1990), UN 장애인권리협약Convention on the Rights of Persons with Disabilities, CRPD(2006) 등을 참고하라.

135 Oliver, 1990, 1996.

136 장애의 사회적 모델에 대해 잘 정리된 철학적 개요는 실버스의 문헌(Silvers, 2010)을 참고하라.

137 Nordenfelt, 1997.

138 Nordenfelt, 1997, p.611.

139 예를 들어, 감각적 무능력(혹은 감각적 차이)을 지닌 맹인으로 태어난 사람과 성인이 되어 시력을 잃은 사람의 차이점에 유의할 필요가 있다. 후자는 기능적 역량에 급격한 변화를 겪어 강렬한 고통을 겪고, 무능해질 수 있으며, 적응하는 데 시간이 걸릴 수 있다. 반면 맹인으로 태어난 사람은 맹盲을 일상을 영위하는 데 중대한 장애로 보지 않을 수도 있다. 그러나 예를 들어 구직을 원하거나 자신의 독립을 원하는 경우, 이런 관점은 바뀔 수 있다. 이 특정한 감각적 차이를 고려하지 않는 물리적 환경이 있다고 할 때, '보이지 않는다'는 것은 장애를 초래할 수 있다.

140 물론 특정한 차이나 손상을 가지고 있으면서도 일상적 활동에 지장을 주지 않을 때도 존재한다. 가령 발목을 삐는 경우 움직이지 못하는 것은 아니지만 고통과 불편함이 동반될 수 있다. 이와 유사하게, 어떤 사람들은 사회적 상호작용이나 활동에서의 제약 없이, 슬픔, 편집증, 불안 등을 경험할 수 있다. 그러나 이 절에서 논의하는 것은 장애disability에 관한 것이고, 여기서 중요한 것은 활동에 방해를 끼치는 것이다.

141 Amundson, 1992, pp.109-110.

142 요점은 다음과 같다. 가령 하반신마비가 있지만 휠체어에 의지하지 않는 사람은 A에서 B 지점으로 이동하는 것이 매우 어려울 수 있다. 여기서 그는 분명 목표를 실현하는 데 좌절감을 느끼고 있지만, 그 손상은 (적어도 분명히) 비편의적인 사회적 조정의 결과라고 보기 어렵다. 이동성 손상mobility impairment과 관련해 사회적 모델을 지지하는 장애이론가들은 휠체어가 기본적으로 존재한다고 가정하고 논의를 시작하는 경향이 있다. 장애는 계단 없는stair-free 접근이 부재한 환경에서 휠체어 사용자들이 직면하는 제약으로 구성된다.

이런 주장에 비판적인 사람들은 휠체어가 인간의 자연스러운 체현natural embodiment의 일부가 아니기 때문에 휠체어를 가정해선 안 된다고 이의를 제기할 수 있다. 일단 휠체어를 제거하면 사회와 무관하게 부과되는 장애의 정도가 명백해진다는 것이다. 이러한 반대 의견에 대한 대응으로는 휠체어를 걷지 못하는 사람들의 기능적 능력functional ability을 향상시키는 도구로 생각하는 방식이 있다. 만약 누군가가 길에서 1톤짜리 바위를 발견했는데 그것을 밀어낼 수 없다면, 그는 자신의 기능적 능력의 한계와 직면하게 된다. 그는 바위를 움직이기 위해 바위를 작은 부분으로 분해하거나, 바위를 밀어내기 위한 도구를 사용할 수 있다. 인간은 하루 종일 도구를 사용해 기능적 능력을 보완하고, 도구 없이는 불가능할 작업들을 수행한다. 이런 의미에서 휠체어 역시 하나의 도구이므로, 주어져 있는 것으로서 장애의 사회적 기반에 관한 논쟁에 투입될 수 있다.

143 Amundson & Tresky, 2007, p.544.

144 여기서 초점은 애초에 다양한 심리적·생물학적·사회적 요소를 포함할 수 있는 차이 및 손상의 발생과 관련된 요인들이 아니라 불이익(제약) 생성에 있다는 것에 유의해야 한다.

145 Terzi, 2004, p.153.

146 무조건부 불이익은 장애 관련 문헌들에서 "손상 효과impairment effect"로 지칭된다. 한 문헌에 따르면, 무조건부 불이익에는 장애인이 직면하는 불편, 고통, 무능력 등이 포함되며, 이는 사회적 제약과 차별의 결과로 경험하는 불이익과 구별된다. Thomas, 2004.

147 Amundson & Tresky, 2007, p.544.

148 Oliver, 2004, p.22.

149 Amundson & Tresky, 2007, p.553.

150 Amundson, 2000.

151 Boorse, 1997.

152 부어스는 호모 사피엔스 집단 속 각자의 기능의 광범위한 차이를 설명하기 위해 표준 계층 개념을 도입한다. 가령 신생아가 가진 정상 기능과 8세 아동이 가진 정상 기능은 다르다는 것이다.

153 Wakefield, 1992, p.384.

154 Boorse, 2011, p.28; Wakefield, 1992.

155 비판적 논의 이전에 이 이론에 대한 요약은 부어스의 문헌(Boorse, 2011, pp.26–37)을 참고하라. 기능부전에 대한 자연주의적 설명에 대해 많은 비판이 존재한다. 부어스의 이론에 대한 간략한 비판, 그리고 웨이크필드의 이론에 대한 자세한 분석 및 비판은 볼튼의 문헌(Bolton, 2008)을 참고하라. 킹마의 문헌(Kingma, 2013)는 부어스와 웨이크필드 이론과 질병을 자연주의적 관점에서 설명하는 작업에 대한 전반적인 비판을 제공한다.

156 Bolton, 2008, p.113.

157 Kingma, 2007, 2013.

158 Kingma, 2007, p.128.

159 Kingma, 2007, 2013.

160 웨이크필드의 접근법의 한 가지 문제점은 그것이 옳다고 가정하더라도 임상적 유용성clinical utility이 제한되어 있다는 것이다. 이 접근법은 임상의가 진료실에서 만나는 환자가 환경(고안된 시스템)과의 불일치가 아니라, 진화론적 기능부전evolutionary dysfunction이 있다고 가정하더라도 이것의 존재 여부를 판단해줄 수 있는 이용 가능한 모델이 없는 경우 복잡한 진화론적 생체 기전의 존재를 그저 추측만 할 수 있을 뿐이다. Bolton, 2007.

161 Bolton, 2008, p.124.

162 Bolton, 2013.

163 Bolton, 2013, pp.442–443.

164 Bolton, 2013.

165 Beresford, 2005; Mulvany, 2000.

166 Beresford, 2000; Beresford et al., 2010.

167 Price, 2013.

168 Spandler & Anderson, 2015, p.24.

169 Withers, 2014.

170 Withers, 2014.

171 최근 손상이라는 용어의 긍정적인 대안으로 신경다양성neurodiversity 담론을 채택해야 한다는 주장이 제기되었다(Graby, 2015; McWade et al., 2015). 이러한 주장을 지지하는 사람들은 이 담론이 긍정적인 변화를 가져올 것이라고 믿는다. 즉 우리는 **손상**이 아니라 다양한 **소수의 신경학적 유형minority neurotype**을 가지고 있다고 말할 수 있으며, 이는 소위 정상적인 신경 유형과 동등한 실제적이고 유효한 신경 유형으로 인식된다. 그리고 이러한 신경 유형은 다양한 인종, 민족 등과 같이 동일하게 다양성의 요소로 수용되어야 한다고 주장된다.
신경다양성 담론의 주요한 문제점은 기존 범주와 정체성(예를 들어 자폐증, 주의력결핍과잉행동장애ADHD, 정상Normal, 양극성 장애, 매드Mad 등)이 하나의 신경학적 특성을 공유하고 있다고 가정한다는 것이다. 그러나 오늘날 정신건강 영역에서 일반적으로 받아들여지고 있는 것처럼, '분절된 자연'이란 존재하지 않으며, 행동에 대한 식별과 분류는 이미 존재하는 자연적 불연속성을 반영하는 것이 아니다. 만약 그렇다면, 본질적으로 서로 다른 별개의 신경학적 유형이 있다는 주장에는 큰 의미가 없다. 또한 신경다양성은 다음과 같은 몇 가지 어려운 질문을 제기한다. 예를 들어 정상적인 신경 유형normal neurotype은 정확히 무엇을 뜻하는가? 모든 '정상'들이 하나의 신경학적 유형을 공유하는가? 자폐증을 가진 모든 사람들은 하나의 신경학적 유형을 공유하는가? 신경다양성은 운동의 측면에서는 중요할 수 있지만, 논증으로서는 잘 작동하지 않는다.

172 물론 망상이 있는 모든 사람들이 반드시 그 망상에 따라서만 행동하는 것은 아니다. 흔히 이것은 '이중장부double bookkeeping' 현상으로 알려져 있다(Sass & Pienkos, 2013, pp.646–650). 자주 사용되는 예는 정신병원에 수감되어 있는 한 남자의 사례로, 그는 자신이 나폴레옹이지만 동시에 왕권을 전혀 발휘하지 않고 있다고 믿는다.

173 만일 어떤 당사자가 자신의 신념이 망상적 성질을 가지고 있다는 1차적 통찰primary insight을 얻는다면 이는 바뀔 수도 있다. 가령 당사자가 자신의 신념이 거짓임을 알 수 있다면, 그는 박해받지 않게 될 것이다. 또한 그의 배우자도 사기꾼이 아니게 된다. 이런 경우, 그 사람은 자신의 신념에 대한 확신을 잃게 되고, 그 신념이 실제로 자신의 행동을 제한하는 방식으로 작용하고 있었음을 알 수 있게 된다.

174 좀 더 관용적인 사회를 만들려는 움직임은, 언론의 자유나 다문화 수용과 같은 자유주의적 관념을 발전시키는 공동체에서 주로 추진되는 경향이 있다. 이런 관용을 통해 '망상'을 가진 사람들은 2차적 통찰secondary insight을 개발할 수 있다. 2차적 통찰은 당사자가 지배적인 사회적 가치와 규범의 관점에서 자신의 믿음을

볼 수 있는 능력과 관련되어 있으며, 이를 통해 타인들이 자신의 믿음을 특이하거나 기이한 것으로 여길 수도 있다고 생각할 수 있게 된다. 2차적 통찰의 이점은 어떤 관점에 동의해야 한다는 것을 요구하지 않으면서, 다른 사람들이 바라보는 관점이 어떤 것인지 이해할 수 있도록 만든다는 것이다. 이는 서로 대립할 수 있는 믿음들을 공존할 수 있도록 하며, 대립되는 두 집단 모두에게 그런 믿음들을 서로 조화시키는 것의 어려움을 인식하도록 한다. 이는 1차적 통찰과 대조된다. 1차적 통찰은 망상을 가진 사람으로 하여금 자신의 '망상적' 믿음이 틀렸다는 것을 인정하도록 하고, 스스로 자신이 '아픈' 것을 인식하고 있음을 증명하도록 요구한다.

175 Thornicroft et al.(2008), Goering(2009), the UK Department for Work and Pensions(DWP, 2009), the mental health charity Rethink(2012), Heron & Greenberg(2013). 주목할 만한 점은 영국 보건부Department of Health가 현재 12 개월 이상 지속되면서 일상 활동에 영향을 미치는 정신건강 상태를 장애로 인식하고 있다는 것이다. 장애로 이어질 수 있는 상태에는 조현병, 우울증, 양극성 장애 등이 포함된다. 이런 정신건강 상태는 장애로 분류됨으로써 평등법(2010)과 2009 년 영국이 비준한 UN 장애인권리협약(2006)의 보호를 받게 되었다. 이러한 법과 협약에 따르면 국가는 장애인이 삶의 모든 측면에 완전히 참여할 수 있도록 사회 참여와 접근을 장려하는 합리적 조정을 제공해야 할 의무가 있다. 이제 여기에는 장애로 인정되는 정신건강 상태도 포함된다.

176 Department for Work and Pensions, 2009.

177 Rethink, 2012, p.9.

178 이를 장애 관련 문헌에서는 심리-정서적 장애차별주의psycho-emotional disablism로 언급한다(Reeves, 2015).

179 Read et al., 2006.

180 Pilgrim & Tomasini, 2012, p.634.

181 이 각각의 경우에서 이해 가능성은 다른 것을 의미한다. 목소리 들림과 같은 당사자의 경험들은 외부 관찰자의 세계관 속에서는 완전히 이질적일 수 있다. 기이한 망상의 경우, 외부 관찰자는 이런 주장이 명백히 거짓이라는 것에 충격을 받을 수도 있고, 혹은 왜 이들이 그런 주장을 하는지 전혀 이해하지 못할 수도 있다. 사고장애의 경우 어떤 의미도 전혀 이해할 수 없는 더 기초적인 차원의 무능력이 존재할 수 있다. 그러나 여기서 핵심은 다양한 형태의 이해가 실패하는 사례를 분석하는 것은 아니다. Rashed, 2015a.

182 Woods, 2013.

183 Spandler & Anderson, 2015, p.19.

184 반면 신체적·감각적 손상은 주로 우리의 체현embodiment에 대해 의문을 제기한다. 여러 신체적 손상들(예를 들어, 에이즈HIV-AIDS, 나병 등) 또한 커다란 낙인을 발생시키고, 환자와 타인의 자아를 연루시킨다.

185 무능력의 경험이 부정적으로 평가될 때, 이는 행위의 실패로 간주되며, 여기서 무능력이란 의도적 행위의 실패로 정의된다(Jackson & Fulford, 1997, p.54). 본문의 사례는 행위의 실패에 필요한 두 가지 요소를 충족시킨다. (1) 의도적 행위의

실패가 존재하고(이 사례에 해당하는 사람은 외부적 원인이 아닌 자신의 의지를 효과적으로 발휘하지 못했다), (2) 무능력이 부정적으로 평가된다(Rashed, 2010, pp.189–190).

186 Pilgrim & Tomasini, 2012, p.642; Spandler & Anderson, 2015, pp.18–19.

187 Jones & Kelly, 2015, p.47.

188 이 설명은 여러 문헌들, 특히 조반니 스탱헬리니(Stanghellini, 2004)의 논문에서 찾아볼 수 있다. 스탱헬리니에 따르면, 상호주관성의 기저에는 공통감각sensus communis과 조율이라는 두 가지 현상이 있다. 공통감은 사회집단이 공유하는 일상의 암묵적인 규칙과 공리axiom이며, 이는 "이 세상의 다양한 현상을 견고한 현실로 인식하고 그 의미를 당연한 것으로 간주"할 수 있도록 한다(Stanghellini, 2004, p.67). 공통감각은 사회적 상황, 대상, 행동에 대해 우리가 공유하는 해석의 기초가 된다. 조율은 "타인의 존재를 자신과 유사하게 인식하고, 타인과 정서적 접촉을 하고, 자신의 정신에 직관적으로 접근할 수 있는 정서적·능동적·인지적 능력으로 구성된 비명제적non-propositional 지식"이다(2004, p.10). 이 설명에 따르면, 조현병의 **비사회성dis-sociality**은 자기의식self-consciousness과 조율의 손상에 근거하며, 이는 암묵적으로 공유되는 자명한 **공통감각**의 상실로 이어진다. 이 상실에 따라 사회적 상호작용과 타인의 행동에 대한 해석을 달성하기 위해서는 의식적인 노력이 필요하다.

189 이러한 견해 또한 '조현병 환자'의 비사회성과 관련이 있지만, 상호주관성보다는 주관성에서 출발한다. 이 설명은 루이스 사스Louis Sass, 조셉 파르나스Joseph Parnas 및 그 외 다른 사람들의 문헌들에서 찾아볼 수 있다. '자기-됨'은 우리가 "어떤 주어진 순간에 스스로와 하나가 되는 경험의 주체"로 존재할 수 있도록 해주는 지속적인 자아감sense of self으로 이해된다(Sass & Parnas, 2007, p.68). '자기-됨'의 제약에는 두 가지 상호보완적 측면, 즉 자기영향self-affection의 저하와 과잉성찰성hyperreflexivity이 있다. 과잉성찰성은 보통 주체의 의식 뒤편에 암묵적으로 남겨져 있던 감각과 경험을 인식하게 되는 과장된 자기의식의 일종이다. 그리고 자기영향의 저하는 의식의 통합된 주체로서 존재하는 암묵적 경험의 저하를 의미한다. 사스와 파르나스(Sass & Parnas, 2007, p.77)가 설명했듯, "일반적으로 암묵적으로 남겨져 있던 무언가에 초점이 맞춰지기 시작하면(과잉성찰성의 인식), 더 이상 암묵적으로 익숙했던 환경 속에 살고 있는 것처럼 느껴지지 않을 수 있다(자기영향의 저하). 그리고 어떤 이유로 인해 더 이상 암묵적으로 익숙했던 환경 속에 살고 있다는 인식을 갖지 않는다면, 이는 보통 암묵적인 것에 대한 과잉성찰적 인식으로 이어질 수 있다." 과잉성찰성은 정신을 소외시키고 객체화시켜, 더 많은 과잉성찰적인 관심으로 이어지고, 이후 완전히 동떨어져 있고 생경하게 경험되는 자아의 국면에서 정점에 달한다(Sass, 2003).

190 이외에도 현상학적 정신병리학의 결론에 도달하는 방법론에 의문을 제기하는 세 번째 접근 방식 또한 존재한다(Rashed, 2015a).

191 Reeves, 2015.

192 Tew, 2005, 2015.

193 Tew, 2005, p.23.
194 Plumb, 2005.
195 Keating, 2015.
196 Diamond, 2014.
197 Carr, 2005.
198 Al-Ghazali, 2010, p.16.

2부 | 인정

1 인정의 여러 다른 의미에 관한 논의로는 마갈릿의 문헌(Margalit, 2001)과 이케헤이모의 문헌(Ikaheimo, 2002, 2007)을 참고할 수 있다.
2 Axel Honneth, 2001a.
3 Pippin, 2000, p.155.
4 Pinkard, 2002, p.48.
5 Kant, 1998, pp.7–8.
6 Kant, 1998, p.8.
7 Kant, 1998, p.31[해당 번역은 임마누엘 칸트, 《윤리형이상학 정초》, 백종현 옮김, 아카넷, 2005, 165쪽을 따랐다].
8 정언명령의 예로, "내가 원하는 것을 얻기 위해 거짓말을 할 것이다"라는 준칙을 생각해보자. 이 준칙을 검증해보기 위해서는 이를 다음과 같이 보편화해볼 필요가 있다. "자신이 원하는 것을 얻으려면 누구나 거짓말을 해야 한다." 그러나 모든 사람이 원하는 것을 얻기 위해 거짓말을 하는 세상은, 누구도 타인의 말을 곧이곧대로 받아들이지 않는 세상일 것이기에 자신이 원하는 것을 얻기 위해 거짓말을 할 수 없는 세상이 된다. 즉 이 준칙은 보편화에 필요한 조건을 훼손함으로써 모순적 상황에 직면한다. 따라서 "내가 원하는 것을 얻기 위해 거짓말을 할 것이다"라는 준칙이 보편적 법칙이 되리라는 것에 합리적으로 의지할 수 없기에, 이에 따라 행동해서는 안 된다.
9 Hegel, 1977, pp.252–262. 칸트의 초월적 방법론에 대한 '일반적 문제점'과 관련해서는 이 장의 〈3. 《정신현상학》에서 나타나는 인정의 개념적 구조〉에서 더욱 자세히 다룰 것이다.
10 이 문제는 이 장에서 감각적 확신sense-certainty과 자기확신self-certainty을 다룰 때 다시 언급할 것이다.
11 Hegel, 1977, p.254.
12 e. g., Anscombe, 1958; Korsgaard, 1996.
13 Hegel, 1977, p.254.
14 Hegel, 1977, p.256.
15 Hoy, 2009, p.161.
16 솔로몬에 따르면 헤겔은 "원칙들에 도덕적 중요성을 부여하는 어떠한 공공적·

공동적 관심과도, 대인적 상호작용과도 멀리 떨어져, 오직 원칙과 법칙들만이 도덕성의 기초를 형성하는 것으로 보았던 칸트 이론의 창백한 형식적 구조"를 거부했다(Solomon, 1983, pp.489–490).

17 감각적 확신과 자기확신은 다음 〈3. 《정신현상학》에서 나타나는 인정의 개념적 구조〉에서 논의할 것이다.

18 Hoy, 2009, p.155.

19 일부 해석들과 달리, 헤겔은 결코 개인적 자유individual freedom에 반대하지 않았다. 그가 반대했던 것은 자유의 근거를 초월적 자유transcendent freedom의 본체적 영역에서 찾으려는 시도였다. 헤겔은 이러한 자유를 다시 사회세계 내부의 것으로, 곧 실현된 자유로 되돌리고자 했다. 상호인정 개념은 이를 위한 헤겔의 시도이다. 찰스 테일러가 《헤겔과 현대사회Hegel and Modern Society》(1979)에서 중심적으로 주장하듯, 헤겔의 궁극적인 철학적 동기와 포부는 급진적 자율성 개념과 그것이 자연과 사회 속에서 표현되는 바를 종합하는 것이었다.

20 Hegel, 1991, p.189.

21 Hegel, 1977, p.110.

22 헤겔은 인정의 개념에 대해 《예나시기 저작Jena Manuscript》과 《법철학The Philosophy of Right》 그리고 《철학 강요Encyclopaedia Philosophy of Spirit》에서도 다룬 바 있다. 헤겔의 저술에서 나타나는 인정 개념에 대한 포괄적 설명에 대해서는 윌리엄스의 문헌(Williams, 1997)을 참고할 수 있다.

23 Hegel, 1977, pp.46–47.

24 Hegel, 1977, pp.47–48.

25 Stern, 2002, p.38.

26 Williams, 1992, p.31.

27 Hegel, 1892, p.17.

28 Hegel, 1977, p.54.

29 Hegel, 1977, p.53.

30 Harris, 1997, p.216.

31 이런 과정이 진행되는 한가운데에서 의식이 개념적 운동이 빚어내는 영향을 직접 목도하는 것은 아니라는 데 주목해야 한다. 즉 대상에 대한 한 개념에서 다른 개념으로 이행할 때, 의식은 자기 앞의 세계가 변화했다는 것은 인지하지만, 그 변화가 대상의 진리에 관한 개념적 이해의 발전까지 포함한다는 사실은 알지 못한다. 의식이 보기에 이 과정에서 새로운 사건이란 의식이 세계에 대해 (이전에는 알지 못했던) 무언가를 알게 되었다는 점이다. 의식의 관점에서 볼 때, 대상의 진리는 언제나 의식 자신의 인지적 활동 외부에 존재하는 세계 내의 사실로서 존재한다. 의식이 자신의 경험으로부터 학습함으로써 이루어지는 개념적 발전을 관찰할 수 있는 이는 바로 현상학적 관찰자일 것이다. "우리(혹은 의식-인용자)는 우리가 무언가를 학습하고 그것들을 종합함에 따라 우리의 관점이 바뀐다는 것을 알고 있다. 그러나 우리는 우리가 스스로의 경험에 부합하도록 세계에 대한 '개념'을 구축하고 있다는 것은 인지하지 못한다."(Harris, 1997, p.187-188)

32 Solomon, 1983, pp.436-437.

33 Houlgate, 2003, pp.10-11.

34 Siep, 2014, p.87.

35 Hegel, 1977, p.104[G. W. F. 헤겔, 《정신현상학 1》, 임석진 옮김, 한길사, 2005].

36 물론 흄은 그런 앎은 없다고 보았다.

37 헤겔은 데카르트와 피히테를 인용하지 않았지만, 분명 그들의 철학적 작업을 암시하고 있다. 헤겔은 특정 철학자들을 언급하지 않고, 단지 몇 개의 간략한 문장들로 철학적 입장을 지지하고 거부하는 것으로 악명이 높다.

38 Solomon, 1983, p.433.

39 Hegel, 1977, p.105,

40 Neuhouser, 2009, p.40

41 어떤 개념적 활동의 매개 없이 확실한 앎을 얻으려 하는 감각적 확신의 시도와의 유사점에 주목하라. 자기의식은 유사하게 극단적인 (그러나 완전히 반대 방향의) 입장에서 시작한다. 즉 자기 밖의 대상을 받아들일 필요가 일절 없다고 보면서 절대적 자기확신을 얻고자 한다.

42 Harris, 1997, p.320.

43 Neuhouser, 2009, p.43.

44 Houlgate, 2013, p.65.

45 Hegel, 1977, p.109.

46 프레데릭 노이하우저Frederick Neuhouser는 자기의식에 대한 이중의 구속을 다음과 같이 기술한다. "욕망이 스스로를 충족시키는 바로 그 순간은, 욕망이 찾던 것을 잃는 순간이기도 하다. 이런 상실은 자기의식이 스스로의 자립성을 입증할 수 있는 새로운 대상을 찾아야 할 필요성을 야기한다. 따라서 자립성을 같은 방식으로 받아들이는 한 욕망은 충족과 상실의 끝나지 않는 순환에 붙잡히고, 자신의 주권을 다시 표출할 수 있는 또 다른 대상을 찾는 과정을 반복한다."(Neuhouser, 2009, p.44) 이와 같은 비유를 통해 노이하우저는 '욕망'이라는 양식에서 자기의식의 운명은 쉴 새 없는 유혹자의 운명과 유사하다고 지적한다. 유혹자는 자신이 누구를 선택하더라도 상대를 유혹할 수 있는 사람으로 자신의 이미지를 확인하고자 한다. 따라서 유혹자는 자신의 유혹에 저항하는 사람을 필요로 하며, 상대방의 저항을 무너뜨리는 유혹의 능력을 통해 자신의 이미지를 확인하게 된다. 그러나 그가 성공적으로 상대방을 유혹하고 나면, 그 사람은 더 이상 저항하지 않게 되고 따라서 유혹자에게 아무런 가치가 없어진다. 유혹자가 다시 자기개념을 확인하려면 그에게는 저항할 수 있는 또 다른 상대가 필요해진다.

47 Siep, 2014, p.90.

48 Hegel, 1977, p.110.

49 비록 그것이 독립성의 상실일지라도, 다른 사람이 존재하도록 하기 위해 스스로를 부정하는 것은 여전히 부정하는 주체에 의해 행해지는 행위이며, 따라서 그 주체는 자기결정적일 수 있다. 이는 '욕망'에서 소비되는 방식과는 다르다.

50 Neuhouser, 2009, p.45.

51 Houlgate, 2013, p.67.
52 Hegel, 1977, p.111.
53 Solomon, 1983, p.280.
54 Hegel, 1977, p.111.
55 Hegel, 1977, p.111.
56 Hegel, 1977, p.111.
57 Hegel, 1977, p.111.
58 Hegel, 1977, p.112.
59 일부 학자들은 이 지점에 타인을 결코 자신의 욕망을 충족시키는 수단이 아닌, 오직 목적으로만 대하라는 도덕의 기본적 개념이 존재한다고 언급한다(Williams, 1992, p.157; Honneth, 2012, pp.15–16). 그러나 여기서의 헤겔의 주장은 직접적으로 도덕적이라기보다는 개념적이다.
60 Hegel, 1977, p.110.
61 Neuhouser, 2009, p.53.
62 다른 저술에서 헤겔은 이러한 통찰을 다음과 같이 표현했다. "타자가 마찬가지로 자유롭고 또한 나에게 자유로움을 인정받을 때에만 나는 진정으로 자유롭다."(Hegel, 1971, p.171)
63 Hegel, 1977, p.112.
64 Hegel, 1977, p.113.
65 Hegel, 1977, pp.115–119.
66 Quante, 2010, pp.98–99.
67 Hegel, 1977, p.112.
68 e. g., Honneth, 1996; Fraser & Honneth, 2003.
69 Siep, 2011, p.135
70 Pippin, 1989, p.91
71 Solomon, 1983, p.274
72 Westphal, 1989.
73 헤겔이 언급하듯, "의식은 자신의 진정한 실존을 향해 떠밀려 가면서 오직 그 자신한테서만 그리고 어떤 '타자'의 모습으로 그에게 달라붙어 있던 가상semblance의 이질성을 벗어 던지는 지점 혹은 현상이 본질과 동일해지는 지점에 도달하게 된다."(Hegel, 1977, pp.56-57)
74 e. g., Wartenberg, 1993; Houlgate, 2005; Stern, 2009.
75 Hegel, 1969, pp.154-155.
76 Houlgate, 2005, p.65.
77 e. g., Pippin, 1989, 2010; Pinkard, 1994.
78 Pippin, 1989, p.8.
79 Pippin, 1989.
80 Pippin, 1989, p.250.
81 Pippin, 2008b, p.62.

82 Pippin, 2008b.

83 Pippin, 2008b, p.65.

84 Pippin, 2008b, p.67.

85 이는 특정한 행위주체가 자유로워질 수 있는 실천적 조건과 구분된다. 우리가 여기서 고려하고 있는 것은 말 그대로 자유 자체의 본성과 관련된 문제이다.

86 종합명제의 대표적 예로, 공간과 시간의 개념은 경험에서 파생된 경험적 개념이 아니라 모든 경험의 가능성의 선험적 근거로서 의식 속에 존재한다는 칸트의 논제을 생각해볼 수 있다.

87 필연성[혹은 필수성]necessity의 또 다른 의미는 이를테면 우리가 "물은 생명에 필수적이다"라고 말할 때 드러난다. 이 명제는 다른 세계에서는 그렇지 않을지 모르는 사실을 말하고 있지만(따라서 논리적으로 '필연적'임을 의미하지는 않지만), 적어도 우리의 세계에서는 강력한 경험적 증거와 일치하는 명제이다. 그러나 헤겔은 경험적 관찰의 결과를 승인하지 않았기에, 위와 같은 의미에서의 필수성necessity은 변증법에서 말하는 필연성necessity이 될 수 없다.

88 Findlay, 1962, p.71.

89 Lauer, 1993, p.35.

90 Wartenberg, 1993, p.108.

91 반면 헤겔의 규범적 본질주의normative essentialism에 관해서는 이케헤이모 (Ikaheimo, 2011)를 참고할 수 있다.

92 Siep, 2014, pp.6-7.

93 목적론적 설명 자체가 아니라, 인간의 '본성nature'이 존재하고 이러한 본성의 목적이 '자기실현'에 있다는 점이 논쟁의 요점임에 주목할 필요가 있다.

94 Pippin, 1989, p.108.

95 특성 없는 남자의 사례는 로베르트 무질의 동명 소설[《특성 없는 남자: 1~3권 합본 양장판》, 안병률 옮김, 북인더갭, 2021]에서 차용한 것이다.

96 Pippin, 2008a, p.186

97 Pinkard, 1994, p.53.

98 첫 번째 사례는 오직 개별성만을, 두 번째 사례는 오직 사회적 승인만을 다뤘다. ('자기개념에 관한 직관' 절 참고)

99 Taylor, 1985, 1989.

100 Taylor, 1985; Frankfurt, 1971.

101 Taylor, 1985, p.16.

102 Taylor, 1985, p.18.

103 Taylor, 1989, p.4[찰스 테일러, 《자아의 원천들: 현대적 정체성의 형성》, 권기돈 · 하주영 옮김, 새물결, 2015]

104 Taylor, 1989, p.27.

105 Taylor, 1989, p. 47.

106 Taylor, 1989, p.27.

107 이렇게 이해하면 '정체성'은 우리 삶의 핵심적인 구성요소가 된다. 정체성이

위협받는 상황, 즉 '정체성의 위기'를 떠올려보면 수월히 이해할 수 있다.

108 요리 선호도에 대한 질문 역시 중요한 가치를 드러낼 수 있다. 가령 어떤 이는 커피의 향뿐만 아니라 공정무역 때문에 콜롬비아 커피를 선호할 수 있다.

109 Taylor, 1985, p.34.

110 위치시키는 것에 대한 능동적 및 수동적 의미(위치를 스스로 정하는 것 vs 위치 지어지는 것)를 사용하는 것은 한 사람의 자율성과 주어진 사회적 역할을 조명하기 위한 것이다(4장 '본질주의의 문제' 절 참고).

111 Taylor, 1989, p.14.

112 Taylor, 1989.

113 Taylor, 2007.

114 Taylor, 1989, p.17.

115 Taylor, 1989, p.28.

116 Rashed, 2012.

117 Taylor, 2007, p.475.

118 Taylor, 1991.

119 Taylor, 1991, p.27.

120 Taylor, 1991, pp.28–29.

121 이상에 대한 세 번째 비판은 나르시시즘과 스스로에게 관대한 형태의 개별성을 조장할 수 있다는 것이다(Taylor, 1991). 그러나 인정의 개념을 제대로 이해한다면 타자를 단지 자신의 우월성을 확인하려는 수단으로만 간주하는 경우, 혹은 타자의 안녕에 관심을 기울이지 않는 사람의 경우는 우리가 관심을 두고 있는 인정의 구조에 들어맞지 않는다는 것을 알 수 있다(이는 3장에서 설명한 바이다).

122 Appiah, 2005, p.107.

123 사샤 템펠먼(Tempelman, 1999)도 테일러의 문화적 정체성 관련해 '원초주의적 실primordialist strands'을 언급하며 유사한 주장을 펼친다. 이에 따르면, 테일러는 정체성이 우리의 '진정한' 도덕적·사회적 틀의 토대를 형성하고, 고정된 '(준)자연적 특성들'을 가지고 있다고 생각한다. 이와 대조되는 관점에 대해서는 본질주의를 비판하는 테일러의 정체성 관점에 대해 반박한 노보트니(Novotny, 1998)를 참고하라.

124 Appiah, 2005, pp.17–18.

125 Appiah, 2005, p.107.

126 Taylor, 1994a, p.32.

127 Taylor, 1994a.

128 Taylor, 1989, p.35.

129 Taylor, 1989, pp.35–36.

130 Appiah, 2005, p.107.

131 이는 자기 자신을 정체화하는 데서 중요성과 우선순위를 정하는 사고실험으로 수행될 수 있다. 물론 정체성을 배치하는 과정에서 스스로 중요한 것이 무엇인지 평가하는 기준점이 없기 때문에, 그 과정은 그 자신이 가지고 있는 좀 더 근본적인

믿음과 가치관이 반영되면서 진행될 것이다. 어떤 사람에게는 이러한 통찰이 사고실험보다 더욱 힘들게 찾아온다. 만약 우리가 정체성을 표현하는 것이 금지·처벌의 대상이 되거나, 그 표현을 스스로 부끄러워하는 상황이 발생한다면, 그때 비로소 우리는 무엇이 자신의 정체성에 중심적 역할을 하는지 깨닫게 된다. 혹은 문화 변용acculturation의 상황에 놓였을 때 혹은 "정체성의 위기"와 같이 정체성을 잃어버리는 바로 그 과정 중에 우리가 누구인지를 가늠하는 데 정체성의 측면이 중요하다는 것을 발견하게 될 수도 있다.

132 동성에게 성적으로 끌리는 것이 죄나 범죄로 간주되는 사회에서 자신이 동성에게 매력을 느끼고 있음을 알게 된 10대 청소년이 있다고 가정해보자. 그 청소년은 자신의 그런 부분을 명확히 표현하지 못할 수도 있으며, 그 상황을 받아들이지 못할 수도 있고, 최악의 경우 자신의 성적 지향에 대해 사회가 견지하는 부정적인 담론을 지지할 수도 있으며, 그것이 자기혐오를 초래할 수도 있다. 혹은 그가 좀 더 온건한 방식으로 자신의 성 정체성을 표현한다면, 공동체의 영향 속에서 이성애자로 받아들여지게 될지도 모른다. 이 상황에서 정체성은 발견되기를 기다리는 것과는 거리가 멀고, 오히려 이 청소년이 자신의 성 정체성을 분명하게 표현하는 데 영향을 미치는 사회적 조건(이용할 수 있는 사회적 각본을 포함한다)에 달려 있다. 그 청소년의 성 정체성은 자신의 고유성에 속한다고 볼 수 있으며, 이 고유성과 그가 발전시키는 자기이해 사이의 일치 정도는 그가 사회세계 내에서 어느 정도의 편안함을 느끼는지 측정하는 중요한 척도가 될 것이다.

133 Taylor, 1989, p.37.

134 이와 같은 사고방식에 대한 또 다른 반론으로는 이런 주장이 사회적 영향이나 언어에 포함되어 있는 권력관계에서 자유로운 행위주체를 전제한다는 입장이 있다. 즉 이런 주장을 하는 개인이 창조적이고 진정성 있다고 보일지 모르지만, 스스로가 아닌 사회를 따르는 역할을 지지함으로써 개인의 종속을 영구화한다는 것이다. 이러한 반론에 대한 응답은 4장의 〈3. 인정투쟁〉에서 다루고자 한다.

135 Appiah, 2005, 1994b.

136 Appiah, 1994b, pp.151–152.

137 Appiah, 1994b, p.159.

138 Appiah, 2005, pp.22–23.

139 Appiah, 1994b, p.153.

140 Appiah, 2005, pp.109–110.

141 사회적 정체성의 이런 역할은 개인적 정체성의 구성요소로서의 첫 번째 역할에서 구분될 수 있음에 유의할 필요가 있다. 예를 들어, 장애 정체성이 '나의 자기정의를 구성하는 중요한 일부라는 인식' 없이도, 단지 현재 그러한 것이 필요하다는 것만으로 정부로 하여금 작업장에서의 편의시설을 제공하라고 압박하기 위해 집단이 공유하고 있는 특정 장애에 기반해 활동하는 것도 가능할 수 있다. 이러한 사례는 정체성을 기반으로 삼는 모든 조직이 실제로 정체성으로만 구성되는 것은 아님을 시사한다.

142 Fraser, 2010, p.215.

143 Fraser, 2010.

144 Appiah, 1994b, p.163.

145 Appiah, 1994b.

146 Appiah, 1994b

147 Honneth, 1996[악셀 호네트, 《인정투쟁: 사회적 갈등의 도덕적 형식론》, 이현재·문성훈 옮김, 사월의책, 2011].

148 Mead, 1967.

149 Honneth, 1996, pp.75–85.

150 Honneth, 2002, p.502.

151 Honneth, 2002, p.502.

152 McBride, 2013, p.137.

153 McNay, 2008, p.10; Markell, 2003; McBride, 2013, pp.37–40.

154 Honneth, 2012, p.75.

155 Honneth, 2012, p.78

156 Pinkard, 1994, pp.52–54. 이 부분에 대한 자세한 설명, 그리고 '확신' 및 '진정' '주관적' '객관적'이라는 용어의 구체적인 의미를 이해하려면 3장의 '자기의식의 개념' 절, '인정의 개념' 절, '규범적 지위에 대한 승인으로서의 인정' 절을 참조하라.

157 Pippin, 2008b, p.62.

158 악셀 호네트는 여러 문헌에서 자신의 인정이론을 설명했으며, 대표 저작으로는 《인정투쟁》(1996) 그리고 낸시 프레이저와 함께 쓴 《분배냐 인정이냐》(Fraser & Honneth, 2003)가 있다.

159 Ikaheimo, 2009, p.32.

160 Taylor, 1994a, p.41.

161 Ikaheimo, 2002, pp.450–452; Laitinen, 2002, pp.470–473.

162 Taylor, 1994a; Honneth, 2002, pp.511–512.

163 Honneth, 2002, p.512.
초기 예나 강연에서 헤겔은 사회의 윤리적 진보를 반영하는 인정의 진보적이고 복잡한 형태들을 사랑, 권리, 사회적 가치부여social esteem, soziale Wertschätzung로 처음으로 명확히 구분했다(Hegel, 1983; Honneth, 1996, 1997, 2001b). 또한 헤겔은 자신의 후기작인 《법철학》에서 이런 형태의 인식이 실현될 수 있는 각각의 행위 영역으로 가족, 시민사회, 국가를 제안했다.

164 Honneth, 1996, pp.95–107을 보라.

165 효용에 지배되어선 안 되는 인간관계로서의 사랑의 개념은 역사적 근거를 가지고 있다. 가령 호네트(Honneth, 2002, p.511)는 "사랑은 현대 시대까지 효용에 대한 기대에서 분리되지 않았다"라고 언급했다(Fraser & Honneth, 2003, p.139). 그러나 이 지점은 성인들 간의 관계에만 적용될 수 있으며, 부모와 아기의 관계에는 적용되기는 어렵다. 부모-아기 관계는 항상 아기의 행복에 대한 무조건적인 관심이 주를 이루며 이상적으로 작동했을 가능성이 높기 때문이다.

166 Anderson & Honneth, 2005, pp.133–135.

167 Anderson & Honneth, 2005.

168 Honneth, 1996, p.107.

169 Honneth, 1996, p.108.

170 Honneth, 1996, p.109.

171 Honneth, 1996, p.120.

172 Honneth, 1996, p.112.

173 Honneth, 1996, pp.118–119.

174 Honneth, 1996, pp.120–121.

175 Honneth, 1996, p.121, p.125.

176 Honneth, 1996, p.87.

177 Honneth, 1996, p.123.

178 Taylor, 1991, p.48.

179 Honneth, 1996, p.124.

180 Honneth, 2007.

181 e. g., Honneth, 1996.

182 Siep, 2011, p.136.

183 인정 개념을 기반 삼아 포괄적인 정치이론을 구축하려는 긍정적 시도들에 대해선 악셀 호네트와 낸시 프레이저의 논쟁에서 호네트의 주장과 이에 대한 프레이저의 반박을 참고하라. Fraser & Honneth, 2003.

184 우리는 이러한 결과에 상관없이 무시 자체를 해악으로 생각할 수도 있다. 여기에는 인간 주체 존엄성에 대한 칸트의 존중 같은 개념이 작용한다. 3장 각주 13번에서 지적했듯, 헤겔이 언급한 주인-노예 관계에 대한 설명에는 타자를 항상 수단이 아닌 목적으로 취급해야 한다는 도덕적 통찰이 담겨 있다는 점에 주목했다. 주인-노예 관계에서 이러한 통찰을 끌어낼 수 있다는 것은 분명하지만, 이는 말馬(인정 관계) 앞에 수레(인간 주체의 존엄성)를 놓는 것일 수 있다. 이것은 주체가 절대적 존엄성을 가지고 있는지 여부는 인정 관계에 따른 결과이지만, 절대적 존엄성이 외부에서 부과될 수는 없음을 의미한다.

185 Pippin, 2008b, p.76.

186 한편, 진정한 헤겔주의자라면 이런 논의 방식에 대해, 헤겔의 변증법적이고 총체적인 철학에 대한 부적절한 "분석적" 접근이라 평하고 내켜하지 않을 것이다. 그들은 무시가 사회적 부정의에 해당할 수 있다는 식의 논의 전개가 인정의 의미와 구조를 충분히 포착하지 못했다고 생각할 수도 있다. 헤겔이 지적하듯 "나는 상대방이 자유롭고, 나에 의해 상대방이 자유롭다고 인정될 때에만 진정으로 자유로"우며 (Hegel, 1971, p.171), 따라서 진정한 헤겔주의자들에게 이것은 사회정의의 문제라기보다는 '뿌리 깊은 상호의존'이라는 자유를 실현하는 조건의 문제로 여겨진다. 만약 인정의 의미와 구조를 제대로 파악한다면, 무시가 '사회적 병리'임을 즉각적으로 알아챌 수 있다는 것이다.

그러나, '진정한 헤겔주의'의 접근 방식은 일반적으로 독립적인 규범적 정당화가 요구되는 오늘날의 정치적 성찰을 위해서는 충분치 않을 것이다. 인정 개념이 자유와 사회적 관계에 대한 우리의 생각에 영향을 미친다고 할지라도(우리는 3장의 〈인정 개념을 받아들여야 하는 이유는 무엇인가?〉에서 이를 논의했다), 이러한 지적 작업의 정치적 함의는 별도로 논의될 필요가 있으며, 사회정의 측면에서 논의를 전개하는 것은 정치적 함의를 다루는 한 가지 방식이 될 수 있다.

187 Honneth, 1996.

188 자유주의 정치도덕은 인간의 존엄성이 우리의 자치 능력(자율성)에서 비롯된다는 사상에 기초하고 있다. 자율적인 행위주체로서 우리는 각자 좋음에 대한 개념, 가치 있고 추구할 필요가 있는 것을 스스로 결정할 수 있는 능력을 갖는다. 모든 주체가 이 능력을 동등하게 존중받아야 하므로, 정부가 시민들을 동등한 존엄성을 지닌 사람으로 대우하기 위해서는 중립을 유지해야 하며, 삶에 가치를 부여하는 어떠한 특정 개념을 고수해서도 안 된다(Dworkin, 1978; Kymlicka, 1991).

189 공동체주의자들은 자유주의 개념의 여러 측면에 동의하지 않았다. 논쟁의 요점 중 하나는 자기 자신과 공동체 사이의 관계에 대한 것이었다. 즉 자유주의는 공동체보다 개인의 자율성에 초점을 두고 그것을 우선시함으로써 일관성 없는 자아 개념에 의존하게 되었는데, 이것이 개인의 선택 능력을 과장되게 평가했다는 게 공동체주의자들의 비판이다. 자유주의자들은 자아를 마치 사회 바깥에 존재하는 것처럼, 모든 의무에서 벗어나 선택지를 파악하고, 가치 있는 것을 선택할 수 있는 능력이 있는 대상으로 보았다. 이런 비판에 따르면, 자유주의자들은 우리가 속해 있는 공동체의 역할을 통해 정체성이 구성되는 방식을 제대로 인식하는 데 실패했다(자유주의와 공동체주의 사이에서 벌어진 논쟁에 관한 대표적인 자료들은 다음을 참고하라. Sandel, 1982; MacIntyre, 1984; Caney, 1992; Taylor, 1994b; Shapiro, 2003). 달리 말하면, 절차적 자유주의는 민주주의 질서에 참여하는 사람들이 이미 발언권을 가지고 있다는 것(즉 이미 성공한 행위주체로서 인정받고 있다는 것)을 전제로 한다. 하지만 인정이론이 강조하듯, 항상 그럴 수는 없다.

190 Honneth, 2001b, p.51; Fraser & Honneth, 2003, p.259.

191 Honneth, 1996, p.174.

192 Fraser & Honneth, 2003, p.174.

193 Honneth, 2007, pp.137–138.

194 Fraser, 2001, pp.22–23.

195 Fraser, 2001, 2008; Fraser & Honneth, 2003.

196 Fraser & Honneth, 2003, p.223.

197 Fraser & Honneth, 2003, p.228[낸시 프레이저 · 악셀 호네트, 《분배냐 인정이냐: 정치철학적 논쟁》, 김원식 · 문성훈 옮김, 사월의책, 2014].

198 프레이저와 호네트(Fraser & Honneth, 2003) 사이의 또 다른 논쟁점은 정의의 두 차원(재분배와 인정) 사이의 관계이다. 프레이저는 정의의 두 차원이 서로 영향을 미치지만, 서로 환원될 수 없다고 주장한다. 프레이저에 따르면, 신분 종속status subordination(무시)과 계급 종속class subordination(잘못된 분배)은 다양하고 복잡한 방식으로 상호작용하지만, 각 차원의 고유한 부정의를 놓치지 않기 위해 분석적으로 분리되어야 한다고 주장했다. 반면 호네트는 인정 개념이 문화적 부정의뿐만 아니라,

물질적 부정의도 이해할 수 있는 충분한 틀을 제공한다고 주장하고, 따라서 분배적 정의의 문제는 사회 내 특정 집단의 성취를 인정하는 문제로 이해될 수 있다. 이 논쟁은 사회이론과 정치이론의 중요한 논쟁이지만, 이 책이 다루는 범위를 벗어난다.

199 프레이저(Fraser, 2001, p.32)가 언급했듯, 자기가치부여가 유일한 고려 사항이었다면, "인종차별주의자들 역시 어느 정도 자신의 정체성을 인정받을 자격이 있을 수 있다. 왜냐하면 가난한 유럽인들과 유럽계 미국인들로 하여금 그들이 소위 열등하다고 인지하는 사람들과 대조함으로써 자기가치부여를 유지할 수 있게 하기 때문"이다.

200 Fraser & Honneth, 2003, p.223.

201 Fraser & Honneth, 2003, pp.171–172.

202 Honneth, 1996, p.178.

203 Zurn, 2000.

204 Zurn, 2000, p.119.

205 Zurn, 2000, p.122.

206 Zurn, 2000, p.122.

207 Zurn, 2000, p.121.

208 인식적 권위의 결핍의 본질과 함의를 드러내는 '인식적 부정의' 개념에 대한 설명은 미란다 프리커의 문헌(Fricker, 2007)을 참고하라. 인식적 부정의를 정신건강 영역에 적용한 것은 사나티와 키랏수스의 문헌(Sanati & Kyratsous, 2015)을, 국제관계 영역에 적용한 것은 뒤브겐의 문헌(Dübgen, 2012)을 참고하라.

209 Rawls, 1973. 인정·자기관계·정의에 대한 다양한 관점에 대한 추가적인 논의는 맥브라이드의 문헌(McBride, 2013, Chapter 4)을 참고하라.

210 Disley, 2015, p.13.

211 Hegel, 1977, p.112.

212 Hegel, 1977, p.113.

213 http://www.bernsteintapes.com/hegellist.html.

214 헤겔(1991, p.199)은 사랑이라는 용어를 다음과 같은 관점에서 사용했다. "사랑은 일반적으로 나와 타자가 하나라는 의식을 의미한다. 그래서 나 혼자 고립되지 않고, 독립적 존재의 포기하고, 자신을 타자와 통일하는 것으로, 그리고 나와 타자가 하나 됨을 인식하는 것을 통해서만 자기의식을 얻을 수 있다. …… 사랑에 빠진 첫 순간, 나는 독립된 사람이 되고 싶지 않을 것이며, 그렇게 된다면 나는 스스로를 부족하고 불완전한 존재라고 느낄 것이다. 그리고 그다음 순간 나는 사랑하는 그 사람에게서 나를 발견하게 되고, 그 사람에게서 인정을 받고, 다시 내 안에서 그 사람을 인정하게 된다."

215 실제로 내가 왜 친구를 잘 대해야 하는지 궁금해하기 시작하고, '우정의 위대한 전통' 속에서 그 정당성을 찾게 된다면, 그것은 이미 그와 나의 관계가 예전만큼 가깝지 않다는 것에 대한 방증일 수 있다.

216 Rorty, 1999, p.78.

217 이와 달리, 때로 스스로를 소홀히 함으로써 타자의 안녕을 방해할 수 있기 때문에

타자들을 위해 나 자신을 돌봐야 할 의무가 있다는 주장이 제기될 때도 있다.

218 Rorty, 1999, pp.79–82.

219 Rorty, 1998, p.177.

220 Rorty, 1999, p.79.

221 Rorty, 1998, p.176.

222 로티(Rorty, 1999, p.79)는 "이러한 확장 과정의 이상적인 한계는 기독교와 불교에서 상정하는 성인의 모습으로, 그 어떤 인간 존재의 굶주림과 고통으로도 강렬한 괴로움을 느끼는 이상적인 자아"라고 지적한다. 이처럼 우리는 '인간의 삶에 대한 보편적인 관심'이라는, 불가능한 것처럼 보이는 이상을 달성한 사람들을 **성인** saint으로 지칭한다는 것이다.

223 Gaita, 2000, pp.57–72를 보라.

224 유사한 지점에 대한 논의로는 이케헤이모(Ikaheimo, 2012, pp.22–23)를 보라.

225 Rorty, 1998, p.178.

226 Rorty, 1998, p.179.

227 Rorty, 1998, p.180.

228 가령 2015년 유럽의 이주 및 난민 사태, 그리고 2008년 세계적인 경제위기 여파로 인해 민족주의와 극우파, 백인 우월주의, 극단적 기독교 단체 등이 부상했다.

229 나는 진실과화해위원회가 효과가 있었는지 여부를 다루려는 것이 아니며, 단지 사회적 트라우마에 대한 전반적인 접근 방식에 대해서만 언급하고자 한다. 진실과화해위원회의 공식 웹사이트 주소는 다음과 같다. http://www.justice.gov.za/trc/index.html.

230 Taylor, 1994a.

231 Taylor, 1994a.

232 Taylor, 1994a, p.66

233 Fraser & Honneth, 2003, p.168

234 Fraser & Honneth, 2003, pp.168–169.

3부 | 인정으로 가는 경로

1 Rashed, 2013a, 2013b.

2 Williams, 1958, p.xvi.

3 Jackson, 1996, p.16.

4 《원시 문화Primitive Culture》에서 에드워드 타일러(1891, p.1)는 다음과 같은 정의를 제공한다. "문화 또는 문명은 …… 지식, 믿음, 예술, 도덕, 법률, 관습, 그리고 인간이 사회의 일원으로서 획득한 다양한 능력과 습관을 포함하는 복합적 총체이다."

5 Jenkins & Barrett, 2004, p.5; Rashed, 2013a, p.4.

6 사회과학에서 다양한 문화 모델에 대한 설명은 리스조드의 문헌(Risjord, 2012)을 참조하라.

7 Kymlicka, 1995, p.76.
8 Margalit & Halbertal, 1994, pp.497-498.
9 Midgley, 1991, p.83.
10 코스타의 문헌(Costa, 2015, p.4)을 요약했다(강조는 저자).
11 Sen, 2011, p.5.
12 매드 프라이드 해밀턴.
13 deBie, 2013, p.8.
14 Costa, 2015, p.4.
15 Clare, 2011, p.16.
16 Sacks, 1989, p.127.
17 http://wfdeaf.org/our-work/human-rights-of-the-deaf.
18 Padden & Humphries, 2005, p.1.
19 British Sign Language(BSL), https://www.bda.org.uk/what-is-deaf-culture.
20 https://deafculturecentre.ca/canadian-cultural-society-of-the-deaf; http:// www.handsandvoices.org/comcon/articles/deafculture.htm.
21 http://www.handsandvoices.org/comcon/articles/deafculture.htm.
22 Kymlicka, 1995, p.76.
23 정신장애차별주의sanism란 정신적 질병이 있거나 있다고 인식되는 사람들에 대한 차별과 편견을 말한다. 장애운동에서 사용하는 유사한 용어로는 장애차별주의/비장애중심주의ableism가 있다.
24 인권/민권의 발전사에 대한 요약은 UN의 다음 기사를 참조하라. https://unchronicle.un.org/article/international-human-rights-law-short-history.
25 시민적 및 정치적 권리에 관한 국제규약The International Covenant on Civil and Political Rights 제27조는 다음과 같이 말한다. "종족적·종교적 또는 언어적 소수민족이 존재하는 국가에 있어서는 그러한 소수민족에 속하는 사람들에게 그 집단의 다른 구성원들과 함께 그들 자신의 문화를 향유하고, 그들 자신의 종교를 표명하고 실행하거나 또는 그들 자신의 언어를 사용할 권리가 부인되지 아니한다."[법제처 국가법령정보센터의 번역을 따랐다. https://www.law.go.kr/trtyInfoP.do?trtySeq=231] http://www.ohchr.org/en/professionalinterest/pages/ccpr.aspx.
26 Kymlicka, 2010, p.101.
27 Kukathas, 1992, p.105.
28 Kymlicka, 2001, p.1.
29 Kymlicka, 1991, 1995, 2001.
30 Rawls, 1973.
31 Rawls, 1973, p.62.
32 자유주의 정치도덕의 주체들은 좋은 삶good life에 대해 생각할 때, 자기 스스로 결정하는 것이 무엇보다 중요하다고 분명히 밝힌다. 그러나 킴리카(Kymlicka, 1991, p.10)가 지적한 것처럼 여기서 좋은 삶이란 '**현재** 우리가 좋다고 **믿는** 삶'

과 동일한 것은 아니다. 예를 들어 우리는 선택한 목표, 중요하다고 믿었던 신념에 대해 오판하고 있었다는 것을 발견할 수도 있다. 따라서 우리는 자신이 가지고 있던 관점에 의문을 제기하고 수정할 수 있으며, 어떠한 외부의 강제 없이 우리가 선택한 가치에 따라 강제성에 얽매이지 않고 삶을 영위할 수 있는 것에 무엇보다 관심을 가지고 있다. 그렇게 하기 위해서, 이 관점에서는 자유주의 사회의 전형적인 지원 및 보호, 이른바 **기본재**를 필요로 한다.

33 Kymlicka, 1991, pp.164-165.

34 Kymlicka, 1991, p.165.

35 Kymlicka, 1991, p.167.

36 이러한 구분은 전통을 구성하고 있는 특정한 규범과 관습보다 한 개인이 자유롭게 받아들이거나 거부할 수 있는 문화적 성원권에 대한 권리를 인정한다는 점에서 중요하다. 자유주의적 중립성liberal neutrality으로 알려진 이 입장은 자유주의 사회가 실질적인 삶의 방식과 관련해 중립을 유지할 것을 요구한다. 가령, 정부가 시민들을 동등한 존엄성을 가지고 대하기 위해서는 삶에 가치를 부여하는 과정에서 특정한 개념을 지지해서는 안 된다(Dworkin, 1978; Taylor 1994a).

37 Kymlicka, 1991, pp.182–189.

38 만약 우리가 이런 접근 방식을 농문화에 적용한다면, 농인들에게 수어를 배우고 실천할 수 있는 공동체를 제공하고, 농인 관련 기관에 참여할 수 있고, 농인 역사의 서사와 연대감을 통해 농인 정체성을 발전시킬 수 있는 공동체를 제공하는 한, 농문화는 선택의 맥락에서 설명될 수 있다. 반면 이런 선택의 맥락이 없는 상황에서 농인들은 질적으로 빈곤한 삶에 처할 수 있다. 달리 말하면, 농인들은 긍정적인 문화와 독특한 언어를 가지고 있는 개인이 아니라 듣는hearing 세계에서 들을 수 없는 사람이 될 뿐이다. 결국 농인들은 번영의 기회를 박탈당하고 그 자율성은 제한될 것이다.

39 달팽이관 이식은 농인과 난청인에게 어느 정도의 청각 능력을 가질 수 있도록 해주는 전자장치이다. 이 기기는 농인으로 태어난 아이들이 어릴 때부터 말하는 것을 배울 수 있도록 해줄지도 모른다. 그러나 달팽이관 이식은 윤리적 논쟁의 대상이며, 자주 논의되는 이슈 중 하나는 본문에서 제기된 사항이다. 즉 농인은 소수민족과 유사하며, 달팽이관 이식이 (수어와 농문화의 영역을 축소할 것이므로) 소수민족의 언어와 문화유산을 의도적으로 파괴하는 것과 다름없다는 것이다(Sparrow, 2005).

40 Taylor, 1994b, pp.259-260.

41 Margalit & Halbertal, 1994, p.503.

42 Tamir, 1998, p.282.

43 Gans, 1998, p.164.

44 Gans, 1998, p.164.

45 Kymlicka, 1995, 2001.

46 Kymlicka, 1995, p.87.

47 Kymlicka, 2001, p.47.

48 Margalit & Halbertal, 1994, p.506.

49 e. g., Kymlicka, 2010; Mende, 2016.

50 예를 들어, 사라질 위험에 처한 토착 언어나 잊힐 위험에 처한 일련의 고대 의식을 보호하기 위한 주장은 미학적인 이유나 학문적인 이유, 심지어는 재정적인 이유에 근거할 수도 있는데, 이 중 인정이나 존중의 문제와 관련된 것은 아무것도 없다.

51 Triest, 2012, pp.20-21.

52 Kennett, 2009, p.92.

53 Kennett, 2009, pp.94–95.

54 Graham, 2015, p.372.

55 Kennett, 2009, p.97.

56 Radden, 2004, p.133.

57 정체성 형성 능력의 손상으로 인해 인정 범위에서 배제되는 일은 도덕적·법적 책임이 감소함과 동시에 일어날 수 있다. 하지만 반드시 그런 것은 아니다. 가령, 자기이해를 형성하기 위해 지원이 필요한 모든 사람들이 도덕적·법적 측면에서 책임을 지지 않는 것은 아니다. 이 두 가지 현상은 서로 다른 쟁점들을 제기하지만, 법적 영향 및 임상적 결정 능력과 연관된 도덕적 책임에 대한 문제는 여기서의 관심사가 아니다. 많은 연구들이 이런 이슈를 다루고 있으며, 최근의 사례로는 설리번-비셋 외 다수가 쓴 문헌(Ema Sullivan-Bissett et al., 2017)이 있으며, 래든(Radden, 1996)도 참고하라.

58 집단 정체성을 부여받게 되면, 사람은 그것을 자신에 대한 이해의 중심에 두게 된다. 즉 특정한 집단 정체성이 공적으로 어떻게 평가되고 이해되는지가 자신에게 중요해진다(4장의 '사회적 정체성과 개인적 정체성의 관계' 절 참고).

59 실용적 합리성은 "행위주체의 안녕well-being을 증진시키거나, 목표를 추구하는 과정에서 성공을 촉진하는 의사결정"을 말한다(Craigie & Bortolotti, 2015, p.393). 실용적으로 합리적이라는 것은 자신의 의도를 세상에서 효과적으로 실현하는 것이며, (어떤 일이 발생하든) 자신의 안녕을 증진시키는 방식으로 행위하는 것을 의미한다. 이때 성공과 삶의 안녕이 반드시 일치할 필요는 없다. 왜냐하면 성공은 내가 스스로 설정한 목적을 달성하는 것만을 요구할 뿐, 그 목적이 반드시 특정한 관점에서 판단된 나의 안녕에 기여하지 않을 수 있기 때문이다(Craigie & Bortolotti, 2015, p.388, note 1). 여기서 안녕은 철학적·윤리학적 개념으로, 쾌락주의, 욕구만족이론, 객관적 목록 이론objective list theory 등 다양한 방식으로 정의될 수 있다(Crisp, 2006; Rice, 2013). 어떤 개념이든 삶의 안녕을 판단하는 핵심 요점은 (완전한 주관적 관점을 채택하지 않는 한) 행위주체가 보고하는 것에만 국한되지 않는다. 로저 크리스프Roger Crisp가 지적하듯, 안녕은 "자기 스스로를 위해 자신의 삶을 잘 살 수 있도록 하는 것"을 의미한다(Crisp, 2013, p.411). (여기서 '자기 스스로를 위해'라는 문구를 '자기 스스로의 관점에서' 혹은 '자신의 의견에 따라'로 오해해선 안 된다.)

60 예를 들어 망상과 비합리성에 대한 최근의 연구에 따르면, 인식적 합리성epistemic rationality과 실용적 합리성 사이의 연관성보다 (망상과 같은) 인식적 비합리성과 실용적 합리성 저하 사이의 필연적인 연관성이 더 높은 것은 아닌 것으로 나타났다(e.

g., Craigie & Bortolotti, 2015; Sullivan-Bisset et al., 2017).

61 Pippin, 2008b, p.71.

62 Appiah, 2005, p.181.

63 망상은 다음과 같은 다양한 차원에 따라 분류될 수 있다.
(1) 망상의 **기원**: 일차적 망상 vs 이차적 망상
(2) 망상의 **내용**: 과대망상, 피해망상, 종교망상, 허무망상, 망상적 오인misidentification
(3) 망상의 **범위**: 단일주제 망상 vs 다주제 망상
(4) 망상과 **다른 믿음과의 관계**: 국한된 망상 vs 체계화된 망상
하지만 나는 여기서 망상적 정체성에 대한 이런 식의 특정 분류에 초점을 두지 않으며, 그것의 지위(즉 망상적 정체성이 실패한 정체성인지 아니면 논쟁의 여지가 있는 정체성인지)를 분석하는 데 중점을 둔다.

64 망상의 모든 사례를 만족시킬 수 있는 필요조건과 충분조건을 제시하기란 어려운 것으로 증명되었다. 망상은 이질적 현상으로 나타난다. 즉 증상symptom보다는 증후군syndrome이라 할 수 있다(Gilleen & David, 2005). 예를 들어 피해망상은 근거가 취약할 수 있지만, 사고조종 망상delusions of thought control과 같이 개인의 내면 상태와 관련된 망상이라면 어떨까? 이런 망상의 경우, 세상에 존재하는 사건들과 관련되어 있는 피해망상과 동일한 인식적 문제가 제기될 수 없다.
망상에 대한 포괄적인 정의를 제공하려는 시도의 또 다른 문제는 일반적으로 나타나는 망상과 비합리적 믿음 사이의 연속성continuity이다. 가령 '일반적'이며 '평범한' 믿음에서도 종종 일관성과 통합성이 부족한 부분들이 나타나기도 하고, 제한적이거나 무관한 증거에 근거해 정당화되거나 반증에 저항하는 경향이 있다(Craigie & Bortolotti, 2015; Sullivan-Bisset et al., 2017). 즉 망상으로 구분되는 경향이 있는 믿음과 그렇지 않다고 간주되는 믿음 사이에 연속성이 있는 것으로 보인다. 그러나 그 연속성을 입증하는 것으로 반드시 망상의 정의에 대한 탐구가 끝나는 것은 아니다. 일반적인 비합리적 믿음과 망상을 구별시켜주는 것이 무엇인지에 대한 연구는 계속 진행 중이다.

65 DSM(정신질환 진단 및 통계 편람)은 "어떤 사람의 문화 혹은 하위문화의 다른 구성원들에 의해 일반적으로 받아들여지는" 종교적 믿음은 망상이 아니라고 경고한다(즉 종교적 신념은 여기에 속하지 않는다. APA, 1994, p.xxiv). 우리는 '종교적 믿음'을 다른 종류의 믿음으로 대체할 수 있다. DSM 규정의 핵심 쟁점은 어떤 종류든 문화적 믿음을 정신병리로 착각하지 않는 것이다(Rashed, 2013a).

66 Reznek, 2010.

67 Reznek, 2010, p.188.

68 Rashed, 2013c, pp.139-144.

69 자세한 내용은 메타심리학Metapsychology 사이트에 게시한 레즈넥의 책에 대한 저자의 서평을 참고하라. http://metapsychology.mentalhelp.net/poc/view_doc.php?type=book&id=6180.

70 망상이 공유될 수 있는 다양한 방법에 대한 훌륭한 개요는 래든의 문헌(Radden, 2011, chapter 5)을 참조하라.

71 Rashed, 2012.

72 이 사례 연구의 기반이 되는 연구는 유니버시티칼리지 런던의 윤리적 승인을 받아 수행되었다(UCL Ethics Project ID Number: 1521/ 001). 개인 정보는 변경했으며, 참가자들에게 고지된 동의를 받았다.

73 정신질환과 합리성의 연관 관계는 오랫동안 다뤄져왔다(Edwards, 1981; Radden, 1985; Foucault, 2001; cf. Bortolotti, 2015). 예를 들어 망상의 경우, 이런 현상을 정의하는 데 비합리성은 일부를 차지할 뿐이다(Bortolotti, 2013). 최근 문헌들에서 정의되는 합리성의 의미는 특히 절차적 합리성, 인식적 합리성, 실용적 합리성에 대한 몇 가지 구별을 포함한다(Bortolotti, 2009, 2013, 2015; Bortolotti et al., 2012; Craigie & Bortolotti, 2015). 절차적 합리성procedural rationality은 행위자의 지향적 상태들intentional state 사이의 일관성과 통합성을 말하며, 인식적 합리성epistemic rationality은 믿음을 획득하고 수정하는 과정을, 실용적 합리성pragmatic rationality은 행위주체가 목표를 달성하거나 삶의 안녕을 향상시키는 데 도움이 되는 의사결정과 관련된 것을 의미한다.

74 Bortolotti, 2009.

75 Bortolotti, 2009, p.115.

76 Dolezal, 2017.

77 Sunderland, 2015.

78 이 문단의 직접 인용문은 선덜랜드의 문헌(Sunderland, 2015)에서 인용한 것이다.

79 "Why the fascination with Rachel Dolezal?", CNN, June 18, 2015.

80 http://jezebel.com/the-strangers-rachel-dolezal-profile-is-so-good-we-neve-1794463350.

81 "How scientists explain Rachel Dolezal", Think Progress, June 12, 2015.

82 "Identifying with delusion", *The Washington Times*, June 17, 2015.

83 Dolezal, 2017, Prologue. 한편, 한 인터뷰에서 돌레잘은 다음과 같이 설명했다. "만일 우리가 아동 노예제 기간 동안 미국에 있었던 이들을 조상으로 하고, 생물학적으로 그 조상들과 연결된 사람들만을 이야기한다면, 아프리카계 미국인에게 해당하는 연표는 매우 짧을 것입니다. 그리고 저는 제가 그 연표에 속하지 않는다는 것을 알고 있습니다." Rachel Dolezal, "I wasn't identifying as black to upset people. I was being me", *The Guardian*, December 13, 2015.

84 Dolezal, 2017

85 Dolezal, "I wasn't identifying as black to upset people. I was being me".

86 각주 102와 동일.

87 Dolezal, 2017, Prologue.

88 Dolezal, 2017, Epilogue.

89 Rachel Dolezal, "I'm not going to stoop and apologise and grovel", *The Guardian*, February 25, 2017.

90 Brubaker, 2016.

91 Tuvel, 2017.

92 이 사례 연구는 당사자의 동의를 얻어 수행되었다. 개인 정보는 제거하거나 변경했다.

93 Rashed, 2010.

94 Ayer, 1946.

95 Ayer, 1946, p.31.

96 에이어(Ayer, 1946, p.35)는 검증원칙을 다음과 같이 정의했다. "어떤 주장을 표현하는 사람은 그것을 검증하는 방법을 알고 있을 경우에만 실질적으로 존중받을 수 있다. 즉 관찰을 통해 어떠한 특정 조건에서 그 주장을 참으로 받아들이거나 또는 거짓으로 판단해 거부할 수 있는지를 알고 있는 경우에만 중요하게 여겨질 수 있다."

97 에이어와 논리 실증주의자들이 이해한 바와 같이 형이상학은 경험적 과학empirical sciences으로는 접근할 수 없는 지식을 추구하는 철학적 탐구의 한 방식이다. 형이상학자들은 현실의 궁극적인 본질인 존재의 본질nature of Being에 대한 이해(일반적으로 과학과 상식의 세계를 초월하는 진리)를 추구한다. 논리적 경험론자logical empiricist들은 이런 식의 형이상학적 지식 개념을 거부했다.

98 e. g., Quinton, 1991, p.48.

99 이에 대한 또 다른 비판은 에이어의 지각의 감각자료 이론sense-data theory of perception에 관한 것으로, 그 이론이 윌프리드 셀러스Wilfrid Sellars가 서술한 '소여의 신화Myth of the Given'에 의존하고 있음을 지적한다.

100 Foster, 1985, p.297.

101 Sutherland, 1991, p.87.

102 래든(Radden, 2011, p.97)은 유사한 점을 다음과 같이 지적한다. "초자연적 문제들에 대한 믿음이 진실도 거짓도 될 수 없다는 것을 받아들인다면, 우리는 여전히 그것들의 영향력과 적용 가능성을 은유적인 언어로 간주해야 할 것이다."

103 Rashed, 2010, pp.193-196.

104 실제로 시대적 맥락이 달랐다면, 아베오는 종교적 혁신가이자 성령적인 인물로 여겨졌을 가능성도 있다. 의학적 의미에서 '정신병리'가 종교적 혁신으로 변화될 수 있는 요인들에 관한 사례 연구 및 분석은 리틀우드와 립세지의 문헌(Littlewood & Lipsedge, 2004)과 리틀우드의 문헌(Littlewood, 1997, 1993)을 참고하라.

105 만약 아베오의 정체성이 망상적 지각delusional perception에 근거한다 할지라도 같은 분석이 적용될 것이다. 예를 들어 어느 날 아침, 신호등이 초록색에서 황색으로 바뀌는 것을 보고, 그 순간 그것이 어떤 임박한 재난을 경고하기 위해 신이 보낸 사인이라고 확신하게 된다면, 그녀의 믿음은 여전히 진릿값을 가질 수 없는 믿음의 범주에 속하게 될 것이다. 따라서 본문의 분석에 따르면, 비록 소수의 개종자가 발생할 가능성이 존재한다 하더라도, 이런 경우는 논쟁의 여지가 있는 정체성이 된다.

106 다음은 코타르 망상에 대한 사례 보고 및 분석에 대한 문헌들이다. Young & Leafhead, 1996; McKay & Cipolotti, 2007; Graham, 2010, ch.9.

107 주목할 만한 것은 아이티Haiti에서 볼 수 있는 좀비화zombification의 문화적 현상이다(Littlewood & Douyon, 1997). 이와 유사한 개념은 현대 소설과 영화에서 흔히

나타나는 '살아 있는 시체living dead' 개념에서 볼 수 있다. 하지만 코타르 망상은 좀비화의 문화적 현상의 예시가 아니다. 가령 좀비화는 죽은 사람이 좀비가 되어 부활했다는 믿음이다. 이와 달리 코타르 망상은 살아 있음에도, 자신이 죽은 상태라고 주장하는 사람을 가리킨다.

108 Radden, 1996, p.11.

109 Radden, 1996, p.12. 또한 통합성과 연속성은 각각 자아의 '통시적diachronic 통합' '공시적synchronic 통합'으로 지칭되기도 한다(Radden, 1998, p.659).

110 정체성에 대한 설명으로는 이 책의 4장의 〈2. 정체성〉과 7장의 '정체성의 주요 특징' 절을 참고할 수 있다.

111 정신 상태mental state를 자신과 동일시한다는 것은 복합적인 결단을 내포한다(8장의 '소유권과 저자성' 절 참고). 이 초반부 논의의 목적을 밝히는 차원에서 말하자면, 예를 들어 특정 욕망을 자신과 동일시하는 것은 그것이 자신의 것임을 인정하고, 그것을 자신의 다른 욕망 및 믿음과 나란히 배치하는 것이다.

112 Radden, 1996, p.16.

113 여기서의 갈등은 어떤 사람의 2차적 욕망과 관련된다. 이때의 2차적 욕망이란 1차적 욕망에 대한 평가에 해당한다(4장의 '정체성 논의를 시작하며' 절 참고).

114 Radden, 1996.

115 Radden, 1996, p.11.

116 Sims, 2003, pp.164-171.

117 Jaspers, 1963, p.123.

118 Graham & Stephens, 1994, p.99.

119 여기서 인용한 내용이 포함된 보고서는 '철학과 정신의학에 대한 옥스퍼드 편람Oxford Handbook of Philosophy and Psychiatry' 온라인 임상 사례 자료이다. http://fdslive.oup.com/www.oup.com/booksites/uk/booksites/content/9780199579563/clinical/fulford_cases_section1.pdf.

120 Bortolotti & Broome, 2009.

121 Bortolotti & Broome, 2009; Gunn 2016.

122 Radden, 1996, pp.255-266; 1998.

123 Radden, 1998, p.666.

124 Radden, 1998, p.670.

125 Graham & Stephens 1994.

126 사고 주입과 관련해 팀 베인(Bayne, 2013)은 소유권과 행위주체(저자성)를 각각 무주체성no-subjectivity과 무행위주체성no-agency으로 설명한다. 전자와 관련해주체들은 자신이 알고 있는 생각이 실제로 자신의 것임을 부정한다. 후자와 관련해 주체들은 자신이 알고 있는 생각에서 자신이 행위주체라는 것만을 부정한다. 베인은 어떤 설명이 옳은지 입장을 분명히 밝히지는 않는다. 그러나 나는 소유권이 논리적으로 보장되어 있다는 점이 무주체성에 대한 설명을 일관성 없게 만들 것이라는 래든의 의견에 동의한다. 즉 어떤 사고를 자신의 내면에서 인식한다는 것은 그것을 생각하는 사람이 된다는 것과 같다. 그 사고의 저자가 누구인가는 별개의

문제가 된다.

127 Radden, 1998, pp.670-671.

128 언어성 환청auditory verbal hallucination, AVH이 내면의 소리를 외부의 목소리로 잘못 해석하는 것과 관련된다고 할 때, 수동성 현상에 대한 여기서의 분석을 언어성 환청에도 유사하게 적용할 수 있다.

129 나는 〈문화적 맥락 전반에 걸친 정신과적 판단Psychiatric Judgements Across Cultural Contexts〉(Rashed, 2013c, pp.139-144)이라는 글에서 역사적·계보학적 설명을 통해 현대 과학의 발흥을 수반하는 인식론적 입장과 관련된 문화심리학을 살펴보았다. 정신의학적 규범과 이를 뒷받침하는 민속심리학folk psychology은 정상성, 현실과의 관계, 혹은 우리가 세계와 관계 맺는 방식이라고 부를 수 있는 것 등 독특한 개념들에 기초하고 있다.

130 Fabrega, 1989, p.53.

131 이러한 모든 의문은 주체가 자신의 정신 상태(이를테면, 내적 발화inner speech 혹은 생각 등)를 오인하고 있다는 전제에서 시작된다. 이 전제 위에서, 왜 이런 일이 일어났는지에 대한 의문은 드러난 현상보다 결핍에 초점을 맞춰 탐색을 진행한다. 즉 의문은 "왜 이 사람이 자신의 정신 상태를 오인하고 있을까?"가 된다. 그리고 다양한 접근 방식들(정신역동, 인지학, 신경심리학 등)은 각기 자신만의 독특한 답을 제공한다.

132 Rashed, 2012.

133 마흐디는 나에게 지니가 "아침이든 밤이든 언제든지" 자신과 함께 있다고 말했다. 내가 그와 함께 이러한 공존을 탐구했을 때 지니의 현존감presence이 더욱 뚜렷해졌다. 그는 지니가 항상 자신과 함께 있다는 것을 "알고", 때로는 지니의 존재와 관련한 청각이나 시각적인 징후가 없는 상태에서도 자신의 곁에서 그녀의 "현존감"을 경험했다. 이것은 정신증적 상태 및 비정신증적 상태 둘 다에서 보고되는 "자신과 함께 있거나, 자신 옆에 있거나, 또 다른 자아를 가지고 있다"는 느낌을 상기시킨다 (Sims 2003, p.217).

134 자아 분열을 판단하는 과정에서 특정한 문화심리학적 배경을 거론한다고 해서 우리가 그 문화심리학을 반드시 지지해야 하는 것은 아니다. 즉 우리가 특정한 문화심리학적 맥락에서 자아의 붕괴가 아닌 풍요로움을 나타내는 마흐디의 경험을 받아들이기 위해 영혼이나 다른 영적 존재를 믿을 필요는 없다. 서로 경쟁 관계에 있는 문화심리학들 사이의 대립은 별개의 문제이다. 이러한 대립은 일련의 중요한 의제들과 관련해 하나의 세계관이 다른 세계관을 향해 자신의 우월성을 증명하려 할 때 발생한다(Rashed, 2013c).

135 Radden, 1996, p.12.

136 정신 상태의 외부 저자성의 가능성에 대한 믿음과는 별도로 다른 문제들이 존재한다는 점에 유의할 필요가 있다. 예를 들어 다흘라에는 이런 믿음이 존재하지만, 관련 경험을 충족시키기 위한 기준이 있다. 자신의 생각이 '영혼spirit'에 의해 영향을 받는다는 당사자의 보고는 공동체나 관련 전문가들로부터 거부될 가능성이 있다. 즉 '영혼'과의 교감은 (문화적 배경에 따른) 특정 방식을 통해서만 이루어지며, 그렇기

때문에 '영혼'과 교감하고 있다는 모든 주장이 타당하게 받아들여지는 것은 아니다.

137 7장의 각주 6을 참조하라.

138 다른 글에서 나는 판단의 올바른 맥락이 무엇인지, 그것을 어떻게 결정할 것인지, 그리고 관련된 문화적 맥락과의 조화는 전혀 문제가 되지 않는지 등을 탐구했다. Rashed, 2013a.

139 Rashed, 2013a; 2013c, pp.134–136.

140 레이철 건의 문헌(Gunn, 2016, p.562)에서 인용한 다음의 내용은 자신의 경험이 "텔레파시"를 나타낸다는 가능성을 생각하는 것에서부터 그것을 "정신증"의 일부로 간주하는 것에 이르기까지 본문에 기술된 것과 유사한 변화를 보여준다. "조용한 곳에서 혼자 있는 밤이면, 때로 내 생각처럼 '느껴지지 않는' 생각을 경험해요. 그것은 마치 나의 '평범한' 생각들을 제어하고 있는 뇌의 부분이 아닌, 나의 뇌 어딘가에서 흘러나와 의식 속으로 들어가는 것처럼 느껴져요. 그것에 대해 설명하기는 어려워요. 이런 '가짜 생각false thought'들은 대개 무작위적인 주제를 다루고, 대개는 이치에 맞지 않고 극도로 산만하죠. 처음 그런 경험을 했을 때, 나는 내가 초능력자라고 생각했고, 다른 사람들의 생각을 들을 수 있게 되었다고 생각했어요. (일종의 텔레파시랄까?) 하지만 이제 저는 그것이 정신증의 한 가지 증상이라는 것을 알게 되었어요. 저에게 환각이 나타날 때마다 그것을 경험하거든요."

141 Murdoch, 1999, pp.80-81.

142 Parfit, 1984, p.202.

143 일반적인 관점은 지속성persistence을 물리적 연속성(시공간에 존재하는 연속적인 신체) 측면에서 설명하는 관점과 심리적 연속성(기억, 믿음의 상속, 현재의 의도와 미래의 행동 사이의 연관성 등) 측면에서 설명하는 관점으로 나뉜다(Olson, 2003). 물리적 연속성에 기반한 설명에 대해 핵심을 찌르는 반례들이 제기되어왔다면, 심리적 연속성에 기반한 설명은 파핏(Parfit, 1984)의 공격을 받은 것으로 잘 알려져 있다. 파핏은 우리가 생존해나가며 시간이 경과함에 따라 심리적 연속성에 근거한 정체성의 관련성이 점차 소실된다고 주장했다.

144 Korsgaard, 1989, p.109.

145 Korsgaard, 1989, p.113.

146 마이클 브랫먼(Bratman, 2007, p.21)도 이와 비슷한 주장을 펼치면서 우리는 그저 순간순간 행동하는 것이 아니라 "시간에 따른 활동을 준비하는 사전 계획과 정책을 수립"하며, "스스로를 시간이 경과하더라도 지속하는 행위주체로, 또한 시간적으로 계속되는 활동과 프로젝트를 시작하고 개발하고, 완성하는 행위주체로 생각한다"고 주장한다.

147 Radden, 1996, p.201.

148 Radden, 1996, p.196.

149 Radden, 1996, p.229.

150 Radden, 1996, p.229.

151 Rashed, 2018b.

152 Cohen, 2008.

153 귀신 들림에 대한 자세한 내용은 코헨의 문헌(Cohen, 2007, 2008)과 나의 문헌(Rashed, 2012, 2018b)을 참조하라. 해리성 정체성 장애는 리틀우드의 문헌(Littlewood, 2004) 및 클라크의 문헌(Clark, 2013)을 참조하라.

154 DSM IV-TR, American Psychiatric Association, 2000.

155 Bourguignon, 1989, 2005.

156 Radden, 1996, p.41.

157 Jaspers, 1963, p.126.

158 Wells, 2003, p.299.

159 Wells, 2003.

160 다음 발췌문에서 시드니 올림픽을 막 취재하기 시작하려던 뉴스 기자 크레이그 해밀턴(Craig Hamilton, 2005, p.2)은 자신이 예수 그리스도라는 것을 어떻게 깨닫게 되었는지 묘사하고 있다(그는 병식insight을 지닌 사람의 입장에서 말한다) "그렇게 이상하지 않다는 전제하에 이제 이런 이야기를 해보려 한다. 나의 마음속에서 나는 환생한 예수 그리스도가 되었다. 이것은 가장 큰 과대망상이다. 예수에 대한 생각은 번개처럼 나를 때린 것이 아니라, 오히려 점점 더 고조되던 조증으로 인한 과대망상을 벗어던졌을 때 구체화되었다. …… 그 시점에 이르기까지 내 인생의 모든 사건들이 이 의식을 위해 나를 준비시켜왔다는 생각이 들었다. 기차역에 도착하기 이틀 전에 나의 올림픽 취재 계획은 바뀌었다. 나에게는 새로운 과제가 생겼다. 세상을 바꾸는 것이 나의 목표가 되었다는 점은 매우 분명했다. 전 세계 청중들에게 전한 나의 복음은 그들을 무장해제시키고, 굶주린 이들을 먹이고, 서로를 사랑하도록 하는 것이었다."

161 Wells, 2003, pp.300-303.

162 Wells, 2003, p.301.

163 Wells, 2003, p.300.

164 Kennett & Matthews, 2003, p.309.

165 여기서 문제가 될 수 있는 것은 근본적으로 다시 변하지 않으면서 미래를 지속할 수 있을 것이라는 신뢰의 상실이며, 이에 대한 자신감이 없다면, 그 사람은 장기 프로젝트를 추진하고 수행하려는 동기를 상실할 수 있다(Kennett, 2009).

166 Sims, 2003, pp.313–322.

167 Sims, 2003.

168 Radden, 2004, p.138. "다중의 정체성을 가지고 있는 일반인들normal multiplex persons"은 복잡하고 이질적인 성격 및 기분 상태를 경험하지만, 이런 다양성 속에서 통합성을 보여주는 대다수의 사람들을 의미한다.

169 Radden, 1996, pp.62-66.

170 Radden, 1996, p.63.

171 래든(Radden, 1996, p.65)도 이와 유사한 점을 지적한다. "당시 M씨의 관점에서 보면, 그가 이 개인적인 변화를 평범한 것으로 받아들였음이 분명하다. 그의 새로운 지식과 생각은 자연스럽게 그 자신을 변화시켰다."

172 Radden, 1996, p.65.

173 Wells, 2003, p.298.
174 Foucault, 2001, p.xii.
175 Desjarlais, 1996, p.71. 데잘라이의 연구에 참여한 사람들은 조현병과 양극성 장애를 포함한 정신과 진단을 받았다.
176 Desjarlais, 1996, p.86-87.
177 Desjarlais, 1996, p.87.
178 Kennett, 2009, p.96.
179 Kennett, 2009, p.97.
180 광기에 대한 다양한 전문가 서사에 대한 개요는 기키와 리드의 문헌(Geekie & Read, 2009, chapter 5) 그리고 리드와 딜런의 문헌(Read & Dillon eds., 2013, Part I and II)을 참고하라.
181 찰스 샌더스 퍼스(Peirce, 1958, paragraph 235 of volume 4)를 참고하라. "실재적 추상화"라는 용어는 퍼스가 수학 논리에서 사용한 것이다(Peirce, 1958, paragraph 534 of volume 5 또한 참고하라).
182 Laing, 1967.
183 DuBru, 2014, p.267.
184 Farber, 2012, p.9.
185 Clay, 1999, p.27.
186 Geekie & Read, 2009, p.57.
187 Geekie & Read, 2009, p.85.
188 예를 들어, 바커·캠벨·데이비드슨이 쓴 글 〈경험의 흔적들로부터: 광기, 생존 그리고 성장에 대한 고찰From the Ashes of Experience: Reflections on Madness, Survival, and Growth〉(Whurr Publishers, 1999) 혹은 이 책 7장의 '하나님과의 교감' 절을 참고하라.
189 Clay, 1999, pp.31-32. 이와 관련해 이 책의 1장의 '매드 프라이드 담론들' 절을 참고하라.
190 e. g., Peddie, 2014.
191 e. g., Fletcher, 2017.
192 Jung, 1970a, p.379.
193 Jung, 1970b, p.192.
194 Jung, 1970a, p.276.
195 이 인용문은 켄 폴 로젠탈Ken Paul Rosenthal 감독이 연출한 매드 댄스 정신건강 영화 3부작의 첫 번째 영화인 다큐멘터리 〈일그러진 아름다움Crooked Beauty〉(2010)에서 따온 것이다.
196 Longden & Corstens & Dillon, 2013, p.164.
197 P. J. 모이니한P. J. Moynihan 감독의 다큐멘터리 〈치유의 목소리Healing Voices〉(2016)를 참고했다.
198 롱든의 TED 강연 〈내 머릿속의 목소리The Voices in My Head〉(2013), https://www.ted.com/talks/eleanor_longden_the_voices_in_my_head/up-next.

199 Radden, 1996, pp.19–20.

200 여기서 나는 단지 자아의 불연속성의 **경향**을 언급하는 것일 뿐, 그 경험에 대한 주관적인 특성, 중요성, 결과, 영향 등을 언급하는 것은 아니다. 주관적 경험은 이념적 전향 혹은 사랑에 빠진 상태라는 조건보다 조현병 혹은 양극성 장애로 알려진 조건에서 명백히 매우 다르게 존재한다.

201 Radden, 1996, pp.19–20.

202 달리 말해 나는 여기서 사랑의 열병infatuation이라고 알려진 상태를 언급하는 것이다. 낭만과는 거리가 먼 사랑 혹은 일생을 거쳐 발전하는 애정 어린 관계 등은 논외로 한다.

203 e. g., Barker et al, 1999; Larsen, 2004; Roe & Davidson, 2005; Geekie & Read, 2009; Rashed, 2012.

204 Rashed, 2012.

205 Phillips, 2003, pp.327–331.

206 Glover, 2003, p.532.

207 Glover, 2003.

208 Radden, 2003, p.359.

209 Radden, 1996, Chapter 13.

210 Gillet, 2012, p.249.

211 Longden et al., 2013.

212 Thomas, 2013.

213 DuBrul, 2014.

214 Holmes, 2013.

215 급성기 환자들이 있는 병동에서 근무하거나 만성질환을 가진 사람들과 일하고 있는 정신과 의사는 이 장에서 언급한 의뢰인이나 환자를 위한 여지를 인정하지 못할 수 있다. 예를 들어, 그들은 심각한 사고장애를 가지고 있거나, 의사소통을 할 수 없는 사람들, 정체성에 대한 문제를 제기할 수 없을 정도로 자아감이 파편화된 사람들을 만날 수 있다. 이런 당사자들에게는 정체성을 형성하도록 돕는 지원보다는 기본적인 인지적·심리적 기능을 회복할 수 있도록 돕는 지원이 먼저 필요하다. 이것은 중요한 고려사항이며, 정신건강 관련 기관에서 근무한 적이 있는 사람이라면 누구나 이 점에 동의할 것이다. 그럼에도 매드 서사는 이미 충분히 좋은 상태에 있는 이들의 집단(예를 들어 집단 활동과 같은 치유의 과정에 참여하고 있는)은 물론, 이를 넘어 더 많은 사람들에게 가닿을 수 있다는 이점을 갖는다(10장의 〈5. 매드 서사와 문화적 레퍼토리〉 참고).

4부 | 매드운동에 접근하는 방식

1 Radden, 2012.

2 Thomas & Bracken, 2008, p.48.

3 Pippin, 2008b, p.68.

4 왜 우리가 화해의 태도로 타자에게 접근해야 하는지에 대해서는 5장의 '왜 우리는 화해의 태도로 타인에게 다가가야 하는가?' 절을 참조하라.

5 물론 일부는 자신이 받은 진단을 소중히 여기고, 진단받은 그 순간 자신에 대한 타당성을 확보했다고 여긴다는 점에서, 이런 현상이 모든 사람에게 발생한다고 보기는 어렵다. 이것은 최근 성인 ADHD 진단에서 나타나고 있다.

6 Bell, 2005, p.230.

7 5장의 '두 가지 비판' 절에서 이러한 사례들에 대해 논했다.

8 Appiah, 2005, p.181.

9 Gellner, 1992, pp.80–84.

10 이런 적극적 자세와 그로 인해 발생하는 문제를 보여주는 사례는 가상의 국가인 데카르트 공화국Republic of Cartesia에 대한 기발한 사고실험을 묘사한 아피아의 문헌(Appiah, 2005, pp.182–189)에서 찾아볼 수 있다. 데카르트 공화국 정권은 강경한 이성주의 신조를 장려하고, 시민들이 이성으로부터 **조금이라도** 벗어나지 못하도록 적극적으로 막는다.

11 인지적 상대주의와 관련된 수많은 주장과 논쟁이 있다. e. g., Hollis & Lukes, 1982; Gellner, 1987, 1992; Nagel, 1997; Rorty, 1998; Boghosian, 2006; Lukes, 2008.

12 급진적인 인지적 상대주의의 한 가지 문제는 그것이 스스로를 부정한다는 것이다. 이는 일반적으로 제기될 수 있는 비판으로, 급진적인 인지적 상대주의 주장을 효과적으로 반박할 수 있는 근거가 된다. 가령 겔너(Gellner, 1992, p.49–50)는 다음과 같이 언급한다. "만약 어떤 기준이 본질적으로 그리고 필연적으로 문화라고 불리는 무언가의 표현일 뿐 다른 어떤 것도 될 수 없다면, 우리는 그 어떤 문화도 기준으로 삼을 수 없다. 왜냐하면 이러한 가정상, 이를 판단할 수 있는 초문화적 기준transcultural standard이 존재할 수 없기 때문이다. 그 어떤 주장도 이보다 더 간단하거나 더 결정적일 수 없다." (여기서 '문화'는 '삶의 형태' 또는 '세계관'으로 대체될 수 있으며, 그렇다 하더라도 이 주장은 그대로 유지된다). 만약 인지적 상대주의가 진리라면, "상대주의에 대한 당신의 주장 자체가 상대적이지 않은 이유는 무엇이란 말인가?"(Lukes, 2008, p.13)

13 Gellner, 1982, p. 188.

14 Gellner, 1982.

15 Gellner, 1987, p.90.

16 Gellner, 1987, p.91.

17 Lukes, 2008, pp.13–14.

18 이 논쟁은 이 책의 여러 부분에서 언급되었다. 5장의 '사회정의와 정치적 개혁의 한계' 절과 〈5.무시에 대한 대응: 정치적 개혁과 화해의 역할〉을 참고하라.

19 대부분의 경우 우리는 자연 및 사회 현상을 연구하는 데 필요한 지식과 교육받은 과학자, 연구원과 같이 지정된 전문가들을 통해 지식을 습득한다. 물론 오늘날에는 소셜미디어 등으로 인해 가능하게 된 정보 생산 및 보급의 '수평 상태'가 '전문가'라는 개념을 위협하고 있기도 하며, 신뢰할 만한 출처를 지닌 정보들도 '가짜 뉴스'로

조롱되는 위협을 종종 받는다.

20 Gellner, 1992, p.2.

21 Rashed, 2015b. 이런 분석은 기독교와 유대교에도 같은 방식으로 적용될 수 있다.

22 나는 몇몇 종교 지도자들이 이런 식의 주장을 하는 것을 들은 적이 있다.

23 Appiah, 2005, p.188.

24 Taylor, 1994a, p.67.

25 일반적으로 일어날 수 있는 또 다른 오류는 어떤 사람들의 행동을 보고 그들이 가지고 있을 것으로 추정되는 믿음을 추론하는 것이다. 어떤 사람들의 행동이 그러한 믿음에 의해 일어나는 것처럼 보이기 때문에 이러한 가정(자신의 믿음을 의식하고 이것이 행동에 반영될 것이라는 가정)을 당연한 것으로 간주할 수도 있다. 그러나 어떤 행동은 매우 습관적인 방식으로, 혹은 별 생각 없이 이뤄지기도 하기에 어떤 행위에 대한 동기에 즉각적으로 접근하는 것이 항상 가능한 것은 아니다. 예를 들어 부적을 지니고 다니는 어떤 사람들은 자신을 보호해주는 초자연적 존재를 믿지 않으면서도, 단순히 부적을 지니는 것이 위안이 된다는 이유만으로 그렇게 행동할 수 있다.

26 Taylor, 2007, 1982.

27 이 책의 여러 부분에서 강조했듯, 인정은 강요될 수 없으며, 솔직하지 못한 인정의 경우 그 가치가 축소된다(5장의 '사회정의와 정치적 개혁의 한계' 절, 〈5. 무시에 대한 대응: 정치적 개혁과 화해의 역할〉).

28 이런 대화는 직접적으로 이뤄질 수도, 간접적으로 이뤄질 수도 있다. 가령 우리는 처음 보는 다른 사람들과 같은 공간에 앉아 이야기를 나누면서 서로를 알아갈 수도 있으며, 글과 같이 자신을 표현하는 다른 간접적인 매개체를 통해 알아갈 수도 있다. 물론 이런 대화에서는 대표성(우리 중 누가 우리를 대표해서 말할 수 있는지)에 대한 질문이 제기될 수 있지만, 그런 질문은 집단 정체성 개념과 관련된 모든 사회정치적 활동에서 제기된다(4장의 '사회적 정체성과 개인적 정체성의 관계' 절).

29 이와 관련된 자세한 내용은 5장의 '왜 우리는 화해의 태도로 타인에게 다가가야 하는가?' 절을 참고하라.

30 대표적으로, 마인드Mind 그리고 리싱크라는 영국의 두 단체를 꼽을 수 있다.

31 더 자세한 내용은 영국의 〈정신건강 5개년 계획에 대한 정부의 대응 방안〉 보고서를 참고하라. https://www.gov.uk/government/publications/five-year-forward-view-for-mental-health-government-response.

32 https://www.headstogether.org.uk

33 더 자세한 내용은 2장의 '광기에 대한 사회적 모델 적용' 절을 참고하라.

34 Swidler, 1986, p.273.

35 Rashed, 2013b.

36 Rashed, 2012.

37 어떤 의미에서 비수혜자란 존재하지 않을지 모른다. 비록 직접적으로 명확하지는 않을지라도, 공동체 내의 시민이자 사회의 구성원으로서 우리의 좋은 삶은 타인의 좋은 삶과 연결되어 있다. 그럼에도 불구하고, 미래에 결코 사적으로는 휠체어 경사로나 매드 서사를 사용하지 않을 비수혜자를 상정할 수는 있다.

참고문헌

Al-Ghazali, M. (2010). *The Alchemy of Happiness*. C. Field (Trans.). New York: Cosimo Publishers.

American Psychiatric Association (1994). *Diagnostic and Statistical Manual of Mental Disorders*, 4th edition. New York: American Psychiatric Association.

American Psychiatric Association (2000). *Diagnostic and Statistical Manual of Mental Disorders IV-TR*. [Revised 4th edition]. New York: American Psychiatric Association.

Amundson, R. (1992). Disability, Handicap, and the Environment. *Journal of Social Philosophy*, 23(1), 105–19.

Amundson, R. (2000). Against Normal Function. *Studies in History and Philosophy of Biological and Biomedical Science*, 31(1), 33–53.

Amundson, R., and Tresky, S. (2007). On a Bioethical Challenge to Disability Rights. *Journal of Medicine and Philosophy*, 32(6), 541–61.

Anderson, J., and Honneth, A. (2005). Autonomy, Vulnerability, Recognition, and Justice. In: J. Christman and J. Anderson (eds.). *Autonomy & Challenges to Liberalism*. Cambridge: Cambridge University Press, pp.127–49.

Anscombe, E. (1958). Modern Moral Philosophy. *Philosophy*, 33(124), 1–16.

Appiah, K. A. (1994a). Race, Culture, Identity: Misunderstood Connections. *The Tanner Lecture on Human Values*. Delivered at University of California, San Diego. Online: http://tannerlectures.utah.edu/documents/a-to-z/a/Appiah96.pdf

Appiah, K. A. (1994b). Identity, Authenticity, Survival: Multicultural Societies and Social Reproduction. In: A. Gutmann (ed.). *Multiculturalism: Examining the Politics of Recognition*. New Jersey: Princeton University Press, pp. 149–63.

Appiah, K. A. (2005). *The Ethics of Identity*. New Jersey: Princeton University Press.

Ayer, A. J. (1946). *Language, Truth and Logic*, 2nd edition. London: Victor Gollancz.

Barker, P., Campbell, P., and Davidson, B. C. (eds.) (1999). *From the Ashes of Experience: Reflections on Madness, Survival, and Growth*. London: Whurr Publishers.

Bayne, T. (2013). The Disunity of Consciousness in Psychiatric Disorders. In: K. W. M. Fulford, M. Davies, R. Gipps, G. Graham, J. Sadler, G. Stanghellini, and T. Thornton (eds.). *The Oxford Handbook of Philosophy and Psychiatry*. Oxford: Oxford University Press, pp.673–88.

Bell, D. (2005). A Communitarian Critique of Liberalism. *Analyse & Kritik*, 27, 215-38.

Beresford, P. (2000). What Have Madness and Psychiatric System Survivors Got to Do with Disability and Disability Studies? *Disability and Society*, 15(1), 167–72.

Beresford, P. (2005). Social Approaches to Madness and Distress: User Perspectives and User Knowledge. In: J. Tew (ed.). *Social Perspectives in Mental Health: Developing Social Models to Understand and Work with Mental Distress*. London: Jessica Kingsley Publishers, pp.32–52.

Beresford, P., Nettle, M., and Perring, R. (2010). Towards a Social Model of Madness and Distress: Exploring What Service Users Say. Joseph Rowntree Foundation. Online: https://www.jrf.org.uk/sites/default/files/jrf/migrated/files/mental-health-service-models-full.pdf

Boghosian, P. (2006). *Fear of Knowledge: Against Relativism and Constructivism*. Oxford: Clarendon Press.

Bolton, D. (2007). The Usefulness of Wakefield's Definition for the Diagnostic Manuals. *World Psychiatry*, 6, 164–65.

Bolton, D. (2008). *What is Mental Disorder? An Essay in Philosophy, Science and Values*. Oxford: Oxford University Press.

Bolton, D. (2013). What Is Mental Illness. In: K. W. M. Fulford, M. Davies, R. Gipps, G. Graham, J. Sadler, G. Stanghellini, and T. Thornton (eds.). *The Oxford Handbook of Philosophy and Psychiatry*. Oxford: Oxford University Press, pp.434-50.

Boorse, C. (1997). A Rebuttal on Health. In: J. Humber and R. Almeder (eds.). *What Is Disease?* Totowa, NJ: Humana Press, pp.1–134.

Boorse, C. (2011). Concepts of Health and Disease. In: F. Gifford (ed.). *Philosophy of Medicine*. Amsterdam: Elsevier, pp.13–64.

Bortolotti, L. (2009). *Delusions and Other Irrational Beliefs*. Oxford: Oxford University Press.

Bortolotti, L. (2013). Rationality and Sanity: The Role of Rationality Judgements in Understanding Psychiatric Disorders. In: K. W. M. Fulford, M. Davies, R. Gipps, G. Graham, J. Sadler, G. Stanghellini, and T. Thornton (eds.). *The Oxford Handbook of Philosophy and Psychiatry*. Oxford: Oxford University Press, pp.480–96.

Bortolotti, L. (2015). *Irrationality*. Cambridge: Polity Press.

Bortolotti, L., and Broome, M. (2009). A Role for Ownership and Authorship in the Analysis of Thought Insertion. *Phenomenology and Cognitive Science*, 8, 205–24.

Bortolotti, L., Cox, R., Broome, M., and Mameli, M. (2012). Rationality and Self-Knowledge in Delusion and Confabulation: Implications for Autonomy as Self-Governance. In: L. Radoilska (eds.). *Autonomy and Mental Disorder*. Oxford: Oxford University Press, pp.100–22.

Bourguignon, E. (1989). Multiple Personality, Possession Trance, and the Psychic Unity of Mankind. *Ethos*, 17, 371–84.

Bourguignon, E. (2005). Spirit Possession. In: C. Casey and R. Edgerton (eds.). *A Companion to Psychological Anthropology: Modernity and Psychocultural Change*. Oxford: Blackwell Publishing, pp.374–88.

Bracken, P., and Thomas, P. (2005). *Postpsychiatry: Mental Health in a Postmodern World*. Oxford: Oxford University Press.

Bracken, P., and Thomas, P. (2013). Challenges to the Modernist Identity of Psychiatry: User Empowerment and Recovery. In: K. W. M. Fulford, M. Davies, R. Gipps, G. Graham, J. Sadler, G. Stanghellini, and T. Thornton (eds.). *The Oxford Handbook*

of Philosophy and Psychiatry. Oxford: Oxford University Press, pp.123-38.

Bratman, M. (2007). *Structures of Agency: Essays*. Oxford: Oxford University Press.

Brubaker, R. (2016). *Trans: Gender and Race in an Age of Unsettled Identities*. New Jersey: Princeton University Press.

Burstow, B. (2013). A Rose by Any Other Name. In: B. LeFrançois, R. Menzies, and G. Reaume (eds.). *Mad Matters: A Critical Reader in Canadian Mad Studies*. Toronto: Canadian Scholars' Press, pp.79–90.

Campbell, P. (1992). A Survivor's View of Community Psychiatry. *Journal of Mental Health*, 1(2), 117–22.

Campbell, P. (2009). The Service User/Survivor Movement. In: J. Reynolds, R. Muston, T. Heller, J. Leach, M. McCormick, J. Wallcraft, and M. Walsh (eds.). *Mental Health Still Matters*. Basingstoke: Palgrave Macmillan, pp.46–52.

Campbell, P., and Roberts, A. (2009). Survivors' History. *A Life in the Day*, 13(3), 33–9.

Caney, S. (1992). Liberalism and Communitarianism: A Misconceived Debate. *Political Studies*, 40(2), 273–89.

Carr, S. (2005). 'The Sickness Label Infected Everything We Said': Lesbian and Gay Perspectives on Mental Distress. In: J. Tew (ed.). *Social Perspectives in Mental Health: Developing Social Models to Understand and Work with Mental Distress*. London: Jessica Kingsley Publishers, pp.168–83.

Chamberlin, J. (1988). *On Our Own. Patient Controlled Alternatives to the Mental Health System*. London: MIND.

Chamberlin, J. (1990). The Ex-Patients' Movement: Where We've Been and Where We're Going. *The Journal of Mind and Behavior*, 11(3), 323–36.

Chamberlin, J. (1995). Rehabilitating Ourselves: The Psychiatric Survivor Movement. *International Journal of Mental Health*, 24(1), 39–46.

Clare (2011). Mad Culture, Mad Community, Mad Life. *Asylum: The Magazine for Democratic Psychiatry*, 18(1), 15–17.

Clark, S. (2013). Personal Identity and Identity Disorders. In: K. Fulford, M. Davies, R. Gipps, G. Graham, J. Sadler, G. Stanghellini, and T. Thornton (eds.). *The Oxford Handbook of Philosophy and Psychiatry*. Oxford: Oxford University Press, pp.911-28.

Clay, S. (1999). Madness and Reality. In: P. Barker, P. Campbell, and B. Davidson (eds.). *From the Ashes of Experience: Reflections on Madness, Survival, and Growth*. London: Whurr Publishers, pp.16–36.

Cohen, E. (2007). *The Mind Possessed: The Cognition of Spirit Possession in an Afro-Brazilian Religious Tradition*. Oxford: Oxford University Press.

Cohen, E. (2008). What Is Spirit Possession? Defining, Comparing and Explaining Two Possession Forms. *Ethnos*, 73(1), 101–26.

Cooper, D. (1967). *Psychiatry and Anti-Psychiatry*. London: Tavistock Publications.

Cooper, D. (1978). *The Language of Madness*. London: Allen Lane.

Cooper, R. (2013). Natural Kinds. In: K. W. M. Fulford, M. Davies, R. Gipps, G. Graham, J. Sadler, G. Stanghellini, and T. Thornton (eds.). *The Oxford Handbook of Philosophy and Psychiatry*. Oxford: Oxford University Press, pp.950-65.

Costa, L. (2015). Mad Pride in Our Mad Culture. *Consumer/Survivor Information Resource Centre Bulletin*, No. 535. Online: http://www.csinfo.ca/bulletin/Bulletin_535.pdf

Craigie, J., and Bortolotti, L. (2015). Rationality, Diagnosis, and Patient Autonomy in Psychiatry. In: J. Sadler, C. W. van Staden, and K. W. M. Fulford (eds.). *The Oxford Handbook of Psychiatric Ethics*, Volume 1. Oxford: Oxford University Press, pp.387–404.

Crisp, R. (2006). *Reasons and the Good*. Oxford: Oxford University Press.

Crisp, R. (2013). Commentary: Value-Based Practice by a Different Route. In: K. W. M. Fulford, M. Davies, R. Gipps, G. Graham, J. Sadler, G. Stanghellini, and T. Thornton (eds.). *The Oxford Handbook of Philosophy and Psychiatry*. Oxford: Oxford University Press, pp.411–12.

Crossley, N. (2004). Not Being Mentally Ill: Social Movement, System Survivors, and the Oppositional Habitus. *Anthropology & Medicine*, 11(2), 161–80.

Crossley, N. (2006). *Contesting Psychiatry: Social Movements in Mental Health*. London: Routledge.

Curtis, T., Dellar, R., Leslie, E. and Watson, B. (2000). (eds.). *Mad Pride: A Celebration of Mad Culture*. Truro: Chipmunka Publishing.

Dain, N. (1989). Critics and Dissenters: Reflections on "Anti-Psychiatry" in the United States. *Journal of the History of the Behavioural Sciences*, 25, 3–25.

Davis, K. (1938). Mental Hygiene and the Class Structure. *Psychiatry*, 1, 55–64.

deBie, A. (2013). And What Is Mad Pride? Opening Speech of the First Mad Pride Hamilton Event on July 27, 2013. *This Insane Life*, 1, 7–8.

Desjarlais, R. (1996). Struggling Along. In: M. Jackson (ed.). *Things as They Are: New Directions in Phenomenological Anthropology*. Bloomington: Indiana University Press, pp.70–93.

Diamond, S. (2014). Feminist Resistance Against the Medicalization of Humanity: Integrating Knowledge about Psychiatric Oppression and Marginalized People. In: B. Burstow, B. LeFrançois, and S. Diamond (eds.). *Psychiatry Disrupted: Theorizing Resistance and Crafting the (R)evolution*. Montreal: Mc-Gill-Queen's University Press, pp.194–207.

Disley, L. (2015). *Hegel, Love and Forgiveness: Positive Recognition in German Idealism*. London: Pickering and Chatto.

Dolezal, R. (2017). *In Full Color: Finding My Place in a Black and White World*. Dallas, TX: Benbella Books.

DuBrul, S. (2014). The Icarus Project: A Counter Narrative for Psychic Diversity. *Journal of Medical Humanities*, 35, 257-71.

Dübgen, F. (2012). Africa Humiliated? Misrecognition in Development Aid. *Res Publica*, 18, 65–77.

Dworkin, R. (1978). Liberalism. In: S. Hampshire (ed.). *Public and Private Morality*. Cambridge: Cambridge University Press, pp.113–43.

DWP. (2009). *Realising Ambitions: Better Employment Support for People with a Mental Health Condition*. Department for Work and Pensions: The Stationery Office Limited.

Edwards, R. (1981). Mental Health as Rational Autonomy. *Journal of Medicine and Philosophy*, 6, 309–22.

Fabrega, H. (1989). On the Significance of an Anthropological Approach to Schizophrenia. *Psychiatry*, 52, 45–64.

Fabris, E. (2013). Mad Success: What Could go Wrong When Psychiatry Employs Us as "Peers"? In: B. LeFrançois, R. Menzies, and G. Reaume (eds.). *Mad Matters: A Critical Reader in Canadian Mad Studies*. Toronto: Canadian Scholars' Press, pp.130–40.

Farber, S. (2012). *The Spiritual Gift of Madness: The Failure of Psychiatry and the Rise of the Mad Pride Movement*. Toronto: Inner Traditions.

Findlay, J. (1962). *The Philosophy of Hegel: An Introduction and Re-examination*. New York: Collier.

Finkler, L. (1997). Psychiatric Survivor Pride Day: Community Organising with Psychiatric Survivors. *Osgoode Hall Law Journal*, 35(3/4), 763–72.

Fletcher, E. (2017). Uncivilizing "Mental Illness": Contextualizing Diverse Mental States and Posthuman Emotional Ecologies within The Icarus Project. *Journal of Medical Humanities*, pp.1–15, doi: 10.1007/s10912-017-9476-y.

Foster, J. (1985). *Ayer*. London: Routledge.

Foucault, M. (2001). *Madness and Civilization: A History of Insanity in the Age of Reason*. London: Routledge.

Frankfurt, H. (1971). Freedom of the Will and the Concept of the Person. *Journal of Philosophy*, 67(1), 5–20.

Fraser, N. (2001). Recognition without Ethics? *Theory, Culture & Society*, 18(2–3), 21–42.

Fraser, N., and Honneth, A. (2003). *Redistribution or Recognition? A Political-Philosophical Exchange*. London: Verso.

Fraser, N. (2008). *Adding Insult to Injury: Nancy Fraser Debates Her Critics: Debating Redistribution, Recognition and Representation*. London: Verso.

Fraser, N. (2010). Rethinking Recognition. In: H. Schmidt am Busch, and C. Zurn (eds.). *The Philosophy of Recognition: Historical and Contemporary Perspectives*. Lanham: Lexington Books, pp.211–22.

Fricker, M. (2007). *Epistemic Injustice: Power and the Ethics of Knowing*. Oxford: Oxford University Press.

Gaita, R. (2000). *A Common Humanity: Thinking About Love and Truth and Justice*. New York: Routledge.

Gans, C. (1998). Nationalism and Immigration. *Ethical Theory and Moral Practice*, 1(2), 159–80.

Geekie, J., and Read, J. (2009). *Making Sense of Madness: Contesting the Meaning of Schizophrenia*. London: Routledge.

Gellner, E. (1982). Relativism and Universals. In: M. Hollis and S. Lukes (eds.). *Rationality and Relativism*. Massachusetts: MIT Press, pp.181–200.

Gellner, E. (1987). *Relativism and the Social Sciences*. Cambridge: Cambridge University Press.

Gellner, E. (1992). *Postmodernism, Reason, and Religion*. London: Routledge.

Gilleen, J. and David, A. S. (2005). The Cognitive Neuropsychiatry of Delusions: From

Psychopathology to Neuropsychology and Back Again. *Psychological Medicine*, 35(1), 5–12.

Gillett, G. (2012). How Do I Learn to Be Me Again? Autonomy, Life Skills, and Identity. In: L. Radoilska (ed.). *Autonomy and Mental Disorder*. Oxford: Oxford University Press, pp.233–51.

Glover, J. (2003). Towards Humanism in Psychiatry. *The Tanner Lectures on Human Values*. Delivered at the University of Princeton. Online: https://tannerlectures.utah.edu/documents/a-to-z/g/glover_2003.pdf

Goering, S. (2009). "Mental Illness" and Justice as Recognition. *Philosophy and Public Policy Quarterly*, 29(1/2), 14–18.

Gorman, R. (2013). Thinking Through Race, Class, and Mad Identity Politics. In: B. LeFrançois, R. Menzies, and G. Reaume (eds.). *Mad Matters: A Critical Reader in Canadian Mad Studies*. Toronto: Canadian Scholars' Press, pp.269–80.

Graby, S. (2015). Neurodiversity: Bridging the Gap Between the Disabled People's Movement and the Mental Health System Survivors' Movement. In: H. Spandler, J. Anderson, and B. Sapey (eds.). *Madness, Distress and the Politics of Disablement*. Bristol: Policy Press, pp.231–44.

Graham, G. (2010). *The Disordered Mind: An Introduction to Philosophy of Mind and Mental Illness*. London: Routledge.

Graham, G. (2015). Identity and Agency: Conceptual Lessons for the Psychiatric Ethics of Patient Care. In: J. Sadler, C. W. van Staden, and K. W. M. Fulford (eds.). *The Oxford Handbook of Psychiatric Ethics*, Volume 1. Oxford: Oxford University Press, pp.372–86.

Graham, G., and Stephens, G. (1994). *Philosophical Psychopathology*. Cambridge, MA: MIT Press.

Gunn, R. (2016). On Thought Insertion. *Review of Philosophy and Psychology*, 7, 559–75.

Hamilton, C. (2005). *Broken Open*. Milsons Point: Transworld Publishers.

Harris, H. (1997). *Hegel's Ladder. I: The Pilgrimage of Reason*. Indianapolis: Hackett Publishing Company.

Haslam, N. (2000). Psychiatric Categories as Natural Kinds: Essentialist Thinking About Mental Disorders. *Social Research*, 67, 1031–47.

Haslam, N. (2002). Kinds of Kinds: A Conceptual Taxonomy of Psychiatric Categories. *Philosophy, Psychiatry and Psychology*, 9, 203–17.

Hegel, G. W. F. (1892). *The Logic of Hegel: Part One of the Encyclopaedia of the Philosophical Sciences*. Oxford: Clarendon Press.

Hegel, G. W. F. (1969). *Hegel's Science of Logic*. New York: Routledge.

Hegel, G. W. F. (1971). *Philosophy of Mind: Part Three of the Encyclopaedia of the Philosophical Sciences*. Oxford: Clarendon Press.

Hegel, G. W. F. (1977). *Phenomenology of Spirit*. Oxford: Oxford University Press.

Hegel, G. W. F. (1983). *Hegel and the Human Spirit: A Translation of the Jena Lectures on the Philosophy of Spirit*. Detroit: Wayne State University Press.

Hegel, G. W. F. (1991). *Elements of the Philosophy of Right*. Cambridge: Cambridge University Press.

Heron, R., and Greenberg, N. (2013). Mental Health and Psychiatric Disorders. In: K. Palmer, I. Brown, and J. Hobson (eds.). *Fitness for Work: Medical Aspects*. Oxford: Oxford University Press, pp.132–54.

Hervey, N. (1986). Advocacy or Folly: The Alleged Lunatics' Friend Society, 1845-63. *Medical History*, 30, 245–75.

Heyes, C. (2000). *Line Drawings: Defining Women Through Feminist Practice*. Ithaca, NY: Cornell University Press.

Hollis, M., and Lukes, S. (eds.) (1982). *Rationality and Relativism*. Massachusetts: MIT Press.

Holmes, G. (2013). Toxic Mental Environments and Other Psychology in the Real World Groups. In: S. Coles, S. Keenan, and B. Diamond (eds.). *Madness Contested: Power and Practice*. Herefordshire: PCCS Books, pp.247–66.

Honneth, A. (1996). *The Struggle for Recognition: The Moral Grammar of Social Conflicts*. Cambridge, MA: MIT Press.

Honneth, A. (1997). Recognition and Moral Obligation. *Social Research*, 64(1), 16-35.

Honneth, A. (2001a). Invisibility: On the Epistemology of "Recognition". *Proceedings of the Aristotelian Society*, Supplementary Volumes, 75, 111–26.

Honneth, A. (2001b). Recognition or Redistribution? Changing Perspectives on the Moral Order of Society. *Theory, Culture & Society*, 18(2–3), 43–55.

Honneth, A. (2002). Grounding Recognition: A Rejoinder to Critical Questions. *Inquiry*, 45(4), 499–519.

Honneth, A. (2007). *Disrespect: The Normative Foundations of Critical Theory*. Cambridge: Polity Press.

Honneth, A. (2012). *The I in We: Studies in the Theory of Recognition*. Cambridge: Polity Press.

Horwitz, A., and Wakefield, J. (2007). *The Loss of Sadness: How Psychiatry Transformed Normal Sorrow into Depressive Disorder*. Oxford: Oxford University Press.

Houlgate, S. (2003). G. W. F. Hegel: The Phenomenology of Spirit. In: R. Solomon and D. Sherman (eds.). *The Blackwell Guide to Continental Philosophy*. Oxford: Wiley-Blackwell, pp.8–29.

Houlgate, S. (2005). *An Introduction to Hegel: Freedom, Truth and History*. Oxford: Blackwell Publishing.

Houlgate, S. (2013). *Hegel's Phenomenology of Spirit*. London: Bloomsbury.

Hoy, D. (2009). The Ethics of Freedom: Hegel on Reason as Law-Giving and Law-Testing. In: K. Westphal (ed.). *The Blackwell Guide to Hegel's Phenomenology of Spirit*. Oxford: Wiley-Blackwell, pp.153–71.

Ikaheimo, H. (2002). On the Genus and Species of Recognition. *Inquiry*, 45(4), 447-62.

Ikaheimo, H. (2007). Recognising Persons. *Journal of Consciousness Studies*, 14(5-6), 224–47.

Ikaheimo, H. (2009). A Vital Human Need: Recognition as Inclusion in Personhood. *European Journal of Political Theory*, 8(1), 31–45.

Ikaheimo, H. (2011). Holism and Normative Essentialism in Hegel's Social Ontology. In: H. Ikaheimo and A. Laitinen (eds.). *Recognition and Social Ontology*. Leiden: Brill,

pp.145–209.
Ikaheimo, H. (2012). Globalising Love: On the Nature and Scope of Love as a Form of Recognition. *Res Publica*, 18, 11–24.
Jackson, M. (1996). *Things as They Are: New Directions in Phenomenological Anthropology.* Bloomington: Indiana University Press.
Jackson, M. (2007). The Clinician's Illusion and Benign Psychosis. In: M. Chung M, KWM Fulford, and G. Graham (eds.) *Reconceiving Schizophrenia*. Oxford: Oxford University Press, pp.235–54.
Jackson, M., and Fulford, K. (1997). Spiritual Experience and Psychopathology. *Philosophy, Psychiatry, and Psychology*, 4(1), 41–65.
Jaspers, K. (1963). *General Psychopathology*, 7th edition. Trans. J. Hoenig and M. W. Hamilton. Manchester: University of Manchester Press.
Jenkins J, and Barrett, R. (2004). Introduction. In: J. Jenkins and R. Barrett (eds.) *Schizophrenia, Culture and Subjectivity.* Cambridge: Cambridge University Press, pp.1–28.
Jones, N., and Kelly, T. (2015). Inconvenient Complications: On the Heterogeneities of Madness and Their Relationship to Disability. In: H. Spandler, J. Anderson, and B. Sapey (eds.). *Madness, Distress and the Politics of Disablement*. Bristol: Policy Press, pp.43–56.
Jost, A. (2009). Mad Pride and the Medical Model. *Hastings Center Report*, 39(4), c3.
Jung, C. (1970a). *Civilization in Transition. Collected Works of Carl Jung*, Volume 10. London: Routledge and Kegan Paul.
Jung, C. (1970b). *Aion. Collected Works of Carl Jung*, Volume 9ii. London: Routledge and Kegan Paul.
Kant, I. (1952 [1781]). *Critique of Pure Reason*. London: Macmillan.
Kant, I. (1998). *Groundwork of the Metaphysics of Morals*. Cambridge: Cambridge University Press.
Keating, F. (2015). Linking "Race", Mental Health and a Social Model of Disability: What Are the Possibilities? In: H. Spandler, J. Anderson, and B. Sapey (eds.). *Madness, Distress and the Politics of Disablement*. Bristol: Policy Press, pp.127–38.
Keil, G., Keuck, L., and Hauswald, R. (2017). Vagueness in Psychiatry: An Overview. In: G. Keil, L. Keuck, and R. Hauswald (eds.). *Vagueness in Psychiatry.* Oxford: Oxford University Press, pp.3–23.
Kennett, J. (2009). Mental Disorder, Moral Agency, and the Self. In: B. Steinbock (eds.). *The Oxford Handbook of Bioethics*. Oxford: Oxford University Press, pp.91-113.
Kennett, J., and Matthews, S. (2003). The Unity and Disunity of Agency. *Philosophy, Psychiatry, and Psychology*, 10(4), 305–12.
Kingma, E. (2007). What Is It to Be Healthy? *Analysis*, 67, 128–33.
Kingma, E. (2013). Naturalist Accounts of Mental Disorder. In: K. W. M. Fulford, M. Davies, R. Gipps, G. Graham, J. Sadler, G. Stanghellini, and T. Thornton (eds.). *The Oxford Handbook of Philosophy and Psychiatry.* Oxford: Oxford University Press, pp.363–84.
Korsgaard, C. (1989). Personal Identity and the Unity of Agency: A Kantian Response to Parfit. *Philosophy and Public Affairs*, 18(2), 101–32.

Korsgaard, C. (1996). *The Sources of Normativity.* Cambridge: Cambridge University Press.

Kraepelin, E. (1909). *Psychiatrie*, 8th edition. Leipzig, Austria: Barth.

Kukathas, C. (1992). Are There Any Cultural Rights? *Political Theory*, 20(1), 105–39.

Kymlicka, W. (1991). *Liberalism, Community, and Culture.* Oxford: Oxford University Press.

Kymlicka, W. (1995). *Multicultural Citizenship: A Liberal Theory of Minority Rights.* Oxford: Oxford University Press.

Kymlicka, W. (2001). *Politics in the Vernacular: Nationalism, Multiculturalism, and Citizenship.* Oxford: Oxford University Press.

Kymlicka, W. (2010). The Rise and Fall of Multiculturalism? New Debates on Inclusion and Accommodation in Diverse Societies. *International Social Science Journal*, 61(199), 97–112.

Laing, R. D. (1965). *The Divided Self: An Existential Study in Sanity and Madness.* London: Penguin Books.

Laing, R. D. (1967). *The Politics of Experience and the Bird of Paradise.* London: Penguin Books.

Laitinen, A. (2002). Interpersonal Recognition: A Response to Value or a Precondition of Personhood? *Inquiry*, 45, 463–78.

Larsen, J. (2004). Finding Meaning in First Episode Psychosis: Experience, Agency and the Cultural Repertoire. *Medical Anthropology Quarterly*, 18(4), 447-71.

Lauer, Q. (1993). *A Reading of Hegel's Phenomenology of Spirit.* New York: Fordham University Press.

Liegghio, M. (2013). A Denial of Being: Psychiatrization as Epistemic Violence. In: B. LeFrançois, R. Menzies, and G. Reaume (eds.). *Mad Matters: A Critical Reader in Canadian Mad Studies.* Toronto: Canadian Scholars' Press, pp.122–9.

Littlewood, R. (1993). *Pathology and Identity: The Work of Mother Earth in Trinidad.* Cambridge: Cambridge University Press.

Littlewood, R. (1997). Commentary on "Spiritual Experience and Psychopathology." *Philosophy, Psychiatry, & Psychology*, 4(1), 67–73.

Littlewood, R. (2004). Multiple Personality Disorder: A Clinical and Cultural Account. *Psychiatry*, 3(8), 11–13.

Littlewood, R., and Douyon, C. (1997). Clinical Findings in Three Cases of Zombification. *The Lancet*, 350, 1094–6.

Littlewood, R., and Lipsedge, M. (2004). *Aliens & Alienists: Ethnic Minorities & Psychiatry.* New York: Brunner-Routledge.

Longden, E. (2013). TED Talk: *The Voices in my Head.* Online: https://www.ted.com/talks/eleanor_longden_the_voices_in_my_head/up-next

Longden, E., Corstens, D., and Dillon, J. (2013). Recovery, Discovery, and Revolution: The Work of Intervoice and the Hearing Voices Movements. In: S. Coles, S. Keenan, and B. Diamond (eds.). *Madness Contested: Power and Practice.* Herefordshire: PCCS Books, pp.161–80.

Lukes, S. (2008). *Moral Relativism.* London: Profile Books.

MacIntyre, A. (1984). *After Virtue: A Study in Moral Theory.* Notre Dame: University of Notre Dame Press.

Margalit, A. (2001). Recognizing the Brother and the Other. *Proceedings of the Aristotelian Society*, Supplementary Volumes, 75, 127–39.

Margalit, A., and Halbertal, M. (1994). Liberalism and the Right to Culture. *Social Research*, 61(3), 491–510.

Markell, P. (2003). *Bound by Recognition*. New Jersey: Princeton University Press.

Mead, G. (1967). *Mind, Self, and Society: From the Standpoint of a Social Behaviorist*. Illinois: University of Chicago Press.

Mende, J. (2016). *A Human Right to Culture and Identity: The Ambivalence of Group Rights*. London: Rowman and Littlefield.

Menzies, R., LeFrançois, B., and Reaume, G. (2013). Introducing Mad Studies. In: B. LeFrançois, R. Menzies, and G. Reaume (eds.). *Mad Matters: A Critical Reader in Canadian Mad Studies*. Toronto: Canadian Scholars' Press, pp.1–22.

McBride, C. (2013). *Recognition*. Cambridge: Polity Press.

McKay, R., and Cipolotti, L. (2007). Attributional Style in a Case of Cotard Delusion. *Consciousness and Cognition*, 16(2), 349–59.

McLean, A. (1995). Empowerment and the Psychiatric Consumer/Ex-patient Movement in the United States: Contradictions, Crisis and Change. *Social Science and Medicine*, 40(8), 1053–71.

McNay, L. (2008). *Against Recognition*. Cambridge: Polity Press.

McWade, B., Milton, D., and Beresford, P. (2015). Mad Studies and Neurodiversity: A Dialogue. *Disability and Society*, 30(2), 305–9.

Midgley, M. (1991). *Can't We Make Moral Judgments?* Bristol: Bristol Press.

Morris, S. (2000). Heaven Is a Mad Place on Earth. In: T. Curtis, R. Dellar, E. Leslie, and B. Watson (eds.). *Mad Pride: A Celebration of Mad Culture*. Truro: Chipmunka Publishing, pp.207–8.

Morrison, L. (2005). *Talking Back to Psychiatry: The Psychiatric Consumer/Survivor/Ex-Patient Movement*. London: Routledge.

Moynihan, P. J. (2016). Healing Voices. Online: http://healingvoicesmovie.com

Mulvany, J. (2000). Disability, Impairment or Illness? The Relevance of the Social Model of Disability to the Study of Mental Disorder. *Sociology of Health and Illness*, 22(5), 582–601.

Murdoch, I. (1999). Vision and Choice in Morality. In: P. Conradi (ed.). *Existentialists and Mystics: Writings on Philosophy and Literature*. London: Penguin, pp.80–1.

Nagel, T. (1997). *The Last Word*. Oxford: Oxford University Press.

Neuhouser, F. (2009). Desire, Recognition, and the Relation between Bondsman and Lord. In: K. Westphal (ed.). *The Blackwell Guide to Hegel's Phenomenology of Spirit*. Oxford: Wiley-Blackwell, pp.37–54.

Nordenfelt, L. (1997). The Importance of a Disability/Handicap Distinction. *The Journal of Medicine and Philosophy*, 22, 607–22.

Novotny, K. (1998). "Taylor"-Made? Feminist Theory and the Politics of Identity. *Women and Politics*, 19(3), 1–18.

Oliver, M. (1990). *The Politics of Disablement*. Basingstoke: Macmillan.

Oliver, M. (1996). *Understanding Disability*. Basingstoke: Macmillan.

Oliver, M. (2004). The Social Model in Action: If I had a Hammer. In: C. Barnes and G. Mercer (eds.). *Implementing the Social Model of Disability: Theory and Research*. Leeds: Disability Press, pp.18–31.

Olson, E. (2003). Personal Identity. In: S. Stich and T. Warfield (eds.). *The Blackwell Guide to Philosophy of Mind*. Oxford: Blackwell Publishing, pp.352–68.

Padden, C., and Humphries, T. (2005). *Inside Deaf Culture*. London: Harvard University Press.

Parfit, D. (1984). *Reasons and Persons*. Oxford: Oxford University Press.

Peddie, J. (2014). *Understanding Experience and Constructing Identity in Spiritually Transformative Accounts of Psychosis*. University of East London PhD Thesis. Online: http://roar.uel.ac.uk/4607/1/James%20Peddie.pdf

Peirce, C. (1958). *The Collected Papers of C. S. Peirce*, Volumes 1–8. Cambridge, MA: Harvard University Press.

Perring, C. (2009). "Madness" and "Brain Disorders": Stigma and Language. In: K. White (ed.). *Configuring Madness: Representation, Context and Meaning*. Oxford: Inter-Disciplinary Press, pp.3–24.

Peterson, D. (1982). (ed.). *A Mad People's History of Madness*. Pennsylvania: University of Pittsburgh Press.

Phillips, J. (2003). Self-Narrative in Schizophrenia. In: T. Kircher and A. David (eds.). *The Self in NeuroScience and Psychiatry*. Cambridge: Cambridge University Press, pp.319–35.

Pilgrim, D., and Tomasini, F. (2012). On Being Unreasonable in Modern Society: Are Mental Health Problems Special? *Disability and Society*, 27(5), 631–46.

Pinkard, T. (1994). *Hegel's Phenomenology: The Sociality of Reason*. Cambridge: Cambridge University Press.

Pinkard, T. (2002). *German Philosophy 1760–1860: The Legacy of Idealism*. Cambridge: Cambridge University Press.

Pippin, R. (1989). *Hegel's Idealism: The Satisfactions of Self-Consciousness*. Cambridge: Cambridge University Press.

Pippin, R. (2000). What Is the Question for Which Hegel's Theory of Recognition is the Answer? *European Journal of Philosophy*, 8(2), 155–72.

Pippin, R. (2008a). *Hegel's Practical Philosophy: Rational Agency as Ethical Life*. Cambridge: Cambridge University Press.

Pippin, R. (2008b). Recognition and Reconciliation: Actualised Agency in Hegel's Jena Phenomenology. In: B. Van Den Brink, and D. Owen (eds.). *Recognition and Power: Axel Honneth and the Tradition of Critical Social Theory*. Cambridge: Cambridge University Press, pp.57–78.

Pippin, R. (2010). *Hegel on Self-Consciousness: Desire and Death in the Phenomenology of Spirit*. New Jersey: Princeton University Press.

Plumb, S. (2005). The Social/Trauma Model: Mapping the Mental Health Consequences of Childhood Sexual Abuse and Similar Experiences. In: J. Tew (ed.). *Social Perspectives in Mental Health: Developing Social Models to Understand and Work with Mental Distress*. London: Jessica Kingsley Publishers, pp.112–28.

Polvora (2011). Diagnosis "Human". *Icarus Project Zine*. April 2011, 4–5. Online: http://www.theicarusproject.net/article/community-zines

Poole, J., and Ward, J. (2013). "Breaking Open the Bone": Storying, Sanism, and Mad Grief. In: B. LeFrançois, R. Menzies, and G. Reaume (eds.). *Mad Matters: A Critical Reader in Canadian Mad Studies*. Toronto: Canadian Scholars' Press, pp.94–104.

Price, M. (2013). Defining Mental Disability. In: L. Davis (ed.). *The Disability Studies Reader*. New York: Taylor & Francis, pp.298–307.

Quante, M. (2010). "The Pure Notion of Recognition": Reflections on the Grammar of the Relation of Recognition in Hegel's *Phenomenology of Spirit*. In: H. Schmidt am Busch and C. Zurn (eds.). *The Philosophy of Recognition: Historical and Contemporary Perspectives*. Lanham: Lexington Books, pp.89–106.

Quinton, A. (1991). Ayer's Place in the History of Philosophy. In: Phillips Griffiths (ed.). *A. J. Ayer: Memorial Essays*. Cambridge: Cambridge University Press, pp.31-48.

Radden, J. (1985). *Madness and Reason*. London: George, Allen, and Unwin.

Radden, J. (1996). *Divided Minds and Successive Selves: Ethical Issues in Disorders of Identity and Personality*. Cambridge, MA: MIT Press.

Radden, J. (1998). Pathologically Divided Minds, Synchronic Unity and Models of Self. *Journal of Consciousness Studies*, 5(5–6), 658–72.

Radden, J. (2003). Learning from Disunity. *Philosophy, Psychiatry, and Psychology*, 10(4), 357–9.

Radden, J. (2004). Identity: Personal Identity, Characterization Identity, and Mental Disorder. In: J. Radden (ed.). *The Philosophy of Psychiatry: A Companion*. Oxford: Oxford University Press, pp.133–46.

Radden, J. (2011). *On Delusion*. London: Routledge.

Radden, J. (2012). Recognition Rights, Mental Health Consumers and Reconstructive Cultural Semantics. *Philosophy, Ethics and Humanities in Medicine*, 7(6), 1–8.

Radden, J., and Sadler, J. (2010). *The Virtuous Psychiatrist: Character Ethics in Psychiatric Practice*. Oxford: Oxford University Press.

Rashed, M. A. (2010). Religious Experience and Psychiatry: Analysis of the Conflict and Proposal for a Way Forward. *Philosophy, Psychiatry & Psychology*, 17(3), 185-204.

Rashed, M. A. (2012). *Subjectivity, Society, and the Experts: Discourses of Madness*. PhD Thesis, University College London.

Rashed, M. A. (2013a). Culture, Salience, and Psychiatric Diagnosis: Exploring the Concept of Cultural Congruence and Its Practical Application. *Philosophy, Ethics and Humanities in Medicine*, 8(5), 1–12.

Rashed, M. A. (2013b). Talking Past Each Other: Conceptual Confusion in Culture and Psychopathology. *South African Journal of Psychiatry*, 19(1), 12–15.

Rashed, M. A. (2013c). Psychiatric Judgements Across Cultural Contexts: Relativist, Clinical-Ethnographic, and Universalist-Scientific Perspectives. *Journal of Medicine and Philosophy*, 38(2), 128–48.

Rashed, M. A. (2015a). A Critical Perspective on Second-order Empathy in Understanding Psychopathology: Phenomenology and Ethics. *Theoretical Medicine and Bioethics*, 36, 97–116.

Rashed, M. A. (2015b). Islamic Perspectives on Psychiatric Ethics. In: J. Sadler, C. W. van Staden, and K. W. M. Fulford (eds.). *The Oxford Handbook of Psychiatric Ethics*, Volume 1. Oxford: Oxford University Press, pp.495–519.

Rashed, M. A. (2018a). In Defence of Madness: The Problem of Disability. *Journal of Medicine and Philosophy*. doi: org/10.1093/jmp/jhy016.

Rashed, M. A. (2018b). More Things in Heaven and Earth: Spirit Possession, Mental Disorder, and Intentionality. *Journal of Medical Humanities*. doi: org/10.1007/s10912-018-9519-z.

Rawls, J. (1973). *A Theory of Justice*. Cambridge, MA: The Belknap Press.

Read, J., and Dillon, J. (eds.) (2013). *Models of Madness: Psychological, Social, and Biological Approaches to Psychosis*. London: Routledge.

Read, J., Haslam, N. Sayce, L. and Davies, E. (2006). Prejudice and Schizophrenia: A Review of the "Mental Illness is an Illness Like Any Other" Approach. *Acta Psychiatr Scand*, 114, 303–18.

Reaume, G. (2008). A History of Psychiatric Survivor Pride Day During the 1990s. *Consumer/Survivor Information Resource Centre Bulletin*, No. 374: 2–3. Online: http://www.csinfo.ca/bulletin/Bulletin_374.pdf

Reeves, D. (2015). Psycho-emotional Disablism in the Lives of People Experiencing Mental Distress. In: H. Spandler, J. Anderson, and B. Sapey (eds.). *Madness, Distress and the Politics of Disablement*. Bristol: Policy Press, pp.99–112.

Reiss, B. (2004). Letters from Asylumia: The Opal and the Cultural Work of the Lunatic Asylum, 1851–1860. *American Literary History*, 16(1), 1–28.

Rethink. (2012). *What's Reasonable at Work? A Guide to Rights at Work for People with a Mental Illness*. London: Rethink Mental Illness.

Reznek, L. (2010). *Delusions and the Madness of the Masses*. New York: Rowman and Littlefield.

Rice, C. (2013). Defending the Objective List Theory of Well-Being. *Ratio*, XXVI(2 June), 196–211.

Risjord, M. (2012). Models of Culture. In: H. Kincaid (ed.). *The Oxford Handbook of Philosophy of Social Sciences*. Oxford: Oxford University Press, pp.387–408.

Roe, D., and Davidson, L. (2005). Self and Narrative in Schizophrenia: Time to Author a New Story. *Medical Humanities*, 31, 89–94.

Rorty, R. (1998). *Truth and Progress: Philosophical Papers*, Volume 3. Cambridge: Cambridge University Press.

Rorty, R. (1999). *Philosophy and Social Hope*. London: Penguin.

Rosenthal, K. P. (2010). *Crooked Beauty. From Mad Dance Mental Health Film Trilogy*. Online: https://vimeo.com/28315394

Rossi, A. (1962). Some Pre-World War II Antecedents of Community Mental Health Theory and Practice. *Mental Hygiene*, 46, 78–98.

Sacks, O. (1989). *Seeing Voices: A Journey into the World of the Deaf*. Berkeley: University of California Press.

Sanati, A., and Kyratsous, M. (2015). Epistemic Injustice in Assessment of Delusions. *Journal of Evaluation in Clinical Practice*, 21(3), 479–85.

Sandel, M. (1982). *Liberalism and the Limits of Justice*. Cambridge: Cambridge

University Press.
Sass, L. (2003). Self-disturbance in Schizophrenia: Hyperreflexivity and Diminished Selfaffection. In: T. Kircher and A. David (eds.). *The Self in Neuroscience and Psychiatry*. Cambridge, UK: Cambridge University Press, pp.242–71.
Sass, L., and Parnas, J. (2007). Explaining Schizophrenia: The Relevance of Phenomenology. In: M. Chung, K. W. M. Fulford, and G. Graham (eds.). *Reconceiving Schizophrenia*. Oxford: Oxford University Press, pp.63–96.
Sass, L., and Pienkos, E. (2013). Delusion: The Phenomenological Approach. In: K. W. M. Fulford, M. Davies, R. Gipps, G. Graham, J. Sadler, G. Stanghellini, and T. Thornton (eds.). *The Oxford Handbook of Philosophy and Psychiatry*. Oxford: Oxford University Press, pp.632–57.
Schrader, S., Jones, N., and Shattell, M. (2013). Mad Pride: Reflections on Sociopolitical Identity and Mental Diversity in the Context of Culturally Competent Psychiatric Care. *Issues in Mental Health Nursing*, 34, 62–4.
Sen, D. (2011). What Is Mad Culture? *Asylum: The Magazine for Democratic Psychiatry*, 18(1), 5.
Shapiro, I. (2003). *The Moral Foundations of Politics*. New Haven: Yale University Press.
Siep, L. (2011). Mutual Recognition: Hegel and Beyond. In: H. Ikaheimo and A. Laitinen (eds.). *Recognition and Social Ontology*. Leiden: Brill, pp.117–44.
Siep, L. (2014). *Hegel's Phenomenology of Spirit*. Cambridge: Cambridge University Press.
Silvers, A. (2010). An Essay on Modelling: The Social Model of Disability. In: D. Ralston and J. Ho (eds.). *Philosophical Reflections on Disability*. Dordrecht: Springer, pp.19–36.
Sims, A. (2003). *Symptoms in the Mind*. Philadelphia: Elsevier.
Smiles, S. (2011). Indicator Species. *Icarus Project Zine*. April 2011, 8–9. Online: http://www.theicarusproject.net/article/community-zines
Solomon, R. (1983). *In the Spirit of Hegel: A Study of G. W. F. Hegel's Phenomenology of Spirit*. Oxford: Oxford University Press.
Spandler, H., and Anderson, J. (2015). Unreasonable Adjustments? Applying Disability Policy to Madness and Distress. In: H. Spandler, J. Anderson, and B. Sapey (eds.). *Madness, Distress and the Politics of Disablement*. Bristol: Policy Press, pp.13–25.
Sparrow, R. (2005). Defending Deaf Culture: The Case of Cochlear Implants. *The Journal of Political Philosophy*, 13(2), 135–52.
Stanghellini, G. (2004). *Disembodied Spirits and Deanimated Bodies: The Psychopathology of Common Sense*. Oxford: Oxford University Press.
Stern, R. (2002). *Hegel and the Phenomenology of Spirit*. London: Routledge.
Stern, R. (2009). *Hegelian Metaphysics*. Oxford: Oxford University Press.
Stone, A. (2004). Essentialism and Anti-Essentialism in Feminist Philosophy. *The Journal of Moral Philosophy*, 1(2), 135–53.
Sullivan-Bissett, E., Bortolotti, L., Broome, M., and Mameli, M. (2017). Moral and Legal Implications of the Continuity Between Delusional and Non-Delusional Beliefs. In: G. Keil, L. Keuck, and R. Hauswald (eds.). *Vagueness in Psychiatry*.

Oxford: Oxford University Press. doi: 10.1093/med/9780198722373.003.0010.

Sunderland, M. (2015). In Rachel Dolezal's Skin. *Broadly Online Magazine*. Online: https://broadly.vice.com/en_us/article/gvz79j/rachel-dolezal-profile-interview

Sutherland, S. (1991). Language, Newspeak and Logic. In: P. Griffiths (eds.). *A. J. Ayer: Memorial Essays*. Cambridge: Cambridge University Press, pp.77–88.

Swidler, A. (1986). Culture in Actions: Symbols and Strategies. *American Sociological Review*, 51(2), 273–86.

Szasz, T. (1960). The Myth of Mental Illness. *American Psychologist*, 15, 113–18.

Tamir, Y. (1998). A Strange Alliance: Isaiah Berlin and the Liberalism of the Fringes. *Ethical Theory and Moral Practice*, 1(2), 279–89.

Taylor, C. (1979). *Hegel and Modern Society*. Cambridge: Cambridge University Press.

Taylor, C. (1982). Rationality. In: M. Hollis and S. Lukes (eds.). *Rationality and Relativism*. Cambridge, MA: The MIT Press, pp.87–105.

Taylor, C. (1985). *Human Agency and Language: Philosophical Papers I*. Cambridge: Cambridge University Press.

Taylor, C. (1989). *Sources of the Self: The Making of the Modern Identity*. Cambridge: Cambridge University Press.

Taylor, C. (1991). *The Ethics of Authenticity*. London: Harvard University Press.

Taylor, C. (1994a). The Politics of Recognition. In: A. Gutmann (ed.). *Multiculturalism: Examining the Politics of Recognition*. New Jersey: Princeton University Press, pp.25–73.

Taylor, C. (1994b). Can Liberalism be Communitarian? *Critical Review*, 8(2), 257–62.

Taylor, C. (2007). *A Secular Age*. Cambridge, MA: Belknap Press.

Tempelman, S. (1999). Constructions of Cultural Identity: Multiculturalism and Exclusion. *Political Studies*, 47(1), 17–31.

Tenney, L. (2006). Who Fancies to Have a Revolution Here? The Opal Revisited (1851–1860). *Radical Psychology*, 5. Online: http://www.radpsynet.org/journal/vol5/Tenney.html

Terzi, L. (2004). The Social Model of Disability: A Philosophical Critique. *Journal of Applied Philosophy*, 21(2), 141–57.

Tew, J. (2005). Core Themes of Social Perspectives. In: J. Tew (ed.). *Social Perspectives in Mental Health: Developing Social Models to Understand and Work with Mental Distress*. London: Jessica Kingsley Publishers, pp.13–31.

Tew, J. (2015). Towards a Socially Situated Model of Mental Distress. In: H. Spandler, J. Anderson, and B. Sapey (eds.). *Madness, Distress and the Politics of Disablement*. Bristol: Policy Press, pp.69–82.

Thomas, C. (2004). Developing the Social Relational in the Social Model of Disability: A Theoretical Agenda. In: C. Barnes and G. Mercer (eds.). *Implementing the Social Model of Disability: Theory and Research*. Leeds: Disability Press, pp.32-47.

Thomas, P. (2013). Soteria: Contexts, Practice, and Philosophy. In: S. Coles, S. Keenan, and B. Diamond (eds.). *Madness Contested: Power and Practice*. Herefordshire: PCCS Books, pp. 141–58.

Thomas, P. and Bracken, P. (2008). Power, Freedom, and Mental Health: A Postpsychiatry Perspective. In: C. Cohen and S. Timimi (eds.). *Liberatory*

Psychiatry: Philosophy, Politics, and Mental Health. Cambridge: Cambridge University Press, pp.35–53.

Thornicroft, G., Brohan, E., Kassam, A., and Lewis-Holmes, E. (2008). Reducing Stigma and Discrimination: Candidate Interventions. *International Journal of Mental Health Systems*, 2(3), 1–7.

Triest, A. (2012). Mad? There's a Movement for That. *Shameless Magazine*, 21, 20-1.

Tuvel, R. (2017). In Defense of Transracialism. *Hypatia*, 32(2), 263–78.

Tylor, E. (1891). *Primitive Culture: Researches into the Development of Mythology, Philosophy, Religion, Language, Art, and Custom*. London: John Murray.

Wakefield, J. (1992). The Concept of Mental Disorder: On the Boundary Between Biological Facts and Social Values. *American Psychologist*, 47(3), 373–88.

Wallcraft, J., Read, J., and Sweeney, A. (2003). *On Our Own Terms: Users and Survivors of Mental Health Services Working Together for Support and Change*. London: The Sainsbury Centre for Mental Health.

Wartenberg, T. (1993). Hegel's Idealism: The Logic of Conceptuality. In: F. Beiser (ed.). *The Cambridge Companion to Hegel*. Cambridge: Cambridge University Press, pp.102–29.

Watson, B. (2000). Towards a Critical Madness. In: T. Curtis, R. Dellar, E. Leslie, and B. Watson (eds.). *Mad Pride: A Celebration of Mad Culture*. Truro: Chipmunka Publishing, pp.105–24.

Wells, L. (2003). Discontinuity in Personal Narrative: Some Perspectives of Patients. *Philosophy, Psychiatry, and Psychology*, 10(4), 297–303.

Westphal, K. (1989). *Hegel's Epistemological Realism: A Study of the Aim and Method of Hegel's Phenomenology of Spirit*. Dordrecht and Boston: Kluwer.

Williams, R. (1958). *Culture and Society: Coleridge to Orwell*. London: Chatto and Windus.

Williams, R. (1992). *Recognition: Fichte and Hegel on the Other*. New York: State University of New York Press.

Williams, R. (1997). *Hegel's Ethics of Recognition*. Berkeley: University of California Press.

Withers, A. (2014). Disability, Divisions, Definitions, and Disablism: When Resisting Psychiatry is Oppressive. In: B. Burstow, B. LeFrançois, and S. Diamond (eds.). *Psychiatry Disrupted: Theorizing Resistance and Crafting the (R)evolution*. Montreal: Mc-Gill-Queen's University Press, pp.114–28.

Woods, A. (2013). The Voice-Hearer. *Journal of Mental Health*, 22(3), 263–70.

Young, A., and Leafhead, K. (1996). Betwixt Life and Death: Case Studies of the Cotard Delusion. In: P. Halligan and J. Marshall (eds.). *Method in Madness: Case Studies in Cognitive Neuropsychiatry*. New York: Taylor and Francis, pp.147–72.

Zachar, P. (2000). Psychiatric Disorders Are Not Natural Kinds. *Philosophy, Psychiatry and Psychology*, 7, 167–82.

Zachar, P. (2015). Psychiatric Disorders: Natural Kinds Made by the World or Practical Kinds Made by Us? *World Psychiatry*, 14(3), 288–90.

Zurn, C. (2000). Anthropology and Normativity: A Critique of Axel Honneth's "Formal Conception of Ethical Life". *Philosophy & Social Criticism*, 26(1), 115–24.

옮긴이의 말

병원에서 일하며 '환청'이나 '망상' '조증'을 경험하고 있는 정신장애 당사자분들과 이야기를 나눌 때, 같은 '증상'에 대해 이야기하지만 의료인과 당사자가 서로 전혀 다른 이야기를 하고 있다는 느낌을 받을 때가 많았다. 의료인의 입장에서 정신증psychosis 당사자의 이야기를 들으며, 나는 그의 말속에 환청과 망상 혹은 정신병적 증상의 요소가 없는지 끊임없이 분류하고 분석했다. 당사자의 말이 실은 '병'과 '증상'의 표출인 것은 아닌지 그를 진단적 시선으로 훑어나갔던 것이다.

반면, 당사자가 말하는 정신적 경험은 이와는 전혀 다른 것이었다. 당사자는 자신이 겪는 정신적 경험의 '의미'에 대해 이야기하는 경우가 많았다. 외부의 낯선 목소리가 들리기 시작할 때, 당사자는 그 목소리가 누구인지, 왜 이런 목소리가 들리기 시작한 것인지, 왜 하필 지금 자신에게 찾아온 것인지 의문을 품고 관심을 기울였다. 어떤 당사자는 목소리와 관계 맺으며 그 경험이 자신의 삶에서 특별한 의미를 갖는다고 여겼고, 또 다른 당사자는 목소리를 위협적으로 느끼며 그 목소리를 극복하는 것을 삶의 중요한 의미로 삼기도 했다.

그러나 누군가가 '목소리'가 들린다고 말할 때, 그에 대한 정신의학적 접근은 대부분 동일한 방식으로 이뤄졌다. 정신의학의 우선적 목표는 약물을 통해 환청과 같은 정신병적 증상을 없애는 것이었다. 실제로 약물은 낯선 목소리를 빠르게 제거하는 데 성공했으나, 어떤 당사자들은 긴 약물치료에도 불구하고 지속적으로 목소리를 들어 치료저항성treatment-resistant으로 분류되었다. 그러나 그 독특한 정신적 경험이 당사자의 삶 속에서 지니는 '의미'를 찾는 데 (두 경우 모두에서) 약물은 큰 도움이 되지 못했다. 환청이나 망상, 조증의 경험은 결국 '해로운 질병'이자 '최대한 빠르게 없어져야 할 무엇'으로 치부될 뿐이었다.

주류 정신의학 서사의 문법을 넘어

이런 식의 정신의학적 해석론이 주류로 자리매김하면서, 스스로의 독특한 정신적 경험을 해석할 수 있는 당사자의 각본 또한 단일한 선택지로 축소되었다. 예를 들어, 당사자가 경험했던 목소리voice는 (삶에서의 맥락과 의미가 소거된 채) 오직 환청auditory hallucination이라는 단일한 정신병리psychopathology 개념으로 이해되었다. 그러나 환청과 같은 '증상'의 언어로 당사자의 정신적 경험을 설명하는 순간, 그 경험을 둘러싼 다양한 맥락과 고유한 의미는 앙상한 진단적 뼈대 사이로 모두 빠져나가고 만다.

자기 자신의 정신적 경험을 설명할 수 있는 문화적 레퍼토리cultural repertoire로 오직 정신의학적 해석만이 허락되는 상황에서, 정신장애 당사자는 사회적 인정을 얻기 위해 병리화된 언어를 수용해야만 한다. 자신이 경험한 목소리를 '환청'으로 언어화하지 않으면, 자신의 경험을 인정받기 어렵기 때문이다. 그동안 자신이 경험했던 목소리는 사실 '환청'이었다고, 실체가 없으며 없애야 할 '증상'일 뿐임을 깨달았다고 말하는 순간, 당사자는 드디어 병식insight이 생긴 '훌륭한' 환자가 된다.

그러나 병리화된 언어로 스스로를 정체화하는 당사자는 다시금 자신으로부터 소외되는 역설적 상황과 맞닥뜨리게 된다. 그 정신적 경험을 환청과 같은 '증상'으로 받아들이고 정신의학적 서사 속에서 스스로의 정체성을 형성하는 순간, 목소리나 독특한 믿음, 기분과 에너지의 고조 속에서 보내왔던 '나의 역사'는 무의미하고 수치스러운 시간으로 전락하기 때문이다. 목소리가 '환청'으로, 독특한 믿음이 '망상'으로, 기분과 에너지의 고조가 '조증 삽화'로 환원되면, 당사자의 과거는 병病과 오류로 가득 찬 것이 된다. 그렇기에 당사자는 스스로의 정신적 경험과 과거를 더욱 강하게 부정할 수밖에 없다. 주류 정신의학적 서사 속에서, 당사자는 현재의 나를 긍정하기 위해 끊임없이 과거의 자신을 실격시킨다. 병리화된 언어를 받아들이면 받아들일수록, 이른바 '증상'으로 불리는 자신의 독특한 정신적 경험과 화해할 수 있는 가능성은 더욱 희미해진다.

당사자는 이와 다른 삶의 방식을 택할 수도 있다. 스스로의 경험을 긍정하는 대신, 사회로부터 소외된 '광인'의 삶을 살아가는 방법이다. 자신의 정신적 경험을 병리화된 언어로 환원시키지 않고, 타인의 인정도 받지 않은 채, 목소리와 독특한 믿음, 기분과 에너지의 고조에 따라 삶을 살아갈 수 있다. 그러나 (이른바 '병식이 없다'고 여겨지는) 이런 삶은 끊임없이 사회와 불화를 일으킨다. 사회와 당사자는 서로를 이해하지 못하고, 당사자는 사회에서 인정받지 못한 채 고립된 삶을 살아가게 된다.

이처럼 당사자는 사회적 인정을 획득하기 위해 스스로를 부정하거나, 스스로를 긍정함으로써 사회로부터 소외되는 양자택일의 선택지 앞에 놓인다. 그러나 정신장애 당사자는 어떤 선택을 하더라도 자신 혹은 사회로부터의 소외를 경험하며, 따라서 이 두 가지 방식 모두 만족스러운 해법이라고 보기 어렵다. 그렇다면 당사자가 스스로의 경험을 온전히 수용하면서도 사회에서 인정받을 수 있는 가능성은 존재할 수 없는 걸까? 이 책은 그 제3의 해법, 즉 "미쳤다는 것madness이 정체성이 될 수 있는" 가능성을 탐구하는 긴 여정이다.

당사자의 언어를 모색하는 '매드운동'

저자 라셰드는 오늘날 세계 곳곳에서 발흥하고 있는 매드운동Mad activism을 제3의 대안으로 소개한다. 책에서 소개되는 매드 프라이드Mad Pride나 목소리 듣기 운동Hearing Voice Movement, 소비자/생존자/환자경험자 운동c/s/x movement 및 이카루스 프로젝트Icarus project와 같은 정신장애인 당사자운동은 '미쳤다는 것'에 대한 새로운 담론을 제기해왔다.

매드운동에서는 타인이 듣지 못하는 목소리를 듣는다거나 급격한 기분 변동이 있는 것, 타인이 쉽게 이해할 수 없는 굳건한 믿음을 지니는 것과 같은 독특한 정신적 경험에 그 나름의 의미가 있다고 해석한다. 타인으로서는 쉽게 이해하기 힘들고 때로 위태로워 보이는 정신적 경험이지만, 이는 당사자의 삶 속에서 고유한 의미를 갖는 "위험한 선물"(83~85쪽, 424~427쪽)이 되기도 하며, "삶의 문제에 대한 중요한 정보를 나타내는 메신저"(427쪽)이자 "영적 변화"(421쪽)의 계기가 되기도 한다. 태양을 향해 비상하는 이카루스의 날개처럼, 광기는 위태롭지만 미학적일 수 있으며 당사자의 삶에서 여러 의미를 지닐 수도 있는 것이다. 이를테면 목소리 듣기 운동에서는 목소리를 '환청'으로 치부하고 모든 에너지를 그것을 없애는 데 쏟는 것 이외에, 목소리가 스스로의 삶 속에서 어떤 의미를 지니는지, 왜 지금 그런 목소리가 들려왔는지, 목소리와 어떤 관계를 맺어갈 것인지 등을 동료들과 함께 고민해나간다. 그 과정에서 당사자는 자신의 삶의 서사 속에서 그 목소리를 어떻게 받아들이고 통합된 삶의 이야기로 써내려갈 것인지 새롭게 발견할 수 있다.

매드운동의 중심을 이루는 것은 당사자의 언어이다. 당사자는 매드운동을 통해 전문가가 제시한 진단과 병리의 언어를 넘어 스스로가 겪어낸 독특한 정신적 경험을 자기 고유의 언어로 재구성하고 표현할 수 있는 기회를 얻는다. 당사자가 자신의 경험을 스스로의 언어로 표현해나갈 때, '환청'이나 '망상', '조현병'이나 '양극성 장애' 같은 성긴 언어로는 포착되지 않았던 광기의 의미가 서서히 드러나기 시작한다.

무엇보다 이 과정에는 주변의 동료들과 지지자들이 함께 한다. 이들은 당사자와 지속적으로 대화를 이어가며 그의 목소리가 사회와 소통할 수 있는 여지를 만들어내고, 당사자가 스스로의 서사를 써내려갈 수 있도록 돕는다. 당사자를 중심으로 한 열린 대화open dialogue 속에서 집단의 공유된 언어shared language가 탄생하는 것이다. 그 언어는 당사자와 주변 동료들 사이의, 나아가 당사자와 사회 사이의 상호적 이해의 가능성을 틔워낸다.

이처럼 미쳤다는 것은 매드운동을 통해 새롭게 이해되며, 비로소 다양한 매드 서사가 탄생한다. 매드 서사Mad narrative란 광기와 같은 독특한 정신적 경험에 대해 관련 경험이 있는 "당사자와 활동가가 개발한 서사"(420쪽)로, 이를 통해 사회 속 타인들 또한 광기를 이해할 수 있는 기회를 얻는다. 도저히 이해할 수 없는, 낯설고 때로는 무서운 것으로 여겨져온 광기는 매드운동이 구축한 서사 속에서 타인과 그 의미를 나눌 수 있는 형태로 "정돈"될 수 있다(415~416쪽). 이런 매드 서사는 당사자가 스스로의 독특한 정신적 경험을 받아들이면서도 사회에 인정을 요구할 수 있는 매드 정체성을 구축할 수 있도록 하는 조건이 된다.

한국사회에서 이 책이 지니는 의미

국내에 정신장애인의 권리를 보호하기 위한 법과 제도가 부재했던 1990년대 이전, 중증 정신장애 당사자는 기도원, 요양시설 등에서 장기간 구금되거나 적절한 서비스를 받지 못한 채 지역사회에 방치되는 경우가 많았다. 1995년 정신보건법이 제정되며 미인가 정신의료기관과 시설이 제도화되고 법의 테두리 안으로 들어왔지만, 문제는 해결되지 않았다. 정신장애인에 대한 복지와 지역사회 서비스는 턱없이 부족했고, 정신장애 당사자들이 시설과 병원에 강제적으로 장기간 수용되는 상황이 반복되었다.

이에 대한 본격적인 개선의 움직임이 시작된 것은 2010년대에 이르러서였다. 인권침해에 대한 비판적 목소리가 축적된 끝에 2016년 5월 국회에서 정신보건법이 정신건강복지법으로 개정되었고, 2016년 9월 헌법재판소에서는 정신보건법 제24조(강제입원)에 대한 헌법불합치 결정이 내려졌다.

국내의 정신장애인 당사자운동 또한 바로 이 시기에 본격적으로 시작되었다. 대표적으로, 2012년 국내 최초의 정신장애인 자립생활센터인 한국정신장애인자립생활센터가 설립되었고, 비슷한 시기 (사)정신장애와인권 파도손 또한 활동을 시작했다. 정신장애 당사자 단체들은 자조모임부터 동료지원 활동, 정신보건법 개정과 관련한 의견 개진과 각종 캠페인까지 다양한 활동을 펼쳐나갔다. 이후 국내 최초의 정신장애인 당사자 언론사 《마인드포스트MindPost》가 창간해 당사자의 목소리를 전하기 시작했으며, 최근에는 여러 정신장애동료지원센터와 자립생활센터, 자조모임들이 새롭게 활동을 시작하며 당사자운동의 외연을 넓혀가고 있다. 이런 흐름 속에서 오늘날 정신장애인 인권에 대한 의식 수준은 느린 속도로나마 조금씩 향상되고 있으며, 당사자의 목소리도 사회로 점차 확산되고 있다.

그러나 이런 변화들에도 불구하고, 사회가 정신장애 당사자의 목소리를 받아들이는 방식은 여전히 제자리에 머물러 있는 듯하다. 절차와 제도는 점차 외형을 갖춰가고 있지만, 정신장애 당사자 개개인을 마주하는 사회의 시선은 병리화된 틀을 크게 벗어나지 못하고 있는 것이다. 그 배경에는 (지난 10년의 시간 동안 당장의 법과 제도에서 발생하는 문제들을 해결하기 위해 숨 가쁘게 달려오며) 서사와 정체성, 인정과 같은 좀 더 근본적인 수준의 문제를 고민할 여력이 없었던 당사자단체의 어려움이, 나아가 광기와 정상성의 문제에 무감각했던 우리 사회 전체의 문제가 자리하고 있다. 다시 말해 한국사회는 광기를 경험하는 당사자의 서사를 어떻게 써내려갈 것인지, 이를 위해 사회와 문화가 어떻게 변해야 하는지, 그런 문화적 변환이 사회 전반에 어떤 영향을 끼칠 수 있는지 숙고하고 함께 길을 만들어가야 한다는 크나큰 과제를 앞두고 있다. 병리화된 언어 속에서 무시받아온 당사자들의 새로운 정체성의 가능성을 철학적으로 탐구하는 이 책이 오늘날의 한국사회에 중요한 의미를 갖는 이유이다.

이때, 이런 '매드 서사'나 '매드 정체성'과 관련한 논의가 단지 일부 정신장애 당사자에게만 의미를 갖는 것은 아니다. 저자가 지적하듯, 매드운동은 "무엇이 정상이고 무엇이 인간적인 것인지에 대한 우리의 관점을 재구축"할 것을, 우리 "내면의 깊고 심대한 변화"를 이끌어낼 것을 요청하기 때문이다(447쪽). 매드운동은 무엇이 정상이고 무엇이 비정상인지에 관한, 정신이 멀쩡하다는 것과 미쳐 있다는 것에 관한, 자신의 삶을 온전히 살아간다는 것이 무엇인지에 관한 우리의 고정관념에 균열을 일으키고, 새로운 문화적 레퍼토리를 받아들일 것을 촉구한다(477~482쪽). 이는 비단 정신적 고난을 경험하는 당사자뿐만 아니라, 사회구성원 모두에게 다양한 삶의 방식을 열어준다. 매드운동은 자신을 사회의 정상성에 끼워맞추지 않더라도, 내가 나로서 존재하더라도 괜찮은 다원적 세상을 만드는 노력이기도 하다. 문화적 레퍼토리의 확장을 통해 광기의 경험에 대한 사회의 인정과 이해의 범위가 넓어지고 풍부해질수록, (마치 경사로와 엘리베이터 설치가 신체장애인뿐 아니라 노인이나 교통약자를 포함한 사회 전체에 편익을 제공하듯) 사회 전체의 문화적 다양성과 포용성 또한 확장될 수 있다(479쪽). 내가 나로서 존재하기 힘든, 정상성의 강한 압력 속에서 살아가는 모두에게 이 책을 권한다.

정체성의 '실패'에 관한 더 많은 논의를 꿈꾸며

한편, 이 책에서는 매드 정체성이 성립하고 그에 대한 인정 요구가 규범적 효력을 발휘하는 데 필요한 다양한 제한 조건을 제시하고 있다. 특히 7장에서 저자는 정체성에 대한 인정 요구가 논리적으로 성립하지 않는 경우 혹은 "자신의 정체성을 형성하는 범주 자체를 수정해 정정하는 것이 불가능한 착오"를 포함하는 경우를 "실패한 정체성failed identity"으로 개념화한다(358~359쪽). 매드운동을 통해서도 사회로부터 인정받는 것이 '논리적으로' 불가한 정체성이 있다는 것이다.

물론 모든 정체성 인정에 대한 요구가 타당한 것은 아니기에, "만약 개인이 주장하는 모든 것에 타당성을 부여한다면, 집단 범주 포함 여부를 규정하는 특정한 자격 기준 자체가 존재하지 않을 것"(361쪽)이라는 주장 또한 설득력이 있다. (예를 들어, 저자가 실패한 정체성의 예시로 든 평평한 지구 학회의 정체성 주장이 사회적으로 인정받기는 쉽지 않을 것이다.) 그러나 정체성이 실패하는 경우에 대한 저자의 결론이 "공통의 합의"(361쪽)의 변화 가능성을 여전히 소극적으로 바라보는 것은 아닌지, 정체성의 형성 방식을 이론의 틀 내에서 제한적으로 바라보는 것은 아닌지 의문의 여지가 남는다. 인류의 긴 역사 동안 '비이성적'이라고, '논리적이지 않다'고 치부되었던 수많은 소수자들의 정체성이 인정을 쟁취해온 역사를 생각해볼 때, 정체성의 실패를 어떻게 바라볼 것인지에 대해서는 좀 더 다양한 논의가 필요하다. 이 책의 논의가 완결된 끝이 아닌 지금부터 이뤄질 새로운 논의를 위한 하나의 주춧돌이 되기를, 매드 정체성의 창조적 확장 가능성에 대한 여러 후속 논의가 앞으로 지속되기를 바란다.

⁂

마지막으로, 책을 읽는 방식에 대해 이야기하고자 한다. 이 책은 영국 옥스퍼드대학출판부의 '철학과 정신의학에 대한 국제적 관점International Perspectives in Philosophy and Psychiatry' 시리즈 중 한 권으로 출간되었으며, 헤겔과 호네트의 인정이론부터 '정신의학의 철학philosophy of psychiatry'에 이르기까지 전문적이고 철학적인 논의를 다수 포함한다. 특히 2부에서는 이 책의 기초를 이루는 인정과 정체성 개념에 대한 철학적 논의를 다루며, 해당 논의에 익숙하지 않은 독자라면 여기서 지나치게 많은 시간을 소요할지도 모른다. 만약 인정과 정체성과 관련된 보편적인 철학적 배경보다 정신장애와 광기에 대한 구체적·실천적 논의에 좀 더 관심이 있다면, 1부를 읽은 뒤 바로 3부로 넘어가 독서를 이어갈 수도 있을 것이다. 3부와 4부에서 2부의 철학적 논의가 인용될 때, 2부의 해당 부분을 참고한다면 긴 철학적 논의를 좀 더 흥미로운 방식으로 접할 수 있다.

이 책을 번역하는 과정에서 많은 분들의 도움을 받았다. 이 책의 초벌 번역은 2021년 초 노들장애학궁리소의 번역 세미나를 통해 이뤄졌다. 초벌 번역을 읽고 많은 논평을 해주신 노들

장애학궁리소의 여러 연구원분들과 세미나에 참여한 정신장애 당사자분들, 함께해주신 연대자분들에게 깊은 감사 인사를 전한다. 또한 책 전반의 여러 철학적 개념을 옮기는 데 호네트의 《인정투쟁》을 한국어로 옮기신 서울여대 교양대학의 문성훈 교수님과 미국 퍼듀대학교 박사과정에서 헤겔 철학을 전공하고 계신 서세동 선생님께 정말 큰 도움을 받았다. 두 분이 없었다면 이 책에 등장하는 다양한 철학적 개념들을 정확히 번역하기 어려웠을 것이다. 마지막으로, 그동안 한국의 당사자 서사를 써온, 그리고 앞으로 써내려갈 수많은 당사자분들께 미리 감사의 인사를 드린다. 이 책이 당사자분들의 삶에서 끊임없이 새롭게 번역될 수 있다면 그보다 더 큰 기쁨은 없을 것이다.

2023년 6월

옮긴이를 대표하여,

유기훈

찾아보기

| 인명 |

| 키워드 |

알라딘 독자 북펀드에 후원해주신 분들

Lee Shine
limleey
merryJ
감자
강경민
강민주
강창영
강혜지
경기우리도(이한결)
고지수
고진달래
공수진
곽현주
구우
국아영
권도이
권미애
권혜경
금성철과 윤신정
김강
김고사리
김광백
김기일
김나영
김낭희
김다은
김대환
김리원
김민희
김사영
김성용
김성인
김수인
김세진
김예선
김용진
김원영
김윤수
김재리
김재아
김지오
김진산
김태술
김한솔
김현미
김현숙
김혜이
김혜지
김화랑
김화범
김효선
김희원
남선미
남호범
노승현
누베누나
다다
다카포
더 나은 헌신
도우리
도희
라수
레나 이동은
림보
마인드포스트 이관형
메두사K
문경진
문민기
미친존재감 손성연
바람길
박경재
박대령
박문규
박미옥
박서하
박성준
박신신재
박예향
박종은
박주석
박지수
박지애
박진솔
박환갑
반희성
배진영
배현
배현숙
백신우
새롭게 찾아온 봄
서늘해
서지민
설악어우러기 홍수민
성희영
세미
손지
송경아
송명주
신동빈
신하늘
신혜림
신혜지
심상희
씨네픽션
아림
아정
안강희
안세희

양근애
양주연 / 고두현
어울림 김은정
에스텔
여름
오아울
오운택 / 요시애
오은정
오창열
오흥록
완두우먼
요다
용효중
우복
위영서
유명주
유미희
유상운
유선
유시완
윤믿음
윤석민
응원하는솔솔
의영
이가연
이경민
이경훈
이나라
이다연
이담박
이명정
이명희
이미라

이미란
이미진
이석호
이세희
이신애
이심지
이연주
이영수(2)
이영호
이예성
이용표
이은미
이은미
이은애
이정남
이정민
이정희
이종국
이주언
이준용
이준호
이지훈
이진아
이진영
이창희
이해령
이해민
이해수
임거묵
임거묵
임은정
장기쁨
장기영

장민경
장영은
장혜숙
전근배
전수진
전윤표
전혜린
정보영
정수아
정신과전문의 김성수
정유석
정은경
정환희
정효진
조상우
조순이
조연희
조영인
조윤설
조은세상 최남정
조한진희
존 골트
주연
지경주
지동섭
진냥
책방이음
청주정신건강센터
최명선
최새휜
최신우
최윤희
최지영

최지운
최지혜
최진영
최창현
최혁규
탕무
판이
하늬
하여사
한광주
한량돈오
한상욱
한정선
함은호
해방은솔
허순강
허정해
허지현
현지 지미
호두과자
홍선화
홍승은
홍종원
홍혜은
화소영
황윤하
황지성
흥리
훗한나
흑임자

미쳤다는 것은 정체성이 될 수 있을까?

초판 1쇄 펴낸날 2023년 6월 21일
지은이 모하메드 아부엘레일 라셰드
옮긴이 송승연·유기훈
펴낸이 박재영
편집 이정신·임세현·한의영
마케팅 신연경
디자인 조하늘
제작 제이오
펴낸곳 도서출판 오월의봄
주소 경기도 파주시 회동길 363-15 201호
등록 제406-2010-000111호
전화 070-7704-2131
팩스 0505-300-0518
이메일 maybook05@naver.com
트위터 @oohbom
블로그 blog.naver.com/maybook05
페이스북 facebook.com/maybook05
인스타그램 instagram.com/maybooks_05

ISBN 979-11-6873-064-9 03300

만든 사람들
책임편집 임세현
디자인 조하늘

이 책의 초판 번역인세 전액은 정신장애인 당사자단체(정신장애와인권 파도손, 한국정신장애인자립생활센터 등) 후원금으로 쓰입니다.